Verhandlungen

des

Elften deutschen Juristentages.

Herausgegeben

von

dem Schriftführer-Amt der ständigen Deputation.

Zweiter Band.

Berlin, 1873.
Commissions-Verlag von J. Guttentag.
(D. Collin.)

Inhalts-Verzeichniß.

I.

Verzeichniß der Mitglieder

der

der ständigen Deputation.

1873/74.

Nr.	Name.	Stand.	Wohnort.
1	Dr. Albrecht	Präses des Handelsgerichts	Hamburg.
2	Becker	Oberappellationsgerichtsrath	Oldenburg.
3	Dr. Borchardt	Ministerresid. u Geh. Justizr.	Berlin.
4	Dr. Brunner	Professor	Berlin.
5	Dr. Drechsler	Vicepräsident des Reichsoberhandelsgerichts	Leipzig.
6	Hauser	Handelsgerichtsrath	München.
7	Dr. Jaques	Hof- und Gerichtsadvokat	Wien.
8	Dr. Jung	Fiskal	Frankfurt a. M.
9	Dr. Ritter v. Kißling	Hof- und Gerichtsadvokat	Linz.
10	v. Köstlin	Obertribunalsrath	Stuttgart.
11	Kühne	Obergerichtspräsident	Celle.
12	v. Kunowski	Obertribunalsrath	Berlin.
13	Makower	Rechtsanwalt	Berlin.
14	Dr. Meyer	Justizrath	Thorn.
15	Dr. Schwarze	Generalstaatsanwalt	Dresden.
16	Dr. v. Stenglein	Advokat	München.
17	v. Stösser	Kreisgerichtsdirektor	Carlsruhe.
18	Thomsen	Obergerichtsrath	Hannover.
19	Dr. v. Wächter	Geheimrath, Professor	Leipzig.

Ehrenpräsident: Prof. Dr. Gneist, Prorektor der Friedr.-Wilh. Universität.

II.

Statut

des

Deutschen Juristentages.

---

§. 1.

Der Zweck des Deutschen Juristentages ist: eine Vereinigung für den lebendigen Meinungsaustausch und den persönlichen Verkehr unter den Deutschen Juristen zu bilden; auf den Gebieten des Privatrechts, des Prozesses und des Strafrechts den Forderungen nach einheitlicher Entwickelung immer größere Anerkennung zu verschaffen, die Hindernisse, welche dieser Entwickelung entgegenstehen, zu bezeichnen und sich über Vorschläge zu verständigen, welche geeignet sind, die Rechtseinheit zu fördern.

§. 2.

Der Deutsche Juristentag tritt in der Regel alljährlich zusammen; doch ist die ständige Deputation ermächtigt, aus Gründen der Zweckmäßigkeit ausnahmsweise die Wiedereinberufung des Juristentages erst in dem auf dessen letzten Zusammentritt folgenden zweiten Kalenderjahre vorzunehmen.

§. 3.

Zur Mitgliedschaft berechtigt sind die Deutschen Richter, Staatsanwälte, Advokaten und Notare, die Aspiranten des Richteramtes, der Anwaltschaft und des Notariats, sowie Jeder, der nach seinen Landesgesetzen zum Richteramte, zur Anwaltschaft oder zur Ausübung des Notariats für befähigt erkannt ist, ferner die Lehrer an den Deutschen Hochschulen, die Mitglieder der gelehrten Akademieen, die Doktoren der Rechte und die rechtsgelehrten Mitglieder der Verwaltungs-Behörden.

§. 4.

Die Mitgliedschaft beginnt mit dem Empfange der Mitgliedskarte. Sie berechtigt zur Theilnahme an den Verhandlungen und an der Abstimmung.

§. 5.

Der Beitrag der Gesellschaftsmitglieder beträgt zwei Thaler jährlich und ist innerhalb vier Wochen nach Beginn des neuen Jahres zu entrichten, widrigenfalls derselbe durch Postvorschuß eingezogen wird. Nimmt ein Mitglied den mit Postvorschuß beschwerten Brief nicht an, so wird dies einer ausdrücklichen Austrittserklärung gleich geachtet. — Für die am Orte des Juristentages selbst zu lösende Anmeldungskarte ist Ein Thaler zu entrichten.

§. 6.

Den Plenarverhandlungen des Deutschen Juristentages gehen der Regel nach Abtheilungsberathungen voraus. Zu diesem Zwecke werden durch freiwillige Einzeichnungen der Mitglieder folgende vier Abtheilungen gebildet:

1) Abtheilung für Privatrecht, insbesondere Obligationen- und Pfandrecht, juristisches Studium und praktische Ausbildung.
2) Abtheilung für Handels-, Wechsel-, See- und internationales Recht.
3) Abtheilung für Strafrecht, Strafprozeß und Gefängnißwesen.
4) Abtheilung für Gerichtsverfassung und Civilprozeß.

Die Abtheilungen wählen ihre Vorsitzenden, Schriftführer, Berichterstatter und benachrichtigen den Vorsitzenden der Plenar-Versammlung (§. 7), sobald ihre Berathungen über einzelne Gegenstände geschlossen sind; ihre Anträge sind schriftlich zu fassen. In jeder Abtheilung stimmen nur Diejenigen mit, welche sich in die betreffende Abtheilung bereits eingezeichnet haben.

Sämmtliche Beschlüsse der Abtheilungen werden in der Plenarversammlung mitgetheilt. Es findet jedoch eine Erörterung und Entscheidung im Plenum nur dann statt, wenn dieselbe von der betreffenden Abtheilung vorgeschlagen, oder wenn sie von mindestens zehn Mitgliedern beantragt und von der Plenar-Versammlung beschlossen wird. Ueber die Vorfrage, ob dem von mindestens zehn Mitgliedern gestellten Antrage auf Plenar-Entscheidung stattzugeben, wird nur einem der Antragsteller und dem Berichterstatter das Wort ertheilt.

§. 7.

Die Verhandlungen der Plenar-Versammlung leitet ein Vorsitzender, welcher für die Dauer eines jeden Juristentages in der ersten

Plenar=Versammlung durch Stimmzettel oder Akklamation gewählt wird. Derselbe ernennt zwei bis vier Stellvertreter und vier Schriftführer. Er bestimmt die Tagesordnung und kann einzelne Gegenstände, ohne Vorberathung in den Abtheilungen (§. 6), unmittelbar zur Plenar=Berathung stellen. Auch ist er befugt, Nichtmitglieder als Zuhörer zuzulassen.

§. 8.

Bei allen Beschlüssen der Plenar=Versammlung und der Abtheilungen entscheidet einfache Majorität der anwesenden Mitglieder, bei allen Wahlen relative Majorität und im Falle der Stimmengleichheit das Loos.

§. 9.

Wird Schluß der Debatte beantragt, so wird über diesen Antrag sofort abgestimmt. In der Plenar=Versammlung sind alle Anträge mit Ausnahme des Antrages auf Schluß der Debatte schriftlich zu stellen.

§. 10.

Vor dem Schlusse eines jeden Juristentages wird von der Plenar=Versammlung durch Akklamation oder in einem einzigen Skrutinium durch Stimmzettel eine aus neunzehn Mitgliedern und dem Präsidenten des letzten Juristentages, als Ehrenpräsidenten, bestehende ständige Deputation gewählt. Die Liste der zur Akklamation vorzuschlagenden Personen wird durch den Präsidenten der Plenar=Versammlung, seine Stellvertreter und je zehn von jeder Abtheilung gewählte Vertrauensmänner gemeinschaftlich festgestellt.

Die ständige Deputation hat folgende Befugnisse und Obliegenheiten:

1) sie sorgt für die Ausführung der von dem Juristentage gefaßten Beschlüsse, veranlaßt nach eignem Ermessen den Druck der Protokolle und Vorlagen, bewirkt die Vertheilung der Drucksachen an die Mitglieder und verwahrt alle Akten und Schriftstücke des Juristentages;
2) sie bestimmt Zeit und Ort des nächsten Juristentages, trifft die für denselben nöthigen Vorbereitungen, erläßt die Einladungen, stellt die vorläufige Tagesordnung auf, wobei sie in der Regel nur die bis zum 31. Mai des laufenden Jahres eingegangenen Vorlagen zu berücksichtigen hat, und bereitet Abänderungsvorschläge in Betreff der Geschäftsordnung für die Plenar=Versammlung vor;
3) sie nimmt die Beitrittserklärungen neuer Mitglieder entgegen,

fertigt die Mitgliedskarten aus, empfängt die Beiträge, bestreitet die Ausgaben und legt der folgenden Deputation Rechnung;

4) sie ergänzt sich selbst, falls eins oder mehrere Mitglieder während des Geschäftsjahres ausscheiden.

Die Deputation wählt aus ihrer Mitte einen Vorsitzenden, einen Schriftführer, welcher ein von der Deputation festzusetzendes Pauschquantum für baare Auslagen erhält, und einen Kassirer. Der letztere ist verpflichtet der ständigen Deputation bei ihrem jedesmaligen Zusammentritte einen Kassenabschluß vorzulegen. Die Deputation läßt durch eines oder mehrere ihrer Mitglieder die Rechnung prüfen und die Kasse revidiren.

Die Deputation bestimmt Ort und Zeit ihrer Zusammenkunft.*) Zur Giltigkeit ihrer Beschlüsse ist die Einladung sämmtlicher Mitglieder, sowie die Mitwirkung von wenigstens fünf Mitgliedern erforderlich.

§. 11.

Abänderungen dieses Statuts können zwar von der Plenar-Versammlung durch einfache Stimmenmehrheit, jedoch nur auf schriftlichen Antrag, der vier Wochen vor dem Zusammentritt des Juristentages der ständigen Deputation (§. 10) überreicht worden, beschlossen werden.

---

*) Durch Beschluß der ständigen Deputation vom 30. August 1873 ist ihr Sitz bis auf Weiteres nach Berlin verlegt.

Alphabetische Liste

der seit dem zuletzt aufgestellten Verzeichnisse (Decbr. 1871) dem Vereine beigetretenen Mitglieder.

Nr.	Name.	Stand.	Wohnort.
		Deutsches Reich.	
1	Abel	Obergerichtsanwalt	Hannover.
2	Adickes	Referendar	Hannover.
3	Albrecht	Stadtsyndikus	Hannover.
4	Alexander	Aktuar	Frankfurt a. M.
5	v. Alten	Geh. Legationsrath	Hannover.
6	Amann	Oberhofgerichtsrath	Mannheim.
7	Ascher	Referendar	Hannover.
8	Aull	Obergerichtsrath	Mainz
9	v. Aweyde	Regierungsrath	Hannover.
10	Backmeister	Referendar	Hameln.
11	Bacmeister	Kreisrichter	Wiedenbrück.
12	Baist	Amtsrichter	Rinteln.
13	Balz	Advokatanwalt	Alzey.
14	Baer, M.	Dr. jur.	Frankfurt a. M.
15	Bardeleben	Kreisgerichtsdirektor	Hagen.
16	Dr. Bartels	Richter	Bremen.
17	Barth, Friedr.	Hofgerichtsadvokat	Gießen.
18	Bartsch	Obergerichtsrath	Celle.
19	Dr. de Bary, E.	Advokat	Frankfurt a. M.
20	Baumann, Andr.	Staatsanwalt	Kempten.
21	Baur	Landgerichtsassessor	Offenbach a. M.
22	Bechthold	Notar	Alzey.
23	Behm	Advokat	Neubrandenburg.
24	Behr	Auscultator	Cöthen.
25	Benfey	Obergerichtsanwalt	Hannover.
26	Berckenkamp	Kreisrichter	Bochum.
27	Dr. Berend	Advokat	Hannover.
28	Berlein	Rechtsanwalt und Notar	Rotenburg (Prov. Hessen).
29	Beseler	Amtsrichter	Hannover.

Nr.	Name.	Stand.	Wohnort.
30	Beseler	Rechtsanwalt	Wandsbeck bei Hamburg.
31	Bianchi	Staatsanwalt	Minden.
32	v. Biema	Referendar	Hannover.
33	v. Binzer	Amtsrichter	Sylt.
34	Dr. Blum	Advokat	Frankfurt a. M.
35	v. Bock	Oberappellationsrath	Celle.
36	Bockenheimer	Bezirksgerichtsrath	Mainz.
37	Bodecker	Oberger.-Assessor u. Staatsanwalt beim Oldenb. Obergericht	Birkenfeld.
38	Bogen	Landgerichtsassessor	Bilbel.
39	Böhmer	Advokat	Dannenberg.
40	Bölte	Advokat	Grevesmühlen (Mecklenburg-Schwerin).
41	Dr. Bonnet	Referendar	Frankfurt a. M.
42	Bopp	Stadtgerichtsrath	Berlin.
43	Dr. de Boselli	Landjustizamtmann	Frankfurt a. M.
44	Bosse	Regierungsrath	Hannover.
45	Bossert	Bezirksgerichtsrath	Frankenthal in Baiern.
46	v. Bötticher	Landdrost	Hannover.
47	Bramm	Landgerichtsassessor	Gießen.
48	Brandenburg	Amtsrichter	Quackenbrück.
49	Brandt	Referendar	Hannover.
50	Dr. Brans, Fr. jr.	Generalagent	Eisenach.
51	Dr. jur. Breithaupt	Assessor	Wolfenbüttel.
52	v. Brenning	Landgerichtspräsident	Cöln.
53	Dr. Brück	Obergerichtsanwalt	Wiesbaden.
54	Brüggemann	Justizrath	Hannover.
55	Brunner, H.	Professor	Berlin.
56	Buchner	Hofgerichtsadvokat	Darmstadt.
57	v. Bünau	Regierungsassessor	Hannover.
58	Burchard, Hans	Advokat	Rostock.
59	Büsch, Ed.	Advokat	M. Gladbach.
60	Büsch	Referendar	Hannover.
61	Cäsar	Obergerichtsanwalt	Varel.
62	Cartheuser	Kreisgerichtsrath	Kiel.
63	Dr. Caspari	Referendar	Frankfurt a. M.
64	Ceßner	Landrichter	Wimpfen.
65	Clauß	Advokat	Straßburg im Elsaß.
66	Cleeves	Obergerichtsanwalt	Hannover.
67	Cohn	Gerichtsassessor	Bolkenhain i. Schlesien.
68	v. Cöllen	Advokat	Cöln.
69	v. Cölln	Amtsrichter	Hannover.

Nr.	Name.	Stand.	Wohnort.
70	Consbruch	Kronoberanwalt	Celle.
71	Culemann	Oberamtsrichter	Burgdorf bei Celle.
72	Dalcke	Kreisgerichtsdirektor	Dramburg.
73	Dr. Dancker	Advokat	Frankfurt a. M.
74	Dann, Rud.	Notar	Sulz a. Neckar.
75	Danner	Rechtsanwalt	Mühlhausen i. Th.
76	Darmstädter	Gerichtsaccessist	Mannheim.
77	Dr. Delp, Friedr.	Hofgerichtsadvokat	Darmstadt.
78	Dr. Demmer	Sekretär	Frankfurt a. M.
79	Detmold	Referendar	Osnabrück.
80	v. Dewall	Justizrath	Hagen.
81	Disse	Rechtsanwalt	Brakel.
82	Distel, Fr.	Direktor	Stuttgart.
83	Dr. Doebner	Appellationsgerichtsaccessist	Aschaffenburg,
84	Döring	Kreisrichter	Tangermünde.
85	Ebel, Ludw.	Gerichtsaccessist	Darmstadt.
86	Dr. Ebhardt	Obergerichtsanwalt	Hannover.
87	Dr. Ebner	Advokat	Frankfurt a. M.
88	Eckels	Obergerichtsanwalt	Göttingen.
89	Eggert	Obergerichtsanwalt	Hannover.
90	Eisemann, Nicol.	Notar	Wörrstadt.
91	Dr. Ellissen	Advokat	Frankfurt a. M.
92	Dr. Emden, Ed.	Advokat	Frankfurt a. M.
93	Dr. Engel, E. A.	Gerichtsreferendar	Leipzig.
94	Engelhorn	Oberamtmann	Rastatt.
95	Engelmann, J.	Dr. jur.	Frankfurt a M.
96	Erxleben,	Referendar	Hannover.
97	Euler, Eduard	Notar	St. Goar.
98	Dr. Eyssen, Ad.	Advokat	Frankfurt a. M.
99	Dr. Fabricius	Stadtgerichtsrath	Frankfurt a. M.
100	Fahr	Bezirksgerichtsrath	Frankenthal.
101	Faßbender	Kreisgerichtsrath	Wiesbaden, Schwalbacherstraße 29.
102	Dr. Fester	Referendar	Frankfurt a. M.
103	Dr. Fischer	Assessor	Berlin.
104	Fischer I.	Obergerichtsanwalt	Hannover.
105	Flach	Ober-Auditeur, Geh. Justizr.	Hannover.
106	Dr. Fleck	Rügerichter	Frankfurt a. M.
107	Flügge	Geh. Kriegsrath	Berlin.
108	Dr. Fosser	Referendar	Frankfurt a. M.
109	Francke	Amtsrichter	Neustadt am Rübenberge.
110	Frank, Theod.	Stadtkreisrichter	Danzig.
111	Franken	Advokatanwalt	Cöln.

Nr.	Name.	Stand.	Wohnort.
112	Fresenius	Assessor	Butzbach.
113	Friedrichs	Amtsrichter	Rotenburg b. Verden.
114	Fries	Referendar	Berlin, Lindenstr. 127 II. l.
115	Fromme	Kronanwalt	Hameln.
116	Funke	Handelsgerichtssekretär	Bremen.
117	Gaßner	Advokat	Amberg.
118	Gaettens	Advokat	Rostock.
119	Geiger, B.	Dr. juris	Frankfurt a. M.
120	Genz	Milit.-Intendanturrath	Hannover.
121	Gerhard	Advokat	Würzburg.
122	Gilmer	Landgerichtsassessor	Offenbach.
123	Glaser	Bezirksgerichtsassessor	Frankenthal i. Rheinpfalz.
124	Dr. Glockner jun.	Advokat	Frankfurt a. M.
125	Goehde	Regierungsrath	Hannover.
126	Goldschmidt	Dr. juris	Berlin.
127	Göpfert	Advokat	Werdau i. Voigtl.
128	Goeschen	Regierungsassessor	Harburg.
129	Gräbe	Rechtsanwalt	Rinteln.
130	Graf	Gerichtsassessor	Gräfenthal i. Thür.
131	Graf, Ed.	Notariatsverweser	München.
132	Gropp	Geheimer Justizrath	Hannover.
133	Grote	Advokat	Burgdorf.
134	Grüneklee	Referendar	Hannover.
135	Dr. Grünewald	Stadtgerichtsdirektor	Frankfurt a. M.
136	Gruner	Dr. jur.	Hamburg.
137	Dr. Haeberlin	Referendar	Frankfurt a. M.
138	Haehmeister	Advokat	Hannover.
139	Haekbusch, M. F.	Advokat und Notar	Röbel i. Mecklenburg.
140	Hagens	Stadtgerichtsrath	Potsdam.
141	Halberstadt	Oberamtsrichter	Obernkirchen.
142	Haltenhoff	Obergerichtsanwalt	Hameln.
143	Dr. Hamburger	Notar	Frankfurt a. M.
144	Harbordt	Landrichter	Laubach.
145	Hartmann	Oberamtsrichter	Bruchhausen.
146	v. Hartmann	Obergerichtsanwalt	Hannover.
147	Hasenbalg	Divis.-Auditeur, Justizrath	Hannover.
148	Dr. Hauck	Advokat	Frankfurt a. M.
149	Hauschild	Regierungsrath	Hannover.
150	Hecker	Justizassessor	Stuttgart.
151	Heinzemann	Staatsanwalt	Limburg a. L.
152	Heise	Regierungsrath	Hannover.
153	Hellmann	Kreisrichter	Iserlohn i. W.
154	Hellwig	Amtsrichter	Oldendorf.

Nr.	Name.	Stand.	Wohnort.
155	Heny, Rud.	Justizassessor	Ravensburg.
156	Herbst	Geh. Regierungsrath	Hannover.
157	Herbst	Auditeur	Stettin.
158	Hesekiel	Kreisrichter	Carthaus.
159	Hesekiel, Franz	Stadtrichter	Danzig.
160	Hessenberg	Advokat	Frankfurt a. M.
161	Heßler	Hofgerichtsr. u. Universitätsrichter	Leipzig, Langestraße 13.
162	Heuser	Rechtsanwalt	Bückeburg.
163	v. Heusinger	Referendar	Cassel.
164	Heydemann	Stadtrichter	Sülz.
165	Heyder	Kreisgerichtsrath	Templin.
166	Dr. Heyl, Prosper	Obergerichtsrath	Meppen.
167	Dr. Hirsch	Referendar	Frankfurt a. M.
168	Hiller	Dr. jur.	Heidelberg, Binnenstraße.
169	Höfeld	Referendar	Wiesbaden.
170	Dr. Hoffmann	Referendar	Frankfurt a. M.
171	v. Hohnhorst	Amtshauptmann	Bergen b. Celle.
172	Hoppenstedt	Gerichtsassessor	Celle.
173	Hugenberg I.	Obergerichtsanwalt	Osnabrück.
174	Hugenberg	Schatzrath	Hannover.
175	Hullmann	Appellationsrath	Oldenburg (Großh.)
176	Hurtzig	Regierungsassessor a D.	Hannover.
177	Huther	Stadtgerichtsmitarbeiter	Hagenow.
178	Jaeger, Fr. W.	Landrichter	Vilbel.
179	Jahn, Anton	Justizamtmann	Hirschberg b. Schleiz.
180	Jerusalem	Friedensrichter	Lutzerath (Regbz. Coblenz).
181	Ilsemann	Amtsrichter	Hannover.
182	Dr. Joachim	Kreisgerichtsrath	Mosbach.
183	Joenbart	Gerichtsassessor	Hannover.
184	Josephthal, Gust.	Rechtsanwalt	Nürnberg.
185	Dr. Jucho, Wilh.	Advokat	Frankfurt a. M.
186	Dr. Juchosen	Justizrath	Frankfurt a. M.
187	Jüdell II.	Obergerichtsanwalt	Celle.
188	Jüdell	Obergerichtsanwalt	Hannover.
189	Jugler	Landsyndikus	Hannover.
190	Dr. Juncker	Advokat	Frankfurt a. M.
191	Dr. Jung, G. J.	Stadtgerichtsrath	Frankfurt a. M.
192	Kallner	Amtsrichter	Rotenburg a. d. Fulda.
193	Kamlah	Amtsrichter	Uslar.
194	Kaula	Rechtsanwalt	Frankfurt a. M.
195	Keim	Kreisgerichtsrath	Wiesbaden.
196	Keller	Rechtsanwalt	Dillenburg.

Nr.	Name.	Stand.	Wohnort.
197	Dr. Kellinghausen, F. H.	Handelsgerichtsaktuar	Hamburg.
198	Kerckhoff	Kronanwalt	Osnabrück.
199	Kern	Amtsrichter	Hameln.
200	v. Kienowsky	Kreisgerichtsdirektor	Gardelegen.
201	Dr. Kilzer, W.	Advokat	Frankfurt a. M.
202	Dr. Kirchner	Stadtgerichtsrath	Frankfurt a. M.
203	Kitz	Vice-Oberappell.-Ger.-Präs.	Oldenburg.
204	Klapp	Amtsrichter	Pyrmont.
205	Kleinrath	Obergerichtsanwalt	Hannover.
206	Kleucker	Referendar	Göttingen.
207	Klingholz	Referendar	Holzminden.
208	Kloeppel	Advokat	Cöln.
209	Knatz	Amtsrichter	Oberkaufungen.
210	Kneusel	Rechtsanwalt und Notar	Gleiwitz.
211	Koch	Rechtsanwalt	Landeck i. Schl.
212	Kohlrausch	Advokat	Hannover.
213	Koenig	Amtsrichter	Hannover.
214	Königer	Landrichter	Offenbach a. M.
215	Dr. Körner	Stadtamtmann	Frankfurt a. M.
216	Kost	Regierungsassessor	Cassel.
217	Koester	Kreisrichter	Hagen.
218	Köwer, E.	Sekretär a. Hess. Bez.-Strafg.	Michelstadt i Odenwald.
219	Krah, C.	Amtsrichter	Braubach a. Rhein.
220	Krah	Rechtsanwalt	Segeberg.
221	Kraut	Regierungsrath	Hannover.
222	Kretzschmar	Advokat	Dresden.
223	Kriegk	Referendar	Hannover.
224	Kühnemann	Regierungsrath	Hannover.
225	Kullmann	Landgerichtsassessor	Alsfeld.
226	Kunitz	Staatsanwalt	Frankfurt a. M.
227	Lang	Obergerichtsanwalt	Wiesbaden.
228	Langenbach	Hofgerichtsadvokat	Darmstadt.
229	Langrock	Kreisgerichtsrath	Osterwieck a. H.
230	Larenz	Obergerichtsrath	Hameln.
231	Lauer	Landgerichtsrath	Elberfeld.
232	Lauth	Advokat	Alfeld.
233	Lehmann	Advokat und Notar	Dannenberg.
234	Leidner	Amtsrichter	Wiesbaden.
235	Lenel, Otto	Dr. jur.	Mannheim.
236	v. Lenthe	Obergerichtsrath	Hildesheim.
237	Lentz	Präsident d. kgl. Finanzdir.	Hannover.
238	Lettgau	Obergerichtsrath	Hannover.

Nr.	Name.	Stand.	Wohnort.
239	Levy	Kreisrichter	Beuthen i. Oberschlesien.
240	Leykauf	Stadtgerichtsrath	Frankfurt a. M.
241	Lindenberg	Gerichtsassessor	Hannover.
242	Loeb	Referendar	Hamm.
243	Dr. Loebell, Georg	Rechtsanwalt	Marburg.
244	Lodemann	Obergerichtsrath	Hannover.
245	Dr. Lorey, W.	Advokat	Frankfurt a. M.
246	Lossen, Adolf	Apell.-Ger.-Refer.	Wiesbaden, Viktoriastr.
247	Dr. Ludolph, E.	Obergerichtssekretär	Detmold.
248	Ludwig	Stadtrath	Chemnitz.
249	Lutteroth	Dr. jur.	Hannover.
250	Magnus	Justizrath	Königsberg.
251	Marcard	Advokat	Nienburg.
252	Massot	Hofgerichtsadvokat	Darmstadt.
253	Dr. Matti, A.	Advokat	Frankfurt a. M.
254	Dr. May	Advokat	Frankfurt a. M
255	May, L.	Justizrath	Hörde.
256	Dr. Marquardsen	Professor	Erlangen.
257	v. Meibohm	Referendar	Hannover.
258	Meister	Amtshauptmann	Hannover.
259	Mensching	Obergerichtsanwalt	Hannover.
260	Menz, Hrch.	Justizbeamter a. D.	Frankfurt a. M.
261	Meyer	Obergerichtsassessor	Celle.
262	Meyer	Regierungsassessor	Linden b. Hannover.
263	Meyer, G.	Professor	Marburg.
264	Meyer, C.	Rechtsanwalt	Pyrmont.
265	Meyer, H.	Advokat und Notar	Rabingen b. Melle.
266	Meyer	Professor und Consistorialrath	Rostock.
267	Meyn, Ludw.	Rechtsanwalt und Notar	Berlin.
268	v. Michels	Gerichtsassessor	Göttingen.
269	Mordhorst	Kreisgerichtsrath	Altona.
270	Mühry	Amtsrichter	Hameln.
271	Müldner	Rechtsanwalt	Rotenburg (Prov. Hessen).
272	Müller	Advokatanwalt	Cöln a. R.
273	Müller	Obergerichtsanwalt	Hannover.
274	Müller, C. H.	Schatzrath	Hannover.
275	Dr. v. Mumm	Oberbürgermeister	Frankfurt a. M.
276	Dr. Murhard	Rügerichter	Frankfurt a. M.
277	Neuhaus	Kreisgerichtsdirektor	Freistadt i. Schl.
278	Dr. Neukirch, A.	Referendar	Frankfurt a. M.
279	Dr. Neukirch, W.	Notar	Frankfurt a. M.
280	Niedermeier	Advokat	Nürnberg.
281	Niederstadt	Amtsrichter	Gifhorn.

Nr.	Name.	Stand.	Wohnort.
282	Niemeyer	Rechtsanwalt	Warburg.
283	Rieß, L.	Gerichtsaccessist	Offenbach a. M.
284	Noeldecke	Oberappellationsrath	Celle.
285	Nolden	Advokatanwalt	Düsseldorf.
286	Obrock	Obergerichtsanwalt	Hannover.
287	Dr. Oppenheim	Aktuar	Frankfurt a. M.
288	Dr. Oppenheimer, C.	Advokat	Hamburg.
289	Dr. v. Oven	Senator	Frankfurt a. M.
290	Dr. Oeshausen, J.	Staatsanwaltsgehülfe	Königsberg i. Pr.
291	Osius	Amtsrichter	Hanau.
292	v. d. Osten	Regierungsrath	Hannover.
293	Ostermann	Senator	Hannover.
294	Dr. Oswalt	Referendar	Frankfurt a. M.
295	Otto, Karl	Amtsrichter	Königstein (Regbz. Wiesb.).
296	Dr. Peez, E.	Staatsprokurator	Mühlhausen i. Elsaß.
297	Petersen	Kammerpräsident	Straßburg i. Elsaß.
298	Dr. Pfeffinger	Hofgerichtsadvokat	Offenbach a. M.
299	v. Plato	Kreisgerichtsdirektor	Dübbecke.
300	Plessing	Rechtsanwalt	Lübeck.
301	Dr. Polchau	Consistorialrath	Hannover.
302	v. Prott	Regierungsrath	Hannover.
303	Quaet-Fastem	Dr. jur.	Melle i. Hannover.
304	Quedenfeldt	Kreisrichter	Friesland.
305	Quenstedt, M.	Dr. jur.	Frankfurt a. M.
306	Quoadt	Kammerpräsident	Elberfeld.
307	Qwinner	Stadtgerichtsrath	Frankfurt a. M.
308	Rabe, C.	Staatsanwaltsgehülfe	Rotenburg a. F.
309	Rackow	Advokat	Schönberg (Fstth. Ratzeb.).
310	Rademacher	Gerichtsassessor	Dortmund.
311	Rademacher	Gerichtsrath	Soest.
312	Rambke	Bürgermeister	Elze.
313	Rasch	Amtsrichter	Bergen b. Celle.
314	Rasch	Amtsrichter	Weener i. Ostfriesland.
315	Rath	Advokatanwalt	Bonn.
316	Ratjen	Gerichtsassessor	Geldern.
317	Rau	Anwalt	Hof.
318	Rautenberg	Oberregierungsrath	Hannover.
319	Rautenberg II., F.	Obergerichtsanwalt	Hannover.
320	Reimerdes	Amtsrichter	Cassel.
321	Reinecke	Amtsrichter	Hoya.
322	Dr. Reinganum	Justizrath	Frankfurt a. M.
323	Reinhard, Alex.	Rechtsanwalt	Mannheim.

Nr.	Name.	Stand.	Wohnort.
324	Reinking	Referendar	Göttingen.
325	Dr. Reiß, P.	Referendar	Frankfurt a. M.
326	Reuter	Bezirksgerichtsrath	Aschaffenburg.
327	Ritter	Divisionsauditeur	Hannover.
328	Rocholl	Kreisrichter	Bochum.
329	Rohde	Regierungsrath	Berlin.
330	Rose	Regierungsrath	Hannover.
331	Rose	Referendar	Hannover.
332	Dr. Rosenberg II.	Hofgerichtsadvokat	Gießen.
333	Dr. v. Roth, P.	Professor u. Oberbibliothekar	München.
334	Rúdorff	Amtsrichter	Lüchow.
335	Dr. Rumpf, E.	Stadtamtmann	Frankfurt a. M.
336	Saaßen, J. H.	Notar	Wittlich.
337	Sabarth	Geheimer Oberfinanzrath und Provinzialsteuerdirektor	Hannover.
338	Sabarth	Referendar	Hannover.
339	v. Salpius, gen. v. Oldenburg	Oberappellationsrath	Celle.
340	Sander	Referendar	Lehe.
341	Sauerhering	Geh. Ober-Regierungsrath	Hannover.
342	Schall	Rechtsanw.-Prokurator	Ulm.
343	Dr. Scharff	Appellationsgerichtsrath	Frankfurt a. M.
344	Schaum	Rath	Lauterbach.
345	Dr. Scherlenzraj	Advokat	Frankfurt a. M.
346	Schlüter	Oberamtmann	Hannover.
347	Schmedes	Kreisrichter	Hanau.
348	Schmidt	Oberappellationsrath	Celle.
349	Schmidt	Assessor	Celle.
350	Dr. Schmidt, Carl	Landgerichtsrath	Colmar.
351	Schmidt, A.	Kreisgerichtsrath	Constanz.
352	Schmidt	Kreisrichter	Flatow.
353	Schmidt	Obergerichtsrath	Hameln.
354	Schmidt	Bürgermeister	Hameln.
355	Schmidt, C. Th.	Assessor	Leipzig.
356	Dr. Schmidtlein	Anwalt	Ansbach.
357	Schmieden	Oberstaatsanwalt	Frankfurt a. M.
358	Dr. Schnapper	Advokat	Frankfurt a. M.
359	Schoedler	Gerichtsaccessist	Offenbach a. M.
360	Schorcht	Obergerichtsanwalt	Hameln.
361	Schott	Justizassessor	Welzheim.
362	Dr. Schulen, Paul	Advokat	Frankfurt a. M.
363	Schultze, Gustav	Rechtsanwalt	Torgau.
364	Dr. Schulz, H.	Notar	Frankfurt a. M.

Nr.	Name.	Stand.	Wohnort.
365	Schuster	Justizassessor	Langenburg (Württemb.).
366	Schwake	Referendar	Hameln.
367	v. Schwanewede	Oberamtsrichter a. D.	Fredelsdorfermühlen.
368	Schwencke	Regierungsrath	Hannover.
369	Schwenger	Kreisrichter	Steinheim.
370	Schwiening	Amtsrichter	Springe.
371	Schwing	Referendar	Wiesbaden.
372	Seelig, Fr. W.	Amtsrichter	Cassel
373	Selb, G.	Anwalt	Mannheim.
374	Semper	Regierungsassessor	Hannover.
375	Sertürner	Obergerichtsanwalt	Hameln.
376	Sevin, Jul.	Notar	Carlsruhe.
377	Siebert	Dr. jur.	Frankfurt a. M.
378	Siemens	Amtsrichter	Burgwedel bei Celle.
379	Sievert	Regierungsrath	Hannover.
380	Simon	Advokat	Hannover.
381	Dr. Sontag, Rich.	Professor	Freiburg i. Baiern.
382	Spangenberg	Kammerdirektor	Carolath.
383	Spohr	Rechtsanwalt	Cassel.
384	Staehler	Rechtsanwalt	Hadamar.
385	Ständer	Justizrath	Essen.
386	Steffani	Regierungsrath	Hannover.
387	Stegemann	Referendar	Hannover.
388	Steinbach	Justizrath und Notar	Magdeburg.
389	Steyerthal	Referendar	Braunschweig.
390	Dr. Stickel, Oscar	Kgl. preuß. Divisionsauditeur	Carlsruhe.
391	Stifft	Amtsrichter	Höchst a. M.
392	v. Stockhausen	Obergerichtsrath	Osnabrück.
393	Stolz	Gerichtsassessor	Göttingen.
394	Strauß, Adolf	Anwalt	Carlsruhe.
395	Struckmann	Obertribunalsrath	Berlin.
396	Struckmann	Obergerichtsassessor	Göttingen.
397	Stumpff	Kreisrichter	Wiesbaden.
398	Thiemann	Bürgermeister	Hamm.
399	Dr. Thöl	Referendar	Lauenstein.
400	Thomsen	Amtsrichter	Emden.
401	Thomsen	Obergerichtsrath	Hannover.
402	Thönnessen	Not.-Candidat	Cöln.
403	Thurn, Jos.	Advokatanwalt	Cöln.
404	Treplin	Kronanwalt	Celle.
405	Dr. Ulrici	Sekretär	Frankfurt a. M.
406	Vaillant	Landrichter	Obermoschel.
407	Vette	Rechtsanwalt	Wittenberg.

Nr.	Name.	Stand.	Wohnort.
408	Vielvoye	Landgerichtsrath	Düsseldorf.
409	Vietov	Gerichtsassessor	Osterode.
410	Vonhansen	Amtsrichter	Höchst a. M.
411	Dr. Wachtel	Gerichtsreferendar a. D.	Frankfurt a. M.
412	Wächter	Amtsrichter	Gestemünde.
413	Wagner, Aug.	Anwalt	Heidelberg.
414	Walther	Referendar	Hannover.
415	Wangemann	Staatsanwalt	Rinteln a. W.
416	Weber	Kreisrichter	Flatow (Westpreußen).
417	Weber, Houth	Oberregierungsrath	Hannover.
418	Wedekind	Obergerichtsassessor	Hameln.
419	Wedekind	Oberamtsrichter a. D.	Hannover.
420	Dr. Wedekind	Advokat u. Notar	Uslar.
421	Wehrhane	Referendar	Hannover.
422	Weibezahn	Gerichtsaccessist	Hannover.
423	Weißleder	Kreisrichter	Grätz (Prov. Posen).
424	Dr. v. Welling	Appell.-Ger.-Sekr.	Frankfurt a. M.
425	Werner	Obergerichtsanwalt	Hannover.
426	Westedt	Amtsrichter	Albersdorf (Holstein).
427	Westrum	Appellationsgerichtsanwalt	Celle.
428	Wiester	Rechtsanwalt	Hirschberg i. Schl.
429	Wiethaus	Kreisrichter	Werl.
430	Wilhelm	Referendar	Diepholz.
431	Winter	Prokurator a. D.	Höchst a. M.
432	Wittgenstein, Jos.	Advokat	Cöln.
433	Wittko	Postrath	Hannover.
434	Wolf, Otto	Hülfsrichter	Weinsberg.
435	Wulfert	Appellationsgerichtsrath	Cöln.
436	Wulff	Amtsrichter	Segeberg.
437	Wüstenfeldt	Justizrath	Hannover.
438	Wuthmann	Amtsrichter	Tostedt.
439	Zimmermann	Hofgerichtsadvokat	Darmstadt
440	Zimmermann	Kreisrichter	Kemberg (Regbz. Merseb.).
441	Zündorf	Advokat	Cöln.

Oesterreich-Ungarn.

442	Dr. Berggrün	Advokat	Wien.
443	v. Csemegi, Carl	Staatssekretär i. Just.-Min.	Pest.
444	Dr. Dostal, Franz	Advokat	Wien.
445	Dr. Dürnberger	Advokat	Linz.
446	Dr. Ehrenfest, Mor.	Advokat	Temesvar.
447	Felal	Advokat	Dárda Baranyáer Com.

Nr.	Name.	Stand.	Wohnort.
448	Dr. Friedmann	Advokat	Pest.
449	Gerloczy	Advokat	Pest.
450	Hiekel	Magistratsadjunkt	Teplitz.
451	Dr. Frh. v. Hippersthal	Staatsanw.-Subst.	Gratz.
452	Dr. Hocke	Advokat	Linz.
453	Dr. v. Kis	Appellationsrath	Bekes-Gyulr.
454	Dr. v. Kovacs, Jul.	Concipist der königl. Tafel	Pest.
455	Konrad	Notar	Tachau.
456	Dr. Neumann, H.	Advokat	Stuhlweißenburg.
457	Dr. Renner	Advokat	Komottau.
458	Dr. Samuely	Advokat-Conc.	Brünn.
459	Dr. Schmettau	Advokat	Freiwaldau.
460	Dr. Schneider	Advokat	Teplitz.
461	Dr. Singer	Advokat-Candidat	Wien.
462	Dr. v. Sipot	Professor	Großwardein.
463	v. Toth	Gerichtshofrath	Pest.
464	Vogel	Notar	Kaplitz.
465	Dr. Zahn	Advokat	Prag.
466	Dr. Zucker	Privatdocent	Prag.

Königreich der Niederlande.

467	Dr. Levy, J. A.	Advokat	Amsterdam.

Kaiserreich Rußland.

468	Dr. jur. utr. Stammann	Kaiserl. Consul	Helsingfors.
469	Swetschinsky	Hofrath	St. Petersburg.

Nord-Amerika.

470	Schamberg, Max	Rechtsanwalt und Notar	Pittsburg.

IV.

Stenographische Berichte.

Erste Plenarsitzung

des

Elften Deutschen Juristentages

zu Hannover am 28. August 1873

im Concertsaale des königlichen Schauspielhauses.

(Beginn: Vormittag 9 Uhr.)

Professor Dr. Gneist aus Berlin eröffnet die Sitzung mit folgender Ansprache:

Meine hochzuverehrenden Herren! Die ständige Deputation hat sich ihrer statutenmäßigen Verpflichtung unterzogen, den diesjährigen elften Juristentag vorzubereiten. Es sind die Themata der Verhandlung formulirt. Es sind die Gutachten, soweit möglich, gedruckt. Es sind die Referenten vorläufig bezeichnet, und wir werden in den Stand gesetzt sein, in die Berathung sehr bald einzutreten.

Zu unserm lebhaften Bedauern haben mehrere unsrer ältesten und bewährtesten Mitglieder diesmal unsrer Vereinigung ihre Theilnahme nicht schenken können, — größtentheils aus Gesundheitsrücksichten. Insbesondere muß ich dem lebhaften Bedauern Ausdruck geben, daß dies auch von dem hochberühmten und bewährten Präsidenten des ersten Juristentags gilt, unserm allverehrten Collegen Geheimrath Dr. von Wächter. Er schreibt in einem Passus, den ich glaube mittheilen zu müssen, aus Bad Ems:

(folgt die Mittheilung aus dem Schreiben.)

Durch diese Abwesenheit tritt eine Frage an uns heran, die sonst wahrscheinlich nicht entstanden wäre, die Frage des Präsidiums. Der §. 7 der Statuten bestimmt:

(Verlesung.)

Ich stelle daher der hochverehrten Versammlung anheim über den Modus der Designation entweder durch Wahl oder durch Acclamation zu beschließen.

(Rufe: Acclamation!)

Präsident **Kühne** aus Celle: Ich glaube, daß wohl kein Zweifel darüber ist, daß wir der Wahl durch Acclamation den Vorzug geben, und möchte ich den Antrag stellen, daß wir Herrn Professor Dr. Gneist zum Präsidenten des Juristentages erwählen. (Allseitiger Beifall.)

Präsident Dr. **Gneist**: Ich kann nicht in der üblichen Weise der Alterspräsidenten sagen:

„Gänzlich unvorbereitet wie ich bin,"

(Heiterkeit),

sondern habe mich offen über Folgendes auszusprechen. Ich sollte in verständiger Erwägung meiner Kräfte Bedenken tragen, die Ehre anzunehmen, die für mich soeben in Vorschlag gebracht ist; denn diese Ehre geht weit über mein Verdienst hinaus. Allein als die Vorfrage in unserm ständigen Comité zur Erörterung kam, da fand sich, daß eine Reihe der bewährtesten und ältesten Mitglieder des Juristentages diesmal nicht theilnehmen könne. Es fand sich, daß ein hochverehrtes Mitglied, welches ich dringend ersuchte, gerade an dieser Stelle die Leitung zu übernehmen, durch eine Indisposition sich verhindert erklärte und die Annahme seiner Ablehnung als einen Act persönlicher Freundschaft erbat. Da nun bei diesen heißen Tagen schließlich Jemand die Leitung übernehmen muß, so habe ich mich bereit erklärt, die Geschäftsführung zu übernehmen, aus dem entscheidenden Grunde, weil die höchste Ehre, die aus dem Kreise der Berufsgenossen ertheilt werden kann, überhaupt nicht ausgeschlagen werden darf und weil die große Nachsicht, welche die Berufsgenossen auf früheren Juristentagen für diese Geschäftsführung gehabt haben, mir die Hoffnung giebt, daß keine ungewöhnlichen Schwierigkeiten zu überwinden sein werden.

Ich bitte Sie, überzeugt zu sein, daß Niemand mehr die hohe Bedeutung dieser Auszeichnung würdigen kann als ein Berufsgenosse, der aus der juristischen Praxis in die Wissenschaft übergegangen ist und aus der Wissenschaft immer wieder auf die Praxis zurückgedrängt wird. Ich sage Ihnen also meinen tiefgefühlten Dank für die mir diesmal zugedachte Ehre.

Was die Leitung der Geschäfte betrifft, so muß ich im Voraus Ihre Nachsicht in Anspruch nehmen. Die Gegenstände der Berathung sind freilich häufig ohne große Schwierigkeit für die Leitung der Debatte, und unser wohlgeschulte Juristenstand macht sie dem Präsidenten in der Regel leicht. Aber Versammlungen, die nicht wie Parlamente Jahr aus, Jahr ein tagen, sondern die für wenige Stunden ex tempore zusammentreten, kommen beim besten Willen und möglichster Nachgiebigkeit manchmal in eine schwierige Lage, die aus der extemporirten Natur der Versammlung folgt, und sollte die Situation derart sein, so bitte ich im Voraus um Indemnität, wenn ich in irgend einem Punkte ein Versehen begehen sollte.

Der Präsident beruft zunächst zum ersten Vice-Präsidenten den Appellationsgerichts-Präsidenten Franke ev. den Appellationsgerichts-Vice-Präsidenten Kühne aus Celle; zum zweiten Vice-Präsidenten den Ober-Regierungs-Rath Rautenberg; zum dritten Vice-Präsidenten den Dr. Graf von Wartensleben aus Berlin und zum 4. Vice-Präsidenten den Hof- und Gerichts-Advokaten Ritter Dr. Karl v. Kißling aus Linz.

Hof- und Gerichts-Advokat Ritter Dr. **v. Kißling** aus Linz: Hochverehrte Versammlung! Ich acceptire mit großer Freude die hohe Ehre, die mir zugedacht ist, und erlaube mir, meinem Danke dafür, einige Worte beizufügen. Ich muß diese Ehre um so höher schätzen, als heuer nur sehr wenig Collegen aus Oesterreich gekommen sind. Ich bitte das aber nicht dahin zu deuten, daß die Theilnahme, die geistige Theilnahme an den Arbeiten des Juristentages in Oesterreich eine geringere geworden ist, sondern nur dahin, daß ganz außerordentliche Verhältnisse, besonders aber die weite Entfernung es verschulden, daß die Theilnahme diesmal eine geringere ist. Seien Sie versichert, daß wir Oesterreicher mit voller Seele, mit voller Begeisterung an den Arbeiten des Juristentages fortwährend theilnehmen, und ihnen folgen. Ich kann die Hoffnung aussprechen, daß diese Theilnahme in der Zukunft eine größere sein wird, je mehr die Einsicht zur Geltung kommt, daß die innigste, aber nicht politische, Vereinigung mit Deutschland Dasjenige ist, was wir in Oesterreich anzustreben haben, und daß unser engeres Vaterland in demselben Rechtsbewußtsein, in denselben Sitten, in demselben geistigen Streben mit Deutschland vereinigt ist. Daß diese Zeit recht nahe ist, das ist meine volle Ueberzeugung, und in diesem Sinne habe ich als Deutschösterreicher immer an dem Juristentage theilgenommen, in diesem Sinne nehmen alle übrigen Collegen Theil, und ich kann auch nur in diesem Sinne die hohe Ehre acceptiren, die mir heute zu Theil geworden ist.

Der **Präsident** beruft weiter in das Schriftführeramt die Herren Obergerichtsanwälte Bojunga und Dr. Cleves aus Hannover, sowie Advokaten Beck aus Nürnberg und Dr. Geiger aus Frankfurt a. M., erklärt nach erfolgter Constituirung des Bureaus den elften Juristentag für eröffnet und fährt demnächst fort: „Möge Gott die Arbeiten dieser Vereinigung deutscher Juristen segnen," das waren die Worte, mit denen vor 14 Jahren an demselben Tage und in derselben Stunde der Präsident die erste Vereinigung unserer deutschen Juristen begrüßte. Es geschah nicht ohne den Ausdruck einer bangen Sorge, ob unter den schwierigen Verhältnissen Deutschlands die gemeinsamen Berathungen der Rechtsverständigen zu einem fruchtbaren Ziele führen könnten. Diese Besorgnisse haben sich nicht verwirklicht, und alle Hoffnungen unseres ersten Zusammentretens sind, wenn auch auf Wegen, welche die Meisten von uns nie geahnt haben, in Erfüllung gegangen. Manche kühne Hoffnung ist noch überboten worden durch die Erfolge. Wir verdanken diese Erfolge einem Zusammentreffen günstiger Momente, die längst vorbereitet worden sind durch die geduldige Arbeit des deutschen Volkes und seines des deutschen Volkes würdigen Juristenstandes.

Im Laufe dieser Ereignisse sind neben dem Juristentage politische Körperschaften entstanden, die mit staatlicher Autorität den Bedürfnissen des wirklich Gemeinsamen Rechnung tragen. Die Stellung des deutschen Juristentages war von Haus aus nur eine consultative. Sie konnte einen ungewöhnlichen Einfluß gewinnen unter den damaligen zerrissenen Verhältnissen Deutschlands. Dies Verhältniß einer moralischen Autorität ist geblieben, und wenn auch neben uns mächtigere Körperschaften tagen, so glaube ich, meine Herren, wird diesen Einfluß der Juristentag in seinen Arbeiten auch ferner bewahren, wenn er mit derselben Ausdauer, Unabhängigkeit und Selbstständigkeit seine Berathungen fortführt, wie er sie von Anfang an geführt hat.

Wir haben aus einer tiefbewegten Zeit heraus ein Resultat gewonnen, welches wir mit Stolz das unwiderrufliche Resultat nennen können. Wir haben die unerschütterliche Gewißheit gewonnen, daß es endlich der großen deutschen Nation gelungen ist, die Schicksale ihres Staates und die Bildung ihres Rechts selbstständig, frei von den Einflüssen und ungeregelten Einwirkungen irgend einer anderen Nation oder Macht in Zukunft selbst zu bestimmen. Um dieses unwiderruflichen Resultats willen werden wir Juristen, wie unsere Nation überhaupt, manche Schwierigkeiten der Uebergangszustände gern ertragen.

Hierauf theilt der Präsident mit, daß

1) der holländische 3. und 4. Juristentag seine „Verhandlungen der niederländischen Juristenvereinigung 1873" in einem Exemplare eingeschickt, daß
2) eine Denkschrift betitelt: Eingabe des Vereins öffentlicher Anwälte zu Darmstadt an den deutschen Reichstag betreffend die einheitliche

Civilgesetzgebung und die dermalen im Großherzogthum Hessen, insbesondere in der Provinz Starkenburg, geltenden Partikularrechte, in einer größeren Anzahl von Exemplaren eingegangen sei, — eine Denkschrift, die für allgemeinere Kreise ein großes Interesse habe, da Jeder Unbefangene den Eindruck aus der Lectüre gewinnen werde, daß die Forderung der Einheit für die Hauptgrundlagen des Privatrechts nicht aus einer Vorliebe für Uniformirung herrühre, die von Alters her nicht die schwache Seite des deutschen Lebens sei, sondern daß es sich um einen wirklichen Nothstand der Sonderrechtsbildung handle.

Weiter theilt derselbe mit, daß der Vicepräsident Advocat Dr. von Kißling sich der mühsamen Arbeit unterzogen habe, eine Realübersicht über die Verhandlungen der ersten zehn deutschen Juristentage von 1860—1872 zusammenzustellen, die sämmtlichen Mitgliedern des Juristentages ebenso wie alle anderen Druckschriften zugehen werde.

Es folgt die Vertheilung der Berathungsgegenstände an die Abtheilungen.

Präsident: Es hat sich durch die Erfahrung herausgestellt, daß die erste und die zweite Abtheilung in der Regel zu combiniren sind, was die Versammlung auch für dieses Mal genehmigen wird.

Somit werden der ersten combinirten Abtheilung die fünf ersten Gegenstände der Geschäftsordnung zu überweisen sein. Mit Bedauern muß ich hier bemerken, daß der Referent für die Vorlage über das Vormundschaftsrecht durch eine ernste Krankheit verhindert ist, seinen Bericht zu erstatten. Bei der umfassenden, schwierigen Natur der Frage ist es uns bis jetzt nicht gelungen, einen anderen Referenten zu gewinnen. Ich glaube daher, daß die Abtheilung auf diesen Gegenstand wird verzichten müssen.

Die Gegenstände Nr. 6—10 gehören vor die dritte Abtheilung als strafrechtliche und strafprocessualische Fragen.

Es bleiben nun die Nummern 11—13 übrig, welche, wenn ebenfalls kein Widerspruch erhoben wird, der vierten Abtheilung überwiesen sind.

Nun, meine Herren, gehen wir zum dritten Gegenstand der Tagesordnung über, dem statutenmäßigen Bericht über die Rechtsentwickelung in Deutschland seit der letzten Juristentags-Versammlung. Er ist schriftlich erstattet worden von dem Herrn Oberhofgerichts-Kanzler Haaß zu Mannheim, und wir sind dem würdigen Präsidenten des Oberhofgerichts zu Mannheim zu großem Danke verpflichtet für die Uebernahme dieser mühevollen Arbeit und für die Ehre, die er dem Juristentag damit erwiesen hat. Es ist nach den Erfahrungen früherer Jahre aber der Wunsch ausgesprochen worden, diese Verlesung nach Möglichkeit so einzurichten, daß nur die Hauptdaten mündlich vorgetragen, dagegen die Einzelheiten durch den Druck den Mitgliedern mitgetheilt werden, und zwar soweit möglich schon durch Vertheilung im Juristentage selbst, demnächst durch Abdruck an dieser Stelle wie folgt:

Jahresbericht

I. betreffend die deutsche Reichsgesetzgebung
II. betreffend die deutsche Landesgesetzgebung.

I.

Die Reichsgesetzgebung mit Einschluß der Gesetzgebung für Elsaß-Lothringen befaßte sich direkt nur mit Gegenständen des öffentlichen Rechts; insofern diese aber Bestimmungen der Verfassung oder Beziehungen des Privat- und Prozeß-Rechts enthielten, werden sie sich gleichwohl zur Kenntnißnahme des Juristentags eignen.

Das Gesetz der Reichsregierung vom 27. Januar d. J. dehnt das Reichsgesetz vom 11. Juni 1870 über das Urheberrecht an Schriftwerken rc. auf Elsaß-Lothringen aus.

Das Reichsgesetz vom 24. Februar d. J. hebt den Absatz 2 des Artikel 28 der Reichsverfassung auf, welcher bei nicht gemeinschaftlichen Angelegenheiten des Reichs die Stimmen derjenigen Mitglieder des Reichstags ausschloß, deren Staaten der besondern Gemeinschaft nicht angehörten.

Das Reichsgesetz vom 3. März enthält einen Zusatz zu Artikel 4 al. 9 der Reichsverfassung in den Worten „die Seeschifffahrtszeichen (Leuchtfeuer, Tonnen, Baken und sonstige Tagesmarken)“.

Das Reichsgesetz vom 29. März regelt die dem Reichsoberhandelsgericht gegen Rechtsanwälte und Advokaten zustehenden Disciplinarbefugnisse.

Hiernach stehen dem Reichsoberhandelsgericht gegen die Rechtsanwälte und Advokaten, welche in den bei demselben anhängigen Rechtssachen thätig sind, rücksichtlich dieser Thätigkeit diejenigen Disciplinarbefugnisse zu, welche dem obersten Gerichtshof, an dessen Stelle das Reichsoberhandelsgericht getreten ist, unter gleichen Umständen zustehen würden.

Die auf Grund dieser Vorschrift auszusprechende Suspension oder Entziehung der Berechtigung zur Praxis bezieht sich nur auf die Praxis bei dem Reichsoberhandelsgericht.

Diejenigen Rechtsanwälte und Advokaten, welche behufs Ausübung der Praxis bei dem Reichsoberhandelsgericht sich am Sitz dieses Gerichtshofs niederlassen oder bereits niedergelassen haben, und die ihnen früher zustehende Berechtigung zur gerichtlichen Praxis in einem der Bundesstaaten oder in Elsaß-Lothringen aufgegeben, oder ganz oder zeitweise verloren haben, unterliegen in gleicher Weise, als wären sie in ihrer früheren Stellung als Rechtsanwälte oder Advokaten verblieben, der Disciplin nach Maßgabe der Landesgesetze und der nachstehenden Vorschrift.

Das Reichsoberhandelsgericht tritt für Handhabung der Disciplin über die oben bezeichneten Rechtsanwälte und Advokaten als Aufsichtsbehörde und als Disciplinargericht an die Stelle der nach den Landesgesetzen zuständigen Behörden (der öffentlichen Behörden und der aus dem Anwalt- und Advokaten-Stande gebildeten Ausschüsse, Ehrenräthe, Disciplinarräthe) mit allen Befugnissen, welche einer der bestehenden mehreren Instanzen gebühren.

Die nach den Landesgesetzen dem Vorsitzenden einer Collegial-Disciplinarbehörde zustehenden Befugnisse gehen auf den Präsidenten des Reichsoberhandelsgerichts über. Das Verfahren in Disciplinarsachen wird durch die Landesgesetze bestimmt.

Die von dem Reichsoberhandelsgericht auf Grund des Gesetzes erlassenen Entscheidungen können nur wie die Entscheidungen letzter Instanz angefochten werden.

Das Reichsgesetz vom 31. März l. J., die Rechtsverhältnisse der Reichsbeamten betreffend, ist ein sehr umfangreiches und geregeltes Gesetz (158 §§. enthaltend), wovon hier nur die wesentlichen, auch die privatrechtliche Stellung der Beamten betreffenden Bestimmungen angeführt werden sollen.

Reichsbeamter im Sinne des Gesetzes ist jeder Beamte, welcher entweder vom Kaiser angestellt, oder nach Vorschrift der Reichsverfassung den Anordnungen des Kaisers Folge zu leisten verpflichtet ist.

Soweit die Anstellung der Reichsbeamten nicht unter ausdrücklichem Vorbehalt des Widerrufs oder der Kündigung erfolgt, gelten dieselben als auf Lebenszeit angestellt.

Jeder Reichsbeamte ist für die Gesetzmäßigkeit seiner amtlichen Handlungen verantwortlich (§. 13).

Kein Reichsbeamter darf ohne Genehmigung der obersten Reichsbehörde ein Nebenamt oder Nebenbeschäftigung, mit welcher eine fortlaufende Remuneration verbunden ist, übernehmen oder ein Gewerbe betreiben. Diese Genehmigung ist zu dem Eintritt eines Beamten in den Vorstand, Verwaltungs- oder Aufsichtsrath einer jeden auf Erwerb gerichteten Gesellschaft erforderlich. Sie darf nicht ertheilt werden, sofern die Stelle mittelbar oder unmittelbar mit einer Remuneration verbunden ist. Die Genehmigung ist widerruflich. Auf Wahlkonsuln und pensionirte in den Ruhestand versetzte Beamte finden diese Bestimmungen keine Anwendung (§. 14).

Jeder Beamte kann unter Bewilligung des gesetzlichen Wartegeldes einstweilen in den Ruhestand versetzt werden, wenn das von ihm verwaltete Amt in Folge neuer Umbildung der Reichsbehörden aufhört (§. 24).

Jeder Beamte, welcher sein Diensteinkommen aus der Reichskasse bezieht, erhält aus der letzteren eine lebenslängliche Pension, wenn er nach einer Dienstzeit von wenigstens 10 Jahren in Folge eines körperlichen Gebrechens oder wegen Schwäche seiner körperlichen oder geistigen Kräfte zur Erfüllung seiner Amtspflichten dauernd unfähig ist, und deshalb in den Ruhestand versetzt wird (§. 34).

Ist die Dienstunfähigkeit die Folge einer Krankheit, Verwundung oder sonstigen Beschädigung, welche der Beamte bei Ausübung des Dienstes oder aus Veranlassung desselben ohne eigene Verschuldung sich zugezogen hat, so tritt die Pensionsberechtigung auch bei kürzerer als zehnjähriger Dienstzeit ein (§. 36).

Die Bestimmung darüber, ob und zu welchem Zeitpunkt dem Antrag des Beamten auf Versetzung in den Ruhestand stattzugeben ist, sowie ob und welche Pension demselben zusteht, erfolgt durch die oberste Reichsbehörde. Bei denjenigen Beamten, welche eine kaiserliche Bestallung erhalten haben, ist eine Genehmigung des Kaisers zur Versetzung in den Ruhestand erforderlich (§. 54).

Ein Reichsbeamter, welcher durch Blindheit, Taubheit oder ein sonstiges körperliches Gebrechen oder wegen Schwäche seiner körperlichen oder geistigen Kräfte zur Erfüllung seiner Amtspflichten dauernd unfähig ist, soll in den Ruhestand versetzt werden (§. 61).

Werden von dem Beamten gegen die Versetzung in den Ruhestand Einwendungen erhoben, so beschließt die oberste Reichsbehörde, ob dem Verfahren Fortgang zu geben sei. In diesem Falle sind Zeugen und Sachverständige zu vernehmen, der Beamte oder dessen Curator zu hören (§. 64).

Die geschlossenen Akten werden der obersten Reichsbehörde eingereicht. (§. 65.)

Hat der Beamte eine kaiserliche Bestallung erhalten, so erfolgt die Entscheidung vom Kaiser im Einvernehmen mit dem Bundesrath; in Betreff der übrigen Beamten steht die Entscheidung der obersten Reichsbehörde zu. Gegen die Entscheidung hat der Beamte den Rekurs an den Bundesrath. (§. 66.)

Ist ein Beamter vor dem Zeitpunkt, mit welchem die Pensionsberechtigung für ihn eingetreten sein würde, dienstunfähig geworden, so kann er gegen seinen Willen nur unter Beobachtung derjenigen Formen, welche für das förmliche Disciplinarverfahren vorgeschrieben sind, in den Ruhestand versetzt werden (§. 68).

Ein Reichsbeamter, welcher die ihm obliegenden Pflichten verletzt, begeht ein Dienstvergehen und hat die Disciplinarbestrafung verwirkt (§. 72).

Die Disciplinarstrafen bestehen in 1. Ordnungsstrafen und 2. Entfernung aus dem Amt. Ordnungsstrafen sind Warnung — Verweis — Geldstrafen. Die Entfernung aus dem Amt kann bestehen 1. in Strafversetzung, 2. Dienstentlassung (§§. 73—75).

Welche der in §§. 73—75 bestimmten Strafen anzuwenden seien, ist nach der größeren oder geringeren Erheblichkeit des Dienstvergehens mit besonderer Rücksicht auf die gesammte Führung des Angeschuldigten zu ermessen (§. 76).

Spricht das Gesetz bei Dienstvergehen, welche Gegenstand des Disciplinarverfahrens werden, die Verpflichtung zur Wiedererstattung oder zum Schadenersatz oder eine sonstige civilrechtliche Verpflichtung aus, so gehört die Klage der Beschädigten vor das Civilgericht. Die Befugniß der vorgesetzten Behörde, einen Beamten zur Erstattung eines widerrechtlich erhobenen oder vorenthaltenen Werthbetrages anzuhalten, wird hierdurch nicht ausgeschlossen (§. 79).

Das Disciplinarverfahren ist in §§. 80—119 des Gesetzes normirt. Die entscheidenden Disciplinarbehörden, welche je nach Bedürfniß zusammentreten, sind in erster Instanz die Disciplinarkammern, in zweiter Instanz der Disciplinarhof (§. 86).

Bei der Entscheidung hat die Disciplinarkammer, ohne an positive Beweisregeln gebunden zu sein, nach ihrer freien aus dem Inbegriff der Verhandlungen und Beweise geschöpften Ueberzeugung zu beurtheilen, inwieweit die Anschuldigung für begründet zu erachten. Ist die Anschuldigung nicht begründet, so spricht die Disciplinarkammer frei; vorläufige Freisprechung (Entbindung von der Instanz) ist nicht statthaft. Wegen der nämlichen Handlung darf ein Disciplinarverfahren nicht wieder eingeleitet werden (§. 108).

Gegen die Entscheidung der Disciplinarkammer steht die Berufung an den Disciplinarhof sowohl dem Beamten der Staatsanwaltschaft als dem Angeschuldigten offen (§. 110).

Der Kaiser hat das Recht, die von den Disciplinarbehörden verhängten Strafen zu erlassen oder zu mildern (§. 118).

Die §§. 125—133 handeln von der vorläufigen Dienstenthebung (Suspension vom Amt), — die §§. 134—148 von den Defekten der

Beamten an öffentlichem oder Privatvermögen, welche bei Reichskassen oder andern Reichsverwaltungen entdeckt werden.

Ueber vermögensrechtliche Ansprüche der Reichsbeamten aus ihrem Dienstverhältniß, insbesondere über Ansprüche auf Besoldung, Wartegeld oder Pension, sowie über die den Hinterbliebenen der Reichsbeamten gesetzlich gewährten Rechtsansprüche auf Bewilligungen findet nach Maßgabe der §§. 150—155 der Rechtsweg statt.

Das Reichsoberhandelsgericht entscheidet an Stelle des für das Gebiet, in welchem die Sache in erster Instanz anhängig geworden ist, nach den Landesgesetzen bestehenden obersten Gerichtshofs, und zwar in letzter Instanz. (§. 152.)

In Rechtsstreitigkeiten über Vermögensansprüche gegen Reichsbeamte wegen Ueberschreitung ihrer amtlichen Befugnisse oder pflichtwidriger Unterlassung der Amtshandlungen richtet sich die Zulässigkeit der Rechtsmittel, die Zuständigkeit des Reichsoberhandelsgerichts, und das Verfahren vor demselben nach den Vorschriften des §. 152. (§. 154.)

Die Entscheidungen der Disciplinar- und Verwaltungs-Behörden darüber, ob und von welchem Zeitpunkt ein Reichsbeamter aus dem Amt zu entfernen, einstweilen oder definitiv in den Ruhestand zu versetzen oder vorläufig seines Dienstes zu entheben sei, und über die Verhängung der Ordnungsstrafen sind für die Beurtheilung der vor dem Gericht geltend gemachten vermögensrechtlichen Ansprüche maßgebend (§. 155).

Die Reichstagsbeamten haben die Rechte und Pflichten der Reichsbeamten (§. 156).

Auf Personen des Soldatenstandes findet das Gesetz nur in den §§. 134—148. (Defecte der Beamten) Anwendung (§. 157).

Die Bestimmungen des Gesetzes über die Versetzung in ein anderes Amt, über die einstweilige und über die zwangsweise Versetzung in den Ruhestand, über Disciplinarbestrafung und über vorläufige Dienstenthebung finden auf die Mitglieder des Reichsoberhandelsgerichts, des Bundesamts für das Heimathwesen, des Rechnungshofes des Deutschen Reichs, und auf richterliche Militär-Justizbeamte keine Anwendung. Außerdem haben für die Mitglieder des Reichsoberhandelsgerichts die Vorschriften des Gesetzes über die Pensionirung und über den Verlust der Pension keine Geltung (§. 158).

Das Reichsgesetz vom 28. Mai über die Rechtsverhältnisse der zum dienstlichen Gebrauch einer Reichsverwaltung bestimmten Gegenstände enthält folgende hier zu erwähnende Bestimmungen:

An allen dem dienstlichen Gebrauch einer verfassungsmäßig aus Reichsmitteln zu unterhaltenden Verwaltung gewidmeten Gegenständen stehen das

Eigenthum und die sonstigen dinglichen Rechte, welche den einzelnen Bundesstaaten zugestanden haben, dem Deutschen Reiche zu. Hinsichtlich der Befreiung von Steuern und sonstigen dinglichen Lasten sind die im Eigenthum des Reichs befindlichen Gegenstände den im Eigenthum des einzelnen Staats befindlichen gleichartigen Gegenständen gleichgestellt (§. 1).

Durch den Uebergang des Eigenthums an den in §. 1 bezeichneten unbeweglichen Gegenständen an das Reich werden nicht berührt:

1. Verfügungen, welche vor 1. Januar 1873 getroffen sind.

2. Die Fortdauer von Zahlungen oder anderen Leistungen, welche von einer Reichsverwaltung für die Einräumung eines Rechts an einem Gegenstand oder einem Theil desselben bisher an einen Bundesstaat zu entrichten waren.

3. Die Rechte Dritter, insbesondere der Staatsgläubiger. Die zur Wahrung dieser Rechte in den Landesgesetzen bestehenden Vorschriften sind auch von dem Reiche zu erfüllen.

Rechte und Pflichten in Bezug auf rückständige Kaufgelder gehen auf das Reich nicht über (§. 9).

Vermöge des Reichsgesetzes vom 25. Juni tritt die Verfassung des Deutschen Reichs in Elsaß-Lothringen vom 1. Januar 1874 ab in Wirksamkeit, und tritt das Gebiet des Reichslandes Elsaß-Lothringen dem im Artikel 1 der Verfassung bezeichneten Bundesgebiete hinzu (§§. 1—2).

Im Uebrigen liegen die den Juristentag vorzüglich berührenden großen Justizgesetze — das Civil- und strafrechtliche Verfahren mit der entsprechenden Gerichtsorganisation noch immer in der Vorberathung des Bundesraths und seiner Ausschüsse, — hoffen wir, daß wenn die Entscheidung näher rückt, die Berathungen und Aussprüche des Juristentags über die streitigen Fragen nicht unberücksichtigt bleiben mögen!

Ueber den aus dem Reichstag hervorgegangenen Antrag auf Einführung eines allgemeinen bürgerlichen Rechts ist bis zur Stunde eine Entscheidung der Reichsregierung noch nicht erfolgt.

II.

Gehen wir zu den Sonderstaaten über, so hat sich die Gesetzgebung Preußens in der vorliegenden Periode vorzugsweise mit politischen Organisationsgesetzen befaßt, welche aber — abgesehen von ihren privatrechtlichen und prozessualischen Beziehungen — bei ihrer hohen praktischen Bedeutung von dem Juristentag nicht wohl ignorirt werden dürfen.

Es gehört dahin zuerst die Kreisordnung für die 6 östlichen Provinzen

(Preußen, Brandenburg, Pommern, Posen, Schlesien und Sachsen) vom 13. Dezember 1872, welcher die Hohenzollern'sche Amts- und Landesordnung vom 2. April l. J. als provinzielles Gesetz nachgefolgt ist.

Nach Vorschrift der Kreisordnung bildet jeder Kreis einen Communalverband zur Selbstverwaltung seiner Angelegenheiten mit den Rechten einer Corporation (§. 2).

Städte mit wenigstens 25,000 Seelen sind befugt, für sich einen Kreisverband, Stadtkreis zu bilden. (§. 4. 169.) Im Uebrigen zerfallen die Kreise in Amtsbezirke, beziehungsweise in Stadt- und Amtsbezirke. Die Amtsbezirke bestehen aus einer oder mehreren Landgemeinden, oder aus einem oder mehreren Gutsbezirken, resp. aus Landgemeinden und Gutsbezirken. An der Spitze der Verwaltung des Kreises steht der Landrath, an der Spitze der Verwaltung des Amtsbezirkes der Amtsvorsteher, an der Spitze der Verwaltung der Gemeinde der Gemeindevorsteher. Für den Bereich eines selbstständigen Gutsbezirks führt der Gutsvorsteher die dem Gemeindevorsteher obliegende Verwaltung (§. 21).

Der Gemeindevorsteher ist die Obrigkeit des Gemeindebezirks, und — sofern er nicht selbst Amtsvorsteher ist — das Organ des letzteren für die Polizeiverwaltung (§. 29). Für den Bereich eines selbstständigen Gutsbezirkes ist der Besitzer des Guts zu den Pflichten und Leistungen verbunden, welche den Gemeinden für den Bereich ihres Gemeindebezirkes im öffentlichen Interesse gesetzlich obliegen (§. 31).

Die Polizei wird im Namen des Königs ausgeübt. Die gutsherrliche Polizeigewalt ist aufgehoben (§. 46).

Die Organe der Amtsverwaltung in den Amtsbezirken sind der Amtsvorsteher und der Amtsausschuß, welcher aus Vertretern sämmtlicher zum Amtsbezirk gehörigen Gemeinde- und selbstständigen Gutsbezirke gebildet wird (§§. 50—51). Für die den Gemeinde- und Gutsbezirken gemeinsamen Angelegenheiten stehen dem Amtsverbande die Rechte einer Corporation zu. (§. 55.)

Der Amtsvorsteher verwaltet die Polizei, soweit sie nicht durch besondere Gesetze dem Landrath oder anderen Beamten übertragen ist, und die sonstigen öffentlichen Angelegenheiten des Amts nach Vorschrift des Gesetzes. (§. 59.) Der Landrath wird vom König ernannt; die Kreisversammlung ist jedoch befugt, für die Besetzung eines erledigten Landrathsamts aus der Zahl der Grundbesitzer- und der Amtsvorsteher des Kreises geeignete Personen vorzuschlagen (§. 74). Der Landrath führt als Organ der Staatsregierung die Geschäfte der allgemeinen Landesverwaltung im Kreise und leitet als Vorsitzender des Kreistags und des Kreisausschusses die Communalverwaltung des Kreises; er hat die gesammte Polizeiverwaltung im Kreise und in dessen einzelnen Amtsbezirken, Gemeinden und Gutsbezirken zu übernehmen; er ist befugt, unter Zustimmung des Kreisausschusses für mehrere Amtsbezirke oder für den ganzen Umfang des Kreises giltige Polizeivorschriften zu erlassen. (§§. 76—78.)

Die Kreisversammlung (der Kreistag) besteht in Kreisen bis 25,000 Einwohner aus 25 Mitgliedern, in Kreisen von 25—100,000 Einwohnern tritt für je 5000 und in Kreisen von mehr als 100,000 Einwohnern für je weitere 10,000 je ein Vertreter hinzu. Zum Zwecke der Wahl der Kreistags-Abgeordneten werden 3 Wahlverbände gebildet: der Wahlverband der größern ländlichen Grundbesitzer, derjenige der Landgemeinden und der der Städte (§§. 84—85).

Die Kreistagsabgeordneten werden auf 6 Jahre gewählt; alle 3 Jahre scheidet die Hälfte der Abgeordneten eines jeden Wahlverbandes aus, und wird durch neue ersetzt. Die Ausscheidenden können wieder gewählt werden (§. 107).

Der Kreistag ist berufen, den Kreiskommunalverband zu vertreten, über die Kreis-Angelegenheiten nach Vorschrift des Gesetzes, sowie über diejenigen Gegenstände zu berathen und zu beschließen, welche ihm durch Gesetze oder Verordnungen überwiesen sind oder in Zukunft durch Gesetz überwiesen werden (§. 115).

Die Sitzungen des Kreistags sind öffentlich (§. 120). Der Inhalt der Kreistagsbeschlüsse ist, sofern der Kreistag nicht im einzelnen Falle anders beschließt, in einer vom Kreistag zu bestimmenden Weise zur öffentlichen Kenntniß zu bringen (§. 125). Ueber alle Einnahmen und Ausgaben, welche sich im Voraus bestimmen lassen, entwirft der Kreisausschuß jährlich einen Haushalts-Etat, welcher von dem Kreistag festgestellt und veröffentlicht wird; bei Vorlage dieses Etat hat der Kreisausschuß dem Kreistag über die Verwaltung und den Stand der Kreis-Communalangelegenheiten Bericht zu erstatten (§. 127).

Zum Zwecke der Verwaltung der Angelegenheiten des Kreises und der Wahrnehmung von Geschäften der allgemeinen Landesverwaltung wird ein Kreisausschuß bestellt; er besteht aus dem Landrath und 6 Mitgliedern, welche von der Kreisversammlung aus der Zahl der Kreisangehörigen gewählt werden (§. 130—131).

Die Wahl der Ausschußmitglieder erfolgt auf 6 Jahre, alle 2 Jahre scheidet ein Drittheil der Mitglieder aus; die Ausgeschiedenen können wiedergewählt werden (§. 133).

Der Kreisausschuß hat die Beschlüsse des Kreistags vorzubereiten und auszuführen, die Kreisangelegenheiten nach Maßgabe der Gesetze und der Kreistagsbeschlüsse, sowie des vom Kreistag festzustellenden Kreishaushalts-

Etats zu verwalten; die Beamten des Kreises zu ernennen, deren Geschäftsführung zu leiten und zu beaufsichtigen; sein Gutachten über alle Angelegenheiten abzugeben, welche ihm von den Staatsbehörden überwiesen werden; die ihm durch dieses Gesetz übertragenen, resp. noch weiterhin gesetzlich zu übertragenden Geschäfte der allgemeinen Landesverwaltung zu führen (§. 134).

Der Landrath leitet und beaufsichtigt den Geschäftsgang des Ausschusses, beruft denselben und führt den Vorsitz mit vollem Stimmrecht, er führt die laufenden Geschäfte der dem Ausschuß übertragenen Verwaltung, bereitet die Beschlüsse des Ausschusses vor und besorgt die Ausführung derselben; er vertritt den Kreisausschuß nach außen rc. (§§. 136—37.)

Für das Verfahren in streitigen Verwaltungssachen gelten die Vorschriften der §§. 141—49. Der Kreisausschuß hat nach seiner freien, aus dem ganzen Inbegriff der Verhandlungen und Beweise geschöpften Ueberzeugung zu beschließen, er darf bei seiner Entscheidung nicht über den vor ihn gebrachten Gegenstand und nicht über den Kreis der in der Verhandlung vertretenen Parteien hinausgehen.

Gegen die Entscheidungen des Kreisausschusses steht, soweit dieselben nicht endgiltige sind, den Betheiligten und aus Gründen des öffentlichen Interesses dem Vorsitzenden des Kreisausschusses das Recht der Berufung zu — über die Berufung entscheidet das Verwaltungsgericht mit Ausnahme der in §. 135 genannten Angelegenheiten, welche der Entscheidung der Bezirksregierung unterliegen (§§. 155— 56).

In den Kreisen, welche nur aus einer Stadt bestehen (Stadtkreise), werden die Geschäfte des Kreistags und des Kreisausschusses, soweit sich die letzteren auf die Verwaltung der Kreis-Communalangelegenheiten beziehen, von den städtischen Behörden nach den Vorschriften der Städteordnung wahrgenommen — die Wahrnehmung der Geschäfte der allgemeinen Landesverwaltung verbleibt in den Stadtkreisen bis zum Erlaß des Gesetzes über die Reorganisation der inneren Verwaltung den bisher zuständigen Behörden. (§§. 169—70.)

Die Aufsicht des Staates über die Kreis-Communalangelegenheiten wird, soweit nicht ein Anderes ausdrücklich bestimmt ist, von der Bezirksregierung, in den höheren Instanzen von dem Oberpräsidenten und dem Minister des Innern geübt. Auf den Antrag des Staatsministeriums kann ein Kreistag durch königliche Verordnung aufgelöst werden; es sind sodann Neuwahlen innerhalb 6 Monaten zu vollziehen. (§§. 177 ff.)

Für jeden Regierungsbezirk wird ein Verwaltungsgericht gebildet, welchem gleichzeitig die von den Deputationen für das Heimathwesen auszuübenden Befugnisse übertragen werden. Die mündliche Verhandlung sowie die Verkündigung der Entscheidung erfolgen in öffentlicher Sitzung des

Verwaltungsgerichts. Gegen die Entscheidung des Verwaltungsgerichts ist ein weiteres Rechtsmittel nicht zulässig. (§§. 187 ff.)

Das bisher mitgetheilte Gesetz enthält einen anerkennenswerthen Fortschritt in der freien Selbstverwaltung der Gemeinden und größerer staatlicher Kreise, in der Beseitigung feudaler resp. gutsherrlicher Berechtigungen und Privilegien, endlich insbesondere auch in der Zuziehung der bürgerlichen Kreise zu der allgemeinen Staatsverwaltung, welche insofern den amtlichen Behörden abgenommen, beziehungsweise mit ihnen getheilt wird.

Noch wichtiger, weil universeller Natur — sind die bekannten kirchenpolitischen Gesetze vom Mai l. J., welchen eine Abänderung der Artikel 15 und 18 der Verfassung vorausgegangen ist.

Durch Gesetz vom 5. April wurden nämlich diese Artikel aufgehoben und durch folgende Bestimmungen ersetzt:

Art. 15. Die evangelische und die römisch-katholische Kirche, sowie jede andere Religionsgesellschaft ordnet und verwaltet ihre Angelegenheiten selbstständig, bleibt aber den Staatsgesetzen und der gesetzlich geordneten Aufsicht des Staates unterworfen. Mit der gleichen Maßgabe bleibt jede Religionsgesellschaft im Besitz und Genuß der für ihre Cultus-, Unterrichts- und Wohlthätigkeitszwecke bestimmten Anstalten, Stiftungen und Fonds.

Art. 18. Das Ernennungs-, Vorschlags-, Wahl- und Bestätigungsrecht bei Besetzung kirchlicher Stellen ist, soweit es dem Staat zusteht, und nicht auf dem Patronat oder besonderen Rechtstiteln beruht, aufgehoben. Auf Anstellung von Geistlichen beim Militär und an öffentlichen Anstalten findet diese Bestimmung keine Anwendung. Im Uebrigen regelt das Gesetz die Befugnisse des Staats hinsichtlich der Vorbildung, Anstellung und Entlassung der Geistlichen und Religionsdiener und stellt die Grenzen der kirchlichen Disciplinargewalt fest.

Die kirchlich-politischen Gesetze selbst sind vom 11. bis 14. Mai datirt und enthalten Bestimmungen „über die Vorbildung und Anstellung der Geistlichen" — „über die kirchliche Disciplinargewalt und die Errichtung des königlichen Gerichtshofes für kirchliche Angelegenheiten" — „über die Grenzen des Rechts zum Gebrauch kirchlicher Straf- und Zuchtmittel" — „über den Austritt aus der Kirche."

Nach dem ersten Gesetz (11. Mai) darf ein geistliches Amt in einer der christlichen Kirchen nur einem Deutschen übertragen werden, welcher seine wissenschaftliche Vorbildung nach den Vorschriften des Gesetzes dargethan hat, und gegen dessen Anstellung kein Einspruch von der Staatsregierung erhoben worden ist (§. 1); diese Bestimmung gilt auch, wenn einem im Amt stehenden Geistlichen ein anderes geistliches Amt übertragen, oder eine widerrufliche Anstellung in eine dauernde verwandelt wird (§. 3).

Das Gesetz bestimmt streng die Art und Weise der Vorbildung und Prüfung; es stellt alle der Vorbildung dienenden kirchlichen Anstalten unter die Aufsicht des Staats, und verbietet die fernere Errichtung der Knabenseminare und Knabenkonvikte (§§. 4—14).

Der Einspruch gegen die Uebertragung eines geistlichen Amtes ist zulässig, wenn dem Anzustellenden die gesetzlichen Erfordernisse zur Bekleidung des Amtes fehlen — wenn der Anzustellende wegen eines mit schwerer Strafe bedrohten Verbrechens oder Vergehens verurtheilt oder angeklagt ist — wenn gegen den Anzustellenden Thatsachen vorliegen, welche die Annahme rechtfertigen, daß derselbe den Staatsgesetzen oder den innerhalb ihrer gesetzlichen Zuständigkeit erlassenen Anordnungen der Obrigkeit entgegenwirken oder den öffentlichen Frieden stören werde. Gegen die Einspruchs-Erklärung (durch den Oberpräsidenten) kann bei dem königlichen Gerichtshof für die kirchlichen Angelegenheiten Berufung eingelegt werden. Die Entscheidung ist endgiltig. (§§. 18 ff.)

Die Verurtheilung zur Zuchthausstrafe, die Aberkennung der bürgerlichen Ehrenrechte und der Fähigkeit zur Bekleidung öffentlicher Aemter hat die Erledigung der Stelle, die Unfähigkeit zur Ausübung des geistlichen Amtes und den Verlust des Amtseinkommens zur Folge (§. 21).

Die Verfügungen des Gesetzes sind durch Geldstrafen bis zu 1000 Thalern sicher gestellt.

Nach dem zweiten Gesetz (12. Mai) darf die kirchliche Disciplinargewalt über Kirchendiener nur von deutschen kirchlichen Behörden ausgeübt werden (§. 1); das Verfahren und die Strafen sind vom Gesetze geregelt, die Ueberschreitung des letzteren durch Geldstrafen bis zu 1000 Thalern abgewehrt. (§§. 2 ff.)

Gegen die Entscheidungen der kirchlichen Behörden, welche eine Disciplinarstrafe verhängen, steht die Berufung an die Staatsbehörde offen, wenn die Entscheidung von einer durch die Staatsgesetze ausgeschlossenen Behörde ergangen ist — wenn die Vorschriften des §. 2 (über das Verfahren) nicht befolgt worden sind — wenn die Strafe gesetzlich unzulässig ist — wenn die Strafe verhängt ist wegen einer Handlung oder Unterlassung, zu welcher die Staatsgesetze oder die von der Obrigkeit erlassenen Anordnungen verpflichten, wegen Ausübung oder Nichtausübung eines öffentlichen Wahl- und Stimmrechts oder wegen Gebrauchs der Berufung an die Staatsbehörde auf Grund des Gesetzes.

Die Berufung findet außerdem statt, wenn die Entfernung aus dem kirchlichen Amt als Disciplinarstrafe oder sonst wider den Willen des Betheiligten ausgesprochen worden ist, und die Entscheidung der klaren thatsächlichen Lage widerspricht, oder die Gesetze des Staats oder allgemeine Rechtsgrundsätze verletzt — wenn nach erfolgter vorläufiger Suspension vom Amt das weitere Verfahren ungebührlich verzögert wird (§§. 10—11).

Die Berufung steht jedem zu, gegen welchen die Entscheidung ergangen ist, sobald er die zulässigen Rechtsmittel bei der vorgesetzten kirchlichen Instanz ohne Erfolg geltend gemacht hat. Liegt ein öffentliches Interesse vor, so steht die Berufung dem Oberpräsidenten zu, jedoch erst dann, wenn die bei den kirchlichen Behörden angebrachten Rechtsmittel ohne Erfolg geblieben sind, oder die Frist dazu versäumt ist. Die Berufung ist bei dem königlichen Gerichtshof für kirchliche Angelegenheiten anzumelden und zu rechtfertigen. (§§. 12 ff.)

Die Entscheidung des Gerichtshofes erfolgt auf mündliche Verhandlung in öffentlicher Sitzung (§. 18). — Der Gerichtshof hat, ohne an positive Beweisregeln gebunden zu sein, nach seiner freien aus dem Inbegriff der Verhandlungen und Beweise geschöpften Ueberzeugung zu entscheiden. Das Urtheil hat die Verwerfung der Berufung oder die Vernichtung der angefochtenen Entscheidung auszusprechen (§. 21).

Kirchendiener, welche die auf ihr Amt oder ihre geistlichen Amtsverrichtungen bezüglichen Vorschriften der Staatsgesetze oder die in dieser Hinsicht von der Obrigkeit innerhalb ihrer gesetzlichen Zuständigkeit getroffenen Anordnungen so schwer verletzen, daß ihr Verbleiben im Amte mit der öffentlichen Ordnung unverträglich erscheint, können auf Antrag der Staatsbehörde durch richterliches Urtheil aus ihrem Amt entlassen werden. Die Entlassung aus dem Amte hat die rechtliche Unfähigkeit zur Ausübung des Amts, den Verlust des Amtseinkommens und die Erledigung der Stelle zur Folge.

Dem Antrag muß eine Aufforderung an die vorgesetzte kirchliche Behörde vorausgehen, gegen den Angeschuldigten die kirchliche Untersuchung auf Entlassung aus dem Amte einzuleiten. Wird der Aufforderung nicht Folge gegeben oder führt die kirchliche Untersuchung nicht zur Entlassung des Angeschuldigten aus dem Amt, so stellt der Oberpräsident bei dem Gerichtshof für kirchliche Angelegenheiten den Antrag auf Einleitung des Verfahrens. (§§. 24 ff.) Wird das Verfahren nicht eingestellt (§. 28), so ist der Angeschuldigte zur mündlichen Verhandlung vorzuladen, für das Verfahren gelten die Bestimmungen der §§. 17 ff. In dem Urtheil ist entweder die Freisprechung oder die Entlassung des Angeschuldigten aus den von ihm bekleideten kirchlichen Aemtern auszusprechen (§§. 29—30).

Zur Entscheidung der oben (§§. 10 ff. 24 ff.) bezeichneten, sowie der anderweitig durch Gesetz zugewiesenen Angelegenheiten wird eine Behörde „königlicher Gerichtshof für kirchliche Angelegenheiten" errichtet; er besteht aus 11 Mitgliedern. Der Präsident und wenigstens 5 Mitglieder müssen etatsmäßige Richter sein; die Entscheidung der einzelnen Sachen erfolgt durch 7 Mitglieder. Alle werden vom König auf die Dauer ihres Hauptamts resp. auf Lebenszeit ernannt. Der Gerichtshof entscheidet endgiltig mit Ausschluß jeder weiteren Berufung. (§§. 32 ff.)

Das dritte Gesetz (vom 13. Mai) verordnet: Keine Kirche oder Religionsgesellschaft ist befugt, andere Straf- oder Zuchtmittel anzudrohen, zu verhängen oder zu verkünden, als solche, welche dem rein religiösen Gebiete angehören, oder die Entziehung eines innerhalb der Kirche oder Religionsgesellschaft wirkenden Rechts oder die Ausschließung aus der Kirchen- oder Religionsgesellschaft betreffen. Straf- oder Zuchtmittel gegen Leib, Vermögen, Freiheit oder bürgerliche Ehre sind unzulässig (§. 1).

Die nach §. 1 zulässigen Straf- oder Zuchtmittel dürfen über ein Mitglied einer Kirche oder Religionsgesellschaft nicht deshalb verhängt oder verkündet werden, weil dasselbe eine Handlung vorgenommen hat, zu welcher die Staatsgesetze oder die von der Obrigkeit gesetzlich zuständig erlassenen Anordnungen verpflichten, weil dasselbe öffentliche Wahl- oder Stimmrechte in einer bestimmten Richtung ausgeübt oder nicht ausgeübt hat.

Ebensowenig dürfen solche Strafen angedroht, verhängt oder verkündet werden, um dadurch zur Unterlassung einer Handlung zu bestimmen, zu welcher die Staatsgesetze oder die von der Obrigkeit erlassenen Anordnungen verpflichten, um dadurch die Ausübung oder Nichtausübung öffentlicher Wahl- und Stimmrechte in bestimmter Richtung herbeizuführen.

Die Verhängung der nach dem Gesetz zulässigen Straf- und Zuchtmittel darf nicht öffentlich bekannt gemacht werden. Die Uebertretung des Gesetzes ist durch Geldstrafen bis zu 200 resp. 500 Thalern, oder mit Haft und Gefängniß bis 1 resp. 2 Jahren verpönt. (§§. 2 ff.)

Die besonderen Disciplinarbefugnisse der Kirchen und Religionsgesellschaften über ihre Diener und Beamten, und die darauf bezüglichen Rechte des Staats werden durch dieses Gesetz nicht berührt (§. 6).

Nach dem vierten Gesetz (vom 14. Mai) erfolgt der Austritt aus einer Kirche mit bürgerlicher Wirkung durch Erklärung des Austretenden in Person vor dem Richter seines Wohnortes; der Aufnahme der Austrittserklärung muß ein entsprechender Antrag vorangehen, welcher dem Vorstand der Kirchengemeinde mitzutheilen ist. Die Austrittserklärung bewirkt, daß der Ausgetretene zu Leistungen, welche auf der persönlichen Kirchen- oder Kirchengemeinde-Angehörigkeit beruhen, nicht mehr verpflichtet wird (§§. 1—7)

Die Bestimmungen des Gesetzes finden auf alle Religionsgemeinschaften welchen Corporationsrechte gewährt sind, Anwendung (§. 8).

Diese Gesetze greifen in das Verhältniß zwischen Staat und Kirche, wie es sich in Deutschland besonders seit 1848 gestaltet hat, energisch ein. Die Vorbildung der Geistlichen in den kirchlichen Anstalten ist geregelt — die Anstellung und Entlassung der Geistlichen in letzter Instanz der Entscheidung des königlichen Gerichtshofes unterstellt — der gleichen Entscheidung unterliegt die Verhängung der Disciplinarstrafen gegen die Kirchendiener — und schließlich ist durch dieselben die Verhängung und Verkündung von Straf- und Zuchtmitteln gegen Laien in mannigfacher Weise beschränkt.

Im Uebrigen sind noch folgende das Partikularrecht berührende Gesetze für ganz Preußen anzuführen:

1. ein Gesetz vom 17. Dezember 1872 über die Aufhebung der auf den Abdeckereibetrieb bezüglichen Berechtigungen.

2. ein Gesetz vom 21. Dezember 1872 über das zur Eheschließung erforderliche Lebensalter, welches ausnahmslos auf 18 resp. 14 Jahre bestimmt ist.

3. ein Gesetz vom 9. April 1873 über die Abänderung einer Bestimmung des allgemeinen Berggesetzes, wodurch die älteren Gewerkschaften in solche des neueren Rechts (mit sogenannten mobilisirten Cuxen) umgewandelt werden.

Für provinzielle Verhältnisse ist die preußische Gesetzgebung zur Beseitigung oder Ablösung der Belastungen des Grundeigenthums thätig gewesen in Hannover, Schleswig-Holstein und Hessen.

Es sind in dieser Beziehung folgende Gesetze ergangen:

a) Gesetz vom 24. Dezember 1872 über die Aufhebung der in Hannover bestehenden Vorkaufs-, Näher- und Retraktrechte;

b) Gesetz vom 3. Januar 1873, betreffend die Ablösung der Reallasten in Schleswig-Holstein;

c) Gesetz vom 1. März 1873 über die Aufhebung des Jagdrechts auf fremdem Grund und Boden in Kurhessen, Schleswig-Holstein und den ehemals Großherzoglich Hessischen Landestheilen.

Außerdem sind als provinzielle Gesetze noch aufzuführen: die Gesetze vom 23. März 1873, betreffend die Rechtsverhältnisse des Jahdegebiets, durch welche dem Gebiete eine neue politische Organisation gegeben, das maßgebende materielle und formelle Recht festgestellt, und das Grundbuchwesen eingerichtet ist; ferner ein Gesetz vom 17. März 1873 über die Lösung von Jagdscheinen in Hohenzollern, ein Gesetz vom 9. April 1873, betreffend die Aufhebung verschiedener Specialgesetze der Stadt Frankfurt a. M., und endlich die Gesetze vom 26., 27., 28., 29., 30. und 31. Mai 1873, durch welche das Grundbuchwesen in den im Jahre 1866 neu erworbenen Gebieten, in Neuvorpommern und Rügen, im Bezirke des Justizsenats zu Ehrenbreitenstein, und in Hohenzollern mit dem in den alten Provinzen im Jahre 1872 eingeführten Grundbuchwesen im Wesentlichen gleichartig gestaltet worden ist.

Schließlich könnte man noch den Entwurf eines preußischen Preßgesetzes erwähnen, welcher im Mai l. J. dem Bundesrath angeboten, also dem Deutschen Volk in Aussicht gestellt wurde. Es bedarf aber nur der Erinnerung an den vielbesprochenen §. 20, um von diesem Entwurf — hoffentlich auf immer — Abschied zu nehmen.

Im Königreich Sachsen beschränkte sich die Thätigkeit der Gesetzgebung in der Hauptsache darauf, die nach dem Erscheinen des Reichsstrafgesetzbuchs erlassenen Ausführungs-Verordnungen in Gesetze zu verwandeln. Im Uebrigen ist unterm 22. April l. J. ein Gesetz über das Verfahren in Verwaltungsstrafsachen erlassen worden. Hiernach geht die bisher den Verwaltungsbehörden in Polizei- und anderen Verwaltungsstrafsachen zugestandene Strafgerichtsbarkeit in der Hauptsache auf die Gerichte über, vorbehaltlich der Befugniß der Verwaltungsbehörden, wegen der ihren Geschäftskreis berührenden Contraventionen die Strafe, sofern sie Geldstrafe oder Haft bis zu 6 Wochen für angemessen erachten, durch eine vorläufige Strafverfügung festzusetzen, gegen welche der Angeschuldigte auf gerichtliche Entscheidung antragen kann.

Die großen Reformgesetze, welche die Verwaltung überhaupt, insbesondere die Verfassung der Städte und Landgemeinden betreffen — mit ausgedehnter Selbstverwaltung für die Gemeindevertretung — sodann die Einrichtung und den Wirkungskreis der geistlichen Oberbehörde und das Volksschulwesen behandeln, können hier nur beiläufig erwähnt werden.

Im Großherzogthum Oldenburg wurden wichtige, das Privatrecht betreffende Gesetze eingeführt, welche sich jedoch nur auf das Herzogthum Oldenburg, nicht auf die beiden anderen Theile des Landes erstrecken. Es sind dies die Gesetze vom 24. April l. J. über das eheliche Güterrecht — das Erbrecht — und die Theilbarkeit der Grundbesitzungen.

Als gesetzliche Regel für die Vermögensrechte der Eheleute gilt die Trennung der Güter, wobei dem Ehemann das Recht des Nießbrauchs und der Verwaltung an dem eingebrachten Vermögen der Ehefrau zusteht. Die ehelichen Vermögensrechte können auch durch Vertrag festgestellt werden, jedoch nur in öffentlicher Urkunde, insbesondere kann die Gütergemeinschaft bedungen werden, mit den vom Gesetze in Ermangelung anderer Vereinbarung bestimmten Folgen.

Auf den Todesfall erbt der überlebende Ehegatte von dem Nachlaß des verstorbenen in Ermangelung anderer letztwilliger Verfügung beim Zusammentreffen mit Abkömmlingen einen Kindestheil, beim Zusammentreffen mit Eltern, Voreltern, Voll- oder Halbgeschwistern oder deren Kindern die Hälfte, in allen anderen Fällen das Ganze. Der Pflichttheil des überlebenden Ehegatten besteht in der Hälfte des gesetzlichen Erbtheils und kann nur ausnahmsweise beschränkt oder entzogen werden.

Dem überlebenden Ehegatten steht in Ermangelung anderer letztwilliger Verfügung der Nießbrauch an den Erbtheilen der minderjährigen gemeinschaftlichen Kinder zu, er kann an den Pflichttheilen der Kinder nur ausnahmsweise beschränkt oder entzogen werden.

Das gesammte Erbrecht richtet sich nach den Vorschriften des gemeinen Rechts, soweit nicht durch die beiden Gesetze (über das eheliche Güterrecht und das Erbrecht) ein Anderes bestimmt ist.

An den Grunderbstellen findet ein bevorzugtes Erbrecht eines Miterben — das Grunderbrecht — in Ermangelung anderer letztwilliger Verfügungen statt, und zwar unter den Abkömmlingen des Erblassers oder wenn derselbe ohne Hinterlassung eines Ehegatten verstorben ist, unter seinen Eltern oder Voreltern, Voll- oder Halbgeschwistern, sowie deren Kindern. Nur eine behausete Grundbesitzung kann die Eigenschaft einer Grunderbstelle haben. Die Bildung, Veränderung oder Auflösung einer Grunderbstelle erfolgt nur durch Verfügung des Eigenthümers. Die entsprechende Willenserklärung des Eigenthümers ist zum amtlichen Protokoll abzugeben, und in die Cataster der betreffenden Gemeinde einzutragen.

Der Grunderbe wird bestimmt durch den Vorzug des männlichen Geschlechts vor dem weiblichen und in jedem Geschlecht nach localer Rechtsverschiedenheit durch den Vorzug der älteren oder jüngeren Geburt. Der Grunderbe erwirbt das Alleineigenthum der Grunderbstelle in seinem Erbtheile gegen die Verpflichtung, den vollen Werth in die Erbmasse einzubringen — und einen Voraus von 15 resp. 40 Prozenten des schuldenfreien Werthes der Grunderbstelle — ebenfalls nach localer Verschiedenheit.

Die auf die Geschlossenheit der Grundbesitzungen beruhenden Beschränkungen hinsichtlich der Zerstückelung derselben oder der Abtrennung einzelner Theile von denselben sind aufgehoben.

Durch diese Gesetze, welche mit 1. Januar 1874 wirksam werden, sind eine Menge verschiedener auf Gewohnheit gegründeter Partikularrechte beseitigt, die Rechte der Miterben billiger ausgeglichen, die freie Verfügung des Eigenthümers über den Grundbesitz eingeführt, und damit der letztere selbst dem freien Verkehr und Anbau erschlossen worden.

Aus Braunschweig ist ein Gesetz vom 12. Dezember 1872 zu erwähnen, welches die Fälle des Diebstahls, der Hehlerei und des Betrugs von den Schwurgerichten an die Kreisgerichte überweist, wenn vorauszusehen ist, daß die in concreto zu erkennende Strafe die Competenz der letzteren nicht übersteigt, wenn auch in abstracto die höchste angedrohte Strafe über diese Competenz hinausgehen würde. Ferner ist das Polizeistrafgesetz — um es überall mit dem Reichsstrafgesetz in Einklang zu bringen — völlig umgearbeitet und in einer neuen Redaction publizirt worden.

Weiter ist zwischen Regierung und Ständen ein Gesetz vereinbart worden, welches den Taufzwang aufhebt und die Verhältnisse der Dissidenten ordnet. Dieses Gesetz wurde aber noch nicht publizirt, weil man ein Reichsgesetz erwartete, welches das erstere überflüssig machen würde.

Endlich wurden zwischen Regierung und Ständen eingehende Verhandlungen gepflogen, um die Aufhebung der Geschlossenheit der Bauerhöfe und die Ordnung der betreffenden Institute des Anerbenrechts, Altentheils und der Interimswirthschaft festzustellen — eine Einigung darüber ist jedoch noch nicht erfolgt, sondern einem außerordentlichen Landtag vorbehalten worden.

Das Großherzogthum Sachsen-Weimar hat aus Veranlassung des Reichsstrafgesetzbuchs mit den Herzogthümern Sachsen-Koburg und Gotha, sodann dem Fürstenthum Reuß j. L. Verträge geschlossen, nach welchen die Strafanstalten dieser Staaten zu Gräfentanne, Festenberg und Eisenach gemeinschaftliche geworden sind.

In Weimar ist ein Gesetz über die elterliche Gewalt und das Vormundschaftswesen erschienen, wonach Minderjährige nur dann zu bevormunden sind, wenn sie nicht in elterlicher Gewalt stehen, oder diese nicht ausgeübt werden kann, und wenn die Minderjährigen nicht eine giltige Ehe geschlossen haben. So lange ein Elterntheil lebt, tritt in der Regel eine Vormundschaft nicht ein. Die Stellung des Vormundes ist freier geworden, insbesondere sind Kostbarkeiten, Werthpapiere und andere Urkunden von demselben und nur dann von dem Vormundschaftsgericht zu verwahren, wenn es der Vormund verlangt oder das Gericht die Verwahrung durch den letzteren beanstandet.

In Gotha und Schwarzburg-Rudolstadt wurden die Beschränkungen der Theilbarkeit von Grundstücken aufgehoben; in dem letztgenannten Staate erfolgte durch Gesetz vom 10. Februar l. J. die Aufhebung der Lehnsherrlichkeit des fürstlichen Hauses über alle im Lande befindlichen Lehen mit den abfließenden Berechtigungen und durch Gesetz vom 2. Mai l. J. die Einführung von Friedensrichtern.

heit des Angeklagten unter allen Umständen zu bewirken. Ueber diesen allgemeinen Grundsatz bedarf es wohl kaum einer Discussion. Nun kommt aber zweitens hinzu, was Herr Appellationsgerichtsrath Vollert bereits in seinem Gutachten hervorgehoben hat: wir wünschen einen wirksamen Strafschutz im Interesse der allgemeinen Rechtssicherheit und unserer individuellen Rechtssicherheit. Da müssen wir denn aber die Wirksamkeit der Strafverfolgung auch dadurch sichern, daß wir event. uns einem Opfer unterwerfen. Mir ist der Fall vorgekommen, daß ich auf dem Wege nach der Eisenbahn auf Dorfwegen in dunkler Nacht ein Päckchen unter dem Arm trug. Ich wurde von dem Dorfwächter angehalten und mußte mich legitimiren. Darüber versäumte ich den Bahnzug. Es ist sehr unangenehm unter gewissen Umständen den Bahnzug zu versäumen, aber ich habe mich damit beruhigt: Gottlob! daß es noch wachsame Wächter giebt; Gottlob! daß auch der Dieb dem Nachtwächter nicht entgangen sein würde. Dehnen wir dies auf den schlimmern Fall der unschuldig erlittenen Untersuchungshaft aus. Es besteht der Preis, den wir dafür zahlen, daß ein wirksamer Rechtsschutz uns zu Theil wird unter Anderem auch darin, daß wir event. uns auch dem Uebel unterwerfen, unschuldigerweise einmal verhaftet zu werden, wenn nur gesetzmäßig dabei verfahren wird.

Und nun Drittens, m. H., wir befinden uns auf einer sehr schlüpfrigen Bahn: Wir haben vortrefflich organisirte Staatsanwaltschaften; ein vorzügliches Verfahren auf dem Papier; fragen wir aber: wie steht es mit der Verhängung der Untersuchungshaft, mit der Beschlagnahme, mit der Haussuchung, so finden wir Beschränkungen über Beschränkungen. Hüten wir uns auf dieser abschüssigen Bahn noch weiter zu gehen! Man hat meines Erachtens des Guten schon zu viel gethan. Wir wollen doch wohl nicht, daß der Nürnberger Grundsatz zur Regel werde; nämlich, daß wir schließlich Keinen mehr haben, den wir henken könnten, weil wir die Verhängung der Untersuchungshaft durch gesetzliche Beschränkungen thatsächlich zur Unmöglichkeit gemacht haben. Hängen wir also nicht das Damoklesschwert einer eventuellen Entschädigungspflicht über dem Staat resp. über dem Beamten auf. Beruhigen wir uns bei den weitgehenden Garantien im Interesse der persönlichen Freiheit, die wir haben. Gehen wir aber keinen Schritt weiter.

Ueber die Sache selbst habe ich nichts weiter zu bemerken.

Rechts-Anwalt **Niemeyer**: Zur Antragstellung! — Ich will meinem Amendement einen Satz vorausschicken, wodurch dasselbe sofort zur Abstimmung gelangt und womit die übrigen Fragen beseitigt werden. Dieser Satz lautet:

Der Juristentag vertagt die Beschlußfassung über die Frage als schränkt werden; alle Culturbeschränkungsbefugnisse, sie mögen privatrechtlicher oder öffentlich-rechtlicher Natur sein, treten ein Jahr nach dem auf die Verkündigung des Gesetzes folgenden 4. April außer Wirkung.

Für die Aufhebung der auf privatrechtlichen Titel gegründeten, mit einem privatrechtlichen Weiderecht verbundenen Culturbeschränkungen ist nach den Bestimmungen des Gesetzes von den Pflichtigen Entschädigung zu leisten, wogegen die aus dem Weiderecht überhaupt abgeleiteten, sowie die mit einer öffentlich-rechtlichen Weide verknüpften Culturbeschränkungsbefugnisse ohne Entschädigung aufhören.

Die Weide-, Gräserei- und Streurechte, welche auf fremdem Waldboden haften, unterliegen auf Antrag des Verpflichteten oder des Berechtigten der Ablösung; alle mit einem der genannten Waldnutzungsrechte verbundenen besonderen Beschränkungen der Waldkultur, sie mögen privatrechtlicher oder öffentlich-rechtlicher Natur sein, treten ein Jahr nach Verkündigung des Gesetzes außer Wirkung.

Für die Aufhebung der auf privatrechtlichem Titel gegründeten Beschränkungen der Waldkultur ist dem Berechtigten Entschädigung zu leisten, dagegen hören die aus dem Weiderecht überhaupt abgeleiteten, sowie die mit einer öffentlich-rechtlichen Weide verknüpften Beschränkungen der Waldkultur ohne Entschädigung auf.

Streitigkeiten über das Bestehen oder den Umfang eines Waldweide- 2c. Rechts sind von den Gerichten zu entscheiden; entsteht Streit über das Bestehen und den Umfang eines Feldweide- oder Pferchrechts, so haben hierüber, insoweit dasselbe auf den Markungs- oder Gemeindeverband gestützt wird, die Verwaltungsbehörden, in allen andern Fällen die Gerichte zu entscheiden, insbesondere, wenn ein Streit über die Entschädigungspflicht für eine Culturbeschränkungsbefugniß entsteht darüber, ob eine solche auf Grund eines die Entschädigung gesetzlich begründenden privatrechtlichen Titels bestanden hat.

Alle diese Gesetze sind mit großer Umsicht und Gründlichkeit unter gerechter Abwägung der sozialen und Einzelinteressen verfaßt, ihr Inhalt eignet sich vorzugsweise zu partikularrechtlicher Bestimmung.

In Baden sind keine neuen Gesetze erlassen worden. Zu erwähnen ist nur eine Verordnung vom 20. Februar l. J. über Aufstellung und Ernennung von Vollstreckungsbeamten und Gerichtsboten, wonach die Hilfsvollstreckungen durch die Notare und Gerichtsvollzieher vorzunehmen sind, deren Geschäftskreis und Gebühren nebst der dienstlichen Aufsicht über dieselben näher bestimmt wird.

Eine weitere Verordnung vom 20. März l. J. verfügt über die gerichtlichen Einziehungen unter Bezug auf §. 40 des Reichsstrafgesetzbuchs.

Zwei fernere Verordnungen vom 12. resp. 21. Mai betreffen die Eheschließung der im Civildienst beschäftigten öffentlichen Diener, wonach die dienstpolizeiliche Erlaubniß zur Eheschließung aufgehoben, und nur eine Anzeige des Ehevorhabens vor Erwirkung des Verkündscheins bei der vorgesetzten Dienstbehörde vorgeschrieben wird.

Aus Hessen sind ebenso keine erheblichen Vorkommnisse zu bezeichnen, es wurden dort nur ein neues Wahlgesetz für die Kammern, und die Grundlagen für eine evangelische Kirchenverfassung zu Tage gefördert.

III.

Das stammverwandte Oesterreich bietet

1. Das Gesetz vom 12. Juli 1872, womit das Klagerecht der Partheien wegen der von richterlichen Beamten in Ausübung ihrer amtlichen Wirksamkeit zugefügten Rechtsverletzungen geregelt wird. Das in §. 1 des Gesetzes (es enthält 30 §§.) ausgesprochene Princip verfügt, daß die durch richterliche Beamte in Ausübung ihrer amtlichen Wirksamkeit beschädigte Parthei, wenn die prozessualen Rechtsmittel eine Abhilfe nicht gewähren, den Schadenersatz gegen den schuldtragenden Beamten, oder gegen den Staat oder gegen beide ansprechen könne. Der schuldige Beamte haftet als Hauptschuldner, der Staat gleich einem Bürgen und Zahler.

2. Das Gesetz über das Verfahren in geringfügigen Rechtssachen (Bagatellverfahren) vom 27. April l. J. mit 90 §§., giltig vom 1. Oktober l. J.

3. Das Gesetz über das Mahnverfahren vom 27. April l. J. mit 21 §§. und gleicher Anfangsperiode. Der Gläubiger kann zur Eintreibung von Forderungen an Geld und vertretbaren Sachen, wenn der geforderte Betrag oder Werth 200 Gulden nicht übersteigt, im Wege des Mahnverfahrens die Erlassung eines bedingten Zahlungsbefehls gegen den persönlichen Schuldner begehren.

4. Das Gesetz vom 29. April l. J. in Betreff der Sicherstellung und Execution auf die Bezüge aus dem Arbeits- oder Dienstverhältnisse.

5. Das Gesetz vom 9. April l. J. über Erwerbs- und Wirthschaftsgenossenschaften mit 95 Paragraphen.

Daneben ist hervorzuheben, daß die Verkündung der neuen Strafprozeßordnung mit Wirksamkeit vom 2. Januar 1874 demnächst erwartet wird. Damit sollen abermals Schwurgerichte für schwere Verbrechen und alle durch die Presse begangenen strafbaren Handlungen eingeführt werden.

Wir sehen, daß es auch in diesem Jahr an Gesetzen im großen Deutschland nicht gefehlt hat, eine reiche Saat ist ausgestreut — mögen nur gute und dauernde Früchte daraus hervorgehen.

Präsident Dr. **Gneist**: (Nach Vortrag des Berichts): Ich glaube, wir können dem Herrn Berichterstatter mit unserm aufrichtigen Danke für seine mühsame Arbeit nur beipflichten in den Schlußworten:

„Wir sehen, daß es auch in diesem Jahre an Gesetzen im großen Deutschland nicht gefehlt hat; eine reiche Saat ist ausgestreut — mögen nur gute und dauernde Früchte daraus hervorgehen."

Das Localcomité hat dafür gesorgt, daß beim Austritt aus dem Saale jedes Mitglied den gedruckten Bericht in extenso in Empfang nehmen kann.

(Bravo!)

Vicepräsident Dr. Graf **von Wartensleben** (der inzwischen den Vorsitz übernommen hat). Ich spreche im Namen der Versammlung unserm Herrn Subreferenten für seinen Bericht unsern verbindlichsten Dank aus. Unter den vorerwähnten Gesetzen sind die preußischen Staatskirchengesetze, bei welchen unser Herr Referent im preußischen Abgeordnetenhause wesentlich mitgewirkt hat, von besonderer Bedeutung. Wir haben Veranlassung dem Herrn Referenten insbesondere dafür zu danken, daß er uns heute daran erinnert hat, welchen großen Fortschritt Deutschland auf diesem Gebiete durch diese Gesetze gemacht hat, zumal er gerade durch seinen fast Monate langen ausdauernden Fleiß es möglich gemacht hat, daß die Gesetze in so kurzer Zeit berathen werden konnten. Ich übergebe den Vorsitz wieder dem Herrn Präsidenten.

(Professor Dr. Gneist übernimmt wieder den Vorsitz.)

Präsident Dr. **Gneist**: Ich kann nur noch einmal erklären, daß mir eine Ehre zu Theil wird, die über mein Verdienst hinausgeht.

Es liegt uns nun noch ob eine Berathung einer kleinen Statutenänderung, die wiederholt angeregt, von der Deputation vorbereitet ist, und in ein paar kurzen Amendements zu den Statuten der hochverehrten Versammlung proponirt wird. Ich bitte den Herrn Berichterstatter, Ober-Appellationsgerichtsrath Becker, die Stelle als Referent hier einnehmen zu wollen.

Referent Ober-Appellationsgerichtsrath **Becker** aus Oldenburg: Ich habe nur wenige Worte zu sagen, meine Herren. Die Voraussetzung, auf welcher die beiden Bestimmungen des Statuts beruhen, deren Streichung wir beantragen, nämlich, daß der Sitz der Deputation der Ort des letzten Juristentages sein soll, und daß drei an diesem Orte wohnende Mitglieder der Deputation angehören müssen, — diese Voraussetzung, wenn sie je im vollen Umfange gegolten hat, gilt wenigstens seit vielen Jahren nicht mehr und hat keine Aussicht, wieder zur Geltung zu kommen. Diese Voraussetzung war, daß die vorbereitenden Geschäfte für den nächsten Juristentag am besten an dem Orte besorgt werden könnten, an welchem der letzte

Juristentag war. Diese Voraussetzung ist von der Erfahrung nicht bestätigt. Diese Geschäfte werden am besten dort besorgt, wo der Präsident, Schriftführer und Kassenführer des deutschen Juristentages wohnen. Seit vielen Jahren trifft dieser Wohnsitz in Berlin zusammen, und es hat sich die Nothwendigkeit herausgestellt, daß jetzt schon in Berlin von diesen Herren unter Zuziehung von anderen, namentlich bei Gelegenheit des Reichstages anwesenden Mitgliedern der Deputation ein Subcomité sich constituirt, welches wiederum die Vorbereitungen für das Plenum der Deputation trifft, welches dann nur, damit dem Statute genügt werde, bisher am Orte des letzten Juristentags zusammen kam, um den gefaßten Beschlüssen die allgemeine Zustimmung zu geben.

Es liegt auf der Hand, meine Herren, daß Ort und Zeit der Zusammenkunft der Deputation und respective ihr Sitz am Besten von der Deputation des Juristentages selbst, — allen im einzelnen Falle obwaltenden Umständen und Rücksichten gemäß, — bestimmt werden. Ein Grund, warum gerade 3 Mitglieder des Ortes des letzten Juristentages noch an der Deputation Theil nehmen sollen, (ein Zwang, der uns mehrfach hemmend im Wege gestanden hat), liegt gar nicht mehr vor. Wir beantragen daher einfach, künftig der ständigen Deputation statt dieser beiden beschränkenden Bestimmungen das Recht zu geben, Ort und Zeit der Zusammenkunft beziehungsweise ihren Sitz selbst zu bestimmen.

Präsident: Es haben sich bei der Wahl der ständigen Deputation nach § 10 der Statuten fast immer Schwierigkeiten in der Vertheilung ergeben und in der Ausführung der Bestimmung, daß von einem bestimmten Orte immer gerade drei Mitglieder zu wählen seien. In der Berathung der Deputation hat unter manchen weiter gehenden Amendements zuletzt die Meinung (soviel ich mich erinnere, ohne Widerspruch) die Zustimmung gewonnen, daß es eine ziemlich unbedenkliche Aenderung sein würde, die wir Ihnen proponiren.

Ich frage zunächst: ob Jemand das Wort wünscht? — Da dies nicht geschieht, so erlauben Sie mir kurz zwei Fragen zu stellen:

> Soll der zweite Satz in § 10 des Statuts, der dahin lautet: „Von jenen 18 Mitgliedern müssen mindestens drei am Orte des letzten Juristentages und jedenfalls 12 auswärts wohnen," gestrichen werden? —

Wird einstimmig genehmigt.

Die zweite Abstimmung geht dahin:

Soll statt des vorletzten Satzes in § 10:

„Der Sitz der Deputation ist der Ort des letzten Juristentages" gesetzt werden: „Die Deputation bestimmt Ort und Zeit ihrer Zusammenkunft?"

Ebenfalls einstimmig angenommen. — Beide Aenderungen erkläre ich hiermit für integrirende Theile des Statuts.

(Es folgt der Vortrag des Kassen-Berichts durch Herrn Geheimen Justizrath Borchardt.)

Präsident: Wir dürfen dem Herrn Kassenführer wohl unsern herzlichsten Dank aussprechen für die mühevolle Verwaltung unserer Finanzen. Seine Stellung ist indessen, das muß ich bemerken, die dankbare Stellung eines Finanzministers, unter dem die Finanzen gut stehen.

Wenn sonst kein Gegenstand zur Mittheilung an die Plenar-Versammlung angeregt wird, — und es scheint dies nicht der Fall zu sein — so schließe ich die Sitzung mit der Anzeige, daß die Abtheilungs-Sitzungen um 11 Uhr beginnen werden.

(Schluß der Sitzung: 10 Uhr 30 Minuten Vormittags.)

Erste Sitzung der ersten und zweiten Abtheilung am 28. August 1873.

(Beginn: Vormitags 11 Uhr 5 Minuten.)

Herr Rechtsanwalt **Makower** aus Berlin, als Mitglied der ständigen Deputation, eröffnet die Sitzung der ersten und zweiten Abtheilung und schlägt den Präses des Handelsgerichts zu Hamburg Dr. Albrecht zum Präsidenten dieser Abtheilung vor. Derselbe wird gewählt und nimmt die Wahl dankend an.

Auf Vorschlag des Vorsitzenden Dr. Albrecht werden Ober-Appellationsgerichtsrath Becker aus Oldenburg zum Vicepräsidenten, Advocat Dr. Simon aus Hannover und Gerichtsassessor Dr. jur. Cohn aus Volkenhain in Schlesien zu Schriftführern gewählt.

Auf Vorschlag des Vorsitzenden wird die Nummer 2 der der Abtheilung überwiesenen Gegenstände, wegen mangelnden Referates, abgesetzt und die Reihenfolge der übrigen zur Berathung stehenden Fragen wie folgt, festgestellt:

1) Ist es wünschenswerth und ausführbar, gleichmäßige Vorschriften für die theoretische und praktische Ausbildung aller Richter, Advocaten und Staatsanwälte des deutschen Reiches zu geben?

2) Ist es thunlich, die Vorschriften des H.-G.-B. im IV. Buche, Tit. I, Abschnitt 2—4 auf Geschäfte, welche keine Handelsgeschäfte sind, und die Vorschriften im IV. Buche Tit. II. auf alle Kaufverträge auszudehnen, und ist es wünschenswerth, daß baldthunlichst ein Gesetz dieses Inhalts für das Geltungsgebiet des H.-G.-B. erlassen werde?

3) Ist es wünschenswerth und ausführbar, das eheliche Güterrecht für ganz Deutschland durch ein einheitliches Gesetz auf der Grundlage der „Güterverbindung" zu codificiren?

4) Kann die Gesetzgebung Vorsichtsmaßregeln zur Verhinderung unsolider Begründung oder mißbräuchlicher Verwaltung von Actiengesellschaften treffen und welche?

Die Versammlung geht hierauf zum ersten Gegenstand der Tages-Ordnung über.

Referent Ober-Appellationsgerichtsrath **Becker** aus Oldenburg: Meine Herren: Als Berichterstatter über die Frage:

> Ist es ausführbar und wünschenswerth, gleichmäßige Vorschriften für die theoretische und praktische Ausbildung aller Richter, Advocaten und Staatsanwälte des deutschen Reichs zu geben?

kann ich dieselbe mit dem Gutachten des Herrn Professor Dr. Göppert zu Breslau nur bejahen, und diese Bejahung kurz begründen.

Selbstverständlich ist, daß die für die Ausbildung im Particularrecht etwa zu erlassenden Vorschriften sich nur auf das Particularrecht desjenigen Einzelstaates beziehen können, in welchem der Beruf ausgeübt werden soll; doch ist diese Beschränkung schon jetzt in dem Staate, wo vorzugsweise gemeines Recht gilt, von geringer Bedeutung, und steht der Freizügigkeit der Anwälte und Richter, wie die Erfahrung zeigt, nicht im Wege. — Wo große Rechtscomplexe, wie das preußische Landrecht, der Code Napoleon, das sächsische Civilgesetzbuch Geltung haben, wird dagegen bis zu deren Beseitigung durch ein allgemeines deutsches Civilgesetzbuch eine besondere auf Kenntniß derselben gerichtete Ausbildung verlangt werden müssen.

Hiervon abgesehen, ist die Ausführbarkeit gleichmäßiger Ausbildungsvorschriften nicht zu bezweifeln. — Einen inneren Grund gegen dieselbe habe ich nicht zu entdecken vermocht — zunächst nicht einen Contrast in der Ausbildung auf den Universitäten.

Wie könnten auch unsere Universitäten, die in den Zeiten traurigster Zerrissenheit feste Denkzeichen unserer innern Einheit, Träger des nationalen Bewußtseins geblieben sind, ein Hinderniß weiterer einheitlicher Entwickelung sein!

Nachdem Preußen in dem Gesetz vom 6. Mai 1869 alle Beschränkungen zu Gunsten der Landesuniversitäten aufgehoben hat, werden die Staaten, in denen solche Beschränkung noch existirt, (in Baiern und Württemberg wird einjähriger Besuch einer Landesuniversität verlangt,) wohl kaum Bedenken tragen, dem guten Beispiel zu folgen.

Die vorgeschriebene Studienzeit ist fast überall drei Jahre; in Oesterreich werden als Regel vier Jahre, in Baden drei und ein halbes Jahr verlangt. In Braunschweig ist keine feste Zeit vorgeschrieben, und läßt sich dafür sagen, daß es nur auf das nöthige Wissen ankommt, nicht darauf, wo und wie lange das Lernen stattfand. In kleinen Staaten, wo die Staatsprüfungen durch die Durchsichtigkeit aller Lebensverhältnisse unterstützt werden, mag daher eine desfallsige Vorschrift entbehrlich sein, in' großen kaum; auch gewährt der deutsche Universitätsunterricht nicht blos eine das Examen unterstützende Bürgschaft für das Wissen, sondern auch, dem englischen Verfahren gegenüber, eine Gewähr für echt wissenschaftliches Lernen. Für besondere Fälle wird eine Dispensationsbefugniß ausreichen.

Unser Gutachter, Herr Dr. Göppert, wünscht einen vierjährigen Universitätszwang.

Ohne zu verkennen, daß für eine tüchtige Vorbereitung in allen Zweigen der juristischen Wissenschaft, incl. der Staatswissenschaft, vier Jahre nützlich verwandt werden können, bin ich aber doch der Meinung, daß für den mit guter Gymnasialbildung ausgerüsteten und fleißigen jungen Mann drei Jahre Universitäts-Unterricht ausreichen, ohne die Zeit der Erholung unbillig zu beeinträchtigen. Die weiter erforderliche theoretische Vertiefung kann dem Selbststudium überlassen werden, und so sehr auch die sogenannten practica zu empfehlen sind, um den Uebergang zu vermitteln; eine große Zeit dürfen sie nicht in Anspruch nehmen. Das Universitätsstudium soll vorzugsweise der Wissenschaft, das spätere Leben der Ausbildung zu practischer Tüchtigkeit dienen. Auch sind unsere Herren Professoren nur ausnahmsweise die richtigen Führer in's practische Leben. — Berücksichtige ich ferner die so erheblich gestiegenen, und außer Verhältniß mit dem spätern pecuniären Ersatz stehenden Kosten des Universitäts-Studiums, und die vergrößerte Gefahr des Bummelns bei Vorschrift einer längeren, als der unbedingt nöthigen Zeit, so glaube ich, daß die Gesetzgebung besser thue, es bei dem Minimum von drei Jahren zu belassen.

Dem Universitäts-Studium folgt überall ein erstes auf den Erfolg dieses Studiums, den Erwerb einer allgemeinen rechts- und staatswissenschaftlichen Bildung gerichtetes Staats-Examen, dem sich nach Ablauf einer gewissen Zeit, deren geringste Dauer ohne erkennbare innere Berechtigung in den einzelnen deutschen Landen sehr verschieden bestimmt ist:

1 Jahr in Württemberg, Königreich Sachsen, Sachsen-Altenburg; $1\frac{1}{2}$ Jahre in Sachsen-Weimar;

2 Jahr in Baiern, Baden, Oldenburg, Nassau, Anhalt; 2 bis $2\frac{1}{2}$ Jahre in Hessen;

3 Jahr in Braunschweig; 3—$3\frac{1}{2}$ Jahre in Preußen,

ein zweites, auf den Erwerb practischer Kenntnisse, Bekanntschaft mit dem

Landesrecht und tiefere Begründung der allgemeinen Rechtkenntnisse gerichtetes Examen anschließt. Ein drittes Examen kennen, soviel ich weiß, nur noch für Richter beim Ober-Appellations-Gericht Mecklenburg-Schwerin, und für Richter bei höheren Gerichten, Ober-Staats-Anwälte und Ober-Gerichts-Anwälte Braunschweig und Sachsen-Meiningen.

Erheblichere Verschiedenheiten bestehen in Betreff der Freiheit des Lernens.

Besondere Landesvorschriften bestehen über Zwangscollegia und Studienordnung auf den Universitäten: beide in Oesterreich und Königreich Sachsen, erstere allein in Baden, Mecklenburg, Sachsen-Weimar, Sachsen-Altenburg, während in den übrigen deutschen Landen, insbesondere in Preußen, Baiern, Württemberg, Hessen, Oldenburg 2c. den studiosis juris Studienfreiheit gelassen ist. — Noch verbreiteter ist der Zwang für die Zeit zwischen den zwei Examen. Nur wenige kleine Staaten huldigen hier dem Princip der Lernfreiheit; die meisten, auch Preußen, schreiben einen mehr oder weniger detaillirten Dienst bei Unter-, Ober- und Ober-Appellations-Gerichten, einige auch bei Anwälten und Administrativbehörden vor.

Ich bin für möglichst geringen Zwang.

Die Zweckmäßigkeit, den Studenten von Beginn ihres Rechtsstudiums an eine Anweisung zu ertheilen, wie sie dasselbe am zweckmäßigsten einrichten und ordnen, um nicht blos den Anforderungen der Staats-Prüfung zu entsprechen, sondern auch für ihr fortdauerndes wissenschaftliches Selbststudium einen festen Grund zu legen, kann Niemand leugnen, welcher die Erfahrung gemacht hat, wie mancher unserer Studenten im Anfang nicht mehr gewußt hat, als daß er jura studiren solle, ohne von dem Wie? eine Ahnung zu haben. Allein solche Anweisung kann nur allgemeine Regeln aufstellen, deren Anwendung auf den Einzelnen je nach seiner Individualität, seiner Vorbereitung, seinen Fähigkeiten und seinem Fleiße man besser der Wissenschaft (Methodologie des Studiums), dem Rathe erfahrener Lehrer überläßt, als in die feste Schablone einer gesetzlichen Vorschrift zwängt. Eine solche Schablone kann doch nur das Allgemeine, für Alle Nothwendige feststellen, führt dann leicht zu dem falschen Glauben, daß, wer ihr folgt, genug gethan habe, und giebt so Veranlassung zu dem Uebel, die Rücksicht auf das Examen und das Bedürfniß des Lebens voran, die möglichst allgemeine rechts- und staatswissenschaftliche Ausbildung aber in den Hintergrund zu stellen.

Dies gilt in noch höherem Grade von den Fleißzeugnissen und den Prüfungen während der Universitätszeit (in Oesterreich drei, die erste nach Ablauf des vierten Semesters), deren Einführung jetzt auch in Baiern in Frage stehen soll. Sie stellen den Studenten dem Gymnasialschüler gleich, stören die für die Entwickelung seines geistigen Lebens erforderliche Freiheit und Selbstständigkeit, und sind geeignet, dem Einprägen ins Gedächtniß und der schimmernden Oberflächlichkeit den Vorzug zu geben vor gediegener Geisteskraft.

Im Wesentlichen dasselbe gilt auch von dem staatlichen Vorbereitungsdienste, der ohnehin, wie Herr Dr. Göppert hervorhebt, mit der im Civil- und Strafprocesse durchgeführten Mündlichkeit einer Umwandelung bedarf, für Richter, Staatsanwälte und Anwälte ein verschiedener sein kann, jedenfalls aber die Anwaltsthätigkeit mehr in den Vordergrund stellen muß, als bisher geschieht.

Es wird auch hier genügen, wenn staatlicher Seits nur für eine verschiedene Bildungsmöglichkeit gesorgt, die Auswahl aber dem freien gewissenhaften Ermessen des Einzelnen anheimgestellt wird.

Mehr als alle Vorschriften sind nach meiner Erfahrung hier die Personen von Einfluß, unter deren Anleitung die weitere Ausbildung erfolgt.

Unvermeidliche Fehler bei der Auswahl werden aufgewogen durch den Vortheil eigner Prüfung. In der selbstthätigen Sorge für die angemessenste Ausbildung liegt ein Genuß, ein Reiz und ein Sporn, die keine Regierungsvorschrift ersetzt.

Gewiß kann auch diese Freiheit, wie jede, von Einzelnen mißbraucht werden, aber die bevorstehenden Examina mahnen mit Ernst an die Pflicht, und alle geistige Arbeit will Freiheit. Wer nicht blos pflichttreue Beamte mit dem ausreichenden Maaß von Kenntnissen und Fertigkeiten bilden, sondern auch eine möglichst große wissenschaftliche Ausbildung fördern will, lasse dem Lernen freien Raum und sehe ab von jedem schablonenmäßigen Zwange.

Uebrigens will ich diese Frage hier nicht zur Entscheidung bringen, ich habe die wesentlichen Verschiedenheiten der bisherigen Vorschriften nur deshalb einer kurzen Beurtheilung unterzogen, um zu zeigen, daß die Entscheidung über den Vorzug nicht von particularen, sondern nur von allgemeinen, für ganz Deutschland Geltung habenden Gründen abhange.

Ungeachtet des zahlreichen Particularrechts in Deutschland giebt es doch nur eine deutsche Rechtswissenschaft, für ihr Studium können nur dieselben Vorschriften die besten sein, und was die practischen Kenntnisse und Fertigkeiten anlangt, so sind die staatlichen Einrichtungen in Deutschland auch nicht so verschieden, daß die etwa zur Aneignung jener Kenntnisse erforderlich gehaltenen Vorschriften nicht von zusammenwirkenden Sachverständigen der Einzelstaaten für ganz Deutschland gleichmäßig aufgestellt werden könnten.

Die von Herrn Dr. Göppert erwähnten äußeren Schwierigkeiten der Ausführung: particulare Gesinnung, Widerstreben einzelner Staaten und die zur Zeit noch mangelnde Competenz der Reichsgesetzgebung zur Erlassung gleichmäßiger Ausbildungsvorschriften werden wir hier nicht in Betracht zu ziehen haben. Ihre Beseitigung können wir gleich der etwa zur Sicherung einer gleichmäßigen Ausführung der gleichmäßigen Vorschriften erforderlichen Einrichtung getrost dem nationalen Vorwärtsdrängen der Zeit überlassen; es wird sich um so kräftiger geltend machen, je wünschenswerther auch auf diesem Gebiete die Einheit für das Ganze und die Einzelnen sich herausstellt. — Hierüber noch ein paar Worte.

Wie Herr Professor Göppert bemerkt, ist es schon jetzt ein mißlicher Umstand, daß die Fähigkeit Mitglied des Reichs-Ober-Handelsgerichts oder Anwalt bei diesem Gerichte zu werden, nach verschiedenen Landesgesetzen beurtheilt wird. Auch dürfte die Consequenz der im deutschen Rechtshilfegesetz normirten Zuständigkeit erfordern, daß die Gerichte anderer deutschen Staaten eine gleiche Bürgschaft der Richtigkeit ihrer Urtheile bieten, wie die Gerichte desjenigen Staats, welcher diese Urtheile an seinen Angehörigen vollstrecken soll, — und zu diesen Bürgschaften gehört die Ausbildung der Richter und Anwälte nach gleichmäßig richtigen Grundsätzen.

Drängender aber, fast unabweislich wird der Wunsch nach solcher Gleichmäßigkeit mit der Zunahme des einheitlichen Rechts, und zunächst schon mit den bevorstehenden deutschen Civil- und Strafproceß-Ordnungen.

Ihren vollen Segen kann diese Rechtseinheit nur gewähren, wenn sie mit einer einheitlichen Gerichts-Organisation und solchen Vorschriften verbunden wird, welche eine Gewähr für gleichmäßig tüchtige Ausbildung der Richter, Staatsanwälte und Anwälte bieten.

Herr Dr. Göppert macht hierzu mit Recht darauf aufmerksam, daß die Entwürfe der Proceß-Ordnungen Anforderungen an die Tüchtigkeit unserer Collegialrichter und Anwälte stellen, welche das bisherige Durchschnittsmaaß erheblich übersteigen. Da liegt es doch in der Natur der Sache, daß nach gleichen Grundsätzen dafür Sorge getragen wird, daß die neu geforderte Tüchtigkeit nicht fehle. Ferner hat schon jetzt ein Mangel an Angebot tüchtiger Kräfte in einzelnen deutschen Ländern zur Nothwendigkeit geführt, Anwälte, Staatsanwälte und Richter aus anderen deutschen Ländern herbeizuziehen, und hat deshalb in meiner Nachbarstadt Bremen dies Frühjahr die alte Bedingung einer Anstellung als Richter:

mehrjähriger Dienst als Anwalt oder Unterbeamter in Bremen selbst,

gesetzlich aufgehoben werden müssen.

Der verhältnißmäßig stärker zunehmende Verdienst in anderen Berufskreisen wird voraussichtlich diesen Austausch noch mehren, die möglichst gleichmäßige Ausbildung ist aber nicht blos eine wünschenswerthe Voraussetzung dieses Austausches, sondern dieser Austausch ist selbst wieder ein Gewinn.

Wir befördern damit das Losreißen aus territorialer Abgeschlossenheit, gewähren den Angehörigen der Kleinstaaten Aussicht auf größeren Wirkungskreis, wobei freilich die Kleinstaaten die Gefahr überkommen, daß ihnen die besten Kräfte leichter entzogen werden; — wir stärken dafür mit der erleichterten Concurrenz aller deutschen Juristen um die besten Stellen in den Einzelstaaten ein Element des Ringens und Wetteifers, das in seiner lebendig erhaltenden Frische und seiner Anforderung an die volle Anspannung der Einzelkraft durch kein anderes ersetzt werden kann, — wir befördern mit dem erleichterten Uebergange in den Dienst eines andern Staates die etwa in einem Einzelstaate bedrohte Unabhängigkeit der Einzelnen, — wir knüpfen endlich ein neues Band der inneren Einheit der Deutschen Nation.

Aus allen diesen Gründen kann ich nur empfehlen, der Juristentag wolle als seine Ueberzeugung aussprechen, daß es ausführbar und wünschenswerth sei, gleichmäßige Vorschriften für die theoretische und praktische Ausbildung aller deutschen Richter, Anwälte und Staats-Anwälte zu geben.

Dr. **Keuling** aus Leipzig: Meine Herren! Ich glaube, daß auch noch unter einem anderen Gesichtspunkt die Einheit der Vorbildung für die verschiedenen deutschen Länder nicht bloß wünschenswerth, sondern entschieden ein Bedürfniß ist. Wir dürfen wohl anerkennen, daß in demselben Maße, in welchem das Gebiet wächst, innerhalb dessen der Einzelne sich sein Ziel setzen und sein Leben dadurch günstiger gestalten kann, daß er mit Aufwand aller seiner Kräfte arbeitet und sich hervorzuthun sucht, daß mit dem Wachsen dieses Arbeitsfeldes, wenn ich so sagen soll, auch der Mensch selbst wächst. Er stellt an sich selbst größere Anforderungen; und so, meine Herren, darf ich wohl sagen, ist eben durch die Herstellung dieser Einheit zugleich die Grundlage unserer ganzen deutschen Justizpflege innerlich noch zu heben. Obgleich es im Ganzen nicht schön ist, wenn man die Vorzüge der Deutschen gar zu häufig anderen Nationen gegenüber betont, so dürfen wir es wohl sagen, und es ist in der Literatur aller übrigen Nationen anerkannt, daß die deutsche Justiz und die deutsche Rechtswissenschaft heute unzweifelhaft die erste der Welt ist. Aber deshalb wollen wir immer noch daran arbeiten, daß sie noch größer, noch bedeutender werde, und ich glaube, daß sich die deutsche Justiz im Ganzen entschieden noch heben wird, wenn an jeden Einzelnen noch größere Aufgaben herantreten, dadurch, daß eine Einheit der Vorbedingungen hergestellt wird, dadurch, daß jeder Einzelne aus einem Lande in das andere übertreten kann, daß für jeden Einzelnen die Aufgaben wachsen, mit denen der Mensch selbst wächst.

Gestatten Sie mir zugleich dem Herrn Referenten in einer Beziehung entgegenzutreten und mich für den Standpunkt des Gutachtens auszusprechen.

Es bezieht sich dies auf die Frage, ob nicht die Universitäten auch dem Einzelnen schon bis zu einem gewissen Grade, allerdings innerhalb gewisser Grenzen, eine Vorbildung für die Praxis geben sollten. Ich glaube allerdings. Für den Augenblick aber wird es wohl kaum möglich sein, die Frage in diesem Sinne zu lösen. Für die Zukunft aber und von dem Augenblicke an, wo wir in Deutschland nach allen Richtungen eine einheitliche Gesetzgebung haben werden, werden meines Erachtens allerdings die Universitäten auch diese Aufgabe zu lösen haben. Für den Augenblick, meine Herren, ist es allerdings meines Erachtens nicht durchführbar und zwar einfach um deswillen nicht, weil das sogenannte gemeine Recht nirgends in der Reinheit practisch existirt und gar nicht existiren kann. Denn nur die Brechung des gemeinen Rechtes in den Particularrechten und die Ergänzung desselben in den Particularrechten schafft überhaupt aus dem Material, welches das gemeine Recht uns im Großen und Ganzen liefert, ein unseren heutigen veränderten Lebensverhältnissen entsprechendes Recht. So also kann von der practischen Handhabung des gemeinen Rechtes als solchen, unabhängig von seiner Ergänzung und der Brechung des Rechtsstoffes in den Paticularrechten meines Erachtens gar keine Rede sein. Wie liegt nun die Sache? Die Dozenten, meine Herren, sind Dozenten des gemeinen Rechts. Es ist eine Einheit des Personals für die deutschen Universitäten vorhanden. Der Dozent geht von der einen Universität zur andern und kümmert sich mit wenigen Ausnahmen nicht um die particularrechtlichen Bildungen, kann sich um die Partikularrechte wenigstens der kleinen Staaten gar nicht kümmern. In den letzten Jahren allerdings sind hervorragende Arbeiten auch für das Partikularrecht gerade aus den Dozentenkreisen erschienen, ich erinnere Sie nur an die Arbeiten von Dernburg, Roth, Meibom, Böhlau, genug in den letzten Jahren haben die Dozenten angefangen sich auch dem Partikularrechte zuzuwenden, aber früher war das nicht der Fall, und auch jetzt sind es immer nur Einzelne. Die Dozenten aber können das Particularrecht nicht als practisches Recht behandeln in der Weise, wie es nachher die Praktiker in der Praxis bedürfen. Denn in dem einen Jahr ist der Dozent vielleicht in München, in dem andern in Halle, im dritten in Gießen, Heidelberg oder wo sonst. Es ist aber ferner auch eine Einheit vorhanden bezüglich der Schüler. Es ist also schon mit Rücksicht auf die Schüler kaum möglich, den Einzelnen für die Bedürfnisse vorzubereiten, die gerade die Eigenthümlichkeit seines Particularrechtes an ihn stellt. Nur für einzelne große Länder, wie Preußen, Sachsen und Baiern, würde es allein möglich sein, daß auch unmittelbar für die Praxis etwas an den Universitäten geleistet wird. So würde allerdings eine Vorbedingung der Durchführung des Gedankens unseres Herrn Gutachters die Einheit der

Gesetzgebung sein. Auch schon um deswillen, weil ja erst in dem Augenblicke, in dem wir ein einheitliches und modernes bürgerliches Gesetzbuch haben, die volle Scheidung zwischen der historischen und praktisch-dogmatischen Behandlung des Rechtes eintreten wird; vorher haben wir diese Scheidung des historischen von dem praktisch-dogmatischen Stoff, wie die Praxis sie bedarf, auf den Universitäten nicht. Der eine Dozent, der mehr rechtshistorische Studien treibt, wird in vielen, in den meisten Fällen, vielfach noch den Stoff, der in der That gar nicht praktisches Recht ist, als praktisches Recht hinstellen. Wenige nur werden so vertraut mit der Praxis sein, daß sie überhaupt in der Lage wären, den Studenten das wirklich momentan geltende Recht zu vermitteln. Vielfach würde also nur historisch bedeutsamer Stoff als praktisches Recht seitens der Dozenten den Studenten vermittelt werden. So sind allerdings für den Augenblick die Vorbedingungen noch nicht gegeben. Ich erlaube mir Sie daran zu erinnern, daß wir Zeiten hatten, wo die Dozenten gleichzeitig hervorragende Praktiker waren, und in denen die Universitäten die ganze deutsche Praxis beherrschten. Es waren die Zeiten, wo die Spruchkollegien unzweifelhaft die höchste Autorität auch für die Rechtsprechung waren. Daß jemals dieser Zustand wieder eintreten werde, ist allerdings wohl nicht anzunehmen. Aber, sobald wir ein einheitliches bürgerliches Gesetzbuch haben, dürfen wir nicht zweifeln, daß in ganz anderer Weise, als dermalen, eine nahe Berührung zwischen der Praxis und der Theorie stattfinden wird. Es wird alsdann nicht möglich sein, daß Jemand ein hervorragender Dozent auf dem Gebiete der praktisch-dogmatischen Rechtwissenschaft ist, ohne die Praxis genau kennen gelernt zu haben und in beständiger Berührung mit ihr zu sein. So, meine Herren, möchte ich entschieden den Standpunkt, den Herr Professor Göppert in seinem Gutachten eingenommen hat, die bedeutend erweiterte und allerdings viel schwieriger gestaltete Aufgabe, die er unseren deutschen Universitäten gestellt hat, auch meinerseits adoptiren; allein nur für die Zukunft — für die Zeit, wo wir durch die Herstellung eines einheitlichen bürgerlichen Gesetzbuches die volle Scheidung zwischen der historischen und praktisch-dogmatischen Behandlung des Stoffes gewonnen haben, wo auch gleichzeitig die Einheit der Schüler und Lehrkräfte nicht mehr dieser Aufgabe die Schwierigkeiten entgegenstellt, die dermalen, so lange das gemeine Recht für die Praxis der Ergänzung und Verbindung mit dem Partikularrechte bedarf, bestehen.

Professor **Brunner** aus Berlin: Da sich über den vorliegenden Gegenstand eine Debatte bereits entsponnen hat, so erlaube ich mir gleichfalls einige Bemerkungen anzubringen, zu welchen mir theils Aeußerungen des Herrn Referenten theils Aeußerungen des Herrn Vorredners den Anlaß bieten.

Der Herr Referent hat im Gegensatz zu dem Gutachten des Herrn Professor Göppert ein akademisches Studium von drei Jahren für genügend erklärt und sich gegen eine Ausdehnung desselben auf vier Jahre, wie sie das Gutachten vorschlägt, mit Bestimmtheit ausgesprochen. Ich stelle mich in dieser Beziehung ganz entschieden auf den Standpunkt des Professor Göppert. Vor allem mit Rücksicht auf die sehr praktische Erwägung, daß vielfach ein Jahr des Trienniums durch den Militärdienst fast vollständig absorbirt wird. Dazu kommt, daß es für den angehenden Juristen immer mehr zum Bedürfniß wird, sich in dem Gebiete der staatswissenschaftlichen Disciplinen etwas näher umzusehen. Wenn sie der Fülle der juristischen Collegien noch Vorlesungen über Nationalökonomie, Finanzwissenschaft, Verwaltungslehre hinzufügen, so wird ein Zeitraum von drei Jahren fürwahr etwas zu knapp. — Es ist mehrfach davon die Rede gewesen, ob und inwieweit die Universitäten den Studirenden für die Praxis heranziehen sollen. Gewiß ist es ein Hauptzweck der juristischen Fakultäten für die Praxis vorzubereiten. Eine andere Frage ist es, ob etwa die Studirenden bereits an der Universität lernen sollen praktisch zu arbeiten, so daß sie als mehr oder minder geschulte Praktiker die Universität verlassen können. Das ist entschieden zu verneinen. Nichtsdestoweniger halte ich es für ein ganz wesentliches Bedürfniß, daß an den juristischen Fakultäten mehr Gewicht gelegt wird auf die sogenannten Praktika und seminaristischen Uebungen,

(Zustimmung)

nicht als ob ich meinte, daß der Studirende in den drei Jahren lernen solle praktisch zu arbeiten; das ist gar nicht der Zweck der Praktika. Es kommt vielmehr darauf an den Studenten anzuleiten zum selbstständigen Denken und Arbeiten, sei es nun in Bezug auf rein wissenschaftliche Themata oder in Bezug auf die Entscheidung von Rechtsfällen. Er soll dadurch nicht etwa praktisch geschult werden, sondern er soll wissenschaftliche Methode bekommen, er soll schon an der Universität zur Anschauung gelangen, wie die Theorie im einzelnen Falle umzusetzen ist in die Praxis. Wenn aus den angegebenen Gründen zu den rein theoretischen Collegien noch Praktika und seminaristische Uebungen hinzukommen müssen, so erscheint eine Verlängerung der Studienzeit um so mehr als wünschenswerth.

Schließlich noch Eines! Das was Sie wollen, eine möglichst gleichmäßige Ausbildung der Juristen, haben Ihnen die deutschen Universitäten von jeher geboten. Das Partikularrecht ist an denselben früher so gut wie gar nicht gepflegt worden. Stets hat man den Hauptaccent auf das gemeine Recht gelegt. Soweit an den Universitäten jetzt deutsches Privatrecht gelehrt wird, werden die Partikularrechte wohl hereingezogen, aber nur soweit als es sich handelt darzustellen, wie ein deutsch-rechtlicher Gedanke in den einzelnen Partikularrechten seine Ausprägung erhalten hat. Daneben existiren nunmehr auch Collegien über einzelne Partikularrechte. Soweit mir bekannt, werden derartige Vorlesungen weniger besucht als die Fächer des gemeinen Rechts, und es ist in der That auch nicht die Aufgabe der juristischen Fakultäten sich etwa in erster Linie mit den Partikularrechten abzugeben.

Der Sache nach spreche ich mich natürlich für den vorliegenden Antrag aus. Er ist so allgemein gefaßt, daß kaum Jemand irgend ein Bedenken dagegen haben kann. Was speciell den Punkt der Studienzeit betrifft, so glaube ich einer Verlängerung derselben das Wort reden zu müssen.

Landgerichtsrath **Vielvoye** aus Düsseldorf: Meine Herren! Ich erkenne durchaus das Gewicht und das Interesse der Gründe an, welche der Herr Vorredner aus seiner Erfahrung in der Universitätsprofessur vorgebracht hat; und doch scheint mir der zweite Vorredner Herr Rechtsanwalt Dr. Reuling Recht zu haben. Herr Professor Brunner hat ganz besonders betont, daß die Praktika an der Universität den Zweck hätten, nicht unmittelbar in das praktische, juristische Leben einzuführen, sondern das juristische Selbstdenken bei den Studirenden zu erwecken, und darin stimme ich ihm vollständig bei. Auch ich bin der Ansicht, daß den Universitäten ihre große theoretische Bedeutung erhalten werden müsse, aber ich werfe die Frage auf, ob nicht eben das Selbstdenken so gut an unmittelbar praktischem Rechtsstoff geübt werden kann, als an einem Rechtsstoff, der eingestandenermaßen gar nicht mehr praktisch ist. Es ist ja schon eine contradictio in adjecto die Praxis an etwas Unpraktischem üben zu wollen, und Selbstdenken ist in eminentem Sinne doch zugleich etwas Praktisches. Wenn aber die Voraussetzung eingetreten ist, die Herr Dr. Reuling gemacht hat, daß wir ein allgemeines deutsches Civilgesetzbuch neben dem Straf- und Handelsgesetzbuch, überhaupt ein allgemeines deutsches praktisches materielles Recht neben übereinstimmenden Prozeßformen haben, dann ist die Möglichkeit vorhanden, daß die Rechtsbeflissenen das Selbstdenken unmittelbar an praktischen Stoffen üben. Dann kann ja die Uebung des Selbstdenkens nach seiner theoretischen Seite immer und vor Allem im Auge behalten werden, aber sekundär dabei auch die Einführung des jungen Juristen in das praktisch-juristische Leben. Ich glaube in der Beziehung auf die Universitätsstudien, wie sie in Frankreich, Belgien und Holland gemacht werden, hinweisen zu dürfen, wo man sich eines allgemein geltenden kodifizirten Rechtes erfreut. Soviel mir bekannt ist, finden dort auch praktische Uebungen an den Universitäten statt und werden mit einem ganz anderen, größeren Interesse von den Studenten benutzt, als dies auf unseren Universitäten der Fall ist. Ich glaube, daß Herr Professor Brunner selbst in seinem Vortrage das mangelnde Interesse für die praktischen Uebungen wenigstens andeutungsweise schon zugestanden hat; ich wenigstens habe während meiner Universitätszeit die Erfahrung gemacht, daß die Studenten im Allgemeinen das wenigste Interesse für die sogenannten Praktika haben und daß sie am wenigsten von ihnen besucht werden. Wenn aber die Praktika neben ihrer blos theoretischen Aufgabe auch diese unmittelbar praktische Bedeutung gewinnen könnten, nachdem die Voraussetzung, welche Herr Dr. Reuling gemacht hat, eingetreten ist, dann scheint mir das Ziel, was wir dabei verfolgen, in seiner Vollkommenheit erreichbar zu sein.

Präsident Dr. **Albrecht**: Meine Herren! Ich knüpfe an den Antrag des Referenten die kurze Bemerkung, daß die Diskussion, in der wir jetzt befangen sind, nur eine sehr indirekte Beziehung zu diesem Antrage hat. Es hat eine beiläufige Bemerkung des Herrn Referenten Veranlassung gegeben, das Thema zu behandeln, wie das Universitätsstudium einzurichten sei, der Antrag selbst scheint mir hierzu keine Veranlassung zu geben. Ich meinerseits bin durchaus nicht der Meinung in die Debatte einzugreifen, ich will aber die Versammlung darauf aufmerksam machen, daß wir uns von dem eigentlichen Gegenstande etwas entfernen.

(Bravo.)

Professor **Brunner**: Eine kurze persönliche Bemerkung. Ich glaube mißverstanden zu sein: es fällt mir nicht ein, mir etwa ein Praktikum so vorzustellen, daß die Studirenden an einem praktisch nicht geltenden Stoff sich üben sollen, sondern im Gegentheil man nimmt dabei praktisch geltendes Recht — man nimmt z. B. einen Fall aus Seuffert — läßt den entscheiden und Motive dafür entwickeln. Man kann auch einen Fall aus einem Partikularrechte nehmen — die Sache ist gleichgültig. Es handelt sich ja in der That hauptsächlich nur darum, daß die Leute die Methode lernen. Was speziell das Verhältniß meiner Bemerkungen zu dem vorliegenden Antrag betrifft, so habe ich mir nicht verhehlt, daß die Frage: ob „drei oder vier Jahre?“ in keiner direkten Beziehung zu demselben steht. Allein, weil einerseits das Gutachten sich darüber aussprach und andererseits diese Meinung des Professor Göppert von Seiten des Herrn Referenten Widerspruch gefunden hat, so glaubte ich dieses Thema kurz berühren zu dürfen.

Referent Ober-Appellationsgerichts-Rath **Becker** (Schlußwort): Es scheint, als wenn über den von mir gestellten Antrag, wie ich auch kaum anders erwartet habe, Einverständniß herrschen wird. Natürlich mußten bei Berathung eines solchen Antrages einzelne Verschiedenheiten nicht bloß vorgeführt, sondern auch einer kleinen Beurtheilung wenigstens nach der Richtung hin unterzogen werden, um zu zeigen, daß sie nicht auf lokalen Gründen beruhen. Ein paar dieser kleinen Differenzen, „drei oder vier Jahre“ und

„Vorbereitung zum praktischen Dienst auf den Universitäten" haben zu einer Diskussion Veranlassung gegeben, die aber auch wiederum gezeigt hat, daß die Entscheidung nur von allgemeinen Gründen beherrscht wird; und das reicht vollständig aus. Ich will mich auf das Einzelne nicht näher einlassen. Ich könnte gern, namentlich mit dem Herrn Professor Brunner einverstanden sein, daß die Militairdienstzeit wesentlich mit in Rechnung zu ziehen ist, es frägt sich aber, ob damit die Nothwendigkeit gegeben ist, gerade vier Jahre Studienzeit unbedingt vorzuschreiben. Indessen das sind Punkte, die der weitern Erwägung zur allgemeinen Entscheidung vorbereitend dienen sollen, dem Hauptpunkte, gleichmäßige Normen für Alle, stehen sie nicht entgegen; und ich habe nur noch meine Freude auszusprechen, daß über einen hauptsächlich von mir berührten Nebenpunkt, Freiheit des Lernens, damit unsere jungen Leute lernen mit eigenem Kopfe denken und mit eigenen Füßen gehen, kein Widerspruch erfolgt ist.

Präsident: Wir schreiten zur Abstimmung. Der Antrag des Herrn Referenten geht dahin:

> „Der Juristentag wolle als seine Ueberzeugung aussprechen, daß es ausführbar und wünschenswerth sei, gleichmäßige Vorschriften für die theoretische und praktische Ausbildung aller deutschen Richter, Anwälte und Staats-Anwälte zu geben."

Der Antrag wird einstimmig angenommen. Die Abtheilung beschließt, den Beschluß dem Plenum zur Kenntnißnahme mitzutheilen.

Präsident: Meine Herren. Wir gehen zum zweiten Gegenstand unserer Tagesordnung über:

> Ist es thunlich, die Vorschriften des H.-G.-B. im IV. Buche, Tit. I, Abschnitt 2—4 auf Geschäfte, welche keine Handels-Geschäfte sind, und die Vorschriften im IV. Buche Tit. II. auf alle Kaufverträge über Mobiliargegenstände auszudehnen, und ist es wünschenswerth, daß baldthunlichst ein Gesetz dieses Inhalts für das Geltungsgebiet des H.-G.-B. erlassen werde?

Referent Bezirks- und Handelsgerichtsrath **Hauser** aus München: Die deutsche Handelsgesetzgebung hatte die Aufgabe zu erfüllen, die durch Uebung im Handelsverkehr festgestellten oder durch Bedürfnisse des Handels geforderten Rechtssätze in legislatorischer Gestaltung zusammenzufassen. Sie hatte außerdem Bestimmungen des allgemeinen bürgerlichen Rechts, welche als Hemmnisse in den Handelsbewegungen galten, oder nach dem Rechtsbewußtsein der Gegenwart nicht mehr haltbar erschienen, für den Handelsverkehr aufgehoben oder verändert. So musterhaft die gestellte Aufgabe gelöst worden, konnte bei solcher Beschränktheit derselben die Schöpfung der Handelsgesetzgebung nur eine mehr äußerliche Zusammenfassung kleinerer und größerer Bruchstücke des Rechts, aber kein systematisches Ganze bilden. Die Nachtheile dieser gesetzgeberischen Methode, so wohlthätig und vortheilhaft das deutsche Handelsgesetzbuch für Rechtssicherheit, wie auch für Rechtseinheit gewirkt hat, sind in der Rechtsanwendung mehr und mehr fühlbar geworden.

Die großen Schwankungen in den Grenzlinien zwischen dem handelsrechtlichen und dem civilrechtlichen Gebiete waren von Anfang an erkennbar und die nachtheiligen Folgen für die Rechtssicherheit voraussetzbar. Wie schwankend sind die Urtheile über das Dasein der Veräußerungsabsicht im Momente der Anschaffung oder der Anschaffungsabsicht im Momente der Lieferungsübernahme (H.-G.-B. Art. 271 Zif. 1 und 2), über Gewerbsmäßigkeit, über den Umfang eines bloßen Handwerksbetriebes, über Anstalten (Art. 272) — Kriterien, welche für den Begriff der Handelsgeschäfte, wie des Kaufmanns, somit für die Anwendung des Handels-Rechts maßgebend sind.

Durch diese Grenzschwankungen wird die Spaltung des Rechts in sonderrechtliche Sätze für den Handel und in allgemeinrechtliche Normen für den übrigen Mobiliarverkehr um so mißlicher, als die Erwerbsarten ähnlich und die Geschäftsformen dieselben sein können. Wie nahe berühren sich Produktionsarten in der Bodenausbeutung mit Be- oder Verarbeitung der Stoffe, wie im Bergwerksbetrieb, in der Glasbereitung, in der Erzeugung von Rübenzucker oder Spiritus durch Großgrundbesitzer aus eignen Erzeugnissen mit der eigentlichen Fabrikation, wobei eine Anschaffung fremder Sachen vorausgesetzt wird! Und noch enger wird die Berührung, wenn die Produktionsweise durch die rechtsgeschäftliche Vermittelung eines bloßen Pachtverhältnisses vor sich geht, welches einer Anschaffung fremder Stoffe am nächsten kommt. Die Geschäftsformen selbst, welche dem Verkehr des Handels wie des gewöhnlichen bürgerlichen Lebens am häufigsten dienen, sind ganz dieselben, wie Kauf, Dienstmiethe, Auftrag, Anlehen, Verpfändung, Verbürgung, Gesellschaftsvertrag u. s. w. Dennoch eine verschiedenartige rechtliche Behandlung!

Zudem schafft das wirkliche Rechtsleben derartige Verschlingungen des mercantilen und nichtmercantilen Verkehrs, daß der Bestand eines Doppelrechts Zustände eines rechtlich unlösbaren Zwiespalts gar nicht selten für die Rechtspflege darbietet. Z. B. Gegenstand des Streites ist der Ankauf einer Waarenmenge theils zur Weiterveräußerung theils zum Selbstgebrauch ohne Ausscheidbarkeit, oder die Uebernahme einer Lieferung theils selbst zu erzeugender theils anderwärts anzuschaffender Sachen, oder eine Versicherung auf Gegenseitigkeit zwischen Handeltreibenden und nicht handeltreibenden Gesellschaften für handelsgewerbliche und nicht handelsgewerbliche Zwecke, oder eine Vereinigung für gemeinschaftliche Rechnung zu einzelnen Geschäften, welche für einen Theilhaber handelsgeschäftlicher Natur sind, für den anderen nicht, oder eine Caution eines Gewerbspächters für handelsgewerbliches und landwirthschaftliches Inventar zugleich geleistet. Das Rechtsverhältniß selbst ist unzertrennbar, nach einer Seite handelsrechtlich nach der andern nicht handelsrechtlich zu beurtheilen und beiderlei Seiten sind weder innerlich noch äußerlich theilbar oder ausscheidbar. Der Knoten des Doppel-Rechts läßt sich nicht lösen, sondern nur zerhauen, indem man das untheilbare Ganze entweder nach Handelsrecht oder aber nach gewöhnlichem bürgerlichen Rechte behandelt. Es ist dies keine Rechtsentscheidnng sondern ein Nothakt der Rechtspflege.

Solche Rechtszustände dürfen in einem geordneten Staatswesen nicht andauern, wenn die Rechtssicherheit nicht gefährdet, richterliche Willkür nicht eingeübt werden soll. Eine Ausgleichung des Doppelrechts ist darum nothwendig und unverschieblich.

Die deutsche Handelsgesctzgebung ist ein Ausfluß des neueren Rechtsbewußtseins, ein Erzeugniß eines entwickelteren, fortgeschrittenen Verkehrslebens. Die in das Handels-Gesetzbuch aufgenommenen Rechtssätze haben sich praktisch bewährt, für sich selbst betrachtet oder im Großen und Ganzen genommen. Die Ausgleichung des zwiespaltigen Rechts kann daher naturgemäß nicht in der Weise vor sich gehen, daß das Handelsrecht eine Rückwärtsbewegung zu den Normen des allgemeinen bürgerlichen Rechts mache. Nothwendig muß daher die Gesetzgebung, um die Ausgleichung zu ermöglichen, in das bürgerliche Recht eine Vorwärtsbewegung zu den handelsrechtlichen Normen bringen. Hiermit folgt dieselbe der naturmäßigen Weiterentwicklung des Rechts, welche vermöge der raschen Pulsirung des mercantilen Lebens einen Vorsprung für das Handelsrecht in Gewohnheit und Gesetzen zu nehmen pflegt.

Zum Zwecke einer Ausgleichung bietet sich der Gesetzgebung ein zweifaches Verfahren: Die Schaffung eines vollständigen bürgerlichen Gesetzbuchs oder aber eine stückweise Gesetzgebung über einzelne Rechtspartien — beides mit Aufnahme der entsprechenden Handelsrechtssätze in das allgemeine bürgerliche Recht.

Der erstere Weg ist wohl systematischer, aber auch weit langwieriger. Der gegenwärtigen Generation wird es nach dem allgemeinen Gange der constitutionellen Legislation, nach dem Vergleich des Zeitaufwandes für Gesetzbücher weit geringeren Umfanges und nach dem Stande der Vorarbeiten kaum beschieden sein, von der Herrschaft eines allgemeinen deutschen bürgerlichen Gesetzbuches viele Jahre zu schauen.

(Widerspruch.)

Der zweite Weg ist practischer, je nach Bedürfniß und Dringlichkeit einschlagbar und für den nächsten Zweck das rascheste Verfahren. Dasselbe bereitet zugleich am besten den Weg für die umfassende Codification des vollständigen Rechts vor, welche ungeachtet der stückweisen Gesetzgebung über dringlichere Materien neben derselben herlaufend und sie in sich aufnehmend in Angriff genommen und fortgeführt werden kann.

Ganz besonders angezeigt ist das zweite Verfahren für gewisse Rechtspartien, welche den allgemeinen, wie den mercantilen Mobiliarverkehr betreffen. Es sind dies allgemeine Bestimmungen über Rechtsgeschäfte, ihre Abschließung und Erfüllung, welche das H.-G.-B. im IV. Buche 2. bis 4. Abschnitt enthält. Ferner sind hierher zu rechnen die besonderen Bestimmungen über die allgemeinste Form des Sachenerwerbs, des Absatzes und Umsatzes, nämlich die handelsgesetzlichen Bestimmungen über den Kauf.

Gerade in diesen Materien zeigen sich die häufigsten Gegensätze in der rechtlichen Behandlung des mercantilen und nicht mercantilen Verkehrs und mehren sich die Conflicte für die Rechtspflege. Die bezeichneten Rechtspartien hat die uns vorliegende These zum Gegenstande. Weitere Materien des H.-G.-B. werden sich der gleichen Erwägung einer Ausdehnung auf das allgemeine bürgerliche Recht mehr oder minder aufdrängen.

Um ein genaueres Urtheil über die vorgelegte Gesetzesfrage zu erlangen, ist es nothwendig, die gedachten Rechtsbestimmungen des H.-G.-B. einer Betrachtung zu unterstellen,, welche natürlich für unsere Versammlung nicht in das Detail eingehen, sondern nur von allgemeiner Natur sein kann. Das treffliche Gutachten, welches uns vorliegt, hat für das Detail vorgearbeitet, und es muß in dieser Richtung auf dasselbe verwiesen werden. Das Resultat des Gutachtens geht dahin, die handelsgesetzlichen Bestimmungen ohne wesentliche Veränderung zu einem allgemeinen Mobilarverkehrsrecht auszudehnen. Auf diejenigen Theile des H.-G.-B. bezogen, welche den Gegenstand der uns vorliegenden These bilden, scheint es mir durch seine Ausnahmslosigkeit zu weit zu gehen. Im Allgemeinen bin ich aber mit dem Herrn Gutachter ganz einverstanden.

Zweifellos ergiebt die Vergleichung der in Frage stehenden handelsgesetzlichen Bestimmungen, daß ihre Ausdehnung auf den Mobiliarverkehr des bürgerlichen Lebens im allgemeinen unbedenklich erscheint. Allein bezüglich einiger für den Handel gegebenen Rechtssätze müssen wohl Ausnahmen gemacht werden, wenn nicht empfindliche Härten auf das bürgerliche Recht übertragen werden sollen.

Vergleichen wir nun zunächst die handelsgesetzlichen allgemeinen Bestimmungen über Handelsgeschäfte, über deren Abschließung und Erfüllung, so wird sich im Ganzen gegen das Ausdehnungsverfahren ein haltbarer Einwand nicht machen lassen.

Die größte Gruppe von Bestimmungen bilden Rechtssätze, welche dem allgemeinen Rechtsleben vollkommen entsprechen und großentheils in neuerer Zeit überhaupt oder doch in umfassenden Reichstheilen in Geltung stehen. Hierher gehören:

Die Auslegung der Geschäfte nach dem Willen der Contrahenten und die Rücksicht auf Gewohnheit bei Bedeutung von Handlungen (H.-G.-B. Art. 278, 279), Einbeziehung des Gewinnentgangs in den Schadenersatz (283), Behandlung der Daraufgabe nicht als Reugeld und die Anrechnung derselben (285), Recht auf Zinsen vom Tage der Mahnung (288), Vergütung für Dienstbesorgung insbesondere Aufbewahrung, Vorschuß und andere Verwendungen bei gewerblicher Ausübung (290), Verzinsung des Saldo in laufender Rechnung vom Tage des Rechnungsabschlusses (291), Berücksichtigung von Irrthum und Betrug bei Rechnung-Anerkennung (294), Beweisfähigkeit von schriftlichen Urkunden ohne Rücksicht auf Zeit (295), Empfangsvollmacht in der Quittungsüberbringung (296), im Zweifel Nichterlöschung des Antrags, Auftrags oder der Vollmacht durch den Tod (297), directe Berechtigung und Verpflichtung durch Geschäftsschließung in Vollmacht, sowie persönliche Haftung des nicht bevollmächtigten Geschäftsschließers (297), Ort der Erfüllung nach Vereinbarung oder Natur des Geschäftes, nach der örtlichen Lage des Gegenstandes, außerdem nach Niederlassung oder Wohnort (324), Erfüllung von Geldzahlungen durch Uebermachung an den Gläubiger ausgenommen indossable oder Inhaberpapier (325), die Bestimmungen über die Zeit der Erfüllung nebst Auslegung von Zeitbenennungen (326—334), Maaß, Gewicht, Münzfuß, Zeitrechnung im Zweifel nach dem Erfüllungsorte (336).

Die Bestimmungen über Vertragsantrag, Vertragsannahme, Vertragsschluß (318—322 sind den allgemeinen Verkehrsverhältnissen entsprechend, deren Ausdehnung gegenüber dem controversen gemeinen Recht als eine wahre Wohlthat zu erachten ist. Dem geschäftlichen Anstande wie der Billigkeit entspricht die Behandlung des Auftrages, wonach bei bestehender geschäftlicher Verbindung oder bei Erbietung zur Ausrichtung eines Auftrages zur unverzögerlichen Antwort verpflichtet wird (Art. 323). Ebenso verhält es sich mit der Anforderung, Gegenstände mittlerer Art und Güte zu gewähren, wenn nichts Näheres hierüber vereinbart ist (335).

Die Aufhebung von gesetzlichen Beschränkungen bezüglich der Conventional-Strafen (284), bezüglich des Zinsenmaaßes (292—293), die Geltendmachung einer abgetretenen Forderung ohne Rücksicht auf Abtretungspreis (299), die Ausschließung der Einrede der Theilung oder Vorausklage bei solidarischen Verpflichtungen, insbesondere auch bei Bürgschaft (281), sind auch für den gewöhnlichen Verkehr Anforderungen theils einer freiern Bewegung theils einer strengern Rechtserfüllung und in den Einzelgesetzgebungen großentheils zur Geltung gebracht.

Die Behandlung der Anweisung, des Ordre- und Inhaberpapiers gemäß Art. 300—305, 307—308, läßt sich ganz wohl auf Nichtkaufleute ausdehnen. Die Neuerung besteht eigentlich nur in der Verpflichtung zur Erfüllung einer Annahmeerklärung auf Grund einer Anweisung, die unbedenklichste, weil erkennbarste Form des abstracten Versprechens im gewöhnlichen Rechtsleben. (In Baiern ist sogar die strengere Form kaufmännischer Anweisungen auf Nichtkaufleute ausgedehnt, so auch in Sachsen.)

Die Unabhängigkeit der Verpflichtung von dem unterliegenden Grunde bei Ordre- und Inhaberpapieren ist selbstverständlich zufolge der in der Ordre- und Inhaberklausel sich aussprechenden Begebbarkeit des Papiers.

Die Bestimmung über Faustpfand, und zwar die Befreiung der Pfandbestellung von besonderer Form bei beweglichen Sachen, Inhaber- und indossablen Papieren (309), die Zulassung einer schriftlichen Vereinbarung über Befriedigung aus dem Faustpfand ohne gerichtliches Verfahren (311) ist bereits in älteren Gesetzgebungen geltendes Recht, wie im baierschen Landrecht. Die Befriedigung durch Gerichtshilfe ohne vorgängige Klage bei Schriftlichkeit der Bestellung und bei Bescheinigung (310) ist ein ganz gerechtfertigtes abgekürztes Verfahren auch bei Nichtkaufleuten. Die Vorbehalte des Art. 312 für privilegirte Anstalten oder günstigerer Bestimmungen der Einzelgesetzgebungen geben hier selbstverständlich keinen Anlaß zu Bemerkungen.

Das Rückbehaltsrecht mit entsprechender Beschränkung bei nicht fälligen Forderungen (313—316) erscheint nach der handelsgesetzlichen Gestaltung als eine sehr vernünftige Weiterbildung des hierin ziemlich unentwickelten gemeinen Rechts, welche zum Theil schon in einzelnen Gesetzgebungen angebahnt ist. (Baiersches Landrecht fordert z. B. keine Connexität.) Die Gewährung einer Klage auf Verkauf des rückbehaltenen Gegenstandes im Falle der Nichterfüllung nach vorgängiger Mahnung ist eine sehr practische auch für das allgemeine bürgerliche Recht sehr empfehlenswerthe Neuerung.

Anlaß zu Bedenken gegen eine allgemeine Ausdehnung geben mir nur die Bestimmungen in Art. 280, 282, 287, 289 und 306.

In Betreff der Verpflichtung zur Sorgfalt im Sinne des Art. 282 ist zwar gegen ein strengeres Maaß auch im gewöhnlichen Rechtsverkehre ohne Unterschied der Vertragsart nicht viel einzuwenden, allein der Maaßstab des „ordentlichen Kaufmanns" der an Geschäftsüberblick, Gewandtheit, Erfahrung 2c. Leute des gewöhnlichen bürgerlichen Verkehrs weit überragt, ist nicht anzulegen. Es wird sich hier das Vorbild des sorgfälfältigen Hausvaters (diligens paterf.) als Modification rechtfertigen.

Die Solidarhaft bei gemeinschaftlicher Eingehung einer Verpflichtung in Ermangelung einer gegentheiligen Uebereinkunft (Art. 280) auf das gewöhnliche bürgerliche Verkehrsleben zu übertragen, enthält trotz der Geltung dieses Satzes im preußischen Landrechte [I. 5, § 424], eine bedenkliche Härte. Die Solidarhaft ohne ausdrückliche Vereinbarung widerspricht nicht nur dem gemeinen Rechte, sondern auch der natürlichen Rechtsanschauung, welche nur zur proportionalen Haft gelangt, und, muß man wohl hinzufügen, auch dem allgemeinen Volksbewußtsein, das sich gegen Solidarhaft sogar in den genossenschaftlichen Formen sträubt, wo für ihre Berechtigung bedeutende Gründe geltend gemacht werden.

Der Zinsfuß von 6 pCt. für gesetzliche und Verzugszinsen (Art. 287) ist für den gewöhnlichen, namentlich nicht gewerblichen Verkehr im Allgemeinen, und namentlich auf dem Lande zu hoch. Das ähnliche Verhältniß im Wechselrecht macht sich für die gewöhnlichen Leute höchst fühlbar und hat zu Klagen Anlaß gegeben; daraus läßt sich sohin kein Ausdehnungsgrund herleiten. Fügen wir nicht zu alten stets wiederkehrenden Klagen anläßlich der allgemeinen Wechselfähigkeit neue Beschwerdegründe hinzu durch zu weit gehende Anforderungen.

Nicht zu empfehlen ist die Ausdehnung der Verzinslichkeit jeder Forderung vom Tage der Fälligkeit ohne Verabredung oder Mahnung (289); für den gewöhnlichen Alltagsverkehr ist es kein Bedürfniß, vielmehr in den meisten Fällen, wo keine Erfüllungszeit besonders vereinbart zu werden pflegt, zu hart. Der Rechtsspruch dies interpellat pro homine enthält, abgesehen von seiner Bestrittenheit, keine Rechtfertigung der Ausdehnung, weil derselbe nur in Fällen einer besonderen Zeitbestimmung für die Erfüllung Platz greift.

Endlich der Grundsatz des redlichen Erwerbs von Eigenthum oder Pfandrecht an nicht gestohlenen und nicht verlorenen Sachen in Folge Veräußerung oder Verpfändung von Seite eines nicht berechtigten Uebergebers (Art. 306) eignet sich in der handelsgesetzlichen Behandlung nicht zur Ausdehnung auf den gewöhnlichen Verkehr. Für einen gesicherten Umsatz im Handel anerkanntes Bedürfniß, würde jenes Prinzip die Grundelemente des Eigenthums- und Pfanderwerbs zu sehr erschüttern.

Vergleicht man weiter die handelsgesetzlichen Bestimmungen über den Kauf, so empfiehlt sich deren Verallgemeinerung für den Mobiliarverkehr überhaupt. Auch hier kommen nur wenige Ausnahmen in Frage.

Die Bestimmungen über nicht verbindliches Anerbieten an Mehrere (337), Lieferungskauf (338), Kauf auf Probe, nach Probe, zur Probe (339 bis 341), über Kaufs-Erfüllung, insbesondere den Ort der Uebergabe, Zeit und Ort der Zahlung (342), über die Art der Versendung und die Gefahr (344—45), über Empfangnahme (346), über Theilbarkeit der Erfüllung (359), über Kosten der Uebergabe (351), Taraabzug (352), Markt- und Börsenpreis (353), enthalten eine der rechtlichen Natur der Verhältnisse allgemein entsprechende Ordnung und bereits wissenschaftlich oder praktisch geltendes Recht, geben daher keinen Anlaß zu Bedenken gegen eine Ausdehnung auf den civilen Kauf beweglicher Sachen.

Die Behandlung des Verzugs in Empfang (343), in der Uebergabe, wie in der Zahlung (354—356) entspricht allgemeinen Grundsätzen über das rechtliche Interesse und eignet sich auch ganz besonders in den neueren Bestimmungen über die Anzeigepflicht bezüglich der zu treffenden Maaßregeln des nichtsäumigen Theils zu einer Verallgemeinerung.

Eine Beanstandung könnte dasselbe Verfahren bei den sogenannten Fixgeschäften (Art. 357 und 358) erleiden, wie die Bremer Einführungsordnung (§ 30) bei der Ausdehnung der handelsgesetzlichen Bestimmungen über den Kauf nur diese einzige Ausnahme macht.

Allein das Bedürfniß nach einer Behandlung des Verzuges im Sinne des Art. 357 besteht auch für Nichthandelskäufe, indem bei solchen eine Erfüllung nach Ablauf einer genau bestimmten Zeit ebenfalls für einen Contrahenten gegen sein Interesse sein und zurückgewiesen werden kann. Dieses Verhältniß bedarf aber einer näheren Ordnung, wofür sich die Vorschriften in Art 357 und 358 gleichfalls eignen.

Im Interesse einer angemessenen definitiven Geschäftserledigung läßt sich auch für das bürgerliche Recht die Ausdehnung des Art. 349 rechtfertigen, wonach alle nach Ablauf von sechs Monaten entdeckten Mängel des gekauften Gegenstandes nicht geltend gemacht werden können, von Fällen des Betruges abgesehen (350), und wonach Klagen wegen Mängel überhaupt in 6 Monaten nach Ablieferung verjähren. — Dagegen ist eine allgemeine Ausdehnung der Untersuchungs- und Anzeigepflicht sofort nach Empfang der gelieferten Sache bei Vermeidung der Annahme der Genehmigung ungeachtet vorhandener Mängel (Art. 347—348) nicht zu billigen. Diese handelsgesetzliche Vorschrift ist eine bekannte gefährliche Falle, in welcher Kleinhändler, namentlich Landkrämer gefangen werden; sie enthält auch eine bedeutende Härte, soweit sie für den von auswärts beziehenden Consumenten in Anwendung kommt. Allein in jenem Falle ist sie im Interesse der Handelsfreiheit nothwendig, in diesem Falle nicht von häufiger Anwendung und trifft mehr die gebildeteren Kreise von Consumenten, die von auswärts zu beziehen pflegen. Dagegen besteht für den Nichthandelsverkehr kein Bedürfniß für eine derartige Behandlung des käuflichen Bezugs von anderen Orten;

sie wäre hier eine beschwerliche Härte mit großer Gefährdung der rechtlichen Interessen — ohne jede legislatorische Nothwendigkeit.

Hiermit wäre unsere These eigentlich erschöpft, und ich könnte, wenn ich mich nur an dieselbe zu halten hätte, schließen. Allein unser Gutachten, und wir haben dem Herrn Gutachter dafür unseren Dank zu sagen, befaßt sich noch mit weiteren Materien des Handelsgesetzbuches, doch mit der Erklärung, nur einige übersichtliche Bemerkungen geben zu wollen. Wir können natürlich um so weniger hier in Einzelheiten eingehen, das würde viel zu weit führen. Ich werde also nur allgemeine Umrisse geben.

Das Gutachten ist für eine Ausdehnung der Bestimmungen des Handelsgesetzbuches über die Commissions-, Speditions- und Frachtgeschäfte, und führt als Beispiel die Bremer Einführungs-Verordnung zum Handelsgesetzbuch an. Dieselbe dehnt jene Bestimmungen auch auf Nichtkaufleute aus im Falle eines entgeltlichen Geschäftes. Ich habe im Allgemeinen hiergegen nichts zu bemerken. Ausnahmen, die in einzelnen Punkten nothwendig, sind ja der Gesetzgebung vorbehalten.

Auf einen zweiten Punkt macht das Gutachten aufmerksam, bezüglich des V. Buches des Handelsgesetzbuches, die Geschäfte des Seehandels betreffend. Hier kommt allerdings eine Lücke vor in der Art, daß es wenigstens an einer ausdrücklichen Bestimmung darüber fehlt, ob die Vorschriften des V. Buchs in Anwendung kommen für die beiden geschäftsschließenden Theile, sofern ein Geschäft nur nach einer Seite ein Handelsgeschäft ist. Diese Lücke wäre von der Gesetzgebung auszufüllen.

Bezüglich des Gesellschaftsrechtes nimmt unser Gutachten ebenfalls an, daß sich dasselbe zur Ausdehnung auf das bürgerliche Recht eigne, und führt als bedeutende Vorgänge in dieser Beziehung schon die Reichsgesetzgebung an in Beziehung auf die Actien- und Commanditgesellschaften auf Actien, sowie in Beziehung auf die Genossenschaften. Das Gutachten ist dafür, daß auch die Form der offenen Handelsgesellschaften und die Form der Commanditgesellschaften (nicht derjenigen auf Actien) ausgedehnt werden könne auf den bürgerlichen Verkehr. Ich glaube dasselbe. Die Grundprincipien dieser Gesellschaften, wie sie das Handelsgesetzbuch aufgestellt hat, müssen ja im Gesellschaftsvertrage ausgesprochen werden. Erklärt eine Gesellschaft, daß die Gesellschafter persönlich haften ohne Beschränkung auf Einlagen und ihre Angelegenheiten unter einer gemeinschaftlichen Firma betreiben, so eignet sich für eine derartige Gesellschaft die handelsgesetzliche Regulirung dieses gesellschaftlichen Verhältnisses nach Maaßgabe der offenen Handelsgesellschaft vollständig. Die Anwendung der gesellschaftlichen Firma begründet thatsächlich von selbst die richtige Beschränkung auf die geeigneten Fälle. Wir bekommen dann insbesondere für die bereits oben angeführten Productionsarten bei gesellschaftlicher Betriebsweise die Möglichkeit, sich ein ganz zweckmäßiges Gesellschaftsrecht durch den Vertrag anzueignen; es wird ja nicht zwangsmäßig ausgedehnt. Aehnlich verhält es sich nun auch bezüglich der Commanditgesellschaft, bei welcher, ebenfalls im Vertrag, ausgesprochen werden muß, daß ein Gesellschafter persönlich hafte, und die Uebrigen sich nur auf Einlagen beschränken mit Bekanntgabe nach außen.

Von selbst müssen alsdann, wenn solche Ausdehnungen stattfinden, weitere Bestimmungen des Handelsgesetzbuches auf diese Gesellschaftsformen ausgedehnt werden, wie diejenigen über Buchführung, die Firma, die Registrirung, die Procura u. s. w.; das wird sich dann ganz von selbst verstehen.

Die Generalisirung des Handelsgesetzes für stille Gesellschaften, welche sich an die Gesellschaften der vorher bezeichneten Art anschließen, wäre dann ebenso selbstverständlich, eine Ausdehnung auf Nichthandelserwerbszweige überhaupt, wenn auch kaum ein Bedürfniß, doch unbedenklich.

Die Gelegenheitsgesellschaft des Handelsgesetzbuchs eignet sich unbedingt zur Ausdehnung; es ist sogar ein dringlicher Anlaß hierfür gegeben, da Fälle gesellschaftlicher Vereinigungen zu einzelnen Geschäften vorkommen, in welchen die Gelegenheitsgeschäfte für den einen Gesellschafter Handelsgeschäfte sind, für den anderen nicht, also eine Gesellschaft vorliegt nach Handelsrecht und wieder nicht nach Handelsrecht; z. B. ein Waldbesitzer vereinbart sich mit einem Holzhändler zur Abholzung seines eigenen Waldes für gemeinschaftliche Rechnung auf Gewinn und Verlust. Für den Waldbesitzer ist die Vereinigung keine handelsrechtliche, weil die Geschäfte für ihn keine Handelsgeschäfte sind, für den Holzhändler aber eine handelsrechtliche, weil für ihn die Geschäfte Handelsgeschäfte sind, und dennoch ist es nur eine und dieselbe Vereinigung unter Beiden.

Ich komme nun zur Formulirung meines Antrages. Wenn wir die Gesammtverhältnisse des Handelsrechts, soweit sie jetzt berührt worden, ins Auge fassen, so ist der Antrag I., welchen das Gutachten stellt:

> Es ist wünschenswerth und thunlich, die Bestimmungen des Handelsgesetzbuchs ohne wesentliche Veränderungen zu einem allgemeinen Mobiliarverkehrsrecht auszudehnen,

meines Erachtens nicht zu beanstanden. Ich würde ihn aber, um die Zulassung von Einschränkungen bestimmter hervorzuheben, so fassen:

> Es ist wünschenswerth, die Bestimmungen des Handelsgesetzbuchs unter entsprechenden Einschränkungen auf den allgemeinen Mobiliarverkehr auszudehnen.

Es scheint mir, daß wir auf diesem Wege am bäldesten zu einem gemeinsamen Obligationsrechte kommen. Wenn auch dasselbe zunächst nur in größeren Bruchstücken bestände, so würde es doch einen weiteren Anlaß geben zu einer einheitlichen Gesetzgebung über das Obligationenrecht, um vorerst wenigstens für den Mobiliarverkehr ein den neueren Verhältnissen entsprechendes Recht zu gewinnen.

Was nun die besonderen Partieen des Handelsgesetzbuchs betrifft, deren Ausdehnung ich als eine Nothwendigkeit, als ein dringliches Bedürfniß der Gesetzgebung zur Vermeidung von Rechtsconflicten erachte, so würde ich eine Betonung hierauf legen und in dieser Weise den Antrag II. formuliren:

> Es ist insbesondere ein dringliches Bedürfniß, die durch den Zwiespalt des mercantilen und civilen Doppelrechts entstehenden Rechtsconflicte durch die Gesetzgebung auszugleichen. Hierzu eignet sich, vorbehaltlich einzelner Ausnahmen, die Ausdehnung des H.-G.-B. IV. Buch, Tit. 1, Abschn. 2—4 auf die Rechtsgeschäfte des bürgerlichen Mobiliarverkehrs, ferner des IV. Buchs, Tit. 2 auf alle Kaufverträge über bewegliche Sachen, desgleichen des III. Buches, Tit. 2 auf Vereinigungen zu den bezeichneten Rechtsgeschäften für gemeinschaftliche Rechnung endlich die gleichmäßige Anwendung des V. Buchs auf die Geschäfte des Seehandels für beide geschäftsschließende Theile.

Landgerichtsrath **Vielvoye**: Ich wollte nur ein allgemeines Argument noch anführen für die Einschränkung, die der Herr Referent dem Antrage, wie ihn der Herr Gutachter gestellt hat, geben will, nämlich, daß die Uebertragung der handelsrechtlichen Bestimmungen auf das allgemeine Civilrecht nur in bestimmten Punkten sich rechtfertigen ließe und angemessen sein würde. Der Grund dafür scheint mir ein volkswirthschaftlicher und socialer zu sein, nämlich, daß im Großen und Ganzen unsere verschiedenen Volksclassen, die mit dem Verkehr in der einen oder anderen Weise zu thun haben, nicht die practische volkswirthschaftliche Ausbildung erlangt haben, welche gerade dem Handelsstande und außerdem nur noch einem kleinen Theile der gebildeteren gewerbtreibenden Bevölkerung beiwohnt. Wenn wir jetzt schon, in dem Stadium der volkswirthschaftlichen Entwickelung, in der wir uns befinden, sagen wollten, daß die Bestimmungen des H.-G.-B. allgemein auf das Civilrecht übertragen werden sollten, so würde das in mancher Beziehung mißlich sein. Erst eine voraussichtlich noch sehr ferne Zukunft wird dies möglich machen. Ich glaube nicht zu viel zu sagen, wenn ich behaupte, daß eine vollständige Revolution unserer Verkehrsverhältnisse erst vorangehen muß. Vielleicht wird mit der Ausdehnung des Genossenschaftswesens unter den verschiedenen Verkehrsclassen das Ziel, welchem der Herr Gutachter mit vollem Recht nachstrebt, dereinst zu erreichen sein, wenn nämlich der Kleinverkehr allmälig aufhört ein Privatverkehr zu sein und die genossenschaftliche Form annimmt, welchen Zweck unser Genossenschaftswesen ja in der Productivassociation, die aber jetzt erst in den ersten Anfängen existirt, verfolgt.

Obergerichts-Anwalt Dr. **Mensching** aus Hannover: Ich möchte an den Herrn Referenten die Anfrage stellen, ob es nicht zweckmäßig wäre, diese Ausnahmebestimmungen vielleicht mit in den Antrag aufzunehmen?

Referent Handelsgerichtsrath **Hauser**: Ich würde der Gesetzgebung in dieser Beziehung nicht vorgreifen. Ich vermag es nicht als Aufgabe des Juristentages zu erkennen, ihr die Einzelheiten für Ausnahmen vorzuzeichnen. Aus den gedruckten Verhandlungen wird man ohnehin die Anschauungen hierüber ungefähr entnehmen können. Würde es aber gewünscht und beschlossen werden, so ließe sich die Form des Antrages vielleicht so geben:

> Bedenken gegen eine unbeschränkte Ausdehnung auf das bürgerliche Recht erregen die handelsgesetzlichen Artikel: . . . (ich bezeichnete 280, 282, 287, 289, 306, 347—348) und sind dieselben als Ausnahmen einer besonderen gesetzgeberischen Erwägung anheimzustellen.

Präsident Dr. **Albrecht**: Ein Beschluß unserer Abtheilung in dem Sinne, wie er von Seiten des Herrn Dr. Mensching gewünscht wird, wird nur herbeizuführen sein. wenn wir über jeden einzelnen der in Betracht kommenden Artikel discutiren. Es scheint mir das aber ganz unmöglich, zumal da die Versammlung ja nur theilweise, ja nur zum geringen Theile das H.-G.-B. vor sich hat. Unter den Artikeln, welche der Herr Referent von der Ausdehnung ausschließen will, sind solche, die in meiner Vaterstadt Hamburg allgemein auf den Mobiliarverkehr ausgedehnt sind. Es ist also eine Meinungsverschiedenheit in dieser Beziehung möglich, wie auch der Herr Referent in Bezug auf einzelne Artikel von dem Herrn Gutachter abweicht.

Dr. **Mensching**: Ich habe keinen Antrag stellen wollen.

Advokat Dr. **Heinsen** aus Hamburg: Der Herr Referent, wie auch die übrigen Sprecher sind im Wesen mit den Grundsätzen einverstanden gewesen, welche ich mir erlaubt habe, in dem Gutachten Ihnen vorzulegen. Im Allgemeinen ist die Meinung, daß es wünschenswerth und auch ausführbar sei, die Grundsätze des H.-G.-B. auf den allgemeinen bürgerlichen Verkehr auszudehnen, ohne Widerspruch geblieben. Der Herr Referent hat nur gegen die Ausnahmslosigkeit der Ausdehnung monirt, wie ich sie in meinem Gutachten postulirt habe. Ich habe in der Nro. 1 gesagt: „ohne wesentliche Veränderungen." Denn das will ich zugeben, daß in der einen oder anderen Beziehung Modifikationen vielleicht eintreten und wünschenswerth sein können. Darüber kann ich um so weniger aburtheilen, als die Bedürfnisse vielleicht in einzelnen Orten, in einzelnen Ländern, für einzelne Klassen von Personen an verschiedenen Orten verschiedene sein können. Aber ich glaube, es ist nicht die Aufgabe des Juristentages die einzelnen Bestimmungen zu erörtern, für welche möglicherweise eine Ausnahme und Abweichung hergestellt werden soll, sondern der Juristentag kann nur allgemeine Prinzipien aufstellen. Es ist unthunlich und unleidlich dieser Zwiespalt, der jetzt zwischen zwei verschiedenen Rechten in demselben Gebiet besteht, der uns immer und immer wieder zu der Untersuchung nöthigt, ist in diesem Falle das Handelsrecht, oder ist das allgemeine bürgerliche Recht anwendbar; und deshalb, glaube ich, muß man auch nur mit dem größten Bedenken und nur, wenn ganz zwingende Gründe vorhanden sind, daran gehen, Ausnahmen zu machen; ich würde also z. B. sehr gegen eine wesentliche Ausnahme sein, welche der Herr Referent machen wollte. Er will nicht den alten Grundsatz, der jetzt in das H.-G.-B. aufgenommen ist: „Hand muß Hand wahren," auf den allgemeinen Verkehr ausgedehnt haben. Gerade dabei aber handelt es sich um Etwas, das tagtäglich in allen Verhältnissen vorkommt bei Kauf- und Pfandgeschäften, also den ganz gewöhnlichsten Verkehrsgeschäften; dabei wird also die Untersuchung nach dem geltenden Recht immer in Frage kommen, und gerade da ist die Rechtseinheit sehr wünschenswerth, in den Fällen vor allen ist eine Rechtsverschiedenheit, und damit eine Rechtsunsicherheit zu beseitigen. Daß das sehr gut angeht, dafür haben wir den Beweis, daß es in Bremen und Hamburg geht, und daß es in Hamburg Jahrhunderte lang gegangen ist, ehe man an das H.-G.-B. dachte; kein Mensch hat sich darüber beklagt, wir in Hamburg haben uns sehr wohl dabei befunden, und im Gegentheil wir würden es sehr übel vermerken, wenn wir anders behandelt würden. Im französischen Recht ist derselbe Grundsatz auch schon vorhanden. Ich will auf die übrigen einzelnen Artikel nicht eingehen aus dem von dem Herrn Vorsitzenden schon vorgetragenen Grunde.

Die Anträge, welche der Herr Referent gestellt hat, weichen, wie ich verstanden habe, im Sinne nicht von demjenigen ab, wie ich am Schlusse des Gutachtens gesagt habe. Meine Meinung geht dahin, daß man damit vollständig der Aufgabe des Juristentages Genüge leistet, wenn man ausspricht: „Es ist wünschenswerth und thunlich die Bestimmungen des H.-G.-B. ohne wesentliche Veränderungen" — es sollen also einzelne Modificationen stattfinden — „zu einem allgemeinen Mobiliarverkehrsrecht auszudehnen." Ich habe dann angefügt als zweiten Satz: „Es ist dies speziell auch wünschenswerth und thunlich bezüglich der Vorschriften des Buch IV, Tit. 1, Abschnitt 2—4 und Tit. 2," weil diese Abschnitte mir lediglich von der ständigen Deputation zur Erörterung vorgelegt waren, und ich im ersten Satze eigentlich meine Aufgabe überschritt. Würde man sich für den ersten Satz erklären, dann ist der zweite überflüssig. Dagegen war von dem Düsseldorfer Herrn Kollegen gesagt worden, es sei das zu weitgehend und er wünsche die Uebertragung nur in gewissen Punkten. Das ist Etwas, wogegen ich mich entschieden erklären muß. Ich Gegentheil, ich wünsche nicht die Uebertragung des Handelsrechtes in gewissen Punkten auf das bürgerliche Recht, sondern ich wünsche die Uebertragung allgemein mit etwaiger Ausnahme gewisser Punkte. Ich will nicht als Regel die Nichtübertragung haben und die Uebertragung nur in einzelnen Punkten vornehmen, sondern ich will sie womöglich ganz allgemein, und nur in Einzelheiten, wo zwingende Gründe zur Aenderung nöthigen, eine Abweichung vornehmen. Wenn der Herr Kollege dann meint, das würde eine Revolution der Verhältnisse herbeiführen, so glaube ich, hat man das nicht zu befürchten, und ein Beispiel dafür bietet, da er gerade auf bäuerliche Verhältnisse anspielte, Mecklenburg dar. Mecklenburg hat gerade das H.-G.-B. in recht weitreichendem Maaße ausgedehnt, und die Bauern haben deshalb keine Revolution gemacht und befinden sich ganz gut dabei. Ich glaube, das wird keine Schwierigkeiten machen.

Landgerichtsrath **Vielvoye:** Der Herr Vorredner scheint mich theilweise mißverstanden zu haben. Zuerst mit der Verkehrsrevolution. Die sollte nicht nachkommen, die sollte, in meinem Sinne, vorhergehen, um das Ziel, welches das Gutachten im Auge hat, möglich zu machen. Ich glaube in der Beziehung dem Herrn Vorredner namentlich widersprechen zu müssen, wenn er meint, daß die Bestimmungen des H.-G.-B. ohne wesentliche Veränderungen auf das Civilrecht übertragbar seien. Ich führe z. B. an, ob man die Bestimmungen über die Handelsbücher allgemein, auf Jedermann übertragbar erklären kann, ob die praktische Möglichkeit dieser Verallgemeinerung der Bestimmungen über die Handelsbücher nicht eine Verkehrsrevolution voraussetzt. Dann hat der Herr Referent schon auf einzelne Bestimmungen aufmerksam gemacht, die sich sofort als unanwendbar für das Verkehrsleben in allen seinen Arten und Spielarten zeigen, namentlich z. B. die Bestimmung, daß die Solidarität vermuthet werden soll, statt des umgekehrten Satzes, daß die Solidarität im einzelnen Fall immer zu beweisen ist, den, soviel ich weiß, die meisten deutschen Gesetzbücher und auch das französische Recht aufstellen. Auf die von dem Herrn Referenten angeführten andern speziellen Bestimmungen, deren Nichtanwendbarkeit auf das allgemeine Civilrecht allerdings eine wesentliche Abänderung des Handelsrechts darstellen würde, gehe ich nicht weiter ein. Ich muß mich daher mit dem Herrn Referenten dagegen aussprechen, daß die Form, welche der Herr Gutachter seinem Antrage, insbesondere in dem ersten allgemeinen Satze gegeben hat, aufrechterhalten werde. Soviel ich aus der mündlichen Auseinandersetzung des Herrn Referenten habe entnehmen können, schien die Art und Weise, wie er jenen Satz modifiziren will, mir angemessen zu sein.

Uebrigens bin ich weit entfernt davon, die Richtigkeit des Prinzips, welches der Herr Gutachter verfolgt, zu bestreiten. Ich habe mich in meinem ersten Vortrage schon dahin ausgesprochen, daß wir dasselbe als Ziel, wohin die gesunde Entwicklung unseres Gewerbs- und Verkehrslebens zeigt, im Auge behalten müssen. Durch meine Bemerkungen wollte ich überhaupt nur die Forderung des Herrn Referenten unterstützen, daß der erste Satz des Antrages des Herrn Gutachters in beschränkender Weise angemessen modifizirt werde.

Präsident Dr. **Albrecht**: Es wäre sehr wünschenswerth, wenn die beiden Antragsteller, Gutachter und Referent, die, meiner Ueberzeugung nach, nicht sehr weit von einander abweichen, sich in Bezug auf ihre Anträge verständigen könnten, und ich bin schon im Augenblick im Begriff, einen solchen Vergleich zwischen Beiden herbeizuführen; ich hoffe, es gelingt. Ich meine, daß die Herren sich von Spezialitäten möglichst frei halten müssen, und ich würde den Herren folgenden Vorschlag machen:

1) Es ist wünschenswerth, die Bestimmungen des Handelsgesetzbuchs unter entsprechenden Einschränkungen auf den allgemeinen Mobiliarverkehr auszudehnen.

Das ist der Antrag des Herrn Referenten. Es weicht der Herr Gutachter nur darin ab, daß er nicht die Worte hat: „unter entsprechenden Einschränkungen,“ sondern „ohne wesentliche Veränderungen.“ Ich glaube aber, das würde Dr. Heinsen sich gefallen lassen können; denn „entsprechende Einschränkungen“ sind nur solche, die durch die Nothwendigkeit geboten sind.

Gutachter Dr. **Heinsen**: Es scheint mir meine Form zweckmäßiger zu sein, einmal, um hervorzuheben, daß das Prinzip die Ausdehnung sein soll, und nur ausnahmsweise Abänderungen stattfinden sollen, nnd ferner: „unter entsprechenden Einschränkungen,“ damit weiß man Nichts. Es wird mehr hervorgehoben, wenn ausgedrückt wird, daß „nicht wesentliche Abänderungen“ stattfinden sollen.

Präsident Dr. **Albrecht**: Dann einigen Sie sich so: Es ist wünschenswerth, die Bestimmungen des H.-G.-B. thunlichst auf den allgemeinen Mobiliarverkehr auszudehnen.

Professor **Brunner**: Für uns hier ist der ganze Meinungsgegensatz ein rein redaktioneller. Auf die Details können wir nicht eingehen; es liegt die Sache doch ein wenig zu sehr ab. Ueber die einzelnen Punkte wird die Abstimmungsfrage nicht gestellt. Was die speciell hervorgehobene Differenz betrifft, so bin ich vollständig einverstanden mit dem Verfasser des Gutachtens in Bezug auf die Ausdehnung der Vorschriften des H.-G.-B. über die Abschneidung der Eigenthumsklage bei Mobilien. Allein nichtsdestoweniger glaube ich doch, daß wir besser thun, wenn wir lieber weniger sagen, als zu viel. Mit den Worten: „Es ist wünschenswerth und thunlich, die Bestimmungen des Handelsgesetzbuchs ohne wesentliche Veränderungen zu einem allgemeinen Mobiliarverkehrsrecht auszudehnen" sagen wir zuviel, weil es doch so vollständig in dem Ermessen des Lesers steht, sich zu denken, was wesentliche und unwesentliche Veränderungen seien. Nach den Beispielen der Herrn Referenten würde es sich allerdings möglicherweise auch um wesentliche Veränderungen handeln. Nehmen wir den Ausdruck „ohne wesentliche Veränderungen", so glaube ich, entscheiden wir bereits in der Materie selber, so sagen wir damit, daß wir uns mit den Details beschäftigt, aber gefunden haben, diese Details seien nur unwesentlicher Natur. Wir haben uns aber in der That mit Details nicht beschäftigt, und wir müssen daher lieber eine allgemeine Fassung wählen; und als eine solche allgemeine Fassung würde sich die des Herrn Referenten empfehlen: „Vorbehältlich einzelner Ausnahmen."

Präsident Dr. **Albrecht**: Der Antrag des Herrn Referenten zerfällt in zwei Theile. Erst im zweiten Theile kommt der Ausdruck vor: „vorbehaltlich einzelner Ausnahmen." Der erste Theil lautet folgendermaßen:

> Es ist wünschenswerth, die Bestimmungen des Handelsgesetz-Buchs unter entsprechenden Einschränkungen auf den allgemeinen Mobiliarverkehr auszudehnen.

Ich habe mir erlaubt, dem Herrn Dr. Heinsen den Vorschlag zu machen, sich mit diesem Vorschlage einverstanden zu erklären. Herr Dr. Heinsen hat Bedenken, und darum habe ich zu meinem ersten Vorschlag selbst das Amendement gestellt, statt „unter nothwendigen Einschränkungen" zu sagen „thunlichst." Es scheint mir Beides ziemlich auf dasselbe herauszukommen. Denn der Beschluß wird immer nur die allgemeine Regel feststellen, wir werden nie einer Ausnahme präjudiziren können; und das ist durch die eine, wie durch die andere Fassung gegeben. Ich gebe zu, daß im Wortpunkt der Antrag Heinsen weiter geht; aber ich glaube Herr Dr. Heinsen könnte sich sehr gut mit dem Vorschlag des Herrn Referenten einverstanden erklären.

(Dr. Heinsen hat keine wesentlichen Bedenken dagegen. — Professor Brunner würde dem Vorschlage des Referenten zustimmen).

Der Antrag des Herrn Referenten geht dann weiter:

2) Es ist insbesondere ein dringliches Bedürfniß, den Zwiespalt des mercantilen und civilen Doppelrechts durch die Gesetzgebung auszugleichen. Hierzu eignet sich, vorbehaltlich einzelner Ausnahmen, die Ausdehnung des H.-G.-B. IV. Buch, Tit. 1, Abschn. 2—4 auf die Rechtsgeschäfte des bürgerlichen Mobiliarverkehrs, ferner

IV. Buch, Tit. 2 auf alle Kaufverträge über bewegliche Sachen, desgleichen des III Buches, Tit. 2 auf Vereinigung zu solchen Geschäften für gemeinschaftliche Rechnung, endlich die gleichmäßige Anwendung des V. Buchs auf die Geschäfte des Seehandels für beide geschäftsschließende Theile.

Ich glaube, daß die beiden letzten Sätze, die iu unserer Mitte nicht vollständig zur Berathung gekommen sind, ohne Schaden gestrichen werden könnten, da sie in der ersten Nummer vollständig mit enthalten sind. Dann würde der Vorschlag des Herrn Referenten ad 2 folgendermaßen lauten und mit dem Antrag des Herrn Dr. Heinsen nahezu übereinstimmen:

2) Es ist insbesondere ein dringliches Bedürfniß, den Zwiespalt des mercantilen und civilen Doppelrechts durch die Gesetzgebung auszugleichen. Hierzu eignet sich, vorbehaltlich einzelner Ausnahmen die Ausdehnung des H.-G.-B.

— und nun dieselben Gesetzesbestimmungen, die Herr Dr. Heinsen vorschlägt. Ich glaube, meine Herren, dann stimmen die beiden Vorschläge ziemlich überein.

Hof- und Gerichtsadvocat Dr. **Jaques** aus Wien: Ich kann ein Bedenken darüber nicht unterdrücken, daß wir überhaupt, so viel ich weiß, gegen den Usus des Juristentages und ich möchte sagen gegen die praktische Richtung unserer Beschlußfassungen, eine Motivirung, die denn doch keine vollständige sein kann, in den Antrag hineinbringen. Der Zweck der Ausgleichung des Gegensatzes zwischen mercantilem und allgemeinem Recht, das ist der principielle Grund für die Fassung des Beschlusses überhaupt. Er gehört entweder als der Hauptgrund an die Spitze des Ganzen, wo er aber auch unvollständig wäre, weil er nicht der einzige Grund ist, oder er gehört gar nicht in den Antrag. Wir haben nach dem bisherigen Usus Prinzipien ausgesprochen, ohne die Begründung an eine andere Stelle zu bringen, als in die Debatte selbst, wohin sie naturgemäß gehört. Das scheint mir der richtige Gang der Sache, weil allein in der Diskussion der ganze Inhalt der Begründung zusammengefaßt werden kann. Wenn wir aus den mannigfachen Gründen, die der Herr Berichterstatter und der Herr Gutachter so sichtvoll hervorgehoben, nur den einen herausgreifen, so haben wir doch nur etwas Halbes gesagt. Wir haben weniger in die Resolution hineingenommen, als Motiv der Resolution gewesen ist, und sind zugleich von dem Grundsatze, der überhaupt der zweckmäßigste in solchen Fällen, nur in präciser und kurzer Form das auszudrücken, was der Ueberzeugung des Juristentages entspricht, abgegangen. Meine Ansicht also ist, daß wir diesen motivirenden Passus „Ausgleichung des mercantilen und civilen Rechts" fallen lassen, und einfach erklären, — die Gründe sind Allen, welche an der Debatte Theil genommen haben, ohnehin bekannt —:

Es ist wünschenswerth, die Uebertragung unter entsprechenden Beschränkungen vorzunehmen, und es ist insbesondere wünschenswerth, dieses zu thun rücksichtlich des IV. Buch, Tit. 1, Abschnitt 2—4 und Tit. 2.

Ein **Mitglied aus Celle** (Name nicht verständlich): Ich möchte auch wünschen, daß man den Passus, bezüglich des Zwispaltes, ganz fortläßt. Es ist meiner Ansicht nach kein Grund, etwas darum abzuschaffen oder auszugleichen, weil es verschieden ist, sondern nur dann, wenn kein innerer Grund vorhanden ist, daß es verschieden sei. Wenn wir also sagen, um einen Zwiespalt auszugleichen, so ist das kein Grund, um irgend einen Beschluß zu rechtfertigen. Deßhalb möchte ich auch wünschen, daß man lediglich sich darauf beschränkt auszusprechen, daß es wünschenswerth sei.

Präsident: Ich halte es nicht für wesentlich, ob der Grund mit aufgenommen wird, oder nicht. Er kommt also nicht zur Abstimmung, und der ganze Antrag des Herrn Referenten würde also folgendermaßen lauten:

1) Es ist wünschenswerth, die Bestimmungen des Handelsgesetzbuchs unter entsprechenden Einschränkungen auf den allgemeinen Mobiliarverkehr auszudehnen.

2) Es ist insbesondere dringliches Bedürfniß, vorbehaltlich einzelner Ausnahmen, das H.-G.-B. IV. Buch, Tit. 1, Abschnitt 2—4 auf die Rechtsgeschäfte des bürgerlichen Mobiliarverkehrs und das IV. Buch Tit. 2 auf alle Kaufverträge über bewegliche Sachen auszudehnen.

Sind Sie einverstanden mit dieser Abstimmung?

(Zustimmung des Antragstellers.)

Die Debatte würde nunmehr als geschlossen zu betrachten sein. Der Herr Referent zum Schlusse!

Referent Bezirks- und Handelsgerichtsrath **Hauser**: Meine Herren! Wesentliche Meinungsverschiedenheiten sind in der Debatte nicht hervorgetreten. Hinsichtlich der aufzustellenden Ausnahmen aber können wir nicht auf einen Streit eingehen, z. B. ob das Prinzip des Artikel 306 über den redlichen Erwerb in der handelsgesetzlichen Behandlung allgemein auszudehnen sei. Die sächsische Regierung hat das nicht gethan, das preußische Landrecht nicht in dieser Weise, sondern es läßt die Sache vindiciren gegen einen Ablösungspreis. Ich will auch, nachdem jetzt eine beiden Theilen zusagende Form gefunden ist, nicht mehr näher begründen, warum ich in dem ersten und zweiten Satze zwischen dem Wünschenswerthen unterschieden habe und einem dringlichen Bedürfniß da, wo ein rechtlich unlösbarer Zwiespalt vorkommt, so daß man gar nicht weiß, nach welchem Recht man erkennen soll.

Präsident Dr. **Albrecht**: Ich muß noch eine Frage an den Herrn Referenten richten. Unser Gutachten hat noch einen dritten Satz, der von dem Herrn Referenten nicht berührt ist:

3) Es ist wünschenswerth, daß bald thunlich ein Gesetz dieses Inhalts für das Geltungsgebiet des H.-G.-B. erlassen werde.

Der Satz ist nicht aufgenommen, ich verstehe also, daß über ihn nicht abgestimmt wird.

Referent Handelsgerichtsrath **Hauser**: Ich hatte dies allerdings aufgenommen mit den Worten: „durch die Gesetzgebung auszugleichen."

Präsident Dr. **Albrecht**: Dann habe ich Sie also richtig verstanden. Die beiden Sätze, welche ich jetzt nicht getrennt, sondern vereint zur Abstimmung bringe, — lauten:

Die I. und II. Abtheilung wolle ihre Ueberzeugung dahin aussprechen:

Es ist wünschenswerth, die Bestimmungen des Handelsgesetzbuchs unter den entsprechenden Einschränkungen auf den allgemeinen Mobiliarverkehr auszudehnen.

Es ist insbesondere dringliches Bedürfniß, vorbehaltlich einzelner Ausnahmen, das H.-G.-B. IV. Buch, Tit. 1, Abschnitt 2—4 auf die Rechtsgeschäfte des bürgerlichen Mobiliarverkehrs und das IV. Buch Tit. 2 auf alle Kaufverträge über bewegliche Sachen auszudehnen.

Diejenigen Herren, die so beschließen wollen, bitte ich, sich zu erheben.

(Geschieht.)

Zu meiner Freude ist der Antrag einstimmig angenommen worden. —

Die Versammlung beschließt hierauf auf Vorschlag des Präsidenten den gefaßten Beschluß dem Plenum zur Kenntnißnahme mitzutheilen, und Herrn Handelsgerichtsrath Hauser unter Dank für dessen lichtvollen Vortrag auch zum Referenten für die Plenarversammlung zu bestellen.

Präsident: Wir gehen zum dritten Gegenstande unserer heutigen Berathung über:

Ist es wünschenswerth und ausführbar, das eheliche Güterrecht für ganz Deutschland durch ein einheitliches Gesetz auf der Grundlage der „Güterverbindung" zu codificiren?

Das Referat hat Herr Ober-Appellations-Gerichts-Rath Becker zu übernehmen die Güte gehabt.

Referent Ober-Appellations-Gerichts-Rath **Becker** aus Oldenburg: Meine Herren! Ueber die Frage: ist es wünschenswerth und ausführbar, das eheliche Güterrecht für ganz Deutschland durch ein einheitliches

Gesetz auf der Grundlage des Güterverbindung zu codificiren? haben wir ein Gutachten und keinen Referenten. Die von der ständigen Deputation um das Referat ersuchten Herren lehnten ab, und so habe ich es übernommen, nach einer kurzen Darstellung der Sachlage Ihnen einen Vertagungsantrag zu stellen.

Unser Gutachter, Herr O.-A.-G.-Rath v. Beaulieu, geht davon aus, daß das eheliche Güterrecht unter Lebenden, wie das damit verbundene Erbrecht sich von allen Materien des Civilrechts vielleicht der einheitlichen Neugestaltung in Deutschland am wenigsten zugänglich zeige, aber weder vom politischen noch rechtlichen Gesichtspunkte aus werde sich im neuconstituirten Reiche auch hier die Forderung abweisen lassen: „ein deutsches Recht im deutschen Lande."

Das Römische Recht müsse zurücktreten vor der berechtigten Forderung des deutschen Volkes, sich sein Recht seinen Culturzuständen entsprechend selbst zu gestalten, und komme hier um so weniger in Frage, als es gerade für die Gebiete des ehelichen Güterrechts, welches bei den Römern, gleich dem ganzen Familienrecht, auf dem Gedanken der Einheit des rechtlichen Willens beruht habe, niemals Sieger geworden sei über das alte deutsche Recht, welches auf dem natürlichen Schutzbedürfnisse des Schwächern und dessen Befriedigung durch den Hausherrn beruhe. Die überaus mannigfaltigen bunten Gestaltungen dieses Grundgedankens des deutschen ehelichen Güterrechts in den einzelnen Territorien seien mehr Produkte des Zufalls und vielleicht des Zusammenhangs mit dem übrigen Territorialrecht, als eines besonderen Territorialgeistes, ohne innere Berechtigung, und müssen dem immer wachsenden Bedürfnisse nach Gleichheit und Gewißheit des Rechts weichen; — im ganzen Deutschland ebensogut, wie sie ihm im Anfang dieses Jahres im Herzogthum Oldenburg hätten weichen müssen.

Wie soll aber das einheitliche Deutsche Recht gestaltet sein?

Herr v. Beaulieu sagt: keine allgemeine Gütergemeinschaft.

Unsere Ehefrau hat nicht mehr, und soll nicht mehr haben die untergeordnete Stellung, welche früher zur Ausbildung der Gütergemeinschaft mitwirkte. Nicht mehr als Vormund, nur als die Familie nach Außen vertretender Hausherr kann der Mann eine übergeordnete Stellung in Anspruch nehmen. Selbst die Rücksicht auf den Credit darf nicht zu dem gesetzlichen Zwange führen, daß das Vermögen der Frau für die Erwerbsunternehmungen des Mannes hafte.

Er sucht dann ausführlich nachzuweisen, daß auch die Schichtung und das mit der allgemeinen Gütergemeinschaft verbundene Erbrecht zu unseren heutigen Sitten und Anschauungen nicht passe.

Wegen der Verwerflichkeit einer bloß particularen Gütergemeinschaft oder Errungenschaftsgemeinschaft bezieht sich Herr v. Beaulieu auf Gerber's Ausführung in Iherings Jahrbücher — um so mehr, als ihm hier jede practische Erfahrung fehle.

Herr v. Beaulieu will, daß lediglich das System der Gütereinheit, welches dem Grundgedanken am besten entspreche, als gesetzliches Recht festgestellt werde, etwa dahin:

> Der Mann habe kraft seiner hausherrlichen Gewalt ein persönliches Recht der Verwaltung und Benutzung des zum Zweck der Ehe in seiner Hand vereinigten Vermögens, mit freier Verfügung jedoch nur über die Fahrniß der Frau, welche auch seinen Gläubigern als Executionsobject diene.
>
> Nach dem Tode eines Gatten sei dem Ueberlebenden ein Erbrecht einzuräumen, um so stärker, je entfernter die übrigen Erben. Bei beerbter Ehe bleibe dem überlebenden Vater sein bisheriges Hausherrnrecht, und die überlebende Mutter habe die Stelle einzunehmen, die bisher der Vater versah; — doch habe die Benutzung des Vermögens des Verstorbenen zum Zwecke der Fortführung des Familienlebens mit der Volljährigkeit der Kinder aufzuhören.

Mit diesem gesetzlichen Recht der Gütereinheit will aber der Verfasser kein Verbot der Gütergemeinschaft, keine Ausmerzung dieser altgewohnten Sitte verbinden; er will eine Vertrags-Gütergemeinschaft innerhalb gewisser Grenzen gestatten, und zu diesem Zweck die gesetzliche Feststellung eines Systems der Gütergemeinschaft, beziehungsweise verschiedener Systeme allgemeiner und particularer Gütergemeinschaft zur Auswahl für den Privatwillen. —

Inzwischen hat Herr A.-G.-Rath Dr. Binding in Frankfurt a. M. im Archiv für civil. Praxis (56 Heft 1) einen Aufsatz über die von einem künftigen Reichsgesetze zu wählende Grundgestaltung des ehelichen Güterrechts veröffentlicht.

Er geht davon aus, daß das Wesen der Ehe nur ausnahmsweise einen Grund darbiete, dem freien Ermessen der Eheleute für die Bestimmung ihres gegenseitigen Verhältnisses zu ihrem Vermögen Schranken zu setzen, als Regel daher ihren desfallsigen Verabredungen Gültigkeit zu belassen, und von der Reichsgesetzgebung nur zu bestimmen sei: was soll gelten, wenn die Eheleute nichts festsetzten?

Das so zu Bestimmende müsse die Errungenschaftsgemeinschaft sein. Die ihrem Zweck nach unauflösliche Gemeinschaft der Ehe ergreife nicht bloß die Personen, sondern auch das Vermögen, werde so Vermögensgemeinschaft, eheliche Gütergemeinschaft sei so altdeutschen Rechtens und müsse auch vom Standpunkte freier Sittlichkeit aus im neuen Deutschen Reiche ihren Ausdruck finden. Die neben der innigsten persönlichen Gemeinschaft bleibende selbstständige Persönlichkeit der Gatten lasse zwar ein dem Eigenthum nach getrenntes Vermögen zu, dagegen fordere die Ehegemeinschaft, daß wenigstens Gebrauch und Genuß des gesammten Vermögens gemeinschaftlich sei. Diese Gemeinschaft ergreife auch die Kinder, werde nach dem Tode eines Gatten, Mann oder Frau, bei beerbter Ehe naturgemäß fortgesetzt, selbst bei zweiter Ehe nicht ganz beseitigt, und auch wenn keine Kinder vorhanden, entspreche ihre Fortdauer bis zum Tode des Ueberlebenden am meisten der Natur des Rechtsverhältnisses und der ächten Empfindung der Gatten.

Der Verfasser führt dies weiter aus, betont dabei, daß von der beerbten Ehe als Grundlage zu den Regeln für das eheliche Güterrecht auszugehen sei, verlangt für alle Kinder gleichmäßiges Erbrecht, will das Einspruchsrecht gegen Verfügungen über Immobilien in weiterem Umfang gestatten, und befürwortet die Ausdehnung der Verwaltungs-Befugniß des auf das Leben in der Außenwelt hingewiesenen Mannes auf ein Verfügungsrecht über Mobilien.

Aus dem übrigen Inhalt will ich nur noch hervorheben, daß der Verfasser die von ihm vorgeschlagene Errungenschaftsgemeinschaft ausführlich vertheidigt gegen die Angriffe Gerber's, insbesondere gegen den Vorwurf der Ungerechtigkeit, weil der Mann der allein erwerbende Theil sei. Das sei römische Rechtsanschauung.

Die deutsche Rechtsanschauung wolle die Frau ganz, in allen Beziehungen als des Mannes Genossin anerkannt wissen, ihr das gleiche Gebrauchs- und Nutzungsrecht am Vermögen des Mannes gewähren, welches der Mann an ihrem Vermögen erhalte; in ihrer Wirthschaftlichkeit und Sparsamkeit sei das der Erwerbsthätigkeit des Mannes parallele Moment zu finden. —

Meine Herren! Diese kurze Gegenüberstellung des Hauptinhalts zweier vortrefflicher Gutachten läßt uns schon erkennen, daß wir hier nicht bloß einer hochwichtigen, sondern auch einer Frage gegenüberstehen, die sehr verschiedene Auffassung zuläßt.

Mögen wir auch Alle mit beiden Gutachtern darin einig sein:

daß wir ein einheitliches deutsches eheliches Güterrecht wollen,

daß wir kein römisches Dotalrecht wollen, sondern

daß die deutsche Auffassung der Ehe, die Gleichberechtigung beider Gatten, soweit nicht die Natur selbst ihnen verschiedene Aufgaben zugewiesen hat, auf die Gestaltung des ehelichen Güterrechts Einfluß haben müssen,

daß den Gatten ein gegenseitiges Erbrecht einzuräumen sei.

Wir werden doch nicht bloß in Betreff der verschiedenen Auffassung in beiden Gutachten, die sich nicht bloß in Einzelheiten kundgiebt, Herrn v. Beaulieu von dem Grundgedanken „der hausherrlichen Gewalt des Mannes" zur sogenannten „Gütereinheit", führt, Herrn Dr. Binding von dem Grundgedanken „der innersten persönlichen Gemeinschaft der Gatten" zur „Errungenschaftsgemeinschaft" führt, theils dem einen, theils dem andern beitreten, sondern es werden sich zweifellos auch noch andere Vorschläge hören lassen.

Bei der großen Mannigfaltigkeit der Gestaltungen des ehelichen Güterrechts in Deutschland scheint es aber wünschenswerth, daß wir solche Vorschläge in schriftlicher Begründung nicht bloß aus Oldenburg — im Ganzen dem bisherigen oldenburger Recht entsprechend, und aus Frankfurt — dem Frankfurter Recht entsprechend, sondern auch aus anderen Theilen Deutschlands von dortigen Praktikern vor uns haben, und sodann einen tüchtigen Universitäts-Professor als Referenten gewinnen.

Wir müssen bedenken, daß wir eine Vorarbeit für das deutsche Civilgesetzbuch liefern wollen; dazu bedürfen wir in solcher Materie einer tüchtigen Vorbereitung. Heute ist diese zur Abstimmung für den Juristentag noch nicht reif, und ich habe daher die Ehre, zu beantragen:

die Abtheilung wolle die weitere Verhandlung und Beschlußfassung über die vorliegende Frage bis zum nächsten Juristentag aussetzen.

Ich will nur noch constatiren, daß unser Gutachter, Herr v. Beaulieu, mit dieser Aussetzung einverstanden ist.

Professor **Brunner**: Ich bin gleichfalls mit der Vertagung einverstanden. Ich möchte aber doch, daß dem nächsten Juristentage die Frage in einer anderen Fassung und zwar in folgender — die ich sofort motiviren werde — vorgelegt würde:

„Inwiefern ist es wünschenswerth und ausführbar auf dem Gebiete des ehelichen Güterrechts eine Vereinfachung des bestehenden Rechtszustandes herbeizuführen?"

Die Gründe für diese andere Fassung sind folgende: Ich glaube, daß auf keinem Gebiete des Privatrechts so sehr, als wie auf dem des ehelichen Güterrechts in erster Linie die Bedürfnißfrage untersucht werden muß. Es muß zunächst die Frage gestellt und beantwortet werden: ist es in der That so dringlich, daß wir gerade auf dem Gebiete des ehelichen Güterrechts früher als auf den anderen Gebieten des Privatrechtes zu einem einheitlichen Rechte gelangen? Nach meiner Auffassung thut uns die Rechtseinheit in erster Linie Noth auf dem Gebiete der Gerichtsverfassung; in zweiter Linie auf dem Gebiete des Proceßrechts; in dritter Linie auf dem Gebiete des Privatrechts insbesondere des Verkehrsrechts; am allerletzten aber dort, wo es sich nur um dispositives Recht handelt, wo es sich nur darum handelt, Bestimmungen festzusetzen, die eintreten sollen, wenn die Parteien nichts anderes beliebt haben. Unser eheliches Güterrecht ist aber, wie derzeit die Sache liegt, nur dispositives Recht und wird hoffentlich auch dispositives Recht bleiben. Nach dem Antrage des Herrn von Beaulieu würde allerdings eine Beschränkung der vertragsmäßigen Regelung des ehelichen Güterrechts eintreten sollen. Ich glaube mich nicht entschieden genug gegen eine derartige Beschränkung aussprechen zu müssen. Es ist geradezu einer der Grundpfeiler unseres deutschen ehelichen Güterrechtes, daß in erster Linie die Ehepacten, die Ehestiftungen entscheiden; und eine Reihe derzeit bestehender Institute scheinen sich sogar historisch dadurch herausgebildet zu haben, daß eben die vertragsmäßige Festsetzung im Laufe der Zeit zur Gewohnheit und dann zum Gewohnheitsrechte geworden ist. Das, was uns der Verfasser des Gutachtens anempfehlen will, das ist eigentlich römisch. Im römischen Recht sind die pacta dotalia nur in beschränkter Weise zulässig. Das deutsche Recht hat von jeher diese Beschränkung nicht gekannt und der vertragsmäßigen Festsetzung keine Schranken entgegengesetzt.

Als einseitig erscheint es mir, wenn wir von vorne herein die Frage dahin stellen: „ob es wünschenswerth sei, das eheliche Güterrecht auf Grundlage der „Güterverbindung“ zu codificiren?“ — Wir haben in Deutschland drei große Güterrechtssysteme. Das System der sogenannten Gütereinheit oder Güterverbindung, wir haben dann in Süddeutschland hauptsächlich das System der particularen Gütergemeinschaft, welchem sich das französische Recht an die Seite stellt, und in Mitteldeutschland die allgemeine Gütergemeinschaft. So könnte man sehr im Allgemeinen, — Ausnahmen sind in Menge vorhanden — sagen: in Norddeutschland Gütereinheit, in Süddeutschland particuläre Gütergemeinschaft, und in Mitteldeutschland allgemeine Gütergemeinschaft. Es wäre daher geradezu eine überflüssige Aufwühlung der tiefsten Schichten unserer Bevölkerung in Süddeutschland, wenn wir in der Weise, wie der Herr Verfasser des Gutachtens es beantragt, mit der Beschränkung der vertragsmäßigen Festsetzungen, das System der Gütereinheit als das einzige codificirte System des ehelichen Güterrechtes einführen wollten. Auch der Ausdruck „Güterverbindung“ gefällt mir sehr wenig. Im Grunde genommen liegt bei dem System der Gütereinheit nicht Güterverbindung, sondern Gütertrennung vor. Der logische Gegensatz zwischen Gütergemeinschaft und sogenannter Gütereinheit liegt darin, daß bei Gütergemeinschaft durch Eingehung der Ehe eine Veränderung eintritt in Bezug auf die Rechtssubjecte, was bei dem System der sogenannten Gütereinheit nicht der Fall ist, und deshalb ist es besser das System vielleicht das System der deutschrechtlichen Gütertrennung zu nennen, wobei allerdings eine Einheit besteht, aber nicht eine Gütereinheit, sondern eine Verwaltungseinheit.

Es sind das einige wenige Bemerkungen, die ich mir darum erlauben wollte, um doch ein wenig Richtung zu geben für die Art und Weise, in der die Frage hoffentlich auf dem nächsten Juristentage behandelt werden soll. Das Gutachten, welches hier vorliegt, ist von dem Standpunkte der Gütereinheit aus gefaßt, und wenn ich dem Gutachten, so ausgezeichnet es sonst ist, einen Vorwurf machen darf, so ist es der, daß es zu sehr auf Gerber basirt. Wir haben seitdem eine ganz vorzügliche Arbeit über eheliches Güterrecht im ersten Bande des bairischen Civilrechts von Roth erhalten. In Baiern gelten alle möglichen Rechte, also auch alle möglichen ehelichen Güterrechte. Sie finden daher dort eine vortreffliche Darstellung der verschiedenen Güterrechtssysteme, und es wird Ihnen durch diese Darstellung bei Roth auf ganz unwiderlegliche Weise klar werden, daß wir es in Deutschland mit drei historisch ausgebildeten Güterrechtssystemen zu thun haben, und daß es geradezu einseitig wäre, eins dieser Systeme, das System der Gütereinheit, sofort als das einzig geltende System des Güterrechts hinstellen zu wollen. Damit will ich nicht von vorne herein behaupten, daß es unmöglich wäre, ein Güterrechtssystem als dispositives Recht hinzustellen; dann müßte man aber in der Weise vorgehen, wie bei der Abfassung des Code civil. Wenn man irgendwo in der Lage war, zu centralisiren und zu codificiren auf dem Gebiete des Güterrechts, so war es in Frankreich. Aber nicht einmal in Frankreich hat man es gewagt, mit einem Federstrich über die Verschiedenheiten des ehelichen Güterrechts hinwegzufahren, sondern man ließ den Parteien die Wahl ganz im allgemeinen zu sagen: Wir schließen die Ehe sous le regime dotal oder aber: sous le regime de la communauté; und derartig könnte man es denn auch bei uns machen.

Es würde also zunächst nothwendig werden, die Frage zu stellen: soll überhaupt codificirt werden und ist es so ungeheuer nothwendig zu codificiren? Vielleicht findet sich noch ein anderes Auskunftsmittel, ein Auskunftsmittel, welches Roth angedeutet hat in einem Aufsatze der Zeitschrift für Reichs- und Landesrecht, nämlich, daß eine sehr dringende und wichtige Vorarbeit für eine etwaige einheitliche Gesetzgebung durch Consolidation der Güterrechte in den einzelnen Provinzen zu bewerkstelligen ist. Gewiß, es ist ein unleidlicher Zustand, daß in einem kleinen Lande vierzig besondere Güterrechte gelten, oder daß besondere Güterrechte gelten für den Adel, für den Bürger und für den Bauer. In der Beziehung kann man sofort vereinfachend vorgehen. Das könnte möglicherweise geschehen, — die Frage bleibt zu untersuchen, — im Wege der Abrundung der ehelichen Güterrechtsbezirke in den einzelnen Provinzen, wie es in Preußen für Westfalen geschehen ist. Ich wiederhole, es wäre denkbar, daß eine Untersuchung der Frage darauf hinauskäme, es sei in erster Linie nicht ein einheitliches Gesetz über Güterrecht nothwendig, sondern man möchte vorgehen im Wege der Consolidirung durch Beseitigung der kleineren Güterrechtsbezirke in den einzelnen Ländern und Provinzen. Eine derartige Arbeit würde nicht ausgeschlossen durch die Formulirung, wie ich sie Ihnen vorgeschlagen; wohl aber, wenn wir dem nächsten Juristentage die Frage in derselben Fassung vorlegen wie heute.

Ich empfehle Ihnen nochmals meinen Antrag: einmal deshalb, weil er nicht schon von vorne herein die Frage auf die Codification stellt, und zweitens, weil er nicht von vorne herein ein bestimmtes Güterrechtssystem ins Auge faßt, wie es hier geschehen ist.

Referent Ober-Appellations-Gerichtsrath **Becker**: Ich habe mir gedacht, die ständige Deputation würde von selbst Veranlassung nehmen, schon in Folge der zwei bedeutend unter einander abweichenden Gutachten, der Frage eine allgemeine Fassung zu geben, und namentlich die bestimmte Fassung „auf Grundlage der Güterverbindung" zu streichen, den Juristentag unbeschränkt zu lassen. Ich würde, wenn das nothwendig wäre, diese Aenderung gerne aufnehmen. Dagegen möchte ich nicht, daß wir die Frage: „Ist ein eheliches Güterrecht für alle Deutschen wünschenswerth?" aufgeben und von vorne herein durch eine andere Fragestellung beseitigen. Wer das nicht will, mag verneinen.

Der Juristentag muß die Frage allgemein stellen: Ist wünschenswerth und ausführbar ein eheliches Güterrecht für ganz Deutschland ohne Berücksichtigung von Nord und Süd.

Professor **Brunner**: Durch meine Frage ist durchaus nicht die Frage der Codification ausgeschlossen und beseitigt. Ich stelle ja die Frage: „Inwiefern ist es wünschenswerth und ausführbar auf dem Gebiete des ehelichen Güterrechts eine Vereinfachung des bestehenden Rechtszustandes herbeizuführen?" Die Frage ist eben allgemeiner gefaßt, als wie die Frage, wie sie von Seiten des Herrn Referenten formulirt worden ist. Es kann ja sehr wohl darauf die Antwort gegeben werden: Es ist wünschenswerth und durchführbar, auf dem Gebiete des ehelichen Güterrechts ein einheitliches Gesetz auf der Grundlage irgend eines Güterrechtssystems herzustellen. Aber ich will dem Ergebniß der Untersuchung nicht präjudiciren. Sie beantworten ja bereits das Ergebniß der Untersuchung indirect durch die Art der Fragestellung, während ich eben will, daß die Bedürfnißfrage noch offen bleibt.

Referent Ober-Appellations-Gerichtsrath **Becker**: Ich lasse die Bedürfnißfrage offen, wenn ich die Frage stelle: Ist es wünschenswerth, ist es ausführbar?! Daß eine bloße Vereinfachung wünschenswerth und ausführbar ist, wird kein Mensch bezweifeln. Die Frage, die wir zu entscheiden haben, ist: Ist wünschenswerth und ausführbar die vollständige Einheit des Rechts? Die Frage muß gestellt werden, das Andere hat keinen Werth.

Hof- und Gerichtsadvocat Dr. **Jaques**: Ich möchte mir erlauben, darauf aufmerksam zu machen, daß vielleicht principiell kein wesentlicher Unterschied zwischen den Absichten der beiden Herren besteht, und daß sich der Wunsch des Herrn Professor Brunner vollkommen durch eine etwas modifizirte Formulirung erreichen läßt. Ich glaube, über das Princip der Codification, über das Wünschenswerthe der einheitlichen Gesetzgebung in Betreff des ehelichen Güterrechts, darüber wird unter uns wohl kein Zweifel bestehen. Der Zweifel in der Frage liegt darin, ob nur eine einzige Grundlage für diese Codification bestehen könne, oder ob mehrfache Grundlagen nothwendig sind, analog dem, was Herr Professor Brunner in Bezug auf französisches Recht angeführt hat. Wenn wir das Princip der Codification auch unbedingt als etwas wünschenswerthes anerkennen, so läßt das vollkommen die Möglichkeit offen, daß die Codification die Zugrundelegung verschiedener Principien in der Ehe rücksichtlich des Güterrechts umfassen kann. Ich glaube, daß der Antrag so zu formuliren sein wird, daß diese beiden Momente klar hervortreten, und das geschieht meines Erachtens am Besten, wenn wir den ersten Theil der Frage bestehen lassen, und hinzufügen: „und auf welcher Grundlage," wobei wir offen lassen, ob wir nur eine einzige Grundlage annehmen, oder eventuell verschiedene Systeme des ehelichen Güterrechts bei der Codification zur Geltung bringen wollen.

Ich würde mir also erlauben folgende Fassung zu beantragen:

„Ist es wünschenswerth, das eheliche Güterrecht für ganz Deutschland zu codificiren, und zwar auf welcher Grundlage?"

Professor **Brunner**: Ich glaube die von mir vorgeschlagene Fassung aus den früher angedeuteten Gründen vorziehen zu müssen.

Referent Ober-Appellations-Gerichtsrath **Becker**: Ich will mich nur mit den Worten, wie mit dem Schlußantrag des Herrn Advocaten Dr. Jaques einverstanden erklären. Die Frage würde dann einfach lauten:

Die Abtheilung wolle die weitere Behandlung und Beschlußfassung der Frage:

Ist es wünschenswerth und ausführbar, das eheliche Güterrecht für ganz Deutschland durch ein einheitliches Gesetz zu codificiren, und auf welcher Grundlage?

dem nächsten Juristentage überweisen.

Präsident Dr. **Albrecht**: In Ansehung der Abstimmung über die beiden vorliegenden, von Professor Brunner und dem Referenten gestellten Anträge schlage ich vor, über den ersteren als ein Amendement zunächst abzustimmen. Fällt er, so käme der Antrag des Referenten zur Abstimmung. Beide Anträge gehen nun aber darauf hinaus, eine Frage an den nächsten Juristentag zu stellen, sie weichen nur insofern von einander ab, als sie die Frage verschieden formuliren. In Rücksicht hierauf und da auch gegen die Verweisung an den nächsten Juristentag von keiner Seite Widerspruch erhoben ist, wird es nur einer Abstimmung darüber bedürfen, wie die an den nächsten Juristentag zu verweisende Frage abzufassen sei.

Der Antrag des Herrn Professor Bruner geht dahin, diese Frage folgendermaßen zu formuliren:

> Inwiefern ist es wünschenswerth und ausführbar auf dem Gebiete des ehelichen Güterrechtes eine Vereinfachung des bestehenden Rechtszustandes herbeizuführen?

Diejenigen Herren, die für den Antrag sind, bitte ich aufzustehen.

Geschieht.)

Es ist die Minorität.

Die Frage, wie sie von unserem Herrn Referenten gestellt ist, lautet dahin:

> Ist es wünschenswerth und ausführbar, das eheliche Güterrecht für ganz Deutschland durch ein einheitliches Gesetz zu codificiren und auf welcher Grundlage:

Ich ersuche diejenigen Herren, die für diese Formulirung der Frage sind, aufzustehen.

(Geschieht.)

Die überwiegende Majorität.

Auf Vorschlag des Präsidenten wird unter Dank der Versammlung Ober-Appellations-Gerichtsrath Becker zum Referenten in der Plenarversammlung bestimmt. Der Beschluß der Versammlung soll dem Plenum zur Kenntnißnahme mitgetheilt werden.

Nächste Sitzung Freitag: Vormittag 9 Uhr. Thema: Referat über Actiengesellschaften.

(Schluß der Sitzung 1 Uhr 30 Minuten.)

Zweite Sitzung der ersten und zweiten Abtheilung am 29. August 1873.

Der Präsident Dr. **Albrecht** eröffnet die Sitzung 9 Uhr 5 Min. mit der durch Acclamation genehmigten Wahl folgender zehn Vertrauensmänner behufs Wahl der ständigen Deputation:

Professor Brunner aus Berlin.
Ober-Gerichtsanwalt Benfey aus Hannover.
Advokat Dr. Heinsen aus Hamburg.
Bezirks-Gerichtsrath Hauser aus München.
Rechtsanwalt Dr. Jaques aus Wien.
Appellationsgerichtsrath Planck aus Celle.
Ober-Appellationsrath Roscher aus Celle.
Landesgerichtsrath Vielvoye aus Düsseldorf.
Ober-Appellationsrath Becker aus Oldenburg.
Präses des Handelsgerichts Dr. Albrecht aus Hamburg.

Vice-Präsident **Becker** ertheilt zunächst dem Referenten Dr. Wolffson das Wort über die Frage:

Kann die Gesetzgebung Vorsichtsmaßregeln zur Verhinderung unsolider Begründung oder mißbräuchlicher Verwaltung von Aktiengesellschaften treffen und welche?

Referent Advokat Dr. **Wolffson** aus Hamburg: Meine Herren! Die Frage, die uns vorgelegt worden ist, ist eine ganz eminent zeitgemäße. Es zeigt sich das an dem viel verbreiteten Interesse. Nicht bloß die ganze Geschäftswelt, nicht bloß die ganze Juristenwelt, soweit sie überhaupt diesen Verkehrsverhältnissen Interesse zuwendet, beschäftigt sich damit. Auch die legislativen Faktoren, uamentlich in Preußen und im Reich haben dem Gegenstande eine ganz besondere Aufmerksamkeit gewidmet. Außerdem haben verschiedene Versammlungen beschlossen, sich mit dem Gegenstand zu beschäftigen, wenn ich nicht irre, in letzter Zeit auch der volkswirthschaftliche Kongreß zu Wien. Außerdem hat der Eisenacher Kongreß die Frage zum Gegenstand seiner Erörterungen gemacht, und wir danken den Vorarbeiten für den Eisenacher Kongreß ein Paar außerordentlich schätzenswerthe Arbeiten, es sind die Gutachten von Wiener, Rath Goldschmidt und Professor Behrend, die wirklich ganz vortreffliches Material zum Theil enthalten in kritischer Beziehung, wie in Bezug auf die Vorschläge, welche gemacht worden sind. Ein großes Material häuft sich noch in diesem Augenblick an, respective ist angehäuft, aber unzugänglich. Da ist zuerst, wie Sie sich erinnern werden, die Arbeit der Untersuchungskommission, welche in Folge der Laskerschen Rede im preußischen Abgeordnetenhause niedergesetzt worden ist, die mit ihren Arbeiten fertig ist, aber sie noch nicht publicirt hat. Ueber dieser Arbeit ruht noch ein so undurchdringlicher Schleier des Geheimnisses, daß mindestens die persönlichen Bemühungen, die ich angestellt habe, um einigermaßen hinter die Coulissen zu sehen, gänzlich fruchtlos geblieben sind. Ich habe Versprechungen, aber keine Erfüllung erhalten, ich weiß nicht, was darin steht, und habe keine Ahnung von den Resultaten. Bekannt ist mir nur der Inhalt des Fragebogens, über den eine große Reihe von Sachverständigen vernommen worden ist, und es ist anzunehmen, daß die Antworten gleichfalls schätzenswerthes Material enthalten. Denn es sind auf diesem Gebiete Sachverständige befragt worden, denen eine besondere Erfahrung und Kenntniß der Verhältnisse zugetraut werden kann. Diese Fragebogen beschäftigten sich in ihrem ersten Theile ausschließlich mit den Eisenbahnaktiengesellschaften, dann aber auch mit dem Aktienwesen im Allgemeinen und folgeweise auch mit der Gesetzgebung in Bezug auf dasselbe. Schließlich wissen wir, daß das Reichskanzleramt sich mit der Frage beschäftigt, eine große Enquête angeordnet und alle deutschen Regierungen aufgefordert hat ihre Beobachtungen mitzutheilen. Die einzelnen deutschen Regierungen haben sich wiederum an ihre Handels- und Gewerbekammern gewandt, genug, es steht in Aussicht, daß wir in der nächsten Zeit ein so großes Material in dieser Beziehung haben werden, daß es vielleicht ein Glück für Ihren Berichterstatter ist, daß dieses Material im Augenblicke noch nicht zugänglich ist. Er ist entschuldigt, wenn er es nicht benutzt hat. Die Arbeit wird im nächsten Jahre unendlich größer sein. Anderentheils ist es wohl selbstverständlich, daß ich so schätzenswerthes Material außerordentlich schwer vermisse.

Daß die Frage eine so eminent zeitgemäße ist, das erklärt sich sehr leicht aus den Vorgängen der letzten Jahre. Sie wissen, daß im Juni 1870 das vom Reichstage für Deutschland beschlossene Gesetz über Aktienkommandit-Gesellschaften und Aktiengesellschaften publicirt worden ist, und daß es sich namentlich dadurch von den früheren Bestimmungen des H.-G.-B. unterschied, daß es die bis dahin zwar nicht absolut vorgeschriebene, aber doch als Regel statuirte Staatskonzession und Staatsaufsicht — die also überall da erforderlich war, wo nicht die Partikulargesetzgebung etwas anderes bestimmt hat — aufgehoben hat. Das ist der Hauptgedanke des Gesetzes gewesen. Man hat sich davon überzeugt, daß ein Grund, der freien Entwickelung des Verkehrs auf diesem Gebiete durch die staatliche Bevormundung entgegenzutreten, nicht vorhanden ist, daß die staatlichen Organe eine Legitimation zu einer solchen Bevormundung absolut nicht haben, daß für diejenigen Zwecke, welche die Gesetzgebung vorzugsweise im Auge hatte, also für den Schutz des allgemeinen Interesses und den Schutz der Minoritäten in den Aktiengesellschaften, die staatliche Concession und Oberaufsicht gar keinen Nutzen, dagegen den großen Schaden hervorgebracht habe, daß sie, wie jede Bevormundung des an sich zum Denken fähigen Menschen, ein Vertrauen erweckt hat auf die staatliche Autorisation, die keines Vertrauens werth war, und die den Einzelnen veranlaßt hat, sich der Mühe des eigenen Nachdenkens überhoben zu erachten. Man hat deshalb die staatliche Aufsicht fallen lassen und hat an Stelle dieser staatlichen Bevormundung eine Reihe von Normativbestimmungen treten lassen, unter denen vielleicht die allerwichtigste die obligatorische Einführung des Aufsichtsrathes ist. Ich habe keine Veranlassung, hier weiter auf diese Details einzugehen. Es war ein Monat nach Emanation dieses Gesetzes, als der Krieg ausbrach. Nun, meine Herren, bei wiedergeschlossenem Frieden erwachte natürlich die lange unter dem Druck der Verhältnisse und unter der Besorgniß für die Zukunft zurückgedrängte Geschäftslust der thatendurstigen geschäftlichen und gewerblichen Welt in ganz besonderem Grade. Das war ganz natürlich. Es hatte auf Deutschland eine Reihe von Jahren hindurch der Druck der Furcht vor einem ausbrechenden Kriege gelastet, der sich namentlich dann geltend machte, wenn es sich um weit aussehende Unternehmungen handelte. Man fühlte sich auf einmal frei, man fühlte sich als Sieger. Das war ein auch in geschäftlicher Beziehung ermunternder Umstand. Dazu wirkte in ganz besonderer Weise die in Aussicht stehende Kriegsentschädigung. Nicht bloß dadurch, daß sie die Phantasie gekitzelt hat, nicht bloß dadurch, daß man sich an Zahlen gewöhnt hatte, von denen bisher nicht die Rede war, sondern auch in der ganz verständigen Erwägung, daß diese Milliarden unmöglich in der Kasse des Reiches bleiben können, daß sie hinauskommen müßten in das Publikum, sei es in Form von Retablissementsgeldern, sei es in Form der Bezahlung von Kriegs- und andern Schulden, sei es in Anlagen zu dauernden Zwecken z. B. im Invalidenfonds, sei es durch Vermittelung der einzelnen Staaten. Genug, das Geld mußte, soweit es nicht im Reichskriegsschatz deponirt werden sollte, nothwendigerweise in das Publikum hineinkommen, und es bedürfte einer Verwendung für dasselbe. Wie war eine solche Verwendung möglich? Nur durch gesteigerte Production. Es trat also die Nothwendigkeit ein, um diese Kapitalien anzulegen, neue Anlagen zu machen oder bestehende Anlagen zu erweitern, und als die Form, in der das Capital des Einzelnen zu solchen Unternehmungen herangezogen werden konnte, war die der Aktiengesellschaften gegeben. Nichts war natürlicher, als daß in dieser Zeit gerade die Aktiengesellschaften in ganz besonderer Weise in Aufschwung kamen. Nun, meine Herren, man kann von den 5 Milliarden auch sagen, es ist nicht Alles Gold, was glänzt. Es hat auch sein Uebel und seine Nachtheile, wenn ein Volk in seiner ruhigen wirthschaftlichen Entwicklung gestört wird durch solch ein Ueberströmtwerden mit ungeheuren Capitalien, von denen es bisher keine Vorstellung gehabt hat. Es ist immer ein bedenkliches Moment für die volkswirthschaftliche Entwickelung, wenn die Erweiterung der Produktivität nicht aus dem Bedürfniß der Publikums nach dieser größeren Produktion hervorgeht, sondern aus dem Bedürfniß, müßiges Capital anzulegen. Da tritt natürlich der Kern der Sache, der Zweck, das Product, das geschaffen werden soll und das Interesse an diesem Product, also auch das Interesse an der Individualität desjenigen Institutes, dem man seine Geldmittel zuwenden will, mehr und mehr in den Hintergrund. Die Actie, um die es sich hier handelt, wird nicht eine Spezialität, an der der Erwerber dieser Aktie ein besonderes Interesse hat, sie wird für ihn ein werthseiendes Objekt, und hinter ihm steht ein Anderer, der es ihm abnimmt, dem die Aktie gleichfalls nichts anderes ist, als ein Geldobjekt, dessen Werth sich nicht bestimmt nach den wirklichen, inneren maßgebenden Momenten, nicht nach dem Werth, den es in der Hand — gestatten Sie mir diesen Ausdruck — des Consumenten hat, sondern nach dem fast gänzlich von dem Consumtionswerth und dem wahren Werth der Sache abgelösten Tauschwerth. Denke man sich ein solches Hineinkommen eines solchen Momentes in eine Zeit großer geschäftlicher Aufregung, und wir haben eben die nothwendige Bedingung und Voraussetzung einer hochgesteigerten Agiotage und neben dieser Agiotage die Stellung eines bedächtigen, hinter den Coulissen stehenden Gründers, der die Lebhaftigkeit der Leidenschaft, die draußen die Preise in die Höhe treibt, zu benutzen weiß, der weiß, was er dem großen Publikum bietet, wenn er ihm nur eine Aktie bietet, einerlei was sie werth oder nicht werth, und der seine bloße Fähigkeit, eine Aktie zu produciren, in hohem Grade verwerthen kann.

Meine Herren! Das waren im Wesentlichen die Gründe, welche die großen Uebelstände hervorgerufen haben, gegen die man seine Augen nicht verschließen kann. Es ist die Zeit größerer Nüchternheit, eine Zeit des Rückschlages bereits eingetreten, und wir wissen, wie viele Hoffnungen bei dieser Gelegenheit zerstört worden sind, ja, wie viele Existenzen dabei zu Grunde gegangen sind. Da ist es nun sehr natürlich, daß man nach dem Grundsatze: post hoc, ergo propter hoc, der neuen Gesetzgebung die Schuld zuschreibt an den Uebelständen, welche die Zeit mit sich gebracht hat. Ja, meine Herren, man hat und zwar an einflußreicher Stelle angedeutet, daß es wohl der Ueberlegung werth wäre, ob man nicht die Aktiengesellschaften überhaupt von der Tages-Ordnung streichen und zur Solidarhaft zurückkehren solle. Das wäre ein Gang der Entwickelung gerade dem entgegengesetzt, den die Sache in dem Lande der historischen Entwickelung, in England, genommen hat, wo man von der Solidarhaft mit großem Bedachte successive zu dem System der Aktiengesellschaft übergegangen ist. Ich glaube in diesem Kreise gegen Anschauungen der Art kaum Worte verlieren zu müssen. Der Gesetzgeber würde ohnmächtig sein, wenn er versuchen wollte, ein für unsere volkswirthschaftlichen Verhältnisse so wesentliches Element, wie die Aktiengesellschaften, zu beseitigen, und wenn es gelingen könnte, er könnte nichts Uebleres thun, als dies. Denn wir können in Wahrheit die Aktiengesellschaften für die Großartigkeit der Unternehmungen, die wir in unserer Zeit nothwendig haben, absolut nicht entbehren, wenn wir nicht den Staat als den einzigen Unternehmer haben wollen. Große Capitalien selbst, die sich ansammeln oder associiren würden, würden das nicht zu Stande bringen können, abgesehen davon, daß gerade große Capitalisten das größte Bedenken haben würden, möglicherweise ihre Persönlichkeit in die Schanze zu schlagen wegen eines einzelnen Unternehmens. Die Actiengesellschaften haben den Vorzug, die Capitalien überall aufzunehmen, wo sie disponibel sind, sie überall zu verwerthen und damit zugleich der großen Masse, die nur einen geringeren Ueberschuß an disponiblem Capital hat, Gelegenheit zu geben, an dem Erwerbe großartiger Unternehmungen zu participiren. Man braucht gar nicht die Frage zu erörtern, ob es nicht überhaupt bedenklich ist, eine Solidarhaft an irgend welcher Stelle zu begründen, an der die persönliche Einwirkung und die persönliche Ueberwachung so außerordentlich beschränkt ist, wie sie bei derartigen Unternehmungen sein muß. Ich glaube, daß es genügt, diese Frage, die hier kaum aufgeworfen werden darf, als beseitigt zu betrachten. Ein anderes ist es mit der Frage, inwiefern unsere Gesetzgebung zu vereinfachen ist. Ehe wir auf die Details ihrer Beantwortung eingehen, möchte ich darauf aufmerksam machen, daß man in der Beziehung keine zu großen Anforderungen an das Gesetz machen, und daß man sich von den ernstesten Bemühungen, das Gesetz zu bessern, in dieser Beziehung keine großen Erfolge versprechen darf. Was kann denn das Gesetz thun im Großen und Ganzen? Es kann dahin wirken, daß die Verhältnisse möglichst klar gestellt werden, damit Denjenigen, welche die Augen aufmachen wollen, auch die Gelegenheit zu sehen geboten werde. Aber vergessen Sie nicht, daß das gerade das Eigenthümliche der Agiotage ist, daß sie nicht auf die Sache, nicht auf ihren Werth, nicht auf das Innere, sondern daß sie nur auf den, wie gesagt, vom Consumtionswerthe möglichst losgelösten Tauschwerth sieht. Demjenigen, der nichts weiter will, als Aktien, die er heute mit 120 kauft, morgen für 122 verkaufen, liegt ja nichts daran, was aus dem Geschäfte in fine finali wird, es fehlt ihm also auch das Interesse, die Sache nach ihrem wirklichen Werthe zu untersuchen — mir scheint es, wenn ich richtig wahrnehme, daß einer meiner Collegen ein etwas mißbilligendes Gesicht macht über meine Aeußerung.

(Stimme: Im Gegentheil!)

Ich meine natürlich nicht, meine Herren, daß in verständiger Berechnung der Consumtionswerth auf den Tauschwerth keinen Einfluß haben kann. Ich schildere vielmehr nur ungesunde Zustände. Die Agiotage besteht darin, daß sie den Tauschwerth unabhängig macht vom eigentlichen Consumtionswerth, während nur die Schätzung des wirklichen materiellen Werthes der Actie durch gesetzliche Bestimmung wesentlich erleichtert werden kann. Aber wenn das Gesetz gar nichts weiter thun kann, als Augen, die zum Sehen bestimmt sind, klarer sehen zu machen, diese Augen aber nicht sehen wollen, so wird das Gesetz nichts helfen. Wovon wir eine Besserung erwarten müssen, das ist der Rückschlag, der eingetreten ist und der den Leuten gezeigt hat, so lange ihnen diese Erinnerung nicht verloren geht, daß einmal der Tag kommt, wo es nicht mehr heißt, heut und morgen und übermorgen steigen die Course immerfort, sondern wo man schließlich an dem Dinge hängen bleibt und sich fragen muß: was ist die Sache werth? Und diesen Tag muß man rechtzeitig berücksichtigen, indem man nach dem wirklichen Werth desjenigen, was man sich anschaffen will, zu fragen hat. Das ist die Hauptsache. Im Uebrigen, wie gesagt, ist es unsere Aufgabe die reichen Erfahrungen der vergangenen Zeit zu prüfen, um zu sehen, was können wir aus dieser Zeit lernen. Aber wir dürfen dabei nicht übersehen, daß diese Zeit wenig geeignet war, das vollständige Material zu einer wirklich erschöpfenden und auf Jahre hinaus feststellenden Revision des Actiengesetzes zu geben, weil ihre Erfahrungen nur einseitig sind. Es wird schwer sich von den Eindrücken des Durchlebten loszumachen. Die Erfahrungen vernünftiger, ruhiger Zeiten haben wir aber noch nicht gemacht, doch ist das nöthig, um den Werth eines Gesetzes zu beurtheilen dem man es nicht zum Vorwurf machen kann, daß es nicht stark genug ist, um die nachtheiligen Einwirkungen der Leidenschaften, die um das Gesetz herum sich geltend machen, aufzuheben.

Meine Herren, wenn wir an die Frage kommen, was soll die Gesetzgebung in Bezug auf das Actienwesen leisten, dann haben wir zuvörderst zwei Seiten der Frage zu unterscheiden, die ich die äußere und die innere Seite nennen möchte. Die äußere Seite bilden die Existenzbedingungen der Actiengesellschaften. Die Actiengesellschaft ist kein natürliches Wesen. Ich glaube es ist einmal gesagt worden: es sei kein Naturrecht, Actiengesellschaften zu gründen. Ihre Persönlichkeit beruht auf einer Fiction, die das Gesetz zwar nicht erfunden, die sich aber auf dem Rechtsgebiete herausgebildet hat. Es wird eine rechtsfähige Existenz gebildet, der keine wirkliche Existenz zu Grunde liegt; eine Capitalmacht, die in die Welt tritt, ohne persönliche Verantwortung. Die Gesetzgebung giebt dieser Capitalmacht etwas, was sie an sich nicht besitzt, sie giebt ihr die Anerkennung als Rechtssubject zu gelten, fähig zu erwerben, fähig sich zu verpflichten, und gar ohne Rücksicht auf die Verpflichtung derjenigen Personen, die an ihr thätig sind. Daraus entsteht für den Staat und für die Gesetzgebung das Recht und das Interesse, diese Existenzbedingungen nach positiven und nach Nützlichkeitsgründen zu formuliren.

Man kann auch hier sagen, was man ja so oft in solchen Fällen hört, daß Jeder, der mit Actiengesellschaften contrahiren wolle, selbst zusehen möge, was er vor sich hat. Damit kommen wir aber nicht aus. Die Actiengesellschaften sind ein Factor in unserm ganzen Verkehrsleben, den wir in dieser Weise nicht ignoriren können und dürfen. Wenn ich mit einer einzelnen Person contrahire, so weiß ich, der Mann, dem ich heute das Geld leihe, das ist die identische Persönlichkeit, die mir das Geld übers Jahr wiedergeben soll. Mein Vertrauen ruht wesentlich auf dieser Persönlichkeit selbst, die ich kenne, und andererseits auf dem Capital, das ich hinter ihr vermuthe. Auf wen soll ich mich aber in der Actiengesellschaft verlassen? auf den Director? er ist absetzbar. Auf die Actionäre? Die Actie wandert von Hand zu Hand, in einem halben Jahre ist vielleicht keine Actie mehr in derselben Hand. Auf die Statuten? Dieselben sind der Allgewalt der Generalversammlung unterworfen. Genug, unter der Hand kann mir, — es wird nicht immer so eintreten — das Wesen, dem ich mein Vertrauen geschenkt habe, total verändert werden. Hier bedarf es stützender Garantien durch das Gesetz. Diese Stellung der Actien-Gesellschaften nach Außen hin, dieses Verhältniß, namentlich zu den Gläubigern, ist eines, das wirklich der positiven Gesetzgebung in hohem Grade anheimfällt, und bei dem Nützlichkeitsrücksichten sehr in Betracht kommen müssen. — Anders steht die Sache mit den innern Fragen, z. B. mit den Fragen der Organisation und der

Gewinnvertheilung. Hier ist es ein Contract, auf dem das Statut beruht. Das ist das Gebiet der Autonomie und die nächste Aufgabe des Staates kann nur in zwei Dingen bestehen: erstens die Lücken der Autonomie zu ergänzen, also Dispositivvorschriften in der Art zu geben, daß gewissermaßen ein Normalstatut festgestellt wird, wie bei der Behandlung aller anderen contractlichen Verhältnisse, indem das Gesetz bestimmt, welche Consequenzen aus diesen Verhältnissen entstehen, wenn die Parteien über diesen oder jenen Punkt nichts verabredet haben. Und das Zweite, was der Gesetzgebung obliegt, das ist die Bestimmung der Rechtsmittel, um das Recht in concreto zur Geltung zu bringen, die Klage und die Berechtigung zur Klage. Ich bin nicht Principienreiter genug, um zu sagen, daß damit mit Nothwendigkeit das ganze Gebiet der Gesetzgebung für die inneren Fragen erschöpft sein muß. Ich kann mir sehr wohl denken, daß das, was man das allgemeine Wohl nennt, sich auch auf diesem Gebiete geltend macht, und daß die Verhinderung gemeinschädlicher Bestimmungen einen Eingriff der Gesetzgebung auch über jenes Maaß hinausgehend rechtfertigen kann und eine Beschränkung der persönlichen Freiheit in Bezug auf autonomische Bestimmungen nach der einen oder anderen Richtung nothwendig macht. Aber ich verlange von jeder solchen Maaßregel, daß sie sich wirklich legitimirt, jedenfalls haben wir, wenn wir an solche außerordentliche Maaßregeln herangehen wollen, uns wohl zu hüten, nicht auf Grundlage einzelner Uebergriffe, die in dieser oder jener Form hervorgetreten sind, nun gleich ein Prohibitivgesetz zu geben. Das ist eine Art und Weise der Gesetzgebung, die in neueren Zeiten recht beliebt geworden ist. Hier und da tritt ein Mißbrauch hervor, schnell ein Gesetz, das diesen Mißbrauch verhütet. Das hilft Nichts aus dem einfachen Grunde, weil der Gesetzgeber niemals so klug sein kann, wie der ganze Verkehr ist. Ist diese Thür verrammelt, so wird eine andere Thüre geöffnet werden. Und wie wollen Sie im Publicum das Bewußtsein erwecken, daß der Durchgang durch die andere Thür ein Unrecht ist, wenn Sie nur auf diese eine Thür hinweisen und sagen: sie ist verboten. Diese Art und Weise der Gesetzgebung verpfuscht unsere Jurisprudenz, weil sie die Analogie unmöglich macht, sie tödtet das Rechtsbewußtsein im Volke, das gewissermaßen zur Chicane des Gesetzes erzogen wird, indem ihm nicht das Unrecht, sondern nur eine bestimmte Form des Unrechtes verboten wird, und das deshalb in der einen seinen Zweck zu erreichen sucht, wenn der andere Weg verschlossen ist. Sieht man sich auf diesem Gebiete zu einer wirklich prohibitiven Thätigkeit veranlaßt, so soll man auf die letzten Ursachen zurückgehen, nicht die Erscheinungen fassen, sondern die Ursachen, und wenn man das nicht kann, lieber die Hand davon lassen. Denn das Unterdrücken dieser oder jener einzelnen Form ist von keinem Nutzen.

Meine Herren! Lassen Sie mich nach diesen vorausgeschickten Bemerkungen nun zu den Einzelheiten übergehen, die ich bei Ihnen in Anregung bringen möchte, wenn es sich um die Frage handelt, inwiefern eine Revision unserer Actiengesetzgebung stattfinden kann. Ich habe Ihnen schon gesagt, ich halte nicht das Material für eine vollständige Revision gegeben. Ich erwarte von Veränderungen in dieser oder jener Hinsicht viel weniger als von der Besonnenheit und den Erfahrungen des Publicums, das den Verkehr mit den Actien treibt; aber nichtsdestoweniger wird es unsere Aufgabe sein, wenn wir zurückblicken, uns über diejenigen Fragen klar zu machen, bei denen wir glauben, daß ein Mangel hervorgetreten ist. Und da habe ich mir erlaubt, im Ganzen fünf Punkte hervorzuheben, die ich Ihrer Erwägung unterbreiten möchte.

Da ist der erste Punkt, die Frage der Gründung. Es ist eine ganz bekannte Sache, daß auf diesem Gebiete gerade die allergrößten Uebelstände hervorgetreten sind. Ich mag Sie hier nicht damit aufhalten, die viel verbreiteten Geschichten, die in der ganzen Welt umherlaufen, zu erzählen und wieder zu berichten, welche Täuschungen auf diesem Gebiete, namentlich in Bezug auf die Preise der nicht in baarem Gelde bestehenden Einlagen, vorgekommen sind. Wenn es sich fragt, was sollen wir in dieser Beziehung thun, so bietet der bestehende Rechtszustand ganz außerordentliche Schwierigkeiten dar. Unser Handelsgesetzbuch und unser Gesetz über die Actiengesellschaften kennen eine doppelte Art der Begründung von Gesellschaften. Entweder vereinbart ein kleiner Kreis von Leuten ein Statut und fordert dann das größere Publicum auf, sich dabei zu betheiligen, oder die sämmtlichen Actionäre machen das Statut, und tritt dann durch die gleichzeitigen Acte der Beschlußnahme über das Statut und der Zeichnung der sämmtlichen Actien die Gesellschaft ins Leben. Beide Methoden gehen sehr in einander über. Denn die kleinere Zahl, die eigentlich in Wahrheit die Gründer der Gesellschaft sind, übernimmt sehr häufig die sämmtlichen Actien nicht in der Absicht, sie zu behalten, sondern sie unter das Publicum zu bringen. Dann sind also dieselben Personen, welche den Gesellschaftsvertrag geschlossen haben, auch die einzigen Zeichner. Nun ist die constituirende Versammlung in vielfacher Beziehung von großer Bedeutung. Sie beschließt und vollzieht das Statut, sie erklärt, daß die Einzahlungen von 10 Procent geleistet worden sind, und, was die Hauptsache ist, sie genehmigt die Apports, d. h. die Einlagen, die nicht in baarem Gelde bestehen, und den Werth derselben. Denken Sie sich diese Generalversammlung mit den Gründern identisch, so dechargiren sie sich ohne Weiteres. Es ist das ein Punkt, — ich will nicht immer auf diejenigen hinweisen, die die Sache früher behandelt haben — der besonders gut in dem Wienerschen Gutachten behandelt worden ist. Das Schlimme bei der Sache ist mit einem Worte, daß das Element der Gründer sich von vorn herein mit dem Element der Actienzeichner in solcher Weise vermischt, daß die Persönlichkeit oder der Factor fehlt, an den man sich wegen der Gründungsinteressen halten kann. Der Actionär, der erste Zeichner, ist der Vorgänger des zweiten Zeichners, der zweite Zeichner leitet sein Recht von dem ersten ab, und wenn eine derartige Gesellschaft sich gegenseitig getäuscht hat, oder darauf berechnet ist, andere Leute zu täuschen, so sind diejenigen, welche getäuscht werden, doch die Rechtsnachfolger derjenigen, welche die Täuschung verübt haben. Der zweite Punkt ist, daß, wo ein wirklicher Dolus da ist, die Construction des Causalzusammenhanges sehr häufig von großer Schwierigkeit ist. Denn nach unserer deutschen Rechtsauffassung würden wir für eine Schadensklage aus dem Dolus den Nachweis eines solchen Causalzusammenhanges dahin fordern, daß der betreffende jetzige Actienbesitzer gerade durch die falsche Darlegung verleitet worden ist, die Actie zu erwerben oder zu höherem Preise zu bezahlen. Der dritte Punkt ist die Ermittelung des Objects des Schadenersatzes. Denn denken Sie sich A. erwirbt die Actie zu Pari, er hat gezeichnet, er ist der getäuschte Mann, er verkauft die Actie zu einer Zeit, wo sie noch guten Klang hat, vielleicht zu 102; das geht so fort, schließlich wird die Sache ein bischen verdächtig, und mit der Zeit immer schlimmer, die Actie fällt, auf 90, auf 80, auf 60. Der letzte will seinerseits einen Schadenanspruch aus dem Dolus geltend machen. Welchen Schadenanspruch kann er machen? Inzwischen sind die meisten Schäden schon consumirt. Den größten Schaden hat derjenige gelitten, der für 120 gekauft hat und für 85 verkauft. Das Object selbst ist so außerordentlich schwer zu construiren.

Um diesen Schwierigkeiten entgegen zu treten, habe ich mich mit Anderen einer Einrichtung, die das englische Gesetz hat, erinnert. Das englische Gesetz hat nämlich einen wirklichen Begründungsact. Es ist erforderlich zur Begründung von Actiengesellschaften, daß zur Gesellschaft mindestens sieben Personen zusammentreten mit der Erklärung, sie wollen eine Actiengesellschaft errichten, und sie machen ein memorandum of association, das die wesentlichen Bestimmungen in Bezug auf dasjenige, was der Gesellschaft zu Grunde zu liegen hat, feststellt, und dieses memorandum haben sie bei den board of trade zu deponiren. Dann bekommt die Gesellschaft die Bedeutung einer juristischen Person, wird also anerkannt als Actiengesellschaft und hat in bestimmter Zeit die geschehene Vollzeichnung nachzuweisen und eine Generalversammlung berufen zu lassen. Der Unterschied von unserem System liegt offenbar darin, daß auf Grundlage des Prospectes, ohne daß bereits die Herbeischaffung des Capitals vollständig gesichert ist, wenn auch nur in beschränkter Weise, die Gesellschaften als Actiengesellschaften anerkannt werden, während unser Gesetz die Gesellschaft nur dann als Aktiengesellschaft anerkennt, wenn die Vollzahlungen stattgefunden haben. Ich meinerseits möchte nicht, daß wir dieses letztere System verließen. Ich halte es für das richtigere; denn man kann doch nicht sagen, daß diese Capitalgesellschaft construirt ist, wenn ihr Capital nicht gesichert ist. Aber wohl läßt sich aus dem englischen Recht in dieser Beziehung Allerlei lernen, nämlich in der Beziehung, daß hier schon bei dem ersten Act zur Begründung der Gesellschaft und vor der wirklich vollständigen Existenz der Gesellschaft ein verantwortliches Organ vorhanden ist. Ich meine, dessen bedarf es auch bei uns. Wir können unter Beibehaltung unserer constituirenden Generalversammlung sehr wohl ein Element der Gründer haben, das als Gründer-Element präcis hervortritt. Jetzt werden sehr häufig Prospecte erlassen, die dem memorandum of association der englischen Gesetzgebung entsprechen. Aber diese Prospecte sind nicht obligatorisch. Ja, sie sind häufig nicht einmal unterzeichnet. Was ich meinerseits für richtiger halten würde, wäre, daß zur Actiengesellschaft nicht bloß der Gesellschaftsvertrag, sondern auch ein unterschriftlich vollzogener Prospect erfordert werde, und daß dieser Prospect diejenigen Personen kennzeichnet, die in gewissem Grade die Verantwortlichkeit für die Wahrheit der Angaben und für die Thatsachen der Gründung übernehmen. Wenn also die Persönlichkeit, die eine Actiengesellschaft zu declariren hat, auf das betreffende Gericht kommt, um die Declaration vorzulegen, so soll sie nicht bloß den Gesellschaftsvertrag, sondern den dem Gesellschaftsvertrage zu Grunde liegenden Prospect vorlegen. Dieser Prospect muß natürlich, wie das memorandum of Charter, wenn es gesetzliche Bedeutung haben soll, auch seinen gesetzlich bestimmt bezeichneten Inhalt haben, es müssen die wesentlichen Momente der Actiengesellschaft, Capital und Einzahlung darin erwähnt werden, und vor Allem müssen in diesem Prospect die Einzahlungen, die nicht in baarem Gelde geschehen, bezeichnet und ihrem Geld- und ihrem Uebernahmswerth nach angegeben werden. Ich will nicht auf desfalsige Einzelheiten eingehen. Inwiefern man also verlangen soll, daß eine Geschichte dieser Einbringung erzählt werden soll, oder wieweit man überhaupt in der Verpflichtung zur Kundgebung dessen, was mit der Einbringung geschehen soll, gehen kann, — darauf will ich mich nicht einlassen. Ich glaube, daß eine vollständige Gesetzgebung allerdings es erfordern würde, nicht bloß die Personen, sondern diejenigen, deren Marionetten sie vielleicht sind, mit in die civilrechtliche Verantwortung hereinzuziehen; das würde uns indeß hier zu weit führen. Für mich ist das Hauptinteresse das, daß ich diesen Factor der Gründer in bestimmter Weise hervortreten lassen will und zwar zunächst zu dem Zwecke der Bezeichnung von Persönlichkeiten, die für die Angaben verantwortlich zu machen sind.

Ich habe ferner schon darauf hingewiesen, daß sowohl in Bezug auf die Personen, die diese Verantwortung geltend machen könnten, als in Bezug auf den Umfang dieser Verantwortung außerordentliche Schwierigkeiten vorhanden sind. Meine Herren! Ich glaube, das ist ein Gebiet, wo der dolus au porteur weit hinaus wirkt, ohne daß der Causalzusammenhang in allen Fällen strict nachgewiesen werden kann. Wenn Sie einen Stein in's Wasser werfen, so schlägt er Ringe, die Ringe erweitern sich, sie werden mit der Erweiterung immer schwächer und kleiner, und kein menschliches Auge kann sagen, wo hört diese Wirkung auf. Es braucht nicht im Bewußtsein des Einzelnen zu liegen, daß dieser Causalzusammenhang da ist, auch unerkannt machen sich diese Einflüsse geltend; die durch falsche Darstellungen mißleitete öffentliche Meinung wirkt ja schon jedenfalls auf die Course. Auch dem richterlichen Auge entzieht sich dieser Zusammenhang. Aber gerade bei der Eigenthümlichkeit der Actiengesellschaft und bei dieser weithinausgehenden Wirkung müssen und dürfen wir uns emancipiren von den hergebrachten Anschauungen über die allgemeinen Wirkungen und Voraussetzungen der Dolusklage. Und mein verehrter Freund Albrecht hat mir erlaubt, mich eines Vorschlages anzunehmen, auf den ich durch ihn hingewiesen bin, obgleich sich Andeutungen in der Beziehung schon bei Anderen finden, nämlich hier zu bestimmen: daß die Gründer durch den Dolus, durch unwahre Angaben oder Verschweigung, abgesehen von weitergehenden Verantwortlichkeiten, jedenfalls der Gesellschaft so weit verantwortlich sind, daß sie ihr die unwahren Angaben wahr zu machen haben. Sie erlauben mir vielleicht Ihnen den Passus aus meinen Resolutionen im Zusammenhange hier vorzutragen. Er lautet:

> Die Gründer einer Actiengesellschaft zu verpflichten, die für die Begründung wichtigsten Angaben, namentlich diejenigen über nicht in Geld bestehende Einlagen mittelst unterschriftlich vollzogener Prospekte Kund zu geben und ihre Verantwortlichkeit für wissentlich unwahre Angaben oder wissentliche Verschweigungen dahin zu normiren, daß sie schon auf Antrag eines einzelnen Actionärs der Gesellschaft den Betrag, um den die Gesammtheit der Actionäre reicher sein würde, wenn die unwahren Angaben wahr oder die verschwiegenen Umstände nicht vorhanden wären, beziehungsweise den Betrag der Differenz zwischen dem wirklichen und dem angegebenen Werthe der nicht in Geld bestehenden Einlagen zu ersetzen solidarisch verpflichtet sind.

Ich mache Sie aufmerksam, meine Herren, daß Sie in diesem Vorschlage sogleich die Bemerkung finden, daß auch der Einzelne das Recht haben soll, nicht aus seiner Person heraus, sondern aus der Gesellschaft heraus, im Namen der Gesellschaft die Rechte geltend zu machen, die vielleicht eine Majorität, die von den Gründern abhängig oder identisch mit ihnen ist, geltend zu machen keine Neigung haben wird.

Nun, meine Herren, dieses Element der Gründer will ich aber noch in anderer Weise benutzt haben, das sollen diejenigen Personen sein, die auch für die Wahrheit der Actienzeichnung und für die Wahrheit der Einzahlung verantwortlich sein sollen. Jetzt im Augenblick giebt sich die Generalversammlung selbst Quittung in aller und jeder Beziehung. Sie constatirt, daß die Actien voll gezeichnet sind, daß die Einzahlungen mit 10 Procent gemacht sind; das bedeutet absolut gar nichts. Das Handelsgesetzbuch erfordert eine solche Constatirung und eine Bescheinigung, die dem Richter beigebracht wird. Von der Constatirung, daß das Geld eingebracht wird wissen wir, in welch' täuschender Weise sie bisweilen gemacht wird. Es sind Fälle vorgekommen, wo bei irgend einem Banquier die 10 Procent geliehen worden sind gegen 1/2 Procent Provision für eine halbe Stunde. In Anwesenheit des Notars kam der Diener, brachte das Geld, legte es auf den Tisch, und der Notar konstatirte, daß das Geld da war. Wenn der Notar weg war, nahm der Diener die 10 Proceut mit und der Notar hatte das Attest gegeben, daß das Geld da war, d. h. die Herren geben sich im Grunde selbst das Attest. Auch hier bedarf es eines bestimmten verantwortlichen Faktors, und dieser bestimmte verantwortliche Faktor sind eben die Gründer, die heraustreten sollen und zwar durch Unterzeichnung des Prospektes und verantwortlich sein sollen dafür, daß die Zeichnungen wahrhafte Zeichnungen sind, dafür daß die Zeichnungen reelle Zeichnungen sind und nicht Strohmänner wissentlich zugelassen worden sind, um die Zeichnungen voll zu haben, und dafür, daß wirklich die Einlage von 10 Procent gemacht ist.

Das dritte, was ich Ihnen vorschlagen möchte, ist die Aufhebung der Bestimmung, nach welcher die Aktien nach Einzahlung von 40 resp. 25 pCt. liberirt werden können. Wenn auch nicht ganz volle Einstimmigkeit herrscht unter denjenigen, die sich für die Frage interessiren, so hat sich doch die Mehrheit derjenigen, die sich darüber geäußert haben, dafür ausgesprochen, daß diese Liberirung der Aktien nach Einzahlung einer bestimmten Prozentage nicht angemessen ist. Ich will den Werth dieser abgeänderten Bestimmung nicht übertreiben. Ich glaube nicht, daß wir damit allein in andere Zustände hineinkommen, und man hat ganz richtig bemerkt, daß gerade diejenigen Gesellschaften, in denen der ärgste Schwindel getrieben worden ist, namentlich die Gesellschaften mit großen Einlagen, mit Einlagen statt baarem Gelde, in der Regel diejenigen sind, die volle Zahlung geleistet haben. Aber ich muß gestehen, daß ich irgend einen legalen oder volkswirthschaftlichen, juristischen Grund für dieses juristische Unding, für diese beschränkte

Verantwortlichkeit nicht finden kann. Die ganze Bedeutung der Aktiengesellschaft besteht in der Höhe ihrer Kapitalien, nnd dieses Kapital muß ein gesichertes sein, entweder in der wirklich geschehenen Einzahlung oder in der wirklich vorhandenen Verpflichtung. Aber die Möglichkeit zu lassen, daß die ersten 40 pCt. im Stiche gelassen und die anderen 60 nicht bezahlt werden, das kann sich schon aus dem ganzen Begriff und Wesen der Aktiengesellschaften nicht rechtfertigen. Wahrhaft komisch macht sich die Sache in unserer Gesetzgebung, die eine Minimalhöhe für Aktien bestimmt hat, die also sagt, Aktien au porteur dürfen nicht unter 100 Thlr. sein. Was heißt denn da eine Aktie auf 100 Thlr? Ich zahle 40 pCt. ein und lasse den Aktionär frei gehen. Und während gerade die Bedeutung dieser Bestimmung über die Höhe der Aktie darin besteht, daß diejenigen Personen, die nur über ein kleineres Capital zu verfügen haben, nicht in Verhältnisse hineingezogen werden sollen, die sie nicht beurtheilen können, öffnet man ihnen eine Gelegenheit durch die Hinterthür: Ihr braucht nur 40 pCt. zu haben, und wenn Ihr nicht mehr habt, seid Ihr nicht unglücklich, Ihr kommt nicht in Schulden hinein; das ist geradezu ein Widerspruch und dieser verrückt die Verhältnisse ganz und gar. Es kommt hier ein beiläufig zu rügender großer Mangel in den Bestimmungen in Bezug auf die Deklaration der Aktiengesellschaften in Betracht, daß zwar das Grundkapital dem Gerichte genannt werden muß, aber nicht die geschehene Einzahlung, so daß, wenn der Courszettel nicht aushilft, — der freilich nicht verantwortlich ist für unwahre Angaben, — das Gericht Niemandem sagen kann, wie viel eingezahlt worden ist, so daß das Gericht sagt, diese Gesellschaft bedeutet 10 Millionen Thlr., die Wahrheit der Sache aber ist, daß sie nur 4 Millionen bedeutet. Das Publikum wird also zu irrigen Voraussetzungen gebracht, und was vielleicht noch schlimmer ist, der leitende Direktor einer solchen Gesellschaft gerirt sich im Hinblick auf seine 10 Millionen Thalern, er macht Unternehmungen, die er nur rechtfertigen kann mit der unter gegebenen Umständen vielleicht richtigen Voraussetzung, ich werde ja über diese 10 Millionen disponiren können; aber unter der Hand sind sie ihm entzogen. Und gerade so macht sich die Sache mit der Courssteigerung, die a im Wesentlichen sich richtet nach der eventuellen Aussicht der Einzahlungen von 100, während vielleicht nur eine Einzahlung von 40 gemacht ist. Das ist wieder ein neues Moment für Unterstützung der Agiotage. Ueberdieß nimmt diese Befreiung des Aktionärs von weiteren Einzahlungen von dem Rest des Interesses, das der einzelne Aktionär an der Gesellschaft hat, ein gutes Stück wieder weg. Dieses Interesse ist ein wesentlich anderes, wenn er weiß, daß auf dieser Aktie nicht bloß das hergegebene Geld, sondern auch noch eine Verpflichtung ruht. Ich bin freilich nicht der Meinung, daß man überhaupt das Verkaufen der Aktien mit Entlassung des ersten Zeichners von weiterer Verantwortlichkeit ganz verbieten soll, sondern daß Uebertragung mit solcher Entlassung gestattet werden darf. Aber der erste Zeichner weiß dann, daß bestimmte Voraussetzungen für seine Entlassung vorhanden sein müssen, und es kann ihm nicht ganz gleichgültig sein, an wen er seine Aktie verkauft. Ueberhaupt er kommt in familiärere Verhältnisse zu seiner Aktie, und darum glaube ich, daß es zweckmäßig ist, diese ganz willkührliche Bestimmung, die nur dem leichteren Verkauf der Aktie und der Agiotage zu Nutzen kommen soll, zu beseitigen.

Ich habe ein viertes Moment, das ich Ihnen vorschlagen will. Das bezieht sich auf die Nothwendigkeit des Vorhandenseins eines von der Geschäftsleitung gänzlich freien Organs zur Revision der Bilanzen. Unser Actiengesetz hat allerdings den Gedanken, daß es in jeder Actiengesellschaft ein Revisionscollegium geben müsse. Dieses Revisionscollegium soll der Aufsichtsrath sein. Wenn Sie die Bestimmungen des H.-G.-B. nachsehen, so ist das als eigentliches Wesen des Aufsichtsrathes definirt, daß er Controle üben soll. Nun hat sich in der Praxis seit langer Zeit schon das Verhältniß so gebildet, daß der Aufsichtsrath keineswegs unbetheiligt an der Geschäftsführung ist. Er ist der Vertreter der Actionäre, nicht bloß zur Controlirung der Direction für dasjenige, was sie bereits gethan hat, sondern auch als Rathgeber und Anordner desjenigen, was die Direction thun soll. Das Gesetz hat aber durch einen Lapsus, der den ursprünglichen Gedanken des Aufsichtsraths, wie ihn das Gesetz gehabt hat, geradezu wieder verdrängt hat, dieses Verhältniß noch befördert. Es kommt nämlich bei Gelegenheit der Frage, inwiefern der Vorstand, abgesehen von den Beschränkungen, die das Statut ihm gewährt, die Gesellschaft obligiren kann, ein Passus vor: unangesehen der Bestimmungen der Statuten, daß er gewisse Handlungen nur mit Genehmigung des Aufsichtsraths vornehmen könne. Dieser eine Passus war vollständig genug, um den Aufsichtsrath in legitimer Weise in die Geschäftsführung eintreten zu lassen, und Sie werden zugeben, wenn die Statuten beliebig bestimmen können, in welchem Falle sich der Director vorher an den Aufsichtsrath zu wenden hat, so kann aus dem Aufsichtsrath ein Collegium werden, das an der Geschäftsführung einen ganz wesentlichen Antheil hat. Das ist aber kein Organ, das geeignet ist, die Revision in maßgebender Weise vorzunehmen, und das Handelsgesetzbuch oder das Actiengesetz bestimmt auch an einer andern Stelle, daß Jeder, der an der Geschäftsführung betheiligt ist, keine Decharge ertheilen kann. Das soll sich freilich nicht auf diejenigen beziehen, die nur die Aufsicht vorzunehmen haben; aber wohl muß es sich auf diejenigen beziehen, die neben der Aufsicht auch noch eine Theilnahme an der Geschäftsführung selbst, wenn auch diese nur indirect haben. Dieses Konglomerat von Bestimmungen, zusammengehalten mit dem, was in der Praxis vorgekommen, hat ganz eigenthümliche Einflüsse hervorgebracht. Es giebt eine ganze Masse Practiker, die den Aufsichtsrath nur als dasjenige Organ der Actionäre kennen, welches den Directoren in der Fassung ihrer Entschließungen beistehen soll, daß es die obere Behörde der Directoren ist für wichtige Entschließungen, während der wesentliche Charakter des Aufsichtsraths darin besteht, controliren zu sollen, und kein Mensch weniger geeignet ist zum Controliren, als derjenige, der selbst controlirt werden muß. Die richtige Bezeichnung desjenigen Organs, das die gewöhnliche Stellung unseres Aufsichtsraths einnimmt, wäre die einer collegialischen Direction, deren ausführender Beamte der Director ist. So ist das Verhältniß, wenn ich nicht irre, namentlich in manchen österreichischen Statuten und von da aus auch in deutsche Statuten übergegangen, bei denen man die gesetzlichen Beschränkungen in Bezug auf die Stellung der Aufsichtsräthe vermeiden wollte. Dann hat man nebenbei einen wirklichen Aufsichtsrath eingesetzt der nur die Bedeutung einer Revisionscommission hat. In anderen Gesellschaften ist man dahin gekommen, daß man neben dem Aufsichtsrath, der an der Geschäftsführung betheiligt ist, eine Revisionscommission niedergesetzt hat, die weiter Nichts, als diese Revision vorzunehmen hat. M. H. ich halte es für richtig, das Organ der Revisionscommission oder ein Organ, das überhaupt die Revision unabhängig beschafft und unbetheiligt bei der Geschäftsführung ist, obligatorisch zu machen. Das war ja allerdings die Absicht unseres Gesetzes, als es den Aufsichtsrath vorschrieb. Aber der Aufsichtsrath hat die Bedeutung verloren durch die Nebenbestimmungen, die hineingekommen sind. Ich halte es aber für doppelt nothwendig, ein derartiges Organ zu haben, als es sich hier nicht bloß um das Interesse der Actionäre, sondern auch um das Interesse des Publicums handelt. Unser Gesetz hat die schützende Bestimmung für das Publicum, daß es das Capital und die Bilanz publicirt haben will. Es hat die weitere Bestimmung, daß keine Dividenden vertheilt werden dürfen, die sich nicht aus der Bilanz rechtfertigen. Aber wenn es sich um den Schutz der Interessen des draußen stehenden Publicums handelt, so fehlt offenbar ein Medium, nämlich die Sicherheit für die Richtigkeit der Bilanz. Darauf hat das Publicum keinen Einfluß, und ich leugne nicht, daß ich, so weit entfernt ich bin von dem Wunsche jeder Einmischung des Staates in die Actiengesellschaften, eben aus diesem Gesichtspunkte, um eine vollständige Kette für die Sicherheit der Gläubiger und des außenstehenden Publicums zu schaffen, — mich lebhaft freuen würde, wenn es erreichbar wäre, ein Organ zur Revision der Geschäftsführung und Bilanzen herzustellen, das von der Generalversammlung der Actionäre unabhängig wäre. Denn diese Generalversammlung der Actionäre ist die Majorität der Actionäre, es ist die Majorität derjenigen Personen, die ein sehr großes Interesse daran haben, daß 1) die Dividende nicht zu klein ausfällt, und 2) die Actiengesellschaft in möglichst freundlicher Form dem Publicum gegenübertritt. Das Interesse der Actionäre ist nicht immer, die faulen Zustände ihrer Actiengesellschaften offen hinzustellen, sondern ein kluger Actionär erklärt in der Generalversammlung, wenn er auch Etwas für faul hält, Alles für wunderschön und geht nach Hause und verkauft seine Actien und dann ist es ihm Einerlei, was aus der Gesellschaft wird, sodaß in dem Majoritätsbeschluß der Actionäre, abgesehen von dem großen Einfluß, den der Aufsichtsrath mit Nothwendigkeit ausübt, keine genügende Sicherheit liegt. Ich möchte freilich vor Allem nicht eine Controle durch Staatsbeamte haben und nicht eine Controle, für die der Staat verantwortlich ist. Aber wohl habe ich daran gedacht, ob es nicht richtig wäre, durch das Gericht für jeden einzelnen Fall Sachverständige ernennen zu lassen, welche diese Controle, unabhängig von der Generalversammlung, zu erfüllen haben, und ich würde mir daher vielleicht erlaubt haben, Ihnen dahingehende Vorschläge zu machen, wenn ich nicht von mir sehr hochstehender Seite große Bedenken dagegen hätte aussprechen hören, einerseits, weil man den Vorschlag als zu nahe stehend dem Prinzip der Staatsaufsicht angesehen, andererseits ihn für practisch unausführbar gehalten hat. Ich würde mich vor der Aehnlichkeit mit dem Prinzip der Staatsaufsicht nicht gescheut haben. Es ist mir nur darum zu thun, die Bestellung unabhängiger Privatpersonen durch ein unabhängiges Organ zu schaffen. Ich will ja nicht eine Vormundschaft begründen, die besser wissen will, als das Publicum, was ihm gut und recht ist, sondern nur die Wahrheit und Richtigkeit der Bilanz constatiren lassen. Dagegen konnte ich mich der Erwägung nicht verschließen, daß es den Gerichten außerordentlich schwer werden würde, namentlich in kleineren Städten, passende Persönlichkeiten zu finden, und ich habe deshalb den Punkt hier fallen lassen. Aber ich kann nicht umhin, ihn anzuregen, deshalb, weil ich mich sehr freuen würde, wenn von anderer Seite ein Auskunftsmittel in der Beziehung gefunden werden könnte. Aber darauf kommt es mir wesentlich an, daß die ganze Reihe der Sicherheitsmaßregeln für das Publikum, das auf das Vorhandensein eines bestimmten Kapitals angewiesen ist, durch die Verifizirung der Bilanz geschlossen wird. Es ist Alles vollständig in Ordnung, nur die Bilanz kann eine Lüge sein. Hier liegt ein Bedürfniß vor, dessen Befriedigung ich mit Freuden begrüßen würde.

Ich habe einen letzten Punkt, in dem ich um so kürzer sein werde, als die Frage sehr in juristische Subtilitäten hineinführen würde, das ist die Frage nach dem Schutz des Einzelnen gegen Beschlüsse der Generalversammlung, gegen Mißbräuche in Bezug auf die Geschäftsführung, Unrichtigkeit der Bilanz und der Gewinnvertheilung. Was ich Ihnen vorhin gesagt habe, ist darauf berechnet, dem Einzelnen die Sicherheit zu geben, daß er die Richtigkeit der Bilanz beurtheilen kann. Aber es ist damit noch kein Rechtsmittel gegeben. In den meisten Fällen, glaube ich, wird man einen solchen Schutz nicht dadurch konstruiren können, daß man dem einzelnen Aktionär die Organe der Gesellschaft verantwortlich macht. Ich sehe immer von dem Falle des Dolus ab. Aber wenn es sich um culpa handelt, lata oder levis, so setzt das ein kontraktliches Verhältniß voraus zwischen dem Betreffenden und den Organen, und das ist nicht vorhanden. Der Direktor ist nicht der Institor des einzelnen Aktionärs, sondern er ist der Institor der Gesellschaft, und der Einzelne kann an den Institor oder Aufsichtsrath oder sonstigen Beauftragten der Gesellschaft, wenn es sich nicht um Dolus handelt, nur durch Vermittelung der Gesellschaft selbst herankommen. Ich glaube, daß diese Frage so gelöst werden muß, daß man sagt: es giebt gewisse Interessen, deren Schutz die wesentliche Voraussetzung überhaupt des Zusammentretens der Aktiengesellschaft sein muß. Am klarsten tritt dies bei Bezahlung der Dividende hervor. Das Recht auf die festgestellte Dividende, auf seinen Antheil an den schon eingeernteten Früchten, kann freilich dem Einzelnen nicht gekränkt werden. Aber die dieser Dividende zu Grunde liegende Bilanz wird von der Generalversammlung genehmigt. Die Generalversammlung hat aber nicht das Recht, Beschlüsse zu fassen, durch die sie indirekt das Recht der Einzelnen auf die Dividende verletzt, und ich glaube, daß der Weg, auf dem der Einzelne zu seinem Rechte kommen muß, der ist, daß er den Schutz dieses seines Rechtes durch die Generalversammlung verlangt, und daß, wenn diese den verlangten Schutz verweigert, ihm ein Klagerecht zustehen muß auf Annullirung eines solchen, die Rechte des Einzelnen verletzenden Beschlusses.

Das, m. H., sind die Fragen, die ich Ihnen zur Erörterung vorlegen wollte. Ich bin mir sehr wohl bewußt, daß, wenn auf diesem Gebiete auch das beste und schätzenswertheste Gesetz gemacht werden wird, wir dadurch allein in die goldene Zeit des Verkehrs keineswegs eintreten werden. Ich habe Ihnen schon früher gesagt, daß ich für eine durchgreifende Revision des Aktiengesetzes den Zeitpunkt noch nicht für gekommen halte. Es wäre mir lieb, wenn wir auch die Novellen sparen könnten. Das ist aber wohl kaum die Frage, die wir heute zu erörtern haben, sondern die von andern Verhältnissen abhängt. Denn es ist wahrscheinlich, daß unsere gesetzgebenden Faktoren sich demnächst mit den Aktiengesellschaften zu beschäftigen haben werden, und sie werden dann kaum umhin können, demjenigen, was sich wirklich als das Resultat der bisherigen Erfahrungen ergeben hat auch Worte zu leihen.

Wenn man auch darauf verzichten muß und ohne Kummer darauf verzichten kann, eine erschöpfende und für Jahre hinaus befriedigende Revision des Aktiengesetzes zu machen, so sind wir doch nicht die Einzigen, die auf diesem Gebiete experimentirt haben. Auch andere Nationen haben gleichfalls lange Zeit gebraucht, ehe sie auch nur zu den heutigen Resultaten gekommen sind, und es steht sehr dahin, ob der heutige Stand ihrer Gesetzgebung sie auch auf die Dauer befriedigen wird.

Am Schlusse will ich mir erlauben, die Resolutionen, die ich Ihrer Beschlußfassung zu unterbreiten habe, Ihnen nochmals im Zusammenhange vorzulegen:

Von der Gesetzgebung ist ein ausreichender Schutz gegen die unsolide Gründung und mißbräuchliche Verwaltung von Aktiengesellschaften nicht zu erwarten. Nach den bisherigen Erfahrungen empfiehlt es sich jedoch, die betr. gesetzlichen Bestimmungen namentlich in folgenden Beziehungen zu ändern:

1. Die Gründer einer Aktiengesellschaft zu verpflichten, die für die Begründung wichtigsten Angaben, namentlich diejenigen über nicht in Geld bestehende Einlagen, mittelst unterschriftlich vollzogener Prospekte kundzugeben, und ihre Verantwortlichkeit für wissentlich unwahre Angaben oder wissentliche Verschweigungen dahin zu normiren, daß sie, auch auf den Antrag eines einzelnen Aktionärs, der Gesellschaft den Betrag, um den die Gesammtheit der Aktionäre reicher sein würde, wenn die unwahren Angaben wahr oder die verschwiegenen Umstände nicht vorhanden wären, beziehendlich den Betrag der Differenz zwischen dem wirklichen und dem angegebenen Werth der nicht in Geld bestehenden Einlagen zu ersetzen solidarisch verpflichtet sind;
2. die Gründer ferner für jede wissentlich veranlaßte Täuschung in Bezug auf das Vorhandensein und den Werth der Aktienzeichnungen, sowie in Bezug auf die geleisteten Einzahlungen in demselben Maße und in derselben Weise für verhaftet zu erklären;
3. die Bestimmung aufzuheben, nach welcher es gestattet ist, nach erfolgter Einzahlung von 40 Prozent die Zeichner von Inhaber-Aktien von der Haftung für fernere Einzahlungen zu befreien;
4. für jede Aktiengesellschaft das Vorhandensein eines bei der Geschäftsführung unbetheiligten Organs für die Revision der Bilanzen vorzuschreiben;
5. auch dem einzelnen Aktionär, soweit es sein Interesse erheischt,

ein Klagerecht auf Innehaltung der gesetzlichen und statutarischen Vorschriften über die Geschäftsführung, Bilanzen und Gewinnvertheilung zu gewähren.

(Bravo!)

Correferent Präses Dr. **Albrecht** aus Hamburg: Ich freue mich, geehrte Herren, dem Vortrage, dem wir alle eben mit großem Interesse gefolgt sind, mich in sehr vielen Beziehungen zustimmig erklären zu können, und ich glaube der Mühe überhoben zu sein, insoweit ich den Vorschlägen des Herrn Referenten zustimme, dieselben noch weiter zu motiviren. Was für die Vorschläge gesagt werden kann, ist in so vortrefflicher Weise gesagt worden, daß mir kein Wort übrig geblieben ist. Zu meinem Bedauern muß ich aber bekennen, daß ich nicht in allen Beziehungen mit dem Herrn Vorredner übereinstimme.

Der Herr Vorredner geht selbst von der Ansicht aus, daß eine Oberaufsicht des Staates, eine polizeiliche Ueberwachung der Actiengesellschaften nicht richtig sei. Mir scheint es aber, als ob er diesen seinen Grundsatz nicht consequent verfolge, und insoweit er dies nicht thut, wenigstens meiner Ueberzeugung nach nicht thut, muß ich meinerseits abweichend von seinen Vorschlägen mich äußern.

Es ist vollkommen richtig, daß die A. G. kein natürliches Wesen ist, wie der Herr Referent bemerkt hat. Daraus folgt aber keineswegs, meine Herren, daß dieselbe contra rationem juris ist, daß sie nicht ein Rechtsinstitut ist, welches nach Rechtsgrundsätzen zu beurtheilen ist, was civilrechtlich zu construiren und in jeder Weise civilrechtlich zu behandeln ist. Es folgt nicht daraus, daß sie lediglich auf Grund eines Privilegiums errichtet werden kann und als eine privilegirte Anstalt zu behandeln ist.

Davon ausgehend bin ich der Meinung, daß die Lücken, welche die jetzige Gesetzgebung darbietet, namentlich also insoweit diese Lücken das Verhältniß des Actienkäufers zum Verkäufer und der Gläubiger zu den Actionären betreffen, nicht durch polizeiliche Maaßregeln, sondern durch civilrechtliche Grundsätze auszufüllen sind, und es scheint mir das der Hauptmangel unserer jetzigen Gesetzgebung zu sein, daß man an diesem, meiner Ueberzeugung nach allein richtigen, Princip nicht festgehalten hat.

Ich kann es als eine Frage ansehen, die keiner weiteren Erörterung bedarf — wie dies auch der Herr Vorredner gemeint hat —, daß es der staatlichen Genehmigung in Zukunft zur Errichtung einer A. G. nicht bedarf. Aber wenn wir nicht den Weg aufs Neue wieder betreten wollen, den das Gesetz vom 11. Juni 1870 durch die Aufhebung der staatlichen Genehmigung verlassen hat, wenn wir die verlassenen Principien nicht wieder von Neuem proclamiren wollen, dann dürfen wir nicht nunmehr die

Verwaltung unter die Oberaufsicht des Staates stellen. Nun sind aber in den Anträgen des Herrn Referenten einige Punkte vorhanden, die ich nur vom Standpunkt einer polizeilichen Controle des Staates als gerechtfertigt anerkennen kann und die ich daher von meinem Standpunkt aus verwerfen muß. Erlauben Sie, daß ich die gestellten Anträge mit wenigen Worten nach dieser Richtung beleuchte.

In Bezug auf den ersten Antrag bin ich mit dem Herrn Antragsteller vollkommen einverstanden, und er hat sogar mit einem freundlichen Wort anerkannt, daß ein Gedanke von mir in diese Nr. 1 aufgenommen ist. Ich bin einverstanden mit der Verantwortlichkeit der Gründer für alles dasjenige, was sie öffentlich in Bekanntmachungen oder anderweitig dem Publicum gegenüber erklärt haben. Das versteht sich von selbst, und es kann nur um die Modalität, wie man diese Verantwortlichkeit geltend macht, sich handeln. Der Gedankengang, der dem Antrage in dieser letzteren Beziehung zu Grunde liegt, und in dem ich mit dem Herrn Vorredner übereinstimme, ist folgender:

Wer dem Publicum gegenüber betrüglich verfahren ist, haftet für seinen Betrug, und es kann ihm niemals zur Entschuldigung dienen, daß derjenige, der jetzt Klage erhebt, den Schaden nicht erlitten hat. Es ist schlechthin nicht zu dulden, daß Jemand, der dem Publicum gegenüber unwahre Angaben zu seinem eigenen Vortheil gemacht hat, den Vortheil in der Tasche behält, und das sollte nach meiner Ueberzeugung nicht nur von den A. G.-G. gelten, das sollte überhaupt ein civilrechtlicher Grundsatz sein;

(Bravo!)

und wenn man irgend Jemand finden kann, der legitimirt erachtet werden könnte, einen solchen Vortheil dem Betrüger abzunehmen, so sollte man ihm ein Klagerecht einräumen. Veräußern die Gründer ihre Aktien und gehen dieselben in die dritte oder vierte Hand über, so wird in den seltensten Fällen der Inhaber der Aktien behaupten und beweisen können, daß er durch die unwahren Veröffentlichungen zu dem Ankauf der Aktien verleitet sei, und es würden demzufolge die Gründer die Früchte ihres Betrugs ernten. Um dem vorzubeugen, schlägt der Herr Referent Ihnen vor, daß die Gründer für ihre unwahren Veröffentlichungen dergestalt haften sollen, daß sie, auch wenn nur ein einzelner Aktionär es verlangt, die Aktiengesellschaft so zu stellen haben, als ob die von ihnen gemachten Angaben wahr wären. Ein solcher civilrechtlicher Grundsatz ist gerechtfertigt, darin stimmen wir beide vollständig überein. Nun kommt aber noch etwas hinzu, und das halte ich von Uebel. Der Herr Vorredner will einen Prospekt außer dem Statut obligatorisch machen. Er sagt so: ich muß wissen, wer eigentlich verantwortlich ist. Das kann ich nur ersehen, wenn bei der Gründung einer

Aktien-Gesellschaft nicht nur ein Statut vorgelegt wird, sondern zugleich ein Prospekt, der von den Gründern unterzeichnet ist. Dann weiß ich, wer die Gründer sind. — Das ist nach meiner Ueberzeugung eine von denjenigen Maaßregeln, die wir verwerfen müssen und die ich wenigstens von dem Standpunkte, den ich für den allein richtigen halte, nicht genehmigen kann. Die Sache ist folgende: Ein Prospekt wird unterzeichnet, nehmen wir an von 7 Personen. Dieser Prospekt enthält objektiv eine Unwahrheit. Von den Unterzeichnern weiß aber vielleicht nur einer, daß die Angabe unrichtig ist; dieser ist der Betrüger, die übrigen 6 sind die Betrogenen. Nun ist kein Zweifel, — und das kann auch der Herr Vorredner nicht meinen — daß die 7 Personen nicht so haften sollen, als ob sie sämmtlich Betrüger wären. Das Gegentheil ergiebt sich aus seinen Anträgen. Er will nur für „wissentliche Unwahrheit" haften machen und zwar diejenigen, die wissentlich diese Unwahrheit angegeben haben, solidarisch. Es werden also die 6 Personen nicht in Anspruch genommen werden können. Jedem, der in Anspruch genommen werden soll, muß also der Beweis geliefert werden, daß diejenige Thatsache, die objektiv unwahr ist, von ihm als eine unwahre bei Unterzeichnung des Prospektes gekannt ist. Das folgt unbedingt aus dem, was der Herr Vorredner beantragt hat. Der Prospekt liefert also nach dieser Richtung hin nichts weiter als was wir haben, wenn wir keinen Prospekt haben. Aber, meine Herren, obligatorisch wird er gemacht von dem Herrn Vorredner, — und das tadle ich gerade — weil er die Gründer, welche sonst gar keinen Prospekt ausgegeben hätten, zum Besten der künftigen Aktionäre zwingen will, Angaben zu machen; er sorgt dadurch, daß er den Prospekt obligatorisch macht, nicht dafür, daß den Leuten keine unwahre Angaben, sondern dafür, daß ihnen wahre Angaben gemacht werden — und das ist eine polizeiliche Maaßregel. Die Zeichner der Actien sollen selbst dafür sorgen. Das verwerfe ich also. Ich stimme im Uebrigen dem Antrag unter 1. vollkommen zu und in gleicher Weise dem unter Nr. 2, aber der Prospekt muß meiner Ueberzeugung nach aus den Anträgen hinaus.

Ich gehe zu Nr. 3 über. Nr. 3 ist derjenige Punkt der Anträge, welcher für Inhaberaktien das Recht aufhebt, nach Volleinzahlung von 40 pCt. befreit zu sein. Ich muß offen gestehen, daß jetzt, wo die Frage lebhaft im Flusse ist, fast von allen Seiten man sich für den Vorschlag erklärt, nur mit ganz einzelnen Ausnahmen. Nichtsdestoweniger bin ich recht bedenklich darüber, ob wir diesen Vorschlag acceptiren sollen. Es ist allerdings ein volkswirthschaftlicher Grund da, auf dem diese Bestimmung des Gesetzes beruht. Es giebt eine Reihe von A.-G.-G., bei denen es schon bei der Gründung nicht die Absicht ist, daß das Kapital in raschen Terminen eingezahlt werde; es ist sehr häufig die Absicht, daß man erst in großen Zwischenräumen die Einzahlung geschehen lassen will, und daß demzufolge die letzte Einzahlung erst nach Jahren geschieht. Nun wird ein verständiger Mann Bedenken tragen, von vorn herein bis zur letzten Einzahlung, also bis zum Ablauf mehrerer Jahre auf die Veräußerung seiner Aktien zu verzichten, denn veräußern kann er sie nicht, wenn er nicht alle Obliegenheiten des Aktionärs behalten und der Rechte desselben verlustig gehen will; er wird gewissermaßen gezwungen, so lange im Besitze der Aktien zu bleiben — wenn man die Sache vom Standpunkt des Herrn Vorredners aus betrachtet — und das scheint mir doch den wirklich soliden Unternehmungen recht gefährlich. Mich tröstet aber das folgende: Die Herren, die Aktien übernehmen und A.-G.-G. gründen, die wissen sich bekanntlich zu helfen. Während sie jetzt A.-G.-G. errichten, wo die Aktie 200 Thlr. werth ist, und sich befreit wissen, wenn 40 pCt. eingezahlt sind, werden sie künftig die Aktie mit 80 Thlr. gründen, also auf die 40 pCt., und es wird dann das übrige, fehlende Kapital entweder durch eine neue Emission geschaffen werden oder dadurch, daß man von vornherein über eine Prioritäts-Anleihe sich einigt. Die Herren werden darum von vornherein nicht mehr einschießen, als sie bisher eingeschossen haben. Es kommt folgendes hinzu. Ich habe erst einmal angenommen, mich auf den Standpunkt des Herrn Referenten stellend, daß wirklich die Aktien bis zum vollen Einschuß in den Händen der ersten Zeichner bleiben. Das kann aber nicht seine Absicht sein, er weist selbst auf die Namen-Aktien hin. So lange nämlich die Einzahlung nicht erfolgt ist, werden diese Aktien als Namen-Aktien zu behandeln sein. Nun enthält selbst für letztere das H.-G.-B. die Bestimmung, daß sie übertragbar sind unter Zustimmung des Vorstandes der Gesellschaft. Der Vorstand kann also immer dispensiren von der gesetzlichen Vorschrift, die den ersten Zeichner für die vollen 100 pCt. verpflichtet. Es braucht nur die künftige Inhaber-Aktie mit Genehmigung des Vorstandes der Gesellschaft auf einen anderen übertragen zu werden. Es ist nirgends vorgeschrieben, daß man bei solcher Uebertragung darauf Rücksicht zu nehmen habe, daß auch der neue Erwerber gleich solvent wie der alte sei, wie man auch bei der ersten Gründung der A.-G. nicht darauf sieht, ob alle Zeichner auch im Stande sind, die 100 pCt. voll einzuzahlen. Auskunfsmittel sind also geboten, der Verkehr wird sie so gut bei dieser Vorschrift finden, wie bei allen anderen ähnlichen Vorschriften. Erheblich scheint es mir deshalb nicht, ob man die Verpflichtung mit der Einzahlung von 40 pCt. erlöschen lassen will oder nicht. Ich will mich daher in dieser Beziehung nicht gerade in Opposition mit der Meinung des Herrn Vorredners stellen; ich habe Sie im Wesentlichen nur darauf aufmerksam machen wollen, daß es sich hier um einen Beschluß handelt, dem man mit Unrecht eine große Bedeutung beimißt.

Ich gehe zu dem vierten Punkte unseres Herrn Vorredners über. Derselbe bezieht sich auf die obligatorische Verpflichtung zur Bestellung von Revisoren. Es sagt der Herr Vorredner: jede A.-G. soll verpflichtet werden, Revisoren für die Bilanz und für die Geschäftsführung zu ernennen. In dieser Beziehung stimmt der Herr Vorredner ganz überein mit dem Gutachten von Wiener. Wiener sagt in seinem Gutachten so (S. 20) — erlauben Sie, daß ich Ihnen die Stelle vorlese—:

> „Die Aktionäre müssen unbedingt ein Organ haben, welches die Kontrolle über die Geschäftsführung ausübt und die Bilanz prüft, ehe auf Grund derselben eine Feststellung von Dividenden und eine Entlastung der geschäftsführenden Organe eintreten kann."

Meine Herren! Wenn das wahr wäre, daß die Aktionäre unbedingt ein Organ haben müßten, so frage ich: warum haben sie denn keins? oder warum bedürfen wir noch eines Gesetzes, welches ihnen das vorschreibt? Sämmtliche Aktionäre zusammen werden doch wohl wissen, was ihnen in dieser Beziehung noth ist. Wozu noch eine gesetzliche Bestimmung, wenn es ein so klar vorliegendes Bedürfniß ist? Nehmen Sie auf das Bedürfniß der Gläubiger Rücksicht, so kann ich wiederum fragen: ist es denn, wenn es ein so klar liegendes Bedürfniß ist, denkbar, daß Jemand einer A.-G. Kredit giebt, die das Organ nicht hat? Die Antwort kann daher nicht dahin ausfallen: dieses Organ muß die Gesetzgebung zu einem obligatorischen machen. Sie sehen, meine Herren, da ist etwas unklar. Das Räthsel ist meiner Meinung nach dadurch zu lösen, daß es sich hier um eine Bestimmung handelt, die in dem Umfang, wie sie allein segensreich wirken kann, nicht ausführbar ist. Man will Revisoren ernennen. Wer sollen die Revisoren sein? Bedenken Sie, es handelt sich nicht darum, wie es vielfältig im Geschäftsleben vorkommt, daß die Revisoren nur bezeugen: „Bilanz nachgesehen und mit den Büchern übereinstimmend gefunden" — sondern sie sollen sich um die Details der Geschäftsführung bekümmern. Nun denken Sie sich die Revision eines großen Bankinstituts: man soll auf die Geschäfte des ganzen Jahres zurückgehen, man soll untersuchen, ob nicht leichtsinniger oder frivoler Weise dem X oder Y, nahen Verwandten des einen Direktors, Kredit gegeben ist 2c. — das ist eine Art, die, wenn man dazu einen tüchtigen Geschäftsmann mit dem erforderlichen Geschäftspersonal nimmt, leicht ein zweites Jahr in Anspruch nehmen kann. Nun frage ich Sie aber: welcher verständige Geschäftsmann, der geeignet und vertrauenswürdig ist, giebt sich zu einer solchen Aufgabe her? Denn die Kehrseite von der Sache ist die, daß diese Bestimmung nur nützen kann, wenn Sie den Revisor auch zur summa diligentia verpflichten, wenn er weiß, daß er, sobald er sein Amt nicht gehörig wahrnimmt, von den Aktionären mit seinem eigenen Vermögen verantwortlich gemacht werden kann. Meine Herren! Die Leute finden Sie nicht. Diejenigen, denen Sie Vertrauen schenken wollen, die sagen: Nein! und diejenigen, denen Sie nicht Vertrauen schenken wollen, werden sich anbieten. Deshalb nützt eine solche Bestimmung nichts. Es wird gerade mit den Revisoren passiren, was bisher mit dem Aufsichtsrath passirt. Es ist in der berühmten und nach einer Richtung gewiß außerordentlich vortrefflichen Rede des Dr. Lasker ausgeführt worden, daß man Strohmänner zu Aufsichtsräthen gemacht hat, und man hat das Wort, daß es „Aufsichtsräthe au porteur" giebt, dafür erfunden. Meine Herren! Das ist die natürliche Folge von Vorschriften, wie sie in der Beziehung im H.-G.-B. stehen, und wenn Sie die Revisoren des Kollegen Wolffson annehmen, so werden Sie auch „Revisoren au porteur" bekommen. Das wird die ganze Folge dieser Vorschrift sein.

(Heiterkeit. Sehr richtig!)

Sie nehmen es mir nicht übel, wenn ich vielleicht etwas schärfer als ich sollte, meine Meinung entwickelt habe. Ich mache ungern Opposition, namentlich einem Manne gegenüber, den ich so hoch schätze, wie meinen Freund Wolffson, aber ich sage hier: amicus Wolffson, sed magis amica veritas.

Zu Nr. 4 werde ich mir daher erlauben ein Amendement zu stellen, das nicht die Revisoren befürwortet, sondern eine Revision, wie ich sie allein als ausführbar betrachte.

Ich beantrage nämlich — und das ist mein Amendement zu dem Antrag des Herrn Referenten — Nr. 1 folgendermaßen abzufassen, — nun kommen die Worte des Antrags nur mit Auslassung alles Desjenigen, was sich auf den Prospekt bezieht —:

1) Die Gründer einer A.-G. für verpflichtet zu erklären, insofern sie wissentlich in öffentlichen Bekanntmachungen oder sonst dem Publikum gegenüber unwahre Angaben machen oder wesentliche Umstände verschweigen, der Gesellschaft, auch auf Antrag eines einzelnen Aktionärs, den Betrag zu ersetzen, um welchen die Gesammtheit der Actionäre reicher sein würde, wenn die unwahren Angaben wahr oder die verschwiegenen Umstände nicht vorhanden wären, beziehendlich den Betrag der Differenz zwischen dem wirklichen und dem angegebenen Werth der nicht in Geld bestehenden Einlagen.

Nr. 2 und 3 bleiben ganz wie in dem Antrag des Herrn Referenten.

4) Die Inhaber einer gesetzlich näher zu bestimmenden Anzahl von

Aktien für berechtigt zu erklären, durch geeignete, ihrerseits gewählte, Personen die Geschäftsführung, sowie die Richtigkeit der jährlichen Bilanz unter Einsicht der Geschäftsbücher und Papiere prüfen zu lassen, auch die Gerichte zu ermächtigen, wenn wichtige Gründe vorliegen, jeder Zeit auf Antrag einzelner Aktionäre die Mittheilung einer Bilanz oder sonstige Aufklärungen anzuordnen.

Ich bemerke zu diesem letzteren Theil des Antrages, daß derselbe sich von dem Antrag des Herrn Referenten dadurch unterscheidet, daß ich Alles auf civilrechtliche Bestimmungen bringe. Ich gebe einer Minorität von Aktionären das Recht, durch ihrerseits gewählte Personen die Bilanz und Geschäftsführung prüfen zu lassen — natürlich auf ihre Kosten. Sie können, wenn sie irgend glauben, daß etwas faul ist, darauf antragen, daß sie durch ihre Bevollmächtigten, durch ihre Beauftragten, die sie selbst zu wählen haben, die Bilanz nachsehen und die Geschäftsführung prüfen. Das ist ein Akt, der den Geschäftsgang im weiteren nicht aufhalten darf. Ich gebe ferner auch dem einzelnen Aktionär das Recht vor das Gericht zu treten und Gründe anzuführen, weshalb eine sofortige Revision der Geschäftsführung vom Gerichte anzuordnen ist.

Was den Wortlaut dieser Bestimmungen betrifft, so habe ich mich an diejenigen Rechte angeschlossen, die unser H.-G.-B. dem Kommanditisten dem geschäftsführenden Gesellschafter, dem Komplementär, gegenüber giebt. Dieselben Rechte, die der Art. 160 des H.-G.-B. dem Kommanditisten seinem Associé gegenüber giebt, will ich auch der Minorität der Aktionäre der Majorität gegenüber geben. Im Uebrigen schließe ich mich auch in Bezug auf die Rechte des Einzelnen ganz dem Antrag des Herrn Referenten an.

(Bravo!)

Vicepräsident O.-A.-R. **Becker** eröffnet, nach erfolgter Recapitulation der Anträge des Referenten und Korreferenten die Debatte mit der Bitte, dieselbe möglichst nach Anleitung der einzelnen Punkte der gestellten Anträge zu führen.

Prof. Dr. **Schütze** aus Kiel: M. H.! fürchten Sie nicht den Vortrag eines Theoretikers. Ich bin Syndikus der Handelskammer eines norddeutschen Handelsplatzes und habe Ihnen nur mit zwei Worten im Hinblick auf die vorliegenden Anträge zu berichten, welche Stimmung an diesem Handelsplatz und den benachbarten seiner Provinz dem Antrage gegenübersteht; und zwar in einer Provinz, welche von dem Gründungswesen und seinen betrübenden Folgen sehr wenig berührt worden ist. Es steht die Bevölkerung dieser Provinz dem Gründungswesen der Neuzeit mit einem ganz ausgeprägten Mißtrauen gegenüber; ein Mißtrauen, welches so groß ist, daß selbst solide Unternehmungen die wünschenswerthe Betheiligung großentheils nicht finden. Es liegt das in der Eigenart der Bevölkerung. Es ist daher ganz natürlich, daß man dort von wesentlichen Veränderungen der Gesetzgebung eine Behinderung und einen Eingriff in das Entstehen solider Unternehmungen befürchtet. Man steht im Ganzen und Großen auf dem Standpunkt, daß das Gesetz vom 11. Juni 1870, wenn irgend möglich, unverändert aufrecht erhalten werden möge, und zwar aus dem Grunde, weil es noch keine Gelegenheit gehabt habe, in den 3 Jahren seines Bestehens zugleich eine wirkliche Probe zu bestehen. Was man vor allen Dingen fürchtet, ist eine umfassende Veränderung des Gesetzes vom 11. Juni 70. Nun geht allerdings der allgemeine Antrag des Herrn Referenten und des Herrn Correferenten auch darauf hinaus, daß große Veränderungen in der Gesetzgebung nicht vorzunehmen seien. Die Zustände, welche den Wunsch hervorgerufen haben, es möge die Gesetzgebung eingreifen, sind anormaler Natur. Sie beruhen — wie allgemein anerkannt — nicht allein, aber überwiegend, auf den Umwälzungen, welche der Geldmarkt und unser gesammter Verkehr seit 1870 erlitten hat. Es ist das gewissermaßen ein vorübergehender Krankheitszustand. Und, m. H., wenn ein Arzt in einem solchem Falle, wie das schon vorgekommen sein mag, ein Mittel für 5 Jahre vorschreibt — ich vergleiche hier den Arzt mit der Gesetzgebung, welche in Anlaß nicht normaler Zustände eine umfassende Revision für eine unbestimmte Zukunft vornimmt — dann ist es möglich, daß im ersten Jahre der Kranke gesund wird: er wird aber im zweiten und dritten sich so gründlich den Magen verderben, daß er kränker wird als er je gewesen.

Der Grundsatz, von welchem man in der Provinz, von welcher ich spreche, im Wesentlichen auszugehen scheint, ist der, daß keine Maßregel von der Gesetzgebung getroffen werden darf, welche solide Unternehmungen hindern oder schädigen kann, daß also nur solche Maßregeln sich empfehlen, welche lediglich die unsoliden Auswüchse des Gründungswesens zu treffen vermögen.

Dazu rechnet man nun aber — ich kann mich im Uebrigen ganz und gar einverstanden erklären mit dem Punkt 1 der Anträge — nicht bloß die dort angedeutete Verantwortlichkeit, sondern man meint, daß eine Strafbestimmung sich allenfalls empfehlen könnte. Ich will dieselbe nicht in einen besonderen Antrag fassen, sondern nur die mir entgegengetretenen Gedanken ganz kurz andeuten.

Bekanntlich enthalten die im Gesetze vom 11. Juni 1870 abgeänderten Artikel 206 und 249 des D. Handelsgesetzbuches eine Strafbestimmung darauf hinausgehend, daß bis zu 3 Monaten Gefängniß, bei mildernden

Umständen eine erhebliche Geldstrafe dann eintreten kann, wenn gewisse strafbare Handlungen begangen sind. Diese strafbaren Handlungen fallen sämmtlich in das Gebiet des bereits bestehenden, gegründeten Aktienunternehmens und seiner Aufhebung; sie berühren aber nicht die Vorbereitungen des Aktienunternehmens. Es ist mir nun die Ansicht entgegengetreten, daß es der Ausdehnung dieser Strafbestimmungen auf folgenden Fall bedürfe: wenn Scheinoperationen von Seiten der Begründer eines Aktienunternehmens vorgekommen sind, welche sich der Oeffentlichkeit entzogen haben und die darauf berechnet sind, jenen Begründern irgend welchen Vermögensgewinn zu verschaffen. Also indem sie sich der Oeffentlichkeit entziehen, was ich nicht genug betonen kann, dann kann nach dem Ermessen des Gerichtes — muß aber nicht — dieselbe Strafe eintreten, welche für die Fälle 1—3 in den betreffenden Artikeln des Gesetzes von 1870 ausgesprochen ist; und zwar auch dann — was sich eigentlich von selbst versteht — wenn eine strafbare Handlung im Sinne des Art. 263 des St.-G.-B. nicht ermittelt werden kann. Diese Strafbestimmung ist ja eben zur Ergänzung der Bestimmungen über den Betrug bestimmt.

Ein zweiter Punkt, auf den man noch größeres Gewicht legt, ist der, daß die Erhöhung des Aktienkapitals durch einen besonderen Paragraphen verboten werden soll bis zur Volleinzahlung der bisher emittirten Aktien. Diesen Punkt wollte ich nur ganz kurz andeuten.

Drittens endlich — und darauf legt man ebensoviel Gewicht — es soll durch einen besonderen Paragraphen des zu erwartenden Gesetzes den Direktionen der A.-G.-G. die unbedingte Pflicht auferlegt werden, vierteljährlich einen Status zu veröffentlichen; für welche Veröffentlichung dann genauere Normativbestimmugen im Gesetze ausgesprochen sein müssen.

Das habe ich nur zu den Anträgen des Herrn Referenten und des Herrn Correferenten zu bemerken. Ich füge hinzu, daß in Bezug darauf, ob die Beschränkung der Einzahlungspflicht auf 40 Prozent ganz zu streichen, oder ob etwa jene Haftpflicht der Aktionäre auf 60 Prozent zu erweitern sei, sehr verschiedene Ansichten mir gegenüber ausgesprochen sind. Ich wage darauf um so weniger einzugehen, als dieser Punkt bereits eine ausführliche Besprechung gefunden hat. Ich habe nur geglaubt Ihnen diese Mittheilungen machen zu müssen, damit auch eine Stimme aus einer Gegend Deutschlands hier erschalle, in welcher die betrübenden Erfahrungen, welche andere Gegenden und Handelsplätze gemacht haben mögen, nur in einem außerordentlich geringen Grade eingetreten sind. Und das caeterum censeo ist dieses: Hüte sich die Gesetzgebung vor dem Zuvielthun! lieber thue sie zu wenig!

Hof- und Gerichts-Advokat Dr. Jaques aus Wien: M. H.! Gestatten Sie mir vor allem ein kurzes Wort zur persönlichen Rechtfertigung.

Die geehrte ständige Deputation hatte an mich den Auftrag gerichtet, ein Gutachten über die Frage der Aktiengesellschaften zu erstatten, und es war auch mein lebhaftester Wunsch gewesen, diesem Auftrage zu entsprechen. Ich glaubte nur, daß es förderlich sein würde, mit der Ausarbeitung dieses Gutachtens bis zu dem Momente zu warten, wo die wiederholt angekündigte Veröffentlichung der Beschlüsse der Lasker'schen Untersuchungskommission Platz greifen würde und ich habe nur, da diese wiederholt in nahe Aussicht gestellt war, mit der Ausarbeitung des Gutachtens gezögert. Als es sich dann herausstellte, daß es vergebens sei darauf länger zu warten, da ist zugleich die Krisis in Wien eingetreten, die namentlich für den Advokaten so außerordentlich in Anspruch nehmend sich gestaltete, daß die theoretische Arbeit der durch die Mißbräuche bei den A.-G.-G. hervorgerufenen unmittelbar praktischen weichen mußte.

Wenn ich nun auf die Sache selbst eingehe, so werde ich mir das möglichste Maß und die möglichste Beschränkung auferlegen, ich werde mich nicht in die Stimmung eines Begutachters versetzen, ich werde auch von den Anträgen, die ich mir skizzirt hatte, das Meiste fallen lassen und nur ein Minimum noch zur Sprache bringen.

Ich glaube, daß es zweckmäßig ist, sich wesentlich — da wir uns doch auf die Hauptpunkte beschränken müssen — bei der Erörterung darüber zu äußern, ob man mit den Anschauungen des Herrn Referenten oder des Herrn Correferenten am meisten übereinstimmt.

Ich möchte nun vor Allem meinen lebhaften Dank für die beiden nach allen Richtungen so interessanten Ausführungen ausgesprochen haben und dann sagen, daß ich mich in den Hauptpunkten demjenigen anschließe, was von Seiten des Herrn Referenten geltend gemacht worden ist. Auch ich gehe davon aus, daß die Wirksamkeit der Gesetzgebung in Bezug auf die A.-G.-G. eine in sehr enge Schranken eingegrenzte ist, daß man diesem Filigransystem von Umgehungen des Gesetzes, von denen Wiener spricht, mit gesetzlichen Bestimmungen außerordentlich schwer, vielleicht gar nicht beikommen kann, daß immer Mittel und Wege sich finden werden, um das was das Gesetz vorschreibt, zu umgehen. Dessen ungeachtet möchte ich nicht, daß diese pessimistische Einleitung, welche der verehrte Herr Referent an die Spitze seiner Anträge gestellt hat, in die Resolution aufgenommen würde, weil es mir nicht ganz zweckmäßig scheint, daß der Juristentag, wenn er verschiedene Ueberzeugungen ausspricht, gleich an die Spitze des Ausdrucks dieser Ueberzeugungen den Satz stellt: er sei nun auch wieder davon überzeugt, daß von all dem nichts zu halten sei.

Was das Meritum der Sache selbst anbelangt, so möchte ich vor Allem das Eine hervorheben; es giebt nur zwei Punkte, bezüglich deren die Gesetzgebung nach meiner innersten Ueberzeugung auf die A.-G.-G. Einfluß üben kann — das ist die Fixirung der Oeffentlichkeit, und dann die Fixirung der Verantwortlichkeit derjenigen, die an der Spitze der A.-G.-G. stehen. Alle Beschränkungen in Bezug auf die freie Verfügung des Kapitals sind mit den wirthschaftlichen Interessen, wie ich glaube nach unserer Aller Ueberzeugung, im Widerspruch. Es kann sich nur darum handeln, das Publikum durch die gesetzlichen Bestimmungen gleichsam zu zwingen, die Augen aufzumachen über das was geschieht und ihm einen Schutz, ein Klagrecht zu gewähren, dort wo es trotz allen Eindringens in die Details der Sache nicht möglich war, Mißbräuche zu vermeiden.

Davon ausgehend nun scheint es mir, daß das Prinzip der Verantwortlichkeit der Gründer nicht mit genug Schärfe ausgesprochen werden kann. Der Gründer beginnt sein Unternehmen in der Weise, daß er denen, die sich mit ihm betheiligen wollen, ankündigt: er werde im gemeinschaftlichen Interesse und mit dem gemeinschaftlichen Vermögen ein rentables Unternehmen schaffen. Daß damit seine Vortheile, die wir ihm nicht verkümmern wollen, zugleich Hand in Hand gehen sollen, das ist ein anderer Punkt. Aber außer allem Zweifel scheint mir zu sein, daß ihm die Verpflichtung obliegt, vollkommene Klarheit über das walten zu lassen, was er den Kapitalisten als Unternehmen proponirt. Und wenn ich — um in diesem Punkte möglichst kurz zu sein — in einem Worte meine Anschauung zusammenfassen soll — ein Wort, wobei ich darauf Rücksicht nehme, daß es auch mir wünschenswerth scheint, sich den Bestimmungen des H.-G.-B. und namentlich dem Gesetz vom 11. Juni 70 nur dort entgegenzustellen, wo ein dringendes Bedürfniß dazu vorhanden ist — wenn ich also in einem Worte meine Ansicht zusammenfassen soll, so möchte ich sagen: die Gründer, welche an die Spitze eines Unternehmens treten, welche mit dem Kapital der einzelnen sich Betheiligenden bis zu dem Momente wirthschaften, wo ein Vorstand an die Spitze der A.-G. tritt, — diese Gründer müssen verantwortlich sein für das was sie thun, und zwar in derselben Weise verantwortlich wie der Vorstand einer A.-G.

Ich würde also die Formulirung des ersten Punktes ganz einfach dahin festgestellt haben, daß ich gesagt haben würde:

> Die Verantwortlichkeit der Gründer bis zu dem Zeitpunkt des Inslebentretens des Vorstandes der A.-G. ist die des Vorstandes der A.-G.

Damit hätte ich nach meinem Erachten zwei Momente gewonnen: Ich hätte das eine gewonnen, daß die Strafbestimmungen, welche das H.-G.-B. in den Artt. 206 und 249 rücksichtlich des Vorstandes normirt, schon durch diese Erklärung selbst auf die Gründer Anwendung finden, also die Verpflichtung, in ihren Darstellungen nichts zu verschleiern, die Verpflichtung vollkommen wahr zu sein, mit einem Worte der Inhalt des Art. 249, auf welchen eben Herr Professor Schütze hingewiesen hat. Ich hätte aber damit noch ein zweites Moment gewonnen, und das besteht darin, daß es mir nicht ganz zweckmäßig und ich möchte beinahe sagen, mit dem Gange unserer Gesetzgebung nicht im vollen Einklang stehend erscheint, den Paragraphen rücksichtlich des Schadensersatzes so detaillirt zu formuliren, wie es hier in der Resolution geschehen, wo von der Differenz des wirklichen gegen den angegebenen Werth die Rede ist. Ich halte das nicht für wünschenswerth, schon deshalb nicht, weil der Gang der Gesetzgebungen rücksichtlich aller Fragen, bei denen es sich um Schadenersatz handelt, dahin geht und der Natur der Sache nach dahin gehen muß, den Spielraum des Richters möglichst weit zu normiren, und weil ich dort, wo eine betrügerische Hand, wo ein offenbarer dolus im Spiele ist, nicht einmal wünschte, daß diese als Minimalgrenze gedachte Fixirung der Differenz zugleich die Maximalgrenze sein solle und von Seiten des Richters nicht darüber hinausgegangen werden könne.

Ich möchte also in Folge dessen wünschen, daß rücksichtlich des ersten Passus diese Modifikation eintritt, und daß wir lieber in einer einfachen allen verständlichen Weise sagen: Die Gründer sind verantwortlich so wie der Vorstand einer A.-G.

Damit hängt die Frage des Prospektes ziemlich eng zusammen, und da glaube ich demjenigen mich anschließen zu sollen, was Herr Dr. Wolffson schon gesagt hat. Ich gestehe, m. H., daß, wie ich mich mit der näheren Bearbeitung dieser Frage beschäftigte, ich immer danach gefragt und mir immer die Schwierigkeit vergegenwärtigt habe: Wie kann man die Gründer dazu bringen, daß das herauskommt, was sie eigentlich machen wollen? Wie kann man dieser beinahe unübersteiglichen Schwierigkeit wenigstens soweit Herr werden, als unsere Gesetzgebung überhaupt auf diesem Gebiet im Stande ist etwas zu fixiren? Und da muß ich denn sagen, daß ich geglaubt habe, mich dem unbedingt anschließen zu müssen, was namentlich Wiener angeführt hat und was auch Herr Dr. Wolffson befürwortet, daß ein Prospekt von Seiten der Gründer gegeben werde und daß dieser Prospekt obligatorisch sei. Unser verehrter Präses Albrecht hat an diesem Obligatorischen des Prospektes Anstand genommen wegen der nothwendigen Freiheit der Gebahrung des Publikums rücksichtlich aller Vermögensinteressen. Aber, m. H., wir müssen denn doch wohl immer das sagen: wo es sich darum handelt die Oeffentlichkeit festzustellen, wo wir so außerordentlich schwer daran arbeiten, das Publikum selbst auf seine wahren Interessen zu leiten, da muß man doch dasjenige herausgreifen, was allein noch eine Möglichkeit giebt, demselben einen Schutz zu bieten. Und da ist ein Prospekt, unterschrieben von Seiten der Gründer, welcher zugleich den Inhalt der Apports wiedergiebt, so ziemlich das Minimum dessen, was nach meinem Erachten überhaupt geschehen kann. Wir müssen wünschen — und das scheint mir cardinal in der ganzen Frage — daß das persönliche Element der A.-G., das von dem Augenblick an völlig zurücktritt, wo die A.-G. als ein Ganzes, als eine fertige juristische Person ins Leben tritt, die vollständig aufgeht, die sich ganz auflöst in die Kapital-Association, — daß dieses persönliche Element so lange festgehalten wird, als wir es nur irgend festhalten können. Darum die Verantwortlichkeit der Gründer, und darum der unterschriebene Prospekt. Das Obligatorische darin ist ganz ausschließlich nur ein Schutz für die Interessen des Publikums, es beirrt Niemanden, der sein Kapital, sei es selbst zu ungesunden und unsoliden Unternehmungen verwenden will, es läßt vollkommene Freiheit, es steht demjenigen nicht entgegen, was s. Z. der Präsident des Reichskanzleramtes Delbrück dem Antragsteller Lasker im Reichstag erwidert hat, daß wenn die Leute par force ihr Geld los werden wollen, die Gesetzgebung kein Mittel und gar nicht die Aufgabe hat, sie daran zu hindern. Deshalb möchte ich den von den Gründern unterschriebenen und die Details der Apports und aller besonderen Vortheile enthaltenden Prospekt unter allen Umständen festgehalten wissen.

Ganz aus demselben allgemeinen Grundsatz heraus möchte die Nothwendigkeit der Volleinzahlung des Aktienkapitals, wie sie von Herrn Dr. Wolffson proponirt und von Herrn Albrecht zwar bekämpft worden, aber ohne daß ein Gegenantrag gestellt worden ist, unbedingt zu acceptiren sein. Meine Herren! Das Argument, daß das Aktienkapital sehr oft bei vielen Unternehmungen nicht in raschen Terminen zur Einzahlung kommt und daß es deshalb nicht nothwendig ist, an dieser Vollzahlung festzuhalten, das wird nach meinem Erachten dadurch widerlegt, daß ja in der ungeheueren Mehrzahl der Fälle erstlich einmal das Kapital für alle Herstellungen von irgend welchen Werthen, wie Eisenbahnen &c., rasch gebraucht wird, also rasche Einzahlungen nothwendig sind, und zweitens dadurch, daß wir an dem Grundsatz halten müssen: das Aktienkapital muß erst festgestellt, muß erst vorhanden sein, ehe die vollständige Beweglichkeit der einzelnen Aktie eintritt. Wir reduciren die Höhe des Werthes, auf welchen die einzelne Aktie zu lauten hat, wir haben sie ja schon auf einen relativ sehr geringen Betrag reducirt, es ist voraussichtlich, daß z. B. in Oesterreich Aktien zu

100 Gulden werden ausgegeben werden; — wenn wir das schon thun, so wollen wir wenigstens darauf halten, daß das Aktienkapital auch wirklich beschafft wird, wollen Sicherheit dafür gewähren, daß die Aktien nicht zu rouliren anfangen, so lange noch keine Garantie geboten ist für die wirkliche Beschaffung des Aktienkapitals. Und da kann ich die Möglichkeit, welche dem Vorstand gegeben ist, und auf die der Herr Correferent Albrecht hingewiesen hat, daß er von der weiteren Einzahlung dispensirt, nicht als einen Gegengrund zugeben. Diese Möglichkeit ändert an der Sachlage nichts, denn bei der summa diligentia, die dem Vorstande obliegt, hat er sich auch die Frage zu stellen, ob der spätere Erwerber der Aktie ihm ebensoviel Garantie giebt für die Vollzahlung der Aktie wie der frühere. In allen Fällen, wo er Grund hat anzunehmen, daß der Besitzer B. ein schlechterer Garant für die weitere Einzahlung ist als der Besitzer A., wird er das nicht zulassen, weil er damit seiner Verpflichtung zur summa diligentia nicht entsprechen würde. — Wir gewinnen also auf diesem Wege, daß das Aktienkapital auch wirklich beisammen ist, ehe man dazu schreitet, Inhaberpapiere zu creiren.

Und nun, meine Herren, möchte ich noch einen Augenblick bei einem Punkte verweilen, der nach meinem Erachten einer der kardinalsten in der ganzen Materie ist, und ich berühre damit die vierte Position der Anträge, die obligatorischen Revisoren — ich meine den Punkt, der sich auf die Leitung der A. G.-G bezieht.

Nach der Begründung des Herrn Referenten und des Herrn Correferenten hätte ich erwartet, daß gleichzeitig mit den Vorschlägen, die da gemacht wurden, auch die Beseitigung des Aufsichtsrathes ausgesprochen worden wäre. Denn wenn alle die Mißbräuche so bestehen, wie sie hier geltend gemacht worden sind, so sehe ich nicht recht ein, warum denn neben der Direktion, die die Vertretung nach außen haben, die nach allen Richtungen hin das Organ der A. G. sein soll, noch ein obligatorischer Aufsichtsrath und über das hinaus, nachdem wir schon dadurch große Gelegenheit zu Mißbräuchen gegeben haben, noch eine obligatorische Revision stattfinden soll. Meine Herren! Ich muß sagen, meine Erfahrung hat mich dahin geführt, daß kein Punkt so sehr zur Schädigung des Aktiengesellschaftswesens beigetragen hat als die Unsicherheit der Abgrenzung der Funktionen rücksichtlich des Vorstandes und rücksichtlich des Aufsichtsraths, die Unsicherheit dieser Abgrenzung, wie sie — was auch von dem Herrn Referenten angedeutet wurde — im Art. 231 des H.-G.-B. enthalten ist, wo die Möglichkeit gegeben ist, daß der Aufsichtsrath, der ursprünglich — und nach meinem Erachten mit vollkommenem Recht — als ein kontrolirendes Organ gedacht wurde, auf einmal wieder durch Privatdisposition zu einem Vollzugs-, zu einem

Exekutiv-, zu einem Administrativ-Organ werden kann. Der Schwerpunkt des Uebels liegt darin, daß dann die Verantwortlichkeiten sich hin und her schieben, daß das große Publikum nie weiß, an wen es sich eigentlich zu halten hat. Der Vorstand steht dann unter der Kontrole des Aufsichtsraths, und der Aufsichtsrath erscheint in seltenen Fällen der Generalversammlung gegenüber so verantwortlich, wie er es eigentlich sein sollte. Und nun meint man, dem könne mit einem unabhängigen Revisionsorgan abgeholfen werden. Meine Herren! Das faßt den Schaden aber nicht an der Wurzel. Die Wurzel des Schadens liegt in der Möglichkeit, die Funktionen des Administrativ- d. i. des Vollzugs- und Exekutivorgans und die Funktionen des Revisions- oder Control- und Ueberwachungsorgans ineinander laufen zu lassen und dem Publikum keine Garantien zu geben, an wen es sich zu halten hat rücksichtlich der Ausführung, und an wen es sich zu halten hat rücksichtlich der Ueberwachung. Ob ich also noch ein Organ mehr schaffe, damit ändere ich an der Hauptsache nichts, sondern was ich thun muß ist das, daß ich obligatorisch hinstelle: es muß ein Vollzugsorgan sein, ein Exekutivorgan — Direktion, und ein Revisionsorgan, das Sie nun nennen mögen Aufsichtsrath oder Revisions-Kommission. Ich finde es am einfachsten, daß wir es dann wieder „Aufsichtsrath" nennen und obligatorisch hinstellen — es ist zwar in dem Gesetz vom 11. Juni 1870 auch obligatorisch hingestellt — aber obligatorisch im Wirkungskreis hinstellen und die Möglichkeit ausschließen, daß durch Privatdisposition die Funktion des Aufsichtsraths immer wieder werden kann zu einer Administrativfunktion, zu einer Vollzugsfunktion. Denn, meine Herren, es ist das nur ein Unterschied des Namens, ob Sie das Revisionskommission oder Aufsichtsrath nennen — das ist mir gleichgültig; aber was mir nicht gleichgültig ist, ist, daß der Juristentag diese Frage lösen sollte, ohne daß er sich mit voller Bestimmtheit darüber ausspräche, daß ein solches drittes Organ, von dem man nie weiß, ob es das eine oder das andere ist und welches immer durch Privatdisposition Seitens der Generalversammlung in der verschiedensten Weise festgestellt werden kann, nicht zu schaffen sei. Um mich auch da möglichst eng an das H.-G.-B. anzuschließen, würde ich glauben diesen Gedanken am allereinfachsten dahin zu formuliren:

> Die Bestimmungen des H.-G.-B. über den Wirkungskreis des Vorstandes und des Aufsichtsrathes können durch Privatdisposition nur insoweit geändert werden, als eine Erweiterung der Befugnisse der Generalversammlung festgestellt wird.

Ich brauche das nicht weiter zu begründen, denn eine Erweiterung der Befugnisse der Generalversammlung in dem Sinne, daß die Generalversammlung das Heft in der Hand haben soll, das scheint mir so in der Natur der Sache zu liegen, daß ich glaube, wir können die Zulassung der Privatdisposition rücksichtlich des Wirkungskreises des Aufsichtsrathes unbedingt nur in dieser eben bezeichneten Richtung statuiren.

Daran knüpft sich noch eine Bemerkung in Bezug auf die Frage des Rechtes von Aktionären, Einsicht in die Bilanz zu nehmen oder eine Untersuchung des Standes der Gesellschaft durch das Gericht vornehmen zu lassen.

Ich muß sagen — ich weiß zwar nicht, ob ich das genau aufgefaßt habe, es wurde etwas rasch vorgetragen — aber ich muß sagen, die Art, wie der verehrte Präses Albrecht das Recht der einzelnen Aktionäre resp. einer bestimmten Anzahl formulirt hat, scheint mir große Bedenken zu haben. Wir müssen uns doch fragen: welcher Anzahl von Aktionären soll ein solches Recht eingeräumt werden? und bei welchem Minimum an Kapital soll das zugelassen werden? Wir können nicht zugeben, daß jeder Einzelne hingehen und die Bilanz und die Rechnung prüfen kann; es muß denn doch der Grundgedanke der A. G., daß sie eine juristische Person ist, die bestimmte Organe hat, und daß diese bestimmten Organe zum Handeln berufen sind, gewahrt bleiben. Ich verkenne auf der anderen Seite nicht — und das ist ein außerordentlich wichtiges Moment — daß wir nie eine Garantie haben — das ist vollkommen richtig hervorgehoben geworden — daß die Generalversammlung allein die vollkommen korrekte und richtige Vertreterin der Interessen der Aktionäre ist. Deshalb bin ich der Meinung, — und ich stimme da im Prinzip vielleicht nicht ganz mit den Herren so überein — daß wir einer Minorität von Aktionären das Recht einräumen sollen, eine Untersuchung des Standes der Gesellschaft durch die Gerichte zu verlangen, uud ich würde den Satz so formuliren:

> Dem Aufsichtsrath und ebenso einer Anzahl von Aktionären, welche ein Zehntel des Grundkapitals darstellen, steht das Recht zu, eine Untersuchung des Standes der Gesellschaft durch das kompetente Gericht zu veranlassen.

Der letzte Punkt bezieht sich auf das Klagerecht. Ich würde sehr gewünscht haben, daß da genau präcisirt worden wären — und ich glaube es läßt sich dies thun — diejenigen Fälle, wo der einzelne Aktionär sein Individualrecht gegenüber der Gesellschaft geltend zu machen hat und geltend machen kann; und diejenigen Fälle, wo die Gesellschaft selbst Rechte geltend zu machen hat. Rücksichtlich alles desjenigen, was in den Statuten, in den Gesetzen festgestellt ist, was Einzelrecht des Aktionärs ist, scheint mir, kann kein Zweifel bestehen, daß der einzelne Aktionär das Klagerecht hat. Rücksichtlich desjenigen, wo es sich um die Wirksamkeit des Vorstandes und des Aufsichtsrathes handelt, zu welchen ein direktes Rechtsverhältniß des einzelnen Aktionärs nicht besteht, glaube ich, kann nur die Gesellschaft und das berechtigte Organ der Gesellschaft, der Repräsentant, der Vertreter sein und die Rechte gegen den Vorstand und den Aufsichtsrath geltend machen. Ich möchte aber in dieser Beziehung nicht einen speziellen Antrag stellen, ich möchte überhaupt, daß dasjenige, was ich hervorgehoben habe, vielleicht nur rücksichtlich des Punktes des Wirkungskreises des Vorstandes und des Aufsichtrathes als förmlicher Antrag aufgefaßt werde, weil es mir nur darum zu thun ist, lediglich die Hauptpunkte zu präcisiren und die möglichste Vereinfachung der Beschlüsse herbeizuführen. Wenn ich nicht verkenne, daß mit solchen Resolutionen den Mißbräuchen, die in dem Wesen der Aktiengesellschaften entstehen, nicht dauernd Abbruch gethan werden wird, und sie mindestens nicht vollständig werden beseitigt werden, so glaube ich doch, daß wir nicht unwesentlich gewinnen, wenn wir mit unseren Beschlüssen feststellen: die unbedingte und umfassende Verantwortlichkeit der Gründer, eine klarere Normirung der so wichtigen Verantwortlichkeit des Vorstandes und des Aufsichtsrathes und endlich einen sichereren und präciseren Schutz auch der Minderheit der Aktionäre gegen die Organe der A. G., dort wo ihre Rechte verletzt sind.

Gerichtsreferendar Dr. **Wachtel** aus Frankfurt a. M.: Ich bitte um Entschuldigung, wenn ich als jugendliches Mitglied des Juristentages Ihre Aufmerksamkeit in dieser Frage in Anspruch nehme und mir sogar erlaube, von den Ausführungen und Vorschlägen des Herrn Referenten und Korreferenten und der übrigen Redner in manchen Punkten abzuweichen.

Was zunächst die Frage der Publizität betrifft, welche in Bezug auf die bei der Gründung vorkommenden Verhältnisse in Anregung gebracht worden ist, (in wie weit dieselben zur Kenntniß des Publikums zu bringen seien), so kann darüber keine Frage sein, daß die bestehende Gesetzgebung diesem Erforderniß nicht in genügender Weise Rechnung trägt, ja sogar, daß das Gesetz v. 11. Juni 70 gewissermaßen die s. g. Geheim- und Scheinverträge provozirt hat. Ich kann deshalb namentlich dem Herrn Vorredner Schütze nicht beistimmen, wenn er der Meinung ist, daß man die bestehende Gesetzgebung so wenig als möglich ändern solle, namentlich das Gesetz vom 11. Juni 70 nicht. Dieses Gesetz hat beispielsweise im Art. 209a und 209b die ominöse Bestimmung, daß bei der Begründung der A.-G. die betreffenden Objekte, welche als Gegenstand des Gesellschaftsvermögens mit eingebracht werden sollen, in dem Gesellschaftsvertrage benannt und darin ihrem Werthe nach angegeben sein müssen, „sofern nicht der Gesellschaftsvertrag zwischen den sämmtlichen Aktionären abgeschlossen ist." Und bei der Bestimmung über die 10 pCt. Einzahlung hat es bezüglich der erforderlichen Publizität dieselbe Bestimmung mit dem Zusatze: „sofern nicht der Gesellschaftsvertrag zwischen den sämmtlichen Aktionären abgeschlossen und von diesen die erfolgte Einzahlung als geschehen anerkannt ist." Meine Herren! Sie alle wissen, daß gerade durch diese Bestimmungen es ermöglicht worden ist, das Publikum über die wichtigsten Vorgänge bei der Gründung im Dunkeln zu halten, daß thatsächlich in vielen Fällen das Gesetz umgangen worden ist und umgangen werden konnte. Wenn nun Herr Professor Dr. Schütze der Meinung war, daß das Gesetz so wenig wie möglich geändert werden solle, so glaube ich, ist darüber kein Zweifel, daß die Verbesserungsbedürftigkeit unserer Aktiengesetzgebung anerkannt ist; sonst würde die Sache heute nicht hier zur Verhandlung kommen. Auch erlaube ich mir daran zu erinnern, daß Seine Excellenz der preußische Handelsminister bereits im Mai d. J. ein Cirkular an die Handelskammern erlassen und dieselben aufgefordert hat, Gutachten und Vorschläge zur Verbesserung der deutschen Aktiengesetzgebung einzureichen. Ob er sich damit an die richtige Adresse gewendet hat, das ist meiner unmaßgeblichen Meinung nach vielleicht fraglich. Jedenfalls aber liegt gerade darin und in der Erscheinung, die in der Beantwortung dieses Zirkulars seitens der Handelskammern hervorgetreten ist, ein Beweis dafür, daß doch die Aktiengesetzgebung manche Lücken und Mängel haben muß. Die meisten Handelskammern haben sich zwar darauf beschränkt zu sagen: die bestehende Aktiengesetzgebung sei ganz vorzüglich und man möge sie nur ruhig so lassen, wie sie sei, die Erscheinungen, die jetzt zu Tage getreten, seien nur vorübergehend.

Aber, meine Herren, wenn dies der Fall wäre, so könnte man den Grundsatz des laissez faire schließlich auf alle Gebiete, sogar im Strafrecht übertragen, indem man sagt: wer so dumm ist, sich betrügen zu lassen — nun, der mag eben dafür sorgen, daß er in Zukunft klüger werde. Und auf diese Weise würden dann alle Bestimmungen über Betrug aus dem St.-G.-B. entfernt werden. Gerade das Gebiet der Aktiengesetzgebung aber hat die Eigenthümlichkeit, daß bei der Beweglichkeit der Pflichten auf Seiten der Personen, welche an der Gründung und Verwaltung Theil nehmen, und bei der Beweglichkeit der Rechte auf Seiten der Aktionäre, dem Betrug Thür und Thor geöffnet ist, wenn eben das Gesetz nicht Maßregeln trifft, welche mindestens dem Publikum von vornherein die Augen öffnen. Die größtmögliche Publizität in Bezug auf die bei der Gründung vorkommenden Verhältnisse ist also wohl kaum Gegenstand einer Frage mehr. Es fragt sich nur, ob die bestehende Gesetzgebung diesem Erfordernisse entspricht. Und indem ich auf die Bestimmungen der Klausel in Art. 209a und 209b des Gesetzes vom 11. Juni 70 verweise — „sofern nicht der Gesellschaftsvertrag zwischen sämmtlichen Aktionären abgeschlossen ist" — möchte ich zu dem Antrag I des Herrn Referenten einen Nachtrags- resp. eventuell einen Gegenantrag stellen:

Die combinirte I. und II. Abtheilung des elften Juristentages wolle als ihre Ueberzeugung aussprechen:

daß die Gesetzgebung Vorsichtmaßregeln zur Verhinderung unsolider Begründung oder mißbräuchlicher Verwaltung von Aktiengesellschaften treffen kann und zwar dadurch, daß sie:

I. das Erforderniß unbedingter, ausnahmsloser Publizität in Bezug auf alle die Gründung und Verwaltung von Aktiengesellschaften betreffenden wichtigen Vorgänge und Verhältnisse aufstellt; insbesondere sind zur Erreichung dieses Zweckes die Klauseln in den Art. 209a und 209b des A. D. H.-G.-B. (Ges. v. 11. Juni 1870) — „sofern nicht der Gesellschaftsvertrag zwischen den sämmtlichen Aktionären abgeschlossen ist ꝛc." — wieder zu beseitigen.

Ich gebe gerne zu, daß die Gesetzgebung nicht die Aufgabe hat, den bodenlosen Leichtsinn und die urtheilslose Einfalt zu beschützen, aber immerhin muß sie doch die Publizität insofern aufrecht erhalten, daß es Jedermann möglich ist, den Inhalt des Gesellschaftsvertrages kennen zu lernen.

Ich erlaube mir darauf aufmerksam zu machen, daß es meiner Ansicht nach nicht richtig ist, nur das Interesse der Aktionäre bei der Gründung von Aktiengesellschaften im Auge zu haben; die A.-GG. sind ein so bedeutender wirthschaftlicher Faktor der jetzigen Zeit schon, und sie werden in Zukunft eine noch viel größere Bedeutung erlangen, daß das gesammte Publikum namentlich mit Rücksicht auf die vorhin von mir betonte Beweglichkeit der Rechte der Aktionäre ein bedeutendes Interesses daran hat zu erfahren, was eigentlich Gegenstand des Gesellschaftsvertrages und der betreffenden Abmachungen der Gründer ist. Man weiß ja zur Genüge, in welcher Weise regelmäßig dem Gericht, wenn die Herren Gründer sich als sämmtliche Aktionäre deklariren, der Gesellschaftsvertrag vorgelegt wird: es wird in der Regel einer der bereits bestehenden Gesellschaftsverträge von anderen Gesellschaften copirt, und die eigentlichen, die Verhältnisse der neuen Gründung im Innern berührenden Fragen, werden in den geheimen Verträgen, die durch die Klausel der Art. 209a und 209b ermöglicht sind, festgesetzt. Davon erfährt also der Aktionär und das Publikum, welches eventuell die Aktien erwirbt, nichts.

Ein weiterer Punkt ist der, ob durch den Prospekt, den die Gründer unterzeichnen sollen, der erforderlichen Publizität in ausreichender Weise Genüge geschieht. Ich glaube nicht, daß dies der Fall sein wird; denn einerseits wird die Sophistik der Gründer selbst schon die nöthigen Ausdrücke und Wendungen finden, um eventuell dasjenige, was sie dem Publikum nicht sagen wollen, in ihren Worten zu verbergen; und wenn sie selbst nicht dazu im Stande sind, so werden sie Köpfe und Federn genug finden, welche für sie die richtige Fassung herausbringen, um den Inhalt des Prospektes für das Gesetz unangreifbar zu machen, wenn hinterher Betrügereien und Schwindeleien sich herausstellen.

Die zweite Frage ist die über die Beschränkungen die Einzahlung der Aktien betreffend. Meiner Ansicht nach ist es ganz irrelevant, ob die Aktien ausgegeben werden dürfen bei 50 pCt. Einzahlung oder bei 60 pCt. oder bei 100 pCt. Man weiß ja, daß in der Praxis es gar nicht darauf ankommt, ob die Aktie, d. h. das Papier selbst, bereits existirt, oder nicht; die Geschäfte werden abgeschlossen, d. h. die Rechte, welche dem Aktionäre aus seinem Aktienantheil erwachsen, werden im kaufmännischen resp. im Börsenverkehr übertragen, ohne daß meistentheils nur eine Aktie den Besitzer wechselt. Was aber einen hier nicht berührten Punkt betrifft, wenigstens nicht aus den Anträgen des Herrn Referenten beziehungsweise des Herrn Korreferenten hervorgeht, das ist die Frage über die Zulassung neuer Einzahlungen resp. die Erhöhung des Grundkapitals, bevor die alten Aktien voll gezahlt sind. Meiner Ueberzeugung nach sollte das Gesetz ein Verbot erlassen, dahin gehend, daß dergleichen neue Aktien nicht ausgegeben werden dürfen, ehe die alten voll eingezahlt sind; und zwar einfach aus dem Grunde: Braucht eine A.-G. neue Mittel zu ihrem Fortbestehen, so hat sie entschieden nur das Interesse der Aktionäre dabei zu berücksichtigen und diesen kann es ganz gleich sein, ob sie anstatt 100 Aktien mit 40 pCt. und 100 Aktien mit 60 pCt. 100 Aktien voll eingezahlt haben; für diese ist das Interesse ganz ein und dasselbe. Es können also nur die Gründer, welche bei einer neuen Emission von Aktien sich Vorrechte stipulirt haben, ein Interesse daran haben, daß neue Aktien ausgegeben werden, ehe die alten voll eingezahlt sind.

(Wegen Zusammentritts der Vertrauensmänner wird die Sitzung hier auf 3/4 Stunden unterbrochen).

Ich war vor der Pause bei dem Punkte stehen geblieben, wo ich Ihnen nachzuweisen suchte, daß eine neue Ausgabe von Aktien vor der erfolgten Vollzahlung der älteren Aktien nicht wünschenswerth und gegen die eigentliche Tendenz des gesammten Aktienwesens gerichtet sei. Ich suchte Ihnen darzuthun, daß die Aktionäre durchaus kein Interesse daran haben, doppelt so viel Aktien mit Theileinzahlungen zu besitzen, als die Hälfte der Aktien mit Volleinzahlung. Ich behaupte sogar, daß selbst wenn die Aktien vollgezahlt sind, eine Emission von Aktien mit Agio auch keinen Sinn hat im Interesse der Aktionäre, und man muß doch von dem Gesichtspunkt ausgehen, daß die Aktiengesellschaft, daß das ganze Aktienwesen im Interesse der Aktionäre resp. des Publikums und der für und durch dasselbe geschaffenen wirthschaftlichen Entwicklung vorhanden ist.

Damit eng zusammen hängt die Frage, ob bei einer neuen Emission den Gründern resp. den ersten Aktionären oder Zeichnern Vorrechte zu gewähren seien. Auch dagegen möchte ich stimmen. Wenn Jemand den glücklichen Gedanken gehabt hat, eine A.-G. ins Leben zu rufen, so wird er jedenfalls schon bei der Gründung von denen, welche daraus Vortheil zu ziehen gedenken, also von den Aktionären, welche sich daran betheiligen, in einer Weise entschädigt werden, die für den glücklichen Gedanken wohl eine hinreichende Belohnung bietet; aber die Privilegien der Gründer zu verewigen, das ist meiner Meinung nach ganz contra rationem legis in Bezug auf die Aktiengesetzgebung. Wenn solche Privilegien bei der Gründung forterhalten werden, so wird gerade das erreicht, daß das persönliche Element in der Aktiengesetzgebung forterhalten wird, dessen Beseitigung meiner Ansicht nach um so dringender nothwendig ist, als das Aktienwesen den persönlichen Interessen vollständig fern liegt, als mit jedem Tag, ja mit jeder Stunde die Verhältnisse, die Rechte wie die Pflichten bei den A.-G.-G. sich ändern können. Ich habe deshalb als zweiten und dritten Antrag folgende vorzuschlagen:

(im Anschluß an den Eingang meines Gesammtantrags)

II. daß sie (die Gesetzgebung) die Ausgaben neuer Aktien von der erfolgten Vollzahlung der Aktien früherer Emissionen abhängig macht und

III. für diesen Fall der Erhöhung des Grundkapitals die Stipulation von Vorrechten zu Gunsten einzelner Aktionäre (Gründer oder erster Aktienzeichner) verbietet.

Der letzte Punkt ist der: wer soll die Kontrole über die Verwaltung und über die solide ehrliche Leitung der A.-G.-G. führen? Es ist bereits vorhin von den verehrten Herrn Vorrednern darauf hingewiesen worden, daß ein unabhängiges Organ geschaffen werden müsse, und man hat sich dahin ausgesprochen, daß es vielleicht nur möglich sei, wenn von Seiten des Handelsgerichts oder sonst irgend welcher Urkundspersonen die Kontrole in die Hand genommen würde, resp. diesen Behörden die Kontrole in die Hand gelegt würde. Ich meinerseits glaube aber, daß ein unabhängiges Organ nur dann möglich ist, wenn dasselbe der Eintragung, der Konstituirung, kurz allen die Gründung betreffenden Verhältnissen der A.-G., vollständig fern geblieben ist, wenn nach Analogie des Reichseisenbahnamts ein Reichsamt für das Aktienwesen geschaffen wird. Das Reichseisenbahnamt ist nur eine Abzweigung. Wie das gesammte Eisenbahn-Aktienwesen nur eine Unterabtheilung des ganzen Aktienwesens ist, so würde das Reichseisenbahnamt nur eine Unterabtheilung dieses Reichsamts für das Aktienwesen werden. Es ist ganz ohne Zweifel, daß das Aktienwesen im Allgemeinen eine viel weiter gehende Bedeutung für die Zukunft unserer wirthschaftlichen Entwicklung hat, als das Eisenbahn-Aktienwesen für sich allein; und wenn auf dem Gebiete des Eisenbahn-Aktienwesens das Bedürfniß nach einem unabhängigen Reichsorgane sich so dringend herausgestellt hat, daß dieses Institut in der That bereits geschaffen ist, so glaube ich, daß auch auf dem Gebiet des Aktienwesens im Allgemeinen das Bedürfniß nach einem solchen unabhängigen Reichsorgan sich sehr lebendig gezeigt hat. Die Organisation dieses Reichsamts für das Aktienwesen würde einfach die sein, daß der Sitz des Centralorgans in der Reichshauptstadt, in Berlin, wäre, in den einzelnen Bezirken, namentlich in denen, in welchen die A.-G.G. stark vertreten sind, Kommissare je nach der Anzahl und Bedeutung der A.-G.-G. fungirten, und diesen die Kontrole über das Aktienwesen übertragen würde. Sie würden dann auch zur Erleichterung der Gerichte vielleicht die Eintragungen in das Handelsregister übernehmen können, die meiner Meinung nach ohnehin wie alle dergleichen Verwaltungsgegenstände nicht zur Kompetenz resp. Aufgabe der Justizbehörden gehören. Mein vierter Antrag würde also dahin gehen:

IV. durch Errichtung eines Reichsamtes für Aktienwesen ein unabhängiges Organ zu schaffen, welchem die Kontrole über alle die Aktiengesellschaften betreffenden Verhältnisse und bei Streitigkeiten der Aktionäre unter sich oder mit der Verwaltung der Aktiengesellschaften die Entscheidung in erster Instanz zuzuweisen ist.

Ich kann meinen Vortrag damit schließen, daß ich wiederholt bemerke, daß meine Anträge nur eventuell als Gegenanträge gegen die bereits gestellten des Herrn Referenten resp. des Herrn Korreferenten betrachtet werden mögen, wenn sie nicht als Zusatzanträge passiren können. Ich glaube, daß in denselben ein Widerspruch gegen die ursprünglichen Anträge nicht vorhanden ist, und möchte sie also, falls Sie sich damit einverstanden erklären können, als Zusatzanträge empfehlen.

Advokat Dr. **Geiger** aus Frankfurt a. M.: Ich würde es nach den außerordentlich klaren und sachgemäßen Ausführungen der Herren Referenten und den weiteren des Herrn Dr. Jaques nicht für erforderlich halten, das Wort zu ergreifen und Ihre Zeit weiter in Anspruch zu nehmen, wenn nicht die Ansicht, der ich mit aller Entschiedenheit zuneige, keinen genügenden Ausdruck in den gestellten Anträgen gefunden hätte. Ich glaube, m. H., das Prinzip, welches bis jetzt nur von meinem Herrn Vorredner geradezu verletzt worden ist, das Prinzip der vollständigen Selbständigkeit der A.-G.-G. ist bisher in keinem der gestellten Anträge zum genügenden Ausdruck gebracht.

Die A.-G. ist ein Privatverein. Es kann also in Bezug auf die Aktiengesellschaft nach meiner Auffassuug von Seiten des Staates nicht mehr gethan werden, als was bei anderen Vereinen ebenfalls von Seiten des Staates geschieht. Nun konstituirt sich aber die A.-G. nach der jetzigen Lage der Gesetzgebung ohne Mitwirkung des Staates; und es fragt sich daher: ist es gerechtfertigt, daß von dieser Regel die Ausnahmen gemacht werden, welche die Herren Referenten und auch Herr Dr. Jaques vorschlagen?

M. H.! Es scheinen mir hier drei Punkte in Frage zu kommen, die civilrechtliche Verantwortlichkeii, die criminalrechtliche, und endlich die Rechte der einzelnen Aktionäre. Meiner persönlichen Ueberzeugung nach ist eine sofortige Verbesserung der Gesetzgebung nach keiner dieser drei Richtungen nothwendig. Wo wirklich Betrug seitens der Gründer vorliegt, kann der Staatsanwalt auf Grund des Strafgesetzes einschreiten, die civilrechtliche Haftbarkeit der Emittenten bei vorliegendem dolus ist unzweifelhaft, und es würde daher nur die dritte Frage übrig bleiben: die Frage nach dem Schutze der einzelnen Aktionäre.

M. H.! Was diesen Punkt betrifft, so gebe ich Ihnen gerne zu, daß von Seiten der Gesetzgebung wenig geschehen ist, um diesen Schutz zu einem wirklich effektvollen zu machen; aber es scheint mir nicht unsere Sache zu sein — und das erlauben Sie mir speziell hervorzuheben — hier einzelne gesetzliche Bestimmungen zu treffen. Der Juristentag ist eine wissenschaftliche Versammlung, und ich glaube, daß es nicht correkt ist, namentlich da ein Gutachten, welches die Sache von allen Seiten beleuchtet, fehlt, hier in einer noch so ausführlichen Debatte eine große Anzahl von Normativbestimmungen durch eine einfache Abstimmung zu beschließen und als Ueberzeugung des Juristentages hinzustellen. — Erlauben Sie, daß ich auf die einzelnen Ausführungen ein wenig eingehe; ich verspreche sehr kurz zu sein.

Die Gründung betreffend so haben die Herren Referenten zwei Anträge gestellt, in welchen sie die persönliche Haftbarkeit der Emittenten in der Weise zum Ausdruck bringen wollen, daß bei vorliegendem dolus ein jeder einzelne Aktionär berechtigt sein soll, die Interessen der geschädigten Gesellschaft zu vertreten. M. H.! Das scheint mir ein nicht glückliches Verfahren; in dieser Allgemeinheit ist es gewiß ohne jeden Erfolg. Wenn Sie auch den Beschluß in dieser Weise fassen sollten, so ist er meiner Ueberzeugung nach nicht durchführbar; die Generalversammlung wird eine solche Haftbarkeit durch ihren Widerspruch in einem jeden einzelnen Falle von vornherein unwirksam machen; Sie müßten denn weiterhin zugleich aussprechen, daß die Generalversammlung nicht das Recht hat, einem derartigen

Vorgehen eines einzelnen Aktionärs oder mehrerer Aktionäre überhaupt zu widersprechen. Sie würden dann an Stelle der jetzigen Majoritätswirthschaft eine ganz entschiedene und noch viel mißlichere Minoritätswirthschaft setzen. Ich glaube daher, daß diese beiden Punkte nicht gerechtfertigt sind.

Was den Prospekt betrifft, so brauche ich Ihre Zeit nicht in Anspruch zu nehmen, weil Alles was hier von mir gesagt werden könnte, Herr Präses Albrecht bereits in vollkommen genügender Weise ausgeführt hat.

Von verschiedenen Seiten ist mit ziemlicher Energie gegen die Gründungen vorgegangen worden. Ich stelle mich auf einen entgegengesetzten Standpunkt. Die Gründer von solchen A.-G.-G., welche auf Gewinn gerichtet sind, werden stets bei Gründung der Gesellschaft dasjenige Verfahren einschlagen, welches nach dem H.-G.-B. vollkommen zuläßig ist, nämlich daß sie, die mehreren Gründer, unter sich die A.-G. vollständig fertig machen, zum Eintrag in das Handelsregister bringen, um alsdann nicht als Gründer mehr sondern als Privatpersonen die Aktien zu verkaufen. Es mag nun sehr wenig löblich und namentlich sehr wenig moralisch sein, eine Aktie, die 100 Thlr. werth ist, für 150 Thlr. zu verkaufen, aber das hängt mit der Gründung nicht zusammen; die Aktiengesellschaft ist fertig, wenn die Aktien zum Verkauf kommen, und was der einzelne Privatmann thut, hat mit der A.-G. nichts zu schaffen und kann dieser nicht zur Last gelegt werden.

Aus denselben Gründen scheint mir die Quittung, welche die Gründer sich selbst geben, die Decharge, die sie sich selbst ertheilen, nicht weiter in Betracht gezogen werden zu können. Wenn die Gründer sämmtliche Aktien gezeichnet und im Besitze haben, so müssen sie sich selbst dechargiren und es kann niemand anderes die Decharge ertheilen. Diese selbst ertheilte Quittung und Decharge sind überdieß nach den jetzt geltenden gesetzlichen Bestimmungen geradezu absolut vorgeschrieben.

Den dritten Punkt betreffend, so scheint mir ebenfalls in vollkommen correcter Weise von dem Herrn Referenten Albrecht hervorgehoben worden zu sein, daß man sich von dem Vorschlag, die ersten Zeichner für den Nominalbetrag der Aktien haften zu lassen einen großen Erfolg nicht versprechen kann. Man hat bis jetzt bereits in unserer Gesetzgebung Vorsichtsmaßregeln getroffen, man hat bestimmt, daß die Namensaktien 50 Thlr., die Inhaberaktien 100 Thlr. betragen müssen. Der Erfolg weiterer Maßregeln wäre der, daß die Emittenten Namensaktien zu 50 Thlr. ausgeben und dieselben voll einzahlen würden. Diese Aktien wären alsdann durch einfaches Indossament übertragbar, und damit wäre die Sache vollständig gleich, es würde genau dieselbe Agiotage möglich sein wie bisher, nur mit dem Unterschiede, daß der Gesammtbetrag der Aktie jetzt ein höherer ist. Es ist Ihnen allen ja bekannt, daß die Spekulation in den Papieren, welche auf Namen gestellt sind, genau eben so groß ist wie die Agiotage in anderen Gesellschaften, deren Aktien auf den Inhaber lauten.

Was die Revision der Bilanz betrifft, so komme ich da auf den Punkt zurück, den ich vorhin andeutete, nämlich den, daß unser Gesetz vollkommen genügt, aber daß es nothwendig ist, es vollständig zur Anwenduug zu bringen. M. H.! Unser Aufsichtsrath ist allerdings, wie er jetzt von den Statuten der meisten Gesellschaften aufgestellt ist, kein Aufsichtsrath, sondern Vorstand. Formell ist außerdem allerdings noch ein Vorstand vorhanden. Der Aufsichtsrath ist nur nebenbei Aufsichtsführer, aber in Wirklichkeit Leiter. Ich glaube aber daß, wenn die bestehenden Gesetzesvorschriften vollkommen klar durchgeführt werden, wir auch in diesem Punkte einer Remedur gar nicht bedürfen. Das H.-G.-B. schreibt ausdrücklich vor, daß der Aufsichtsrath die Aufsicht zu führen hat, daß dem Vorstand die Leitung zusteht, daß der Vorstand die Gesellschaft verpflichtet. Trotz dieser Bestimmungen findet sich in den Statuten der meisten Gesellschaften die Vorschrift, daß Unterschriften für die Gesellschaft durch ein Mitglied des Vorstandes und ein Mitglied des Aufsichtsrathes abgegeben werden müssen. Das ist eine Bestimmung, die meiner Ansicht nach gegen das Gesetz verstößt. Wir brauchen hier keine gesetzliche Abhülfe, sondern nur die richtige Anwendung des bereits bestehenden Gesetzes. Wenn der Handelsrichter in ganz correcter Weise, in vollständiger Beobachtung aller gesetzlichen Bestimmungen, die Eintragung solcher ungesetzlichen Verträge verweigern würde, dann würde die Sache sehr schnell in das richtige Geleise kommen, und wir brauchten nicht alle Jahre ein neues Gesetz über das Aktienwesen herbeizuführen. Es ist also bereits jetzt nach unserer Gesetzgebung eine Behörde da, welche eine Revision vorzunehmen und eine unparteiische Prüfung eintreten zu lassen hat, und meiner Ansicht nach würde, wenn wir den Aufsichtsrath in gesetzlicher Weise konstituiren, ein Mißbrauch sich nicht mehr zeigen können.

Was die fünfte Frage, den Schutz der Einzelnen betrifft, so scheinen mir folgende Bemerkungen am Orte zu sein. Die Hauptsache ist unzweifelhaft, daß jeder einzelne Aktionär sein Recht, welches ihm persönlich zusteht, selbst wahren muß, daß er seine Interessen selbst vertheidigen und sich vor Uebervortheilungen selbst schützen muß. Der Staat kann nicht bei jeder Gelegenheit dem einzelnen Aktionär als Helfer in der Noth beispringen. Meiner Ansicht nach ist nun aber die Gesetzgebung in diesem Punkte eine Remedur zu schaffen verpflichtet. — Sie muß nämlich es jedem Aktionär möglich machen, sein Recht zu wahren. Und das führt mich auf einen Punkt, in welchem von den Matadoren unserer Finanzwelt in sehr bedauerlicher Weise gefehlt worden ist. Unsere Finanzgrößen haben sich bei ihren Schöpfungen die Majorität in der Weise zu sichern gewußt, daß sie eine möglichst große Anzahl von Aktien zur Abgabe von Stimmen für erforderlich erachten. So giebt es bei uns in Frankfurt a. M. eine große Anzahl von A.-GG., welche verlangen, daß ein Aktionär 50 Aktien deponire, damit er eine Stimme in der Generalversammlung habe. Aber diese Beschränkung genügt nicht, die Statuten dieser Gesellschaften verlangen noch weiter, daß vier Wochen vor der Generalversammlung diese Aktien deponirt werden und bis nach der Generalversammlung deponirt bleiben! M. H.! Darin liegt eine Erschwerung des Rechtes der einzelnen Aktionäre, daß man von denselben verlangt, sie sollen ein Vermögen von 14 oder 16,000 fl. deponiren und sich 4 Wochen lang des Besitzes entschlagen, um nachher das große Glück zu haben, eine Stimme in der Generalversammlung zu führen. Das ist entschieden und namentlich um deswillen ein Unrecht, weil die Mitglieder des Aufsichtsrathes nach denselben Statuten immer eine große Anzahl von Aktien deponirt haben müssen und die Aktionäre, mögen sie sich auch noch so sehr anstrengen, in keinem Falle im Stande sein würden, diese geschlossene Majorität von deponirten Aktien irgendwie zu brechen.

Nun noch eine Bemerkung gegen den Herrn Vorredner. Nach dem Standpunkt, auf welchem ich stehe, werden Sie sich nicht wundern, daß ich mich entschieden gegen jede Beschränkung ausspreche bezüglich der Vorrechte, welche die Gründer für sich selbst ausmachen. Wenn ich mir ein Patent gelöst habe, so kann ich dasselbe auf jede mir gutdenkende Weise ausnützen. Ebenso unzweifelhaft ist aber auch der Gründer befugt, sich ein Vorrecht zu reserviren für die geniale Idee der Aktiengründung. Es ist Niemand verpflichtet die Aktien zu zeichnen; wer aber zeichnet, der erklärt, daß er mit dem Gesellschaftsvertrage einverstanden ist, und der mag auch unter den Nachtheilen leiden, denen er sich freiwillig unterworfen hat.

In Bezug auf den Punkt den einzelnen Aktionär betreffend, enthalte ich mich eines besonderen Antrags, weil ich von der Ueberzeugung ausgehe, daß es nicht unsere Sache ist, ein Gesetzbuch hier in einer Sitzung der Abtheilung zu beschließen, sondern daß wir nur allgemeine Gesichtspunkte feststellen können. Aus demselben Grunde möchte ich Sie daher bitten, den ersten Antrag des Herrn Referenten, welcher ausspricht, daß im Allgemeinen eine Verbesserung des Aktienwesens von der Gesetzgebung nicht zu erwarten ist, anzunehmen, die sämmtlichen einzelnen Detailbestimmungen aber zu verwerfen oder durch eine motivirte Tagesordnung über diese Punkte hinweggzugehen, in der Erwägung, daß die Frage, namentlich bei mangelnden Gutachten, noch nicht in dieser speziellen Weise zu lösen möglich ist.

Vicepräsident **Becker**: Herr Dr. Jaques hat seine Anträge dahin formulirt:

> Ad 1 des Antrages des Referenten nach den Worten „kundzugeben“ auszusprechen: „und sei die Verantwortlichkeit der Gründer gleich der des Vorstandes einer A. G. zu normiren (a. 241 bis 49 H.-G.-B.);
>
> 2. entfällt:
>
> Statt Nr. 4: Die Bestimmungen des H.-G.-B. (a. 227, 225a) über den Wirkungskreis des Vorstandes und des Aufsichtsrathes können durch Privatdisposition nur insoweit geändert werden, als eine Erweiterung des Wirkungskreises der Generalversammlung festgestellt wird.

Rechtsanwalt **Makower** aus Berlin: Meine Herren! Ich werde nur skizziren, welchen Standpunkt ich zu den einzelnen Anträgen des Herrn Referenten Dr. Wolffson einnehme.

Der Beginn seiner Resolution lautet dahin:

> Von der Gesetzgebung ist ein ausreichender Schutz gegen die unsolide Gründung und mißbräuchliche Verwaltung von A. G.-G. nicht zu erwarten.

Ich würde vorschlagen, diesen Satz fortzulassen, und zwar um deswillen, weil er zwar eine Wahrheit enthält, die auszusprechen aber jedenfalls nicht zweckmäßig ist. Man könnte gerade so gut sagen: es giebt kein Schutzmittel gegen den Diebstahl — und doch werden wir niemals eine solche Resolution in die Welt schicken. Ich muß für den Herrn Referenten allerdings geltend machen, daß die Frage zu dieser Antwort alle Veranlassung bietet; sie geht nämlich dahin:

> Kann die Gesetzgebung Vorsichtsmaaßregeln zur Verhinderung unsolider Begründung oder mißbräuchlicher Verwaltung von Aktiengesellschaften treffen und welche?

Die Frage habe ich selbst formulirt, der Ton liegt auf: welche?, aber man wollte in der Fassung denjenigen Herren, welche etwa der Meinung sind, es sei das Allerzweckmäßigste, absolut nichts zu thun, doch nicht präjudiciren, und deshalb ist die Frage so gefaßt worden.

Ich würde also empfehlen, den ersten Satz der Antwort fort zu lassen, vielmehr gleich in die Sache selbst einzugehen und etwa zu beginnen:

> Zur Verhinderung unsolider Begründung oder mißbräuchlicher Verwaltung von A. G.-G. empfiehlt es sich — — — —

und nun kommen die einzelnen Punkte.

Die erste Resolution, welche der Herrn Referent vorschlägt, ist folgende:

Die Gründer einer A. G. zu verpflichten, die für die Begründung wichtigsten Angaben, namentlich diejenigen über nicht in Geld bestehende Einlagen, mittelst unterschriftlich vollzogener Prospekte kund zu geben, und ihre Verantwortlichkeit für wissenllich unwahre Angaben oder wissentliche Verschweigungen dahin zu normiren, daß sie auch auf Antrag eines einzelnen Aktionärs der Gesellschaft den Betrag, um den die Gesammtheit der Aktionäre reicher sein würde, wenn die unwahren Angaben wahr oder die verschwiegenen Umstände nicht vorhanden wären, beziehungsweise den Betrag der Differenz zwischen dem wirklichen und dem angegebenen Werthe der nicht in Geld bestehenden Einlagen, zu ersetzen solidarisch verpflichtet sind.

In diesem Satz sind zwei ganz verschiedene Gedanken ausgesprochen. Den ersten Gedanken würde ich acceptiren, den zweiten würde ich fortzulassen empfehlen. Der erste Gedanke geht dahin, die Gründer zu verpflichten, einen bestimmten Prospekt zu veröffentlichen, der Aufklärung über die Sachlage giebt. Ich erkläre mich dafür, weil wir das Vorbild anderer Gesetzgebungen dafür haben und weil ferner alle Verantwortlichkeit unter den Händen schwindet, wenn man nicht bestimmte Personen hat, an welche man sich zu halten befugt ist. Da der Prospekt eine viel wichtigere Rolle für den Verkehr spielt als die Statuten, die hauptsächlich unter den Aktionären selbst von eigentlicher Wirkung sind, so liegt sehr viel daran von vorn herein zu wissen: „die Gründer dieser Gesellschaft sind diese und diese Personen.“ Mir liegt weniger an der civil- und strafrechtlichen Verantwortlichkeit, als an der moralischen Verantwortlichkeit. Eine Reihe unserer besten, größten Handelshäuser würde zuweilen nicht die moralische Verantwortung übernehmen, wenn sie das Unternehmen mit ihrem Namen decken müßten. Das halte ich für praktisch außerordentlich wichtig, denn die großen Dinge werden doch von den großen Bankhäusern gemacht, und diese greifen dann, wenn Uebelstände eintreten, um ihren Namen unbefleckt zu erhalten, oft sehr werkthätig ein. Ueber die Tragweite der Bestimmung in rechtlicher Beziehung täusche ich mich nicht, und das führt mich zu dem Antrag, daß Sie den zweiten Satz der Resolution möchten fortfallen lassen. Man kann so allgemeine Angaben in den Prospekten machen, daß schließlich weder der Strafrichter noch der Civilrichter etwas thun kann. Wenn z. B. gesagt wird: es handle sich um ein prachtvolles Etablissement, das 25 pCt., 50 pCt. ꝛc. in Aussicht stelle — so möchte ich wissen, wer daraus eine rechtliche Verantwortlichkeit herleiten will, denn der Erfolg hängt meist von Conjuncturen ab, die sich nicht vorhersehen lassen So lauten aber die meisten Prospekte. Die redlichen Leute aber werden, wenn sie einen solchen Prospekt machen, der unter ihrem Namen veröffentlicht wird, veranlaßt werden, sich um ihn zu kümmern und die Richtigkeit der angegebenen Daten zu prüfen. Ich kann nicht für richtig halten, daß, wie hervorgehoben wurde, eigentlich nur der, welcher einen der Wahrheit nicht entsprechenden Prospekt macht, der dolose sei, als solcher hafte, und daß die andern, wenn sie mit unterschreiben, nicht haften; sie müssen mithaften, denn mit der Unterschrift übernehmen sie dritten gegenüber die Verantwortung, und sind, wenn sie leichtsinnig ihre Namen unter ein fremdes Schriftstück setzen, jedenfalls in culpa, die dem dolus ziemlich nahe steht. Darum meine ich, aus praktischen Gründen ist es zweckmäßig, diese Vorschrift zu treffen, von der übrigens ganz mit Recht gesagt wurde, daß sie keine Panacee ist und daß sie nicht Alles verhüten kann.

Der zweite Satz, von dem ich meine, daß er einen fremden Gedanken einmischt, ist — wie ich von dem Herrn Referenten durch eine kurze Bemerkung hörte, wesentlich darauf abzielend, einen bequemen Modus der Schadenberechnung zu geben. Man hört es dem Antrag nicht gleich an, daß dies der Kern der Sache ist. Er enthält zwei Bestimmungen:

1. daß jedem *einzelnen* Aktionär das Recht gegeben wird zu klagen, und 2. daß er ohne weiteren Nachweis eine bestimmte Differenz fordern kann, die *gesetzlich* fixirt ist. Nun bin ich im Allgemeinen kein Freund solcher willkürlichen Bestimmungen. Ist ein Schaden da, so muß der Schaden nach *allgemeinen* Grundsätzen sich schon finden lassen, oder es ist eine ganz willkürliche Bestimmung, und ich finde die Bestimmung willkürlich. Ich würde rathen sie ganz heraus zu lassen. Die Resolution bestimmt nicht etwa irgend welche *Verantwortlichkeit*, die nicht aus allgemeinen Rechtsgrundsätzen folgte, sondern nur den Umfang derselben; sie sagt: „und ihre Verantwortlichkeit für wissentlich unwahre Angaben oder wissentliche Verschweigungen *dahin zu normiren*, daß sie auf Antrag eines einzelnen Mitgliedes eine bestimmte Differenz zahlen müssen." Ich glaube nicht, daß das vorgeschlagene Auskunftsmittel auf alle Fälle passen würde, und befürchte, daß auch die Ermittelung dieser Differenz meistentheils auf große Schwierigkeiten stoßen wird. Dergleichen Dinge kommen ja erst zur Ermittelung lange Jahre, nachdem die Aktiengesellschaft besteht. Wenn Sie dann ermitteln wollen, was ein großes Etablissement vor vielen Jahren für einen Werth gehabt hat; so werden Sie wohl sehen, daß man fast immer daran scheitern wird, den Beweis zu erbringen. Ist der Nachweis des gegenwärtigen Werthes von Fabriken, Bergwerken rc. schon sehr schwierig, so wird der Beweis noch viel schwerer zu erbringen sein, welchen Werth dieselben gehabt haben, wenn inzwischen alle möglichen Veränderungen vorgekommen sind, z B. Umbauten, Wechsel in den Konjunkturen rc. Aus praktischen

Rücksichten wird von der Befugniß, welche die Resolution den einzelnen Aktionären einräumen will, selten Gebrauch gemacht werden, denn der Aktionär soll klagen können, daß die Gründer verurtheilt werden, das an die Gesellschaft nachzuzahlen, was sie falsch angegeben haben. Wir sind ja viele Advokaten hier; selten haben wir wohl auf Kosten eines Klienten geklagt, um zu erzielen, daß an einen Anderen gezahlt werde. Wer nur wenige Aktien besitzt, wird sich besinnen, einen großen Prozeß anzustrengen, damit er vielleicht schließlich, wenn er alle Gefahr getragen hat, 3—4 pCt. auf seine Aktien mehr bekommt. Will die Majorität vorgehen, so wird sie auch nach allgemeinen Rechtsgrundsätzen schon ihr Recht finden, aber die Antragsteller legen gerade darauf Werth, daß ein einzelner Aktionär soll vorgehen können, und diesen Fall halte ich aus den angegebenen Gründen für wenig praktisch. Ich würde daher den zweiten Theil der Resolution I. ablehnen, den ersten annehmen.

Ebenso würde ich die zweite Resolution ablehnen, weil sie nur die Grundsätze des zweiten Theiles der ersten Resolution auf einzelne Betrugsfälle ausdehnt.

Der dritten Resolution dagegen würde ich mich anschließen. Sie lautet dahin:

Die Bestimmung aufzuheben, nach welcher es gestattet ist, nach erfolgter Einzahlung von 40 pCt. die Zeichner von Inhaber-Aktien von der Haftung für fernere Einzahlungen zu befreien.

In dieser Bestimmung finde ich nur ein Mittel für die Agiotage, dagegen finde ich keinen Grund, weshalb überhaupt das Gesetz vorschreibt, daß sofort eine Einzahlung geleistet werden muß. Wir wissen, wie es in der Praxis gehandhabt worden ist. Zweckmäßig ist die Bestimmung durchaus nicht, wie alle diese Normativbestimmungen sehr viel gegen sich haben, denn sie passen in einigen Fällen und in anderen durchaus nicht. Wenn also — ein Fall der vorgekommen ist — eine Gesellschaft mit 10 Millionen Thaler sich bildet, um Eisenbahnen zu bauen, so verlangt das Gesetz, daß 1 Million Thaler eingezahlt wird. Nun weiß aber Jeder, daß, wenn eine solche Gesellschaft sich bildet, sie nicht schon morgen baut; erst müssen die Leute gewonnen, die Konzessionen beschafft, die Einleitungen getroffen werden. Es sollen trotzdem sofort 10 Procent, also 1 Million Thaler eingezahlt, und von der Gesellschaft verwaltet werden. Wozu? Was ist der Erfolg solcher Bestimmungen? Einfach: sie werden nicht gehalten oder umgangen, weil sie unwirthschaftlich sind. An die Stelle des Geldes treten in irgend welcher Form Forderungen, von denen gar nicht fest steht, daß sie besser sind, als die sonst bestehen bleibende Forderung an die Aktionäre aus der Aktienzeichnung. Daß die geringe Einzahlung von 10 Prozent keine Garantie gewährt, hat die Erfahrung gezeigt. Ich bin aber andererseits der Meinung, daß, wenn man Actien schafft, auch für den gemeinen Mann klar erkennbar sein muß, was eigentlich an der Aktie ist. Eine Aktie über 100 Thaler zu bekommen, wenn nur 40 Thaler eingezahlt sind, das versteht der gemeine Mann nicht, und es hat der Herr Referent ganz richtig hervorgehoben: alle diese Berechnungen, Zins- und Dividendenberechnungen, mögen für den Banquier eine einfache Sache sein, aber die große Masse versteht sie nicht.

Ich würde daher rathen, die Exnexuation, die gesetzlich gestattet ist, für die ich jedoch keinen ausreichenden Grund sehe, einfach aufzuheben,

In der Reihe der Resolutionen kommen wir an eine allerdings sehr wichtige Bestimmung, nämlich die:

> für jede A.-G. das Vorhandensein eines bei der Geschäftsführung unbetheiligten Organs für die Revision der Bilanzen vorzuschreiben.

Der Kollege Wolffson hat ja seine eigenen Bedenken gegen die Ausführbarkeit des Antrags geltend gemacht, und jeder der etwas davon versteht, wird die Schwierigkeiten gleich erkennen, denn es handelt sich nicht um eine kalkulatorische Prüfung, — in calculo pflegen alle jene Rechnungen richtig zu sein — die Schwierigkeit liegt vielmehr in der Werthschätzung, vorgenommen von solchen Personen, welche bei einer einzelnen Gelegenheit sich schlüssig machen sollen, ob die Objekte den angegebenen Werth haben oder nicht. Das läßt sich bei einem einzelnen Hause oder einer einzelnen sonstigen Sache sehr leicht machen, nicht aber bei einem ganzen Etablissement, einem Bergwerke, einem Geschäfte von großem Umfange.

Nun meint der Herr Präses Albrecht, man könnte zwei Dinge vorschlagen:

1. es sollte den Aktionären, wenn sie in gewisser Zahl vorhanden sind — die Zahl ließ der Redner offen — gestattet sein, die Geschäftsführung durch bestimmte Personen prüfen zu lassen; und
2. es sollte ihnen gestattet sein die Gerichte anzugehen.

Das erstere würde ich verwerfen, das zweite annehmen. Ich verkenne nicht, daß es unmöglich ist, staatliche Organe zu schaffen, welche die Revision regelmäßig vornehmen, namentlich aus dem Grunde, weil der Staat dann für Alles haften würde und weil wir die staatliche Concession ja abgelehnt haben und, wie ich glaube, einstimmig dabei verbleiben, daß dies ein Fortschritt war. Also an ein ständiges staatliches Organ oder gar etwa an ein Reichsorgan, ähnlich dem Reichseisenbahnamt, ist nicht zu denken. Es ist richtig, was unser verehrter Herr Correferent betont hat, daß die A.-GG. privatrechtlicher Natur sind; er hat aber übersehen, daß sie doch auch einen öffentlichen Charakter haben, der nicht unbeachtet bleiben kann. Ich würde rathen, eine Bestimmung etwa dahin zu treffen, daß das Gericht auf Antrag von Aktionären eine Untersuchung des Geschäftsstandes vornehmen kann, und zwar aus wichtigen Gründen. Die Richter wissen schon, wenn der Fall wichtig ist oder nicht, namentlich erkennen sie es, wenn die Sache kontradiktorisch vor ihnen verhandelt wird. Dann aber verlange ich, daß der Kläger dem Richter eine bestimmte Person als für die Vornahme der Untersuchung geeignet bezeichne, und daß der Richter freies Ermessen behalte, ob dies die geeignete Person sei. Denn wir müssen durchaus verhindern, daß in diesen A.-GG., die nur kommerzielle Interessen haben — Sie müssen sich die Aktionäre nicht ideal denken, sondern als Leute, die ihre persönlichen Interessen wahrnehmen — die Minorität es in der Hand hat, die Majorität zu chikaniren. Der Albrecht'sche Vorschag macht mich stutzig. Nehmen Sie an, es soll $1/4$ oder $1/3$ der Aktionäre jeder Zeit das Recht haben, eine Revision vornehmen zu lassen, so würde es dieses $1/4$ jederzeit in der Hand haben, die A.-G. brach zu legen; denn wir wissen ja aus Erfahrung, daß wenn im Publikum über eine A.-G. auch nur sehr viel gesprochen wird, sie schon gefährdet ist. Der Kredit wird leicht erschüttert. Wenn $1/4$ oder $1/3$ der Aktionäre jederzeit eine Untersuchung der Geschäfte vornehmen lassen kann, so ist klar, daß dabei keine A.-G. bestehen kann. Mit der Offenlegung aller geschäftlichen Verbindungen kann kein Geschäft bestehen. Ich will also eine Garantie haben, und nur dann eine Untersuchung stattfinden lassen, wenn der Richter nach Gehör der Gegner anerkennt: es sind wichtige Gründe, die eine Untersuchung rechtfertigen. Die Untersuchung hat sich nur auf die Thatsachen, die bezeichnet worden sind, zu erstrecken, und der Richter würde den Kreis, auf den sich die Untersuchung zu erstrecken hat, in seinem Resolut anzugeben haben. Das Ergebniß der Beweisaufnahme wäre den Parteien mitzutheilen, und den einzelnen Aktionären würde es dann überlassen bleiben, aus den festgestellten Thatsachen, die ihnen sonst nicht zugänglich wären, ihre Rechte geltend zu machen.

In der fünften Resolution, die ich auch ablehnen würde, ist folgendes gesagt:

> auch dem einzelnen Aktionär, insoweit es sein Interesse erheischt, ein Klagerecht auf Innehaltung der gesetzlichen und statutarischen Vorschriften über die Geschäftsführung, Bilanz und Gewinnvertheilung zu gewähren.

Mir scheint, daß das, was darin richtig ist, auch selbstverständlich ist. Denn erkennen Sie einmal an, daß etwas ein Individualrecht ist, so bedarf es nicht der besonderen Bestimmung, daß es auch von einem Einzelnen geltend gemacht werden kann. Sollen die Worte: „insoweit es sein Interesse erheischt" mehr sagen als „insoweit er ein Recht darauf hat," dann weiß ich nicht recht, welche Grenze zu ziehen ist. Es ist doch immer nur das pekuniäre Interesse gemeint.

Ich würde also — um zu resumiren — den Eingang fortlassen und die Resolution etwa dahin formuliren:

Zur Verhinderung unsolider Begründung oder mißbräuchlicher Verwaltung von A.-GG. empfiehlt es sich — — —

und nun von Nr. 1 die erste Hälfte nehmen, welche sagt, daß es zweckmäßig sei, einen unterschriebenen Prospekt obligatorisch zu machen. Die zweite Hälfte und die Nr. 2 würde ich fortlassen, worin gesagt ist, daß die Gründer auf Antrag des Einzelnen für eine bestimmte Differenz zu Gunsten der Gesellschaft in gewissen Fällen der Täuschung können in Anspruch genommen werden.

Die Bestimmung ad 3, würde ich aufnehmen.

Die Bestimmung ad 4, welche die Revisionsangelegenheit betrifft, würde ich dahin fassen:

Aus wichtigen Gründen kann das Gericht eine Untersuchung der Geschäftsführung auf Antrag eines Aktionärs veranlassen;

— eines Aktionärs oder mehrerer, denn wenn wichtige Gründe vorliegen, so kommt es darauf, ob mehrere Antragsteller vorhanden sind, nicht an.

Die Bestimmung ad 5, würde ich fortlassen.

Wenn Sie nach meinen Anträgen beschließen, so würde dadurch die Resolution etwas mager werden, denn Sie würden im Wesentlichen sagen:

Zur Verhinderung unsolider Begründung oder mißbräuchlicher Verwaltung von A.-GG. ist empfehlenswerth der obligatorische unterschriebene Prospekt, die Beseitigung der zugelassenen Exneuation nach 40 pCt. Einzahlung und die Möglichkeit, daß der Richter auf Antrag eine Untersuchung veranlassen kann. — Indessen neue Anträge materieller Natur, die eine Berathung erfordern würden, können in dem gegenwärtigen Stadium unserer Verhandlungen nicht gestellt werden. Ich habe mich deshalb lediglich auf das beschränkt, was von dem Herrn Referenten vorgeschlagen worden ist.

(Ein Antrag auf Schluß der Debatte wird abgelehnt).

Justizrath **Block** aus Magdeburg: Ich werde den Antrag auf Schluß dadurch unterstützen, daß ich mich kurz fasse, Ihrer Zeit wegen und meiner Gesundheit wegen.

Ich begrüße den Vorschlag, die Gründer heranziehen zu können, mit Freuden. Es giebt in der Praxis keinen Weg, gegen die Gründer vorzugehen, weil der Einzelne keinen Schaden nachweisen kann. Die Gesellschaft würde vielleicht in derselben Lage sein, wenn sie qua Gesellschaft vorginge, und würde auch abgewiesen werden. Der gemachte Vorschlag scheint mir das einzige Mittel, die Gründer zur Zahlung dessen zu bringen, um was sie die Aktionäre gebracht haben.

Wenn Herr Kollege Makower sagte, es wäre unerhört, daß Einer klagte und den Vortheil nicht allein bekäme, so verweise ich ihn auf die preußische Konkursordnung.

Ich bin ferner der Meinung, daß man nicht direkt eingreifen muß, man kann durch das Gesetz keine Reglements machen, wie man die Dummen, die Unvorsichtigen schützt. Man muß den Begriff des Instituts festhalten. Ich meine, eine A.-G. ist ein Kapital, das Selbstständigkeit erlangt hat. Da dasselbe kein Individuum ist, so setzt man ihm einen Kurator, den nennt man Vorstand und Ausschuß. Wenn ich diesen Grundsatz festhalte, daß das Wesen der A.-G. das Kapital ist, daß also das Handelsregister gleichsam das Kirchenbuch oder das Civilstandsregister ist, so folgt daraus, daß man nicht den nasciturus einträgt, sondern daß man die A.-G. erst einträgt, wenn sie ins Leben getreten, wenn die Aktie voll eingezahlt ist. Dann werden wir $^7/_8$ des ganzen Schwindels beseitigt haben. Ich weiß recht wohl, daß man damit nicht nationalökonomisch, nicht wirthschaftlich handelt, aber ich halte es für besser, man läßt diesen Gesichtspunkt bei Seite und geht auf dem gedachten Wege vorwärts.

Wenn man diesen Grundsatz hat, so folgt daraus, daß der Staat auch berechtigt ist eine Kontrole auszuüben, ob die Angaben, die der Vorstand giebt, richtig sind. Es muß also im Gesetz angeordnet werden, daß der Status in bestimmten kleineren Zeitabschnitten öffentlich bekannt gemacht wird, daß der Staat das Recht hat festzustellen, ob diese Angaben richtig, ob die Vorstände statutenmäßig gewählt sind u. s. w. Blos diese öffentliche Kontrole, und dann dem Einzelnen überlassen, seine Schritte danach einzurichten!

Ich beantrage demnach als Zusatz zu dem Wolffson'schen Antrag, daß die Gesetzgebung sich dahin ausspreche: daß die Aktien alle volleingezahlt werden, daß in bestimmten Zeitabschnitten die Bekanntmachung der Abschlüsse erfolgt, und daß der Staat ein Recht der Controle hat, ob die Abschlüsse richtig sind.

Advokat Dr. **Johanny** aus Wien: Ich bedauere, die hier aufgetauchten Meinungen noch um eine vermehren zu müssen.

Auch ich begrüße es, daß man endlich dazu gekommen ist, den Begriff des G r ü n d e r s festzuhalten, nachdem er in den Konferenzen über das H.-G.-B. weggestrichen wurde, weil man ihn nicht für einen juristischen Begriff hielt. Die fremden Gesetzgebungen und die Erfahrungen der jüngsten Tage haben uns gezeigt, daß wir es da wirklich mit einem realen Begriff zu thun haben. Diesen festzuhalten scheint mir das einzige Mittel das von dem Herrn Referenten vorgeschlagene zu sein, nämlich der obligatorische Prospekt mit den Unterschriften der Gründer. Ich hätte gewünscht, der Herr Referent hätte noch weiter vorgeschlagen, es müßte eine bestimmte

Anzahl darunter stehen, wie es in England, in Frankreich, in Belgien der Fall ist, doch enthalte ich mich diesfalls eines bestimmten Antrages, um den Gegenstand nicht noch mehr zu zerklüften. Ich stimme daher mit dem ersten Theil des Antrages 1 völlig überein.

Dagegen bedauere ich, in dessen zweitem Theil eine wesentliche Modifikation beantragen zu müssen. Was nützt es nämlich, wenn wir den Begriff des Gründers und seine Person feststellen, andererseits aber seine Verantwortlichkeit nicht gleichzeitig so scharf begrenzen, daß wir ihn auch wirklich packen können! Es hat mein Herr Vorredner Rechtsanwalt Makower vielleicht nicht ganz richtig hervorgehoben, daß wir den zweiten Theil des ersten Antrages aus dem Grunde weglassen müssen, weil er nichts hilft. Das scheint mir nicht ganz richtig. Er hilft allerdings, und zwar in der Richtung, daß er das Objekt präcisirt, auf dessen Ersatz geklagt werden kann. Ich gehe aber noch weiter, und halte es unbedingt für nicht genügend, wenn die Gründer blos für wissentliche Unwahrheiten oder Verschweigungen, Schadensersatz zu leisten schuldig sein sollen. Damit stehen wir auf dem alten Standpunkt — und ich begreife nicht, wie sich das hineingeschlichen hat — nachdem es andererseits doch heißt: sie sollen solidarisch zum Schadenersatz verpflichtet sein. Wenn also einer der Gründer einen falschen Prospekt gemacht hat und die anderen 6 wären selbst betrogene Betrüger, so sind sie nach dem Antrage nicht haftpflichtig; und das beanstande ich. Der Mann, der den Prospekt unterschreibt, soll in allen Fällen haften, ob er dolos oder nicht dolos vorgeht; jedenfalls handelt er culpos, denn das, was er unterschrieben hat, soll er kennen und die volle Verantwortung dafür tragen, wenn er dem Publikum gegenüber etwas falsches bestätigt. Ich wäre also dafür, daß man das „wissentlich" in dem Antrag 1 und 2 striche und einfach sagte: verantwortlich für unwahre Angaben.

In Betreff der Nothwendigkeit einer Einzahlung auf die Aktien vor Constituirung der Gesellschaft, welche Nothwendigkeit ebenfalls von Herrn Makower berührt wurde, scheint er mir zu weit zu gehen. Die gegenwärtig vom Gesetz verlangte Einzahlung von 10 pCt. ist eine Sicherstellung für diejenigen Gläubiger, welche gleich von vornherein, noch ehe die Gesellschaft konstituirt ist, ein Recht auf Zahlung haben. Die belgische Gesetzgebung hat bekanntlich in neuester Zeit 5 pCt. festgesetzt. Und das scheint mir auch ganz richtig. Etwas muß da sein, wenn ich auch zugestehe, daß 10 pCt. vielleicht zu viel sind. Man darf diese nothwendigen Einzahlungen nicht zu hoch spannen, denn Ein Grund, den Herr Rechtsanwalt Makower angeführt hat, ist allerdings richtig: man weiß nämlich bei vielen Gesellschaften nicht, was man mit dem eingezahlten Gelde anfangen soll, und dadurch werden nur Scheinverträge, Scheinakte hervorgerufen.

Weiter ist auch der Antrag des Herrn Referenten bekämpft worden, die Bestimmung aufzuheben, nach welcher es gestattet ist nach erfolgter Einzahlung von 40 Prozent die Zeichner von Inhaberaktien von der Haftung für fernere Einzahlungen zu befreien. — Ich halte diesen Antrag für wesentlich und zwar darum, weil er es vermeiden hilft, daß neue Aktien emittirt werden, ehe die alten voll eingezahlt sind. Es ist dies das einzige Mittel, fortwährende neue Emissionen zu verhindern.

Dagegen müßte ich mich mit Entschiedenheit gegen das aussprechen, was der unmittelbare Herr Vorsprecher beantragt hat: nämlich die Volleinzahlung der Aktien zu verlangen, ehe die Gesellschaft konstituirt werden kann. Bei uns in Oesterreich haben wir fast nur voll eingezahlte Aktien, und sehen Sie sich die Sache an, so finden Sie, daß der ärgste Mißbrauch damit getrieben worden ist. Gerade der Umstand, daß die Regierung ohne irgend welchen Grund voll eingezahlte Actien verlangt hat, hat dahin geführt, daß bei uns die Aktiengesellschaften kein Kapital haben, sondern nur ein Folium im Buche der Mutterbank, auf welchem ihnen ihr ganzes Aktienkapital gutgeschrieben ist, wo aber morgen schon eine Gegenpost von gleicher Höhe eingetragen werden kann.

In Betreff der Revision brauche ich nichts zu bemerken, da ich in diesem Punkte vollkommen dem Herrn Rechtsanwalt Makower beistimme und ebenfalls den Antrag unterstütze, daß der einzelne Aktionär auf sein Ersuchen das Recht haben soll, bei Gericht eine Revision der Bücher zu verlangen. Jedenfalls wäre ich gegen den Antrag des Herrn Referendar Wachtel auf Einsetzung einer eigenen Kommission, einer ständigen Behörde; denn damit würden wir die staatliche Aufsicht, und zwar in verstärktem Maaße, wieder einführen.

(Die Debatte wird geschlossen.)

Correferent Präses Dr. **Albrecht** aus Hamburg: Auch ich will dem Beispiel der Herren Vorredner folgen und nur einige kurze Bemerkungen mir erlauben.

Die erste Bemerkung muß die sein, daß ich aufrichtig bedauere, daß die geehrte Versammlung nicht gedruckte Anträge und eine gedruckte Motivirung vor sich hat, und noch mehr, daß sie diese beiden Drucksachen nicht zu Hause an der Hand des H.-G.B. hat durchsehen können. Ich glaube, es wären dann einige Mißverständnisse nicht entstanden, die jetzt entstanden sind.

Ich halte es meinestheils für einen wichtigen Fortschritt in der Gesetzgebung, wenn der zweite Theil des Antrags unter 1, von der Versammlung acceptirt würde, also eine derjenigen Bestimmungen, über die der Correferent — meine Wenigkeit — mit dem Herrn Referenten vollständig einig ist. Es ist die Bestimmung, welche auf die Verantwortlichkeit der Gründer Bezug hat. Die Sache ist die: Es versteht sich von selbst, daß jeder Betrüger strafrechtlich verantwortlich gemacht werden soll — das bedurfte keiner weiteren Anerkennung. Es versteht sich auch von selbst, daß, wenn irgend ein Gründer in einer öffentlichen Bekanntmachung eine Unwahrheit angegeben hat und, durch diese Unwahrheit verleitet, ein Aktienzeichner oder ein Abnehmer von Aktien in Schaden kommt, der Letztere ohne weiteres seinen Schaden ersetzt verlangen kann nach den gewöhnlichen Grundsätzen des Privatrechts von demjenigen Gründer, der diese Angabe gemacht hat, derselbe möge bei dieser Angabe im guten oder bösen Glauben gewesen sein: er hat die Angabe gemacht und er muß für die Wahrheit seiner Aussage einstehen, es kommt da nicht auf culpa oder dolus an.

Ganz anders liegt die Sache in den meisten Fällen. Gewöhnlich können die Gründer nicht verantwortlich gemacht werden, weil Niemand dazu legitimirt ist. Die Gründer haben ihre Aktien vielleicht zu 105 Prozent abgegeben, sie sind dann — wie der Herr Referent Ihnen das dargestellt hat — durch mehrere Hände gegangen, der letzte Aktienkäufer, der sie genommen hat, hat die Aktie vielleicht für 80 bekommen — und soviel ist sie werth, 25 Prozent ist sie übertheuert gewesen, die Gründer haben es durch falsche Vorspiegelungen dahin gebracht, daß die Aktie ursprünglich mehr geschätzt worden ist. Wer soll die Gründer verantwortlich machen? Da ist in dem zweiten Theile unseres Antrags gesagt worden: die Gründer sollen sowohl von dem Vorstand als von jedem einzelnen Aktionär verantwortlich gemacht werden können und zwar dafür, daß sie dasjenige, was sie behauptet haben, wahr machen. Das ist ein neuer civilrechtlicher Satz, der nirgends existirt und der meiner Ansicht nach dem Gründungswesen einen erheblichen rechtlichen Halt gewähren wird. Es wird jetzt jeder Gründer, der sonst frei zu sein pflegt, wenn nur seine Nachmänner ihm die Aktien abgenommen haben, für die Wahrheit seiner Angaben einstehen müssen.

Das halte ich für eine außerordentlich-wesentliche Bestimmung.

Nun, m. H., ist gesagt worden, man solle dem einzelnen Aktionär nicht dieses Recht einräumen, oder wenn man es ihm einräume, werde es von keinem Erfolge sein. Die Sache liegt folgendermaßen. Es hat natürlich in den kurz präcisirten Anträgen kein formulirtes Gesetz enthalten sein können, der Gedanke ist aber der: daß in erster Linie die Gesellschaft selbst sich darüber zu erklären hat, ob sie einen solchen Gründer in Anspruch nehmen will, und, will sie es nicht, daß dann diejenigen von den Aktionären, die das auf ihre Kosten thun wollen, einen solchen Anspruch cessionario

nomine, ex cessione legis erheben können. Es ist ganz richtig, wenn ein Vorredner einen solchen einzelnen Aktionär mit einem einzelnen Gläubiger verglichen hat, der im Concursverfahren einen Anspruch, den die Concursgemeinschaft nicht geltend machen will, für seine Rechnung geltend macht. Es scheint mir das eine theoretisch und praktisch richtige Bestimmung zu sein, weil der Gründer, der die Unwahrheit arglistiger Weise angegeben, oder die Wahrheit arglistiger Weise verheimlicht hat, dafür einstehen muß, daß die ganze Anzahl der Aktionäre nicht durch ihn getäuscht worden ist und weil er immer nur herausgiebt, was mit Unrecht in sein Vermögen gelangt ist. Das wird, wie gesagt, der ganzen Sache einen moralischen Halt geben, und ich freue mich, daß gerade in dieser Beziehung der Herr Referent mit mir übereinstimmt. — Das ist der zweite Theil der Nro. 1.

Was den ersten Theil anlangt, so bin ich zu meinem Bedauern abweichender Ansicht von dem Herrn Referenten, ich muß aber offen gestehen, daß die Gründe, die ich gehört habe, mich nicht überzeugt haben. Ich will auf das Prinzip nicht weiter eingehen, ich will nur dem letzten Herrn Vorredner antworten. Herr Rechtsanwalt Makower hat uns ausgeführt: ja, solche Bestimmungen wie die, daß die Aktionäre 10 Prozent einzahlen müssen, bevor die Aktiengesellschaft konstituirt und eingetragen werden kann —, das sind Bestimmungen, die mit Hieben in die Luft zu vergleichen sind, die unpraktisch sind und umgangen werden — und in demselben Moment empfiehlt meiner Ueberzeugung nach Herr Makower eine Bestimmung, die eben so unpraktisch ist, die man ebensogut als einen Hieb in die Luft bezeichnen kann. Wenn wirklich gesetzlich vorgeschrieben wird, daß ein Prospekt gemacht werden soll und daß keine A.-G. deklarirt werden kann, von der nicht ein Prospekt erlassen ist, und die Unterzeichner des Prospektes ohne Weiteres — ob schuldvoll oder nicht — für die Angaben haften, dann wird in den Prospekten nichts stehen, hinterher wird die Sache gemacht werden. Die Sache ist ganz ebenso wie mit der Einzahlung der 10 Prozent auf die Zeichnungen; es sind Maßregeln, die ich als polizeiliche bezeichne, und die nichts nützen. Ich bedauere daher, daß ich diesem Antrage des Herrn Referenten, die Gründer der A.-G. zur Erlassung eines Prospektes zu verpflichten, der dem Handelsgericht vor dem Eintrag der Gesellschaft überreicht werden muß — nicht zustimmen kann; der Antrag ist, wie ich glaube, prinzipgemäß nicht richtig und praktisch von keinem Nutzen.

Ein zweiter Punkt, den ich noch hervorheben will, ist folgender. Ich glaube, ich stimme mit Herrn Rechtsanwalt Makower in Bezug auf den vierten Punkt vollkommen überein. Dasselbe was er will in Bezug auf die Rechte einer Minorität resp. eines einzelnen Aktionärs für die Unsuchung, will auch ich, nichts mehr und nichts weniger, und ich könnte mich zur Noth in Bezug auf den einen Theil meines Antrags seinem Antrage anschließen und er, wie ich glaube, im Uebrigen meinem Antrage. Ich habe lediglich die Bestimmung des Art. 160 des H.-G.-B., welcher über die Rechte des Commanditisten dem Complementär gegenüber handelt, auf die Minorität resp. den einzelnen Aktionär übertragen. Der Art. 160 schreibt vor, daß der Commanditist das Recht hat, Auskunft zu verlangen. Nun wird man nicht jedem einzelnen Aktionär die Stellung eines Commanditisten der A.-G. gegenüber einräumen können, aber eine Minorität wird man in der Weise behandeln können, wie das H.-G.-B. den Commanditisten dem Complementär gegenüber. Ich gebe daher einer Minorität von Aktionären das Recht, Auskunft über die Dinge zu verlangen, über die sie eine solche für nothwendig hält. Daß dadurch die Geschäftsführung nicht aufgehalten werden darf, versteht sich dabei ebenso von selbst, wie in dem Fall des Art. 160. Der einzelne Aktionär wird sich also über das vergewissern können, was er für nothwendig hält, wenn er eine Anzahl von, Collegen zu seiner Meinung bekehren kann, wenn eine Minorität von etwa $^1/_4$ oder $^1/_5$ des eingezahlten Aktienkapitals sich ihm anschließt. Ich sehe nicht ein, was dem entgensteht, und ich glaube, das ist ein Schutz der Minorität. Zwischen dem zweiten Absatz meines Antrags und dem Vorschlag des Herrn Rechtsanwalt Makower besteht nur insofern eine Abweichung, als Letzterer das, was im Art. 160 des H.-G.-B. steht, nur in anderer Weise abfaßt. Ich sage, der einzelne Aktionär soll berechtigt sein bei dem Gericht zu beantragen, daß in einer Weise, die von dem Gericht näher zu präcisiren ist, eine Untersuchung angeordnet werde, diese Anordnug soll das Gericht aber nur, wenn „wichtige Gründe" vorliegen, treffen können. Die letztere Bestimmung des Art. 160 wird schon von den Commentaren des H.-G.-B. dahin interpretirt: es müssen erhebliche Verdachtsgründe vorliegen; und wenn wichtige Gründe in diesem Sinne vorliegen, so scheint mir, daß das Gericht vollkommen berechtigt ist, auszusprechen, daß eine Untersuchung stattfinden soll, darin stimmt auch Herr Rechtsanwalt Makower mit mir überein. Will daher Herr Makower meine Fassung nicht, so gehe ich hinsichtlich des zweiten Theils meines Antrags zu der seinigen über. Ich glaube aber, daß Herr Makower recht thut, wenn er auch den ersten Theil meines Antrags annimmt und bestimmt, daß auch wenn keine wichtigen Gründe vorliegen, eine gesetzlich näher zu bestimmende Minorität von Aktionären Einsicht von allen Papieren und von den Geschäftsbüchern nehmen kann.

Das sind meine wenigen Bemerkungen. Im Uebrigen halte ich es für meine Pflicht und mein Recht auf die Debatte weiter einzugehen; ich meine, daß ich das dem Herrn Referenten überlassen muß, und namentlich es ihm zukommt, seine Meinung über diejenigen Anträge auszusprechen, die noch sonst aus der Mitte der Versammlung gestellt worden sind.

Referent Advocat Dr. **Wolffson** aus Hamburg: Ich will mir erlauben, die gestellten Anträge, soweit es mir möglich ist, mit ein paar Worten in ihren Abweichungen von den meinigen zu besprechen.

Herr College Makower hat zu dem Eingang meines Antrags ein Amendement gestellt, das ich bereitwilligst annehmen würde, wenn er das Wort „thunlichst" einfügen wollte. Ich darf mich um so leichter dazu entschließen, weil wie uns Herr Makower selbst gestanden hat, er die Veranlassung zu diesem Antrag gewesen ist, und da in der mir schriftlich zugekommenen Aufforderung zur Uebernahme des Referates die einzelnen Worte sich nicht durch den darauf gelegten Ton unterschieden haben, so habe ich die Resolution der ganzen Frage entsprechend gefaßt.

(Rechtsanwalt **Makower** erklärt seine Zustimmung zu der Einschaltung des Wortes „thunlichst".)

Der zweite Punkt ist Nr. 1, in dem einerseits die Bezeichnung der Gründer und die Nothwendigkeit des Hervortretens derselben vorgeschrieben ist, und andererseits die Mittel und Wege bezeichnet werden, wie sie für unwahre Angaben verantwortlich gemacht werden sollen.

Dagegen ist nur von zwei verschiedenen Seiten Opposition gemacht. Während der geehrte Herr Correferent mit mir in Bezug auf die Zweckmäßigkeit einer positiven Bestimmung hinsichtlich der Art und Weise der Verantwortlichkeit übereinstimmt, hat er doch dem Hervorheben dieses Instituts der Gründer widersprochen, und zwar aus einer sehr weitgehenden Scheu vor Allem, was er unter den Begriff polizeilicher Maßregeln bringt. Ich glaube ihn aber darin beruhigen zu können, daß wenn es dieser Begriff schon ist, der ihn erschreckt, er wirklich in dem gegebenen Falle nicht paßt. Das Hervorheben des Instituts der Gründer hat ja gar keinen anderen Zweck als die Präcisirung dieses ganz unerläßlichen Begriffes und die Bezeichnung derjenigen Personen, die im Zusammenhang der Bildung der A.-G. diese Funktion von vornherein übernehmen. Es soll nur Klarheit in die Sache hineingebracht werden. Wir schaffen ja nichts neues, wir wollen keine Gründer machen, die nicht vorhanden sind. Sie sind ja vorhanden. Ich habe mich von allem Positiven möglichst fern gehalten, ich habe darum auch keine Zahl aufgenommen. Aber es existiren Personen, die inmitten der ersten Aktienzeichner eine wesentlich verschiedene Rolle spielen und in Verbindung mit dieser wesentlich verschiedenen Rolle auch eine wesentlich verschiedene Verantwortlichkeit tragen. Die Wirkung ihrer Thätigkeit geht über das Maaß des direkten persönlichen Verkehrs hinaus, ihre Verantwortlichkeit kommt deshalb vielleicht erst im dritten und vierten Gliede und vielleicht noch später in Betracht. Da ist es doch von entscheidender Bedeutung, daß so maßgebende Vorarbeiter, die vor der wirklichen Entstehung der A.-G. in Thätigkeit treten, mit Schärfe und Bestimmtheit hervortreten, und ich glaube, mich an die gegebenen praktischen Verhältnisse und nach dem Vorgange des englischen Rechtes unseren eigenen Gewohnheiten anzuschließen, wenn ich das so bezeichne, daß es ein Prospekt sein muß, den die Gründer unterzeichnen. Es genügt nicht, daß es bloß heißt — wie der geehrte Herr Vorredner gesagt hat — die Gründer sollen für das verantwortlich sein, was sie sagen, sondern man muß auch verlangen, daß *sie etwas sagen*. Denn in demselben Moment, in dem er sagt: sie sollen für ihre Reden verantwortlich sein — zeigt er ihnen den Weg, daß sie nur schweigen mögen, daß sie dasjenige, was sie sich gegenseitig mitgetheilt haben, was sie in das Publikum vielleicht ohne ihren Namen gebracht haben, nur nicht mit ihrem Namen darunter bringen sollen, um so der Verantwortlichkeit zu entgehen. Darin liegt die Bedeutung des Unterschieds zwischen unseren Ansichten. Den Werth, den er auf diese Verantwortlichkeit legt, lege ich auch darauf, aber ich will, daß die Voraussetzungen dieser Verantwortlichkeit obligatorisch und nicht in das Belieben der Gründer gestellt sein sollen. Und wenn einer der Herrn Vorredner bemerkt hat, es komme Alles auf die Offenheit und Publicität an, so sind wir vollständig mit ihm einverstanden; wir haben nun für die Oeffentlichkeit eine bestimmte präcise Form, wir konnten sie nicht bloß als eine moralische Pflicht dem betreffenden Publicum vorschreiben, sondern wir mußten eine bestimmte Form für sie vorschreiben. Und wenn er ferner gesagt hat: der Prospect werde auch verschleiert sein — m. H., weiter können wir nichts thun. Wir können gesetzlich die Momente bestimmen, die in dem Prospecte ausgesprochen werden; bleibt dann auch eine Unwahrheit drin, so möge mir der geehrte Herr Vorredner die Tinte nennen, die ohne weiteres erblaßt, wenn eine Unwahrheit geschrieben wird. So lange es aber keine solche Tinte giebt, bleibt nichts weiter übrig, als die Pflicht des Aussprechens der Wahrheit in allen wichtigen Punkten und die Verantwortlichkeit für die Unwahrheit und die Verschleierung der Wahrheit gesetzlich festzustellen.

Nun hat Herr Makower vorgeschlagen, den zweiten Satz des § 1 wegzulassen, also denjenigen Satz, der 1. die Legitimation des Einzelnen bestimmt, und 2. die Art und Weise der Verantwortlichkeit präcisirt. Ich beziehe mich desfalls auf dasjenige was die beiden geehrten letzten Vorredner gesagt haben. Ich glaube wirklich, daß wir es wagen können und wagen dürfen, in diesem Falle so weit zu gehen, einen positiven Wink zu geben über die Art und Weise, wie die Minimalverantwortlichkeit festzustellen sei. Denn das bloße Aussprechen der Verantwortlichkeit ohne weitere Präcisirung, fürchte ich, ist etwas ganz Leeres und Inhaltloses, da die Geltendmachung derselben mit den endlosesten Weitläufigkeiten und juristischen Schwierigkeiten verbunden ist.

Auch das ist schon widerlegt worden, daß die Befugniß des Einzelnen keineswegs eine bloße Scheinbefugniß zu sein braucht, es braucht ja auch nicht gerade Einer zu sein, es kann ja auch eine Minorität sein, aber am Ende gesetzlich ist kein Grund vorhanden, dem Einen das zu untersagen, was man der größeren oder geringeren Minorität doch gestatten will.

Die Nro. 2 meines Antrags ist gleichfalls von Herrn Rechtsanwalt Makower bekämpft worden. Es ist das ein Antrag, der sich ganz den Bestimmungen des französischen Rechts anschließt, was ich vorhin zu bemerken vergessen hatte. Das französische Recht hat zwar nicht in Bezug auf den Prospekt, wohl aber gerade in Beziehung auf diese vorbereitenden Handlungen der Aktienzeichnung und der Empfangnahme der Einzahlungen das Institut der Gründer ganz speciell hervorgehoben. Es ist damit auch für diese Thätigkeiten ein wirklich verantwortliches Organ geschaffen. Ich will mich auf die Frage, ob es richtig war, die Einzahlung der 10 Prozent als Bedingung für das Inslebentreten der Gesellschaft aufzustellen, hier nicht einlassen. Ich halte im Allgemeinen das Prinzip der wirklichen Einzahlung eines Bruchtheils für vollkommen richtig und ich glaube, daß in dem Augenblick, wo man noch gar kein Geld braucht, man auch mit der Gründung der A.-G. warten könnte, und daß kein Bedürfniß vorliegt, eine A.-G. zu gründen, ehe sie ihr Capital hat und gebraucht. Aber selbst für diejenigen, welche in Bezug auf die Frage der Verantwortlichkeit, des Maßes der Verantwortlichkeit nicht mit dem § 1 übereinstimmen, möchte ich doch hervorheben, daß der § 2, also der Paragraph, der die Gründer verantwortlich macht für unwahre Angaben in Bezug auf die Aktienzeichnungen und auf die Einzahlungen, seine selbstständige Bedeutung hat. Das ist ja gerade das Wesentliche in dem § 2, daß ich sage: nicht die Generalversammlung soll quittiren über die Einzahlung, nicht die Generalversammlung soll constatiren, daß das sämmtliche Capital gezahlt ist, sondern es sollen in den Gründern bestimmte Personen bezeichnet sein, die für die vorbereitenden Thatsachen der A.-G. eintreten, und Herr Makower hat übersehen, daß in Nr. 2 nicht blos das Maß des Schadenersatzes für eine Pflichtversäumniß, sondern vor allem auch die Begründung der Pflicht selbst ausgesprochen ist, und das bitte ich ins Auge zu fassen.

Ueber Nro. 3, Verpflichtung bis zur Volleinzahlung, werde ich nichts weiter sagen. Wenn die Banquiers oder die Actienzeichner in Zukunft ihre

Einrichtungen in der Weise treffen, daß sie das Aktiencapital und die Aktien kleiner machen, so bin ich vollständig befriedigt. Ganz nach Belieben klein dürfen sie die einzelnen Aktien nicht machen, daran verhindert sie das Gesetz. Aber mir ist es vor allem darum zu thun, daß dasjenige, was auf dem Stück Papier und in dem Contract steht, und was dem Dritten gegenüber als das Maß der Creditwürdigkeit der Gesellschaft hervortritt, auch eine Wahrheit sei.

No. 4 betrifft das Organ der Revision. Hierbei bin ich auch von Herrn Makower etwas mißverstanden worden, was ich gewiß selbst verschuldet habe. Ich habe nämlich nicht blos meinen Antrag begründet, sondern ich habe auch aus meinem Herzen keine Mördergrube gemacht und habe erzählt, daß ich eigentlich noch etwas mehr haben möchte, aber zu bescheiden bin, dieses Mehr von Ihnen zu verlangen. Dieses Mehr wäre die Herstellung eines Organs zur Revision in einer solchen Weise, daß es als ein selbst von den Actionären unabhängiges erscheint, und ich habe Ihnen gesagt, daß es meines Herzens Wunsch wäre, daß die Revisoren nicht von den Actionären, sondern von dem Gerichte gewählt würden. Ich habe Ihnen aber dabei gesagt, daß ich vor den practischen Schwierigkeiten einer solchen Bestimmung zurückschrecke und mich deshalb in der Resolution darauf beschränkt habe, Ihnen vorzuschlagen, daß ein bei der Verwaltung nicht betheiligtes Organ obligatorisch sein muß.

Dann müssen Sie mir noch einen Augenblick das Wort gönnen namentlich über die Bemerkungen des Herrn Dr. Jaques. Er hat darauf aufmerksam gemacht, man sollte lieber den ganzen Aufsichtsrath streichen.

(Advokat Dr. **Jaques**: Entweder — oder!)

Nun, m. H., die Streichung des Aufsichtsraths ist nichts, was ich glaubte ins Auge fassen zu müssen. Ich theile insofern ganz und gar die Ansicht des Herrn Dr. Jaques, daß ich es nicht für erforderlich halte, den Aufsichtsrath obligatorisch zu machen, den Aufsichtsrath nämlich, so wie er jetzt ist. Ich glaube, das ist eine von denjenigen Bestimmungen, die ganz gut der Autonomie der Gesellschaften selbst überlassen werden können. Ich bin aber auch nicht der Meinung, daß ein Grund vorliegt, den Aufsichtsrath, wie er sich gebildet hat und wie er eigentlich in Wahrheit der Verwaltungsrath ist, gesetzlich zu prohibiren. Es ist in ihm ein ganz gesundes Element, es ist das Element, das den Zusammenhang bildet auch in der Executive zwischen der Direction und der Generalversammlung, es ist doch immer eine Repräsentanz der größeren Mehrheit, es ist ein Rath, ein großer Staatsrath, ein Cabinet, das meinetwegen dem Director beigesetzt wird, und zwar ein Cabinet, das im inneren Zusammenhang mit der großen Masse der Actionäre steht, das aus ihrer Wahl hervorgegangen ist. Die Actionäre werden niemals wünschen, das ganze Jahr ohne jede solche Vermittlung in Bezug auf die Administration mit der Direction zu bleiben. Darum hat das Institut seinen großen praktischen Nutzen. Ueberall nöthig ist es nicht, namentlich nicht in kleineren Verhältnissen. Es vorzuschreiben ist meiner Ueberzeugung nach gar kein Grund vorhanden. Aber auch es zu verbieten, wie Herr College Jaques es angedeutet hat, würde unrichtig sein, weil es an sich unter Umständen ein recht nützliches Element ist, und weil vor allem nichts leichter ist, als dieses Verbot zu umgehen. Man brauchte nur die Behörde, die man heute Aufsichtsrath nennt, in Zukunft Vorstand zu nennen, und die Directoren die Beamten dieses Vorstandes, die als solche doch nach der Pfeife dieser Direction zu tanzen haben. Sie haben dann dieselbe getheilte moralische Verantwortlichkeit. Dagegen wäre ich vollkommen damit einverstanden, diesen Aufsichtsrath obligatorisch zu machen, wenn er dasjenige wäre, was er dem Gesetze nach sein soll, d. h. wenn er eben ein in keiner Weise mit der Geschäftsführung betrautes und in dieselbe implicirtes Organ wäre. Das ist mir von anderer Seite aus der Versammlung auch entgegengehalten worden. Aber man kann doch unmöglich das Auge dagegen verschließen, daß es nicht blos Mißbräuche des practischen Gebahrens sind, sondern daß es an der Hand der Gesetzgebung und mit ihrer Erlaubniß möglich geworden ist, dem Aufsichtsrath diese Stellung zu geben. Ich habe Ihnen das in meinem einleitenden Vortrage zu deduciren gesucht, und es ist absolut nicht dagegen zu streiten, daß das Actiengesetz vom 11. Juni 1870, wenn es auch einen großen Lapsus gemacht hat, geradezu es zuläßt, daß der Vorstand an die Genehmigung des Aufsichtsraths für bestimmte Geschäfte gebunden ist; und wenn das einmal zugelassen werden kann, so ist die Thüre geöffnet für diesen Mißbrauch, und es entwickelt sich ganz nothwendigerweise mit der Zeit gerade nach der einflußreichen Stellung, die ein solcher Aufsichtsrath eingenommen hat, aus der ersten Handhabe die weitere Consequenz.

Ich komme dann zu dem letzten Punkte. Das ist der Punkt über die Rechte des Einzelnen. Ich weiß das ganz gut, es ist kein Zweifel, daß wenn eine Dividende von 5 Procent erklärt worden ist und ich Actionär bin und die Direction mir diese Dividende nicht zahlen will, ich schon heute berechtigt bin, die Dividende gerichtlich zu verlangen. Wenn aber diese Dividende die Consequenz einer nicht statutenmäßig aufgemachten Bilanz ist, und wenn diese Bilanz von der Generalversammlung bestätigt ist, dann zweifelt man sehr wohl daran, ob ich in diesem Falle die Klage anstellen kann. Es ist das ein Gebiet, auf dem außerordentlich viel Streit ist, es ist ein Gebiet, auf dem namentlich das Actiengesetz durch Bezugnahme auf einzelne Bestimmungen über die Commanditactiengesellschaften außerordentliche

Dunkelheiten hervorgebracht hat, und in dem nichts wünschenswerther wäre, als die Sache in's Klare und Bestimmte zu stellen. Ich denke mir meinerseits die Sache so, daß der einzelne Actionär sein Heil in einem solchen Falle zunächst in der General-Versammlung zu suchen hat. Hier fehlt es zunächst an einem ausreichenden Rechtsschutze, wenn ihm die Zusammenberufung der Generalversammlung statutenwidrig verweigert wird. Wenn aber die zusammenberufene Generalversammlung sich weigert, in dieser Beziehung die Rechte des Einzelnen zu schützen, so soll dieser das Recht haben, einen solchen Beschluß annulliren zu lassen. Das ist eine Auffassung, die ich Ihnen vortrage, um Ihnen zu sagen, daß ich mir bei meinem Vorschlage etwas Bestimmtes gedacht habe, aber ich habe dieser Auffassung keinen speciellen Ausdruck in dem Vorschlage gegeben. Nur das Prinzip halte ich für durchaus erforderlich, daß die Wahrung der Rechte, der Schutz der Interessen des Einzelnen in einem ausgedehnteren Maße möglich ist, wie mindestens unsere practische Auffassung des Actiengesetzes bisher ihn zuläßt.

Ich empfehle Ihnen meine Anträge.

(Beifall.)

(Dr. **Jaques** erklärt, daß er die erste Ziffer seines Antrags zurückziehe, die zweite dagegen aufrecht erhalte).

Vicepräsident O. A. R. **Becker** bezüglich des Abstimmungsmodus: Zunächst sei festzustellen, wie sich der Wolffson'sche Antrag eventuell — für den Fall seiner Annahme — in seinen einzelnen Ziffern in Folge der verschiedenen zu demselben gestellten Amendements gestalte; alsdann darüber abzustimmen, ob der Wachtel'sche Antrag, der den Wolffson'schen ausschließe, oder der Wolffson'sche Antrag in der durch die vorläufige Abstimmung festgestellten Fassung definitiv angenommen werden solle; endlich, für den Fall der Annahme des Wolffson'schen Antrags im Ganzen, über die beiden Zusatzanträge von Justizrath Block zu entscheiden.

Die Abstimmung ergiebt folgende Resultate:

Der Eingang der Wolffson'schen Resolution:

„Zur thunlichsten Verhinderung unsolider Begründung oder mißbräuchlicher Verwaltung von Aktiengesellschaften empfiehlt es sich, die betr. gesetzlichen Bestimmungen namentlich in folgenden Punkten zu ändern:"

wird angenommen.

Zu 1., wird, nachdem der Antrag des Correferenten Albrecht:

„Die Gründer einer Actien-Gesellschaft für verpflichtet zu erklären, insofern sie wissentlich die öffentlichen Bekanntmachungen oder sonst dem Publikum gegenüber unwahre Angaben machen oder wesentliche Umstände verschweigen, derGesellschaft, auch auf Antrag eines einzelnen Actionärs, den Betrag zu ersetzen, um welchen die Gesammtheit der Actionäre reicher sein würde, wenn die unwahren Angaben wahr oder die verschwiegenen Umstände nicht vorhanden wären, beziehendlich den Betrag der Differenz zwischen dem wirklichen und dem angegebenen Werth der nicht in Geld bestehenden Einlagen."

abgelehnt worden, der Antrag des Referenten Wolffson in seinem ersten Theile:

„Die Gründer einer Actiengesellschaft zu verpflichten, die für die Begründung wichtigsten Angaben, namentlich diejenigen über nicht in Geld bestehende Einlagen, mittelst unterschriftlich vollzogener Prospekte kundzugeben,"

mit großer Majorität angenommen; der zweite Theil desselben:

„und ihre Verantwortlichkeit für wissentlich unwahre Angaben oder wissentliche Verschweigungen dahin zu normiren, daß sie, auch auf den Antrag eines einzelnen Actionärs, der Gesellschaft den Betrag, um den die Gesammtheit der Actionäre reicher sein würde, wenn die unwahren Angaben wahr oder die verschwiegenen Umstände nicht vorhanden wären, beziehendlich den Betrag der Differenz zwischen dem wirklichen und dem angegebenen Werth der nicht in Geld bestehenden Einlagen zu ersetzen solidarisch verpflichtet sind,"

wird, nachdem zuvor nach dem Antrag von Dr. Johanny die Worte „wissentlich" und „wissentliche" gestrichen worden, abgelehnt.

Bei Ziffer 2 des Wolffson'schen Antrags:

„Die Gründer ferner für jede wissentlich veranlaßte Täuschung in Bezug auf das Vorhandensein und den Werth der Actienzeichnungen, sowie in Bezug auf die geleisteten Einzahlungen in demselben Maße und in derselben Weise für verhaftet zu erklären,"

wird zunächst nach dem Johanny'schen Antrag das Wort „wissentlich" mit 23 gegen 17 Stimmen gestrichen, die Ziffer selbst in dieser modificirten Fassung angenommen und das Bureau beauftragt, die durch Ablehnung des zweiten Theils der Ziffer 1 hier nothwendig gewordene redactionelle Aenderung vorzunehmen.

Ziffer 3 des Wolffson'schen Antrags:

„die Bestimmung aufzuheben, nach welcher es gestattet ist, nach erfolgter Einzahlung von 40 Procent die Zeichner von Inhaber-Aktien von der Haftung für fernere Einzahlungen zu befreien,"

wird angenommen.

Als Ziffer 4 wird statt der Wolffson'schen Fassung:

„für jede Actien-Gesellschaft das Vorhandensein eines bei der Geschäftsführung unbetheiligten Organs für die Revision der Bilanzem vorzuschreiben"

folgende Albrecht-Makower'sche Fassung:

„die Gerichte zu ermächtigen, jeder Zeit auf Antrag einzelner Aktionäre, wenn wichtige Gründe vorliegen, die Mittheilung einer Bilanz oder sonstiger Aufklärungen nebst Vorlegung der Bücher und Papiere anzuordnen, auch eine Untersuchung der Geschäftsführung zu veranlassen,"

angenommen.

Ziffer 5 des Wolffson'schen Antrags:

„auch dem einzelnen Actionär, soweit es sein Interesse erheischt, ein Klagerecht auf Innehaltung der gesetzlichen und statutarischem Vorschriften über die Geschäftsführung, Bilanzen und Gewinnvertheilung zu gewähren"

wird unverändert angenommen.

Nachdem die hierauf vorgenommene Abstimmung über den Wachtel-schen Antrag [siehe den Wortlaut im Text der Wachtel'schen Rede] dessen Ablehnung ergeben, wird der Antrag des Referenten Dr. Wolffson in der durch die eventuelle Abstimmung festgestellten Fassung in seinen fünf Ziffern als Ganzes angenommen.

Endlich werden die vom Justizrath Block als Ziffer 6 und 7 beantragten Zusätze zu dem Wolffson'schen Antrag:

6. Die Actien-Gesellschaften können erst in Wirksamkeit treten, wenn das Actiencapital voll eingezahlt ist.

7. Der Statuts der Gesellschaft ist in kürzeren Zwischenräumen, der Geschäftsabschluß alljährlich zu veröffentlichen.

und zwar jeder in besonderer Abstimmung abgelehnt.

Die Abtheilung beschließt, nachdem sie den beiden Referenten ihren Dank ausgesprochen, den gefaßten Beschluß dem Plenum zur Kenntnißnahme mitzutheilen und den Referenten Dr. Wolffson mit dem Referat für das Plenum zu beauftragen.

(Schluß der Sitzung 3 Uhr.)

Erste Sitzung der dritten Abtheilung am 28. August 1873.

(Beginn: Vormittags 11 Uhr.)

Obertribunalsrath v. Kunowski aus Berlin, als Beauftragter der ständigen Deputation, eröffnet die Sitzung der dritten Abtheilung, und schlägt zum Präsidenten derselben den Advokaten Dr. von Stenglein aus München vor. Derselbe wird durch Akklamation gewählt, und nimmt die Wahl an.

Auf Vorschlag des Präsidenten Dr. von Stenglein werden Obergerichtsrath Thomsen aus Hannover zum Vicepräsidenten, Advokat Dr. Berend aus Hannover und Stadtrichter Dr. Rubo aus Berlin zu Schriftführern gewählt.

Der Vorsitzende schlägt der Abtheilung vor, den ersten der Abtheilung überwiesenen Gegenstand, betreffend die Zeugnißpflicht in Kriminalsachen, wegen Behinderung des Referenten zurückzustellen und demnächst einzutreten in die Berathung der Frage:

> Ist im Strafverfahren das Verhör durch den Präsidenten oder das Kreuzverhör vorzuziehen?

Referent ist der Präsident selbst.

Obergerichtsrath **Thomsen** übernimmt den Vorsitz.

Referent Advokat Dr. v. **Stenglein** aus München: Meine Herren! Es liegt mir ob, über die Gesetzgebungsfrage:

> „Ist im Strafverfahren das Verhör durch den Präsidenten oder das Kreuzverhör vorzuziehen?"

Bericht zu erstatten. Es liegt über diese Frage zunächst ein Gutachten des Herrn Regierungsraths v. Stemann zu Kiel vor. Derselbe erinnert in der Einleitung mit Recht, daß die Frage nicht vollständig präcis gestellt ist, indem vor Allem unter dem Präsidenten nicht nur der Präsident des Schwurgerichtshofs, für den der Ausdruck „Präsident" vorzugsweise gebraucht wird, sondern wohl jeder Vorsitzende eines Strafgerichtskollegiums verstanden werden muß. Ferner ist unter „Verhör" nicht nur das zu verstehen, was man in der Regel unter Verhör versteht, nämlich die Vernehmung des Angeklagten, sondern auch die Vernehmung der Zeugen und Sachverständigen, kurz Alles, was im Gebiete der Beweiserhebung durch Vernehmung von einzelnen Personen erforscht werden soll. Das Gutachten stellt nun vor Allem den Sachverhalt fest und führt aus, daß sich zwei Systeme entgegenstehen, das deutsch-französische System und der englische Strafprozeß. In dem deutsch-französischen Prozeß hat das Kreuzverhör bis jetzt einen Platz nicht gewinnen können. Zwar hat fakultativ das preußische Gesetz vom 3. Mai 1852, Art. 77 und das badische Prozeßgesetz vom 18. März 1864, Art. 238 gestattet, ein Kreuzverhör in der Art vorzunehmen, daß der Vorsitzende berechtigt sein soll, dem Staatsanwalt und dem Vertheidiger die Erhebung der Beweismittel zu überlassen. Ein Gebrauch von dieser Fakultät wurde aber fast regelmäßig nicht gemacht, und zwar aus sehr nahe liegenden Gründen. Derjenige, der sich das Recht erbäte, an Stelle des Vorsitzenden das Verhör zu übernehmen, würde damit eine Art von Mißtrauen gegen den Vorsitzenden aussprechen. Dies hält davon ab, einen solchen Antrag zu stellen. Der Vorsitzende selbst aber wird in der Regel besorgen, es könne scheinen, als wolle er eine ihm zustehende Obliegenheit nicht erfüllen, also auch seinerseits Anstand nehmen, von jenem Rechte Gebrauch zu machen. Und so sind diese Fakultäten in der Regel unausgeübt geblieben. Im französischen Prozeß hat allerdings das Verhör des A n g e k l a g t e n keine gesetzliche Basis, aber es ist usuell in denselben eingeführt, wie es fast in sämmtliche deutsche Prozeßordnungen durch ausdrückliche gesetzliche Bestimmung eingeführt wurde. Als Basis dient die Verpflichtung des Vorsitzenden, Alles zu erforschen, was zur Aufklärung der Wahrheit dient, oder auch die diskretionäre Gewalt des Präsidenten. Und so ist es herkömmlich geworden, daß in Frankreich der Angeklagte vor Einleitung der weiteren Verhandlung, vor der Beweiserhebung, einem vollständigen Verhör unterzogen wird, und daß dies ausnahmslos der Vorsitzende vornimmt. Diese Regel wurde nun in Deutschland in den sämmtlichen Prozeßordnungen als gesetzliche Regel eingeführt, und es ist ein vollständig inquisitorisches Verhör, ein inquisitorisches Vernehmen der sämmtlichen Zeugen und Sachverständigen hierdurch geltendes Recht in Deutschland geworden. Auch der Entwurf — (wenn ich von dem Entwurfe spreche, so erlaube ich mir zu bemerken, daß ich hierunter immer den Entwurf der deutschen Strafprozeßordnung verstehe) — auch dieser Entwurf ändert daran nur sehr wenig. Er hat allerdings die inquisitorische Natur des Verhörs des Angeschuldigten dadurch abzuschwächen versucht, daß er bestimmt, es solle dem Angeklagten nur Gelegenheit zur Rechtfertigung und Beseitigung der Verdachtsgründe gegeben werden. Allein auf der andern Seite ist damit nicht viel gewonnen, weil dies Verhör im Beginn der Verhandlung stattfinden soll, und damit naturgemäß der Inhalt der Akten der Voruntersuchung die Basis dieses Verhörs darbietet. Im Uebrigen ist als Inhalt dieses Verhörs zu erwähnen, daß in weitaus den meisten Strafprozeßordnungen Deutschlands die Bestimmung nicht getroffen ist, daß das Geständniß den Wahrspruch der Geschworenen entbehrlich macht, wie dies in einzelnen Strafprozeßordnungen allerdings bestimmt ist. Die gesammte Beweiserhebung ist sowohl im französischen wie im deutschen Prozeß eine rein inquisitorische und gestattet nur eine nachträgliche Fragstellung des Staatsanwalts, des Vertheidigers, der Richter und Geschworenen. Durch die weit ausgedehnte diskretionäre Gewalt des Vorsitzenden ist diese inquisitorische Natur des Verhörs noch verstärkt worden. Man läßt einen Verzicht der Parteien auf Beweismittel nicht als bindend gelten. Aehnlich ist die Sache nun auch im neuen Entwurfe des deutschen Strafprozesses geordnet. Auch hier nur ein fakultatives Kreuzverhör, auch hier nur ein geringer Einfluß der Parteien auf die gesammte Beweiserhebung, so daß ein wesentlicher Unterschied gegen den bisherigen Zustand nicht in Aussicht steht, wenn der Entwurf Gesetz werden sollte. Dagegen herrscht in England ein vollständig entgegengesetztes Verfahren. Vor Allem kein Verhör des Angeklagten in dem Sinne, in dem wir es in Deutschland kennen. Der Anklageanwalt bezeichnet nicht nur die Beweispunkte und Beweismittel. Er führt sie auch selbstständig ohne Einwirkung des Richters vor. In ähnlicher Weise leitet die Vertheidigung den ganzen Entlastungsbeweis durch Bezeichnung der Entlastungsbeweismittel und Vorführung der Aussagen von Zeugen und Sachverständigen. Der Voruntersuchungsakt ist auf das Möglichste beschränkt, und vor Allem ist hier das Institut eingeführt, welches den Gegenstand unserer jetzigen Frage bildet, nämlich das Kreuzverhör als das Mittel, die Wahrheit aus den Beweiszeugen möglichst zu eruiren. Der Richter hat nur eine kontrolirende Gewalt, er vernimmt nur in einem Falle die Zeugen, nämlich dann, wenn die angeklagte Partei ohne Anwalt erscheint und ihren Entlastungsbeweis vorführen will. Das Gutachten macht nun darauf aufmerksam, daß man nicht daran denken dürfe, daß die Frage nach den Prinzipien des Untersuchungs- oder Anklageverfahrens entschieden werde. Das Gutachten weist nach, daß diese Prinzipien so verschiedenartig verstanden werden — es führt hierfür Beweise aus den Schriften von Köstlin, Mittermaier, Leue und Zachariä vor — daß man mit der einfachen Aufstellung eines Prinzips noch durchaus nicht zu dem Schlusse kommen könne, ob nach dem einen oder andern Prinzip die Verhöre in der einen oder der andern Weise geordnet werden sollen. Es macht darauf aufmerksam, daß man das Untersuchungsprinzip sehr häufig mit dem entarteten inquisitorischen Prinzip verwechsle, daß man nicht das nöthige Gewicht darauf lege, daß die Erforschung der materiellen Wahrheit das Ziel sei, daß ferner das Untersuchungsprinzip auch mit der amtlichen Verfolgung des Kriminalfalls gleichgestellt und verwechselt werde. Zur Schlußfolgerung sei also die bloße Aufstellung dieser Prinzipien nicht tauglich. Das reformirte Verfahren stelle dagegen eine Theilung der Funktionen auf, wie sie vollständig richtig sei. Es führe diese Theilung der Funktionen nur nicht vollständig durch, und insbesondere sei ein wesentlicher Mangel, daß dem Richter noch das Verhör zur Aufgabe gestellt und ihm dabei eine wesentlich inquisitorische Pflicht auferlegt werde. Das reformirte Verfahren stelle die Parteien bei der Beweiserhebung nicht vollständig gleich und lege dem Richter neben der Prozeßleitung Pflichten auf, welche durchaus nicht in dem Begriffe der Prozeßleitung lägen, insbesondere die Pflicht, die Beweiserhebung selbstständig zu leiten und durchzuführen. Dies führe zu der bloßen Reproduktion der Acten. Der neue Entwurf ändere hierin sehr wenig, er enthalte höchstens den Fortschritt, daß der Untersuchungsrichter von dem urtheilenden Gericht ausgeschlossen sein soll. Die Hauptverhandlung, fährt das Gutachten fort, müsse den Schwerpunkt der ganzen Aburtheilung bilden; daher müsse der Vorsitzende von dem Untersuchungsgeschäfte möglichst ausgeschlossen werden; er dürfe gar nicht die Vorakten kennen, dadurch lasse sich jede Befangenheit ausschließen. Durch die Bewirkung des Verhörs erhalte der Vorsitzende die Rolle des Anklägers. Er werde unwillkürlich in dieser Rolle befangen und dadurch untauglich gemacht, die Rolle des Richters richtig einzuhalten. Denn durch die Pflicht des Verhörs werde unwillkürlich der Richter dazu aufgefordert, das Hauptgewicht darauf zu legen, ein Geständniß von dem Angeklagten zu erlangen, und dadurch den Angeklagten nicht als den erscheinen zu lassen, der gegen sich einen Beweis müsse erheben laßen, sondern als ein Mittel der Beweiserhebung selbst. Dies Alles behalte der Entwurf der Strafprozeßordnung für das Deutsche Reich in den §§ 193 und 194 bei und bessere dadurch, daß es das fakultative Kreuzverhör, zulasse, nur wenig aus den bereits angeführten Gründen. Selbst das Zeugenverhör, nimmt das Gutachten an, beeinträchtige die Unbefangenheit des Vorsitzenden sehr leicht, weil es zur nothwendigen Voraussetzung habe, daß sich der Vorsitzende vollständig in die Vorakten einarbeite. Dadurch entstehe leicht eine gewisse Befangenheit und auch in dem Zeugenverhör trete nun eine gewisse Voreingenommenheit des Präsidenten leicht hervor. Es sei dabei noch zu beachten, daß dem Vorsitzenden in anstrengenden Schwurgerichtssitzungen eine Aufgabe gestellt werde, die nothwendigerweise zu seiner Erschöpfung führen müsse. Er werde ferner nothwendigerweise in Streitfragen verwickelt, welche dazu beitragen müßten, ihn nicht als unparteiischen Richter erscheinen zu lassen. Es sei eine unerfüllbare Zumuthung, ihn gleichzeitig als Inquirenten und Richter fungiren zu lassen. Am besten führe die Staatsanwaltschaft den Anklagebeweis, weil sie vollständig vertraut mit demselben sein müsse. In gleicher Weise sei die Vertheidigung vor Allem berufen, den Entlastungsbeweis zu ordnen und zu führen, und es würde durch das Kreuzverhör eine möglichst erschöpfende Befragung derjenigen, die vor Gericht zu vernehmen seien, herbeigeführt. Endlich komme auch die Prozeßleitung durch die Einführung des Kreuzverhörs, d. h. durch die Uebertragung der Vernehmung von Zeugen an Staatsanwaltschaft und Vertheidigung, in die richtige Stellung, indem der Richter nun nur berufen sei, mittels der Prozeßleitung für die Wahrung der Gesetze zu sorgen, und jede einseitige Stellung des Richters ausgeschlossen bleibe. Weiter glaubt das Gutachten, daß das Plaidoyer allein durch das Kreuzverhör die richtige Stellung bekomme, indem Staatsanwalt und Vertheidiger bereits während der Verhandlung die Gelegenheit erhalten, das zu betonen und vorzubringen, was hauptsächlich für die Ueberzeugung der Richter von Bedeutung sei, und so seien diese Partheien nicht mehr gezwungen, erst im Plaidoyer durch glänzende Beredtsamkeit sich eine gewisse Geltung zu verschaffen, welche ihnen bis dahin vollständig entzogen gewesen sei. Endlich glaubt das Gutachten, auch der Schlußvortrag des Präsidenten gewinne dadurch erst seine richtige Stellung, indem nun der Präsident vollständig unpartheiisch den ganzen Beweis resumiren könne. Ich muß hier einen Augenblick in meinem Referate verweilen. Denn es ist dies die einzige Stelle, wo ich in meiner Ueberzeugung von der Ueberzeugung des Herrn Gutachters abweiche. Aus den Stellen, welche das Gutachten über den Schlußvortrag des Präsidenten enthält, scheint mir hervorzugehen, daß der Herr Gutachter den Schlußvortrag des Präsidenten im Sinne des französischen Verfahrens als eine Rekapitulation des gesammten Beweisverfahrens beizubehalten wünscht. Dagegen muß ich mich nun ganz entschieden aussprechen. Schon eine Reihe neuerer deutscher Strafprozeßordnungen hat den Fortschritt gemacht, das Resumé des französischen Präsidenten auszuschließen und es nur in eine Belehrung der Geschworenen in rechtlicher Beziehung umzuwandeln. Ich glaube, hierin liegt ein so wesentlicher Fortschritt unsres Deutschen Verfahrens, daß wir jetzt ganz gewiß nicht veranlaßt sind, darin wieder zurückzuschreiten und wieder zum Resumé des französischen Präsidenten zurückzukehren. Ich halte es für eine Sache vollständiger Unmöglichkeit, daß ein Richter in unpartheiischer, nicht voreingenommener Weise das Beweisverfahren rekapitulirt. Ich gestehe, daß die Instruktionen, welche der englische

Richter den Geschworenen gibt, auch nicht dasjenige sind, was ich als das Ideal des Gerichtsverfahrens ansehen kann. Es mag sein, daß, wenn der Richter mit Vorzügen ausgestattet ist, wie allerdings in England sie möglichst gewährleistet sind, eine solche Instruktion wenig Gefahren hat. Aber ich kann mich der logischen Schlußfolgerung nicht entziehen, daß, wenn man die Geschworenen überhaupt für befähigt hält, das Beweisverfahren aufzufassen, zu verarbeiten und in Folge dessen einen richtigen Wahrspruch zu fällen, man ihnen nicht wieder ein testimonium paupertatis ausstellen darf dadurch, daß man sie anweist, nachdem sie das ganze Beweisverfahren unmittelbar angehört haben, nun eine Rekapitulation, die ich nicht anders als im Sinne einer gewissen Abschwächung auffassen kann, von dem Richter entgegenzunehmen und danach zu urtheilen. Ich möchte also ganz im Sinne des Gutachtens auch darin die unpartheiische Stellung des Vorsitzenden wahren, daß er eine solche Rekapitulation der Beweisergebnisse nicht vorzunehmen hat, sondern höchstens eine Rechtsbelehrung der Geschworenen, daß somit auch in dieser Beziehung seine Stellung als Richter, seine Stellung als Proceßleiter und das Beweisverfahren ausschließlich controlirender Vorsitzender gewahrt wird. —

Nach dieser Abschweifung fahre ich in der Rekapitulation des Gutachtens fort. Das Gutachten fährt fort, daß gegen das Kreuzverhör nur wenige, theilweise schon abgeschwächte Einwendungen gemacht worden seien. Vor Allem, daß das Kreuzverhör keinen nationalen Charakter habe: es sei in Deutschland nicht eingelebt, und es werde daher nie recipirt werden. Allein mit Recht macht das Gutachten darauf aufmerksam, daß das kein Grund sei, daß es sich nicht einleben könne, während man einen Versuch noch nicht gemacht habe, und daß dieser Grund deswegen nur wenig oder gar kein Gewicht habe. Ich möchte dem beifügen, daß ja am Ende unser ganzes mündliches Verfahren kein streng genommen nationales ist, daß wir es nach der Umbildung, die es, herübergenommen aus Englaud, in Frankreich erfahren hat, nur erst in der zweiten Variation aus Frankreich recipirt haben. Man hat bei dessen Einführung auch eingewendet, es sei kein nationales Verfahren, unsre Richter, unsre Staatsanwälte, unsre Vertheidiger würden sich außerordentlich schwer daran gewöhnen. Und wie die Erfahrung gelehrt, hat sich die Sache außerordentlich einfach gestaltet, und Richter, Staatsanwälte und Vertheidiger kommen ihren Obliegenheiten so eifrig nach, wie ihnen je ihre Vorbilder in England und Frankreich nachgekommen sind. Ist das der Fall, so wird man mit dem Einwande, daß das Kreuzverhör keinen nationalen Charakter habe, nicht weit kommen. Wenn es keinen nationalen Charakter hat, so wird sich doch eine solche Einrichtung, wie das Kreuzverhör ist, ebenso leicht und natürlich einleben. Dabei ist nicht zu verkennen, daß das fakultative Kreuzverhör, welches unsre Prozeßordnungen eben nur gestatten, einen Probstein dafür, daß es sich einleben könne, nicht abgeben konnte. Daß wir bezüglich des Verfahrens keine hinreichende Erfahrung haben und deshalb keine so schwere Obliegenheit übernehmen könnten, wird in neuerer Zeit kaum mehr behauptet und verdient daher umsoweniger einer Beachtung.

Das Gutachten stellt nun eine Reihe von Ergebnissen fest, welche für eine Entscheidung als maßgebend erscheinen, vor Allem, daß das Verhör des Angeklagten im Hauptverfahren wegfallen muß. Ich glaube, es ist das ein Postulat, welches die vollste Begründung hat. Das Verhör des Angeklagten führt nothwendiger Weise zu einer Inquisition, welche mit der ganzen Natur des Anklageprozesses im diametralsten Widerspruch steht. Kein Verhör des Angeklagten, welches bei Beginn des Verfahrens vorgenommen wird, kann etwas anderes sein als die Recapitulation der schriftlichen Voruntersuchung. Der Vorhalt dessen, was die Voruntersuchung ergeben hat, ist das gerade Gegentheil einer mündlichen Verhandlung. Welchen Eindruck macht es — und Jeder der im mündlichen Verfahren mitgewirkt hat, wird sich dessen entsinnen — wenn der Präsident, der allein das Verhör des Angeklagten leiten kann, auf Grund der scheinbaren Ergebnisse der schriftlichen Untersuchung eine Reihe von Vorhalten über das macht, was als bewiesen anzunehmen sei? Es werden sodann die Beweismittel vorgeführt und ergeben etwas ganz Anderes, und es zeigt sich, daß die Vorhalte ebenso ins Blaue hinein gemacht wurden und ins Blaue hinein gemacht werden mußten, wie die Auslassung des Angeklagten über die angeblichen Beweise. Daß dadurch die Verhandlung nicht an Gründlichkeit und Würde gewinnt, ist, glaube ich, außer allem Zweifel. Vor Allem aber wird man den Satz festhalten müssen, daß das Verhör des Angeklagten nicht dahin gehen darf, aus dem Angeklagten seine Schuld herauszuinquiriren und das Verhör zu dem wichtigsten Gliede des Beweisverfahrens zu machen. Im Anklageprozeß muß dem Angeklagten bewiesen werden, was seine Schuld ist, und das kann man nur durch den Beweis ermitteln, aber nicht durch ihn selbst, wenn er sich nicht freiwillig zu einem Geständniß herbeiläßt. Es ist daher geboten, das Verhör des Angeklagten an der Spitze der Verhandlung fallen zu lassen und nur am Schlusse dem Angeklagten die Möglichkeit zu geben, sich in faktischer und rechtlicher Beziehung zu vertheidigen.

Ein zweiter Satz, den das Gutachten aufstellt und dem ich vollständig beipflichte, ist, daß die Vertheidigung auch im Mittelverfahren, d. h. vor den Gerichten mittlerer Ordnung für weniger schwere Verbrechen und Vergehen, jedoch nicht für Bagatellsachen, eine obligatorische sein und nöthigenfalls von Amtswegen die Honorirung des Vertheidigers stattfinden müsse.

Das Gutachten führt aus, daß das jetzt schon durchführbar sei, da in den schwersten Fällen jetzt schon obligatorische Vertheidigung eintrete, mithin die dagegen gemachten Einwendungen nur einen Theil des Gutachtens treffen, und es werde die obligatorische Vertheidigung in allen Criminalfällen sich um so leichter machen, wenn eine Freigebung der Advokatur eintrete. Für die Honorirung müsse aber gesorgt werden, wenn man wirklich ein gründliches und tüchtiges Strafverfahren haben wolle. Ich sehe von dem letzten Punkte ab. Ich glaube, mit Recht wird man nicht anführen können, daß der Geldpunkt, wenn es gilt, ein wirklich gründliches und tüchtiges Verfahren einzuführen, ein Hinderniß auch nur bieten dürfe. Das aber, glaube ich, ist außer allem Zweifel, daß, wenn man den Partheien die gesammte Beweiserhebung im Strafverfahren überläßt, man alsdann den nichtjuristischen Angeklagten nicht ohne juridische Beihilfe lassen darf. Hierin scheint mir aber allerdings die schwächste Seite des ganzen Prozesses zu liegen, und leider muß ich bekennen, daß ich in der Freigebung der Advokatur ein vollkommenes Heilmittel nicht erblicken kann. Wenn man die ganze Beweiserhebung, also auch den Entlastungsbeweis den Parteien überlassen will, mithin den Entlastungsbeweis dem Angeklagten und seinem Vertheidiger, so muß nicht nur eine Vertheidigung vorhanden, sie muß auch in ebenbürtigen Händen sein. Man muß ins Auge fassen, daß der Staat naturnothwendiger und richtiger Weise eine Auswahl bezüglich der Staatsanwaltschaft trifft, daß er nicht die wenigst Bewanderten und wenigst Geübten für diese Function wählen darf. Dem geübten Staatsanwalt gegenüber muß ohne Zweifel auch ein gleich geübter Vertheidiger stehen. Dies aber zu sichern, dürfte die schwierigste Aufgabe sein, und wie gesagt, ich bezweifle, ob die Freigabe der Advokatur das einzige genügende Heilmittel ist, weil ja die Freigabe der Advokatur durchaus nicht ausschließt, daß neben vielen tüchtigen Kräften auch schwächere Kräfte sich der Advokatur zuwenden, und gegenüber einem geübten Staatsanwalt, bei dem die Fiction wegfallen müßte, daß er der unparteiische Vertreter des Gesetzes ist — (eine an und für sich höchst unnatürliche Fiktion, die nur in seltenen Fällen durchführbar ist) — einem solchen Staatsanwalt gegenüber ein schwacher Advokat ganz gewiß nicht das Gegengewicht bildet, das zur Erforschung der Wahrheit nothwendig ist. Ich glaube jedoch, von schwachen Seiten wird kein Prozeß, der auf menschlichen Grundlagen ruht, vollständig frei sein, und immerhin ist trotz dieser Schwäche der Strafprozeß, auf der Grundlage des Kreuzverhörs begründet, ein weitaus besserer als auf der Grundlage der unnatürlichen Vereinigung des Inquisitors und Richters in einer Person.

Ein dritter Satz, der sich bei der jetzigen Construktion des Prozesses wohl von selbst versteht, ist, daß die Hauptverhandlung nur in Gegenwart des Angeklagten stattfinden dürfe, daß also alle Contumacialverhandlungen, außer im Falle des Verzichts des Angeklagten, auch in weniger schweren Fällen wegfallen müssen. Hier hat der Deutsche Entwurf in den §§. 185 und 223 einen bedeutsamen Fortschritt gemacht, indem er die Unnatur des Contumacialverfahrens fast vollständig abgeschnitten hat, und ich glaube, wir können den Fortschritt, der in dieser Beziehung angebahnt ist, nur freudig begrüßen.

An vierter Stelle stellt das Gutachten den Satz hin, daß die Beschaffung der Beweismittel allein in die Hände der Partheien, d. h. in die Hände des Staatsanwalts und des Vertheidigers, gelegt werden müsse, und macht darauf aufmerksam, daß im Entwurfe der Deutschen Reichsstrafprozeßordnung der Staatsanwaltschaft über die Beschaffung der Beweismittel, über die Nothwendigkeit eines Kostenvorschusses, wenn es sich um den Entlastungsbeweis handelt, eine viel zuweitgehende Controle eingeräumt sei, daß eine solche Controle des Vertheidigers kaum nothwendig sei, daß höchstens dem Gericht eine gewisse Auswahl bezüglich der Sachverständigen eingeräumt werden könne, nicht aber eine weitgehende Einwirkung der Staatsbehörde auf den Entlastungsbeweis. Auch dieser Satz wird vollständig gebilligt werden müssen, und so kommt das Gutachten zu dem Schluß, die Frage, welche aufgeworfen ist, zu bejahen und den Antrag zu stellen:

> Der Juristentag möge sich dafür aussprechen:
> Im Strafverfahren ist das Kreuzverhör dem Verhör durch den Präsidenten vorzuziehen.

Diesem Antrage schließe ich mich nun aus vollster Seele an und glaube einen schriftlichen Antrag nicht niederlegen zu müssen, da Sie in den gedruckten Verhandlungen diesen Antrag vor sich haben. Dieser Antrag, dessen Begründung ich mich, abgesehen von einem einzelnen Punkte, anschließe, geht dahin:

> Der Juristentag möge beschließen,
> daß im Strafverfahren das Kreuzverhör dem Verhör durch den Präsidenten vorzuziehen sei.

(Beifall!)

Correferent Professor Dr. **Gneist**: M. H.! Ich bin als Correferent mit dem Antrage des Herrn Referenten einverstanden, und es würde deshalb nicht nöthig sein, daß ich das Wort nehme. Den Mitgliedern der geehrten Versammlung wird es aber vielfach von Interesse sein, die Frage von Jemandem beleuchtet zu sehen, der die andre Weise des Verhörs nun seit 30 Jahren kennt, der sie in nahezu tausend Fällen vor sich hat vorübergehen sehen, und der ebenso wie der Herr Gutachter v. Stemann in der Lage ist, aus der Praxis einige Punkte schärfer hervorzuheben.

Ich tadle unser jetziges Verfahren in seiner Entstehung durchaus nicht. Wir sind verfahren wie jeder besonnene Gesetzgeber reformirt. Wir haben uns angeschlossen an die gewohnten Formen und haben daran die Reformen angeknüpft nach bekannten Mustern. Wir haben also in unserm Hauptverfahren dem Präsidenten die Stellung des Inquirenten gelassen, wir haben aber die schriftliche in die mündliche Form umgesetzt, haben mit den alten Formen des Inquirirens die Reden der beiden Parteien verbunden, und zwar nach dem einzigen bekannten praktischen Muster, dem französischen Muster, mit dem die damit befaßten deutschen Juristen durchaus zufrieden waren.

Wenn aber Prozeß-Normen dieser Art zwei Jahrzehnte hindurch sich bewegen, dann treten gewisse Widersprüche und Incongruenzen hervor, die durch das Ineinanderfügen ursprünglich disparater Elemente sich bilden; und wenn die Gesetzgebung einmal eine große Revision vornimmt, wie jetzt, so muß man sich mit dem freisten Blick de lege ferenda klar machen: was fordert die Consequenz des einmal als richtig anerkannten Anklageverfahrens?

Diese Consequenz fordert, daß auch der Beweis auf die Selbstthätigkeit der Parteien basirt werden muß, wenn ein richtiges contradictorisches Verfahren da sein soll, und diese Conseqenz werden unsre Staatsanwälte und Rechtsanwälte um so entschiedener anerkennen, je mehr sie in sich die Kraft fühlen, die ihnen zukommenden Funktionen zu übernehmen. Diese Selbstthätigkeit ist unser ältestes deutsches System und ist im Civilprozeß jederzeit stehen geblieben. Aus dem Namen erkennen Sie, daß das Kreuzverhör unsere älteste Form ist; denn die „Produktion" der Zeugen bedeutet nicht blos, die Beweise herbeizuschaffen, sondern auch, sie vorzuführen und darzulegen. Wir haben Namen und Formen im Civilprozeß beibehalten, die zum Kreuzverhör gehören; wir haben aber nur den Namen behalten und uns die Sache durch die Maxime der Schriftlichkeit entgehen lassen. Sind wir jetzt genöthigt, bedeutende Reformen vorzunehmen, so thun wir Recht, unser nationales System der Beweisaufnahme durch die Selbstthätigkeit der Parteien wiederherzustellen.

Was aber die praktische Bedeutung des Kreuzverhörs betrifft, so hebe ich folgende Vorzüge hervor.

Zuerst ist das Kreuzverhör das gründlichste Verhör von Zeugen und Sachverständigen, welches vom alten Rom bis zum heutigen Amerika jemals gefunden worden ist. Es ist die gründlichste Weise; denn Staatsanwalt und Defensor kennen die starken und die schwachen Seiten ihres Beweises am besten, und müssen sie durchschnittlich besser kennen als der Präsident, der seine Information nur aus den Protokollen der Voruntersuchung entnehmen kann. Beide Theile ferner haben das allerdringendste Interesse, den Beweis so scharf und so präcis wie möglich aus den vorliegenden Beweismitteln herauszuziehen, durch das Fragerecht Alles hervorzukehren, was ihnen wesentlich scheint. Die Individualität der Zeugen und ihrer Aussagen tritt daher durch das Kreuzverhör viel schärfer hervor, als durch die immer monotone amtliche Befragung. Es ist auf diese Weise eben möglich, diese Individualität zur Geltung zu bringen, während die schematischen Generalfragen, die wir im Präsidentenverhör stellen müssen, eine Zeitvergeudung darstellen, weil sie zu drei Vierteln in der Regel überflüssig oder deplacirt sind, weil sie in monotonem Schematismus gewöhnlich den schwachen Punct des Zeugen nicht einmal treffen und mit einem sehr leichtsinnigen General-Nein beantwortet werden.

Die einzige Gefahr des Kreuzverhörs ist die Möglichkeit des Mißbrauchs. Sie finden, daß die amerikanische Advokatur von dem Kreuzverhör einen tadelnswerthen Gebrauch macht. Sprechen Sie heute mit den besten amerikanischen Juristen, so werden Sie nicht selten hören: wir möchten lieber das Zeugenverhör durch den Präsidenten, weil die Licenz der Advokatur einen zu argen Unfug treibt, die Zeugen verhöhnt, durch captiöse Fragen das Beweisthema verschiebt 2c. Aber, m. H., diese Dinge hängen nur mit Uebelständen zusammen, die unsere Brüder jenseits der See für sich haben; mit den Mängeln der Advocatur hängen sie zusammen. In England mit einer respectabeln Advokatur (wie bei uns) ist diese Gefahr der Sache nirgends sichtbar, und kommen Mißbräuche vor, so ist meines Erachtens das Richteramt, wenn es seine Schuldigkeit thut, jederzeit in der Lage, sie abzuschneiden. Dem Präsidenten des Gerichts gebührt beim Kreuzverhör die Befugniß, den Advokaten zu unterbrechen, unschickliche Fragen sofort zu verhindern und, wenn der Advokat fortfährt in dieser Weise seine Stellung zu mißbrauchen, das Verhör selbst zu übernehmen und zu Ende zu führen — vorbehaltlich des ergänzenden Fragerechts des Advokaten, welches dann nachher eintritt. Dieses Correctivrecht des Präsidenten ist selbstverständlich und — darin stimme ich mit den Ansichten des hochverdienten Herrn v. Stemann nicht überein — dieses Correctivrecht ist ganz unentbehrlich, es ist aber auch genügend.

Der zweite Punkt ist: das Kreuzverhör ist die allerlebendigste und eindringlichste Weise, um einen Beweis Geschwornen oder Schöffen in verständlicher, ihre eigene Combination und ihr Denken anregender Weise vorzuführen. Wir haben in den Mängeln unseres Schwurgerichts eine lange Reihe, die nur damit zusammenhängt, daß wir nicht die nothwendigen Vorbedingungen des Schwurgerichts angenommen haben. Ein contradictorisches Verhör der Zeugen und Sachverständigen, eine contradictorische Behandlung aller Beweise, macht auf den Zuhörer einen sehr verschiedenen Eindruck wie das monotone Verhör, das der Präsident von Amtswegen mit seinen General- und Causalfragen vorzunehmen hat. Nicht nur die Worte prägen sich ganz anders ein — wir vergessen die Worte nicht leicht, wie wir sie bei einem Kreuzverhör gehört haben, — sondern die Individualität des Zeugen und seiner Aussage tritt lebendig hervor. — Alle Zwischenfälle des Kreuzverhörs, die ernsten und auch die scherzhaften Momente geben dem Beweise eine ganz andere Bedeutung. Wenn man in dieser Weise verfährt, so wird der langweiligste Theil unsres dem französischen nachgebildeten Verfahrens ein lebendig anregender, der die gespannte Aufmerksamkeit der Geschworenen vollständig in Anspruch nimmt. Die Beweisaufnahme wird der Schwerpunkt der ganzen Verhandlung, während das Redenhalten in den Hintergrund tritt, im Unterschiede von dem französischen Verfahren, welches durch seine Construction die Reden zur Hauptsache macht und die Beweisaufnahme zur Parenthese. Durch das contradictorische Verhör schaffen Sie eine Correctur, die kein Gesetzgeber schafft, — den Staatsanwalt und Defensor durch ihre eigene Einsicht zu der Gewohnheit, unnnöthige Reden zu sparen, zu führen. An Offenheit, Klarheit, Präcision der Fragen, welche nothwendige Bedingung der Mitwirkung von Laien sind, ist nur zu denken, wenn die Beweisaufnahme jene lebendigere Gestalt gewinnt. Die Objectivität der Verhandlung, bei der sich die Laienmitwirkung als tüchtig und zuverlässig erweist, diese Objectivität gewinnen Sie niemals, wenn Sie nach dem bisherigen Verfahren die Reden in den Vordergrund schieben.

Endlich, wie auch der Herr Referent hervorgehoben hat, der Präsident erhält erst die richtige Stellung in diesem höheren aber einfacheren Beruf, indem er nur zu controliren, zu interveniren, Streitfragen zu entscheiden, aber nicht die ganze stunden- und tagelange Arbeit des Inquirenten persönlich zu übernehmen hat. Es ist dies die Weise, in welcher der Präsident die Ruhe und objective Haltung behält, — die Methode, in der er die Muße behält, die contradictorische Beweisaufnahme der Parteien zu begleiten, mit dem Bleistift oder mit der Feder während der Verhandlung einzelne Sätze aus den Zeugen-, Sachverständigenaussagen, Urkunden u. s. w. zu notiren, um, wenn es nöthig ist, ein schlichtes objectives Resumé gewisser Hauptpunkte der Beweisaufnahme in der Ordnung, in der sie vor den Geschwornen vor sich gegangen ist, geben zu können. Das Resumé — darin trete ich Herrn v. Stenglein bei — ist in einfachen Fällen gar nicht nothwendig, unterbleibt in einfacheren Fällen, braucht nicht durch den Gesetzgeber obligatorisch gemacht zu werden. Aber ein facultatives Resumé über das Thatsächliche ist eine Wohlthat für sehr weitläufige Verhandlungen. Da wird es jederzeit dankbar angenommen, wenn es nichts weiter ist, als eine einfache Wiederholung von Hauptnotaten des Richters, den dann jeder Geschworne mit seinen eigenen Notizen controlirt und um so leichter controlirt, wenn der Richter die Reihenfolge des Beweises beibehält. Dies ist eine Wohlthat, auf die man nicht leicht verzichten soll. Aber, m. H., der eigentliche Beruf der Prozeßleitung wird reiner erhalten, wenn Sie dem Präsidenten auch nicht mehr zumuthen als dies, und in den Fällen, wo kein Defensor zu beschaffen ist, statt des fehlenden Defensors für die Angeschuldigten die Fragen an die Zeugen zu richten. Das kann sich der Richter gefallen lassen. Das ist eine andere Stellung, als wenn wir dem Präsidenten der Assisen die ganze Verantwortlichkeit für die Erhebung des Anklagebeweises auferlegen und dann noch von ihm verlangen, daß er über das Resultat seiner Inquisition ein Resumé geben soll, welches doch in keinem Falle so unbefangen sein kann, als wenn der Präsident bei der Beweisaufnahme die Parteien arbeiten läßt.

Nehmen wir diese consequente Weise des selbstthätigen Verhörs an, dann brauchen wir auch kein Gesetz über die Weise des Verhörs des Angeklagten, ob eine generelle Contestation oder spezielle. Das hat sich überall in der Praxis von selbst gestaltet. Geben Sie dem Assisen- und Gerichtspräsidenten die Stellung des Inquirenten, so werden wir nie von der Weise abkommen, das Hauptverhör auf alle Spezialien zu richten und damit zurückzukehren in alle Gewohnheiten des Inquirens. Stellen wir dagegen das contradictorische Beweisverfahren in den Vordergrund, so bleibt gar kein Platz für die Methode, stundenlang mit dem Angeklagten zu inquiriren, stundenlang mit ihm herumzustreiten und die bekannten Scenen zwischen Präsidenten und Angeklagten zu wiederholen. Für eine inquirirende Spezialverhandlnng mit dem Angeklagten ist dann weder Veranlassung noch Tendenz noch Bedürfniß. Der Grundsatz: nemo tenetur se accusare, der rechtlich incontestabel ist, kommt dann in der Praxis stillschweigend zur Geltung. Versuchen Sie beim Kreuzverhör derart zu inquiriren, so werden Richter, Staatsanwalt und das Publikum den Eindruck haben: wie kommen wir dazu? ist das wirklich ein rationeller Bestandtheil unseres Verfahrens? Nein! Die contradictorische Behandlung der Beweise ist der Schwerpunkt, das Fragerecht des Staatsanwalts und das Fragerecht des Defensors ist die Waffe, mit der wir zu kämpfen haben, neben welcher das Schönreden und das Langereden und das Heftigreden als untergeordnete Dinge für den höheren Zweck der Justiz dastehen.

Diese Vorzüge des Kreuzverhörs brauchte man nicht umständlich darzulegen, wenn wir die Gelegenheit gehabt hätten, das Kreuzverhör praktisch zu probiren. Die Gelegenheit ist uns leider versagt geblieben. Denn der preußische Gesetzgeber, der (auf meines Collegen Keller Antrag) sich zum Kreuzverhör entschloß auf die Gefahr eines „gewagten Experiments", hing gleich das Bleigewicht daran, daß die beiden Parteien darüber einig sein sollen. Ich habe mich wohl selbst bemüht, eine solche Einigung herbeizuführen: eine Einigung wird aber nie erreicht. Denn wenn eine Partei ein ungewöhnliches Verfahren verlangt, so entsteht ein Mißtrauen bei der andern, daß man Etwas im Schilde führe. Ein Consens kommt daher, soweit meine Kenntniß reicht, nie zu Stande. Es ist jedenfalls ein bedeutungsvoller Fortschritt, wenn der deutsche Entwurf sagt: nicht der Consens ist mehr nöthig, sondern jede Partei kann auf das Kreuzverhör bestehen. Unter den vielen Fortschritten des Entwurfs erkenne ich diesen als einen wohlgemeinten und keineswegs unwirksamen an. Ich glaube aber, daß die Zustimmung des Präsidenten, die immer noch vorbehalten ist, dahin mißverstanden werden wird, daß es einer sorgfältigen Vorprüfung bedürfe, ob kein Mißbrauch getrieben werde. Diese Befugniß des Präsidenten ist aber unnöthig; denn wenn der Staatsanwalt oder der Defensor irgend einen Mißbrauch mit dem Kreuzverhör zu treiben beginnen, so hat der Präsident im Kreuzverhör jederzeit das Recht zu interveniren, und wenn sie ihren Mißbrauch fortsetzen, das Recht, das Verhör selbst zu übernehmen. Wir brauchen daher den Consens des Präsidenten praktisch überhaupt nicht. Wir wissen schon aus unserm bisherigen Verfahren, daß, wenn der Präsident in liberaler Weise dem Defensor ein directes Fragerecht überläßt, keine nennenswerthen Uebelstände daraus entstehen. Es ist auch kein neues „Experiment", das wir machen, sondern es ist die Weise, in der historisch alle mündlichen contradictorischen Prozesse mit der Beweisaufnahme vorgegangen sind.

Ich glaube, m. H., wir können den entscheidenden Schritt ohne Bedenken wagen, unsern Staatsanwälten und unsern Rechtsanwälten zu sagen: thut das selber, was Staatsanwalt und Rechtsanwalt in jedem voll entwickelten Anklageverfahren thun, ihr könnt es, wir wissen es, ihr werdet es ebensogut verrichten wie die englischen Advokaten. Der amerikanische Advokat, der mit Leichtigkeit ein Kreuzverhör anstellt, ist oft weiter nichts als ein ehemaliger Schulmeister aus Deutschland, der in Amerika den Advokaten spielt. Die Sache ist praktisch leicht zu handhaben; es bedarf nur einer respectablen Advokatur und eines tüchtigen Richteramts, um sie von Mißbräuchen reinzuhalten. Also, lassen Sie uns den Entschluß fassen: wenn man einmal reformirt in diesen Dingen, dann nicht blos einen halben Grundsatz, sondern einen ganzen Grundsatz, und dieser lautet, wie der Herr Gutachter und der Herr Referent formulirt haben, dahin, daß im Strafverfahren das Kreuzverhör dem amtlichen Verhör durch den Präsidenten vorzuziehen ist. Ich habe auch mit Mittermaier und mit andern Juristen an Ort und Stelle in England und Schottland die Dinge gesehen, und keinen Juristen gefunden, der nicht die weitgreifende und den ganzen Prozeß umgestaltende Bedeutung des Kreuzverhörs anerkannte. Ich würde mich glücklich schätzen, wenn ich an dieser Stelle Etwas dazu beitragen könnte, die gemeinsame Ueberzeugung der deutschen Juristen, welche die Dinge in Amerika und England kennen, auch in der deutschen Strafprozeßordnung zur Geltung zu bringen. Ich möchte mein Wort verpfänden: wir brauchen kein Jahr im Gange zu sein, und wir werden vollständig befreundet sein mit dem System der Selbstthätigkeit der Anwälte ebensowie wie wir dadurch befriedigt worden sind im Civilprozeß.

(Beifall.)

Staatsanwalt **Mansfeld** aus Wolfenbüttel: Meine geehrten Herren! Es hieße Eulen nach Athen tragen, nach dem, was unser geehrter Vorredner hier auseinandergesetzt hat, noch über die Zweckmäßigkeit des Kreuzverhörs im Allgemeinen sprechen zu wollen. Nur wollte ich mir erlauben, ein Bedenken hervorzuheben, welches hier auch von den beiden Herren Vorrednern, wie ich glaube, nicht in genügender Weise gewürdigt worden ist, und welches mich veranlaßt, eine kleine Modifikation in Vorschlag zu bringen, nämlich die Modifikation, man möge erklären, daß das Kreuzverhör den Vorzug vor dem Verhör durch den Präsidenten habe in den Sachen höchster Rechtsordnung im Strafverfahren. Das Bedenken, das mir in Bezug auf diese Frage vorhanden zu sein scheint, ist ein praktisches; es geht hervor aus dem Umstande, daß ich glaube, es werde rein unmöglich sein in allen Sachen, welche vor die korrektionellen Gerichte, also vor die Gerichte mittlerer Ordnung, gebracht werden, Vertheidiger bestellen zu können. Nun ist allerdings darauf hingewiesen worden, dieser Einwand werde sich beseitigen lassen, wenn man die Advokatur im Allgemeinen freigebe; auch ist schon von dem Herrn Gutachter und dem ersten Herrn Referenten hervorgehoben, es werde der Staat einschreiten müssen, um den Vertheidiger ebenso zu besolden, wie er den Staatsanwalt auch aus seinem Säckel besolde. Aber wohin soll das führen? Ich glaube, es ist für die Vergehen, die vor den Gerichten mittlerer Ordnung zur Aburtheilung kommen, aus praktischen Gründen rein unmöglich, Vertheidiger zu finden oder dieselben aus der Staatskasse zu honoriren. Im Braunschweigischen, wo der Strafprozeß, wie die Herren wissen, in vielen Stücken von dem französischen Verfahren abweicht und sich dem englischen nähert, haben wir auch die Einrichtung, daß in vielen Sachen dem armen Angeklagten ein Vertheidiger auf Kosten des Staats bestellt wird. Namentlich ist das der Fall einmal in allen Sachen, welche vor die Schwurgerichte kommen, und zweitens auch in allen denjenigen Sachen, welche vor die korrektionellen Gerichte gehören, wenn man annehmen kann, es werde auf mehr als auf zwei Jahre Freiheitsstrafe erkannt werden. Wollen Sie auch in allen den Fällen, wo Vergehen vorliegen, wo auf eine ganz geringe Strafe erkannt werden muß, einen Tag, zwei Tage u. s. w., wo an den meistbeschäftigten Gerichten an einem Tage 10—12 Sachen verhandelt werden — wollen Sie da in jedem einzelnen Falle einen nothwendigen Vertheidiger stellen, so wird es, glaube ich, entweder an Advokaten fehlen, die im Stande sind, ein solches Amt mit Gewissenhaftigkeit zu übernehmen, oder der Staat würde gar nicht in der Lage sein, soviele Kosten für Vertheidigung zu bestreiten. Wenn auch die Advokatur freigegeben wird, so werden doch nach meiner Meinung nicht mehr Advokaten bei einem einzelnen Landgerichte sich niederlassen, als voraussichtlich von dem Erwerbe ihrer Advokatur werden existiren können.

Außerdem aber, m. H., mache ich darauf aufmerksam: ein Grund, welcher ja gerade zur Vertheidigung des Kreuzverhörs vorgebracht und gegen das Verhör des Präsidenten hier angeführt worden ist, und zwar ein hauptsächlicher Grund, wirkt ja eben nur für Sachen höherer Rechtsordnung. Man hat nämlich und mit Recht hervorgehoben, es werde der Präsident, wenn derselbe die Befugniß hat, eine Rechtsbelehrung an die Geschwornen zu richten, oder wie in Frankreich und England, ein vollständiges Resumé zu geben, doch leicht befangen werden, wenn er selbst das Verhör leiten muß. Das ist vollkommen richtig; aber in Sachen mittlerer Rechtsordnung urtheilen ja keine Geschworene, urtheilen nur ständige Richter oder, wenn der Entwurf der Reichs-Strafproceßordnung durchgehen sollte, Schöffen. Im ersteren Falle kommt Nichts darauf an, ob der Präsident das Verhör selbst vornimmt; im zweiten Falle wird natürlich auch der Präsident seinen und zwar vollkommen berechtigten Einfluß auf die Schöffen mit auszuüben haben, namentlich auch in Bezug auf die rechtliche Beurtheilung der Sache, und es wird ein Schlußvortrag vollkommen entbehrlich sein. Ich möchte mir daher erlauben, dem Antrage, welcher hier proponirt worden ist, das Amendement hinzuzufügen, es möge der Juristentag aussprechen, daß das Kreuzverhör den Vorzug verdiene vor dem Verhör des Präsidenten in den Sachen höchster Rechtsordnung, und ich bitte Sie, dieses Amendement anzunehmen.

Appellationsgerichtsrath Dr. **Vollert** aus Eisenach: M. H.! Mit dem Princip an sich, daß das Kreuzverhör dem Verhör durch den Präsidenten vorzuziehen sei, — könnte ich mich vielleicht einverstanden erklären. Allein ich möchte mir erlauben, Ihre Aufmerksamkeit auf einige Punkte zu lenken, die bis jetzt nur zum Theil berührt worden sind. Zunächst muß ich erwähnen, was schon vorhin angedeutet wurde, daß sich Vertheidiger keineswegs immer finden werden; die Anwälte werden sich nicht bereit finden lassen, in allen Fällen mitzuwirken. In dem Bezirke, der zu der Jurisdiktion des Appellationsgerichts Eisenach gehört, giebt es ein Land, in welchem schon seit langen Jahren die Advokatur freigegeben ist, es ist dies das Herzogthum Coburg-Gotha. Vertheidiger finden sich in Kreisgerichtsfällen, also in Fällen, die vor die mittleren Gerichte gehören, im Herzogthum Coburg-Gotha aber nur in sehr wenig Fällen, obwohl das Herzogthum mit Advokaten geradezu übersäet ist, so übersäet ist, daß ganz entschieden nicht alle ein reichliches Auskommen haben. In den übrigen zu dem Appellationsgerichte Eisenach gehörigen Ländern — es sind im ganzen sieben — ist die Zahl der Advokaten ebenfalls eine sehr große, aber in Kreisgerichtsfällen Vertheidiger zu erlangen, ist außerordentlich schwer. Das ist eine Thatsache, die ich Ihnen versichern kann. Ich bemerke weiter, daß ähnlich wie in Braunschweig bei uns die Gesetzgebung bestimmt hat, in Schwurgerichtsfällen muß ex officio ein Vertheidiger bestellt werden, der von der Staatskasse bezahlt wird, dessen Honorar wir in gewissen Schranken festzusetzen haben. Da finden wir Vertheidiger, aber auch nicht leicht. M. H.! Gerade unsere besten Anwälte scheuen sich vielfach vor Dingen, wo so zu sagen Nichts zu machen ist. Wir haben weiter die gesetzliche Bestimmung, daß in Kreisgerichtsfällen nach dem Ermessen des Kreisgerichts Vertheidiger bestellt werden sollen, und es wird vielfach Gebrauch von dieser Befugniß gemacht, weil die Kreisgerichte gewissenhaft genug sind, in zweifelhaften Fällen dem Angeklagten auf Staatskosten ex officio einen Vertheidiger zu bestellen. Ich kann Ihnen aber auch in dieser Beziehung versichern, es hält in vielen Fällen sehr schwer, Vertheidiger zu bekommen. Das sind Erfahrungen, die mich wenigstens dahin führen, der Ansicht nicht beizutreten, daß die Freigebung der Advokatur uns Legionen von Vertheidigern zuführen werde. Ich glaube das nicht.

Nun aber noch ein andrer Punkt. Wenn wir jetzt aussprechen: das Kreuzverhör ist dem Verhör durch den Präsidenten vorzuziehen, m. H., so können wir das nur, wenn wir implicite auch noch ganz andre Dinge acceptiren wollen. Das Kreuzverhör, wie es in England und Amerika besteht, fußt ja natürlich auf einer ganz andern Construktion des Prozesses, als wir haben. Ich glaube, Herr Professor Gneist wird mir darin beitreten, daß wir das Kreuzverhör nicht auf unsern jetzigen Untersuchungsproceß pfropfen können. Das ist rein unmöglich. Wenn wir den jetzigen Untersuchungsproceß beibehalten, so tritt der Vertheidiger in einem Stadium ein, wo er eigentlich gar nicht in der Lage ist, die Beweise vorzuführen. Bei unsern Schwurgerichten — und bei denen in anderen Ländern wird es geradeso sein — erfährt der Vertheidiger sehr oft entweder erst kurz vor der Verhandlung oder gar erst am Tage der Verhandlung, daß er vertheidigen soll. In den Fällen, die nicht Capitalfälle ersten Ranges sind, hat er häufig nichts in der Hand gehabt als die Anklageschrift und kennt die Voracten nicht genau. Wie soll er es bei so mangelhafter Instruktion anfangen, ein Kreuzverhör anzustellen? Das ist ihm ja rein unmöglich. Wenn Sie also den Satz annehmen wollen, daß das Kreuzverhör eingeführt werden soll, dann müssen Sie weiter gehen, dann müssen Sie die ganze Construktion des Untersuchungsprozesses ändern, dann müssen Sie den reinen Anklageprozeß adoptiren. Dann müssen Sie — und darauf deutet ein Punkt unsrer Tagesordnung hin — die Sache so einrichten, daß der Staatsanwalt schon in der Voruntersuchung die Belastungs-Beweise und der Vertheidiger die Entlastungsbeweise vorführt. Geschieht dies, dann hat es einen guten Sinn, wenn sich das Kreuzverhör anschließt. Ich wollte mir also nur erlauben, Ihre Aufmerksamkeit darauf hinzulenken, daß mit dem Satze, das Kreuzverhör ist dem Verhör durch den Präsidenten vorzuziehen, allein Nichts gethan ist; denn er setzt voraus, daß die ganze Construktion unsres Prozesses eine andere geworden ist. Wollen Sie das nicht, so muß ich bestreiten, daß der Satz irgend eine praktische Bedeutung jemals erlangen kann; denn wer in praxi Untersuchungsprocesse vor einem Kreisgericht oder Schwurgerichte geleitet hat, der kann sich absolut nicht denken, was ein Vertheidiger thun soll, der im Voruntersuchungsverfahren gar nicht mitgewirkt hat.

Und nun noch Eins, m. H.! Herr Professor Gneist hat schon darauf hingewiesen, welche Gefahr in Amerika mit dem Kreuzverhör verbunden ist. Ich möchte das noch viel stärker accentuiren. Wie die Zeitungen berichten wurde vor kurzem ein Prozeß gegen Frau Wharton wegen Giftmords in Amerika verhandelt. Dieser Prozeß hat vier Wochen lang gedauert, und zwar lediglich wegen des Kreuzverhörs. Es wird nämlich in Amerika ein solcher Mißbrauch mit dem Kreuzverhör getrieben, daß der Vertheidiger nicht nur die Zeugen chikanirt — der Ankläger natürlich ebenso — sondern daß sich endlose und unerquickliche Debatten darüber entspinnen, ob diese oder jene Frage zulässig ist. Auch in England kommt es vor, daß sich Streit darüber entspinnt, ob eine Frage zulässig ist, oder nicht. Dergleichen Intermezzos, die erst durch den Richter entschieden werden, kosten viel Zeit. Ich habe dies nicht angeführt, damit wir den als Thesis aufgestellten Satz nicht aussprechen sollten; aber ich hielt mich für verpflichtet, die Gefahren des Kreuzverhörs noch mehr zu betonen.

Zum Schluß noch Eins: Ich werde wohl kaum Widerspruch finden bei Denen, die das englische und amerikanische Verfahren ex praxi kennen, wenn ich behaupte: in England und Amerika besteht bei vielen Personen niederen Standes nicht nur, sondern auch bei Personen höheren Standes, eine große Scheu, sich als Zeuge oder Sachverständiger vernehmen zu lassen, weil sie sich fürchten vor dem Kreuzverhör. Ich wiederhole aber, daß ich in thesi anerkennen muß: die Wahrheit wird sicherer gefunden durch das Kreuzverhör. Ich erkenne auch an, daß der Präsident eine würdigere Stellung durch das Kreuzverhör erhält, aber ich muß behaupten: das Kreuzverhör kann in unsern Prozeß nur eingefügt werden, wenn es auf eine naturwüchsige Art geschieht, d. h. wenn man sich entschließt, unsern Prozeß nach dem Vorbilde des englischen und amerikanischen Verfahrens umzugestalten.

(Bravo.)

Rechtsanwalt Dr. **Mayer** aus Frankfurt a. M.: Meine Herren! Ich bin nicht etwa in der Lage gewesen, wie der Herr Vorredner, Untersuchungen zu führen, und etwa als Gerichtspräsident bezüglich dieser Frage selbstständige Erfahrungen zu schöpfen. Allein, meine Herren, Sie werden vielleicht meinem Urtheil doch wenigstens auch eine gewisse Beachtung nicht versagen, wenn Sie bedenken, daß ich seit einer großen Reihe von Jahren in einem sehr weiten Umfange als Vertheidiger speziell in Strafsachen thätig gewesen bin und in dieser Lage sehr oft Veranlassung dazu gefunden habe, mir die Frage vorzulegen, ob das Kreuzverhör, das mit allen möglichen Vorzügen gepriesene Kreuzverhör denn wirklich so durchaus vorzuziehen sei dem Verhör durch den Präsidenteu des Gerichts? Und ich darf wohl sagen, meine Herren, daß auch mir, der ich selbst als Vertheidiger stets dafür gekämpft habe, den Angeklagten in der liberalsten Weise und in der gleichberechtigsten Weise auszustatten, diese gepriesenen Vorzüge des Kreuzverhörs doch etwas zweifelhafter Natur erscheinen. Vielleicht in der Theorie, wie der Herr Vorredner ebenfalls zugegeben hat, wird sich am Ende ein Jeder für das Kreuzverhör entscheiden, — es giebt ja gewisse Sätze im Strafverfahren, zu denen man sich im Allgemeinen bekennen kann! Ob aber in der Praxis von der Annahme dieser Sätze der Erfolg zu hoffen ist, von dem der Herr Korreferent glaubt, daß er eintreten werde, das, meine Herren, möchte ich bezweifeln, und ich glaube, Sie werden bei Beurtheilung dieses Gegenstandes, Fragen verschiedener Natur, wie sie hier in die Verhandlung hineingemengt worden sind, z. B. die Fragen wegen Freigebung der Advokatur und andere Fragen der Zweckmäßigkeit, ganz bei Seite lassen, vielmehr werden Sie sich allein fragen müssen — und darin stimme ich dem Herrn Vorredner bei — ob denn die Konstruktion unseres Untersuchungsprozesses, ob die Organisation des Strafverfahrens es erfordert, das Kreuzverhör einzuführen, oder ob wir nicht das Strafverfahren ganz umformen müssen, damit das Kreuzverhör praktische Anwendung findet. Meine Herren! Ich muß gestehen, ich bin unzählige Mal in der Lage gewesen, als Vertheidiger Zeugen zu befragen, und wenn ich auch allerdings nicht, wie der hochverehrte Herr Professor Dr. Gneist, in der Lage war, in tausend Fällen das englische Verfahren näher kennen zu lernen, so habe ich doch wenigstens in einigen Dutzend Fällen ebenfalls praktische Gelegenheit gehabt, ganz aus eigener Anschauung das englische Verfahren kennen zu lernen, und mir wenigstens ist die Ueberzeugung geworden, daß bei allen Vorzügen, die in lebhafter Weise geschildert werden, für unsere deutsche Auffassung, für unsere deutschen Verhältnisse, für die Art und Weise, wie bei uns Richter, Staatsanwaltschaft und Vertheidigung ihrer Aufgabe leben und gewachsen sind, das Kreuzverhör ausschließlich nicht bestehen kann, und das Verfahren, wie es die neue Strafprozeßordnung in fortschrittlicher Weise gegeben hat, wenigstens vorläufig dem Bedürfnisse genügt, und daß gewiß später noch Zeit ist, wenn sich herausstellen sollte, daß das fakultative Kreuzverhör nicht genügt, das obligatorische Kreuzverhör einzuführen. Meine Herren! Es ist von dem Herrn Vorredner mit Recht bereits auf die praktischen Uebelstände aufmerksam gemacht worden. Wie wollen Sie das Kreuzverhör praktisch einführen? wie wollen Sie namentlich dies in Strafsachen mittlerer Ordnung, wenn Sie nicht unser ganzes Verfahren umwerfen, wenn Sie nicht unseren Anklageprozeß, ich möchte sagen, in einer mechanischen Weise zur Durchführung bringen, wie er in England und Amerika ist? — wie wollen Sie das Kreuzverhör praktisch machen? Sie müssen, wie der Herr Vorredner hervorgehoben hat, in jedem einzelnen Falle dem Angeklagten einen Vertheidiger bestellen, Sie müssen diesen Vertheidiger beauftragen, das Kreuzverhör in jedem Falle mit derselben Gewissenhaftigkeit durchzuführen, wie in einem Schwurgerichtsfalle. Denn, meine Herren, für die prinzipielle Frage des Strafverfahrens ist es ja ganz einerlei, ob man einen Fall im Auge hat, der mit einer schweren Strafe, oder einen solchen, der mit einer leichten Strafe bedroht ist. Für den Einen ist die leichte Strafe, was für den Andern die schwere Strafe ist. Nun, meine Herren, der Herr Vorredner hat mit Recht hervorgehoben, und es ist dies ein Erfahrungssatz, mit welcher Scheu, mit welcher Aengstlichkeit (und ich selbst kann Zeugniß davon ablegen) in England die Zeugen sich an den Tisch stellen, wo sie ihre Aussagen bekräftigen sollen. Sie wissen zwar, und wenn Sie Fälle nicht gesehen haben, so haben Sie davon gelesen, wissen Sie aus den Mittheilungen durch die Presse, in welcher Art und Weise mit diesem Kreuzverhör geradezu Unfug getrieben wird, nicht nur von solchen Advokaten, die aus Schulmeistern zu Advokaten werden, wie sich ein Vorredner ausdrückte, — (was übrigens ein schlechtes Zeugniß für die Advokaten dort wäre) — sondern von den ersten Anwälten in England, und daß der Ruhm der ersten Anwälte darin besteht, das Kreuzverhör als die schärfste Waffe zu gebrauchen. Sie hören, wie in die persönlichen Verhältnisse des Angeklagten hineingegriffen wird, wie Dinge gefragt werden, die gar nicht zur Sache gehören, lediglich um den Zeugen einzuschüchtern. Ja, meine Herren, man sagt aber, daß der Präsident des Gerichtshofes es in der Hand habe, dem Mißbrauch vorzubeugen. Es ist das schwer zu kontroliren. Wenn Sie aus Mißtrauen gegen den Präsidenten das Kreuzverhör einführen wollen, wenn Sie dem Präsidenten das Recht entziehen wollen, die Zeugen zu befragen: wie wollen Sie ihn dann auf andere Weise als Richter über beide Parteien stellen? wie wollen Sie ihn entscheiden lassen, wo der Mißbrauch anfängt und wo er aufhört? Meine Herren! Wir würden uns auch solche Proceduren nicht gefallen lassen, wie sie von dem Herrn Vorredner angeführt worden sind, und ich möchte fragen, wenn die Geschworenen hundert und so viel Tage wie in dem berühmten Tichborne-Case sitzen, wenn Sie sehen, wie ein Zeuge Tage lang nutzlos herumgequält wird, ohne daß der geringste materielle Erfolg für die Ermittelung der Wahrheit zu gewärtigen ist, so sind das doch Dinge, die unserer Anschauung von der Würde, mit der wir das Strafverfahren umkleiden, gänzlich widerstreben. Ich darf wohl sagen, ich habe eine große langjährige Erfahrung als Vertheidiger hinter mir, ich habe wohl manchen Kampf mit dem Gericht oder dem Schwurgerichtspräsidenten zu bestehen gehabt; aber das habe ich immer gesehen, daß, wo bei uns der Vertheidiger auftritt in berechtigter Weise, wo er für seinen Klienten nur die volle Freiheit der Vertheidigung in Anspruch nimmt, der Präsident in unserer Praxis dem Vertheidiger den nöthigen Schutz gewährt, und wo etwa vom Präsidenten das Nöthige versagt wird, unter allen Umständen der Gerichtshof. Gerade die Fälle der Neuzeit haben gezeigt, daß ein Bedürfniß für das Kreuzverhör nicht da ist, und daß das Kreuzverhör fakultativ in der liberalsten Weise in der Praxis zugestanden wird.

(Bravo!!)

Meine Herren! Herr Professor Dr. Gneist hat aber dieses Inquiriren des Präsidenten in den Gerichtssitzungen als eine nutzlose Zeitvergeudung bezeichnet. Ich glaube nicht, daß es als eine Zeitvergeudung zu betrachten ist, wenn ein Gerichtspräsident, der allerdings nach unserm Verfahren sich einigermaßen mit der Aktenlage bekannt zu machen hat, unter den Einschränkungen, welche die neue Strafprozeßordnung vorschreibt, einerseits dem Angeklagten anheimstellt, sich zu erklären, und andererseits die Zeugen über die hauptsächlichsten Thatsachen befragt. Ist es aber nicht Zeitvergeudung, wenn wir sehen, in welcher Weise das Kreuzverhör geführt wird? ist es nicht Zeitvergeudung, wenn wir sehen, daß ein Advokat, der vielleicht bestrebt ist, in einem berühmten Falle sich einen Namen zu machen, die Zeugen quält und geradezu terrorisirt? Das scheint mir die eigentliche Zeitvergeudung zu sein. Ueberhaupt, meine Herren, mit diesem praktischen Urtheil über die See hinaus, wie man sich ausgedrückt hat, scheint es mir bei aller Achtung und bei aller Anerkennung der Vorzüge und Fortschritte, die wir dem englischen und amerikanischen System verdanken, doch ein ziemlich heikles Ding zu sein. Lassen wir doch unsern Strafprozeß aus uns sich herausbilden! Und fragen Sie sich, Sie, die Sie in den verschiedensten Berufsstellungen, sei es als Staatsanwälte, sei es als Richter, sei es als Vertheidiger thätig gewesen sind, wenn Sie die Hand aufs Herz legen und sich einen konkreten Straffall mit allen seinen faktischen Voraussetzungen vorstellen, ob es durchführbar ist, geradezu der Anklage oder der Vertheidigung das Kreuzverhör zu überlassen! Wer giebt Ihnen, meine Herren, die Garantie, daß da, wo die Anklage einen vorzüglichen Staatsanwalt hat, der Angeklagte einen eben so guten Vertheidiger hat? Sie machen also das Resultat von Zufälligkeiten abhängig, während Sie von einem Präsidenten voraussetzen können, daß er, der kein Interesse an der Sache hat, daß er, der nicht die Anklage zu begründen, andererseits nicht zu widerlegen hat, als das gewissenhafteste Organ erscheinen wird, um die Zeugen in einer befriedigenden Weise zu befragen. Man sagt Ihnen, meine Herren, das Kreuzverhör sei die allerbeste Weise, die Beweisaufnahme für Geschworne und Schöffen anregend zu gestalten. Gewiß ist das Kreuzverhör viel anregender als die trockene Weise, in der heute meistens das Verhör durch den Präsidenten geführt wird. Aber ich frage Sie, ob das Kreuzverhör mit allen seinen Zwischenfällen, mit allen seinen Witzen, mit allen seinen possenhaften und spaßhaften Scenen, die dazwischen laufen, den Ernst und die Würde ersetzen kann, wie sie bei der Vernehmung durch den Präsidenten in jedem einzelnen Schwurgerichtsfalle und in jedem Falle mittlerer Ordnung zu Tage treten? Wie gesagt, wenn auch allerdings diejenigen, die für das Kreuzverhör eintreten, das Resumé des Präsidenten auf der anderen Seite aufrecht erhalten, so glaube ich, daß dieselben damit selbst dem Kreuzverhör das allerschlechteste Zeugniß geben. Wollen Sie das Befragungsrecht des Präsidenten ganz beseitigen, so dürfen Sie nach meiner Ansicht konsequenter Weise überhaupt nicht mehr das Resumé zulassen, dann dürfen Sie nicht mehr unterscheiden, ob, wie ein Vorredner sich ausgedrückt hat, ein Fall so geartet ist, zu einem Resumé sich zu eignen oder nicht. Diese Frage müssen Sie ganz außer Betracht lassen. Wie gesagt, die Schlagwörter, ob Anklageverfahren, ob Inquisitionsverfahren? können nicht in Betracht kommen da, wo es sich um das Praktische handelt. Ich bin überzeugt, meine Herren, wenn Sie heute einen solchen Beschluß fassen würden und wenn die Gesetzgebung ihr Votum praktisch ausführen würde, so würde das kein Glück sein, sondern es würden wenige Jahre vergehen und wir würden mit den gepriesenen englischen und amerikanischen Einrichtungen in Zustände kommen, wie sie mit der deutschen Strafjustiz nicht in Einklang zu bringen sind. Sie wollen, daß jeder Theil, Präsident, Vertheidiger, Ankläger, seine ihm zugewiesene Aufgabe in unserem Strafverfahren, dessen schönster Zweck die Ermittelung der Wahrheit in jedem einzelnen Falle ist, vollständig erfülle, während, wo das englische oder amerikanische Recht herrscht, man darauf hinzielt, den Fall entweder so rasch als möglich oder so langsam als möglich abzuwickeln, indem Jeder dabei seinen Vortheil, Jeder seine Rechnung finden will, und das auf Kosten der Wahrheit und Gerechtigkeit. Ich glaube also, es ist kein praktisches Bedürfniß zur Zeit vorhanden zu dem Votum, daß im Strafverfahren das Kreuzverhör vorzuziehen sei dem Verhör durch den Präsidenten.

(Bravo!)

Rechtsanwalt **Sabarth** aus Ratibor: M. H.! Wenn ich mich ebenso wie die beiden Herren Referenten für das Kreuzverhör ausspreche, im Unterschiede zu dem ausschließlichen Befragungsrechte des Präsidenten, so werde ich damit ebensowenig wie meines Wissens die beiden Herren Referenten überhaupt die amerikanischen Justizzustände preisen und überhaupt in Preisung der amerikanischen Justizzustände zu diesem Resultate kommen. Eine solche Anpreisung ist auch von den beiden Herren Referenten nicht ausgesprochen worden. Es handelt sich hier nur um ein spezielles Rechtsinstitut, und dem kann man den Vorzug geben, selbst wenn man in dem Rechtsleben andererseits viel zu tadeln findet. Ich danke es zuvörderst dem Herrn Collegen v. Stenglein, daß er an öffentlicher Stelle ausgesprochen hat, das amtliche Verhör des Angeklagten ist im Anklageproceß überhaupt ungehörig — freilich bezieht sich das zunächst auf das Schwurgerichtsverfahren. Inquirirt ist dabei der Angeklagte schon, es sind ihm bereits die Fragen vorgelegt, die ihm der Untersuchungsrichter hat vorlegen müssen, und das Ergebniß wird ohne Zweifel in der Anklage selbst, die vor Gericht zum Vortrag kommt, befindlich sein. In dieser Beziehung ist also eine Befragung des Angeklagten nicht nothwendig. Ich habe übrigens allen den Gründen, die für das Kreuzverhör angeführt worden sind, Nichts hinzuzusetzen und würde in dieser Beziehung das Wort gar nicht genommen haben, wenn mich nicht meine Erfahrungen in den Besitz von Beispielen setzten, die ich für schlagend halte zur Vertheidigung des Kreuzverhörs. M. H.! Ich habe vielfach zusammen fungirt und, wo ich nicht selbst thätig war, fungiren hören einen Richter, dessen feste Ueberzeugung es war, es liege in seinem

Rechte und er diene der richterlichen Würde dadurch, daß er jeden Angeklagten, dessen Anklage auf einem Gesetze begründet war, das Ehrenstrafen zuließ, mit Du anredete, und das thut er noch heute; es ist das seine vollständige Rechtsansicht. Da wird der Herr Redner vor mir sagen, ein richtiger Advokat werde dagegen zu schützen wissen. Das kann vielleicht sein. Aber zunächst wird immerhin der Angeklagte einstweilen abgedutzt, und da kann der Vertheidiger, wenn der Präsident das Recht der Befragung hat, das Factnm nicht hindern, und das Resultat wird sein, daß ein solcher Angeklagter den Geschworenen oder Schöffen gegenüber bereits als ein überwiesener Verbrecher dargestellt wird, und daß dies, wo der Beweis zweifelhaft ist, auch Einfluß üben kann auf den Spruch, wird wohl anzunehmen sein. Das Verhör des Präsidenten ist unnöthig. Gründe besonderer Sachgemäßheit sind auch nicht anzuführen und angeführt worden. Es ist aber schädlich, wie ich angedeutet habe. Nun ist ein Amendement eingebracht worden, die Resolution der beiden Herren Referenten einzuschränken blos auf die Prozesse der höchsten Ordnung. Dem Amendement möchte ich nicht beitreten aus zwei Gründen. Einmal sind wir nicht mit der Abfassung eines Gesetzes betraut, sondern wir wollen für unsre Gesetzgebung nur einen Grundsatz des Rechts oder Unrechts aufstellen. Wir sagen also nur, das Kreuzverhör ist ein besseres Mittel zur Darlegung der Wahrheit, als das einseitige Fragerecht des Präsidenten. Ich glaube nicht, daß es unsre Sache ist, die einzelnen Gesetzesparagraphen zu redigiren, sonst würde es schon von dem Herrn Referenten geschehen sein. Aus diesem formellen Grunde schon würde ich das Amendement nicht unterstützen können. Aber auch aus einem materiellen Grunde habe ich Bedenken, es anzunehmen, weil, wenn das Kreuzverhör das bessere Mittel zur Darlegung der Wahrheit ist, es in jedem Falle Anwendung finden muß. Es ist bei Schöffen, deren Thätigkeit ja für Verbrechen mittlerer Ordnung in Aussicht genommen ist und wahrscheinlich angestrebt wird, nicht einerlei, wer die Zeugen befragt. Jeder Jurist wird wissen, daß die Zeugen von mittlerer Bildung die Mehrzahl bilden, und daß aus diesen Alles heraus- und hineingefragt werden kann. Dabei bin ich weit entfernt, eine Böswilligkeit auf Seiten eines Richters vorauszusetzen; er braucht nur eine bestimmte Meinung vorher zu haben. Wenn der Fall so ist wie in Preußen, wo die Richter zugleich die Rathskammer bilden, welche die Anklage beschlossen haben, so liegt es in der Natur der Sache, daß jeder Richter, welcher die Anklage beschlossen hat, der Meinung sein muß, der Angeklagte sei auch der Thäter, und ich halte es für sehr schwer möglich, daß diese Meinung, die dem Richter beiwohnen muß und jedenfalls in sehr vielen Fällen beiwohnt, nicht Einfluß haben sollte. Ich würde also die vorgeschlagene Einschränkung nicht unterstützen.

Wenn von dem Herrn Redner vor mir auf die Gefahren des Kreuzverhörs hingewiesen worden ist, auf den Mißbrauch desselben, so hat schon Herr Professor Gneist bemerklich gemacht, daß eine Controle des Gerichts nothwendig sei. Wären wir in der Lage, einen formellen Gesetzesparagraphen zu redigiren, so würde ich den Vorschlag machen, hinzuzusetzen: unter Vorbehalt der richterlichen Controle. Aber den Vorbehalt hat Herr Professor Dr. Gneist ausdrücklich vorausgesetzt, und den wird der Gesetzgeber, der unser Gutachten empfängt, schon allein machen. Vor Mißbrauch fürchte ich mich also nicht.

Es ist gegen das Kreuzverhör noch das Bedenken aufgestellt des Mangels an Vertheidigern, und Herr Dr. Vollert hat aus seinen Erfahrungen berichtet, daß zwar Vertheidiger in genügender Anzahl vorhanden, aber nicht bereit sind, Vertheidigungen anzunehmen. Ich kann dieses Bedenken nicht als einen Grund anerkennen, um dem Grundsatze, den ich im Uebrigen für richtig halte, zu entsagen. Kein mir bekanntes Gesetz macht es dem Vertheidiger zur Pflicht, unter allen Umständen dasjenige zu thun, was man im Publikum vertheidigen nennt, nämlich auf Freisprechung anzutragen. Das habe ich in meiner sehr umfänglichen Praxis niemals als die Pflicht des Vertheidigers angesehen; im Gegentheil. Der Vertheidiger ist ebensogut ein Organ zur Ermittelung der Wahrheit wie der Staatsanwalt, und wenn das Kreuzverhör vom Gerichte als die Regel vorgeschrieben wird, so werden die Vertheidiger ex officio ernannt werden. Sie werden es thun müssen, und soviel Achtung vor ihrem Amte und ihrem Anstande wird man wohl voraussetzen können, um anzunehmen, daß solcher Mißbrauch bei uns nicht vorkommen wird, wie er allerdings in Amerika sein mag. Nun hat Herr Professor Dr. Gneist allerdings einen Umstand berührt, der im Antrage keine Stelle gefunden hat. Im Entwurfe ist das Kreuzverhör zwar zugelassen, aber nur unter dem Vorbehalte, daß der Präsident es zu genehmigen hat. Ich möchte wünschen, daß, wenn wir uns über die Vorzüglichkeit des Kreuzverhörs aussprechen, wir auch sagen: das Kreuzverhör ist als das bessere Mittel unbedingt zuzulassen, ohne es erst von der Genehmigung des Präsidenten abhängig zu machen; denn in dieser Weise existirt es in Preußen schon jetzt, aber allerdings nur im Gesetze, nicht in Wirklichkeit. Dort heißt es auch: Der Vorsitzende stellt die Fragen, er kann aber auch dem Vertheidiger das Fragerecht überlassen, dem Staatsanwalt muß er's gestatten. Um auch von dieser Seite das Bedenken zu beseitigen, möchte ich den Herrn Referenten um Erlaubniß bitten zu dem Amendement, in die Resolution das Wort „unbedingt" einzustellen. In dieser Weise wünsche ich, daß der Vorschlag des Herrn Referenten angenommen wird.

Justizrath Dr. **Meyer** aus Thorn: M. H.! Ich glaube, daß die

Frage, welche uns beschäftigt, spruchreif ist. Ich würde das Wort nicht ergriffen haben, wenn ich nicht auf die Ausführung des Herrn Dr. Mayer aus Frankfurt Etwas zu entgegnen hätte. M. H.! Wir beschäftigen uns hier mit einer strafprozessualischen Frage. Bei jedem Prozesse ist es nicht die Hauptsache wie man zum Ziele kommt, sondern daß man das Ziel erreicht, und man kann den Satz aufstellen, daß es in vielen prozessualischen Fragen verschiedene Wege zum Ziele giebt. Ich kann Herrn Dr. Mayer einräumen, daß gute Aussprüche von Gerichten erzielt werden können, wenn der Präsident das Fragerecht ausübt; er wird aber auch uns zugestehen müssen, daß gute Aussprüche erzielt werden können, wenn das Kreuzverhör angewendet wird. Das Kreuzverhör bedarf der Correktur durch den Präsidenten aus den Gründen, die der Herr Vorredner schon angedeutet hat. Das Verhör durch den Präsidenten bedarf anderer Correkturen und, (dies ist für mich ein Hauptgesichtspunkt) diese Correkturen sind viel schwerer anzubringen, als diejenigen, welche beim Kreuzverhör durch den Präsidenten selbst angebracht werden.

(Zustimmung.)

Denn, die Parteien corrigirt der höherstehende Präsident sehr leicht mit derjenigen Humanität, Würde und Entschiedenheit, welche die Sache erfordert; aber der höherstehende Präsident ist von der Partei sehr schwer zu corrigiren. Auch der Präsident ist kein Halbgott, sondern ein Mensch. Hat er nun die Angeklagten und Zeugen gefragt, und dabei das punctum juris nicht glücklich getroffen, so wird eine Partei ihm sehr schwer begreiflich machen, daß er geirrt hat. Ich habe eine zwölfjährige Erfahrung als Staatsanwalt hinter mir; ich habe als Vertheidiger eine zwölfjährige Praxis.

Nun, m. H., die Hauptangriffe des Herrn Dr. Mayer aus Frankfurt erledigen sich ganz einfach dadurch, daß man den Wortlaut der Resolution schärfer ansieht. Es steht im Wortlaut nicht, das das Kreuzverhör obligatorisch sein soll, sondern es ist ganz allgemein gefragt: „ist im Strafverfahren das Kreuzverhör dem Verhör durch den Präsidenten vorzuziehen?" Darauf antworten die Herren Referenten: wir ziehen das Kreuzverhör im Allgemeinen vor. Wir sind nun aber, hier der Juristentag, kein Reichstag, keine gesetzgebende Versammlung. Wenn man sagt: im Allgemeinen ziehen wir es vor, so schließt das nicht aus, daß es Ausnahmen giebt. Wir sprechen nur das allgemeine Prinzip aus, und wir sprechen nicht aus, daß das Kreuzverhör obligatorisch werden solle in dem Entwurfe, der nächstens von den gesetzgebenden Faktoren des Reichs zu berathen sein wird. Wir stellen das Princip so allgemein auf, daß ich wohl wissen möchte, wie man durch Hinweis auf den Mißbrauch, der damit getrieben werden kann, durch den Hinweis auf sonstige Erfahrungen, die von Rednern angeführt worden sind, das Prinzip selbst anfechten kann. Ich räume die Möglichkeit des Mißbrauchs ein — allein der daraus hergenommene Grund steht für mich auf einer Stufe mit einem Antrage auf Abschaffung der Messer, weil man sich damit in die Finger schneiden kann. Es kommt eben darauf an, das Kreuzverhör so zu gebrauchen, daß man sich damit nicht in die Finger schneidet, sondern den Zweck erreicht, den man im Auge hat. Ich bitte Sie also, nehmen Sie diesen Satz in seiner, wie ich versichere, höchst bescheidenen Allgemeinheit ruhig an. Ich will anerkennen, daß in den Verhandlungen von den Mittelgerichten die Sache mit dem Kreuzverhör sich ein wenig schwierig machen kann, wenn Sie von der Voraussetzung ausgehen, es müsse in den Mittelgerichten dem Angeklagten ein Vertheidiger zur Seite stehen. Ich gehe von dieser Voraussetzung nicht aus. Die freie Advokatur eröffnet mir nicht die Perspective, daß ich annehme, es würden Advokaten genug da sein. Ich gehe aber noch einen Schritt weiter. Ich kann mir denken, daß das Kreuzverhör mit Erfolg angewendet wird, wenn kein Vertheidiger da ist. Denn die Angeklagten selbst werden in der Regel soviel von der Sache auffassen, daß sie selbst die betreffenden Fragen den Zeugen vorlegen. Ich frage Sie, ob es Ihnen noch nie vorgekommen ist, daß der Angeklagte selbst viel richtiger die Fragen den Zeugen vorgelegt hat als der juristische Beistand?

(Sehr richtig!)

Also aus dem Mangel an Vertheidigern folgt noch gar nicht, daß das Kreuzverhör bei Mittelgerichten nicht Anwendung finden könnte. Inwieweit aber Ausnahmen von der Regel eintreten sollen, das sind Fragen, die wir hier am besten ganz fallen lassen. Ich kann aus diesem Bedenken, daß es bei diesem Verfahren vor Mittelgerichten an Vertheidigern fehlen werde, keine Veranlassung finden, diesem Satze in seiner, wie ich wiederhole, vorsichtigen Allgemeinheit entgegenzutreten.

(Bravo!)

Advokat **Kloeppel** aus Köln: M. H.! Nachdem den Ausführungen des Herrn Dr. Mayer aus Frankfurt bereits von zwei Seiten widersprochen worden ist, werde ich mich auf einige bescheidene Nachträge beschränken. Ich glaube meinerseits ein Wort sprechen zu können über dasjenige Bedenken, das auch von andern Vorrednern angeführt worden ist, als ob es an Advokaten fehlen würde, um auch in Strafsachen mittlerer Ordnung überall dem Angeklagten einen Vertheidiger stellen zu können. M. H.! Ich glaube, daß man in dieser Beziehung in dem größten Theile von Deutschland viel zu sehr von der gewohnten Vorstellung sehr kleiner Gerichtsbezirke ausgeht, in denen verhältnißmäßig sehr wenig Advokaten sich finden und wo die

Schwierigkeit natürlich sehr groß ist, einen Vertheidiger zu bestellen. Wir sind in der Rheinprovinz an sehr große Gerichtsbezirke erster Instanz gewöhnt, die in der Regel 6—8 Advokaten, häufig aber auch 18—20 zählen. In diesen Gerichtsbezirken glaube ich nicht, daß es Schwierigkeiten finden würde, wenn es obligatorisch wäre, auch in mittleren Straffällen Vertheidiger zu bestellen. Zunächst, m. H., erlaube ich mir einen Punkt einzuschalten. Es ist wiederholt von einem der Herren angeführt worden, daß in einzelnen Ländern die Bestimmung besteht, daß dem Vertheidiger, der von Amtswegen bestellt ist auch aus Staatsmitteln Honorar gezahlt wird. M. H.! Wir sind zur Vertheidigung verpflichtet, ohne daß von Staatswegen Honorar gezahlt wird, aber dies hat nie die Gefahr herbeigeführt, daß es Schwierigkeit gehabt hätte, für den Angeklagten einen Vertheidiger zu finden. Es ist glaube ich nicht ein einziger Advokat in der Rheinprovinz, der nicht ohne Rücksicht auf Honorar es sich zur höchsten Ehre rechnete, in Sachen, welche zur Vertheidigung Stoff bieten als Vertheidiger aufzutreten. Ich habe, da es überhaupt sehr selten ist, daß ein Vertheidiger gewählt wird, als jüngerer Advokat fast nie eine Vertheidigung mit Honorar geführt; aber es ist mir nie eine Beschwerde oder eine zu große Last aus der Vertheidigung erwachsen. Was nun mittlere Straffälle angeht, so ist es bei uns Erfahrung, daß in allen Sitzungen der Strafkammer regelmäßig 4—6 Advokaten gegenwärtig sind, die als bestellte Vertheidiger Sachen zu vertreten haben. Diese Herren sind genöthigt, meistens den ganzen Vormittag der Sitzung beizuwohnen, und würden ohne Schwierigkeit in der Lage sein, auch den Angeklagten beizustehen, welche keinen Vertheidiger haben. Also glaube ich, daß wenn man das System großer Gerichtsbezirke durchführte, wie es auch in Elsaß-Lothringen durchgeführt ist, bei gleichzeitiger Freigebung der Advokatur die Schwierigkeit sich nicht herausstellen wird, daß es an Vertheidigern fehlte.

Was den Zusammenhang dieser Frage mit der Construction des Verfahrens betrifft, so halte ich es für selbstverständlich, daß Jeder, der sich für die von den Herren Referenten befürwortete Resolution ausspricht, zugleich den Advokaten schon in der Voruntersuchung zugezogen wissen will. Es wäre vielleicht passender gewesen, den letzteren Punkt vorher zu verhandeln, aber daß es nicht geschehen, ist kein Hinderniß, sich in dem Sinne schlüssig zu machen, wie die beiden Herren Referenten es befürwortet haben.

M. H.! Es ist hier der Ausdruck gefallen, man suche das Verhör durch den Präsidenten aus Mißtrauen gegen den Präsidenten zu beseitigen. Nein! Es ist nicht ein Mißtrauen gegen den Präsidenten, sondern ein Mißtrauen in die Stellung, in welche der Präsident nothwendig gebracht wird. Wenn der Präsident die Verhandlung leiten soll, muß er nothwendig über den Gegenstand orientirt sein. Er kann nicht orientirt sein, wenn er nicht die Voruntersuchungsakten studirt hat; denn er selbst ist nicht bei der Voruntersuchung gewesen und kann es nicht — das würde dem Prinzip des Untersuchungsverfahrens widersprechen. — Wenn nun der Präsident genöthigt gewesen ist, sich Kenntniß von den Resultaten der Voruntersuchung zu verschaffen, und dies nur aus den geschriebenen Akten thun kann, so liegt die Gefahr sehr nahe und ist unvermeidlich, daß er mit einer Präoccupation in die Untersuchung hineintritt; denn die Voruntersuchung hat ja immer so schweren Verdacht gegen den Angeklagten erzeugt, daß man es für nothwendig gefunden hat, die Sache zur Hauptverhandlung zu bringen. Es ist deshalb unvermeidlich, daß für denjenigen, welcher diese Akten gelesen hat, der den Angeklagten nicht gesprochen hat, der sich nicht in mündlicher Besprechung die Sache hat klarstellen lassen im Sinne des Angeklagten, daß für diesen eine Präoccupation für die Schuld des Angeklagten im Sinne der Voruntersuchungsakten sich ergeben muß. Nun ist es offenbar, daß ein Mann, der mit dieser Voreingenommenheit in die Sitzung eintritt, nicht das geeignete Organ sein kann und darum nicht das Organ sein darf, die Vernehmung der Zeugen selbständig und allein zu leiten. M. H.! Der Grundsatz eines jeden gesunden Strafverfahrens, daß nur derjenige als schuldig angesehen werden kann, dem die Schuld voll bewiesen ist, und daß Jeder so lange als unschuldig angesehen werden muß, bis ihm die Schuld bewiesen wird, führt zu der nothwendigen Consequenz, daß auch dieses Moment in die Verhandlung hineingebracht werde, daß also auch in der Verhandlung der Angeklagte mit der Voraussetzung behandelt werde, daß er unschuldig ist und daß er erst nach erbrachtem Beweise als schuldig angesehen werden darf. In diesem Sinne kann auf keine unbefangenere Weise eine Schuld des Angeklagten bewiesen oder seine Unschuld dargethan werden als durch das Kreuzverhör, indem dem Vertheidiger gestattet wird, die Zeugen, die der Ankläger vorbringt, in das Kreuzverhör zu nehmen, und dem Ankläger umgekehrt die Zeugen, die der Vertheidiger vorbringt.

M. H.! Was die Bedenken wegen Mißbrauchs angeht, so glaube ich, daß diese durchaus nicht zutreffend sein können. Wir haben, wenn wir dieses Institut herübernehmen, es nur als solches ins Auge zu fassen, nicht die Persönlichkeiten, welche diese Einrichtungen in einem andern Lande anzuwenden haben. Wir haben nicht davon auszugehen, was die Advokaten oder Ankläger in England und Amerika mit diesem Kreuzverhör machen, sondern was sie nach unsren Voraussetzungen von dem Bildungsstande unsrer Advokaten bei uns machen werden. In dieser Beziehung nun glaube ich, daß die deutsche Advokatur nicht das Mißtrauen verdient, daß sie solchen Mißbrauch mit dem Kreuzverhör treiben würde, wie er anderswo vorgekommen ist. Uebrigens halte ich für selbstverständlich, wofür der Herr Correferent sich aussprach, daß in jedem Falle eine Correktur durch den Präsidenten möglich sein muß. Wenn Mißtrauen gegen den Vertheidiger gehegt wird, so haben wir als Vertheidiger auch ein kleines Mißtrauen gegen den Präsidenten; denn unsere Präsidenten sind einmal an das Inquisitionsverfahren gewöhnt und werden sich nicht so schnell entwöhnen; es wird noch eine lange Zeit vorkommen, daß Vertheidiger sich über Ungerechtigkeiten der Präsidenten zu beklagen haben. Aber so wenig als das Mißtrauen gegen die Correktur des Präsidenten, glaube ich, kann ein Mißtrauen gegen die Advokatur ein Grund sein, daß Kreuzverhör nicht anzunehmen.

Obergerichts-Assessor **Meyer** aus Celle: Ich möchte mich nur über die Beantwortung der Frage im Allgemeinen aussprechen. Ich habe ein Bedenken gegen die Art und Weise, wie Herr Justizrath Dr. Meyer aus Thorn die Beantwortung der Frage wünscht. Derselbe meint, daß die Frage nur in der Weise zu beantworten sei, daß wir uns nur über das Prinzip aussprechen, aber die Frage, ob Mißbrauch mit dem Kreuzverhör zu treiben sei, nicht berücksichtigen, weil das eine bloße Möglichkeit sei, die der Prüfung des Gesetzgebers, aber nicht unsrer Prüfung zu unterliegen habe. Ich glaube aber, daß wir gerade das berücksichtigen müssen; denn mit demselben Recht könnte man sagen: das Verhör durch den Präsidenten hat zwar manche Bedenken; aber das kommt nicht in Betracht; denn man kann die Messer nicht abschaffen, weil man sich damit schneiden könnte. Dann möchte ich nur das Eine noch berücksichtigt wissen, daß die Zeugen durchschnittsmäßig nicht so sind, daß sie im Stande wären, einem Kreuzverhör unterworfen werden zu können. Die Zeugen lassen sich sehr leicht durch Fragen verwirren, und wenn dann der Staatsanwalt, der von vornherein für die Anklage eingenommen sein wird, die Zeugen fragt, so wird es ungeheuer leicht sein, daß sie für die Anklage aussagen, und es wird sehr schwer sein, dies durch das Kreuzverhör zu repariren; denn die Zeugen bleiben leicht bei dem, was sie einmal gesagt haben. Ich möchte mich also ganz entschieden gegen das Kreuzverhör aussprechen.

(Schluß der Debatte.)

Rechtsanwalt **Sabarth** aus Ratibor: Ich wollte nur das von mir vorhin eingebrachte Amendement zurücknehmen, das Wort „unbedingt" einzuschieben. Ich hatte dabei nur die Absicht, dem Antrage einen bestimmteren Ausdruck zu geben; nachdem ich aber die Resolution des Herrn Referenten noch einmal gelesen habe, halte ich es nicht für nöthig und ziehe daher das Amendement zurück.

Correferent Professor Dr. **Gneist**: Ich habe die Einwendungen keineswegs übersehen, die von unserm deutschen Standpunkte aus zu machen sind. Ich muß das zugestehen: wir können den Staat nicht verpflichten, aus öffentlichen Kassen einen Defensor bei allen mittleren und kleineren Straffällen zu bestellen. Dieser Uebelstand besteht in der ganzen Welt. Aber der in Preußen herrschende Mangel an Defensoren besteht nicht in der ganzen Welt, sondern hängt zusammen mit einer Menge überkommener Uebelstände. Je lebendiger und je vollständiger wir den Beruf des Advokaten herstellen, je bedeutungsvoller wir seinen Beruf im Strafverfahren herstellen, umso größer wird der Reiz, diese Stellung zu übernehmen. In dem Kreuzverhör findet sich dieser Antrieb, während wir ihn da, wo der Defensor untergeordnet dem inquirirenden Präsidenten gegenübersteht, nicht finden. Ferner sind die Einwendungen nicht zutreffend, die von unsern Kreisgerichtsverhältnissen hergenommen sind. Ich habe große Landgerichtsbezirke im Auge, wie die rheinischen, wo sich ein besonderes Barreau bildet auch für die mittleren Straffälle, und ich verweise dafür auf das Beispiel aller Länder, wo größere Bezirksgerichte gebildet sind. Daß diese Bildung größerer Gerichtsbezirke stattfinden wird, ist die ausdrücklich erklärte Voraussetzung des Entwurfs der deutschen Strafprozeßordnung. Endlich, fehlt es dennoch an einem Defensor, so ist eine Bemerkung gemacht, und ich kann sie bestätigen: ich habe die scharfsinnigsten Kreuzverhöre von Parteien selbst gehört. Jedenfalls aber, wenn man darauf nicht rechnen kann, ist es nur ein kleiner Theil der bisherigen Funktionen des Richteramts, wenn dann der Richter den Defensionalbeweis aufnimmt, wie es in England geschieht. Dort treibt man dies seit Jahrhunderten, und Richter und Parteien befinden sich wohl dabei. Kann der Richter jetzt schwere stundenlange Geschäfte des Anklagebeweises betreiben, so wird er das leichtere und des Richters würdigere Geschäft der Aufnahme des Defensionalbeweises übernehmen können.

Was den Einwand betrifft, es fehle auch noch an anderen Voraussetzungen des Kreuzverhörs, so ist das richtig; aber wir diskutiren ja eben unter der Voraussetzung einer deutschen Strafprozeßordnung, die jenen Einwand erledigen wird. Der Defensor wird in Zukunft von Anfang an zugelassen, er hat während der Voruntersuchung Zeit, sich über die Fragen zu informiren, die er im Kreuzverhör zu stellen hat.

Die Besorgnisse vor Mißbräuchen sind diejenigen, die wir bei jeder Reform gehört haben, welche den Parteien ein Recht wiedergiebt. Daß dieses Recht von Advokaten gemißbraucht werden kann, wissen wir; die Erfahrung hat aber auch gelehrt, daß dieser Mißbrauch bei weitem nicht die Tragweite hat, welche von mancher Seite gefürchtet wurde. Es sind dieselben Gefahren vorher gesagt worden, als wir aus der Inquisitionsform in die neuere Form des Strafprocesses übergingen. Die Mißbräuche von Seiten der Advokatur aber haben sich in Deutschland in äußerst mäßiger Weise gezeigt. Was wir erwartet haben von der Ehrenhaftigkeit, der Bildung, dem Ehrgefühl unserer Anwaltschaft, (und zwar ebenso der Staatsanwaltschaft wie der Parteianwaltschaft), das hat sich vollständig bestätigt.

Wir behaupten freilich nicht, daß das Kreuzverhör die Panacee sei, die für jeden Fall den Mißbrauch ausschließe; aber bei der Unvollkommenheit menschlicher Einrichtungen ist der Uebelstand eines inquirirenden Präsidenten mit einem nur plaidirenden Defensor bei weitem bedeutender als die möglichen Uebelstände der selbstthätigen Behandlung durch Staatsanwaltschaft und Defensor und der Controle, welche ein stetiges, jeden Augenblick wachsames Richteramt über Mißbräuche übt. Wir haben uns immer nur zu entscheiden zwischen einem relativ Guten und Besseren. So liegt auch hier die Sache, und in diesem Sinne haben die Referenten ihre Resolution beantragt.

Referent Advocat Dr. **von Stenglein**: M. H.! Es wird mir schwer nach meinem Vorredner noch Einiges anzuführen; ich werde mich deshalb nur auf einzelne wenige Bemerkungen beschränken. Es handelt sich hier darum, ob logisch konkludirt werden kann, daß das Kreuzverhör im Allgemeinen die bessere Form ist. Ich gestehe nun: von den heftigsten Gegnern des Kreuzverhörs habe ich bezüglich dieser logischen Konklusion und bezüglich der Gründe, die dagegen sprechen sollen, nur außerordentlich wenig gehört. Ich habe nur die Besorgniß gehört, daß Mißbräuche, welche Niemand in Abrede stellen wird, auch bei uns einreißen werden. Nun, gegen diese Mißbräuche, die man vielleicht kurz als die amerikanischen bezeichnen könnte, giebt es in Deutschland ein Heilmittel, welches uns nicht dazu kommen läßt, und das ist der deutsche Geist, die deutsche Redlichkeit. Ich meine das nicht in der Beziehung allein, in der es schon wiederholt angeführt wurde, daß wir nicht zu besorgen haben, daß unsre Advokatur auf den Standpunkt kommt, auf den sie kommen müßte, um solchen Mißbräuchen freien Raum zu gewähren, sondern auch noch in andrer Richtung. Ich glaube, es wird in Deutschland, wenn man mit solchen Mißbräuchen kämpfen wollte, nicht die Wirkung erzeugt werden, die erzeugt werden muß, wenn eine Advokatur in Versuchung sein sollte, dazu zu greifen. Wenn es in einem Volke, die allgemeine Billigung erfährt, daß mit allen, auch mit den schlechtesten Mitteln Etwas erreicht wird, dann greifen solche Mittel Platz. Wenn aber in einem Volke, die sittliche Entrüstung dem entgegentritt, daß mit solchen Mitteln für etwas gekämpft wird, dann greifen sie nicht Platz, und ich glaube, m. H., nicht zuviel zu behaupten, wenn ich sage: wenn ein Anwalt in Deutschland das Kreuzverhör auf diese Weise mißbrauchen würde, so würde nicht nur die Entrüstung der

Richter und der Geschworenen, es würde die Entrüstung des Publikums in solcher Weise entgegentreten, daß er gewiß nicht veranlaßt würde, weiter auf der beschrittenen Bahn vorzugehen.

(Sehr gut.)

Und darin finde ich ein Heilmittel, so daß wir nicht zu besorgen haben, daß die unstreitigen Vorzüge des Kreuzverhörs in Deutschland einem solchen Mißbrauche entgegengehen würden, wie in Amerika. Man hat uns endlich noch gesagt: unsere Zeugen sind nicht geeignet, so verhört zu werden. Nun, meine Herren, ich habe viel mit Zeugen zu thun gehabt, ich habe als Staatsanwalt und als Vertheidiger, also von beiden Seiten, viel mit Zeugen operirt, und ich muß doch sagen, daß ich die kindliche Einfalt, den vollständigen Mangel an Selbstgefühl, kurz den vollständigen Mangel aller Eigenschaften, die den Menschen zum Menschen machen, an deutschen Zeugen nie wahrgenommen habe. Ich habe nie bemerkt, daß sie sich durch einige Kreuzfragen verblüffen ließen und schließlich nicht wüßten, wo ein wo aus, daß sie sich von dem Staatsanwalt in irgend einer Richtung packen ließen und glaubten, sie müßten in dieser Richtung festhalten. Ueberhaupt, meine Herren, kämpfen wir gegen Dasjenige, was mit logischen Gründen vertheidigt wird, nicht mit Besorgnissen der allgemeinsten Art, mit Mißtrauen, es könnte das oder jenes daraus entstehen. Wenn eine Sache innerlich gut ist, so wird sie sich auch als innerlich gut bewähren. Ich glaube, für das Kreuzverhör spreche eine solche Menge von Gründen, daß man eine eben solche Menge von Gründen gegen das Kreuzverhör beibringen müßte, wenn man beantragen wollte, es abzulehnen. Solche Gründe habe ich nicht gehört, und ich kann also nur vorschlagen, die Resolution, wie sie vorgeschlagen ist, zu acceptiren.

Vicepräsident Obergerichtsrath **Thomsen**: Die Resolution lautet dahin:

Der Juristentag wolle aussprechen:

„In Strafsachen ist das Kreuzverhör dem Verhör durch den Präsidenten vorzuziehen."

Dazu liegt ein Amendement vor von Herrn Staatsanwalt Mansfeld, dahin lautend:

Der Juristentag erklärt für seine Ueberzeugung,

„daß das Kreuzverhör in Strafsachen höherer Ordnung den Vorzug verdiene vor dem Verhör durch den Präsidenten."

Wie ich die Rede des Herrn Staatsanwalt Mansfeld verstanden habe, beabsichtigt dieser Herr durch dieses Amendement auch negativ den Ausspruch herbeizuführen: der Juristentag erklärt, nur in Strafsachen höherer Ordnung, nicht auch in den anderen Strafsachen, soll das Kreuzverhör vorzuziehen sein.

(Zustimmung des Antragstellers.)

So gebe ich dem Herrn anheim, damit diese Negative deutlicher ausgedrückt werde, sein Amendement in Gestalt eines Zusatzes zum Hauptantrage zu fassen und zwar etwa dahin:

„jedoch nur in Strafsachen höherer Ordnung".

(Der Antragsteller erklärt sich hiermit einverstanden.)

Dann würde ich zunächst das Prinzip, den allgemeinen Antrag, alsdann den einschränkenden Zusatz, das Amendement Mansfeld, zur Abstimmung bringen. Ich bitte die Herren, die für den Hauptantrag sind, sich zu erheben.

(Die Mehrheit erhebt sich.)

Der Antrag ist mit Majorität angenommen.

Das Amendement Mansfeld wird hierauf (nach einer kurzen Geschäftsordnungsdebatte) mit Majorität abgelehnt,
und demnächst beschlossen, den Beschluß der Abtheilung über den Hauptantrag dem Plenum zur Kenntnißnahme mitzutheilen.

(Schluß der Sitzung 2 Uhr 11 Minuten.)

Zweite Sitzung der dritten Abtheilung am 29. August 1873.

(Beginn: Vormittags 9 Uhr.)

Die Abtheilung tritt in die Berathung der Frage ein:

„Soll im Falle der Freisprechung für die Untersuchungshaft eine Entschädigung gewährt werden?"

Referent Justizrath Dr. **Meyer** aus Thorn: Meine Herren! Dem Referate, welches ich Ihnen zu erstatten die Ehre haben werde, liegen drei Gutachten zu Grunde, von den Herren Professor Dr. Wahlberg in Wien, Professor Dr. Ullmann in Innsbruck und Appellationsrath Dr. Vollert in Eisenach. Soviel mir bekannt, ist nur der letzte der genannten Herren Gutachter anwesend. Ich erlaube mir ferner einen Gedanken vorauszuschicken. Wir werden heute in annähernd fünf Stunden vier Gegenstände zu erledigen haben, wenn wir unsere Tagesordnung erschöpfen wollen, und ich werde es daher für meine Pflicht halten, so kurz zu sein, als es irgend mit der Materie verträglich ist. Freilich ist das nur in einem gewissen Grade möglich; denn das Eigenthümliche der Frage, mit der wir es jetzt zu thun haben, ist das, daß sie legislatorisch meines Wissens noch nirgends in irgendwie umfassender Weise angefaßt ist. Es handelt sich hier darum, eine Frage zu diskutiren, die wegen des Mangels in den positiven Gesetzen gegebener Anhaltspunkte ihre ganz besondere Schwierigkeiten hat. Wenn der Staat überhaupt im Laufe einer Untersuchung die Freiheit eines Menschen beeinträchtigt, indem er ihn zur Untersuchungshaft bringt, so kann darüber ja von vornherein kein Zweifel sein, daß dies aus dem Justizhoheitsrecht des Staates im Prinzip ohne Weiteres folgt. Es fragt sich nur — und das ist die Schwierigkeit, vor der wir hier stehen und zu deren Lösung wir, wie ich wirklich sagen darf, den ersten Schritt zu thun versuchen wollen — es handelt sich hier in Einklang zu bringen dieses unzweifelhafte Recht des Staats mit dem Rechte des Einzelnen, wenn dieser dadurch in seinen Rechten positiv gekränkt wird. Meine Herren! So, wie die Frage formulirt ist, glaube ich, ist sie nicht ganz glücklich formulirt. Wenn die Frage lautet: „Soll im Falle der Freisprechung für die Untersuchungshaft eine Entschädigung gewährt werden?" so liegt es ganz auf der Hand, daß man sich fragt: Nun, wie dann, wenn es zu einer Anklage, zu einem Erkenntniß gar nicht gekommen ist? Wir werden uns gar nicht der Aufgabe entziehen können, bei Erörterung der gestellten Frage auf diesen nächstverwandten Fall hinüber zu blicken, ja ich glaube, noch auf einen anderen Fall werden wir kommen müssen. Aber gestatten Sie, daß ich darauf am Ende meines Referats eingehe.

Fasse ich die Frage zunächst in der Formulirung auf, wie sie von der ständigen Deputation gegeben ist: „Soll im Falle einer Freisprechung für die erlittene Untersuchungshaft eine Entschädigung gewährt werden?" so bemerke ich vorweg, daß die sämmtlichen Herren Gutachter, wie weit sie im Uebrigen auch auseinandergehen, in einem Gedanken doch einverstanden sind, in einem Gedanken, der in der That auch unter uns keinen besonderen Zweifel erregen dürfte, in dem Gedanken, daß die Freisprechung als solche an und für sich allein einen Anspruch auf eine Entschädigung zu begründen nicht geeignet ist. Wir haben in der Entwickelung unseres Kriminalprozesses in Deutschland die verschiedenen Arten der Freisprechung abgeschafft, die völlige Freisprechung, die absolutio ab instantia, die vorläufige Freisprechung, und wie die Ausdrücke gelautet haben. Wir haben diese Unterschiede getilgt, wir kennen nur eine Freisprechung, und der Sinn dieser Freisprechung ist kein positiver, sondern ein negativer. Von Demjenigen, welcher freigesprochen wird, wird zunächst nur gesagt: er ist nicht schuldig. Das „Nichtschuldig" ist nicht gleich: „Unschuldig". Wir wissen Alle als praktische Juristen, daß die Gründe der Freisprechung sehr häufig blos darin zu finden sind, daß ein hinreichender Beweis der Schuld nicht geführt ist, wenn auch immerhin eine Reihe sehr beachtenswerther Verdachtsgründe stehen geblieben ist, die aber nicht hinreichen, um die wirkliche Ueberzeugung von der Schuld des Angeklagten zu gewinnen. Wenn hier die Frage etwas weiter formulirt wäre, so könnte ich hier auf einen Nebenpunkt eingehen, ich könnte fragen: ob im Falle der Freisprechung nicht wenigstens Etwas gewährt werden müßte, nämlich ob dem Angeklagten nicht wenigstens die Kosten der Vertheidigung erstattet werden müßten, eine Frage, die merkwürdiger Weise in unserm neuen Entwurfe negativ entschieden ist. Ich bemerke, daß die umgekehrte Beantwortung dieser Frage mir ganz unzweifelhaft erscheint. Der freigesprochene Angeklagte darf keine Kosten zu tragen haben. Indem ich aber dies bei Seite lasse, will ich mich zur Sache zurückwenden, die uns hier ex professo beschäftigt. Wenn ich anerkenne, die Freisprechung an sich begründe einen Anspruch auf Entschädigung nicht, so glaube ich, einen Theil der sehr großen Bedenken zerstreut zu haben, die, wie ich glaube, eine große Anzahl Juristen schon bei Lesung der Frage beunruhigt haben. Es kann uns nichts ferner liegen, als den Staat zu verpflichten, daß er jeden Freigesprochenen noch bezahle, d. h. den abgefeimten Spitzbuben, der sich mit Gewandtheit durchlügt, dafür noch prämiire. Diese Gefahr ist beseitigt, wenn Sie meinem ersten Satze zustimmen, welcher lautet:

I. „Die Freisprechung eines Angeklagten an und für sich allein ist nicht geeignet, einen Anspruch auf Entschädigung für eine erlittene Untersuchungshaft wider den Staat zu begründen."

Nichtsdestoweniger lassen sich Fälle von Freisprechungen denken, in welchen es eine große Unbilligkeit ist, die Entschädigungspflicht auszuschließen. Es ist unbillig, wenn ein wirklich Unschuldiger zur Untersuchungshaft gebracht ist, ihn die Folgen dieses Mißgriffes der Organe des Staats allein tragen zu lassen. Die Herren Gutachter sind auch in dem Gedanken einverstanden, daß sie sich solche Fälle, über deren Grenzen ich vorläufig noch nicht sprechen will, denken können. Sogar Herr Dr. Vollert, der einem solchen Entschädigungsrechte im Allgemeinen am fernsten steht, giebt doch soviel zu, daß für den erweislich Unschuldigen, wenn gegen ihn die Haft gesetzwidrig verhängt oder verlängert ist, eine Entschädigung allerdings zugebilligt werden müsse, nur mit dem Bemerken, daß sie im Wege der Klage zugebilligt werden mag. Nun, über den Weg will ich vorläufig nicht sprechen, ich will nur konstatiren, daß Herr Dr. Vollert, der von den drei Gutachtern der Bejahung der Frage am allerentferntesten steht, doch soweit geht zu sagen: Ist die Haft gesetzwidrig verhängt und ist der Angeklagte unschuldig, so soll er eine Entschädigung bekommen. Der zweite Gutachter, Herr Professor Dr. Ullmann in Innsbruck, geht einen Schritt weiter. Er leugnet zwar irgend eine rechtliche Verpflichtung des Staats zu einer Entschädiung, weil er, wie auch Herr Dr. Vollert, davon ausgeht, es könne Niemand verlangen, anders als nach dem Gesetze behandelt zu werden, und wenn er nach dem Gesetze behandelt sei, so sei es ein Unglück für ihn, wenn die Organe der Strafgewalt des Staates sich geirrt haben; es sei dies gewissermaßen ein casus, (in dem bekannten negativen Sinne, in welchem casus die Abwesenheit einer vertretbaren Schuld bedeutet); es sei also ein casus und der Angeklagte müsse ihn tragen. Indessen sagt Herr Dr. Ullmann am Schlusse: allenfalls könne man aus Billigkeitsrücksichten, nicht aus rechtlichen, eine Entschädigung, eine arbiträre Entschädigung, zu billigen: „erstens in den Fällen, in welchen die Verhandlung ergiebt, daß das Delikt nicht von dem Angeklagten, sondern von einem Dritten begangen wurde, und zweitens, wenn die Handlung überhaupt nicht als strafbar im Sinne des Strafgesetzes erkannt wurde.“ Diesen beiden Gutachten steht nun das des Herrn Professor Dr. Wahlberg in Wien gegenüber. Herr Dr. Wahlberg sagt: wenn wirklich eine Untersuchungshaft verhängt worden und eine Freisprechung erfolgt, dann müsse aus Gründen des Rechts der Freigesprochene entschädigt werden, wenn, wie er hinzufügt, keine „prozessualische Schuld“ des Angeklagten vorliegt, und darunter versteht er: wenn der Angeklagte nicht selbst durch Anstalten zur Flucht, durch positiven Ungehorsam gegen den Richter, der ihn vorladet, den Richter genöthigt hat, von diesem Zwangsmittel gegen ihn Gebrauch zu machen. Er findet eine prozessualische Schuld des Angeklagten nicht in denjenigen Fällen, in welchen diese Vorsichtsmaaßregel der Untersuchungshaft auf Grund einer bloßen „Präsumtion“ des prozessualischen Ungehorsams, wie er sich ausdrückt, ergriffen wird, wo also die Untersuchungshaft nur deshalb verhängt wird, weil das Verbrechen mit einer schweren Strafe bedroht ist. Hier findet er eine prozessualische Schuld nicht, und er will eine Entschädigung überall da gewähren, wo eine prozessualische Schuld des Verhafteten nicht vorliegt.

Wir haben es also hier, wenn wir den Kreis der verschiedenen Fälle in unsere Betrachtung ziehen, an die auch die Herren Gutachter gedacht haben, im Wesentlichen mit zwei Kategorien von Fällen zu thun: Erstens mit den Fällen, wenn bei Verhängung der Untersuchungshaft irgendwie gegen das Gesetz verstoßen ist. In diesen Fällen giebt auch Herr Dr. Vollert zu, es solle eine Entschädigung gewährt werden; dasselbe räumen Herr Dr. Ullmann und Herr Dr. Wahlberg ein. Ich glaube, meine Herren, in diesem Punkte werden wir kein Bedenken tragen, den Herren Gutachtern beizutreten, vielleicht mit einer kleinen Erweiterung. Wir werden sagen können, daß Entschädigung gewährt werden müsse, wenn bei der Verhängung oder bei der Verlängerung der Untersuchungshaft gesetzwidrig verfahren worden ist.

Hier wie bei allen Fragen, mit denen wir uns auf diesem Juristentage beschäftigen, fällt unser Blick ganz natürlich auf den Entwurf der neuen deutschen Strafprozeßordnung; denn darüber werden wir Alle einig sein, daß wir gerade auf diesem Juristentage, welcher voraussichtlich der letzte sein wird, ehe die neue Strafprozeßordnung zur Berathung gelangen wird, die Pflicht haben, für die nächstens zur Entscheidung kommenden großen gesetzgeberischen Fragen noch in den letzten Stunden soviel Material herbeizuschaffen, als in unsern Kräften steht. Ich sagte also: wenn durch

Verhängung oder Verlängerung gegen das Gesetz verstoßen wird. Ich erinnere in dieser Beziehung z. B. an eine Bestimmung des § 113 des Entwurfs, wo gesagt ist, der Amtsrichter habe den Haftbefehl zu erlassen oder, wenn er hierzu nicht zuständig sei, die einstweilige Verwahrung des Festgenommenen zu verfügen; der Haftbefehl sei aufzuheben, wenn die Staatsanwaltschaft nicht binnen drei Tagen nach der sofort zu bewirkenden Absendung der Verhandlungen die öffentliche Klage erhebt; der Verwahrungsbefehl sei aufzuheben, wenn dem Amtsrichter nicht binnen zehn Tagen von dem gleichen Zeitpunkte ab der Nachweis geführt wird, daß das zuständige Gericht den Haftbefehl erlassen habe. Sie sehen, m. H., daß, wenn z. B. diese Bestimmung Gesetzeskraft erhält, dann der Fall eintreten kann, daß ein fahrlässiger Amtsrichter, den Angeklagten über 3 bez. 10 Tage in Haft behält, darum habe ich gesagt, „oder Verlängerung der Haft." Ich verkenne übrigens nicht, daß, wenn irgendwie gesetzwidrig verfahren ist, dann auch der Beamte, welcher sich sei es in dolo, sei es in culpa befindet, haftet; allein ich glaube, wir haben Veranlassung, es auszusprechen, daß, wenn die vom Staate bestellten Organe ihrer Pflicht nicht nachkommen, nicht blos die Beamten als einzelne Privatpersonen mit ihrem Vermögen haften sollen, sondern daß dann der Staat haften muß, und zwar in erster Linie. Aus den Grundsätzen des römischen Rechts werden wir freilich diesen Grundsatz niemals ableiten, und ich will auch nicht verkennen, daß die Frage in ihrer Allgemeinheit, inwieweit der Staat für Versehen seiner Beamten zu haften hat, hier gar nicht in den Kreis der Diskussion gezogen werden soll. Das würde uns zu weit führen, wir würden uns in eine Reihe von Gebieten verlieren, die wir hier unmöglich beherrschen können. Ich meine nur soviel: Gerade im Gebiete des Strafprozesses, wenn der Staat auf Grund seiner Justizhoheit Jemand seiner Freiheit beraubt und wenn dabei gegen das Gesetz verstoßen wird, soll der Staat denjenigen, den er der Freiheit beraubt, sofern er unschuldig ist, für diesen Verstoß entschädigen.

Wie ist es aber, m. H., — das ist nun die zweite Kategorie von Fällen — wenn ein vertretbares Versehen der vom Staate mit seiner Autorität betrauten Organe nicht vorliegt? Da antwortet von den Gutachtern Herr Dr. Vollert ganz starr: das sei eben ein casus, der müsse vom Verhafteten getragen werden; es wäre auch eine Entschädigung nicht möglich; denn wie wolle man eine erlittene Haft mit Geld gut machen; und wenn man es wollte, wo fände man einen Maßstab, um das erlittene Uebel in Geld auszudrücken? Herr Dr. Ullmann ist im Prinzip ganz einverstanden und sagt, auch hier sei von Rechtsgründen nicht die Rede, nur aus Billigkeitsrücksichten könne man allenfalls Entschädigung gewähren. Herr Dr. Wahlberg sagt:

Hier muß nach Rechtsgrundsätzen eine Entschädigung gewährt werden. Ich nehme gar keinen Anstand, mich hier dem letzteren Herrn Gutachter anzuschließen, und zu sagen, daß wirklich hier nach Rechtsgrundsätzen Entschädigung gewährt werden muß. M. H.! Die Frage ist eine Frage des öffentlichen Rechts, sie ist nicht zu entscheiden nach denjenigen Prinzipien, die uns aus dem Privatrecht überliefert und geläufig sind. Ich kann hier nicht sagen: qui jure suo utitur, neminem laedit. Das ist ein privatrechtlicher Grundsatz, welcher z. B. für die Verhältnisse zwischen Nachbarn passen mag, aber es ist nicht ein Satz, der sich aufstellen läßt, wenn es sich um eine Collision der Rechte des Staats mit den Rechten des einzelnen Staatsbürgers auf Freiheit handelt. Da kann man mit rein privatrechtlichen Grundsätzen nicht auskommen. Wenn Herr Dr. Vollert auch ungefähr auf diesen Satz seine Theorie begründet und es als Zufall bezeichnet, wenn die Ausübung der Rechte des Staats einen Nachtheil für Jemand zur Folge habe, wenn er namentlich anführt, es sei die Haft nicht mit Geld zu schätzen und es fehle an einem Maßstabe für die Geldentschädigung, so glaube ich, widerlegt sich der Herr Gutachter selbst. Denn derselbe Gutachter will, wenn gegen einen Unschuldigen gesetzwidrig verfahren ist, eine Entschädigung zubilligen, und ich sehe nicht ein, warum die Entschädigung leichter abzumessen ist, wenn contra legem verfahren ist, als wenn gesetzmäßig verfahren worden ist. Die Schwierigkeit der Abschätzung ist in dem einen Falle gerade so groß wie in dem andern. Wenn Herr Dr. Vollert also in dem einen Falle Entschädigung zulassen will, so kann ich dies Argument nicht gelten lassen, wenn er in einem andern Falle eine Entschädigung nicht zulassen will. Ich stimme also in dem Grundsatze Herrn Dr. Wahlberg im Wesentlichen zu, daß, wenn der Staat von dem Einzelnen ein Opfer seines Rechts verlangt, dieses Recht ihm zeitweilig nimmt, er ihn dafür entschädigen muß. Herr Dr. Wahlberg erinnert dabei an die privatrechtliche Enteignung, die Expropriation gegen Entschädigung. Diesen Fall wendet Herr Dr. Wahlberg analog an. Wenn der Staat einem Einzelnen seine Freiheit nehme, weil er der Meinung ist, es sei dies für die Zwecke der öffentlichen Strafjustiz nothwendig, so müsse der Staat entschädigen, weil es eine Enteignung ohne Entschädigung in einem Rechtsstaate nicht geben dürfe.

Wenn ich aber dieser Grundauffassung des Herrn Dr. Wahlberg mich nähere, und gegen die Auffassung der andern Gutachter mich erklären möchte, so muß ich doch andrerseits anerkennen, daß, wenn wir überhaupt dem Gedanken näher treten wollen, ob eine Entschädigung zu gewähren ist, und wenn wir einen Erfolg von dem Ausspruche unserer Ueberzeugung in Aussicht nehmen, wir dann gut thun, mit äußerster Vorsicht den Umfang der

Fälle zu präcisiren, in welchen von einer solchen Entschädigung die Rede sein könnte und dürfte. Sollten wir wirklich bei dieser ersten Berathung der Materie die Genzen etwas zu eng ziehen, so wäre das ein verhältnißmäßig viel geringerer Schaden, als wenn wir sie zu weit zögen. Durch das letztere würden wir dem Gewicht unsrer Ueberzeugung erheblichen Nachtheil zufügen. Soviel, m. H., scheint klar zu sein, daß von einer Entschädigung nur die Rede sein kann, wenn wirklich feststeht, daß ein Schaden da ist, wenn also feststeht, daß wirklich ein Recht geopfert ist: das Recht auf Freiheit auf welches der Betreffende einen ganz unzweifelhaften Anspruch hat. Es kann also von vornherein meines Erachtens nur die Rede sein von einer Entschädigung in denjenigen Fällen, in denen die Annahme, der Angeklagte sei schuldig, positiv widerlegt ist. Wenn ich sage: „positiv widerlegt ist", so will ich damit eben ganz scharf aussprechen den Gegensatz zu dem bloßen Mangel eines Beweises der Schuld. Ich kann mich den Vorschlägen des Herrn Professor Wahlberg nicht anschließen, wenn er in dem von mir vorhin charakterisirten Umfange eine solche Widerlegung schon finden will. Ich sage: Ich verlange eine Widerlegung der Annahme des Richters, auf welcher ja die Verhaftung und die Einleitung der Untersuchung beruht haben; eine Widerlegung der Annahme, daß der betreffende Angeklagte die betreffende That begangen und sich dadurch eines Verstoßes gegen das Strafgesetz schuldig gemacht habe. So komme ich im Wesentlichen auf dieselbe Umgrenzung der Entschädigungspflicht wie Herr Dr. Ullmann, aber, wie gesagt, nicht aus Billigkeitsrücksichten, sondern weil ich wirklich eine rechtliche Verpflichtung des Staats annehme. M. H.! Die Unschuld des Angeklagten muß feststehen; es muß also feststehen, daß der Richter, welcher die Untersuchung eröffnet hat, sich geirrt hat, daß er positiv das Gegentheil von dem angenommen hat, was er hätte annehmen sollen. Ein solcher Irrthum ist denkbar nach zwei Seiten: in jure und in facto.

Wenn der Richter in jure irrt, d. h. wenn, wie Herr Dr. Ullmann in seinen Vorschlägen das sagt, die Handlung überhaupt nicht als strafbar im Sinne des Strafgesetzes erkannt wurde, so liegt kein Grund vor, die Entschädigung zu versagen. Sehr häufig wird der Fall nicht sein; aber, Sie wissen Alle, derartige Fälle kommen doch vor. Es wird eine Handlung incriminirt, weil man davon ausgeht, sie sei durch ein Strafgesetz vorgesehen, und nachher wird im Wege der Judikatur durch Erkenntniß festgestellt, daß diese juristische Annahme eine unrichtige war, daß die Handlung nicht im Strafgesetze vorgesehen ist. In diesem Falle kann doch der Angeklagte nicht die Folgen des Rechtsirrthums der Richter tragen, die ihn zur Untersuchungshaft brachten und die die Untersuchung gegen ihn einleiteten. Das ist der eine Fall.

Der zweite Fall ist der: der Richter kann geirrt haben in facto. Der Richter nahm an und leitete die Untersuchung ein, weil er glaubte, daß der betreffende Angeklagte die und die That begangen habe. Der Beweis des Gegentheils dieser Annahme kann in zweierlei Weise geführt werden, und in dieser Beziehung schließe ich mich ganz an den Entwurf an, der denselben Gedanken bei einer andern Gelegenheit zu formuliren, in die Nothwendigkeit gesetzt war.

Sie wissen, m. H., der Entwurf schafft die Berufung ab, läßt aber die Wiederaufhebung eines rechtskräftigen Erkenntnisses im größeren Umfange, als es früher der Fall war, zu, und nach § 268 Nr. 5 namentlich auch, „wenn neue Thatsachen vorlagen, aus denen sich ergiebt, daß die That, wegen welcher verurtheilt wurde, entweder gar nicht begangen worden ist" (Widerlegung des objektiven Thatbestandes!) „oder von dem Angeklagten nicht hat begangen werden können" (Widerlegung des subjectiven Thatbestandes). Das sind, logisch aufgefaßt, die beiden einzigen Fälle, in welchen der Richter in facto geirrt haben kann, und indem ich mich ganz an die Begriffe des Entwurfs halte, kann ich sagen: die Unschuld des Angeklagten ist erwiesen, wenn dargethan ist, daß die That entweder gar nicht begangen worden ist, oder von ihm nicht hat begangen werden können. — Das ist der Irrthum des Richters in facto; das ist der Beweis der Unschuld in facto. Indeß, m. H., ich würde doch noch eine Beschränkung hinzufügen. Der Angeklagte kann einen Anspruch auf Entschädigung nicht haben, wenn er selbst durch sein eigenes Verhalten in irgend einer Weise die Verhängung der Untersuchungshaft gegen ihn mit verschuldet hat; wenn er also durch ein unvorsichtiges Verhalten, durch unwahre Angaben den Verdacht gegen sich verstärkt und zu dem Irrthum des Richters selbst mit beigetragen hat. Ich würde ein Entschädigungsrecht nur dem Angeklagten zugestehen, der selbst von jeder culpa absolut frei ist.

Auf diesen Erwägungen beruhen diejenigen Sätze, die ich Ihnen unter II vorschlage, und die so lauten:

II. „Wohl aber ist eine solche Entschädigungspflicht des Staats im Prinzip anzunehmen:

1. wenn die Untersuchungshaft gesetzwidrig verhängt oder verlängert ist;

2. wenn die Freisprechung deßwegen erfolgte, weil die den Grund

der Verhaftung bildende That zur Zeit ihrer Verübung im Strafgesetz mit Strafe nicht bedroht war;

3. wenn der Verhaftete darthut, daß die That, wegen deren er verhaftet war, entweder gar nicht begangen ist, oder daß sie von ihm nicht hat begangen werden können, und wenn die Untersuchung und Verhaftung gegen ihn ohne sein Verschulden verhängt ist.

Damit, m. H., habe ich den Umfang der Entschädigungspflicht des Staates prinzipiell soweit präcisirt, als dies bei einer Berathung in diesem Kreise möglich ist.

Ich habe nun geglaubt noch eine Frage in Erwägung ziehen zu müssen, nämlich: in welcher Weise, in welchem Verfahren soll diese Entschädigung gewährt werden? Ich glaube, daß es hinreicht, wenn wir hier negativ sagen: die Geltendmachung des Entschädigungsanspruches erfolgt abgesondert von dem Strafverfahren, in welchem die Verhaftung erfolgt ist.

Es ist der Natur der Sache nach entsprechend, daß die Geltendmachung dieser Entschädigung und die Prüfung der Ansprüche des Betreffenden möglichst nicht von denjenigen Beamten erfolgt, welche in der Untersuchung selbst thätig gewesen sind. Es handelt sich hier doch mehr oder weniger um einen, wenn auch noch so unverschuldeten Irrthum der Richter. Da nun die Richter alle Menschen sind, so wird es passend und für den verhaftet gewesenen Angeklagten von wesentlicher Bedeutung sein, daß die Prüfung seiner Entschädigungsansprüche nicht durch Diejenigen erfolgt, die bei der Untersuchung sich geirrt haben, und das habe ich ausdrücken wollen mit dem Satze:

III. Die Geltendmachung des Entschädigungsanspruches erfolgt abgesondert von dem Strafverfahren, in welchem die Verhaftung erfolgt ist.

Ich habe noch hinzugefügt:

„Die Höhe der Entschädigung ist von dem Richter unter Würdigung aller Umstände nach freier Ueberzeugung festzustellen."

In dieser Beziehung darf ich mich nur beziehen auf den Entwurf der Civilprozeßordnung und auf manche spezielle Reichsgesetze. Ich erinnere z. B. an das Gesetz vom 7. Juni 1871, betreffend die Entschädigung, wenn Jemand verletzt ist auf Eisenbahnen, in Bergwerken u. s. w. Dort ist derselbe Gedanke ausgesprochen, wie er meiner Formulirung zu Grunde liegt. Wir haben übrigens bisher, m. H., eine einzige Gesetzgebung schon gehabt, welche eine Entschädigung kennt, wenn gesetzwidrig verfahren worden ist. Dies ist die Thüringische Strafprozeßordnung. Dieselbe hat den Satz und ich führe ihn an wegen des quantitativen Elements, das hier zum Ausdruck gekommen ist:

> „Im Falle einer widerrechtlich verfügten oder verlängerten Untersuchungshaft ist dem Angeschuldigten — sofern nicht die Haft auf die Strafe angerechnet worden ist — auf seinen Antrag eine Entschädigung aus der Staatskasse von fünfzehn Groschen für jeden Tag und Nacht zuzusprechen. Der Staatskasse bleibt der Rückgriff gegen den Beamten, welcher die Haft verfügt hatte, vorbehalten."

Nun, m. H., solche feste Preise für die entzogene Freiheit festsetzen, werden wir wohl nicht gut können, und überhaupt dürfte bei den steigenden Preisen aller Dinge diese Freiheitstaxe von 15 Sgr. pro Tag für die Gegenwart etwas niedrig ausgefallen sein.

(Heiterkeit.)

Ich glaube wir thun gut, wenn wir den Satz aussprechen, daß der Richter die Höhe der Entschädigung nach freier Ueberzeugung festzustellen hat. Damit wäre die Frage, *wie sie gestellt worden ist*, erledigt.

Ich habe nun aber am Anfange meines Vortrags mir anzudeuten erlaubt, daß es ganz unabweislich ist, einen Schritt weiter zu gehen und zu fragen: Wie liegt die Sache, wenn die Verhaftung erfolgt ist, *und es gar nicht zur Anklage kommt?* Der Fall kam neuerdings in England in dem Hessel'schen Prozesse vor, wo der Angeklagte von einem Zeugen, nicht wider besseres Wissen, rekognoscirt wurde als derjenige, der mit der betreffenden ermordeten Person gesehen worden war. Der Angeklagte wurde eingesperrt, und saß so und soviel Tage, bis es ihm gelang, sein Alibi zu beweisen. Die Freiheit wurde ihm entzogen, aber zur Anklage kam es natürlich nicht, weil der Beweis des Alibi schon geführt worden war. Es liegt auf der Hand, daß diese Fälle, in welchen die Untersuchungshaft stattfindet, ohne daß es zur Anklage kömmt, ebenso behandelt werden müssen, wie die der Freisprechung. Denn, m. H., wenn es zur förmlichen Anklage und erst bei der Verhandlung zur Freisprechung per sententiam kommt, so müssen doch erhebliche Verdachtsgründe vorgelegen haben, da doch der Verweisungsbeschluß immer eine Prüfung des Richters voraussetzt. In solchen Fällen wird also ein Irrthum des Richters immer noch entschuldbarer sein, als in denjenigen Fällen, wo Jemand eilfertig ergriffen und eingesperrt, und dann seine *Unschuld* so klar erwiesen wird, daß die Anklage gar nicht erhoben wird. Ich habe mir daher erlaubt zu Punkt IV zu beantragen:

IV. Die Grundsätze ad **II** und **III** finden analoge Anwendung:

1. wenn eine Untersuchungshaft stattgefunden hat, ohne daß es zur Erhebung einer Anklage gekommen ist, in Betreff der Untersuchungshaft.

Aber, m. H., wir würden damit, wenn wir einmal seitwärts blicken, doch nur den einen und zwar den nächst liegenden Fall beachtet haben, und nicht hierbei stehen bleiben können. Auch die Herren Gutachter betonen, daß die Entschädigungspflicht, außer dem Falle der Freisprechung nicht bloß dann in Frage kommt, wenn es zur Anklage nicht gekommen ist; sondern auch zweitens: wenn ein rechtskräftiges Erkenntniß wieder aufgehoben wurde und der Betreffende erst dadurch seine Freiheit wieder erlangte. Ich sagte erst schon, m. H., der Entwurf hat die Berufung abgeschafft und hat die Wiederaufhebung eines rechtskräftigen Urtheils in weiterem Umfange zugelassen, als dies namentlich bis jetzt in Preußen zulässig war. Gesetzt, m. H., es ist ein Fall, der in mehreren Prozeßordnungen besonders hervorgehoben wird, — gesetzt es wird ein Zweiter wegen desselben Verbrechens verurtheilt, und es liegen nun zwei Erkenntnisse vor, die mit einander incompatibel sind, d. h. von denen eins falsch sein muß; es erfolgt nun die Wiederaufnahme der Untersuchung, und das frühere Erkenntniß wird wieder aufgehoben. Soll man in diesem Falle, wo der Angeklagte mehr noch gelitten hat, weil seine Unschuld erst später herauskommt, soll man da nicht Entschädigung gewähren?

Die Gutachter haben Recht, wenn sie sagen, daß die Fälle der Untersuchungshaft ohne Anklage: die Fälle der Untersuchungshaft mit Freisprechung von der Anklage, die Fälle der Strafhaft mit Wiederaufhebung eines bereits ergangenen Erkenntnisses auf einer Linie stehen, und gleich zu behandeln sind. Ich meine nun, daß auch in dem letzten Falle die obigen Grundsätze analoge Anwendung finden sollen; d. h.: Nicht bei jedem wiederaufgehobenen Erkenntniß wird Entschädigung geleistet, sondern nur wenn bei der Wiederaufnahme der Untersuchung die positive Unschuld des früher Angeklagten erwiesen, wenn die frühere Anklage widerlegt wird. An und für sich ist auch der Fall denkbar, daß bei der Wiederaufnahme der Untersuchung das neue Erkenntniß freisprechend ausfällt, weil nunmehr der Beweis der Schuld zu schwach ist. In einem solchen Falle wird man aber niemals einen Anspruch auf Entschädigung begründen können. Der Grundsatz, von dem wir ausgehen, ist der, daß die Unschuld des Angeklagten, sei es in jure, sei es in facto, positiv erwiesen sein muß.

Es genügt nicht der Mangel an Beweisen der Schuld. Darauf beruht denn auch mein letzter Satz, den ich mir erlaube vorzutragen:

Die Grundsätze ad II und III finden analoge Anwendung:

2. wenn ein rechtskräftiges verurtheilendes Erkenntniß wieder aufgehoben ist, in Betreff der Untersuchungs- und Strafhaft.

M. H.! Sie haben sich überzeugt, es ist dieser Frage nicht näher zu treten mit allgemeinen Redensarten und Phrasen. Man muß, wenn man die Sache überhaupt anfassen will, in irgend einer Weise Kreise umschreiben, innerhalb deren man eine solche Entschädigungspflicht anerkennen will. Und das thut Prof. Ullmann, wenn derselbe, wenn auch nur aus Billigkeitsrücksichten — das ist der einzige Punkt, wo ich von ihm abweiche — Entschädigung gewähren will.

Ich bin nicht in der glücklichen Lage, auf eine einfache Frage mit Ja! oder Nein! antworten zu können. Hier handelt es sich darum in der Sache bestimmte Thesen aufzustellen. Ich verhehle nicht, daß der Juristentag sich hier damit beschäftigt in der That für die Weiterbildung des Rechts anregend zu wirken; aber, m. H., ich bin auch niemals im Zweifel darüber gewesen, daß der Werth solcher Versammlungen gerade vorzugsweise dann zu Tage tritt, wenn sie anregend für die neue Weiterbildung des Rechts thätig sein können. Ich glaube, es ist eine nicht undankbare Aufgabe, welche der Juristentag sich gestellt hat, indem er Veranlassung genommen hat, sich mit dieser ziemlich neuen Frage des Rechts zu beschäftigen.

(Lebhafter Beifall.)

Präsident v. **Stenglein**: Ich eröffne die Debatte. Ich bin zwar als Correferent aufgestellt, befinde mich aber mit dem Herrn Referenten in so vollständiger Uebereinstimmung, daß ich auch, um Zeit zu gewinnen, vorerst auf das Wort glaube verzichten zu können.

App. Gerichts-Rath Dr. **Vollert** aus Eisenach: M. H.! Entschuldigen Sie, daß ich heute schon wieder das Wort ergreife, aber da ich der einzige von den Gutachtern bin, der hier anwesend ist, so halte ich es für meine Pflicht, meine Ansicht, die durch den Vortrag des Referenten in keiner Weise erschüttert worden ist, Ihnen gegenüber wenigstens einigermaßen zu begründen. Ich muß zuvörderst Einiges aus meinem Gutachten rekapituliren.

Sie werden mir, ohne daß ich dies näher zu beweisen brauche, darin beistimmen, daß schon nach römischem Rechte der Richter für dolus und culpa verantwortlich gemacht werden kann und verantwortlich gemacht worden ist. Ich behaupte weiter, daß die Carolina von demselben Gedanken ausgeht, indem sie bestimmt:

„Wo aber solch peinlich Frag dieser und des heiligen Reichs

rechtmäßigen Ordnung widerwärtig gebraucht würde, so wären dieselben Richter als Ursächer solcher unbilliger peinlicher Frag sträflich und sollen darumb nach Gestalt und Gelegenheit der Ueberführung wie Recht ist Straf und Abtrag leisten."

Die Carolina hat sich also diesem selben Princip angeschlossen. Weiter aber ist zu erwähnen, daß der Sachsenspiegel die Sachsenbuße eingeführt hat, und die Sachsenbuße besteht nach dem Sachsenspiegel darin, daß der Richter für dergleichen Versehen eine Entschädigung zu zahlen verbunden ist. Es ist nichts weiter als eine Reproduktion dieser Bestimmung des Sachsenspiegels, wenn diejenige Proceßordnung, unter deren Herrschaft ich gehöre, den Satz aufgenommen hat, den der Referent Ihnen vorgetragen hat. Der Referent hat aber übersehen, daß dem ersten Satze noch ein zweiter Satz sich anschließt. Den ersten Satz hat er Ihnen gegeben, ich erlaube mir Ihnen auch den zweiten vorzulesen. Im ersten Satz steht also, daß der Staat dem gesetzwidrig Verhafteten oder demjenigen, gegen den die Haft gesetzwidrig verlängert worden ist, eine Buße von 15 Gr. zahlen soll. Also nicht der Beamte, sondern der Staat soll zahlen, und der Staat hat nur den Regreß an den Beamten. Der Satz von 15 Gr., der beiläufig bemerkt für viele Fälle hoch genug ist, soll nur den Betrag fixiren, den der Staat ohne weiteren Beweis zu vergüten hat. „Etwaige Ansprüche auf höhere Entschädigung oder sonstige Genugthuung", heißt es weiter, „hat der Angeschuldigte gegen den betreffenden Beamten und nöthigenfalls gegen den Staat zu verfolgen." Ich glaube, daß unsere Gesetzgebung sehr weise gehandelt hat, indem sie zwei Fälle unterscheidet und einen Minimalsatz feststellt, der unter allen Umständen für diese Haft, sei sie gesetzwidrig verhängt, oder gesetzwidrig verlängert, bezahlt werden muß, und daß im Uebrigen für eine höhere Entschädigung die Beweislast dem Angeklagten zufällt. Schon aus dem gemeinen Rechte läßt sich demnach allerdings der Satz ableiten, daß bei einem Versehen des Richters eine Entschädigungspflicht des Staates zu construiren ist. Ich gehe nun weiter und erkläre mich einverstanden mit dem Satze des Referenten, den ich ja in meinem Gutachten selbst vertreten habe, daß die Freisprechung als solche einen Anspruch auf Entschädigung nicht begründen kann. Darüber sind die Gutachter, der Referent und auch der Correferent einverstanden. Ich glaube daher zu diesem Satze nichts weiter hinzufügen zu sollen.

Nun kommen aber eine Reihe von Einschränkungen, die der Referent gemacht hat. Sie führen uns in das Gebiet der Casuistik, welches der Juristentag nach meiner Ueberzeugung nicht betreten sollte.

Der Referent hat zunächst als Einschränkung folgenden Satz aufstellen wollen im Einverständniß mit Prof. Ullmann, der aus Billigkeitsrücksichten eine Entschädigung nach arbiträrem Ermessen gewähren will. Er will eine Entschädigung gewähren für den Fall, daß nachweislich die That nicht strafbar ist, wegen deren eine Verhaftung eingetreten ist. Ja, m. H., das klingt schön, ist aber in der Praxis sehr schwer ausführbar. Zufällig ist mir aus der allerneuesten Praxis bei der Anklagekammer unsers Appellationsgerichts ein Fall erinnerlich, der hier einschlägt. Ich erlaube mir, denselben kurz zu referiren.

Es kam eine Frauensperson in den Verdacht, ihre Leibesfrucht abgetrieben zu haben. Es wurde angezeigt, daß sie bekannte Abortivmittel eingenommen habe. Die Person wurde vom Untersuchungsrichter vorgefordert und erklärte sehr reuemüthig: „Ich bekenne mich schuldig; mein Gewissen läßt mir keine Ruhe; ich will gestehen. Ich habe allerdings Abortivmittel eingenommen, habe aber keinen Erfolg erzielt.“ Nunmehr erzählte sie, daß sie geschlechtlichen Umgang mit einer Mannsperson gepflogen habe, daß ihre Regel ausgeblieben sei u. s. w. Genug, sie war nach ihrer eigenen Ueberzeugung der versuchten Kindesabtreibung schuldig. Sie wurde verhaftet, weil es sich um einen Schwurgerichtsfall handelte. Sie wunderte sich auch gar nicht darüber; ja, sie hätte sich gewundert, wenn sie nicht verhaftet worden wäre. Im Laufe der Untersuchung entstand nun aber der Zweifel, ob sie überhaupt schwanger sei und schließlich stellte es sich heraus: sie hatte sich irrthümlich für schwanger gehalten. Der Staatsanwalt, beziehentlich der Ober-Staatsanwalt bei dem Appellations-Gericht in Eisenach erhob gleichwol Anklage wegen versuchter Kindesabtreibung. Wir aber wiesen die Anklage zurück, weil wir annehmen, daß der Versuch eines putativen Verbrechens nicht möglich ist. Der Ober-Staatsanwalt wandte Nichtigkeitsbeschwerde ein, das Ober-Appellations-Gericht in Jena aber trat unserer Auffassung bei, die Nichtigkeitsbeschwerde wurde zurückgewiesen. Die Frauensperson wurde aus der Haft entlassen, denn es war nunmehr festgestellt, daß sie eine Handlung begangen hatte, die nicht strafbar im Sinne des Strafgesetzbuchs war. Wollen Sie diese Frauensperson für ihre Haft entschädigen? Ich glaube, das werden Sie nicht wollen. Sie hatte die Untersuchungshaft mit vollem Rechte verbüßt, denn es mußte doch erst festgestellt werden, ob der objective Thatbestand des Verbrechens vorlag. — Es lassen sich dergleichen Fälle noch gar viele construiren, und man würde sehr in Verlegenheit kommen, wenn man in allen Fällen, wo sich nachmals die That als nicht strafbar ergiebt, Entschädigung gewähren wollte.

Nun geht aber der Referent noch weiter; er will entschädigen, auch wenn nur in facto geirrt ist, nämlich dann, wenn positiv der Beweis erbracht ist, daß der Angeschuldigte das Verbrechen nicht begangen hat, weil es von einem Dritten begangen worden ist, oder von ihm nicht hat begangen werden können. M. H. Das ist allerdings auch eine Grenze, aber eine sehr ungenügende, schwankende Grenze. Consequent ist es nur wenn man einfach sagt: die erlittene Untersuchungshaft begründet einen Anspruch auf Entschädigung jedes Mal, wenn der Angeklagte beweist, daß er unschuldig ist. Dann aber nehmen Sie den Satz in dieser einfachen Weise an und acceptiren Sie nicht die Casuistik des Referenten. Das kann man verstehen, wenn gesagt wird: Die Freisprechung als solche begründet stets einen Anspruch auf Entschädiguug, wenn der Angeklagte nachweist, daß er die That nicht begangen hat. Aber, daß der Angeklagte die That nicht begangen haben **kann**, und daß sie von einem Dritten begangen worden sei, das ist eine Casuistik, die zu weit führt. Hierin stimme ich mit Professor Dr. Wahlberg vollkommen überein. Der Referent macht noch eine dritte Einschränkung, und diese hat mich, offen gestanden, sehr beruhigt. Er will nicht entschädigen, wenn der Angeschuldigte selbst irgendwie eine Schuld trägt daran, daß er verhaftet worden ist Dann werden sehr wenig Fälle übrig bleiben, wo noch Entschädigungen zu leisten sind; denn solche Fälle kommen selten vor, wo Jemand ohne alle Verschuldung eingezogen wird. Sie kommen vor, das gestehe ich zu, aber, Gott sei Dank! in einer verschwindend kleinen Zahl von Ausnahmefällen. Der Gedanke liegt auch dem Wahlbergschen Gutachten zu Grunde, daß eine Entschädigungs-Pflicht nur bestehe, wo den Angeklagten keine processualische Schuld treffe, und die Ausführung dieses Gedankens gefällt mir in der Form des Wahlbergschen Gutachtens viel besser als in der des Referenten. Ich weiß, was ich darunter zu verstehen habe, wenn Wahlberg von **processualischer** Schuld spricht, und lege einen Nachdruck auf das Wort „prozessualisch". Das scheint mir viel schärfer formulirt zu sein als die Fassung des Herrn Referenten. Ich gehe aber weiter und glaube ganz auf dem Boden des Staatsrechts und nicht minder auf dem Boden des dem einzelnen Bürger zukommenden Rechtes zu stehen, wenn ich behaupte: eine Entschädigungspflicht wird durch eine dem Gesetz gemäß verfügte Untersuchungshaft niemals rechtlich begründet. Mein Hauptgrund, den der Referent nicht zu widerlegen vermocht hat, mein Hauptgrund, den ich in meinem Gutachten aufgestellt habe, und in dem mir **Ullmann** beigetreten ist, ist der: **Es hat kein Bürger ein weitergehendes Recht als das, den Gesetzen seines Staates gemäß behandelt zu werden.** Wird er nach den Gesetzen des Staates behandelt, so kann man nun und nimmermehr eine Entschädigungspflicht des Staates begründen. Treffen ihn dann Nachtheile, so hat er sie eben so zu tragen, wie man viele Nachtheile zu tragen hat, die das Gesetz zufügt. Denken Sie doch an verlorene Civilprozesse, an gewisse Schäden anderer Art, die Jemanden dadurch treffen, daß ein für das Gemeinwesen nothwendiges Gesetz gehandhabt wird. Im Allgemeinen wird man den Satz nicht anders konstruiren können als dahin: Jeder hat das Recht, nach den Gesetzen des Staates behandelt zu werden, aber er hat kein weitergehendes Recht. Freilich kann für den Staat die Verpflichtung erwachsen, die Gesetze in Betreff der Haft zu ändern. Man kann Garantien fordern gegen eine leichtfertige Verhängung der Untersuchungshaft; gegen eine unnütze Ausdehnung der Untersuchungshaft. Wir besitzen schon solche Garantien, und man mag sie nur vollständig einführen, also z. B. vorschreiben, daß nicht auf Befehl der Staatsanwaltschaft, nicht nach dem Belieben der Polizei, sondern unter richterlicher Kontrole die Untersuchungshaft verhängt werden dürfe. Man kann Rechtsmittel einführen gegen die Verfügung der Untersuchungshaft. Aber, meine Herren, wenn nach den bestehenden Gesetzen die Untersuchungshaft verhängt worden ist, so verstehe ich nicht, wie man aus dem Staatsrecht heraus eine Verpflichtung des Staates zur Entschädigung deduciren will, denn der Einzelne hat als Staatsbürger kein weiteres Recht als das, nach den Gesetzen behandelt zu werden. Bei diesem Satze muß ich stehen bleiben. Es ist mir ein Vorwurf gemacht worden, den ich in gewissem Grade anerkennen muß. Der Herr Referent hat gesagt: Ich sei inkonsequent und widerlege mich selber, indem ich auf der einen Seite, wenn die Haft gesetzwidrig verhängt oder verlängert worden sei, eine Entschädigung geben wolle, dann aber doch aus dem fehlenden Maaßstabe einen Grund herleitete gegen die Entschädigungspflicht des Staates. Der Widerspruch ist aber doch nur ein scheinbarer. Ich bin nämlich der Ansicht, daß der Angeschuldigte das Recht haben soll, den Schaden zu specificiren und vom Staate einzuklagen, wenn er gesetzwidrig verhaftet gewesen ist. Hierbei handelt es sich also nicht um einen Maaßstab für die Entschädigung, sondern es liegt dem Beschädigten ob, die Summe seines Schadens zu specificiren und zu beweisen. Erkennt man aber mit dem Referenten eine staatsrechtliche Verpflichtung des Staates zur Entschädigung an, so wie er dieselbe deducirt, dann muß die Entschädigungssumme nach arbiträrem Ermessen ausgeworfen werden, und dafür fehlt jeder Maaßstab. Da muß ich wiederholen, was ich schon in meinem Gutachten gesagt habe: Für den geriebenen Spitzbuben ist jeder Silbergroschen Entschädigung zu viel und für den honneten, ordentlichen Mann läßt sich ein Maaßstab für die unschuldig erlittene Untersuchungshaft nicht ausfindig machen.

Zum Schlusse muß ich noch auf ein praktisches Bedenken hinweisen. Ich glaube nämlich, daß, wenn die Entschädigungspflicht nach den Vorschlägen des Referenten eingeführt werden sollte, eine neue Industrie groß gezogen werden würde. Es würden sich dann Leute genug finden, die sich aus Spekulation verhaften ließen. Es würde gar nicht fehlen, daß

z. B. in Berlin recht gute Geschäfte mit der unschuldig erlittenen Haft gemacht würden. Es würden sich immer Personen finden, die sich einstecken ließen und dann ihre Unschuld, zum Exempel ein Alibi nachwiesen, um die für die erlittene Haft ausgesetzte Prämie zu bekommen. Glauben Sie nicht, daß das Gespensterseherei ist. Wer in der Praxis steht, der wird mir zugeben müssen, daß solche Industrien in den großen Städten sich entwickeln werden, wenn man eine solche Prämiirung einführt.

Deshalb warne ich den Juristentag mehr als den ersten Satz des Herrn Referenten anzunehmen.

(Bravo!)

Stadtrichter Dr. **Kubo** aus Berlin: Ich kann im Anschluß an die Worte des Herrn Appellationsgerichtsrath Dr. Vollert bemerken: das so gründlich durchdachte und schöne Referat unsers Herrn Referenten ist zu speziell, als daß wir es einer besonderen Berathung und Abstimmung unterziehen könnten. Derartige Wortfassungen, derartige Paragraphenbestimmungen sind so eingehender Art und so schwieriger Natur, daß wir, glaube ich, in dieser kurzen Zeit nicht die Konsequenzen der Sätze erwägen und beurtheilen können. Es ist daher nothwendig, einen allgemeinen Hauptgrundsatz aufzustellen, und ich bitte Sie daher folgenden Satz anzunehmen:

„Die Geltendmachung von Schadenersatzansprüchen wegen gesetzwidriger Untersuchungshaft ist statthaft"

und zwar einfach aus folgenden Gründen.

Das Gesetz und die Prozeßordnung i. sp. hat die Frage genau zu erörtern: unter welchen Bedingungen darf eine Untersuchungshaft verhängt werden? Diese Gründe werden i. sp. sein:

1. dringender Verdacht und
2. bestimmte Voraussetzungen, unter denen die Verhaftung bei dringendem Verdacht gestattet ist.

Ist ein solcher Grund vorhanden, so muß resp. darf die Verhaftung eintreten, weil das Gesetz es erlaubt; ist ein solcher Grund nicht vorhanden, so darf die Untersuchungshaft nicht eintreten, weil eben das Gesetz es verbietet, es nicht gestattet; und wie man wegen jeder gesetzwidrigen Handlung, wodurch ein Schaden bereitet wird, zum Schadenersatz verpflichtet ist, so muß auch eine jede unter Verletzung des Gesetzes herbeigeführte Untersuchungshaft den Schadenersatzanspruch begründen, wenn wirklich ein Schaden entstanden ist. Meine Herren! Eine Annahme, daß hier selbst bei vorhandenem Schaden nicht ein Schadenersatzanspruch zulässig sei, eine solche Annahme ist juristisch nicht zu begründen, abgesehen selbst von dem Satze in rebus dubiis contra fiscum. Meine Herren! Weil etwa der Staat resp. dessen Organ der Sünder ist, wollen wir uns nicht bescheiden und sagen: Nun, der Staat soll frei sein; er soll keinen Schadenersatz zu leisten brauchen. Nein, meine Herren, die neuere Theorie in der Gesetzgebung geht gerade dahin, das einzelne Individuum, den einzelnen Bürger im Staat nicht blos seinen Mitbürgern gegenüber, sondern auch dem großen Ganzen, dem Staat gegenüber, dahin sicher zu stellen, daß, wer gegen ihn sündigt, für den Schaden verhaftet sein muß.

Auf die speziellen Gründe des Herrn Referenten einzugehen, dürfte in der That hier nicht angezeigt sein, nur bemerke ich insbesondere: Wenn der Herr Dr. Meyer ausgeführt hat, es soll nur dann Schadenersatz geleistet werden, wenn nachgewiesen wird, daß die That entweder gar nicht begangen worden ist oder von dem Einzelnen gar nicht begangen werden konnte, und seine Begründung für diese Beschränkung darauf stützt, daß der Entwurf der deutschen Strafprozeßordnung gerade diese beiden Fälle auch als Gründe zur Wiederaufhebung eines rechtskräftigen Erkenntnisses aufführt, so konstatire ich, daß gerade diese Bestimmung bei Revision des Entwurfes von der Reichskommission ganz allgemein in der Weise abgeändert worden ist, daß es heißt: „Die Wiederaufhebung eines rechtskräftigen Erkenntnisses ist statthaft, wenn neue Thatsachen oder Beweismittel beigebracht sind, welche allein oder in Verbindung mit den früher erhobenen Beweisen die Freisprechung des Angeklagten begründen."

Man hat also hier die Vorschrift sehr verallgemeinert, und man kann selbst jetzt noch nicht wissen, wie sie endgültig beschlossen werden wird. Darum aber gerade wollen wir uns hüten, die Annahme solcher Vorschriften zu empfehlen, die nur auf Entwurfsbestimmungen beruhen und sonach einer in sich festen Grundlage entbehren.

Meine Herren! Ich komme auf ein Anderes noch. Unsere Frage lautet:

> „Soll im Falle der Freisprechung für die Untersuchungshaft eine Entschädigung gewährt werden?"

Das ist eine falsche Begründung. Meine Herren! Wenn eine Verhaftung gesetzwidrig war und ein Schaden bereitet worden ist, so kann dieser Schaden nicht dadurch geheilt, nicht dadurch gesühnt werden, daß demnächst eine Verurtheilung erfolgt. Auch wenn eine Verurtheilung erfolgte, die Untersuchungshaft aber gesetzwidrig war, so muß dem Verhafteten der Anspruch auf Schadenersatz verbleiben. Und wenn Herr Appellationsgerichtsrath Dr. Vollert dagegen sagt: Es wäre für einen feinfühlenden, unschuldigen Mann gleichsam ein bitterer Hohn, wenn man ihm für die Schmach des Gefängnisses ein paar Thaler zahlen wollte, so glaube ich, ist damit mehr gesagt worden, als man hat sagen wollen oder dürfen. Wenn beispielsweise ein Familienvater im Gefängniß sitzt, der durch seiner Hände Arbeit einer großen

Famlie den Unterhalt verschaffen muß, nun aber in der Untersuchungshaft nicht arbeiten kann und ein Darlehn aufzunehmen gezwungen wird; wollen Sie es dann wirklich als einen bitteren Hohn erklären, wenn man jenem Manne Entschädigung für die unverschuldeten Verluste gewährt? Ich sage: Nein! Wir haben in unseren preußischen Kammern bei der Berathung unserer Verfassung von 1850 dereinst auch die Bestimmung angenommen, daß die Abgeordneten der Zweiten Kammer Diäten nehmen müssen. Maaßgebend hierfür war die Befürchtung, daß einzelne vornehm sich geberdende Abgeordnete die Annahme der Diäten verweigern und es dadurch herbeiführen könnten, es als beschämend zu erachten, wenn andere Abgeordnete dieselben annehmen würden. Darf aber die Annahme von Tagegeldern als die einem Abgeordneten zu gewährende Entschädigung für Zeitversäumniß 2c. nicht als bitterer Hohn gelten, so ist es auch kein bitterer Hohn, wenn Jemandem für eine rechtswidrig erlittene Untersuchungshaft Schadenersatz geleistet wird.

Mein Grundsatz ist also folgender:

1. „Jede gesetzwidrige Verhaftung, durch welche ein Schaden bereitet wird, ist als gesetzwidrige Handlung geeignet, einen Anspruch auf Ersatz etwaigen Schadens zu begründen;
2. Ohne Rücksicht darauf, ob ein gesetzwidrig Verhafteter verurtheilt oder freigesprochen wird, ist die Schadensersatzklage stets zulässig."

Meine Herren! Ich bitte Sie diese Sätze aufzustellen, die der Gerechtigkeit wie der Billigkeit vollkommen entsprechen.

(Beifall.)

Rechtsanwalt Dr. **Mayer** aus Frankfurt a. M.: M. H.! Gewiß sind wir, was die Motivirung des eben gestellten Antrages betrifft, wohl Alle im Wesentlichen mit demselben einverstanden; allein ich würde es doch sehr bedauern, wenn die Frage, die statutenmäßig heute Ihrer Berathung und Ihrer Entscheidung unterliegt, damit fallen und durch den gestellten Antrag beseitigt werden sollte. Ich halte es im Gegentheil für sehr zweckmäßig und angezeigt, daß eine Frage von der Wichtigkeit der vorliegenden, die Frage: ob im Falle der Freisprechung der Staat eine Entschädigung leisten soll? daß eine solche Frage, wenn sie einmal zur Discussion gelangt, auch mit Rücksicht auf dasjenige, was der Herr Referent ausgeführt hat, gründlich zum Austrage gebracht wird. Ich glaube, daß die vorliegende Frage von der Wichtigkeit ist, daß sie nach meinem Dafürhalten die andern Fragen, die Sie noch beschäftigen werden, bei weitem überragt, und für die Wichtigkeit dieser Frage, m. H., hat der Referent durch seine licht- und geistvolle Auseinandersetzung soviel Material dazu beigetragen, daß ich nur von meinem Standpunkt aus es bedauern muß, nach meiner vollsten

Ueberzeugung, bis auf wenige Sätze die Schlüsse, zu denen der Herr Referenten gekommen ist, bekämpfen zu müssen.

M. H.! Auch ich bin in der Praxis sehr häufig in der Lage gewesen und manchmal hat mir das Herz geblutet, wenn ich Jemanden, von dem ich die Ueberzeugung hatte, er sei nichtschuldig, freigesprochen sah und mich dann fragte: Für all' die erlittene Schmach, für alle erlittene Unbill, für alle namenlosen Kränkungen sollte keine Entschädigung gewährt werden? — Allein, m. H., ich konnte nach reiflicher Ueberlegung, wenn ich wenigstens davon ausgehe, daß in erster Linie die gestellte Frage nicht als eine Frage des Staatsrechts, des öffentlichen Rechts zu behandeln ist, sondern als eine Frage, die ihre Erklärung und Begründung in der Natur des Strafprozesses selbst findet, — ich konnte mich nicht damit einverstanden erklären, daß in dem Sinne, wie von Seiten des Herrn Referenten beantragt worden ist, eine Entschädigung zu Theil werden soll.

Mit dem ersten Satz des Herrn Referenten: „die Freisprechung ist an und für sich nicht geeignet einen Anspruch auf Entschädigung zu gewähren", mit diesem Satze werden wir uns wohl Alle einverstanden erklären. Nach der Natur unsers heutigen Verfahrens ist dies nicht möglich. Sie haben einerseits Urtheile der rechtsgelehrten Gerichte; Sie haben Urtheile der Schöffengerichte; Sie haben Urtheile der Geschwornengerichte, denen jede Motivirung des Verdicts mangelt. Sie sind also hier gar nicht in der Lage von vorn herein allgemeine Grundsätze aufzustellen, Grundsätze, die praktisch nur da verwirklicht werden könnten, wo eine Entscheidung des rechtsgelehrten Richters vorliegt. M. H.! Es mag anders die Frage sein: ob und inwieweit der Staat verpflichtet ist im Falle eines vertretbaren Versehens seiner Beamten dafür event. aufzukommen? und in dieser Beziehung glaube ich allerdings, namentlich auch nach den Ausführungen des zweiten Antragstellers, der seinen Antrag jedoch lediglich bezüglich der Untersuchungshaft gestellt hat, es Ihrer Erwägung anheimstellen zu sollen: ob nicht da, wo der im Strafverfahren thätige Beamte gesetzwidrig verfahren hat, der Staat für solche Handlungen aufkommen soll. Aber, m. H., weiter als daß der Staat dasjenige sühnt, was seine Organe gesetzwidrig begangen haben, weiter bin ich nicht in der Lage eine Folgerung zu ziehen. Am allerwenigsten glaube ich Ihnen anheimstellen zu sollen diejenigen Vorschläge zu acceptiren, welche der Referent unter Nro. III seiner Conclusionen gemacht hat. Ich glaube, wir stehen hier vor einer Frage, die, wenn sie auch prinzipiell von der höchsten Wichtigkeit ist, doch auf der andern Seite sehr viel des Bedenklichen hätte, wenn wir sie so im Fluge als einen Satz mit Rücksicht auf die Gesetzgebung aufstellen wollten. Der Herr Referent hat die Frage: wann ein Anspruch auf Entschädigung zuläßig ist, allerdings nur dahin präcisirt, daß er sagt, die Entschädigung solle im Prinzip zulässig sein, wenn eine Untersuchungshaft gesetzwidrig verlängert, wenn die Freisprechung erfolgte, weil die Handlung mit Strafe nicht bedroht war. Es ist von Herrn Appellationsgerichtsrath Vollert bereits darauf hingewiesen worden, zu welchen Consequenzen das führen würde. Wie wollen Sie im einzelnen Falle die Entschädigung auf eine derartige Grundlage basiren? Wie wollen Sie demjenigen eine Entschädigung zusichern, der um deswillen freigesprochen wird, weil die Handlung nicht mit Strafe bedroht war? Denken Sie sich, m. H., nur einen Wechsel der Gesetzgebung; denken Sie sich, eine Handlung ist nach dem bestehenden Gesetz mit Strafe bedroht, es kommt aber ein anderes Gesetz, welches die Handlung für straflos erklärt. Der Mann wird freigesprochen; er wird freigesprochen nach dem bestehenden Gesetz mit Recht, und nur, weil dieser günstige Zufall zu seiner Freisprechung führte, soll er auch noch eine Entschädigung bekommen? Oder, m. H., es giebt eine ganze Reihe so genannter Gründe, welche ja die Strafbarkeit des Einzelnen gänzlich aufheben, nämlich: die Fälle des Blödsinns, des Wahnsinns, der unverschuldeten Trunkenheit u. s. w., in denen der Richter freisprechen muß. Wollen Sie eine Prämie in solchen Fällen dadurch gewähren, daß Sie den Satz aufstellen, es muß eine Entschädigung gewährt werden? —

Aber, m. H., selbst die präcisirte Aufstellung des Herru Referenten leidet noch an einer gewaltigen, sehr bedenklichen Einschränkung. Ja, sagt der Herr Referent, in diesen Fällen muß ich das Prinzip aufstellen, daß der Staat eine Entschädigung zu leisten hat, aber doch nur dann, wenn derjenige, der in Untersuchung ist, die Untersuchungshaft unschuldig erlitten hat, wenn er sie durch sein Verschulden nicht herbeigeführt oder verlängert hat. M. H.! Wenn sie solche Grundsätze aufstellen, werfen Sie einen der ersten fundamentalen Sätze des Strafverfahrens wieder um, einen Satz, den Sie selbst bei der gestrigen Berathung anerkannt haben. Sie wollen also nur dem Angeklagten, der dem Richter sofort die Wahrheit gesteht, der bei wiederholten Vernehmungen sagt: Ich bin unschuldig, ich habe es nicht gethan, — dem wollen Sie im Falle der Freisprechung eine Entschädigung gewähren. Demjenigen aber, der sagt: Ich gebe keine Antwort, ich bin nicht verpflichtet dazu; ich lasse mich nicht inquiriren, dem wollen Sie eine Entschädigung nicht gewähren. — Denn, m. H., es ist richtig, daß Sie zu wiederholten Malen anerkannt haben, daß der Angeklagte nicht verpflichtet ist, sich der Anklage gegenüber zu erklären. Es soll ihm allerdings Gelegenheit gegeben werden sich zu rechtfertigen, ob er aber davon Gebrauch macht oder nicht, ist seine Sache. Und wie wollen Sie, wenn eine Untersuchung rechtskräftig abgeschlossen ist, darüber entscheiden, ob der Angeklagte die Untersuchungshaft verdient, ob er die Untersuchung verzögert, ob er sie verschleppt hat? Wo wollen Sie den Maßstab finden? Wo wollen Sie den Richter hernehmen? Wollen Sie den Richter nehmen, der das Strafverfahren geleitet hat? Er ist zunächst und allein im Stande Auskunft zu geben, ob der Angeklagte die gegen ihn geführte Untersuchung veranlaßt hat. Wir kämen also hier zu Fragen casuistischer Natur, die unberechenbar sind und deren Folgen im einzelnen Falle sich gar nicht voraussehen ließen.

Und nun, wenn der Herr Referent sogar weiter geht und die von ihm bezüglich der Freisprechung aufgestellten Grundsätze auch auf die Fälle analog übertragen haben will, wo es zur Erhebung einer Anklage gar nicht gekommen ist, oder wo ein rechtskräftiges Erkenntniß wieder aufgehoben wird, so glaube ich, m. H., daß auch für diese Fälle wohl jeder praktische Boden fehlen wird. Wenn z. B. Jemand in Untersuchung genommen wird, die Organe der Strafgewalt halten den Mann dieses oder jenes Vergehens verdächtig, es kommt aber nicht zur Anklage und nun sollte man eine Entschädigung aufstellen wollen, weil der Betreffende so lange in Untersuchungshaft gewesen ist, — welchen Maßstab wollen Sie hierfür finden? Wohin würde das führen? Der Richter würde mit tausend und abertausend sinnlosen Klagen behelligt werden. Es ist ein Unglück allerdings für Denjenigen, gegen den der Verdacht eines Verbrechens erhoben wird, und doch ein Glück, wenn im ersten Stadium des Verfahrens es sich herausstellt, daß er unschuldig ist. Wenn der Staatsanwalt von Erhebung der Anklage Abstand nimmt ist es für ihn noch viel glücklicher, als wenn nach einer langen Untersuchung die Freisprechung erfolgt. Aber eine Entschädigung dem Manne zu gewähren, das würde nach meiner Ansicht zu weit führen und ich kann daher meiner Ueberzeugung nach nur im Sinne dessen, was Herr Appellationsgerichtsrath Vollert ausgesprochen hat, unmittelbar aus der Praxis heraus sagen: Das ist es nicht, was uns fehlt. Lassen Sie uns vielmehr geeignete Grundsätze aufstellen zu den gesetzgeberischen Vorarbeiten, speziell im Hinblick auf den Entwurf der Strafprozeßordnung, der bezüglich der Untersuchung noch lange nicht soweit geht, daß er unsern Anforderungen entsprochen hat. Suchen wir die ihrer Natur nach zwecklose sog. Collusions-Untersuchungshaft möglichst zu beseitigen. Suchen wir geeignete Präventivmaßregeln zu schaffen; suchen wir die Gefahren der Flucht der zur Haft zu bringenden auf das richtige Maß zurückzuführen. Geben wir dem Angeklagten hinlängliche Garantie, dann haben wir es nicht nöthig dem Verurtheilten eine Garantie zu schaffen, die doch lediglich chimärischer Natur ist, und die im einzelnen Falle nach meiner Ansicht eine Verwirklichung nicht finden kann. Und, m. H., nehmen Sie selbst den Fall, daß

Jemand rechtskräftig verurtheilt ist. Nach der neuen Strafprozeßordnung soll eine Berufungsinstanz nicht mehr bestehen. Würde sie noch bestehen, so wäre ja noch immer die Frage, wer Recht hat, ob der Richter, der in erster Instanz verurtheilt oder der in zweiter Linie freigesprochen hat. Wo ist denn der richtige Maßstab für die Richtigkeit eines menschlichen Erkenntnisses zu finden? Nehmen Sie aber den Fall, wo es sich um eine Restitution handelt. Nun wird allerdings der zweite Richter sagen auf Grund der neuen Beweismittel: der erste Richter hat geirrt; wir sprechen den Mann frei. Aber auch hier fehlt der Maßstab der Richtigkeit des Erkenntnisses, auch hier haben Sie nur das formelle Recht, und möglicherweise wird unter Umständen ein anderer Richter finden, daß der Mann schuldig ist. M. H.! In casuistischer Weise zu unterscheiden, ob es sich herausstellt, daß der Angeklagte die That gar nicht begangen haben kann, würde auch nur schließlich dahinführen, daß die Entscheidungsgründe des Richters in dem einzelnen Falle maßgebend seien; sie würden aber nicht maßgebend sein und keine Garantie gewähren, wo ein Urtheil der Geschworenen, wo ein Urtheil der Schöffen vorliegt.

Ich glaube, es ist zur Zeit kein Bedürfniß vorhanden sich zu dem von dem Herrn Referenten bekannten Prinzip auszusprechen. Ich glaube, wenn allerdings im Sinne des Referenten unsere Aufgabe ist, den großen Gesetzgebungsarbeiten vorzuarbeiten, und wenn allerdings auch anzunehmen ist, daß das Votum des Juristentages nicht ungehört verhallen wird, so dürfen wir doch nicht so weit gehen, um bei allen möglichen Bestrebungen den Angeklagten zu sichern und zu schützen, uns hier in Utopien zu verlieren, die eine praktische Verwirklichung nicht finden. Ein praktisches Bedürfniß ist meiner Erfahrung nach dahin nicht entstanden dem Angeklagten eine Entschädigung zuzusichern und allerdings glaube ich, daß, wie Herr Appellationsrath Vollert ausgeführt hat, soweit ich Gelegenheit hatte, auch einen Theil derjenigen kennen zu lernen, die das regelmäßige Contingent für die Anklagebank abgeben, daß viele Spitzbuben im Stande sein werden sich durchzulügen und wenn sie sich durchgelogen haben, mit demselben Recht eine Prämie beanspruchen können, wie derjenige, der unschuldig in eine Untersuchung verwickelt und der an seiner Habe und Ehre geschmälert ist. Gewiß beklagen wir Alle was Herr Stadtrichter Rubo so warm ausgeführt hat: Es ist ein Unglück für Jemand verurtheilt zu sein in dem Bewußtsein, daß er unschuldig ist; es ist ein großes Unglück, daß selbst, wenn es bekannt wird, daß der Verurtheilte unschuldig ist, Keiner im Stande ist zu entschädigen. Aber, m. H., praktisch dürfen wir nicht mehr verlangen, als was erreichbar ist.

Ich beantrage daher, die Frage, wie sie gestellt und wie sie Ihnen zur Entscheidung vorgelegt ist, lediglich zu verneinen, ohne in die anderen Sätze, wie sie von dem Referenten aufgestellt worden sind einzugehen.

Präsident v. **Stenglein**: Es ist mir von Rechtsanwalt Niemeyer (Warburg) folgender Antrag übergeben worden:

Der Justizfiscus hat zu gewähren:

1. Jedem, welcher gesetzwidrig verhaftet ist, eine angemessene Entschädigung;
2. dem Freigesprochenen:
   a) die gesetzlichen Vertheidigungskosten;
   b) die nothwendigen Reisekosten.

Ich möchte an den Antragsteller die Frage richten, ob er nicht geneigt ist, diesen Antrag nicht weiter zu verfolgen. Im ersten Theile scheint er mit dem Antrage des Herrn Stadtrichter Dr. Rubo einigermaßen übereinzustimmen und nur insofern ist eine Verschiedenheit vorhanden, daß hier der Justizfiscus genannt ist, welcher die Entschädigung zahlen soll. Der zweite Theil aber, der Ersatz der gesetzlichen Vertheidigungskosten und der Reisekosten, scheint mir etwas von unserer Frage abzuweichen; denn hier handelt es sich nicht um eine persönliche Entschädigung des Angeklagten, sondern um einen Theil der Prozeßkosten, mit denen wir uns zunächst nicht zu befassen haben.

Rechts-Anwalt **Niemeyer** aus Warburg: Ich will zunächst zur Erläuterung meines Amendements sagen, daß ich keinen besonderen Accent lege auf das Wort „Justizfiscus"; man kann eben so gut sagen: der „Staat — eventuell der Richter."

Ich bringe dieses Amendement vor, um aus der scheiternden Debatte ein praktisches Resultat zu retten. Der Juristentag ist nach meiner Ansicht nicht dazu da, um bloß anzuregen; sondern, wenn irgend möglich, müssen wir, wenn auch in kleinsten Schritten, auf praktischem Boden vorangehen, und aus vielen zweifelhaften Theorien die engeren Gesetz-Wünsche, über welche wir einig sind, heraus-sieben. Dies bitte ich die Herren zu thun, wenn es auch mit einer Ueberschreitung der Tagesordnung geschieht.

Was ich praktisch aus der Debatte entnommen habe, ist Folgendes:

Erstlich. Daß die ganze Frage eine eminent wichtige und interessante ist; denn es ist die einzige, über welche so viele Gutachten und zwar gewichtiger Autoritäten sich eingestellt haben.

Zweitens ergiebt sich, daß die Sache eine ganz eminent controverse ist, denn unsere drei Gutachter schließen mit ganz verschiedenen Ergebnissen; der Referent ist wiederum zu einem andern Ergebnisse gelangt; auch haben unter den Sprechern kaum zwei in ihren Ansichten übereingestimmt.

Die Verschiedenheit der Ansichten über den Hauptsatz in seiner Allgemeinheit erklärt sich ganz einfach aus der Verschiedenheit der strafrechtlichen Grund-Anschauungen. Wir können über die Haftentschädigung nicht einig werden, wenn wir uns nicht erst einigen über die Strafrechtstheorie, von der wir ausgehen. Unsren Satz wird man verschieden beantworten, je nach dem man einer sogenannten absoluten Strafrechtstheorie huldigt oder einer relativen, ja — es scheiden sich bei unserer Diskussion die philosophischen Gewohnheiten: ob man inductiv verfährt oder deductiv. Die Gutachten von Wahlberg und Ullmann gehen deductiv von strafrechtlichen Definitionen aus, während Vollert mit der vorhandenen Gesetzgebung und erlebten Kriminalfällen inductiv operirt.

Ich möchte ebenfalls rein inductiv und praktisch verfahren. Freilich nicht in dem Sinne betone ich das Praktische, wie es sich vielleicht bei den Justizministern regen würde, wenn wir ihnen ein solches Entschädigungs-Gesetz vorschlügen, die würden sagen: wir müssen mit dem Finanz-Minister sprechen; etwa 25 Procent von allen Angeklagten werden freigesprochen; woher soll ich das Geld zu ihrer Entschädigung nehmen?

Praktisch will ich heute darin sein, daß ich die ungeklärten Controversen über das zu weit tragende Hauptthema zu vertagen bitte und die Uebereinstimmung dieser Versammlung über ein beschränktes, klares Seitenthema einhole.

Wenn mir vorgeworfen wird, meine Seitenfragen ständen nicht auf der Tagesordnung, so erwiedere ich Folgendes: Meine These: Jeder, der gesetzwidrig verhaftet ist, nicht blos der Freigesprochene, sondern auch der Verurtheilte und Derjenige, gegen den keine Anklage erhoben wird, ist zu entschädigen, überschreitet allerdings die Tagesordnung. Aber sowohl der Herr Referent als der Herr Stadtrichter Rubo haben, wenn dies ein Fehler sein soll, denselben Fehler begangen — um eben unsere Zwecke zu fördern. Das Subject der strengen Tagesordnung ist blos der Freigesprochene. Den Herren Meyer und Rubo folgend, erweitere ich dieses Subject. Wir fügen den Nichtangeklagten und den Verurtheilten hinzu. Warum soll nun nicht auch das Object erweitert werden? Warum dürfte ich nicht der fast unstreitigen Entschädigung für gesetzwidrige Haft (Verletzung der Habeas-corpus-Rechte) hinzufügen die ebenfalls kaum bestreitbare Entschädigung des Freigesprochenen für seinen baaren Kriminalprozeßaufwand, während ich betreffs Schmerzensgeldes für gesetzmäßig, aber unschuldig erduldete Haft respondire: nondum liquet.

Bezüglich der Kriminalkosten berufe ich mich auf die Rechtsüberzeugung des Volks: Wer im Civilproceß verliert, muß die Prozeßkosten zahlen; so ist es auch billig im Untersuchungsverfahren, daß der Staat dem gewinnenden (Rechtbehaltenden) Angeklagten Vertheidigungskosten und Wege ersetzt. Bei allen meinen Clienten habe ich als Rechtsgefühl die Vorstellung gefunden: Für die Vertheidigung haben wir Gebühren nicht zu tragen, wenn wir freigesprochen werden. Und fast jeder Freigesprochene hat mich gefragt: Wer bezahlt mir meine Wege? — Der Anspruch auf Haft-Entschädigung dagegen, über welche wir Juristen noch nicht klar sind, wird bei uns im Volke fast nie laut. Der Hauptgrund mag sein, daß der Schaden an Leben und Ehre unersetzlich ist. —

Ich bitte Sie also, m. H., mein Amendement mit der Erweiterung des Subjects und mit der Erweiterung des Objects zur Abstimmung zu bringen und zu adoptiren.

Referent Justizrath Dr. **Meyer** aus Thorn: M. H.! Es ist mir in keiner Weise auffallend gewesen, daß der auf Veranlassung der ständigen Deputation von mir gemachte Versuch, eine bisher völlig neue Frage in einer formulirten Gestalt der Versammlung vorzulegen, auf den vielseitigsten Widerspruch gestoßen ist; es ist das um so weniger mir aufgefallen, als ja bekanntlich der conservative Charakter der deutschen Juristen, was ihre Grundanschauungen anlangt, ziemlich allgemein anerkannt ist. Ich will nur Eins sagen: Die Frage gehört zu denjenigen Fragen, die sich sehr verschieden behandeln lassen, niemals aber mit einem ganz allgemeinen Satze und mit einer allgemein gefaßten und nicht präcisirten These. Hätte ich, m. H., Ihnen einen so allgemeinen Satz, etwa in dem Charakter des Satzes, wie ihn Stadtrichter Rubo vorschlägt, vorgeführt, so ist es mir nicht zweifelhaft, Sie würden mit Recht gesagt haben: Was sollen wir mit einem so allgemeinen Satz machen? Hast Du auch speziell überlegt, wieweit der trägt? — Ich habe also den umgekehrten Weg eingeschlagen und habe Ihnen, nicht ohne Voraussehung dessen, was kommen würde, einige spezielle Sätze vorgeschlagen, denen Sie wenigstens die eine Gerechtigkeit werden widerfahren lassen, daß dabei der Versuch gemacht worden ist, die Frage bis ins Einzelne zu durchdenken. Ich habe nichts dagegen, m. H., wenn hier der Versuch gemacht werden sollte, die Gedanken, die ich Ihnen vorzutragen mir erlaubte, in eine allgemeinere Fassung zu bringen; ich sage: ich hätte nichts dagegen; denn es läßt sich darüber, ob es praktisch sei die Sache etwas mehr zu spezialisiren oder nicht, streiten; das ist eine praktische Frage, keine prinzipielle. Nun bitte ich Sie, unter allen Umständen lieber gar nichts zu beschließen, als dem Antrage des Stadtrichters Rubo zuzustimmen. Denn, meine Herren, wenn dieser Satz so lautet: „Die Geltendmachung von Schadenersatzansprüchen wegen gesetzwidriger Untersuchungshaft ist statthaft", so weiß man eigentlich nicht ob man damit etwas Neues sagt oder sagen will. Meine Herren! Wenn eine Untersuchungshaft gesetzwidrig verhängt ist wenn das Gesetz verletzt ist, so wird gewiß auch Einer da sein, der es verletzt hat, und das ist der peccirende Beamte, Richter, Staatsanwalt oder wer er sei. Daß gegen den peccirenden Beamten nach den allgemeinen Grundsätzen des Rechts ein Entschädigungsanspruch geltend gemacht werden kann, das möchte ich im Allgemeinen kaum in Zweifel zu stellen mich veranlaßt sehen. Wenn also nur gesagt wird: „Die Geltendmachung von Schadenersatzansprüchen wegen gesetzwidriger Untersuchungshaft ist statthaft", so weiß man nicht, ob damit vielleicht blos gesagt werden soll: Gegen den Beamten, der dolos oder culpos peccirt, kann ein Anspruch gemacht werden. Das ist ein Satz so ganz allgemeiner Natnr, gegen den sich Niemand sträubt. Ich habe nun in dem Antrage ein Wort gesucht, das steht aber nicht darin, nämlich, daß die Geltendmachung von Ansprüchen gegen den Staat zulässig sein soll. Wenn dies Wort dastände, so würde es mir klar sein, daß ein bestimmter und neuer Gedanke ausgesprochen ist. Aber in der vorgeschlagenen Fassung, glaube ich, verflüchtigt sich der materielle Inhalt des Gedankens so vollständig, daß wir in der That kein besonderes Interesse daran haben können, das noch auszusprechen. Ich würde mich mit einer ganz kurzen Formulirung des Gedankens nur einverstanden erklären können unter zwei Voraussetzungen; wenn nämlich 1. in dem Ruboschen Satz hinzugefügt wird: „gegen den Staat", und damit festgestellt wird, der Staat ist es, der zur Entschädigung verpflichtet ist, und wenn 2. der Entschädigungspflicht eine weitere Ausdehnung gegeben würde — wenn Sie die Fassung belieben —: „und wegen erwiesener Unschuld". M. H.! Es ist zwar geltend gemacht worden: Es wäre eigentlich kein praktisches Bedürfniß vorhanden und solche Fälle kämen sehr selten vor. Das ist ein Argument, das mir nicht verständlich ist. Ich könnte den Herren, die dieses Argument geltend gemacht haben, eine große Masse von Strafgesetzbuchs-Paragraphen vorführen, die ich in einer 25jährigen Praxis noch nie habe anwenden sehen. Aber wie würden Sie darüber denken, wenn Ihnen gesagt werden sollte: wir wollen den Paragraphen streichen; der Fall kommt ja nicht vor. Und, meine Herren, der Fall Hassel, der sich in England zugetragen hat, kann jeden Tag wieder vorkommen. Es kommen Zeugen und rekognosciren einen Menschen als denjenigen, der mit der ermordeten Person zuletzt gesehen worden ist. Das kann auch bei uns jeden Tag vorkommen. Der Mensch wird eingesperrt. Er vermag augenblicklich nicht dem Richter seine Unschuld zu beweisen und braucht eine gewisse Zeit, um den Beweis des Alibi zu führen. Er führt endlich den Alibibeweis und wird frei. Nun sagen Sie: es ist gar kein praktisches Bedürfniß vorhanden, den Mann zu entschädigen! — M. H.! Wenn der Fall bei uns vorkäme, so müßten wir als Juristen im höchsten Grade bedauern, daß man in der That keine einzige gesetzlich Basis hat, um den Mann zu entschädigen. Es ist ein praktisches Bedürfniß, so eminent als möglich, und ob der Fall alle 20 Jahre oder alle 10 Jahre vorkommt, das ist mir gleich. Wenn man sagt: „wir verlangen Alle, daß der Richter gewissenhaft verfährt und wenn er das thut und es kommt so etwas vor, so ist das eben ein Unglück, es ist gerade so, als wenn Jemandem ein Ziegel auf den Kopf fällt," so kann ich mich dieser Auffassung ganz und gar nicht anschließen. Gegen Herrn Dr. Meyer (Frankfurt) möchte ich das Wort „erwiesene Unschuld" betonen; denn in dem, was er gesagt hat, stand er immer fort auf dem Standpunkt des Mangels der erwiesenen Schuld, wovon ich gar nicht gesprochen habe. Es liegt ein praktisches Bedürfniß vor zu entschädigen, und in England hat man in dem Falle Hassel diesem Bedürfniß abgeholfen und hat entschädigt. Der Staat hat es gethan ex nobili officio. Das ist schön. Aber wenn wir jetzt an die Neugestaltung der Strafprozeßordnung gehen, so haben wir allen Grund für ein neu erkanntes praktisches Bedürfniß die gesetzliche Basis zu schaffen, und ich leugne, daß hier nur ein Unglück vorliegt, das der Einzelne zu tragen hat. Sie wissen: Auch auf anderen Gebieten wird der Zufall, der den Einzelnen betroffen hat, abgewälzt auf eine Allgemeinheit, die ihm gegenübersteht. Ich erinnere wieder an das Reichsgesetz wegen der Beschädigung auf Eisenbahnen und in Bergwerken.

Der Staat übt allerdings nur sein Recht aus, wenn er einen Menschen verhaftet, um den Erfolg der Justiz sicher zu stellen. Wenn es aber feststeht, daß hier ein Irrthum begangen worden ist, daß Jemand hat ein Opfer bringen müssen, zu welchem er nicht verbunden war, dann hat auch der Staat die wirklich rechtliche Verpflichtung zu entschädigen. Ja, meine Herren, aus dem römischen Recht werden Sie das nicht deduciren, wohl aber aus demjenigen Staatsrecht, das sich mehr und mehr in unseren Tagen zu entwickeln beginnt und das in den Gesetzen, die ich mir erlaubte anzuführen, in der That sichtbar ist.

Ich möchte nur noch ein Argument berücksichtigen, welches Herr Appellations-Gerichtsrath Vollert geltend gemacht hat. Es ist fortwährend gesagt worden, meine Herren, die Sätze, die ich vorzuschlagen mir erlaubte, wären kasuistisch. Meine Herren! Ich habe bisher unter Kasuistik etwas ganz Anderes verstanden; aber ich bin gern bereit, Belehrung anzunehmen. Ich habe mir gedacht: Kasuistik wäre das, wenn ich einen Unterschied machte, und verschiedene Fälle nach verschiedenen Gesichtspunkten beurtheilte. Hier handelt es sich aber nicht um eine Kasuistik, sondern hier handelt es sich eine von mir als Prinzip anerkannte Entschädigungspflicht des Staates in Grenzen einzuschließen und für die Präzisirung dieser Grenzen bestimmte Begriffe aufzustellen. Ich habe noch niemals in meinem Leben gehört, daß das Kasuistik sei.

Herr Appellations-Gerichtsrath Vollert hat uns — und es ist sehr lehrreich in solchen Beispielen zu sprechen — hat uns ein Beispiel angeführt, in welchem eine Person eine Handlung begangen hatte, welche als Verbrechen angesehen wurde, und in welchem später sich herausstellte, daß diese Handlung mit Strafe gar nicht bedroht war; der Fall kam zwar bei den Gerichten zur Verhandlung, es erfolgte jedoch aus dem angegebenen Grunde die Freisprechung. Er fragt nun: ob da eine Entschädigung gezahlt werden solle? Ich sage darauf ganz einfach: Ja! da muß eine Entschädigung eintreten. Denn es liegt der Fall so: Der Untersuchungsrichter war in einem juristischen Irrthum; dieser Irrthum ist von den höheren Instanzen, dem Appellationsgericht und dem Ober-Appellationsgericht als solcher festgestellt worden in einer Weise, die jeden Zweifel ausschließt; es ist festgestellt worden, daß die Person gar nichts Strafbares begangen und mit Unrecht die Untersuchungshaft erlitten hat. Ich bekomme da durchaus keine Gänsehaut, wenn ich sage: In diesem Falle will ich eine Entschädigung.

M. H.! Es ist ferner geltend gemacht worden, ich ginge darin zu weit oder ich fügte einen ganz unbestimmten Begriff hinzu, indem ich sagte: ich wollte nur eine Entschädigung bei bewiesener Unschuld des Angeklagten oder sofern er nicht durch kulpose Handlungen Veranlassung zum Verdacht gegeben hat; das ginge zu weit, das wäre ein ganz unbestimmter Begriff. M. H.! Wenn das ein unbestimmter Begriff ist, so ist überhaupt der Begriff der culpa unbestimmt. Was ist Fahrlässigkeit? Das ist nur zu beurtheilen mit Rücksicht auf den konkreten einzelnen Fall. Kein Mensch wird sagen können, was im Allgemeinen zu einer kulposen Handlung gehört. Die ist nur in dem einzelnen Falle zu beurtheilen. Ich habe nur das Beispiel angeführt: wenn Jemand dem Richter unwahre Angaben macht und sich dadurch dem Richter selbst verdächtig macht. Ich habe nur ein Beispiel gegeben. Ich meine, daß die Frage, wann dem Verhafteten eine culpa zur Last fällt? ebenso leicht und ebenso schwer zu lösen ist, als in jedem anderen Falle die Frage: ob eine culpa überhaupt anzunehmen ist?

Ich möchte aber dem Resultat der Debatte gerne förderlich sei, wenn ich mich überzeugen könnte, daß die Thesen, die ich Ihnen vorgeschlagen habe, zu speziell wären, und möchte Ihnen im Anschlusse an den Rubo'schen Antrag eine allgemeine Fassung vorschlagen. Gegen den Rubo'schen Antrag, wie er gestellt ist, würde ich stimmen; wenn Sie aber dem Rubo'schen Antrage: „Die Geltendmachung von Schadenersatzansprüchen wegen gesetzwidriger Untersuchungshaft ist statthaft“ die Worte einfügen wollten „gegen den Staat“, — eine Einschaltung, auf die ich Gewicht lege — und nun noch eine zweite Einschaltung genehmigen wollten: „sowie wegen erwiesener Unschuld" und also in dieser Form den Antrag annehmen möchten:

„Die Geltendmachung von Schadenersatzansprüchen gegen den Staat wegen gesetzwidriger Untersuchungshaft sowie wegen erwiesener Unschuld ist statthaft,"

so würde ich von spezielleren Thesen absehen und mich mit dieser allgemeineren Fassung begnügen.

Präsident **Stenglein**: Ich muß den Herrn Referenten bitten, sich darüber zu erklären, ob er seine Thesen zurückzieht, oder ob der neu gestellte Antrag als ein event. zu bezeichnen ist.

Referent Dr. **Meyer**: Den neuen Antrag behandele ich als einen event. zu dem Antrage Rubo und ich will gleich sagen, daß die Reihenfolge der Abstimmung so sein würde: Es wird zunächst über die Unteranträge zu dem Rubo'schen Antrage abgestimmt; dann wird der Antrag Rubo selbst zur Abstimmung kommen mit oder ohne die Einschaltung der Worte „gegen den Staat" und „sowie wegen erwiesener Unschuld", und erst dann würde über die Thesen der Referenten abzustimmen sein.

Oberstaatsanwalt **v. Lauhn** aus Halberstadt: M. H.! Erlauben Sie mir nur wenige Worte. Ich glaube, es hat sehr seine bedenkliche Seite sowohl den prinzipiellen Antrag des Herrn Referenten als auch den letzten Antrag, den er gestellt hat, anzunehmen. In dem ersten Antrage ist hingestellt als erster Satz, anschließend an die Frage, daß die Freisprechung an sich für die Untersuchungshaft eine Entschädigung nicht begründen soll; es ist später aber ein Satz, ohne daß ich auf die Kasuistik eingehe, dahin aufgestellt, daß die Entschädigungspflicht des Staates für die Untersuchungshaft in einzelnen Fällen anerkannt werden soll und namentlich in dem Falle anerkannt werden soll, wenn die Unschuld dargethan ist. Es hat dies nach meinem Dafürhalten seine bedenkliche Seite. M. H.! Ich meine, wir bleiben da auf halbem Wege stehen, wenn wir diesen Satz annehmen. Bis jetzt ist es allerdings nicht vorgekommen, daß ein Freigesprochener sich nicht bei dem Erkenntniß der Freisprechung beruhigt hätte; wenn Sie aber den Satz aufstellen, „sobald Jemand seine Unschuld dargethan hat, hat er Anspruch auf Entschädigung" und er ist nun freigesprochen, so ist die natürlichste Folge die, daß er auftritt und sagt: ich wünsche eine neue Untersuchung; ich will meine Unschuld beweisen; denn, wenn ich meine Unschuld beweise, so ist mir eine Entschädigung in Aussicht gestellt. Sobald also der Satz angenommen wird: „eine Entschädigung des Staates soll anerkannt werden, sobald die Unschuld dargethan wird," so müssen Sie auch dem Freigesprochenen den Antrag gestatten, daß eine neue Untersuchung trotz seiner Freisprechung erfolgt, damit er seine Unschuld darthun kann.

Es ist ferner hervorgehoben worden: „eine Entschädigung soll nicht eintreten, wenn das Verfahren eingestellt worden ist in der Voruntersuchung wegen nicht ausreichender Verdachtsgründe.“ Die Verdachtsgründe, m. H., sind oft so, daß man schwanken muß, ob eine Verurtheilung nicht erfolgen würde; aber der Staatsanwalt zieht es, namentlich in wichtigen Fällen vor, die Untersuchung ruhen zu lassen.

Eine Folge unseres Satzes, die Entschädigungspflicht anzuerkennen für den unschuldig Verhafteten, würde ferner die sein, daß Jeder, gegen den eine Untersuchung im Gange ist, wo die Akten reponirt sind, das Recht hat zu sagen: „Nun seid so gut und erhebt eine Anklage, ich will meine Unschuld darthun.“

Das, meine Herren, sind zwei Punkte, die nach meinem Dafürhalten bei diesen beiden Sätzen, wie wir sie aufgestellt haben, wohl beachtet werden müssen, und es ist nach meinem Dafürhalten geradezu ein Widerspruch, wenn Sie die Verpflichtung des Staates anerkennen eine Entschädigung zu geben und schlechtweg sagen: im Falle einer Freisprechung hat er aber nicht das Recht, weil ja nicht dargethan ist, ob der Angeklagte unschuldig ist, oder aber, ob die Verdachtsgründe zu seiner Verurtheilung nicht hingereicht haben. Sollen also diese Fragen überhaupt erörtert werden, dann müßte meines Erachtens auch in der neuen Prozeßordnung nicht nur dann ein Verfahren gestattet werden, wenn ein verurtheilendes Erkenntniß erfolgt ist und neue Thatsachen hervortreten, wodurch die Unschuld dargethan ist; denn, so viel ich weiß, ist nur von einem verurtheilenden Erkenntniß in diesem Entwurf die Rede, keineswegs aber von einem Falle der Freisprechung. Was das für Uebelstände haben würde, meine Herren, wenn Sie dem Freigesprochenen den Antrag zugestehen müßten, eine neue Untersuchung herbeizuführen, damit er seine Unschuld nachweist, und analog dem in Untersuchungshaft gewesenen Manne, der sich in der Voruntersuchung, befindet und wo sich nicht soviel Verdacht herausgestellt hat, um die Anklage mit voraussichtlichem Erfolg begründen zu können. Ich sage: welche Konsequenzen daraus entstehen, m. H., das brauche ich Ihnen wohl nicht auseinander zu setzen. Es hat also dies seine sehr bedenklichen Seiten, und ich bin der Ansicht, daß wenn wir den Satz annehmen, daß eine Entschädigungspflicht des Staates für den unschuldig Verhafteten überhaupt anzuerkennen ist, wir auch die beiden Sätze anerkennen müßten, 1. daß Derjenige, gegen den eine Voruntersuchung ohne eine Anklage bei Seite gelegt ist; 2. daß Derjenige, der freigesprochen ist, das Recht hat, die Fortsetzung resp. eine neue Untersuchung zu beantragen. Und schon diese bedenkliche Seite, meine Herren, veranlaßt mich, mich gegen diese Sätze, seien es die ersten, welche der Herr Referent vorgeschlagen hat, oder sei es die letzte Modifikation, die er in den Antrag gebracht hat, auszusprechen.

Rechtsanwalt **Sabarth** aus Ratibor: M. H.! Dem Ruboschen Antrage vermag ich eigentlich nur den Werth der motivirten Tagesordnung beizumessen, wodurch die Sache auf irgend eine Weise a limine gebracht werden soll. Die motivirte Tagesordnung würde ich wohl annehmen, aber nicht das, was Rubo sagt. Er will nur aussprechen: „Die Geltendmachung eines Anspruchs wegen gesetzwidriger Verhaftung ist zulässig.“ M. H.! Das halte ich für selbstverständlich, und der Satz, wie er im Ruboschen Antrage vorgeschlagen ist, läßt sich gewiß nach allen Gesetzbüchern, nach allen Gesetzen motiviren.

Herr Appellationsgerichtsrath Vollert hat bereits die Carolina und den Sachsenspiegel angeführt; ich will mich meinerseits vorübergehend auf das preußische Landrecht stützen. Auch da finden sich, und zwar im VI Titel Vorschriften hierüber. Wenn ein Beamter mich rechtswidrig, sei es ex culpa lata oder ex dolo beschädigt oder gar einsperrt, so ist er mir schadenpflichtig und von dieser Schadenpflicht ist auch der Richter nicht entbunden. Der Rubosche Antrag sagt aber nicht einmal gegen wen der Anspruch soll geltend gemacht werden können. Die Geltendmachung eines Anspruchs ist möglich, das versteht sich von selbst und ich möchte es der Würde des Juristentags nicht entsprechend halten einen so allgemeinen und kaum bestreitbaren Satz hier besonders auszusprechen als eine Rechtswahrheit, die wir unter uns aufgefunden und besonders vereinbart haben. In der Eventualität hat der Referent seinen eigenen Antrag noch gefahrlos zu machen versucht, indem er event. hinzufügt: „Geltendmachung gegen den Staat“. Wenn ich vorhin auf das preußische Recht hingewiesen habe, so habe ich damit hingewiesen auf eine Geltendmachung gegen den Beamten. Das wäre also schon ein Unterschied. Wenn ich indessen meinerseits gewillt bin, für die Hauptanträge des Referenten zu stimmen, so habe ich nach seinem Vortrage durchaus keine Veranlassung etwas zur Motivirung zuzusetzen; wenn ihm aber der Vorwurf gemacht worden ist zu großer Spezialität und hereingebrachter Casuistik, so meine ich, weil der Grundsatz feststeht, daß die Freisprechung an sich keinen Anspruch begründet, daß aber unter Umständen doch ein Schadensanspruch denkbar ist, so bleibt auch nichts anders übrig, als die einzelnen Punkte zu bezeichnen, in welchen speziell ein Anspruch auf Schadenersatz zulässig sein soll. In diesem Sinne trifft den Herrn Referenten kein Vorwurf zu großer Spezialität; es blieb ihm eben nichts anderes übrig, als die besondern Fälle zu touchiren, und mehr, glaube ich, hat der Herr Referent nicht gethan, als die Fälle angegeben, in denen ein Schadenanspruch statuirt werden soll, weil er anders diesen Antrag nicht begründen konnte. Mir würde es am angenehmsten sein, wenn die Anträge des Referenten angenommen würden.

Stadtrichter **Kubo** aus Berlin: M. H.! Nur wenige Worte. Der Unterschied zwischen dem neuen Antrag des Referenten und dem meinigen ist einfach zuvörderst der, daß noch angeführt worden ist, der Anspruch sei geltend zu machen gegen den Staat. Nun bin ich von meinem Standpunkt aus durchaus nicht in der Lage, diesem Antrage mich anschließen zu können. Die Frage: wer ist der Schadenersatzpflichtige? ist, wenn Sie hier den Staat speziell nehmen, eine staatsrechtliche und es dürfte in der Wissenschaft wie in der Gesetzgebung heut zu Tage noch sehr streitig sein und sehr von Nützlichkeitszwecken abhängen, ob erst der verletzende Beamte und dann der Staat, oder ob gleich der Staat verantwortlich gemacht wird. Ich meine, wenn wir hier die criminalistische Frage erörtern, ob überhaupt ein Schadenersatz zulässig sei, so thun wir, was wir in der 3. Abtheilung zu thun haben, und lassen die staatsrechtliche Frage bei Seite. Deshalb bitte ich die Worte „gegen den Staat" nicht aufzunehmen, weil sie nicht hierher gehören.

Was zweitens die Erweiterung anlangt, daß jedem in Untersuchungshaft gewesenen Freigesprochenen, dessen Unschuld erwiesen sei, von Staatswegen Schadenersatz zu gewähren sei, so glaube ich, geht das zu weit. Meines Erachtens ist nur derjenige zu einem Schadenersatz verpflichtet, der rechtswidrig gehandelt hat; und wenn daher eine von Staatswegen verhängte Untersuchungshaft mit den Gesetzen im Einklang stand, so kann jedenfalls der Staat nicht zum Schadenersatz als verpflichtet gelten. Wenn, wie in dem vom Referenten Dr. Meyer angeführten Hasselschen Falle die Untersuchungshaft gegen einen Unschuldigen in Verfolg eines sachlich unwahren Zeugnisses verhängt worden ist, so mag hier gegen den Zeugen, niemals aber gegen den Staat ein Schadenersatzanspruch begründet sein. Wenn übrigens Rechtsanwalt Sabarth erklärt, es enthalte mein Antrag nichts Neues, so meine ich, daß es uns wohl ansteht, vor Neuerungssucht uns zu hüten. Ich erinnere Sie aber auch zugleich daran, daß in einzelnen Ländern das Institut der sog. Competenzconflicte besteht und sowol thatsächlich wie auch rechtlich die Geltendmachung der Schadenersatzklage wegen rechtswidriger Amtshandlungen ausgeschlossen ist.

Professor Dr. **Schütze** aus Kiel: M. H.! Zu meinem großen Bedauern habe ich den Vorträgen des Herrn Referenteu und der darauf folgenden Discussion nicht anwohnen können; es hat mich eine andere Obliegenheit abgehalten. Ich habe mir nur im Allgemeinen berichten lassen, was augenblicklich zur Frage steht. Es steht zur Frage, wenn ich nicht irre: ob ausnahmsweise eine Entschädigungspflicht sei es des Staates, sei es der Beamten anerkannt werden soll wenn gesetzmäßig verfahren ist bei der Untersuchungshaft. Ein zweiter Antrag, irre ich nicht, geht dahin, daß wenn gesetzwidrig verfahren ist, eine Entschädigungspflicht anerkannt werden soll. Gestatten Sie mir, diesen letzten Punkt mit Stillschweigen zu übergehen, weil er meines Erachtens selbstverständlich ist und daher wohl der Discussion kaum bedarf. Es handelt sich also nur um die Frage: ob eine Entschädigungspflicht ausnahmsweise anerkannt werden soll, wenn gesetzmäßig von den betheiligten Organen die Untersuchungshaft angeordnet und darauf eine Freisprechung des Betreffenden erfolgt ist oder die Einstellung des Verfahrens beschlossen wurde. Ich erkläre, daß ich dem Gutachten des Herrn Appellationsgerichtsrath Vollert in allen Punkten beistimme, daß es mir aber darauf ankommt, ein paar Sätze auszuführen, die zur Ergänzung dienen können.

Ich bin unbedingt gegen jede Entschädigungspflicht an den Freigesprochenen, wenn bei der Verhaftung dem Gesetz vollkommen gemäß verfahren ist. Wollte man, m. H., in diesem Falle eine Entschädigungspflicht anerkennen, so müßte man viel weiter gehen. Es müßte dann gesagt werden: Wir wenden den allgemeinen prozessualischen Grundsatz an; unterliegt der Angeklagte, hat er die Kosten des ganzen Verfahrens zu tragen; unterliegt der Staat, hat er ihm unter allen Umständen alle Schäden und Kosten zu ersetzen. Wir würden zurückschrecken vor einer solchen Aufstellung. Wir würden noch hinzufügen können die Analogie des Civil-Arrestverfahrens. Wenn der Arrest wieder aufgehoben worden ist, so hat der Impetrant, auf dessen Gefahr derselbe angelegt worden ist, den Schadenersatzanspruch zu besorgen; auch wenn es sich um subsidiäre Personalhaft im Civilverfahren gehandelt hat. Wer also auf solche allgemeine Grundlagen sich stellt, muß auch ganz allgemein die Entschädigungspflicht anerkennen, wenn der Staat in Untersuchungssachen unterliegt. Meines Erachtens aber muß die Frage unbedingt verneint werden und zwar aus folgenden Gründen. M. H.! Wir betonen mit großer Stärke den Grundsatz, daß die Hauptverhandlung und das Urtheil nur stattfinden könne in Anwesenheit des Angeklagten. Je dringender wir dieses Postulat aufstellen, und es wird im Entwurf der Strafprozeßordnung, wie ich höre, mit allgemeiner Billigung aufzustellen versucht, desto vorsichtiger müßen wir in der Richtung sein, die Strafprozeßordnung nicht der Mittel zu berauben, durch welche sie die Anwesenheit des Angeklagten in der Hauptverhandlung zu sichern sucht. Ich wiederhole den Satz noch einmal: Je dringender wir auf die Anwesenheit des Angeklagten bei der Hauptverhandlung bestehen, um so vorsichtiger müssen wir sein in der Beschränkung der Gestellungsmittel, welche der Staat hat, um die Anwesenheit des Angeklagten unter allen Umständen zu bewirken. Ueber diesen allgemeinen Grundsatz bedarf es wohl kaum einer Discussion. Nun kommt aber zweitens hinzu, was Herr Appellationsgerichtsrath Vollert bereits in seinem Gutachten hervorgehoben hat: wir wünschen einen wirksamen Strafschutz im Interesse der allgemeinen Rechtssicherheit und unserer individuellen Rechtssicherheit. Da müssen wir denn aber die Wirksamkeit der Strafverfolgung auch dadurch sichern, daß wir event. uns einem Opfer unterwerfen. Mir ist der Fall vorgekommen, daß ich auf dem Wege nach der Eisenbahn auf Dorfwegen in dunkler Nacht ein Päckchen unter dem Arm trug. Ich wurde von dem Dorfwächter angehalten und mußte mich legitimiren. Darüber versäumte ich den Bahnzug. Es ist sehr unangenehm unter gewissen Umständen den Bahnzug zu versäumen, aber ich habe mich damit beruhigt: Gottlob! daß es noch wachsame Wächter giebt; Gottlob! daß auch der Dieb dem Nachtwächter nicht entgangen sein würde. Dehnen wir dies auf den schlimmern Fall der unschuldig erlittenen Untersuchungshaft aus. Es besteht der Preis, den wir dafür zahlen, daß ein wirksamer Rechtsschutz uns zu Theil wird unter Anderem auch darin, daß wir event. uns auch dem Uebel unterwerfen, unschuldigerweise einmal verhaftet zu werden, wenn nur gesetzmäßig dabei verfahren wird.

Und nun Drittens, m. H., wir befinden uns auf einer sehr schlüpfrigen Bahn: Wir haben vortrefflich organisirte Staatsanwaltschaften; ein vorzügliches Verfahren auf dem Papier; fragen wir aber: wie steht es mit der Verhängung der Untersuchungshaft, mit der Beschlagnahme, mit der Haussuchung, so finden wir Beschränkungen über Beschränkungen. Hüten wir uns auf dieser abschüssigen Bahn noch weiter zu gehen! Man hat meines Erachtens des Guten schon zu viel gethan. Wir wollen doch wohl nicht, daß der Nürnberger Grundsatz zur Regel werde; nämlich, daß wir schließlich Keinen mehr haben, den wir henken könnten, weil wir die Verhängung der Untersuchungshaft durch gesetzliche Beschränkungen thatsächlich zur Unmöglichkeit gemacht haben. Hängen wir also nicht das Damoklesschwert einer eventuellen Entschädigungspflicht über dem Staat resp. über dem Beamten auf. Beruhigen wir uns bei den weitgehenden Garantien im Interesse der persönlichen Freiheit, die wir haben. Gehen wir aber keinen Schritt weiter.

Ueber die Sache selbst habe ich nichts weiter zu bemerken.

Rechts-Anwalt **Niemeyer**: Zur Antragstellung! — Ich will meinem Amendement einen Satz vorausschicken, wodurch dasselbe sofort zur Abstimmung gelangt und womit die übrigen Fragen beseitigt werden. Dieser Satz lautet:

Der Juristentag vertagt die Beschlußfassung über die Frage als nicht spruchreif: ob und in welchen Ausnahmefällen der Nichtverurtheilte eine Entschädigung für eine gesetzmäßig verhängte, aber unschuldig erlittene Haft beanspruchen kann, spricht jedoch —

und nun komme ich zu meinem ursprünglichen Amendement:

die Ueberzeugung aus:

1. daß der Staat Jedem gesetzwidrig Verhafteten eine Entschädigung und
2. dem Freigesprochenen seine Vertheidigungs- und Wege-Kosten zu gewähren hat.

(Der Schluß der Debatte wird beantragt und angenommen.)

Referent Justizrath Dr. **Meyer** (zum Schluß): Ich wollte nur zwei kleine Bedenken beseitigen. Herr Ober-Staatsanwalt v. Lauhn hat vom praktischen Gesichtspunkte aus ein Bedenken erhoben, indem er sagt: Will man die Entschädigungspflicht anerkennen, dann muß man auch dem Freigesprochenen das Recht geben das Rechtsmittel einzulegen unter der Behauptung, er wolle seine Unschuld beweisen, und man müsse ferner dem nicht unter Anklage gestellten und Entlassenen das Recht geben, die Erhebung der Anklage zu verlangen, damit er den Beweis der Unschuld führen könne. Ich weiß nicht, wie der Vorredner zu dieser Annahme kommt; es fällt mir gar nicht ein, ein solches Recht zuzugestehn. Die Frage, m. H., in welchem Verfahren der betreffende Entschädigungsanspruch geltend zu machen ist, ist eine offene und soll eine offene bleiben. Das wäre zu weit ins Detail gegangen, wenn man diese Frage hier verfolgen wollte, und ich habe bereits in meinem einleitenden Vortrage gesagt, daß ich davon ganz absehe. Der Freigesprochene hat kein anderes Rechtsmittel. Wenn er in einem separaten Verfahren seine Ansprüche geltend machen will, so mag er das thun, aber warum man ihm ein Rechtsmittel gegen das freisprechende Erkenntniß einräumen will, das sehe ich nicht ein.

Dem Herrn Stadtrichter Rubo muß ich entgegnen: Allerdings hat der Fall Hassel etwas Bedenkliches. Der Zeuge hatte seine Aussage beschworen, sich aber in der Person geirrt. Eines Meineids kann man ihn nicht zeihen. Dergleichen Fälle kommen ja vor, daß ein Mensch dieselben Gesichtszüge hat, wie der andere. Der Zeuge irrte sich. Der Richter war ganz außer Schuld. Der arme Verdächtigte saß. Aber soll er ohne jede Entschädigung gesessen haben? Oder liegt es nicht in der Pflicht des Staates in solchen Fällen einzutreten?

Herrn Professor Schütze aus Kiel muß ich entgegen, daß wohl seine Berichte nicht so genau gewesen sind, daß er meinen einleitenden Vortrag hat würdigen können. Zunächst ist gar nicht die Rede davon gewesen, daß der Staat eintreten solle für die Folgen jeder Freisprechung. Ich habe das Gegentheil ausgesprochen, das strikte Gegentheil: aus der Freisprechung soll gar nichts folgen. Zu sagen: Unterliegt der Staat und erfolgt die Freisprechung, so muß der Staat alle Kosten tragen, ist mir gar nicht in den Sinn gekommen. Darum sind auch die finanziellen Bedenken mancher Herren nicht zutreffend. Der Staat wird nicht sehr viel Geld brauchen, wenn er nur diejenigen entschädigt, die nach meiner Ansicht in Frage kommen würden.

Präsident v. **Stenglein** (nach einer kurzen Debatte über die Reihenfolge der Abstimmung): Ich schreite zur Abstimmung und stelle vor Allem die Frage: ob die Versammlung mit dem ev. Antrage des Rechtsanwalts Niemeyer einverstanden ist:

> Der Juristentag vertagt den Beschluß über die Frage — als noch nicht spruchreif — ob und in welchen Ausnahmefällen der unschuldig Verhaftete Entschädigung zu verlangen hat?"

(Abstimmung.)

Die Vertagung ist abgelehnt. — Ich komme nunmehr zu dem Antrage des Referenten. Der Referent hat primär beantragt:

Der Juristentag wolle beschließen zu erklären:

I. Die Freisprechung eines Angeklagten an und für sich allein ist nicht geeignet, einen Anspruch auf Entschädigung für eine erlittene Untersuchungshaft wider den Staat zu begründen.

II. Wohl aber ist eine solche Entschädigungspflicht des Staates im Prinzip anzunehmen:

1) wenn die Untersuchungshaft gesetzwidrig verhängt oder verlängert ist;
2) wenn die Freisprechung deswegen erfolgte, weil die den Grund der Verhaftung bildende That zur Zeit ihrer Verübung im Strafgesetz mit Strafe nicht bedroht war;
3) wenn der Verhaftete darthut, daß die That, wegen deren er verhaftet war, entweder gar nicht begangen ist, oder daß sie von ihm nicht hat begangen werden können und wenn die Untersuchung und Verhaftung gegen ihn ohne sein Verschulden verhängt ist.

III. Die Geltendmachung des Entschädigungsanspruches erfolgt abgesondert von dem Strafverfahren, in welchem die Verhaftung erfolgt ist. Die Höhe der Entschädigung ist von dem Richter unter Würdigung aller Umstäude nach freier Ueberzeugung festzustellen.

IV. Die Grundsätze ad II und III finden analoge Anwendung:

1) wenn eine Untersuchungshaft stattgefunden hat, ohne daß es zur Erhebung einer Anklage gekommen ist, in Betreff der Voruntersuchungshaft;

2) wenn ein rechtskräftiges Erkenntniß wieder aufgehoben wurde und der Betreffende erst dadurch seine Freiheit wieder erlangte.

(Abstimmung.)

Es ist die Minorität; der Antrag ist abgelehnt. — Ich komme somit zu dem ev. Antrage des Referenten:

Der Juristentag wolle beschließen: Die Geltendmachung von Schadenersatzansprüchen gegen den Staat wegen gesetzwidriger Untersuchungshaft sowie wegen erwiesener Unschuld ist statthaft.

(Abstimmung.)

Es ist auch dieser Antrag abgelehnt. — Ich komme nunmehr zu dem positiven Antrage Niemeyer, welcher lautet:

Der Staat hat zu gewähren:

1) Jedem, welcher gesetzwidrig verhaftet ist, angemessene Entschädigung;

(Abstimmung.)

Es ist die Minorität. Ich glaube damit ist auch der zweite Theil erledigt der nicht als ein selbstständiger Antrag eingebracht ist. — Ich komme nun zu dem Antrage Rubo, welcher lautet:

Die Geltendmachung von Schadenersatzansprüchen wegen gesetzwidriger Untersuchungshaft ist statthaft.

(Abstimmung.)

Auch dies ist die Minorität. — Es kommt nunmehr der letzte Antrag, welchen Dr. Meyer durch Verneinung ausgesprochen hat und welcher lautet:

Im Falle der Freisprechung nach Untersuchungshaft soll eine Entschädigung nicht gewährt werden.

(Abstimmung.)

Es ist dies die Minorität. Es ist auch die Negation abgelehnt.

(Auf Antrag des Professor Dr. Gneist beschließt demnächst die Abtheilung die ganze Frage zur **nochmaligen Verhandlung an den nächsten Juristentag** zu verweisen. Dieser Beschluß soll dem Plenum zur Kenntnißnahme mitgetheilt werden.)

(Schluß der Sitzung 12 Uhr Mittags).

Dritte Sitzung der dritten Abtheilung am 29. August 1873.

(Beginn: Mittags 1 Uhr.)

Präsident **Stenglein**: M. H.! Wir kommen nunmehr zu der vierten der uns vorliegenden Fragen:

„Ist der Grundsatz der Oeffentlichkeit für die Voruntersuchung anzunehmen?"

Referent Prof. Dr. **Gneist**: Als vor einem Menschenalter der Streit über die Oeffentlichkeit des Strafverfahrens durchgekämpft wurde, erschien eine unendliche Reihe von Bedenken und „Gefahren", welche die Oeffentlichkeit im Gefolge haben sollte, von welchen heute Niemand mehr spricht, welche heute Niemand mehr aufrecht zu erhalten versuchen wird.

In jenem erbitterten Streit, in welchem man Alles, was den Amtsgewohnheiten der Richter und der Anwälte entsprach, praktisch nannte, die dringend nothwendigen Reformen des Gewohnten aber als gefährliche „Theorien" bezeichnete, war es völlig vergeblich, wenn man die Bitte aussprach, sich in andern Ländern praktisch bekannt zu machen mit der Bedeutung der Reformen, um die es sich handelte. Es hieß dann gewöhnlich, man wolle fremdes Gerichtswesen importiren.

Damals habe ich die Ueberzeugung gewonnen, daß es nichts Konservativeres giebt, als den Geschäftsgang der Gerichte. Ich habe mich aber auch überzeugen müssen, daß darin kein persönlicher Vorwurf liegt, daß diese Erscheinung in anderen Ländern wiederkehrt, daß überall die Reformgesetze des Justizministers, insbesondere beim höchsten Gerichtshofe übel aufgenommen werden. Unser richterlicher Beruf ist es ja, die vorhandenen Gesetze gleichmäßig und rücksichtslos zu handhaben. Es ist dies die erste Forderung der Gerechtigkeit, die dem Richter wie dem Anwalt sagt, daß das Experimentiren mit neuen Formen unserm Berufe, als solchem, nicht zukommt.

Wenn es sich aber um Abhülfe anerkannter Mißstände durch Gesetze handelt, ist auch der Rechtsverständige wohl veranlaßt, sich von den Gewohnheiten des Amts nach Möglichkeit los zu machen, freiere, kritische Standpunkte de lege ferenda einzunehmen und namentlich diejenigen Berufsgenossen mit dem konstanten Vorwurfe neuer „Theorien" zu verschonen, die außer der deutschen Gerichtspraxis auch noch andere praktische Kenntnisse zu erwerben Gelegenheit haben.

Es war zunächst die laute Forderung der öffentlichen Meinung, welche unsere Gesetzgebung ebenso wie in Frankreich gezwungen hat, trotz aller Bedenken der Juristen die Oeffentlichkeit des Strafverfahrens anzunehmen. Die öffentliche Meinung war aber zufrieden gestellt durch die öffentliche Hauptverhandlung. Alle Vorbereitung, die ganze Voruntersuchung mit ihren stückweisen, oft ermüdenden Incidentpunkten, sah man als das Amtsgeschäft des Untersuchungsrichters, Staatsanwalts und der Polizei an. In Frankreich hatte die öffentliche Meinung fast gar keine Interesse für die Vorarbeit des Audienztermins, in Deutschland nur ein geringes. Es blieben daher für alle Vorstadien des neuen Prozesses die alten Amtsgewohnheiten stehen, am Meisten in Frankreich. Die Folge der konservativen Natur alles Geschäftsganges der Justiz ist unter diesen Umständen gewesen, daß die neuen Grundformen überall zuerst halb durchgeführt sind, ein halber Anklageprozeß, eine halbe Oeffentlichkeit, eine halbe Mündlichkeit, halbe Jury. Die alten Gewohnheiten des Geschäftsganges haben durch eine öffentliche Schlußverhandlung ihren Frieden mit dem neuen Systeme geschlossen.

Allein dieser Friede besteht um den Preis großer Uebelstände, unter denen die geheime Voruntersuchung von Anfang an als einer der hervorragendsten galt. Schon auf dem Juristentage zu Dresden wurden diese Mißstände anerkannt, und eine bedingte Oeffentlichkeit, wenigstens „Parteiöffentlichkeit" verlangt.

Inzwischen ist der Widerspruch zwischen der geheimen Inquisition des ganzen Vorverfahrens und der öffentlich-kontradiktorischen Verhandlung im Hauptverfahren stärker hervorgetreten, so daß die neueren Gesetzentwürfe eine Abhülfe herbeizuführen suchen.

Diese Lage der Sache berechtigt zu einer Revision der Hauptfrage, und dabei getraue ich mich ohne Vorbehalt die Thesis voranzustellen: „alle Gründe, welche für die Oeffentlichkeit des Strafverfahrens gelten, sind gültig auch für die Oeffentlichkeit der gerichtlichen Voruntersuchung." Jede richterliche Thätigkeit nach Außen ist ihrer Bestimmung nach eine öffentliche.

Vom Standpunkte des Angeklagten aus ist die Oeffentlichkeit nothwendig, weil durch jedes gerichtliche Strafverfahren seine Freiheit oder seine Ehre, oder Beides zugleich betroffen wird. Der Verdacht eines begangenen Verbrechens erzeugt schon mit den ersten Schritten der Voruntersuchung mindestens eine levis notae macula, gegen welche der geheime Prozeß weder einen Schutz noch eine Reparation gewährt. Denn die sogenannte Geheimheit alles Gerichtsverfahrens ist nur eine unregelmäßige Oeffentlichkeit. Jeder Schritt zur Strafverfolgung wird durch die Angehörigen und Bekannten des Angeschuldigten und des Damnifikaten, sowie durch das Personal der Gerichte und der Polizei Jedermann bekannt, der davon wissen will. Der daraus hervorgehende Makel haftet aber, und er haftet unverwischbar grade an dem Unschuldigen und dem schwach Gravirten, gegen den die Strafverfolgung eingestellt wird. Der stärker Gravirte kommt später zu seinem Recht durch die öffentliche Verhandlung; der Unschuldige, gegen den das Verfahren eingestellt wird, erhält keinerlei Genugthuung oder Rechtfertigung, Dem Publikum ist bekannt, daß die Strafjustiz sich mit ihm befaßt hat, um den spätern Verlauf der Sache bekümmert sich aber Niemand.

Die Oeffentlichkeit ist ferner nothwendig für den Zeugen, wegen des psychischen Eindruckes, den sie auf die Wahrhaftigkeit übt — sicherer noch als der Eid. Will man zuverlässige Aussagen gewinnen, um darauf eine Verhaftung und Eröffnung der Anklage eintreten zu lassen, so genügt es nicht, den Zeugen in geschlossner Gerichtsstube konfidentiell zu verhören. Wir beklagen die so oft widerkehrende Erscheinung, daß die Zeugen im öffentlichen Hauptverfahren von den Aussagen der Voruntersuchung abweichen. Die daraus entstehenden wiederwärtigen Contestationen sind in Ländern der öffentlichen Voruntersuchung überaus selten, nahezu unbekannt. Sie entstehen, wenn die Zeugen zweimal nach verschiedenen Prozeßsystemen verhört werden und ergeben zugleich den Beweis von der minderen Zuverlässigkeit des geheimen Verhörs. Der ernste Wille, wahrhaft und vollständig, auch zum Nachtheil seiner Mitbürger auszusagen, ist in den konfidentiellen Verhören der geschlossenen Amtsstube niemals in dem Maaße zu gewinnen, wie in der öffentlichen Verhandlung, die dem Zeugen seine bürgerliche Pflicht und seine Verantwortlichkeit so vor Augen führt, wie es auch der gemeine Mann versteht.

Die Oeffentlichkeit ist nothwendig für den Richter. So lange ein geheimes Verfahren besteht, so alt sind auch die Mißbräuche der Inquisition mit ihrem Drange auf Geständniß durch Gewalt oder List. Und wenn das

Gesetz die Gewalt untersagt, entwickelt sich um so mehr die Kunst, das Geständniß durch List und Ueberraschung zu gewinnen. Gewiß sind in unsrer heutigen Voruntersuchung kaptiöse, täuschende Fragen und die alten Künste der Inquisition viel seltener, als das Publikum glaubt. Allein, wenn in hundert Fällen auch nur einmal der Inquirent mehr thut, als er sollte, so glaubt das Publikum, daß der Mißbrauch in allen Fällen üblich oder doch möglich sei. Nur die öffentliche Voruntersuchung kann auch auf diesem Gebiete der Justiz das volle Vertrauen wiedergeben, und mit dem geheimnißvollen Dunkel schwindet das Mißtrauen gegen die Geständnisse der Voruntersuchung und die Neigung der Geschworenen, einen Widerruf der Geständnisse der Voruntersuchung als motivirt anzunehmen.

Diese und andere Gründe für die Oeffentlichkeit sind von ihren Vertheidigern von Anfang an geltend gemacht worden. Schon Feuerbach hat in seiner Weise dargethan, wie die geheime Inquisition des Vorverfahrens eine klägliche Halbheit ohne jeden haltbaren Grund darstelle. Es war nicht möglich, mit diesen Gründen gegen die Amtsgewohnheiten der Gerichte durchzudringen.

Der besondere Grund, aus welchem auf diesem Boden das Hergebrachte sich so zäh erhalten konnte, liegt aber in der komplizirten Natur der Voruntersuchung. Sie beruht auf einem steten Ineinandergreifen der Justiz mit der Polizei und ihren Amtsgewohnheiten, an deren Aenderung bei der einschneidenden Reform des Strafverfahrens nicht zu denken war. Die Polizei hat in Deutschland von Alters her ihre Geschäftsformen (durch Berichte, Protokolle, Dekrete) der Justiz entlehnt und ist stets dem Geschäftsgange der Justiz langsam gefolgt. Noch heute sind daher unsre studirten Juristen in den Polizeipräsidenten- und Direktorenstellen sehr rasch heimisch. Diese Amtsgewohnheiten traten alsbald in Verbindung mit den Gewohnheiten unsres Voruntersuchungsamtes, und die dazwischen geschobene Staatsanwaltschaft mußte sich dem vorgefundenen Geschäftsgange akkommodiren. So entstanden nun für das Vorverfahren dreierlei Bureaus, die sich sämmtlich auch auf Hausarbeit einrichteten, — das Voruntersuchungsamt, das Polizeibureau und der zwischen Beiden hin und her pendulirende Staatsanwalt, — drei Stellen, zwischen denen die Papiere hin und her wandern unter verdoppelter Arbeit und verdreifachtem Zeitaufwand. Die Voruntersuchungen haben ihre alte Umständlichkeit in viel geringerem Maaße verloren, als man dies bei der Reform gehofft hatte. Daß man in England und Amerika die Voruntersuchungen in 8—14 Tagen regelmäßig beschließt, schreibt unsre Bureaukratie nur dem Mangel an Gründlichkeit zu.

Energische Polizeipräsidenten sind zuweilen in großen Städten als Reformatoren aufgetreten. Man hat zur Ueberwindung des Polizei-Schlendrians den Polizeibeamten Pickelhauben aufgesetzt, hat sie an Straßendienst, Marschiren, Appells und mündliche Rapporte gewöhnt. Allein es dauert damit in der Regel nicht lange. Nach kurzer Zeit sitzen die Leute wieder in der warmen Stube, führen ihre wenig nutzbaren Listen, schreiben ihre Berichte und Protokolle, fahren das Publikum an, welches sie in der Schreibarbeit stört, und ersetzen einigermaßen die groben Postbeamten der alten Zeit. Nur da, wo man sie braucht, auf der Straße, bei Tumulten, in der Nachtarbeit sind sie überaus langsam zur Stelle, oft gar nicht zu finden. Die Criminalpolizei wird unter den schwierigen Verhältnissen der Städte und Fabrikdistrikte immer unzureichender. Statt der Klagen über das Zuviel werden die Klagen über das Zuwenig immer mehr die Regel.

Vielleicht wird endlich vom Gebiet der Polizei aus die Hülfe kommen und eine einsichtlige Polizeiverwaltung sich endlich überzeugen, daß den großen Reformen der Justiz im Sinne der Mündlichkeit und Unmittelbarkeit auch die Polizeireform nachfolgen muß. Unsere Kriminalpolizei ist noch immer auf eine seßhafte Bevölkerung eingerichtet, innerhalb welcher die Personen und Ereignisse der Nachbarschaft bekannt sind. Ein System von Anmeldungen, Abmeldungen und Legitimationen erhielt den Faden zwischen Kriminalpolizei und Publikum, richtete die Aufmerksamkeit auf jeden fremden Eindringling. Durch die Freizügigkeit, die Eisenbahnen, die Beseitigung des Paßwesens und aller wirksamen Controlen des Personenverkehrs sind jene Fäden zerrissen. Die Kriminalpolizei kann unter diesen Schwierigkeiten nicht mehr die alte Wirksamkeit entfalten und findet sich oft um so hülfloser, als sie vom Publikum her unzureichend unterstützt wird.

Dieser Zustand ist für uns neu, Wo er aber alt ist, hat sich die Hülfe fast von selbst gefunden durch eine Aufbietung des Publikums in Masse und der Tagespresse zur Unterstützung der Polizeiarbeit. Das Mittel dazu ist die Oeffentlichkeit der Voruntersuchung, die erfahrungsmäßig das Interesse des Publikums von Anfang an in Anspruch nimmt und die beschränkte Idee überwindet, daß man nicht denunciren und der Polizei keinen Dienst leisten solle. Diese Oeffentlichkeit verbreitet die Kenntniß der wichtigen Straffälle nach allen Seiten, so wie sie durch keine Requisitionsschreiben zu gewinnen ist. Die Zeugen melden sich selbst, wo man sie früher mühsam aufsuchen mußte. Die Fäden der Indicien laufen durch mündliche Mittheilungen in weitesten Kreisen umher. Die Masse der Geschäfte erledigt sich brevi manu anstatt durch Berichte und Dekrete. Die Gerichtspolizei wird in diesem Verkehr mit dem Publikum ambulant und findet sich in einfacherem, leichterem und wirksamerem Dienste bald heimischer als in der Bureauarbeit. Auch unsere deutschen Landsleute haben sich mit dieser veränderten Weise in England wie in Amerika rasch befreundet. Man muß sie aber „praktisch" kennen, um sich zu überzeugen, um wie viel wirksamer der mündliche Verkehr zwischen dem Polizeipersonal und dem Publikum sich gestaltet.

Das Voruntersuchungsamt wird dann zum Rechtsregulator der ganzen Thätigkeit der Kriminalpolizei, soweit ein solcher nöthig ist. Die Staatsanwaltschaft ist mit diesem Verfahren nicht nur vereinbar, sondern sie erleichtert es in wesentlichen Beziehungen. Es bedarf nur eines andern Geschäftsganges, in welchem der Anwalt der Anklage in zwei Stunden Arbeit auf der Gerichtsstube reichlich ersetzt, was fünf Stunden Hausarbeit durch Correspondenz nicht erreichen. Das Gerichtslokal (sei es Amtsgericht oder Voruntersuchungsrichter) wird dadurch der Mittelpunkt, von welchem aus die Gerichtspolizei ihre Direktion erhält durch tägliche Communikation inter praesentes, d. h. zwischen Untersuchungsrichter, Staatsanwalt, Polizeiinspektoren. Die Schwerfälligkeit des Bureauwesens ist auf diesem Gebiete nur zu überwinden durch das Zusammenbringen der Personen, die gemeinsam zu handeln haben, und die Unbequemlichkeit des persönlichen Erscheinens wird für die Beamten ersetzt durch die Vereinfachung des Geschäftsganges.

Die öffentliche Voruntersuchung in dieser Gestalt gewinnt die nothwendige Einfachheit und Raschheit. Sie gewinnt zum Theil eine kontradiktorische Gestalt, da die Zulassung eines Defensors und des Kreuzverhöres in dieser Gestalt der öffentlichen Voruntersuchung unbedenklich sind. Vor Allem aber verschwindet das Mißtrauen gegen die geheime Inquisition und es verschwinden die Inquisitionskünste selbst. Alle wesentlichen Beschwerden gegen die bisherige Voruntersuchung werden sich damit erledigen.

Komme ich nun auf die Einwendungen gegen die Oeffentlichkeit der Voruntersuchungen, so erkennen die Motive der neuen österreichischen Prozeßordnungen vorweg an, daß eigentlich sachliche Gründe gegen die Oeffentlichkeit nicht sprechen, wohl aber der allgemeine usus der Behörden des Kontinents. Es liegt darin wohl eben nur eine Bestätigung der Behauptung, daß es sich lediglich um die Amtsgewohnheiten unserer Behörden handelt.

Die Motive des deutschen Prozeßentwurfs machen ebensowenig sachliche Gründe geltend (Seite 118), sondern nur den Umstand, daß sich die Voruntersuchung des Entwurfs als eine „Reihe einzelner Beweisakte" darstelle, bei der vorzugsweise nur der Richter verhört und Protokolle aufnimmt, dagegen Anklage und Vertheidigung nur hier und da selbstständig in den Gang der Untersuchung eingreifen. Der Entwurf habe daher die Oeffentlichkeit der einzelnen Beweisakte nicht vorschreiben können, wenn schon zugegeben werden könne, daß solche in manchen Beziehungen ein erwünschtes Mittel sein würde."

Der Entwurf scheint mir dabei zu übersehen, daß gerade durch das Zusammenwirken aller betheiligten Faktoren in der öffentlich-mündlichen Voruntersuchung ein Zusammenhang der Untersuchungshandlungen sich von selbst herstellt, daß durch das persönliche Zusammenwirken aller Betheiligten die Einheit der Handlung entsteht, die in jedem Gerichtsverfahren inter praesentes sich herstellt. Schon die sofortige contradictorische Verhandlung der Beweise in Gegenwart des Angeklagten oder seines Defensors und die sofort zu stellenden Anträge des Staatsanwalts sind von unschätzbarem Werth und beschleunigen den Abschluß des Verfahrens.

Die sogenannte „Parteiöffentlichkeit", mit welcher der Entwurf den Mängeln der Voruntersuchung nachhelfen will, ist gar keine Oeffentlichkeit, sondern eine bureaukratische Phrase vom alten Datum. Die Voruntersuchung hinter geschlossenen Thüren bleibt ein konfidentielles Zwiegespräch mit unabänderlicher Tendenz zur Spezialinquisition, bei welcher man den Staatsanwalt und den Defensor nicht betheiligen kann, ohne zu sehr unliebsamen Kontestationen zu kommen. Die bloße Znlassung eines Notars zu den Zeugenverhören hat im deutschen Civilprozeß Jahrhunderte bestanden und sich als unpraktisch erwiesen. Die bloße Zulassung des Defensors zu den Zeugenverhören und die Gestattung einer Unterredung mit dem Defensor unter Kontrole einer Gerichtsperson wird weder dem Angeklagten noch dem Publikum genügen, noch das Mißtrauen gegen die geheime Inquisition beseitigen können; während im öffentlichen Verfahren die volle und freie Mitwirkung des Staatsanwalts wie des Defensors sich naturgemäß und unbedenklich gestaltet, weil mit der Oeffentlichkeit auch die Spezialinquisition wegfällt.

Von allen Bedenken bleibt nur eins stehen, welches sich hören läßt; es ist die Besorgniß vor einer Verdunkelung des Thatbestandes und vor Kollusionen des Angeklagten. Es ist dies Bedenken zehntausendfältig wiederholt worden von denen, die eine öffentliche Voruntersuchung wahrscheinlich niemals gesehen haben. Ein Beamter der englischen oder amerikanischen Polizei wird sofort darauf erwidern: „kommen solche Versuche vor, so können sie der Kriminalpolizei nur erwünscht sein". Denn solche Versuche sind das sichere Mittel, den Angeschuldigten in seinen eigenen Schlingen zu fangen. Die Macht und die List des Angeschuldigten und seiner Spießgesellen sind niemals gewachsen der Gesammtthätigkeit der Polizei und des Publikums, welche durch die Oeffentlichkeit zur Entdeckung der Schuld solidarisch aufgeboten werden. Jeder erfahrene Anwalt in jenen Ländern giebt daher seinem Klienten vor Allem den Rath, dergleichen Versuche zu unterlassen. Jeder Polizeibeamte aber, vor Allem die Inspektoren der Polizei, werden es übereinstimmend und, (soviel mir bekannt, ohne jede Meinungsdifferenz) bestätigen, daß die volle Wirksamkeit der Kriminalpolizei in den heutigen Verhältnissen an erster Stelle durch die Oeffentlichkeit der Voruntersuchung bedingt ist. Möge man von Seiten der deutschen Reichsbehörden es nicht unterlassen, diejenigen zu fragen, die über dies Verhältniß die „praktische" Auskunft zu geben vermögen.

Ich will zugestehen, daß in seltenen und seltsam gearteten Fällen die Verheimlichung eines Umstands der Voruntersuchung auf eine kurze Zeit wünschenswerth erscheinen kann. Dafür genügt aber die Befugniß des Voruntersuchungsrichters, die Oeffentlichkeit für einzelne Verhandlungen auszuschließen. Der überaus seltene Gebrauch, der davon gemacht wird, führt eben den Beweis, daß ein praktisches Bedürfniß für jene Geheimheit nicht vorhanden ist.

Wenn das große Werk einer gemeinsamen deutschen Strafprozeßordnung einmal gewagt werden soll, so wird auch bei dieser Frage nur ein ganzer Entschluß den vorhandenen Uebelständen abhelfen. Dieser Entschluß bedingt die Lossagung von mancher liebgewonnenen Amtsgewohnheit. Aber eine „Gefahr" für die höchsten Zwecke der Rechtspflege ist damit in keiner Weise verbunden, wenn ich den Antrag stelle, den Grundsatz aussprechen zu wollen:

„Für die gerichtliche Voruntersuchung ist der Grundsatz der Oeffentlichkeit als Regel anzuerkennen."

(Lebhaftes Bravo!)

Präsident **Stenglein**: Ich eröffne die Debatte.

Rechtsanwalt Dr. **Mayer** aus Frankfurt a. M.: M. H.! Ich muß um Verzeihung bitten, wenn ich mir abermals den Muth genommen habe noch und zwar auf wenige Minuten Ihre Aufmerksamkeit in Anspruch zu nehmen. Ich würde es nicht gewagt haben, wenn nicht gerade die Frage wiederum, um die es sich handelt, eine der brennendsten und eine der wichtigsten für die Reform unseres zukünftigen Strafverfahrens, vielleicht auf Jahrzehnte hinaus, wäre; und ich muß gestehen, es werden wohl wenige unter Ihnen sein, die nach den beredten Auseinandersetzungen des Herrn Professor Dr. Gneist den Grundsatz, in der Allgemeinheit wie er aufgestellt worden ist, nämlich: ob die Oeffentlichkeit für die Voruntersuchung anzunehmen ist, nicht acceptiren werden. Allein, m. H., ich fürchte auch hier eine Gefahr, eine Gefahr, die sich bei der Erörterung des Grundsatzes gezeigt hat, den wir heute Morgen in der Debatte angenommen haben. Ich glaube, daß die Frage wiederum zu allgemein aufgestellt worden ist, um sie in dieser Allgemeinheit bejahen zu können, oder vielmehr, wenn man sie auch in dieser Allgemeinheit bejaht, daß man nichtsdestoweniger in der Lage ist, gewisse Mentalreservationen zu machen. Es ist, m. H., ein gewiß sehr schön gehaltenes Wort, den Grundsatz der Oeffentlichkeit für die Voruntersuchung anzunehmen, und wir Anwälte, die wir als Vertheidiger mitten in dem praktischen Leben gestanden haben und stehn, wir wissen allerdings auch aus unmittelbarer Erfahrung die Nachtheile zu beklagen, welche die Heimlichkeit der Voruntersuchung zur Folge hat, und ich möchte sogar weiter gehen in dieser Richtung, als Herr Professor Gneist gegangen ist. Die Fälle, in denen der Untersuchungsrichter aus übertriebenem Amtseifer sich gegenüber dem Angeklagten zu Drohungen u. s. w. hinreißen läßt, sind menschlich erklärlich aus jenem geistigen Kampf, den er mit dem Angeklagten durchzuführen hat. Die Fälle sind nicht so, daß unter hundert auf einen Einzigen zu rechnen wäre, sondern sie können häufiger und leider mehr als zu erwarten steht, vorkommen. Aber, m. H., die Frage, ob aus solchen allerdings vereinzelten Ueberschreitungen die Oeffentlichkeit im vollen Umfang anzunehmen ist, wie seitens des Herrn Referenten beantragt wird, muß in mir wenigstens nach meiner praktischen Erfahrung noch einige Gewissensbedenken erregen. Der Entwurf unsrer Strafprozeßordnung, wenigstens soweit er uns als bekannt vorliegt, hat einerseits den berechtigten Bedenken dadurch Rechnung tragen wollen, daß er eine beschränkte — um mich des Ausdrucks zu bedienen — eine beschränkte Parteiöffentlichkeit statuirte. Der Angektagte beziehungsweise sein Vertheidiger kann den Vernehmungen der Zeugen, den Beweiserhebungen beiwohnen, während allerdings der Vertheidiger nicht in der Lage ist, dem Verhör des Angeklagten beiwohnen zu dürfen. Hier, m. H., bin ich mit dem Vorredner vollkommen einverstanden. Ich würde es bedauern, wenn der Entwurf in dieser Weise Gesetzgebungswerk würde, ich würde es bedauern, wenn es dem Vertheidiger des Angeklagten nicht gestattet wäre, auch bei den Vernehmungen des Angeklagten gegenwärtig zu sein; denn gerade hier in der heimlichen Vernehmung des Angeklagten, in der Vernehmung ohne seinen natürlichen Rechtsschutz, ohne seinen Vertheidiger scheint mir die Quelle der hauptsächlichsten Gefahren zu liegen und, m. H., gerade in den öffentlichen Gerichtsverhandlungen gehen die Klagen der Angeklagten dahin, daß bei diesen Vernehmungen der Untersuchungsrichter sich über die nothwendig gebotenen Schranken hinwegsetzt, während bezüglich der Vernehmung der Zeugen derartige Klagen seltener sind. Wenn ich deßhalb auch die Vorschriften der Strafprozeßordnung im Entwurf in dieser Richtung erweitert haben möchte, daß ich dem Vertheidiger das Recht vindicirt sehen will, unter allen Umständen dem Verhör des Angeklagten beizuwohnen, selbstverständlich auch der Vernehmung der Zeugen, wie den Beweiserhebungen im Uebrigen, welche den subjectiven oder objectiven Thatbestand betreffen, so muß ich auf der andern Seite meine

Bedenken äußern, daß unbedingt die Oeffentlichkeit der Voruntersuchung in dem weiteren Sinne stattfinde, daß jeder einzelne Act öffentlich in Gegenwart des Publikums vorgenommen würde. Ob dieses in den Rahmen unserer Strafprozeßordnung passen würde, ob es namentlich mit unseren Anschauungen, mit unsern nationalen Ansichten in Uebereinstimmung zu bringen sein würde, ob es überhaupt bei uns in unsern ganzen Verhältnissen durchführbar wäre, scheint mir doch mindestens fraglich zu sein. Und, m. H., ich muß gestehen, ich bin weit entfernt, demjenigen, was von Herrn Professor Gneist in Bezug auf das Lob des englischen Verfahrens hervorgehoben ist, widersprechen zu wollen. Ich hatte bereits die Ehre, gestern zu erwähnen, daß ich, wenn auch lange nicht in dem Umfange wie Herr Prof. Gneist, aber doch in bescheidener Weise Gelegenheit hatte, das englische Verfahren unmittelbar kennen zu lernen; ich hatte gestern Anlaß, mich darüber auszusprechen, daß ich nicht glaube, daß das Verfahren, wie es dort besteht, unmittelbar zu uns herübergetragen werden könnte. Ich kann mich als vielbeschäftigter Vertheidiger, der ich selbst immer gegen die Heimlichkeit der Voruntersuchung angekämpft habe, damit zufrieden erklären daß diejenigen Forderungen befriedigt würden, die ich gestellt habe. Ich kann es mir nicht denken, wie es mit der Erreichung der vernünftigen Zwecke des Strafverfahrens vollkommen in Einklang zu bringen ist, jeden einzelnen geringen Akt der Voruntersuchung geradezu öffentlich durchführen zu wollen, M. H., wenn man auch auf die Beispiele Englands, auf die Beispiele der vereinigten Staaten von Amerika verweist, so ist damit eben nur bewiesen, daß das Verfahren dort nach den gegebenen Verhältnissen durchführbar ist; ob es aber für unsre Verhältnisse durchführbar ist, das scheint mir gegründeten Bedenken zu unterliegen. Wenn dagegen eingewendet wird, es handle sich ja nur darum, die Oeffentlichkeit der Voruntersuchung als Regel festzustellen; es sei ja im gegebenen Falle die Ausnahme zulässig; es könne ja der Richter im einzelnen Falle, wenn er Gründe hat zu fürchten, daß die Oeffentlichkeit zu einem Mißbrauch führen könne, die Oeffentlichkeit ausschließen, so begegnen wir hier wieder derjenigen Gefahr, die nach meiner Ansicht das Institut geradezu illusorisch macht, denn wenn ich willkürlich in die Hand des Richters lege, im einzelnen Falle nach seiner subjectiven Anschauung zu erklären, er solle die Oeffentlichkeit in dem gegebenen Falle ausschließen, weil Collusionen zu befürchten sind, weil das öffentliche Interesse in Frage steht, so wird die Sache der Discretion und der Willkürlichkeit im vollen Umfange preisgegeben.

Professor Dr. Gneist sagt, die Parteiöffentlichkeit in dem Sinne, wie sie besteht, beziehungsweise bei uns eingeführt werden soll, ist nicht genügend, wir müssen die volle Oeffentlichkeit der Voruntersuchung im vollständigsten Umfange haben, wir müssen hieran anschließend haben die Umgestaltung des ganzen Polizeiwesens, der ganzen Criminalpolizei u. s. w. M. H., mit den letzten Erfordernissen bin ich vollkommen einverstanden und es ist gewiß keiner unter Ihnen, der nicht der Ansicht ist, daß die allerdings im Entwurf der deutschen Strafprozeßordnung noch offen gelassene Frage über die Stellung der Criminalpolizei zu den Gerichtsorganen in dem Sinne gelöst werden möchte, welchen die Reformbestrebungen der jetzigen Zeit verlangen: aber den Grundsatz in der Allgemeinheit aufzustellen, daß die Oeffentlichkeit der Voruntersuchung unbedingt nöthig sei, und daß es nicht möglich sei, ohne diese den Zweck der Strafrechtspflege zu erreichen, scheint mir nicht nothwendig zu sein. Ich glaube und fürchte, daß wir auf diesem Wege der allerdings theoretisch der wünschenswertheste zu sein scheint, praktisch nicht diejenigen Resultate erreichen, wie sie der Behandlung des Strafverfahrens von unsrer Seite entsprechen. Es können und werden Mißbräuche entstehen, ob Sie die Oeffentlichkeit der Vornntersuchung haben, oder ob Sie dieselbe nicht haben.

Aber allgemein glaube ich, den Grundsatz, die Oeffentlichkeit für die Voruntersuchung aufzustellen, werden wohl Diejenigen Bedenken tragen, die praktisch, sei es als Richter, sei es als Staatsanwälte, sei es als Vertheidiger in die Lage gekommen waren, zu wirken. Denn wenn auch diese Oeffentlichkeit ihre vielgepriesenen Seiten hat, so hat sie aber doch auf der andern Seite ihre Nachtheile. Was die Geschwindigkeit betrifft, die Kürze des englischen und amerikanischen Verfahrens, so ist das ganz richtig; ich habe mich oft selbst gewundert und gefreut, wenn ich an einem Vormittage vor dem Magistrat so und so viele Fälle instruiren sah. Aber, m. H., denken wir, daß, wenn auch unser Untersuchungsverfahren im Ganzen etwas langwierig ist, (und im großen Ganzen genommen, wie die meisten statistischen Zusammenstellungen überzeugend es beweisen, sind dort die Voruntersuchungen, selbst in den schwierigsten Fällen verhältnißmäßig recht kurz, so hat die Hauptverhandlung den Vorzug, daß sie auf der andern Seite im Stande ist, wenn die Voruntersuchung aus Mangel der Oeffentlichkeit längere Zeit bedarf diesen Verlust wieder auszugleichen. Denn was ich bereits gestern gesagt habe, mit unsern Begriffen würde es sich wohl nicht vereinigen lassen, die Fälle abspielen zu lassen, die hundert und mehrere Tage in Anspruch nehmen weil Jeder, der das Interesse hat, in solche einzugreifen, einfach sagt, ich will als Zeuge dienen und sich zum Zeugniß drängt. Es ist richtig: die Oeffentlichkeit der Voruntersuchung ist eine schöne Sache; sie weckt die Theilnahme; sie regt das Interesse an; Jeder bietet sich als Zeuge an; Jeder will ein Indicium in der Sache geben. Auch jetzt haben wir, trotz der fehlenden Oeffentlichkeit, die

Erfahrung gemacht, daß jeder Bürger, wenn er glaubt der Strafjustiz dienen zu können, die erforderliche Anzeige macht; aber er thut dies mit weniger Zurückhaltung, wenn er nicht gezwungen ist, die Anzeige öffentlich zu machen, sondern wenn er sie dem zuständigen Richter und lediglich diesem machen kann. Mit der Oeffentlichkeit der Voruntersuchung wird also auf dem Wege der Praxis weniger zu erreichen sein und ich glaube anheimstellen zu sollen, die Frage, welche die ständige Deputation aufgestellt hat nicht unbedingt zu bejahen, sondern es als genügend zu erklären, wenn die Oeffentlichkeit für die Voruntersuchung im Sinne der Parteiöffentlichkeit angenommen wird, d. h. wenn es dem Angeklagten, überhaupt dem Parteiorgan freisteht, der Vernehmung des Angeklagten, der Vernehmung der Zeugen und der sonstigen Beweiserhebungen beizuwohnen, während ich entschieden mich dagegen erklären muß, daß sonst im weiteren Sinne die volle Oeffentlichkeit Platz greifen soll.

Rechts-Anwalt **Niemeyer** aus Warburg: Gestatten Sie mir, einige praktische Erfahrungen in die Waagschaale für jedes Wort des Herrn Professor Gneist zu legen. Nur finde ich, daß er zu optimistisch gesprochen hat, wenn er meint, daß das geheime Verfahren bei der Voruntersuchung höchstens in einem unter hundert Fällen zu gröberen Mißbräuchen führe. Das mag ganz richtig sein in einer Gegend, wo die Intelligenz und Selbständigkeit des Volks weit entwickelt ist; ich kenne aber Landstriche, wo auf der einen Seite Autoritätsglaube und knechtischer Sinn, auf der andern Seite Autoritätssucht eingewurzelt sind. In solchen Regionen trägt die Autoritätssucht dazu bei, die geheime Voruntersuchung zu lieben; die Oeffentlichkeit derselben aber würde dazu beitragen, das Autoritätswesen zu zerstören.

Meine Beobachtungen sind zweierlei:

Erstens: Welchen Eindruck macht eine Vorladung zum geheimen Voruntersuchungs-Termin auf den Angeklagten und welchen Eindruck dagegen die Vorladung zu einer öffentlichen Audienz. Im ersten Falle bekommt Inquisit einen Zettel, geheimnißvoll, wie Berufung vor die heilige Vehme:

(Heiterkeit.)

„Sie werden über einen, Ihnen in dem Termine bekannt zu machen„den Gegenstand verantwortlich vernommen werden." Da kommt denn Inkulpat zum Inquirenten mit einem Gefühl, als ob er über die Seufzerbrücke vor den Hohen Senat Venedigs geführt würde. Werden die Leute aber vor „das öffentliche Gericht" geladen, um über einen bestimmten Gegenstand unter bestimmten Präjudizien vernommen zu werden, so stellt sich anstatt vager Angst das Bewußtsein ein, daß das Gesetz nur durch ostensible Mittel zum Ziele komme.

Zweitens: Vergleiche ich den Richter in seinem Benehmen, wenn er den Angeschuldigten vernimmt ohne Controle des Publikums, — und wenn er vernimmt unter der Controle des Publikums. Dieselben Richter, die ich in öffentlicher Verhandlung ohne Einschüchterungssystem verfahren sah, — dieselben Richter habe ich im geheimen Verfahren in ihrem Ehrgeiz, die Sache „herauszubringen" zu der macchiavellistischen Maßregel greifen sehen, daß sie dem Angeklagten wahrheitswidrig eröffneten: „Wir haben „schon Alles heraus; Deine Mitangeklagten haben schon eingestanden," oder: „Zeugen haben Dich gesehen." — Eine solche Unwahrhaftigkeit wird vor der Barriere der Zuhörer nicht gewagt. Ebenso wird durch den Respekt vor der Oeffentlichkeit die Neigung manches Inquirenten niedergedrückt, den Angeschuldigten bald burschikos zu behandeln, bald niederzudonnern, bald durch ungarantirte Versprechungen zum Geständniß zu schmeicheln. Und endlich glaube ich, daß selbst bei den besten Richtern gilt: das Fleisch ist schwach; daß, wenn sie öffentlich zu vernehmen haben, dies einen Sporn giebt, sich in jeder Beziehung zusammen zu nehmen, den Angeklagten human zu behandeln und jede Pflicht vollkommener zu erfüllen.

Rechtsanwalt **Dr. Ed. Zimmermann** aus Berlin: Ich muß mich zunächst mit der Kürze der Zeit entschuldigen, die Sie mir gestatten können, sonst würde ich auf den Gegenstand specieller eingehen. Ein unfreiwilliger Urlaub nach England hat mir Zeit gegeben, mich 18 Jahre mit der Sache zu beschäftigen. Ich bin in England Anwalt geworden und habe ich die Gerichtspraxis in Criminal- und Civilsachen in diesen 18 Jahren aus eigener Anschauung kennen zu lernen reichliche Gelegenheit gehabt. Ich habe daher mit großer Andacht den gegnerischen Rednern zugehört und bin ihnen mit großem Interesse gefolgt, um zu erfahren, welche Gründe namentlich der erste Vorredner gegen die Oeffentlichkeit der Voruntersuchung hat. Ich muß gestehen, ich habe keine Begründung in seiner Rede entdecken können. Was der Herr Gegner gesagt hat, ist Folgendes: Es widerspreche eine solche öffentliche Voruntersuchung unseren nationalen Anschauungen. Das sollte doch bewiesen werden. Ich sage: es widerspricht unsere nationalen Anschauungen gar nicht, ja es entspricht unseren nationalen Anschauungen gar sehr, Alles offen und ehrlich zu verhandeln, soweit es zuläßig ist.

(Bravo!)

Der zweite Einwand ist: Es widerspreche diese Oeffentlichkeit unseren ganzen Verhältnissen. Ja, mir scheint es den ganzen Verhältnissen zu widersprechen, daß über Gegenstände der wichtigsten Art, über Leben und Freiheit, über Person und Eigenthum im Geheimen überhaupt verhandelt, und das als Regel angesehen werden soll. Ich gebe zu, daß in einzelnen Fällen die Oeffentlichkeit ausgeschlossen werden müßte; aber aus der Praxis, wie ich sie in England Jahre lang beobachtet habe, und wo zu diesem Beruf nur gediegene Männer genommen werden, sind mir höchstens zwei oder drei Fälle erinnerlich, und selbst in diesen Fällen ist damit noch nicht gesagt, daß, wie der Herr Gegner anführte, das ganz in der Willkür des Richters bleibt. Wir behaupten das ja hier nicht, sondern sagen nur: die möglichen Umstände, unter denen die Oeffentlichkeit ausgeschlossen werden soll, mögen weiterer Erwägung überlassen bleiben.

Dann sagt der Herr Gegner weiter: Das englische Verfahren kann auf uns nicht übertragen werden. Das wollen wir ja auch nicht. Wir haben für Deutschland eine neue Strafprozeßordnung zu machen; wir hören aus den verschiedensten Theilen des deutschen Vaterlandes, daß das bisherige Verfahren ungenügend ist, daß wir vielleicht 20 bis 30 verschiedene Criminalproceduren haben. Wir wollen nur statt des Alten untauglichen etwas Neues gründen und zwar auf das nationale Gefühl gründen; und das nationale Gefühl ist die Oeffentlichkeit.

(Sehr wahr!)

Was aber der Herr Gegner an eigentlichen Thatsachen angeführt hat, das spricht für uns. Er hat sich gefreut, wenn er vor dem Polizeirichter gesehen, mit welcher Schnelligkeit die Sachen abgefertigt wurden. Das ist sehr natürlich. Da ist der Angeklagte, der Ankläger, der Vertheidiger; da sind die Zeugen; da finden keine Inquisitionen, auch keine schriftlichen Anträge statt, sondern die Sache wird vollständig öffentlich und mündlich verhandelt und ohne Unterbrechung abgemacht. Der Vertheidiger muß vorbereitet sein; er hat das Recht die Vorverhandlungen einzusehen. Der Ankläger muß ebenso selbstverständlich vorbereitet sein, und nur aus besonderen Gründen bewilligt der Magistrat einen Aufschub von 8 Tagen; vielleicht auch wiederum 8 Tage, aber das gehört schon zu den Seltenheiten, und so wird die Voruntersuchung ohne Aufschub schnell erledigt.

Wenn nun aus England weiter angeführt wird, das sei ein schreckliches Verfahren, wenn jeder Zeuge hinlaufen und erklären könne: „Ich weiß etwas, ich verlange vernommen zu werden," so ist das eine Erfindung; das geschieht nicht, sondern der Zeuge muß sich entweder an den Ankläger oder an den Vertheidiger wenden, sie haben zu erwägen, ob sie den Zeugen vorführen wollen oder nicht, und hier bedeutet die Oeffentlichkeit: es darf sich keiner blamiren.

Professor Dr. **Schütze** aus Kiel: Nur eine Bemerkung. Wenn ich den Herrn Ref. recht verstanden habe, so hat er den Schwerpunkt des Vorverfahrens in die s. g. gerichtliche Voruntersuchung gelegt. Ich unterscheide nun formelle gerichtliche Voruntersuchung und solche einzelnen Voruntersuchungsacte, welche im Ermittelungsverfahren auszuscheiden sind, weil die Strafprozeßordnung sie dem Richter als solchem vorbehält. Was diese letzteren betrifft, so stimme ich dem Ref. vollständig bei. Wenn im Ermittelungsverfahren es sich um Zeugenvernehmungen handelt, wenn es sich da um solche Acte handelt, welche dem Richter als solchem vorbehalten sind, so kann dabei meines Erachtens die Oeffentlichkeit eingeführt werden und zwar die Volks-Oeffentlichkeit. Ich sehe auch darin keine weitere Gefahr, da der Herr Ref. hinzugefügt hat, daß Ausnahmen nach Ermessen stattfinden können. Dagegen, m. H., die s. g. richterliche formelle Voruntersuchung muß überhaupt aus der Welt geschafft werden. Es ist dieselbe ganz überflüssig. Die allein richtige und genügende Ordnung des Vorverfahrens ist vielmehr diese: Es muß dem Ankläger überlassen werden, seinen Anklagestoff selbst zu sammeln. Die Staatsanwaltschaft ist dazu da, soweit zu ermitteln, bis sie die Anklage erheben kann. Bedarf sie der richterlichen Mitwirkung, so wendet sie sich an den kompetenten Richter, und tritt dann die Oeffentlichkeit des Voruntersuchungsverfahrens ein. Aber die Stoffsammlung durch die Staatsanwaltschaft, die Beweissammlung für die Erhebung der Anklage, das ist der Schwerpunkt des Vorverfahrens nach meiner Ansicht, und darin eben stimme ich dem Referenten nicht bei. Wenn ich also für den Antrag des Ref. stimme, daß die Oeffentlichkeit bei den gerichtlichen Voruntersuchungen einzuführen sei, so thue ich es in dem Sinne, daß die einzelnen richterlichen Acte, welche im Ermittelungsverfahren dem Richter vorbehalten sind, allerdings öffentlich stattfinden können. Eine förmliche gerichtliche Voruntersuchung dagegen muß überhaupt aus der Strafprozeßordnung gestrichen werden.

Appellations-Gerichts-Rath Dr. **Vollert** aus Eisenach: Ich bitte Sie meine Herren, daß Sie, nachdem die Herren Anwälte gegen die Richter gesprochen und die Fehler des Untersuchungsrichters aufgedeckt haben, auch einen Richter hören, der seine Collegen in Schutz nimmt.

Zunächst muß ich durchaus bestreiten, was der Herr Ref. bezüglich Englands und Amerikas in zu großer Allgemeinheit, wie mir scheint, gesagt hat. Auch in England ist die Frage heute noch eine sehr kontroverse, ob die Oeffentlichkeit der Voruntersuchung von Nutzen sei oder nicht. Ueber den Werth der Oeffentlichkeit hat sich der kompetenteste Beurtheiler, Lord Brougham — der Aufsatz ist abgedruckt in Stephens Commentar des englischen Rechts 1868 — dahin ausgesprochen: „Freilich ist die Oeffentlichkeit der Voruntersuchungen mit erheblichen Unzuträglichkeiten verbunden;"

(Hört! Hört!)

„es ist eine sehr große Härte für den Angeschuldigten, vor den öffentlich verhandelnden Richter gestellt zu werden, und zweifelsohne in gleicher Weise auch eine große Belästigung und Härte für die Zeugen und für den

Ankläger. Aber allen diesen Bedenken muß man den großen Nutzen entgegenhalten,"

(Hört! Hört!)

Ja, Lord Brougham spricht sich dafür aus; aber es kommt dann ein Anderer, der spricht sich dagegen aus: „welchen die Oeffentlichkeit in doppelter Beziehung gewährt: einmal, indem sie gesetzwidrigen Maßregeln des Richters vorbeugt, (Hört!) dadurch, daß derselbe das Auge des Publikums auf sich gerichtet sieht, (Hört!) sodann durch ihren wohlthätigen Einfluß von polizeilichem Standpunkte aus betrachtet, sofern es sich darum handelt, die Wahrheit zu ermitteln (Hört!) und den Ankläger in den Stand zu setzen, Zeugen ausfindig zu machen, so daß ich Alles in Allem genommen, nicht den mindesten Zweifel habe, daß der Nutzen der öffentlichen Voruntersuchung die Nachtheile derselben überwiegt." Das war Lord Brougham.

(Ruf: Das ist aber doch nicht gegen uns!)

Warten Sie doch; ich bin ja noch nicht fertig. Nun kommt der schottische Lord Moncreff und sagt:

„Ich bin der Ansicht, daß der Ausschluß der Oeffentlichkeit im ersten Stadium der Untersuchung sehr erheblich zur Entdeckung des Schuldigen beiträgt, und ich glaube nicht, daß unsere Staatsanwälte in der öffentlichen Vernehmung der Zeugen irgend einen Vortheil entdecken würden."

In Amerika ist die Sache ebenfalls sehr kontrovers. Es ist auf Grund bekannter Prozesse behauptet worden, daß gerade die Oeffentlichkeit der Voruntersuchung Schuld daran sei, daß unschuldige Personen in sehr lange Untersuchungshaft verwickelt worden seien.

Also, die Sache ist jedenfalls in England und Amerika bestritten. Ich muß Ihnen deshalb erklären: Von meinem Standpunkte könnte ich dem Herrn Professor Gneist nur zustimmen, wenn ich mich entschließen könnte, den ganzen englischen Prozeß, und nicht blos den Prozeß, sondern auch das ganze materielle englische Strafrecht herüberzunehmen. Und ferner muß ich behaupten, daß die Consequenz der Oeffentlichkeit der Voruntersuchung einfach dahin führen würde, die Voruntersuchung überhaupt zu umgehen und an ihre Stelle das geheime Scrutinialverfahren der Staatsanwaltschaft und der Polizei zu setzen. Aber auch die gesellschaftlichen Zustände werden voraussichtlich das nach meiner Ansicht in der Oeffentlichkeit der Voruntersuchung liegende Privilegium der Verbrecher nicht tragen können. Man muß doch nicht voraussetzen, daß immer nur unschuldige Leute in Untersuchung genommen werden, der gewöhnliche Fall ist vielmehr der, daß die Strafjustiz mit Leuten zu thun hat, die nichts weniger sind als Tugendhelden. Diese aber will ich nicht privilegiren auf Kosten der bürgerlichen Gesellschaft.

ihnen will ich nicht durch die Oeffentlichkeit der Voruntersuchung das Mittel geben, sich durchzulügen.

Nun noch ein Wort über den Richter. Es ist gesagt worden, die Fälle kämen nicht selten vor, daß der Untersuchungsrichter bedrücke, bedrohe und dergl. In meiner Praxis sind mir solche Fälle nicht vorgekommen, sie werden überhaupt äußerst selten sein, und wir werden, wenn wir über einen gesetzgeberischen Gegenstand debattiren, präsumiren müssen, daß der Richter pflichttreu handelt und nicht pflichtwidrig. Und jedenfalls ist zu erwägen, daß nicht bloß die Richter, sondern auch die Advokaten in einzelnen Fällen ihre Pflicht verletzen werden. Ich muß dies aussprechen auf die Gefahr hin, Ihren Unwillen hervorzurufen. Wir hatten Veranlassung uns amtlich zu äußern über die Befugnisse des Vertheidigers in der Voruntersuchung, und unser Gutachten lautete so: „Der Erfolg einer Untersuchung hängt in allen verwickelten Fällen wesentlich davon ab, daß allen in der Sache zu vernehmenden Personen der Untersuchungsplan im Ganzen unbekannt bleibt und sie deshalb außer Stande sind, wissentlich oder auch nur unwillkührlich ihre Aussage diesem Plane zu akkommodiren. Darin liegt die beste Controle aller Aussagen und die einzige innere Garantie gegen die Kollusion und Lüge. Der Entwurf macht den Vertheidiger zum Mitwisser dieses Planes, indem er ihn dem Untersuchungsrichter zum beständigen Begleiter bei seinen Vorschritten giebt. Ist dieser Mitwisser nun ein gewissenhafter Anwalt, d. h. sucht er nur die Wahrheit und das Recht und sucht er sie nur mit ehrenhaften Mitteln, hat er also dasselbe Ziel und dasselbe Interesse wie der Untersuchungsrichter, so hat die Sache freilich keine Gefahr. Der Gesetzgeber hat aber doch nicht mit solchen idealen Factoren zu rechnen. Die Erfahrung lehrt, daß es auch gewissenlose und einseitig befangene Anwälte giebt. Leider aber ist es Thatsache, daß gerade die Anwälte von etwas freierem Gewissen und laxerer Anschauung die Vertheidigungs-Praxis vorwiegend in die Hand bekommen, denn der Beschuldigte, zumal der Schuldbewußte, ist in seinem Kampfe mit der öffentlichen Gewalt nicht wählerisch in seinen Mitteln und greift erfahrungsmäßig nach einem gleichgesinnten Anwalt."

Ich habe nun noch Eins zu erwähnen. M. H.! Sie setzen bei der Theorie des Professor Gneist voraus, daß der Angeklagte einen Vertheidiger hat. Wie kommen Sie aber dazu? Der Angeklagte hat der Regel nach keinen Vertheidiger. Also, Sie müssen als Consequenz der Oeffentlichkeit der Voruntersuchungauch ferner dekretiren, daß ein Vertheidiger in allen Fällen bestellt werden müsse; denn nur dann ist das kontradiktorische Verfahren möglich. Diese Consequenz wird für den Staat sehr kostspielig, für die Advokaten sehr lästig werden. Ich kann mich aus diesen Gründen nur dahin erklären, daß ich die Oeffentlichkeit der Voruntersch ungen nur daun acceptiren könnte, wenn wir das ganze englische Strafrecht importiren wollten. Das aber will ich pro mea parte eben so wenig, als ich mich über die Importirung des französischen Verfahrens gefreut habe.

Rechtsanwalt **Niemeyer**: Der Vorredner sagte: wir hätten im Auge nur unschuldige Subjecte und Subjecte, denen ein Vertheidiger zur Seite steht. Das ist unrichtig. Der Referent sowohl als ich haben eben so gut Schuldige im Auge gehabt, — gleichgiltig, ob mit oder ohne Vertheidiger.

Ich bin auch nicht ausgegangen von einem besonderen Mißtrauen gegen die Richter, sondern ich nehme an, daß von 100 Richtern etwa fünf Prozent (Herr Professor Gneist meinte optimistisch: blos ein Prozent) den Inquisiten im geheimen Verfahren schädigen. — Wenn ich nun andererseits von mindestens 95 Prozent der öffentlichen Vertheidiger Gewissenhaftigkeit annehme, glaube ich vorurtheilslos dazustehen.

Rechtsanwalt Dr. **Ed. Zimmermann**: Ich weiß nicht, ob ich Ihre Geduld mißbrauche; aber ich möchte doch erklären, der schottische General-Staatsanwalt Moncrief hat diese Aeußerungen in Bezug auf das schottische Verfahren gethan und gesagt: „Er glaube, daß der Ausschluß der Oeffentlichkeit im ersten Stadium der Untersuchung sehr erheblich zur Entdeckung des Schuldigen beiträgt." Meines Erachtens ist natürlich im Wesentlichen damit das Skrutinialverfahren gemeint.

Ich will auch nichts aus England importiren, am allerwenigsten das materielle Kriminalrecht. Niemand ist mehr durchdrungen von der Mangelhaftigkeit des englischen Kriminalrechts als der Engländer selbst. Aber im englischen Kriminalverfahren liegt sehr viel, was nachahmungswürdig ist. Ich will auch die Oeffentlichkeit nicht aus England importiren, ich behaupte, das Prinzip der Oeffentlichkeit gründet sich auf das deutsche Nationalgefühl.

Wenn nun endlich gesagt ist: man müsse dann jedem Angeklagten einen Vertheidiger beigeben, so weiß ich nicht, wie die Gegner dazu kommen, aus den Prinzipien der Mündlichkeit und Oeffentlichkeit folgt das nicht, die Praxis kennt es nicht. Auf alle Fälle schließe ich mit der Frage: Ist denn der Angeklagte ohne Vertheidiger besser daran in der geheimen Verhandlung als in der öffentlichen?

(Der Schluß der Debatte wird beantragt und angenommen.)

Referent Dr. **Gneist** (zum Schluß): Herr Dr. Vollert begeht insofern ein Mißverständniß, als er für England einen schottischen Juristen citirt. Das ist eben eine frappante Bestätigung dessen, was ich vorhin sagte: Jedes Urtheil schließt sich an den gewohnten Geschäftsgang an. Man hat in Schottland eben die geheime Voruntersuchung und daher ganz analoge Urtheile, wie sie das Appellationsgericht in Eisenach abgegeben hat.

Ich replicire darauf: mit den Argumenten des Appellationsgerichts zu Eisenach säßen wir heute noch in dem geheimen Inquisitionsprozeß. Es sind dieselben Gründe, mit denen man die Oeffentlichkeit überhaupt bekämpft. Daß die Oeffentlichkeit auch Mißstände hat, wissen wir Alle. Wo man die Oeffentlichkeit der Voruntersuchung aber seit Menschenaltern hat, werden Sie von Juristen, die praktisch darin arbeiten, nichts hören was übereinstimmt mit dem Urtheil des schottischen, welches Dr. Vollert citirt hat. Ich habe gesagt: Wir gewöhnen uns das praktisch zu nennen, was unseren Gewohnheiten entspricht. Herr Dr. Vollert selbst hat gesagt, daß ich die Handhabung öffentlicher Voruntersuchungen 30 Jahre lang aus lebendiger Anschauung kenne und er sie weniger kennt, und dennoch hält er sich berechtigt zu sagen: Ich nehme mein Urtheil aus der „Theorie" und er nimmt das seinige aus der „Praxis" heraus. Ich bin kein Lobredner, der glaubt, daß alles Gute von der Oeffentlichkeit der Voruntersuchung allein komme; aber mein Grundsatz ist der einzige, der uns Ruhe und Konsequenz im Streit über die Voruntersuchung verschaffen wird.

Dem Antrage, den Rechtsanwalt Mayer aus Frankfurt stellt, kann ich nicht beistimmen. Denn was hier verlangt wird: die sogenannte Partei-Oeffentlichkeit, ist ein halbes und bedenkliches Verfahren, das noch Niemand in einem großen Gerichts- und Polizei-Organismus versucht hat. Die Verhandlung mit dem Angeklagten soll geheim sein; daneben sitzt aber der Defensor und der Staatsanwalt, welche Schritt für Schritt unter sich und mit dem Richter in Kontestation kommen müssen bei einer Specialinquisition hinter verschlossenen Thüren. Das empfehlen zu wollen mit der Autorität des „praktischen" Juristen als richtig und genügend, das ist vielmehr ein gewagtes Experiment. Für unsere volle Oeffentlichkeit kann man auf Erfahrungen von vielen Menschenaltern verweisen; für jenen Wechselbalg von Partei-Oeffentlichkeit auf individuelle Vorstellungen und Meinungen. Daher entweder — oder! Man entscheidet sich für die Oeffentlichkeit oder man bleibt bedenklich. Ich achte dieses Bedenken gegen Jedes, was uns ungewohnt ist. Aber für jenes Mittelding stimme ich nun und nimmer!

(Bravo!)

Präsident **Stenglein**: Es liegen uns zwei Anträge vor, zunächst der des Herrn Referenten, welcher lautet:

> „Für die gerichtliche Voruntersuchung ist der Grundsatz der Oeffentlichkeit als Regel anzuerkennen,"

und der Antrag des Herrn Rechtsanwalt Mayer:

> „Dem Grundsatze der Oeffentlichkeit für die Voruntersuchung ist durch die unbedingte Zulassung der Parteiöffentlichkeit vollständig genügt."

An und für sich hat der Antrag des Referenten den Vorzug; er geht auch entschieden weiter als der Mayersche. Ich bringe also den Antrag des Referenten zur Abstimmung.

(Abstimmung. Gegenprobe.)

Die Majorität ist für den Antrag des Herrn Referenten; derselbe ist also angenommen.

(Ein Antrag des Geheimen Rath Körner (Dresden) auf Verhandlung der Sache im Plenum wird angenommen und Professor Dr. Gneist mit dem Referat beauftragt.)

Es handelt sich nun noch um das letzte Thema, das auf unserer Tagesordnung steht:

„Kann die Privatanklage in weiterem Umfange als für Beleidigungen in das deutsche Strafverfahren eingeführt werden?"

Der Herr Referent hat nun zwar die Hoffnung ausgesprochen, daß wir uns schnell darüber einigen werden; es dürfte aber doch wohl wegen der vorgerückten Zeit zweckmäßig sein, diese letzte Frage auf den nächsten Juristentag zu verweisen. Wenn gegen diesen Vorschlag keine Erinnerung gemacht wird, so nehme ich die Zustimmung der Abtheilung zu demselben an und schließe mit dem Dank für Ihre mühevolle Theilnahme an diesen Debatten, von denen wir hoffen, daß sie eine gute Frucht für die deutsche Rechtsentwickelung tragen mögen, die Sitzungen dieser Abtheilung.

(Schluß der Sitzung 3 Uhr 30 Minuten Nachmittags.)

Erste Sitzung der vierten Abtheilung am 28. August 1873.

(Beginn: Vormittags 11 Uhr.)

Auf Vorschlag des Stadtsyndikus Albrecht aus Hannover wird der Vicepräsident des Reichs-Oberhandelsgerichts Dr. Drechsler durch Akklamation zum Vorsitzenden gewählt. Derselbe nimmt die Wahl an und auf seinen Vorschlag werden Syndikus Albrecht zum Vicepräsidenten, Auditeur Ritter, Dr. Fischer und Referendar Sabarth sämmtlich aus Hannover zu Schriftführern gewählt.

Präsident Dr. Drechsler: Der IV. Abtheilung sind die unter Nr. 11, 12 und 13 in der Bekanntmachung verzeichneten Gegenstände zur Berathung überwiesen. Zunächst haben wir uns mit der 11. Frage zu beschäftigen:

Welche Stellung und Competenz ist dem Einzelrichter in Civilsachen zu ertheilen? Welches Verfahren erscheint für die den Einzelrichtern zugewiesenen Bagatellstreitigkeiten das zweckmäßigste?

Referent Fiskal Dr. Jung: M. H.! Es liegt über diese Frage eine für den 9. Juristentag vom Herrn Kreisgerichtsrath Roos in Lörrach ausgearbeitetes Gutachten (B. II S. 359—389 der Verh. d. 9. Juristt.) vor und enthalten die Verh. des 10. Juristt. (Band II S. 249—272) das Referat des Herrn Oberhofgerichtsrath Wieland zu Mannheim.

Die IV Abth. des 10. Juristt. hat in ihrer Sitzung vom 30. Aug. 1872 beschlossen, die weitere Erörterung über die vorliegende Gesetzgebungsfrage zu vertagen und der ständigen Deputation anheimzugeben, diese Frage nochmals auf die Tagesordnung und zwar des nächsten Juristentages zu stellen. Die ständige Deputation hat demgemäß die Frage auf die Tagesordnung des 11. Juristentages gesetzt und mich zum Referenten bestellt. Ich erlaube mir daher Ihnen kurz über das vorliegende Gutachten, sowie über das vorliegende Referat Bericht zu erstatten und zugleich darzustellen, in welcher Weise der im Jahre 1872 ausgegangene Entwurf einer Deutschen Civilprozeßordnung über die vorliegende Gesetzgebungsfrage entschieden hat.

Ueber das österreichische Gesetz vom 27. April 1873 betreffend das Verfahren in geringfügigen Rechtssachen, welches im October 1873 in Kraft tritt, wird Ihnen Herr Dr. v. Kißling aus Linz, welcher Correferent über die vorliegende Frage ist, wohl besser berichten können, als ich.

Herrn Kreisgerichtsrath Roos war die Frage gestellt: Welche Stellung und Competenz ist den Einzelrichtern in der deutschen Gerichtsverfassung zu geben a) in Civilsachen und b) in Criminalsachen?

Jetzt ist die Frage beschränkt worden auf den Einzelrichter in Civilsachen, zugefügt ist jedoch die Frage über das zweckmäßigste Verfahren für Bagatellstreitigkeiten. Ueber den hier gebrauchten Ausdruck Bagatellstreitigkeiten kann man zweifelhaft sein, ob er alle überhaupt dem Einzelrichter zukommenden Rechtssachen umfasse oder nur diejenigen, welche als eigentliche Bagatellsachen etwa bis zu 20 Thlr. Werth bezeichnet zu werden pflegen. Da für letztere Sachen in den neuen Prozeßentwürfen nirgends ein besonderes Verfahren vorgeschrieben ist (der 1872er Entwurf gestattet sogar volle Berufung gegen sämmtliche gerichtliche Endurtheile ohne Rücksicht auf die Summe), so wird der Ausdruck Bagatellsachen wohl alle den Einzelrichtern zugewiesene Sachen umfassen. Es ist alsdann aber der Ausdruck „Bagatellsachen“ ganz zu verwerfen, da die den Einzelrichtern zugedachte Stellung und Competenz eine sehr umfangreiche, durchaus nicht lediglich rechtliche Kleinigkeiten umfassende sein soll.

Was zunächst die Stellung der Einzelrichter betrifft, so sind Gutachten und Referat darüber einig, daß der Einzelrichter (Amtsrichter) ein ständiger Richter, nicht blos ein vom Collegialgerichte beauftragter Richter sein soll, sowie daß der Amtsrichter in Rang und Besoldung den Collegialrichtern gleichzustellen ist. Der deutsche Entwurf von 1872 (Begründung S. 56) schreibt hierüber vor:

Für das Reichsgebiet bestehen zur Ausübung der Civilgerichtsbarkeit erster Instanz und mit örtlich abgegrenzten Gerichtssprengeln Landgerichte, Handelsgerichte und Amtsgerichte. Die Verfassung der Landgerichte und der Handelsgerichte ist eine collegialische, während die Amtsrichter als Einzelrichter verhandeln und entscheiden. Sämmtliche erste Instanzgerichte sind ordentliche Gerichte.

Es ist also in sicherer Aussicht, daß der Amtsrichter nicht ein Ausnahmsrichter aus Zweckmäßigkeitsrücksichten, sondern ein wirklicher **judex ordinarius** erster Instanz sein wird.

Ueber die Competenz des Einzelrichters in Civilsachen gehen Gutachten und Referat vielfach auseinander, und ist auch in den neuesten Prozeßentwürfen manches enthalten, was von den Verfassern des Gutachtens und des Referats nicht beachtet werden konnte.

Ueber die Summe von 100 Thlrn. = 300 Mark als Grenze der vermögensrechtlichen vor das Amtsgericht gehörigen Rechtssachen ist meistens Einverständniß und hat der neueste Entwurf (Begründung S. 56) diese Summe festgehalten. Ob die Handelssachen unter 100 Thlr. vors Amtsgericht oder vors Handelsgericht gehören sollen, ist vielfach besprochen worden; der neueste Prozeßentwurf (S. 56) schreibt vor:

Vor die Handelsgerichte gehören handelsrechtliche Streitigkeiten ohne Rücksicht auf den Werthbetrag.

Es muß wohl den Gerichtsverfassungsgesetzen überlassen bleiben, ob es möglich sein wird, soviel Handelsgerichte zu errichten, daß den Verkehrsbedürfnissen vollkommen entsprochen werden kann.

Daß die Amtsgerichte auch in Sachen über 100 Thlr. durch Prorogation competent werden, ist nicht bestritten und im § 38 des neuesten Entwurfs bestätigt, selbstverständlich muß der Rechtsanspruch vermögensrechtliche Ansprüche betreffen und für die Klage kein ausschließlicher Gerichtsstand begründet sein.

Ohne Rücksicht auf den Streitwerth hatten die früheren Prozeßentwürfe vor die Amtsgerichte verwiesen:

1. Die Rechtsstreitigkeiten zwischen Miether und Vermiether wegen Ueberlassung oder Räumung eines Locals, sowie

2. die Rechtsstreitigkeiten aus einem Viehhandel, und ferner

3. die Rechtsstreitigkeiten aus einer außerehelichen Schwängerung (nicht diejenigen über Anerkennung natürlicher Kinder).

Das Gutachten des Herrn Roos spricht sich entschieden und nach den auch in Frankfurt a. M. gemachten Erfahrungen wohl mit Recht gegen diese Ausnahmen von den allgemeinen Zuständigkeitsregeln aus, während das Referat des Herrn Wieland diese Ausnahmen sehr empfiehlt. Der Prozeßentwurf von 1872 läßt auch in seiner Begründung nicht erkennen, ob im Gerichtsverfassungsgesetze die vorgedachten Ausnahmen beibehalten werden sollen, doch werden sie wohl gemeint sein, wenn es S. 65 heißt:

Den Amtsgerichten werden ferner gewisse einfache und schleunige Erledigung erheischende oder regelmäßig auf Grund genauer örtlicher Kenntniß zu entscheidende Rechtssachen überwiesen.

Bezüglich besonderer Arten des Verfahrens sind auch im Entwurf von 1872 den Amtsgerichten zugewiesen:

1. Die Erlassung von Arresten und einstweiligen Verfügungen,
2. die Beweisaufnahme zum ewigen Gedächtniß,
3. das Mahnverfahren,
4. der Sühneversuch in Ehrensachen und
5. die Zwangsvollstreckung.

Ferner wird das Amtsgericht competent:

6. durch Beauftragung und Ersuchen seitens des höhern Gerichts
   a) zu Vergleichsversuchen und
   b) zur Beweisaufnahme sowohl im Allgemeinen als hinsichtlich der einzelnen Beweismittel.

Gutachter und Referent wollen noch zur Competenz des Amtsgerichts rechnen:

7. das Aufgebots- (Amortisations)-Verfahren ohne Rücksicht auf den Werth,
8. desgl. ohne Rücksicht auf den Werth die Hülfeleistung der Gerichte bei den Schiedsrichtern und
9. das Gantverfahren mit Ausschluß der Handelsganten.

Der neueste 1872er Entwurf sagt nun im § 755: Für das Aufgebotsverfahren ist das durch das Gesetz (nach der Begründung S. 59 ist darunter das Gerichtsverfassungsgesetz gemeint) bestimmte Gericht zuständig, ferner für Klagen, welche die Ernennung oder Ablehnung eines Schiedsrichters, das Erlöschen eines schiedsrichterlichen Verfahrens, die Aufhebung eines Schiedsspruchs oder die Erlassung des Vollstreckungsurtheils zum Gegenstande haben, ist das Amtsgericht oder das Landgericht zuständig, welches in einem schriftlichen Schiedsvertrage als solches bezeichnet ist und in Ermangelung einer derartigen Bezeichnung das Amtsgericht oder das Landgericht, welches für die gerichtliche Geltendmachung des Anspruchs zuständig sein würde. Ueber das Gantverfahren enthält der Entwurf von 1872 keine Bestimmungen. Was das Verfahren vor den Amtsgerichten betrifft, so sind Gutachter und Referent gegen die Bestimmung des § 640 des Norddeutschen Entwurfs, nach welchem die Zustellung vorbereitender Schriftsätze unzulässig ist, indem sie zwar keinen Zwang zu vorbereitenden Schriftsätzen, wohl aber die Gestattung derselben verlangen. Der Entwurf von 1872 sagt nun im § 116: In andern als Anwaltsprozessen können vorbereitende Schriftsätze gewechselt werden und im § 432: Die Klage kann beim Gerichte schriftlich eingereicht oder zum Protokoll des Gerichtsschreibers angebracht werden. Nach § 435 kann sie auch durch Zustellung der Ladungsurkunde eines Gerichtsvollziehers erhoben werden, und nach § 436 ist den

Parteien gestattet, an ordentlichen Gerichtstagen auch ohne Ladung durch mündlichen Vortrag die Klage zu erheben. Hiermit ist dem Verlangen genügt. Es wird ferner für das amtsgerichtliche Verfahren verlangt, daß kein Anwaltszwang bestehe. Der § 637 des norddeutschen Entwurfs hatte vorgeschrieben: Die Vertretung der Parteien durch Rechtsanwälte als solche findet nicht statt. Im Entwurf von 1872 ist diese Bestimmung nicht, wohl aber schließt § 72 die Anwälte nicht aus, und sind nach § 85 die Kosten, soweit dieselben nach freiem Ermessen des Gerichts zur zweckentsprechenden Rechtsverfolgung oder Rechtsvertheidigung nöthig waren, zu ersetzen, und mit vollem Rechte; denn die Anwälte sind bei der so ausgedehnten Competenz der Amtsgerichte gar nicht zu entbehren.

Gegen § 641 des norddeutschen Entwurfs (Gebot formloser Anzeige selbstständigen Vorbringens mit Folge für die Vertagungskosten im Falle der Unterlassung enthaltend) sprechen sich Gutachter und Referent aus. Der neueste Entwurf kennt diese Bestimmung nicht. Die Fassung des § 643 des Norddeutschen Entwurfs (jetzt § 439 des 1872r Entwurfs) im Sinne des § 125 (jetzt § 127 des 1872r Entwurfs) dahin, daß ein ausgedehnteres Fragerecht des Amtsrichters gestattet werde, fordern Gutachter und Referent, doch wird sich dies nach § 431 des 1872er Entwurf, wonach ja das Verfahren vor den Landgerichten auch auf die Amtsgerichte anzuwenden ist, von selbst geben.

Auch die vom Referenten angefochtene Bestimmung des Absatzes 2 des § 245 des deutschen Entwurfs von 1871, die Zulässigkeit der Aufnahme des Thatbestandes ins Protokoll, ist im 1872r Entwurf, § 254, weggefallen. Ueberdies ist darauf hinzuweisen, daß nach § 444 Anträge und Erklärungen einer Parthei durch das Sitzungsprotokoll insoweit festzustellen sind, als das Amtsgericht beim Schluß derjenigen mündlichen Verhandlung, auf welche das Urtheil ergeht, die Feststellung für angemessen erachtet. Nach dem Entwurf des Jahres 1872 wird sich das Verfahren vor den Amtsgerichten — dem ein Mahnverfahren wohl stets vorhergehen wird — dem Verfahren vor den Landgerichten entsprechend gestalten, soweit nicht die Verfassung der Amtsgerichte Abweichungen nöthig macht. Die sonstigen Abweichungen lassen sich im Allgemeinen darauf zurückführen, daß eine Vertretung durch Anwälte nicht geboten, aber zulässig ist, daß eine Verpflichtung zur Vorbereitung der mündlichen Verhandlung durch Schriftsätze nicht besteht, und daß Zustellungen außer durch den Gerichtsvollzieher auch durch den Gerichtsschreiber geschehen können. Gegen die Endurtheile der Amtsgerichte ist volle Berufung und zwar ohne Rücksicht auf den Gegenstand des Rechtsstreits oder Beschwerde zulässig. Ich stelle folgende Anträge:

Der deutsche Juristentag wolle beschließen:

A. Die Stellung des Einzelrichters (Amtsrichters) sei diejenige eines selbstständigen wirklichen judex ordinarius 1. Instanz mit örtlich abgegrenztem Gerichtssprengel.

B. Die Competenz des Einzelrichters umfasse:

1) alle vermögensrechtlichen Ansprüche unter 300 Mark (mit Ausschluß der Handelssachen, welche dem Handelsrichter zuzuweisen sind);

2) ohne Rücksicht auf den Streitgegenstand die durch Prorogation an den Einzelrichter gelangenden vermögensrechtlichen Ansprüche, wogegen

3) die Streitigkeiten aus dem außerehelichen Beischlafe, ferner die Rechtsstreitigkeiten zwischen Miether und Vermiether und aus den Viehhändeln den Amtsgerichten nicht ohne Rücksicht auf den Streit-Werth zustehen sollen, vielmehr Miethsund Viehhändel auch der Competenzsumme von 300 Mark unterliegen, die Ansprüche aus dem außerehelichen Beischlafe aber den Landgerichten allgemein unterstehen.

4) Mit Rücksicht auf die besonderen Arten des Verfahrens sind den Amtsgerichten zuzuweisen:

   1. Die Erlassung von Arresten und einstweiligen Verfügungen,
   2. die Beweisaufnahme zum ewigen Gedächtniß,
   3. das Mahnverfahren,
   4. der Sühneversuch in Ehesachen,
   5. die Zwangsvollstreckung.

5) wird das Amtsgericht zuständig durch Beauftragung und Ersuchen von Seiten des höheren Gerichts zu Vergleichsversuchen und zur Beweisaufnahme im Allgemeinen und hinsichtlich einzelner Beweismittel.

6) Hat das Amtsgericht beim Aufgebotsverfahren und bei den Schiedsgerichten mitzuwirken, namentlich in Sachen unter 300 Mark.

C. Das Verfahren vor den Einzelrichtern betr. schlage ich vor:

1) bestehe kein Anwaltszwang, doch sei die Vertretung durch Anwälte gestattet,

2) seien vorbereitende Schriftsätze nicht geboten, aber zulässig,

3) seien die Bestimmungen des 1872er Entwurfs über das Verfahren bei den Amtsgerichten und über die Gestattung der vollen Appellation gegen deren Endurtheile im Allgemeinen

zu billigen, da sie ein schnelles und sachgemäßes Rechtsverfahren ermöglichen und die an den früheren Prozeßentwürfen vielfach gerügten Mißstände beseitigt haben.

Correferent Dr. v. **Kißling**. M. H., die ständige Dep. hat mir die Ehre erwiesen, mich mit dem Correferat in dieser Sache zu beauftragen. Die Stellung eines Correferenten ist in gewisser Beziehung immer eine sehr schwierige, weil er in der Regel mehr oder minder durch die Anträge des Referenten überrascht werden muß. Nun hat zwar der Referent die Güte gehabt, mir seine Anträge früher mitzutheilen, es geschah das sogar vor nicht sehr kurzer Zeit. Ich war aber wirklich nicht im Stande, mein Correferat auszuarbeiten, nachdem ich an dem Buche, welches heute Ihnen vorgelegt worden ist, an der Zusammenstellung der Thätigkeit der sämmtlichen Juristentage noch zu arbeiten und besonders mit der Correktur mich zu befassen hatte. Ich bitte daher es zu entschuldigen, daß ich ohne weitere Vorbereitung lediglich meine Gedanken Ihnen vortrage.

Ich habe die Meinung, daß vor Allem, was die Competenz des Einzelrichters betrifft, wir uns nicht blos beschränken sollten, auszusprechen, was derselbe in Streitsachen zu thun hat, sondern ich glaube, wir sollten uns darüber aussprechen, daß dem Einzelrichter auch eine Mitwirkung in Pflegschaftssachen, im Hypothekenwesen, überhaupt bei der freiwilligen Gerichtsbarkeit zustehe. Es ist dies, theilweise anticipirt, eine Beantwortung einer Frage, welche der 1. und 2. Abth. heute vorliegt, aber schwerlich zur Verhandlung kommt, der Frage über das Vormundschaftswesen. Ich glaube, daß es ganz zweckmäßig ist, das auszusprechen, weil sicherlich die praktische Erfahrung dahin geht, daß diese Geschäfte der Obervormundschaft, überhaupt die Geschäfte der freiwilligen Gerichtsbarkeit viel besser durch einen Einzelnen besorgt werden, als durch Collegien. Es ist im Gutachten des H. Roos über die Stellung des Einzelrichters in Strafsachen auch darauf hingewiesen, daß derselbe bei Voruntersuchungen mitzuwirken hat. Ich glaube, die konsequente Auffassung desselben sollte bezüglich der Stellung des Einzelrichters in Civilsachen dahin gehen, daß er nicht blos seine Competenz in Streitsachen, sondern im Allgemeinen feststellt. Ich würde daher noch einen Zusatz, einen 3. Satz nämlich als c. beantragen, daß demselben eine Mitwirkung in Pflegschaftssachen, überhaupt bei der freiwilligen Gerichtsbarkeit, zusteht. Was die Competenz bezüglich der Streitsachen betrifft, so habe ich einige Bedenken gegen die Anträge meines Collegen, nämlich folgende: Ich glaube, daß wir nicht aussprechen sollten, daß ohne Rücksicht auf den Streitgegenstand der Einzelrichter durch Prorogation der Parteien kompetent werden soll. Der Einzelrichter, mag man ihm auch eine ganz gleiche Stellung geben, wie einem Collegialgericht, mag man ihn zu einem selbstständigen

judex ordinarius auch ernennen, hat mehr oder minder doch eine Ausnahmestellung bei Entscheidung von Rechtssachen. Ich möchte sagen, es ist doch nicht dieselbe Justiz, eine dieselben Garantien bietende Rechtspflege, wie bei Collegialgerichten, und man sollte daher ohne Nothwendigkeit die Entscheidung von Streitsachen nicht dem Einzelnen übergeben oder es den Parteien nicht überlassen, ob sie ein Urtheil von einem Einzelrichte roder einem Collegium haben wollen. Es macht das auch, glaube ich, in der Justizorganisation große Schwierigkeiten, wenn man das so ganz unbeschränkt ausspricht, daß der Einzelrichter durch freie Prorogation der Parteien competent werden soll. Es läßt sich dann nicht mehr feststellen, welche Geschäfte an die Collegien übergehen werden, weil es dann lediglich von Umständen, auf welche die Gesetzgebung nicht denken kann, abhängt, ob ein Einzelrichter mehr oder weniger zu thun hat. Es wird lediglich, möchte ich sagen, auf die Vertrauenswürdigkeit des Einzelrichters ankommen, ob dem Collegium mehr oder minder Arbeit entzogen wird. Ich glaube daher, daß wir diesen Satz, daß ohne Rücksicht auf den Streitgegenstand der Einzelrichter durch Prorogation competent werden kann, streichen sollten.

Ein weiteres Bedenken habe ich gegen die Ziffer 2 zu IV, daß man dem Einzelrichter auch ohne Rücksicht auf den Streitgegenstand die Beweisaufnahme zum ewigen Gedächtniß oder die Sicherung des Beweises überträgt. Ich glaube, in Zukunft wird die Sicherung des Beweises eine viel größere Rolle spielen, als sie bis jetzt gespielt hat. Man wird dahin kommen, wohin beinah jetzt alle denkenden Advokaten gekommen sind, daß man von dieser Beweisaufnahme zum ewigen Gedächtniß mehr Gebrauch macht, einmal um Prozesse zu vermeiden, wenn man sieht, daß man nicht das thatsächlich nothwendige Material, das Substrat des Prozesses hat, dann um den mündlichen Prozeß zu vereinfachen und die Rechtsausführung in den Vordergrund treten zu lassen. Da halte ich es denn doch für zweckmäßig, daß alle solche Beweisaufnahmen zur Sicherung des Beweises vor den Einzelrichter gewiesen werden, abgesehen davon, daß und Einzelrichter in der Regel nicht die nöthige praktische Kenntniß der Erfahrung hat, welche die Collegialgerichte haben; ist es speziell bei Causalgerichtsfällen doch von großem Werthe, wenn ein Richterkommissarius des Collegiums diese Beweisaufnahme zum ewigen Gedächtniß besorgt, der gewissermassen als juristischer Experte im Collegium bei der rechtlichen Entscheidung mitwirken könnte. Es ist nicht gleichgültig, ob ein Einzelrichter, der später sich nicht damit zu befassen hat, oder ein Mitglied des Collegiums, an welches die Sache kommt, diesen Beweis aufnimmt. Es ist gewiß nicht ein Grund der Perhorrescirung eines solchen Richterkommissarius, daß er bei der Entscheidung nicht mitwirken könnte, und sicherlich ist es von großem Werthe, wenn einer von den Richtern, welche die Sache schließlich zu entscheiden haben, bereits bei der Beweisaufnahme sich mit der Sache befaßt und näher informirt hat. Ich möchte daher beantragen, daß man den Beweis zum ewigen Gedächtniß auch dem Einzelrichter nur insoweit zuweist, als er Streitgegenstände betrifft, welche seiner Competenz unterliegen, oder insofern es sich um dringende Fälle, welche keinen Aufschub erleiden, z. B. Vernehmung eines Sterbenden, Abhörung von Zeugen oder Augenschein, handelt, das oder Objekt im nächsten Momente sich verändert. Solche Erhebungen müssen selbstverständlich dem Einzelrichter zustehen, aber in allen übrigen Fällen möchte ich die Collegialgerichte kompetent lassen, welche für die Sache selbst kompetent sind.

Ein dritter Punkt des Gutachtens betrifft das Verfahren in Bagatellsachen. Herr College Jung hat sich der Ansicht hingegeben, daß die Frage eigentlich eine Frage nach dem Verfahren vor dem Amtsgerichte überhaupt ist. Ich bin dieser Meinung nicht, ich glaube, daß mit Absichtlichkeit nach einem speziellen Verfahren für Bagatellsachen gefragt worden ist. Es ist ganz richtig, abstrakt ist jedes Recht und jeder Rechtsanspruch gleich, und wenn man von dem Prinzipe ausgeht, so dürfte man, glaube ich, gar keine Einzelrichter schaffen, sondern es müßte jede Sache, und wenn es sich um einen Groschen handelte, von einem Collegium entschieden werden, und man müßte jeden Rechtsanspruch ganz gleich behandeln. Allein das wird man mir zugeben, daß gewisse Sachen Bagatellsachen sind und bleiben. Wir dürfen nicht vom abstrakten Standpunktc des Kampfes um das Recht, wie Ihr geistvoller Landsmann Ihering sich aussprach, ausgehen, sondern rein vom praktischen nüchternen Standpunkte, und da möchte ich fragen, ist der Staat verpflichtet und im Stande alle Rechtssachen gleich behandeln zu lassen, oder muß er einen Unterschied machen, um Sachen von höherem Werthe genauer und eingehender behandeln zu können, die Bagatellsachen, die wirklich wirthschaftlich nicht mehr werth sind, kürzer abzumachen. Ich glaube die praktische Erfahrung wird dahin kommen, daß bis zu einem gewissen Betrage — und dieser Betrag kann nicht nach dem Standpunkte des Einzelnen, welcher den Betrag beansprucht, sondern muß nach allgemeinen Grundsätzen bemessen werden — Rechtssachen als Bagatellsachen sehr einfach behandelt werden müssen. Wir haben unter Zustimmung beider Häuser des Reichsrathes jetzt in Oesterreich das Gesetz vom 27. April 1873, welches das Verfahren in geringfügigen Rechtssachen regelt. Es tritt erst am 1. Oktober in Kraft. Es ist aber die communis opinio, daß das ein ganz vorzügliches Gesetz ist. Ich erlaube mir nur darauf hinzuweisen, daß der Verfasser dieses Gesetzes ein in der österreichischen und deutschen Juristenwelt sehr bekannter Jurist, der Justizminister Glaser, ist. Wenn Sie das Gesetz durchblättern, werden Sie darin finden, daß alle Grundsätze der modernen Wissenschaft und der Erfahrung vertreten sind. Sie finden die freie Beweisführung, die Vernehmung der Parteien in eigner Sache, kurz Sie finden alle neuen Grundsätze, die theilweise im Juristentage beschlossen worden sind, vertreten. Dies Gesetz regelt das Verfahren in Rechtssachen bis 25 Gulden, es gestattet bis 500 Gulden auf die Prorogation der Partei oder durch schriftliche Erklärung dies Bagatellverfahren anzunehmen für größere Rechtssachen. Es kennt keine vorbereitenden Schriften und das ist der Unterschied von dem Verfahren vor dem Amtsgerichte nach dem deutschen Civilprozesse, es kennt nur eine schriftliche Klage, die beim Richter auch zu Protokoll gegeben werden kann, aber keine anderweitig vorbereitende Schriften, es kennt keinen Anwaltzwang, basirt auf der vollsten freien Beweisführung, insbesondere auf der Vernehmung der Parteien als, Zeugen und es ist ein ganz besonderer Fortschritt, daß es keine Berufung zuläßt. Das ist der große Unterschied und ich möchte sagen, ein sehr wichtiger Unterschied zwischen dem Verfahren vor dem Amtsgerichte nach deutschem Civilprozeß und diesem Bagatellverfahren, das wir jetzt einführen, daß lediglich eine Nichtigkeitsbeschwerde und zwar diese auch nur aus formellen Gründen, nämlich wegen Verletzung von Grundsätzen des Verfahrens, stattfindet. Es ist der gewiß viel Streitigkeiten verursachende Satz, daß es eine Nichtigkeit wegen Verletzung der Gesetze auch giebt, berücksichtigt worden, aber dieser Nichtigkeitsgrund ist trotzdem, daß manche Anstrengungen gemacht worden sind im Abgeordnetenhause von verschiedenen Juristen, nicht angenommen worden, eben weil man lediglich auf dem Standpunkte der Nichtigkeit, der Nullität und nicht der Berufung stehen bleiben wollte. Ich hatte Gelegenheit selbst, bevor das Verfahren in Bagatellsachen geschaffen wurde, über Anregung des Justizministers ein Gutachten auszuarbeiten und ich war selber lange Zeit schwankend, ob ich mich für Berufung erklären sollte oder nicht. Es mag vielleicht Gewohnheit sein, daß wir immer und für Alles und gegen Alles sogar drei Instanzen haben wollen. Ich konnte mich schwer entschließen, allein wenn man sich das vorstellt, daß man ein kürzeres Verfahren, insbesondere ein solches, bei dem beinahe gar nichts geschrieben werden soll — ich verweise auf die früheren Verhandlungen der rheinischen Friedensgerichte — einführen will, wenn man von dem Grundsatze ausgeht, was wirthschaftlich nicht viel werth ist, dafür kann der Staat auch nicht viel aufwenden, so muß man sich auch entschließen, die Sachen inappellabel entscheiden zu lassen. Das gleiche Widerstreben werden viele Oesterreicher gehabt haben, aber es sind schließlich beide Häuser des Reichsraths darauf eingegangen, dies Verfahren mit inappellabler Entscheidung anzunehmen. Ich möchte Ihnen daher vorschlagen, daß Sie anstatt des Satzes C. des Herrn Referenten, Dr. Jung, welcher sagt, daß das Verfahren nach den Bestimmungen des 1852er Entwurfs einzurichten sei, sagen möchten, das Verfahren vor den Amtsgerichten im Allgemeinen sei nach diesen Bestimmungen einzurichten, insofern es jedoch Bagatellsachen im Betrage meinetwegen bis zu 10 Thlr. oder 25 Gulden, es ist gleichgültig, wie weit man dann die Grenze setzt, betrifft, so soll ein kürzeres Verfahren eintreten, welches keine Schriftsätze kennt, welches auf freiester Beweisführung insbesondere Vernehmuug der Parteien als Zeugen basirt und schließlich nur eine Nichtigkeitsbeschwerde und nicht eine Berufung kennt. Ich werde mir erlauben, diese meine Anträge zu formuliren und bitte nur um Entschuldigung, daß ich meine Mittheilung etwas formlos vorgetragen habe.

Präsident Dr. **Drechsler**: Sie haben die Anträge des Herrn Referenten und des Herrn Correferenten gehört. Es tritt in ihnen eine wesentlich verschiedene Auffassung zu Tage. Der Referent spricht aus, daß er ein besonderes Verfahren für Bagatellsachen vor Amtsgerichten nicht wünscht, er ist der Meinung, daß im Ganzen der Entwurf genügt, um Bagatellsachen zu entscheiden. Der Correferent, abgesehen von Einzelheiten, ist in diesem Punkte anderer Meinung, er wünscht ein besonderes Verfahren für Bagatellsachen oder Sachen bis zu 25 Gulden oder ich darf wohl sagen bis 50 Mark und schlägt vor auf Grundlage des österreichischen Gesetzes ein solches Verfahren herzustellen. Wer das Wort ergreifen will, den bitte ich sich zu melden.

(Es entspinnt sich eine kurze Debatte über die zweckmäßigste Anordnung der Diskussion des Gegenstandes. Obertribunalsrath Struckmann aus Berlin und Advokat Mayersohn sprechen zur Geschäftsordnung.)

Ich wünschte, daß zunächst die Frage beantwortet würde, ob Sie ein besonderes Verfahren für die dem Einzelrichter zugewiesenen Bagatellstreitig keiten wünschen oder nicht; dann kämen wir zu der Frage, welche Stellung und Kompetenz dem Einzelrichter zuzuweisen ist. Daß die Bagatellsachen zur Kompetenz des Einzelrichters gehören, darüber kann kein Zweifel sein, Sie werden die Bagatellsachen doch nicht kollegialisch behandeln wollen. Ich beantrage zunächst die zweite Frage unter C zu erörtern, worüber nämlich beide Referenten verschiedener Ansicht sind, ob ein besonderes Verfahren vor dem Einzelrichter in Bagatellstreitigkeiten zweckmäßig sei, und ich bitte zunächst die Herren, welche wünschen, daß diese Frage zunächst entschieden wird, sich zu erheben.

Das ist die Mehrheit.

Obertribunalsrath **Struckmann**: Ich möchte mich in dieser Frage der Ansicht des Herrn Referenten anschließen. Es ist glaube ich, nicht erforderlich, für den Einzelrichter ein doppeltes Verfahren einzuführen, für Sachen überhaupt, die dem Einzelrichter zu überweisen sind, und speziell für Bagatellstreitigkeiten; denn meines Erachtens muß die Kompetenz des Einzelrichters so eingeschränkt werden, daß nur eben Sachen, die als Bagatellen anzusehen sind, an ihn überwiesen werden, wohin ich Sachen bis 100 Thlr. rechne. Im Gegensatz zu den Sachen, die an Kollegien verwiesen werden, erscheinen derartige Sachen immer als Bagatellsachen, abgesehen von den dringlichen Sachen, die noch dazu kommen. Für diese Sachen ist ein besonderes Verfahren nöthig, wie sowohl der norddeutsche Entwurf, als der neueste Entwurf es vorschreibt, ein Verfahren, welches allerdings wesentlich sich anschließt an das Verfahren vor Kollegialgerichten, indessen insoweit von demselben abweicht, als es einerseits der geringere Werth dieser Sachen erfordert und andererseits der Umstand verlangt, daß hier nicht vor einem Kollegium verhandelt wird, sondern nur vor dem Einzelrichter. Neben einem solchen Verfahren nun aber noch ein besonderes Verfahren für besonders geringfügige Sachen einzuführen, würde meines Erachtens unnöthige Verweitläufigungen hervorrufen. Ich kann mir nicht denken, daß besondere innere Gründe dafür vorhanden sein sollten, weshalb ein solches Verfahren noch wesentlich abweichen sollte von dem Verfahren, welches überhaupt vor dem Amtsrichter stattzufinden hat. Wenn ich die Grundzüge zu Grunde lege, die der norddeutsche Entwurf ebensowohl wie der neueste Entwuf der deutschen Prozeßordnung für das Verfahren vor den Amtsgerichten aufstellt, so wüßte ich kaum einen Satz zu finden, bei welchem dann ein noch mehr summarisches Verfahren Anwendung finden könnte. Das Einzige wäre die Appellabilität. Das ist meines Erachtens ein besonderer Punkt, der nicht nothwendig mit dem Verfahren überhaupt zusammenhängt, und der daher auch für besonders geringfügige Sachen besonders geregelt werden könnte. Im Uebrigen glaube ich, daß dasjenige Verfahren, welches sich für Sachen eignet bis zu 300 Mark, sich ebenso eignet für Sachen bis zu 50 Mark. Ich wüßte kaum, wie man diese Sachen in noch schleunigerer Weise abmachen könnte, wie Sachen von etwas größerem Werthe. Von dem geehrten Correferenten sind einzelne Grundsätze aufgeführt worden, die nach dem neuesten österreichischen Gesetze, welches mir nicht weiter bekannt ist, für das sogenannte Bagatellverfahren Platz greifen, z. B. die Vernehmung der Parteien in eigner Sache. Gegen diese Vernehmung der Parteien in eigener Sache würde ich für meine Person sehr große Bedenken haben. Auch hat sich der Juristentag in einer frühern Sitzung, ich glaube in Heidelberg, bereits gegen den Grundsatz ausgesprochen. Wenn man aber einmal diesen Grundsatz adoptirt, sehe ich nicht ein, weshalb man ihn blos für sogenannte Bagatellsachen adoptirt und nicht auch für Sachen von größerem Werthe. Ich glaube daher, daß dieser Grundsatz keinesfalls eine spezielle Eigenthümlichkeit für die Bagatellsachen bilden könnte. Demnach scheint mir eine innere Nothwendigkeit für ein besonderes Bagatellverfahren nicht vorzuliegen, und da es ein richtiger Grundsatz der Gesetzgebungspolitik ist, möglichst wenig Verfahrungsarten einzuführen, nur die durch die Natur der Sache gebotenen, so erkläre ich mich für den Antrag des Referenten.

Stadtsyndikus **Albrecht** aus Hannover: Ich möchte auch ein paar Worte sagen. Ich stimme der Ansicht bei, daß es allerdings wünschenswerth ist, daß der Einzelrichter, kein Collegialgericht über geringfügige Rechtssachen entscheidet. Außerdem aber noch unterscheiden zu wollen, ob Sachen von etwa 25 oder 50 Thlr. Werth verhandelt werden, und danach ein verschiedenes Verfahren einführen zu wollen, ein Bagatellverfahren und ein weitläufigeres Verfahren, scheint mir ein zu verwickelter Standpunkt zu sein. Für den Einzelrichter muß, wie mein Herr Vorredner sagte, ein Verfahren sein, man muß seine Competenz so abgrenzen, daß nur das dahin verwiesen wird, was in einem beschleunigten Verfahren erledigt werden kann. Ich meine aber, das soll nicht ausschließen, daß nebenbei ein Mandatsverfahren hergeht für Sachen, welche gar nicht zur Controverse kommen. Sobald diese Sachen streitig werden, müssen sie dann in das amtsgerichtliche Verfahren übergeleitet werden. In diesem amtsgerichtlichen Verfahren werden sie zweckmäßigerweise nur in einer Form der Prozeßart zu entscheiden sein.

Referent Fiskal Dr. **Jung**: M. H., ich muß mich vollkommen dem anschließen, was insbesondere Herr Albrecht gesagt hat, es ist durchaus nicht ausgeschlossen, im Gegentheil es ist nach dem neuen Prozeßentwurf ganz unbedingt die Regel, daß vor jedem Prozeßverfahren ein Mahnverfahren eintreten wird. Es werden dadurch unendlich viele Sachen und besonders kleinere Gegenstände kurz erledigt. Dies Mahnverfahren geht in ein eventuelles Urtheil über und ist auch diese Verfügung nach Ablauf exekutorisch zu erklären. Wir haben dann eine ganze Reihe von Gegenständen, die überhaupt nicht mehr zur Verhandlung des Amtsrichters in irgend welcher Weise gelangen.

Was die andern Anträge betrifft, so wollte ich bemerken, daß ich nicht einsehe, warum ein neues besonderes Verfahren für Rechtssachen von etwa 25 oder 50 Mark eingeführt werden soll, wenn wir bereits ein sehr beschleunigtes Prozeßverfahren haben, in welchem dem Amtsrichter eine große Befugniß gegeben ist in der Verhandlung der Sachen und eine Reihe von Freiheiten, die er jetzt nicht besitzt. Er ist durchaus nicht an Beweismittel in der Weise gebunden, wie früher, es steht ihm die Leitung der Sache in weiterem Umfang zu, es müssen die Beweismittel sofort beigebracht werden im ersten Verfahren, und die Parteien müssen selbst verhandeln. Man sieht die Parteien selbst und hat die Mittel vergleichend einzuwirken, daß die Sache sich erledigt; das wird für 50 und 300 Mark dasselbe bleiben. In unserer Verhandlung würde eine Verwirrung eintreten, wenn verschiedene Fragen hineingezogen werden sollten, wie der Correferent will, z. B. daß auch Vormundschaftssachen vor den Einzelrichter gehören sollten. Ich muß also bei meinem Antrag beharren.

Correferent Dr. v. **Kißling**: Nur einige wenige Worte. Man hat auch das Mandatsverfahren in Oesterreich und insbesondere das bedingte Mahnverfahren. Das schließt aber nicht aus, daß daneben noch ein besonderer Bagatellprozeß besteht. Ich glaube, irgend eine Verwirrung in der Praxis wird nicht herbeigeführt, im Gegentheil wird es dadurch dem Richter möglich, Sachen, die über diese kleinen Beträge hinausgehen, eingehender zu behandeln. Das ist der Grund, warum wir uns ohne Widerspruch der Juristen mit vollständiger Ueberzeugung damit einverstanden erklärt haben, daß ein eigentlicher Bagatellprozeß bestehen soll. Ich kann Ihnen mittheilen, ich weiß es bestimmt aus dem Ministerium, daß wir in Oesterreich beiläufig 420,000 Streitsachen haben und davon nicht weniger als 360,000 unter 25 G. sind. Nehmen Sie nun, wenn die Richter um 360,000 Fälle entlastet werden, was behalten sie für Zeit zur gründlichen Behandlung der übrigen Rechtssachen. Das ist auch entscheidend für uns Alle gewesen, daß wir uns mit dem besonderen Verfahren einverstanden erklärten und ich kann mir eben, wenn man den Grundsatz der Inappellabilität der Entscheidung des Einzelrichters annimmt gar nicht ein einfacheres Verfahren denken. Ich weise nochmals hin auf das gewiß von allen Seiten anerkannte Verfahren vor den Friedensrichtern am Rhein. Ich habe es vor 12 oder 15 Jahren wiederholt beobachtet und muß sagen, ein besseres, praktischeres Verfahren für derlei Kleinigkeiten kann ich mir gar nicht vorstellen. Es ist allerdings wahr, daß das Verfahren des Einzelrichters überhaupt ein sehr summarisches ist, allein wenn die dem Einzelrichter zugestandene Competenz bis 300 Mark geht, so kann ich doch nicht zugeben, daß das Bagatellsachen sind; 300 Mark, 100 Thlr., 150 G. sind wirthschaftlich keine Bagatelle, es ist eine Summe, die über unsern Begriff von Bagatellsachen hinausgeht. Ich kann Ihnen daher nur empfehlen, daß wir für solche unbedeutende Kleinigkeiten, für solche wahre Bagatellen ein Verfahren schaffen, welches es dem Richter möglich macht, schnell zu entscheiden ohne viele Förmlichkeiten, und zwar inappellabel. Ich halte meinen Antrag ebenfalls aufrecht.

Präsident Dr. **Drechsler**: Ich möchte zur Aufklärung an den Correferenten eine Bemerkung richten. Sie haben ein besonderes Verfahren vor dem Einzelrichter in Bagatellsachen vorgeschlagen. Die Competenz des Einzelrichters beruht auf der Höhe der Summe des Streitobjects.

Correferent Dr. v. **Kißling**: Gegenwärtig ist die Sache so: Wir haben auch einen Entwurf einer Civilprozeßordnung. Er ist durch das Haus der Abgeordneten gegangen, er ist aber im Herrenhause stecken geblieben einige Zeit und es ist dann ein Wechsel im Justizministerium eingetreten und der Justizminister hat den Entwurf zurückgezogen, was allgemein gebilligt wurde. In diesem hatte der Einzelrichter eine Competenz bis zu 300 G. Also hätten wir in der Zukunft jedenfalls zweierlei Verfahren; aber gegenwärtig ist der Einzelrichter bei uns ganz unbeschränkt. Für uns hat das schon jetzt eine ganz besondere praktische Wirksamkeit, obwohl wir in einem wahren embarras de richesse von Verfahren leben. Ich stelle mich aber auf den Standpunkt der Zukunft, auf den Standpunkt, daß wir auch die Competenz bis 150 G. haben werden, und dann kann ich nicht anders, als nach meinen Erfahrungen wieder zurückkommen auf meinen Antrag.

Präsident Dr. **Drechsler**: Wir sehen schon, diese Frage hat ihre schwierige Seite, die bisher noch gar nicht berührt worden ist. Wenn Sie allerdings die Competenz des Einzelrichters auf eine sehr hohe Summe feststellen, dann tritt das Bedürfniß eines besonderen Verfahrens in Bagatellsachen viel energischer hervor. Die Herren Struckmann und Albrecht habe ich so verstanden, daß sie überhaupt den Einzelrichter nur als Bagatellrichter haben wollen. Wenn das die Meinung ist, braucht allerdings von einem besonderen Verfahren nicht gesprochen werden.

Correferent **v. Kißling**: Ich schließe mich vollkommen der Ansicht der beiden Herren an, daß vor dem Einzelrichter nur ein Verfahren Platz greife, wenn beschlossen wird, daß der Einzelrichter nur Bagatellsachen zu entscheiden hat; ob 50 oder 25 Thlr. ist gleichgültig.

Präsident Dr. **Drechsler**: Der Referent sagte, wenn das Gesetz den Einzelrichter blos als Bagatellrichter hinstellt, soll die Competenz überhaupt so weit beschränkt werden.

Correferent Dr. **v. Kißling**: Das steht im Widerspruch mit der Annahme, daß er bis 300 Mark und durch Prorogation über jede Sache entscheiden soll. Das ändert die Sache. Darum glaube ich, hätten wir doch erst über die Competenz uns schlüssig zu machen. Ich beantrage demnach, daß wir die Beschlußfassung deshalb aussetzen.

Präsident Dr. **Drechsler**: Wenn Sie mir mit ein paar Worten gestatten in die Debatte einzutreten, so möchte ich auf folgendes aufmerksam machen: der Herr Correferent führte das Beispiel der Friedensrichter in Frankreich an. Das sind eben die Einzelrichter, es giebt außer diesen keine. Außer denselben giebt es nur collegial geordnete Instanzgerichte. Also ist ist dies ganz in richtiger Ordnung. Die Bagatellsachen werden eben nach französischem Rechte den Friedensrichtern überwiesen, die Sachen werden von denselben als Bagatellen behandelt, und man muß sich nicht dadurch täuschen lassen, daß man die Summe allmälig erweitert hat. Das ist geschehen, weil das Geld im Werthe gesunken ist. 150 Franken waren früher soviel als jetzt 300 Franken. Wenn Sie das Verfahren vor dem Einzelrichter gar nicht besonders ordnen auch in denjenigen Ländern, wo die Competenz nicht blos auf Bagatellsachen beschränkt ist, so entsteht doch ohne Weiteres ein ganz anderes Verfahren bei der Elasticität der Vorschriften, die unsere neue Prozeßordnung hat. Bestimmen Sie nämlich, wie der Wortlaut sagt, daß Sachen bis 50 Thlr. vor dem Einzelrichter verhandelt werden, daß der Einzelrichter ein Urtheil abgiebt unanfechtbar durch andere Rechtsmittel, so macht sich das Verfahren von selbst anders. Der Richter weiß, er braucht nur zu konstatiren, daß die Formalien des Prozesses gewahrt sind, um einer Nichtigkeitsbeschwerde nicht ausgesetzt zu sein; vom eigentlichen materiellen Inhalte der Verhandlung braucht er nichts protokolliren zu lassen und die Hauptcrux, die dem Einzelrichter auferlegt ist, ist das Protokolliren. Wenn er weiß, sein Urtheil ist nicht appellabel, kann er sich nach den Vorschriften, die er zu beobachten hat, ganz kurz fassen, viel kürzer, als bei Sachen, die appellabel sind, weil er dann für die zweite Instanz den Thatbestand zu liefern hat, was er andernfalls nicht nöthig hat. Das ist der wesentliche Unterschied des Verfahrens. Sie sagen, die Berufung ist ausgeschlossen, es tritt blos eine Nichtigkeit ein, und fügen hinzu, der Richter kann die Parteien selbst eidlich vernehmen. Damit sprechen Sie für Bagatellsachen einen wichtigen Grundsatz aus. Ob wir uns für diesen Grundsatz entscheiden wollen oder nicht ist eine Frage, die wir heute nicht zu verhandeln haben. Wir wollen den Beschluß aussetzen, aber wir müssen uns darüber klar sein, daß diejenigen Herren, die überhaupt für Collegialgerichte schwärmen und sagen, der Einzelrichter ist ein nicht zu vermeidendes Uebel, wir müssen eigentlich nur Collegialgerichte haben, den Einzelrichter nur für Bagatellsachen haben wollen. Ob Sie die Summe so oder so stellen, hängt vom verschiedenen Reichthum der deutschen Territorien ab. Die Summe von 50 Thlrn. ist für einen Theil Norddeutschlands nicht höher als 50 Gulden für Süddeutschland. Nun will ich auf eine andere Frage übergehen. Das ist zunächst, wie sich herausgestellt hat, eine Vorfrage, wie wollen wir die Competenz des Einzelrichters beschränken? Die Ansicht, daß der Einzelrichter, wie vielfach in Oesterreich und noch in andern deutschen Territorien, eine unbeschränkte Competenz habe, scheint nach der jetzigen Stimmung in Deutschland über Collegialgerichte nicht mehr zu herrschen. Nun liegt folgende Differenz vor. Der Referent beschränkt sich auf Civilprozeßsachen. Der Correferent wünscht zugleich eine Bestimmung aufgenommen zu sehen, daß der Amtsrichter mitzuwirken habe beim Vormundschaftswesen, bei der freiwilligen Gerichtsbarkeit und insbesondere bei Leitung des Concursverfahrens. Darüber ist wohl keine Verschiedenheit der Ansichten?

Referent Dr. **Jung**: In Civilsachen habe ich bezogen auf civilprozessualische Sachen.

Präsident Dr. **Drechsler**: Könnten wir das nicht so aussprechen, daß wir sagten in civilprozessualischen Sachen?

Correferent Dr. v. **Kißling**: Dann ziehe ich selbstverständlich meinen Antrag zurück.

Präsident Dr. **Drechsler**: Wir wollen sagen, die Competenz und Stellung des Einzelrichters in Civilprozeßsachen. Ich will also die Frage so fassen: Welche Stellung und Competenz ist dem Einzelrichter in Civilprozeßsachen zu ertheilen?

Advocat Dr. **Geiger** aus Frankfurt a. M.: M. H., soweit ich den H. Vorsitzenden habe verstehen können, glaube ich, daß es sich um die Frage handelt, welche Stellung und Competenz dem Einzelrichter zuzuweisen sei. Nach der Art aber, wie vorher die Debatte verlaufen ist, scheint es mir auch zu gleicher Zeit nothwendig, die Frage über den Bagatellprozeß nochmals wenigstens kurz zu berühren. Ich würde mich nicht zum Worte gemeldet haben, wenn nicht mein College aus Frankfurt, der H. Referent, eine Behauptung aufgestellt hätte, die nach meinem unmaßgeblichen Dafürhalten nicht ganz correct ist. Der Referent hat den Antrag gestellt, im Allgemeinen die Vorschriften des Entwurfs der deutschen Civilprozeß-Ordnung, die er selbstverständlich als bekannt voraussetzt, bezüglich der Competenz und Stellung des Einzelrichters zu acceptiren. Er hat jedoch zu gleicher Zeit einige Einschränkungen gemacht in Bezug auf die Stellung des Einzelrichters in Miethsprozessen, in den Fällen der außerehelichen Schwängerung und in Viehstreitigkeiten. Diese drei Fälle werden ohne Rücksicht auf die Competenzsumme in allen Fällen nach dem Entwurfe dem Einzelrichter zugewiesen. M. H., man muß sich über die Art der zu erwartenden Gerichtsorganisation vor allen Dingen klar sein, bevor man über diese Frage entscheiden kann. — Nach dem deutschen Entwurfe werden wir Landgerichte nur für ganz große Bezirke erhalten. Die Amtsrichter sollen daher die Schnelligkeit des Prozesses uns sichern und sollen namentlich die Möglichkeit uns bieten für eine sumarische rasche Entscheidung. Alle diese Punkte nun, die von dem Entwurf ohne Rücksicht auf die Höhe des Streitgegenstandes dem Einzelrichter zugewiesen werden, und namentlich die Miethsstreitigkeiten, bedürfen aber sicherlich der allerkürzesten Behandlung, der allerschleunigsten Entscheidung. Ich muß mich daher in dieser Frage auf das Entschiedenste gegen die Ansicht des H. Referenten aussprechen. Der H. Referent führte aus, er hätte in Frankfurt die Erfahrung gemacht, daß es sich empfehle, die

Streitigkeiten dahin zu verweisen, wohin sie wegen der Höhe des Streitobjekts an und für sich zu verweisen wären. Nach unserm Frankfurter Particularprozeß ist die Competenz-Grenze ungefähr 170 Thlr. = 300 Gulden. Was darunter ist, gehört an das Stadtamt, was darüber ist, an das Stadtgericht. Der Unterschied besteht darin, daß die an das Stadtamt gehörigen Prozesse in dritter Instanz an das Appellationsgericht gelangen, daß dagegen gegen stadtgerichtliche Erkenntnisse das preußische Obertribunal die dritte Instanz bildet. Bei der allgemeinen Zulässigkeit einer dritten Instanz kann daher bei uns ein jeder Prozeß selbstverständlich sehr lange hinausgezogen werden. Wir haben auch dadurch in Frankfurt die Möglichkeit, einen Räumungsprozeß, namentlich einen solchen, der an das Stadtgericht gelangt, anderthalb Jahre zu verschleppen. M. H., das ist keine Sicherheit der Rechtspflege mehr, wenn aus ganz triftigen Gründen die Räumung eines Lokals verlangt, die Sache durch drei Instanzen getrieben wird und der Miether trotz des Urtheils zweier Instanzen in dem Lokale wohnen bleibt. Das muß unter jeder Bedingung geändert werden. Gegen das Urtheil des Amtsgerichts giebt es nur eine Instanz, das Landgericht. Damit ist die Sache fertig, ganz abgesehen davon, daß das erste Urtheil fast immer für vorläufig vollstreckbar erklärt werden wird. Würde hingegen die Sache zum Landgerichte ressortiren, so kann ich die Sache durch das Mittel der Revision und Oberrevision an die 2. und 3. Instanz bringen und hierdurch die Erledigung hinausschieben. Irgend welche Nichtigkeit oder Rechtsverletzung wird jeder gewandte Advocat finden, und wenn das geschieht, so muß das Obergericht entscheiden, ob sie vorhanden ist; die Sache ist hinausgezogen, und der Beklagte hat seinen Zweck erreicht. Ich glaube nicht, daß dies der Referent billigt. Jedenfalls aber scheinen mir die Bestimmungen, wie sie der Entwurf enthält, vollkommen sachgemäß. — Eine weitere Frage wäre alsdann die, ob ein besonderes Verfahren für Bagatellsachen zu empfehlen sei. Ich glaube, der H. Präsident hat die Schwierigkeit sehr richtig hervorgehoben dadurch, daß er den Beschluß einstweilen aussetzte. M. H., die Frage liegt so: wollen Sie Bagatellrichter oder Einzelrichter, wollen Sie dem Einzelrichter einen bestimmten Kreis von Prozessen und Rechtsstreitigkeiten oder nur s. g. Bagatellsachen zuweisen. Sie werden aus dem, was ich bisher gesagt habe, bereits gesehen haben, daß ich selbstverständlich dem Entwurf und der Ansicht des Referenten folge, daß nämlich eine große Anzahl von Prozessen dem Einzelrichter zuzuweisen sind, und weiterhin bin ich mit H. Vicepräs. Albrecht vollkommen darin einverstanden, daß wir unter keinen Umständen zweierlei Verfahren bei demselben Gerichte dulden dürfen. Der Präs. der Abth. hat beim vorigen Juristentag, — damals ist die Sache ausgesetzt worden — ausführlich auseinandergesetzt, daß es sich vielleicht bei Beantwortung der hier zur Diskussion gestellten Frage darum handeln könne, das Lübische Verfahren allgemein einzuführen, welches gar keine Protokolle in kleineren Sachen, sondern nur eine kurze Verhandlung ohne jede Appellation kennt. In Frankfurt haben wir auch bei Prozessen bis 25 Gulden keine Appellation, überhaupt keinerlei Rechtsmittel, aber mir scheint das incorrect. Der Einzelrichter muß in jeder Sache, auch der geringfügigsten, wissen, daß sein Wille und seine Ansicht nicht absolut maßgebend seien; und daß der Oberrichter im Stande ist, anderen rechtlichen Auffassungen Geltung zu verschaffen. Ich ersuche Sie daher, m. H., die Anträge des Referenten anzunehmen, mit Ausnahme jedoch der Einschränkungen, und daher zu beschließen, daß der Entwurf, wie er jetzt vorliegt, vollkommen sachgemäß ist.

Obertribunalsrath **Struckmann** aus Berlin: Ich möchte nur eben noch auf folgenden Punkt kommen, der damit zusammenhängt. Die Miethsstreitigkeiten sind meist schleuniger Natur. Außerdem ist von Viehhändeln die Rede. Ich sehe aber nicht ein, weshalb diese Sachen dem Einzelrichter überwiesen werden sollen. Sie sind hauptsächlich deshalb schleunig, weil eine Besichtigung nothwendig ist. Diese kann durch provisorische Anträge bei den Amtsgerichten erreicht werden. Die eigentliche Entscheidung dagegen pflegt in der Regel nicht sehr eilig zu sein, und da gerade Viehhändel oft außerordentlich schwierig zu entscheiden sind, so ist dies kein Gegenstand, der vorzugsweise der einzelrichterlichen Competenz zu überweisen ist. Es würde unter diesen Umständen meines Erachtens getrennt über die einzelnen Positionen abzustimmen sein.

Referent Fiscal Dr. **Jung**: Wenn der H. College aus Frankfurt gegen die von mir vorgeschlagene Beschränkung der Competenz der Amtsgerichte in Sachen bis 300 Mark bei Vieh- und Miethsstreitigkeiten sich aussprach und wenn er wünscht, daß dieselben ohne Beschränkung den Amtsgerichten überwiesen werden sollen, indem er auf schlimme Erfahrungen bei Miethsstreitigkeiten in Frankfurt hinweist, so kann ich das nicht bestätigen. Dagegen ist richtig, was er erwähnt, daß wir jetzt in Frankfurt a. M. auf uns selbst beschränkt sind, und daß später ein viel größerer Sprengel sein wird. Das möchte gerade bei Viehhändeln dahin führen, daß man sagt: die Entfernung des Land-Gerichts kann doch sehr hinderlich sein, um recht schnell über den Zustand des verkauften Pferdes u. s. w. Protokoll aufzunehmen, und wenn man da das Amtsgericht für nicht competent erklärt, so kann es Störungen und Kostspieligkeiten, unter Umständen sogar Verlust von Beweismitteln, zur Folge haben. Allein es kann auf der andern Seite auch dadurch geholfen werden, daß das Amtsgericht ersucht wird, das Protokoll aufzunehmen, oder ihm aufgetragen wird, es zu thun. Ich lege übrigens keinen großen Werth darauf, wenn bei dem ganzen Verfahren der Entwurf von 1872 geltend bleibt. Ich habe dies nur ausgesprochen, weil ich aus meiner Erfahrung gesehen habe, daß es sich bei uns, die wir allerdings auf eine Stadt beschränkt sind, als zweckmäßig erwiesen hat, die Competenz zu beschränken.

Correferent **von Kißling** aus Linz: Ich stimme ganz dem H. Obertribunalsrath Struckmann bei, daß keine Nothwendigkeit besteht, Viehhändel dem Einzelrichter zuzuweisen, Aber dringend nothwendig ist es, die Rechtsstreitigkeiten des außerehelichen Beischlafes und der Miethsverträge dem Einzelrichter ohne Rücksicht auf die Höhe der Streitsumme zuzuweisen.

Amtsrichter **Brandenburg** aus Quakenbrück: Ich möchte bezüglich der Viehhändel aus meiner Praxis das Eine nur hervorheben. Wenn der Prozeß lange dauert, frißt sich das Vieh gewöhnlich auf, sodaß nachher die Schadenersatzsumme größer zu werden pflegt, als der Werth des Viehes. Das Vieh wird aufgestallt, und derjenige, der den Prozeß verliert, muß auch die Kosten der Fütterung bezahlen.

Advokat **Mayersohn** aus Aschaffenburg: Dagegen erlaube ich mir darauf hinzuweisen, daß, da der Antrag den Parteien freisteht, das Vieh, das sich im Streite befindet, unterdessen verkaufen und die Summe deponiren zu lassen, kein Hinderniß vorhanden ist, auch diese Sache vor den ordentlichen Richter zu verweisen. Ueberhaupt glaube ich, daß wir dem Einzelrichter nichts zuweisen dürfen, wenn nicht der dringendste Grund dafür spricht, daß eine Ausnahme von der Regel gemacht werden muß. Nur die hier bezeichneten Bagatellsachen können dem Einzelrichter zugewiesen werden, aber die Mieths-, Vieh- und Arreststreitigkeiten können bei dem künftigen schnelleren Verfahren vor den ordentlichen Richter gebracht werden.

Präsident **Dr. Drechsler**: Die Abtheilung scheint der Meinung zu sein, daß es angemessen sei, dem Einzelrichter zu überweisen alle vermögensrechtlichen Ansprüche bis zu 300 Mark, und kann dies als beschlossen angesehen werden.

Ich bitte nun diejenigen Herren, welche die Rechtsstreitigkeiten aus dem außerehelichen Beischlaf ohne Beschränkung der Summe dem Einzelrichter überweisen wollen, sich zu erheben.

(Geschieht.)

Das ist die Minderheit.

Es würden also nur die Rechtsstreitigkeiten des außerehelichen Beischlafs bis 300 Mark dem Einzelrichter zu überweisen sein.

Sollen ferner die Rechtsstreitigkeiten zwischen Miether und Vermiether über die Räumung des gemietheten Lokals dem Einzelrichter ohne Rücksicht auf die Summe überwiesen werden?

(Die Majorität erklärt sich dafür.)

Endlich bitte ich diejenigen Herren, welche Streitigkeiten aus Viehhändeln unbeschränkt dem Einzelrichter überweisen wollen, sich zu erheben.

(Geschieht.)

Das ist die Minderheit.

Jetzt ist, m. H., noch eine Frage nicht berührt, die sehr wichtig und wohl schon bei den Verhandlungen über die Proceßordnung vielfach erörtert ist und dort große Schwierigkeiten erzeugt hat:

„Sollen die Handelssachen dem Handelsgericht überwiesen werden ohne Rücksicht darauf, ob sie Bagatellsachen sind oder nicht?" mit einem Wort:

„Sollen auch Handelssachen bis 100 Thaler an die Einzelrichter überwiesen werden, an die Handelsgerichte dagegen nur Sachen über 100 Thaler?"

Herr Advokat Mayersohn hat das Wort.

Advokat **Mayersohn**: Ich glaube nicht, daß wir gut thun, wenn wir Handelssachen bis zu der bezeichneten Summe an den Einzelrichter verweisen. Wir haben aus den wichtigsten Gründen zur Geltung gebracht, daß eigne Handelsgerichte für gewisse Sachen bestehen müssen, weil bei diesen Sachen eigne Kenntnisse nothwendig sind! Und nun soll der bei Weitem größte Theil der Handelssachen von den Handelsgerichten weg und vor den Einzelrichter gebracht werden? Meine Herren Collegen werden wohl mit mir der Ueberzeugung sein, daß die unverhältnißmäßig größere Zahl von Handelssachen unter der Summe sind, die hier als Grenze angegeben wird, und ich glaube nicht, daß wir berechtigt sind, dem Kleinkaufmann, dem diese hier fragliche Summe gerade die wichtigste ist für sein Geschäft, die Vortheile zu entziehen, welche für ihn die Beurtheilung durch ein Handelsgericht hat. Ich stimme daher dagegen, daß Handelssachen, welche eine bestimmte Summe betreffen, dem Einzelrichter überwiesen werden; ich bin vielmehr der Ansicht, daß sämmtliche Handelssachen vor die Handelsgerichte zu kommen haben.

Correferent Advokat v. **Kißling**: Ich habe dem Antrag, wie ihn der Herr Referent gestellt, daß die Handelssachen ausschließlich den Handelsgerichten zugewiesen werden sollen, zugestimmt, weil ich nicht glaube, daß damit ein Handelseinzelrichter ausgeschlossen werden kann. Wir haben in unserem Bagatellprozeß die Bestimmung, daß für gewisse Handelsgerichte, wie in Prag, Wien und Triest, ein eigner Bagatellrichter aus den Handelsrichtern hingestellt wird. Ich stimme also mit Herrn Advokat Mayersohn vollkommen überein, daß wir die Handelssachen nicht dem Handelsrichter entziehen. Damit ist aber nicht ausgesprochen, daß nicht auch vor dem Handelsrichter einfache Sachen einfacher behandelt werden können als größere. Ich möchte beantragen, daß wir den Satz so annehmen, wie er von dem Herrn

Referenten gestellt ist, mit Ausschluß der Handelssachen, welche den Handelsgerichten zuzuweisen sind.

Advokatanwalt **Drewke** (Cöln): Ich glaube, m. H., eine Annahme des jetzt diskutirten Antrags würde den Beschluß über die Viehhändel größtentheils illusorisch machen.

Advokat Dr. **Geiger**: M. H., ich muß dem Antrage des Herrn Advokat Mayersohn entschieden widersprechen. Mir scheint, der ganze Zweck des amtsgerichtlichen Verfahrens wäre mit Annahme dieses Antrages vollkommen verfehlt. Der Amtsrichter ist der Richter für unbedeutende und schleunige Sachen. Ich sehe wohl ein, daß man in prinzipiell wichtigen Fragen wünschen kann, daß das Handelsgericht, welches gerade ex professo über handelsrechtliche Fälle zu entscheiden hat, seine Ansicht zu erkennen gebe. Indessen dies ist nur ein höchst nebensächlicher Gesichtspunkt. Wenn aber Herr Advokat Mayersohn geltend macht, man dürfe demjenigen, dem eine Handelsforderung unter 100 Thalern zustehe, nicht das Vorrecht nehmen, vor dem Handelsgericht seine Sache zu führen, so erwidere ich mit demselben Recht, man soll ihm nicht das Vorrecht nehmen, vor dem Amtsgerichte zu klagen; denn das Wesentliche des Verfahrens bei Sachen unter 100 Thalern liegt eben darin, daß ich in ganz kurzer Zeit mein Recht erhalte, und dies ist eben nur bei dem amtsgerichtlichen Verfahren möglich. Denn darüber machen wir uns keine Illusion, daß, wenn wir auch Handelsgerichte haben, die mit Aufopferung aller Kraft arbeiten, wir niemals im handelsgerichtlichen Verfahren so schnell zum Ziele gelangen können, als vor dem Amtsgericht. Ueberdies möchte ich auf der anderen Seite noch bemerken: Das Handelsgericht wird bei seinen voraussichtlich großen Sprengeln namentlich von kleinen Städten immer ziemlich entfernt sein, während der amtsgerichtliche Bezirk klein ist und in jedem Augenblick der Richter zur Stelle sein würde. Mir scheint es nicht gerecht zu sein, wenn man handelsrechtliche Klagen von den Vortheilen dieses Verfahrens ausschließt. Dadurch würde aber auch, wie der Herr Vorredner sehr richtig bemerkte, der Beschluß über die Viehhändel ziemlich bedeutungslos werden.

Stadtsyndikus **Albrecht**: Ich kann mich auch nicht dafür erklären, daß man die Sachen unter 100 Thaler, weil sie Handelssachen sind, unbedingt den Amtsgerichten entziehen und den Handelsgerichten überweisen soll. Ich glaube, ein entscheidendes Moment für den Staat, wenn er Sachen vom Einzelrichter behandeln läßt, ist doch wohl dieses, daß er Sachen, die nur einen vermögensrechtlichen Werth bis zu einer gewissen Höhe haben, nicht für so bedeutend hält, daß er dazu einen so großen Apparat, wie den eines collegialischen Gerichts mit allen praktischen Unzuträglichkeiten, die damit sonst verbunden sind, z. B. daß die Parteien dem Collegialgericht entfernter wohnen u. s. w., in Bewegung setzen will. Nun gehören jetzt so viele, selbst kleine Leute dem Kaufmannsstande an, solch eine Masse von Sachen sind jetzt Handelssachen im Sinne des Handelsgesetzbuchs, daß es sehr unzweckmäßig und dem Verkehrsleben total zuwider wäre, wenn man bestimmte: auch die kleinste Handelssache muß den weitläufigen Apparat, der mit dem Handelsgericht verbunden ist, durchmachen und kann also nur an den Orten erledigt werden, die so bedeutend sind, daß man dort ein Handelsgericht konstituiren kann. Ich meine, solche kleine Sachen unter 100 Thaler gehören nicht vor das Handels-, sondern vor das Einzelgericht. Daß für das ganze Rechtsleben daraus ein Schaden erwachsen sollte, wie Herr Advokat Mayersohn befürchtet, das vermag ich nicht zu erkennen, ebensowenig wie ich seine prinzipiellen Bedenken überhaupt theile. Jede Sache kann von prinzipieller Bedeutung sein, so daß die Art ihrer Entscheidung mit allgemeinen Grundsätzen in Conflikt kommen kann. Das darf aber nicht hindern, eine Sache nach ihrem vermögensrechtlichen Werthe zu taxiren, wenn über die Zutheilung derselben an den Einzelrichter oder an ein Collegialgericht bestimmt werden soll.

Amtsrichter **Rasch** aus Weener: Ich vertrete auch den Standpunkt, daß man bei Handelssachen unterscheiden muß Sachen von geringerem und von höherem Werthe und daß man jene sehr wohl den Amtsgerichten überweisen kann. Man wird damit nicht das Prinzip, das Handelsgericht über Handelssachen entscheiden zu lassen, brechen. Was die Zweckmäßigkeit der Ueberweisung von Handelssachen geringerer Bedeutung an die Amtsgerichte betrifft, so nehme ich außer den bereits hervorgehobenen Gründen der rascheren Erledigung noch den Grund für meine Ansicht in Anspruch, daß bei geringeren Handelssachen das Vermittelungsamt des Richters wichtig ist, und eben vom Amtsrichter in besserer und wirksamerer Weise ausgeübt werden kann, wie bei dem Collegialgericht. Dieser Grund trifft meiner Meinung nach auch für die erst discutirte Frage der Ueberweisung der Viehhändel an das Amtsgericht zu.

Rechtsanwalt **Disse** aus Brake: Der bekannte preußische Jurist Förster macht in Bezug auf das Civil- und Handelsrecht einmal die Bemerkung, daß es bedenklich und für die Rechtsentwickelung nicht ein günstiges Zeichen wäre, daß sich ein besonderes Handelsrecht abgezweigt hätte, und er scheint der Ansicht zu sein, daß das Handelsrecht sich nicht als Species weiter entwickeln könne. Wenn das in Bezug auf das civile materielle Recht gilt, so bin ich der Ansicht, daß wir nicht dafür stimmen, daß sich im Civilverfahren in dieser Weise ein Specificum bilde, und daß wir, soweit möglich, das allgemeine Verfahren auch auf Handelssachen anwenden.

Amtsrichter **von Cöln** aus Sulingen: Ich bitte Sie, m. H., nicht zu übersehen, daß die Handelsgerichte als außerordentliche Gerichte über gewisse Fragen nicht werden urtheilen können, ob z. B. Der oder Der Erbe ist. Derlei Fragen werden dem Civilgericht überwiesen werden müssen. Wenn Sie nun alle kleinen Sachen den Handelsgerichten vorbehalten, so kommen Sie bei einem Gegenstand von 5 Thlr. dahin, die Frage wieder zu trennen und wenn z. B. die Frage auftritt: ist der Eine oder der Andere Erbe? — die Sache wieder an das Collegialgericht zur Entscheidung zu verweisen.

Advocat **Mayersohn**: Ich glaube, die Hauptopposition hat sich gegen meinen Antrag gebildet, weil man von der Bildung der Handelsgerichte und von der Praxis an solchen, wie ich sie im Auge habe, nicht den richtigen Begriff zu haben scheint. Das Verfahren ist bei unseren Handelsgerichten gerade das schnellste, weit schneller als das vor den Amts- oder Einzelgerichten. Auch hat das Verfahren gezeigt, daß unsere Handelsgerichte nichts weniger als überhäuft sind. Obgleich sehr viele Gegenstände, wie vorhin ganz richtig bemerkt wurde, die früher nicht Handelssachen waren, jetzt als Handelssachen betrachtet werden, so sind unsere Handelsgerichte doch nicht mit Arbeiten überladen.

Was die Viehhändel anlangt, so gehören nach meiner Ansicht nur jene Viehhändel vor das Handelsgericht, welche von und mit Handelsleuten abgeschlossen worden sind. Die übrigen sind an das Civilgericht zu verweisen. Ich empfehle Ihnen nochmals, alle Handelssachen an das Handelsgericht zu verweisen.

Advocat Dr. **Geiger**: Die beiden H. Vorredner haben die speziellen Verhältnisse ihrer Heimath uns vorgeführt, der Eine die aus dem Rheinland, der Andere die aus Bayern. Das ist höchst interessant, aber nicht für unsere Entschließung entscheidend. Prinzipiell von Bedeutung kann für uns nur die Frage der schnellen summarischen Verhandlung und Entscheidung sein, und diese gewährt uns allein das amtsgerichtliche Verfahren, da das Handelsgericht meistentheils entfernter liegt. Der Entwurf verlängert darum die amtsgerichtliche Frist von 24 Stunden für die Handelsgerichte auf 3 Tage. Eine andere Bestimmung enthält der Entwurf nach meiner Ansicht nicht. Unser deutsches Handelsgericht kann nach dem Entw. auch wohl über die Echtheit von Urkunden entscheiden, ebenso wie das Landgericht. Auch bezüglich der sofortigen Vollstreckbarkeit des Urtheils ist kein Unterschied vorhanden, und sprechen darum blos die Grundsätze der Billigkeit und der Schnelligkeit des Verfahrens dafür, daß wir beschließen, daß Sachen unter 100 Thlr., auch wenn sie handelsgerichtlicher Natur sind, dem Amtsgericht zuzuweisen sind.

Präsident Dr. **Drechsler**: Die Frage ist nun wohl genügend discutirt. Ich will nur noch eine historische Bemerkung machen. Der norddeutsche

Prozeßentwurf behandelte die Handelssachen nicht verschieden von sonstigen vermögensrechtlichen Ansprüchen, wies also die Handelssachen unter 100 Mark, damals 150 Mark, vor die Einzelrichter. Das Verfahren vor den Amtsgerichten ist aber dasselbe nach dem norddeutschen, wie nach dem neusten deutschen Entw., auch in Bezug auf die Vollstreckbarkeit des Urtheils ist kein Unterschied.

Bezüglich der Handelssachen will der deutsche Entw. Ueberweisung an das Handelsgericht ohne Rücksicht darauf, ob es Bagatellsachen sind oder nicht. Man dachte sich aber bei dieser Bestimmung die Organisation der Handelsgerichte anders. Wenn man die Handelsgerichte organisirt wie in Deutschland, z. B. in Hamburg und in Leipzig, mit einem oder mehreren rechtsgelehrten Richtern, und der Schwerpunkt der Entscheidung bei diesen liegt, dann hat es nicht viel auf sich, ob man Bagatellsachen dem Einzelrichter oder dem Handelsgericht zuweist. Aber wenn man sich die Handelsgerichte denkt, wie in Frankreich, lediglich aus Kaufleuten bestehend — und die Herren vom Rheinlande gingen davon aus, sie wollten die Handelsgerichte zunächst so behalten, wie sie jetzt wären, — so ist das wieder eine Betheiligung des Laienelementes an der Rechtspflege. Daß man diesen Handelsgerichten dort möglichst Alles, was Handelssache ist, zuweist, das versteht sich von selbst. Dies nur zur Erläuterung des Standpunktes! Der norddeutsche Prozeßentw. hatte schon die Gerichtsorganisation angedeutet in ihren Grundzügen und ausdrücklich gesagt: Das Handelsgericht besteht aus einem rechtsgelehrten Richter und 2 Kaufleuten. Der deutsche Entw. läßt das noch im Dunkeln. Von der Gerichtsorganisation wissen wir noch nichts. Also ist die Beantwortung dieser Frage immer zweifelhaft. Ich kann jetzt also wohl zur Abstimmung schreiten.

Diejenigen Herren, welche die Handelssachen auch dann, wenn der Anspruch unter 300 Mark beträgt, den Handelsgerichten zuweisen wollen, also mit anderen Worten, welche alle Handelssachen den Handelsgerichten zuweisen wollen, bitte ich, sich zu erheben.

(Geschieht.)

Es ist die Minderheit, und hat damit die Majorität entschieden, daß es bleiben solle bei dem Vorschlag des norddeutschen Entwurfs. Es würde jetzt also heißen:

„Der Competenz des Einzelrichters sind zuzuweisen alle vermögensrechtlichen Ansprüche unter 300 Mark."

Wir kommen jetzt auf die Frage der Prorogation. Dieser Punkt ist von dem H. Correferenten beanstandet. Die preußische, hannöversche, norddeutsche und deutsche Gesetzgebung gestatten sämmtlich die Prorogation, und, wenn ich mich recht erinnere, war der durchschlagende Grund der: Ich kann den Einzelrichter zum Schiedsrichter wählen; weshalb nicht auch gewissermaßen zum Schiedsrichter in der Form der Prorogation?

Wir können hier wohl gleich abstimmen. Die Competenz des Einzelrichters soll ohne Rücksicht auf den Streitgegenstand die durch Prorogation an ihn gelangenden vermögensrechtlichen Ansprüche umfassen; also Freiheit der Prorogation! Diejenigen Herren, die die Prorogation ausschließen wollen, bitte ich, sich zu erheben.

(Geschieht.)

Es ist die Minderheit.

Wir kämen jetzt zu den Einzelheiten. Zu Punkt 4 beantragt der H. Referent

> mit Rücksicht auf die besonderen Arten des Verfahrens sind den Einzelgerichten zuzuweisen:
>
> 1) die Erlassung von Arresten und einstweiligen Verfügungen.

Dies wird, wie es scheint, von Niemandem beanstandet.

> 2) soll ihm zugewiesen werden die Beweisaufnahme zum ewigen Gedächtniß.

Der H. Correferent hat das Wort.

Correferent Dr. **von Kißling**: Ich habe mich dagegen ausgesprochen und beantragt, daß die Beweisaufnahme zum ewigen Gedächtniß oder die Sicherung des Beweises, wie es in der neuen Prozeßordnung heißt, dem Einzelrichter nur in den Sachen zustehen soll, in welchen er competent ist, oder die sehr dringender Natur sind.

Obertribunalsrath **Struckmann**: Ich möchte mich nur ganz kurz gegen den H. Correferenten äußern. Die Gründe, die von dem H. für die Beschränkung angeführt worden sind, daß der Amtsrichter in wichtigen Sachen nicht so geeignet sei, derartige Beweisaufnahmen vorzunehmen, scheinen nicht durchschlagend zu sein. Es handelt sich bei derartigen Beweisaufnahmen nicht um die Entscheidung wichtiger Streitfragen, sondern meist um Vernehmungen von Zeugen oder Sachverständigen, um Besichtigungen und dergl., und ich glaube, daß der Einzelrichter dazu ebenso geeignet ist, ja geeigneter als das Collegialgericht. Außerdem möchte es oft schwierig sein, ehe der Prozeß begonnen hat, die Competenz festzustellen. Es wird sich sehr häufig erst aus den Vernehmungen der Zeugen und der Sachverständigen selbst ergeben, wie hoch das Streitobjekt sich beläuft. Es würden daher unangenehme Vorstreitigkeiten sehr leicht entstehen können, die sich vermeiden lassen, wenn man ohne Rücksicht auf den Werth die Beweisaufnahme zum ewigen Gedächtniß dem Einzelrichter überweist.

Stadtsyndicus **Albrecht**: Ich möchte auch noch den einen Grund bekämpfen, der von dem Herrn Correferenten angeführt wurde, daß nämlich der betreffende Richter thunlichst hinterher bei Entscheidung der Sache noch zur Mitwirkung käme. Aber ich glaube, darauf können wir uns nicht verlassen; denn ob die Personen noch dieselben sind, die jetzt zufällig im Gerichte sind, das sind doch so ungewisse Sachen, daß man sich darauf nicht verlassen kann, und ob die Sache dringend ist oder nicht, wird immer sehr schwer zu entscheiden sein. Das ist aber die ganze Grundlage des Beweises zum ewigen Gedächtniß: eine dringliche Aufnahme schon vor dem wirklichen Anfang des Prozesses; und wenn der Herr Correferent sagt, in dringenden Fällen soll das Amtsgericht unbeschränkt sein, so ist einzuwenden: ja dringlich werden alle Sachen sein, wo man die Beweisaufnahmen zum ewigen Gedächtnisse verlangt.

Correferent Advocat **von Kißling**: Ich stehe eben auf einem ganz anderen Standpunkt bezüglich der Beweisaufnahme zum ewigen Gedächtniß, als die beiden Vorredner. Ich gehe nicht davon aus, daß dieselbe dann blos zuläßig sein sollte, wenn sie dringlich ist, sondern ich habe dieselbe aus meinen praktischen Erfahrungen für sehr ersprießlich gefunden auch in solchen Fällen, wo es nicht dringlich ist, den Beweis aufnehmen zu lassen, bevor man in den Prozeß eintritt. Es hat sich unsere Praxis, besonders die Judicatur der höheren Gerichte dahin ausgebildet, daß, wenn eine Parthei einfach angibt, sie befürchte das Beweismittel zn verlieren, ohne weitere Bescheinigung diese Sicherung des Beweises bereits eintritt, und ich glaube, die Zukunft wird uns besonders im mündlichen Verfahren, wo soviel darauf ankommt, daß der Thatbestand sicher gestellt wird, dahin bringen, daß wir die Beweisaufnahme zum ewigen Gedächtniß auch in nicht dringlichen Fällen ansuchen und zulassen, und darum war ich dafür, daß man in den Fällen, in welchen die Competenz des Collegiums sicher ist, den Collegialrichter oder den richterlichen Commissar des Collegiums damit beauftragt. Es handelt sich dabei nicht um Entscheidungen, aber doch um verschiedene Fragen, bei deren Lösung ganz besondere juristische Fachkenntnisse nothwendig sind, so bei den Handelssachen. Es ist auch ganz sicher, daß in sehr vielen Fällen es nicht dieselben Personen mehr sein werden, welche zu entscheiden haben, oder daß die Personen, die den Beweis aufgenommen, bei der Entscheidung nicht mitwirken. Das ist auch nur ein Nebengrund für meine Auffassung. Die Hauptsache war, daß ich meine, daß der Einzelrichter nur ausnahmsweise beschäftigt werden soll in Prozeßfragen, daß ich überhaupt den Einzelrichter als Ausnahmerichter ansehe und soviel als möglich alle Streitigkeiten, sowohl Entscheidungen als Beweisführungen, vor das Collegium verwiesen haben will.

Präsident Dr. **Drechsler**: Wenn der Herr Correferent unter dieser Beweisaufnahme zum ewigen Gedächtniß jede Constatirung versteht, die begehrt werden darf, z. B. auf Grund verschiedener Artikel des Handelsgesetzbuchs, dann hat die Partei ein Recht auf Constatirung (z. B. ob Güter beschädigt sind oder nicht) und sie ist dann wol auch befugt, sich an den ersten Richter zu wenden, der zu haben ist. Sie, Herr Correferent, müssen dies vor allen Dingen zugeben, wenn Sie sagen: ich will den Parteien das Recht geben, immer konstatiren zu lassen, auch wenn gar keine Dringlichkeit da ist. Hier dagegen soll ausgesprochen werden, daß der Amtsrichter berechtigt sein soll, in dringenden Fällen, wo Gefahr im Verzug ist, die Sachlage zu konstatiren.

Correferent Advokat v. **Kißling**: Ich bin damit einverstanden und ziehe, um Mißverständnisse zu verhindern, meinen Antrag zurück unter der Bedingung, daß man sagt: „Die Beweisaufnahme zum ewigen Gedächtniß in dringenden Fällen."

Präsident Dr. **Drechsler**: Das ist eben die Voraussetzung nach dem Entwurf.

Correferent Advokat v. **Kißling**: Das habe ich nicht so aufgefaßt, sondern nur für zufällig gehalten. Der Entwurf drückt sich ganz anders aus. Trotzdem ziehe ich meinen Antrag zurück.

Präsident Dr. **Drechsler**: Ich kann nun annehmen, daß die Abtheilung die Erlassung von Arresten und einstweiligen Verfügungen, sowie die Beweisaufnahme zum ewigen Gedächtniß dem Einzelrichter zuweist.

Ferner sollen ihm zugewiesen werden:

3) das Mahnverfahren,

4) der Sühneversuch in Ehesachen,

5) die Zwangsvollstreckung.

Darüber ist wohl keine Verschiedenheit der Ansichten.

Nun hatte der Herr Referent noch beantragt, daß das Amtsgericht zuständig werde durch Beauftragung und Ersuchen Seitens des höheren Gerichts zu Vergleichsversuchen und zur Beweisaufnahme im Allgemeinen und hinsichtlich einzelner Beweismittel.

Wenn der Herr Referent nichts dagegen hat, so glaube ich, lassen wir dies, um nicht zu sehr in die Details zu kommen, fallen.

(Der Referent erklärt sich damit einverstanden.)

Ferner ist beantragt:

„Es hat das Amtsgericht bei dem Aufgebotverfahren und bei den Schiedsgerichten mitzuwirken, namentlich in Sachen unter 300 Mark."

„Aufgebotverfahren" soll wohl soviel als „Amortisationsverfahren" heißen?

(Der Referent bestätigt dies.)

Obertribunalsrath **Struckmann**: Ich würde hier den Standpunkt des norddeutschen Gerichtsverfassungsgesetzes für den richtigen halten und die Worte „namentlich unter 300 Mark" streichen.

Präsident Dr. **Drechsler**: Der Beschluß würde dann also lauten:

„Die Competenz des Einzelrichters umfaßt:

6) Das Aufgebotsverfahren zum Zwecke der Amortisation von Urkunden."

Das „Schiedsgericht" lassen wir hier wohl fallen. Das ist eine Frage der Politik, ob man überhaupt gestatten will, einen Richter zum Schiedsrichter zu ernennen anders als in Fällen der Prorogation.

Da die Abtheilung sich mit der jetzigen Fassung des Beschlusses unter 6) einverstanden erklärt, so gehen wir nun auf die früher discutirte Frage zurück: Wollen Sie, daß in Bagatellsachen, d. h. in Sachen bis 100 Mark oder 50 Gulden ein besonderes abgekürztes Verfahren mit Beschränkung der Rechtsmittel vor dem Einzelrichter stattfinde?

Der Herr Correferent hat das Wort.

Correferent Advokat v. **Kißling**: Ich muß meinen früheren Antrag jetzt umsomehr aufrecht erhalten, als durch Beschluß der Abtheilung festgestellt ist, daß durch freiwillige Prorogation der Einzelrichter auch in Sachen von höchstem Werthe competent sein kann. Allerdings könnte man sagen: Ja, wenn Jemand freiwillig auf den Amtsrichter prorogirt, dann wählt er auch das Verfahren. Wenn man aber solch ein Verfahren einführt, wie es die Herren vorausgesetzt haben, die der Meinung sind, daß Alles, was dem Einzelrichter zusteht, als Bagatellsache zu behandeln ist, könnte man die Prorogirenden in große Gefahr setzen, da sie nicht ermessen, welches Recht sie durch die Prorogation aufgeben, und sicher nicht Willens sind wirklich sehr wichtige prozessualische Rechte und damit auch materielle Rechte aufzugeben. Man könnte sagen: Wenn Jemand prorogirt, weiß er, was er thut und überlegt Alles. Allein es wird Ihnen Allen aus der Praxis bekannt sein, daß solche Prorogationen von den Parteien eingegangen werden ohne weitere Ueberlegung. Mir ist es vorgekommen, daß die Leute sich dem und dem Richter unterwarfen, ohne zu denken, daß die Sache einmal streitig sein und eine Rechtsentscheidung nothwendig sein wird. Darum möchte ich, nachdem wir auch sämmtliche Mieths- und Räumungssachen dem Einzelrichter überwiesen haben, umsomehr dafür sein, daß wir theils zur Entlastung des Einzelrichters, theils damit es möglich ist, für die übrigen

Sachen ein etwas formelleres, mit allen Rechtsmitteln ausgestattetes Verfahren vor dem Einzelrichter zu verschaffen, ein besonderes für geringfügige Sachen festsetzen. Für diese Bagatellsachen kann ich das Verfahren, wie es unser österreichisches Gesetz vom 7. April 1873 regelt, vorschlagen, welches besonders auf dem Grundsatze beruht, daß das Verfahren durchaus mündlich ist ohne irgend welche vorbereitende Schriftsätze, daß die freie Beweisprüfung der Parteien und nur schließlich lediglich aus prozessualischen und formellen Gründen die Nichtigkeitsbeschwerde eintritt.

Präsident Dr. **Drechsler**: Es tritt nun im Gegensatz zum Bagatellverfahren, wie es Herr Dr. v. Kißling vorhin schilderte, das Verfahren vor dem Einzelrichter nach den Vorschriften des Entwurfs, wonach kein Anwaltszwang besteht, wo vorbereitende Schriftsätze nicht nothwendig aber zulässig sind und eine Protokollirung alles Verhandelten nicht stattfindet, sondern dem Ermessen des Richters überlassen ist, wieviel geschrieben werden soll. Diesem ganz laxen Verfahren des Entwurfs steht das abgekürzte Verfahren des österreichischen Gesetzes gegenüber. Ich habe vorhin keine Einwendungen gehört, welche mich befürchten ließen, daß Jemand das Verfahren des neuesten Entwurfs im Allgemeinen nicht billigt. Das Verfahren ist dort ja nur in so allgemeinen Grundrissen vorgezeichnet, daß es bei dem Einzelrichter und dem Handelsgericht in freiester Form sich bewegen kann. Wenn die Abtheilung dieser Ansicht sich anschließt und annimmt, daß dies Verfahren im Allgemeinen Billigung verdient und sachgemäß ist, so ist ferner — und wir haben es hier zunächst mit dem Verfahren in erster Instanz zu thun — zu fragen, ob für Bagatellsachen ein besonderes Verfahren erster Instanz vor dem Einzelrichter eintreten soll.

Dafür entscheidet sich nur die Minderheit der Abtheilung, und würde daher die Ansicht des Herrn Referenten bestehen bleiben.

Der Herr Referent billigt sodann die Vorschriften des neuesten Entwurfs über die Gestattung der vollen Appellation.

Und das ist ein Punkt von größter Wichtigkeit, ob das Gesetz nun auch für das Verfahren vor dem Einzelrichter die vollen 2 Instanzen zulassen will. Wir wissen noch nicht, wie die Competenz bestimmt werden wird. Vielleicht wird die Bestimmung lauten: Von jedem Urtheil erster Instanz geht die Appellation an das Appellationsgericht der Provinz, also ohne alle Beschränkung. Ich weiß nicht, ob die Abtheilung diesen Punkt mit Stillschweigen übergehen will. Nöthig haben wir nicht, darüber uns auszusprechen. Ich würde nicht auf denselben eingehen.

Obertribunalsrath **Struckmann**: Ich möchte auch, daß diese Worte wegfielen.

Präsident Dr. **Drechsler**: Wenn die Abtheilung also nicht widerspricht, so würde dieser Passus einfach lauten:

„3) seien die Bestimmungen des 1872er Entwurfs über das Verfahren bei dem Einzelrichter im Allgemeinen zu billigen."

(Referent wird ersucht, über die von der Abtheilung in der heutigen Sitzung gefaßten Beschlüsse in der Plenarsitzung zu berichten.)

(Schluß der Sitzung gegen 2 Uhr Nachmittags.)

Zweite Sitzung der vierten Abtheilung am 29. August 1873.

(Beginn der Sitzung: 9 Uhr Vormittags.)

Nach Eröffnung der Sitzung wird zur Wahl der 10 Vertrauensmänner geschritten, welche die Mitglieder der ständigen Deputation zu wählen haben: Stadtsyndikus Albrecht, Ober-Tribunalsrath Struckmann, Obergerichts-Assessor Westerkamp, Justizrath König, Dr. Heinsen, Advokat Mayersohn, Rechtsanwalt Makower, Präsident Kühne, Dr. v. Kißling und Fiskal Jung.

Präsident Dr. **Drechsler**: M. H., die heutige Tagesordnung führt uns zunächst zur Berathung einer schon auf dem Frankfurter Juristentage vielbesprochenen Frage:

> Ist es angemessen, daß durch die Subhastation sämmtliche auf dem subhastirten Grundstücke ruhenden Hypotheken fällig werden?

Die ständige Deputation hat mir das Referat übertragen. Ich bitte deshalb den Herrn Vicepräsidenten Albrecht, den Vorsitz zu übernehmen.

Vicepräsident Stadtsyndikus **Albrecht**

(übernimmt das Präsidium).

Referent Reichsoberhandelsgerichts-Vicepräsident Dr. **Drechsler**: Meine Herren, die Frage, die uns heute beschäftigt, ist auf dem vorigen Juristentage in Frankfurt bereits auf das Gründlichste berathen worden. Es wurde der Beschluß gefaßt, die schließliche Erklärung der Abtheilung auszusetzen, weil einige besondere Bedenken entstanden gegen die erstatteten Gutachten. Es ist vielleicht dem Umstande zuzuschreiben, daß ich derjenige war, der diese Bedenken erhob, der mir nun die Ehre giebt, diese Bedenken etwas näher auszuführen und zu begründen. Ich will Sie aber, und namentlich die Herren, welche auf dem Frankfurter Juristentage nicht gegenwärtig waren, vorher nur mit wenigen Worten auf den Stand der Sache hinführen. Die Frage ist so gestellt:

Ist es angemessen, daß durch die Subhastation sämmtliche auf dem subhastirten Grundstücke ruhenden Hypotheken fällig werden?

Es lagen zwei Erachten vor, ein Erachten des Herrn Ober-Tribunalsrathes Struckmann und eins des Herrn Advokat Dr. Johanny in Wien. Beide Erachten stimmen darin überein, daß sie vorschlagen, die Frage zu bejahen, also das zu adoptiren, um es kurz zu bezeichnen, was jetzt in Preußen und den meisten deutschen Territorien Rechtens ist. Der frühere Referent, Herr v. Kißling, war anderer Meinung, wahrscheinlich bewogen durch Erfahrungen, die er in Oesterreich gemacht hat; er machte umgekehrt den Vorschlag, es zu genehmigen, daß nur diejenigen Hypotheken fällig werden durch Verkauf des Grundstücks im Subhastationsverfahren, welche durch den erzielten Kaufpreis nicht gedeckt werden, daß also die übrigen Hypotheken stehen bleiben, ohne daß es erst von einer Vereinbarung der Gläubiger mit dem Ersteher des Grundstücks abhängt, ob die Auszahlung der Hypotheken geleistet werden soll oder nicht, daß insbesondere also zu berücksichtigen sei das Recht der Gläubiger und ihr Verhältniß zum Grundstück, daß also z. B., wenn der Gläubiger an sich nicht berechtigt wäre, seine Forderung schon jetzt geltend zu machen, der Verkauf des Grundstücks ihm ein Recht, früher seine Forderung beizutreiben, nicht geben sollte. Der Grundunterschied beider Anschauungen liegt darin, daß Herr Struckmann und die Anhänger seiner Meinung der Ansicht sind, daß durch den Verkauf im Zwangsverfahren dieselbe Wirkung herbeigeführt werden, die man sonst, um es kurz zu bezeichnen, gemeinrechtlich dahin formulirt hat, daß durch den Konkurs alle Forderungen der Gläubiger fällig werde, gleichviel, ob sie sonst zur Fälligkeit gediehen sind oder nicht, namentlich auch alle betagten, alle bedingten Forderungen. Herr Struckmann hat in seinem Erachten selbst anerkannt, daß es große Bedenken habe, diese Folge auszusprechen, daß das Interesse der Gläubiger und des Schuldners durch die Art und Weise, wie jetzt die Subhastationen geordnet sind, gewiß in einiger Weise geschädigt wird, insofern durch den jetzigen Modus des Verkaufs die Concurrenz der Bieter beschränkt wird, also nicht derjenige Preis erzielt wird, der sonst bei anderer Regulirung der Sache zu erzielen wäre. Er ist aber der Meinung, daß es unmöglich sei und mindestens zu den größten Verwickelungen führen werde, wenn die Gesetzgebung andere Normen vorschriebe, wenn die Gesetzgebung es gestatte, die Verhältnisse so zu ordnen, daß die Gläubiger bezüglich ihrer Forderungen auch dem neuen Erwerber des Grundstücks gegenüber dieselbe

Stellung behalten, die sie dem bisherigen Eigenthümer gegenüber hatten. Diese Ansicht beruht im Wesentlichen darauf, daß der Verkauf geschieht jure pignoris, daß durch den Verkauf das Pfandrecht erlösche, weil es ausgeübt werde, daß man jetzt nicht mehr davon sprechen könne, wie es die Meinung nach dem römischen Rechte ist, daß den Verkauf blos der prior creditor mit der Wirkung vornehmen dürfe, daß die Hypotheken erlöschen. Die Deductionen, die auf den Verkauf jure pignoris sich gründen, führten dahin, daß von einem Bestehenbleiben der Hypotheken, wenn einmal der Verkauf jure pignoris vorgenommen ist, nicht die Rede sein könne. Das ist besonders der Grund, der Herrn Dr. Johanny bestimmte zu sagen, durch den Verkauf jure pignoris erlischt das Pfandrecht; denn causa pignoris est finita. Dr. Struckmann giebt zu, daß nicht ohne Weiteres zu behaupten wäre, daß diese Folge unausbleiblich sei, also eine Rechtskonsequenz wäre, und in dieser Anschauung muß ich Herrn Struckmann beitreten. Ich bin sogar der Meinung, daß, wie das Hypothekenrecht am Grund und Boden sich durch die neuesten Hypothekenordnungen entwickelt hat, von einem eigentlichen Pfandrecht nach römischer Auffassung nicht mehr die Rede sein kann. Es kommt nicht mehr vor, oder wenigstens höchst selten, nur ganz ausnahmsweise, in einzelnen Hypothekenordnungen, daß der Gläubiger selbst das Verkaufsrecht ausübt. Ja, es ist nicht einmal erforderlich, daß der andrängende Gläubiger überhaupt eingetragen ist in's Hypothekenbuch, daß er eine Hypothek am Grundstück habe; jeder Gläubiger, auch der chirographarische, kann zur Befriedigung seiner Forderung das ganze Vermögen angreifen. Er kann, wenn das Mobiliarvermögen des Schuldners nicht ausreicht, die Subhastation seiner Grundstücke erwirken, und es ist von vielen Hypothekenordnungen nicht einmal für erforderlich erachtet, daß er vorher ins Hypothekenbuch eingetragen werde. Es ist also das Recht des Gläubigers, welches durch Eintragung gesichert wird, jetzt nicht mehr mit dem vollen Rechte des jus pignoris bekleidet, es ist nach meiner Auffassung das jetzige Recht des Gläubigers nichts mehr als das Recht, Befriedigung aus dem Kauferlöse an bestimmter Stelle zu erlangen, wenn es zum zwangsweisen Verkaufe kommt. Die Hypothek oder Grundschuld sichert eine bestimmte Summe in einem Grundstück an bestimmter Stelle, aber auch nur an dieser bestimmten Stelle, und wenn es demnächst zum Verkaufe des Grundstücks kommt, um den zwangsweise andringenden Gläubiger zu befriedigen, dann ist die Folge nur die, daß bei Vertheilung des Kaufgeldes nunmehr das Recht des Gläubigers realisirt wird. Es ist also nicht zu behaupten, daß die Rechtskonsequenz es erfordert, daß durch den Verkauf schon ohne Weiteres die Hypotheken fällig werden, daß die Hypotheken erlöschen, um mich richtiger auszudrücken. Ich setze nun aber bei meiner ganzen folgenden Entwickelung voraus, daß diejenigen Rechte bei unserer Frage ganz außer Betracht bleiben, welche ein entwickeltes Hypothekensystem nicht haben. Es ist ganz unmöglich die Frage zu beantworten, ob nach allen in Deutschland geltenden Rechten die Wirkung eintreten müsse, daß durch den Verkauf im Wege des Zwangsverfahrens Hypotheken erlöschen. Ich gehe dabei davon aus, daß in den meisten Territorien, namentlich auch jetzt in Preußen durch die neue Gesetzgebung, das Hypothekenwesen so geordnet ist, daß eine wirkliche Spezialität und Publicität der Hypotheken gesichert erscheint, also das Recht an Grundstücken nur durch Eintragung ins Hypothekenbuch erlangt wird, außerdem, daß Hypotheken nur in bestimmter Summe eingetragen werden und die Feststellung des Betrags, für welchen das Grundstück jedem einzelnen Gläubiger haftet, genau geordnet ist, insbesondere das Zinsmaximum und die Zinsrückstände, welche die Priorität des Kapitals behalten. Wenn das Grund- und Hypothekenrecht so geordnet ist, daß die Eintragung nur gewährt ein Recht an bestimmter Stelle zur Befriedigung zu gelangen, wenn außerdem durchaus jedes Grundstück mit bestimmter Summe verschrieben ist, und wenn feststeht, wie lange die Zinsrückstände die Priorität des Kapitals haben, dann läßt sich ohne Weiteres und ohne alle Schwierigkeit in allen Fällen feststellen, bis zu welchem Betrage für die eingetragenen Rechte mit den Accessorien zu einem bestimmten Zeitpunkte, also hier dem Zeitpunkte des Verkaufs des Grundstücks, das Grundstück belastet ist. Es wurden in Frankfurt zwei Bedenken geltend gemacht, einmal, es wäre das Verhältniß der Correalhypotheken gar nicht zu ordnen, wenn man den Satz festhalte, daß durch den Verkauf nicht sämmtliche Hypotheken erlöschen sollten. Ja, m. H., wenn Sie überhaupt Correalhypotheken in unbeschränkter Weise zulassen, dann haben Sie den Grundsatz der Spezialität der Verpfändung nicht durchgeführt. Correalhypotheken werden sich nicht vermeiden lassen in Ländern, wo der Grundbesitz in hohem Grade getheilt ist, aber es ist eine Eintragung von Correalhypotheken correcterweise nur so möglich, daß feststeht, für welche Summe jedes einzelne Grundstück an der Hypothek betheiligt ist. Bedingte Forderungen, wurde ferner gesagt, würden nur berücksichtigt werden können, wenn der Verkauf sämmtliche Hypotheken fällig machte. Für bedingte Forderungen ist nach dem Systeme, wie ich vorschlage, nichts weiter zu thun, als eine Summe offen zu halten, und es zeigt sich nachher, wenn die Bedingung eintritt oder nicht eintritt, ob die Gläubiger einen Anspruch haben oder nicht, ob also diejenige Summe, die reservirt ist, die ganz feststeht — ich habe vorhin gesagt, jede Forderung, auch die Cautionshypothek, das ist für bedingte Hypotheken der Hauptfall, muß gleich mit einer bestimmten Summe eingetragen sein — ob diese Summe den Gläubigern zukommt; denn die nachstehenden Gläubiger rücken nicht auf, haben also keinen Anspruch darauf. Was zu zahlen ist, würde dem Schuldner zukommen. Es haben die Gläubiger an sich aus der Eintragung gar nicht das Recht, aufzurücken, wenn auch vor ihren eingetragenen Forderungen andere ausgefallen sind, so lange letztere nicht im Buche vollständig gelöscht sind. Das Prinzip ist: Erwerb des Rechts nur durch Eintragung, und Erlöschen des Rechts nur durch Tilgung im Buche. Wenn nun die Verhältnisse in den meisten deutschen Staaten wenigstens annähernd so liegen, wie ich sie geschildert habe, dann hat es keine Schwierigkeit, den Grundsatz auszusprechen: Es ist nicht nothwendig, daß die Hypotheken durch zwangsweisen Verkauf fällig werden; es ist nicht wünschenswerth, daß sie fällig werden, weil dies weder dem Interesse der Gläubiger noch dem des Schuldners entspricht. Es kommt blos darauf an, die Verkaufsbedingungen im Subhastationsverfahren, welches unter der Leitung des Subhastationsrichters vollzogen wird, so zu ordnen, daß die Sicherung der Realisirung des Kaufs in thunlichst wenig kostspieliger Weise erreicht wird. Ist das geschehen, sind die gesetzlichen Normativbestimmungen festgestellt, welche den Verkauf im Wege des Subhastationsverfahrens ordnen, worüber ich gleich einige Gesichtspunkte angeben werde, dann wird jedenfalls das Resultat erreicht, daß insbesondere bei großen Grundstücken die Zahl der Konkurrenten sich vermehrt, daß im gemeinsamen Interesse der Gläubiger und des Schuldners ein thunlichst hohes Gebot erreicht wird, und das ganze Verfahren sich schnell und wenig kostspielig regulirt. Ich meine, ungefähr folgende Bedingungen würden als angemessene Normativbedingungen anzusehen sein. Es muß der Verkauf so geordnet werden, daß nur Bieter, welche die Garantie ihrer Solvenz geben, den Zuschlag erhalten. Nach dem jetzigen preußischen System ist man der Meinung, es ließe sich eine solche Sicherung nur dadurch erreichen, daß dem Käufer auferlegt werde, sofort beim Zuschlage, der nach preußischem Rechte das Eigenthum an dem Grundstück giebt, den ganzen Kaufpreis zu zahlen, und dann, wenn er dieser Verpflichtung nicht nachkommt, zu einer weiteren Subhastation geschritten werde, und so fort, bis das Verfahren endlich zu einem Verkaufsresultat führt. Mir scheint dies Verfahren, welches die Abwickelung der Verhältnisse erleichtern soll, und die Konsequenz herbeiführt, daß man nicht gut anders aus der Sache herauskommt, als daß alle Hypotheken fällig werden, vollständig dem Interesse der Gläubiger und des Schuldners zuwiderlaufend zu sein, Es wird auch von Struckmann selbst anerkannt, daß das Resultat ein befriedigendes nicht ist. Dagegen verdient ein anderes System den Vorzug, was hier und da in einzelnen Subhastationsordnungen sich findet: es muß der Verkauf so geordnet werden, daß nur Bieter, welche die Garantie der Solvenz geben, den Zuschlag erhalten. Dann wird als Bedingung des

Zuschlags, also des Zustandekommens des Kaufes, die Bedingung gestellt, daß der Bieter eine Caution leistet, welche verfallen ist, wenn demnächst der Bieter seiner Verpflichtung nicht nachkommt. Diese Caution wird vom Gerichte unter Konkurrenz der Interessenten festgestellt, bei größeren Grundstücken etwa $^1/_{10}$, bei kleineren etwa $^1/_4$ des Kaufpreises, es werden daneben angemessene Zahlungstermine für die weiteren Verpflichtungen des Käufers festgesetzt. Es wird nicht verlangt vom Käufer, daß er sofort den ganzen Kaufpreis zahlt, er bekommt natürlich auch nicht sofort das Eigenthum. Der Zuschlag wird nur angesehen wie ein sonst außergerichtlich zu Stande gekommener Kauf, und an sich ist er auch nichts weiter. Durch den Zuschlag, der ertheilt wird, wird nur konstatirt, daß ein Kauf unter den vorher bekannt gemachten Bedingungen zu Stande gekommen ist. Es würde ja kein Privater ein großes Grundstück verkaufen und als Bedingung die sofortige Zahlung des ganzen Kaufpreises stellen. Mit dieser Bedingung würde dem Verkäufer ein Opfer von 25 Prozent des Kaufpreises angesonnen. Es kann sich nur darum handeln, daß eine im Verhältniß zu dem Grundstück angemessene Summe gezahlt wird, die dem Verkäufer als Sicherung für die Erfüllung der weiteren Verpflichtungen des Käufers haftet und zu seinen Gunsten verfällt, wenn der Käufer wider Erwarten nicht im Stande sein sollte, die Bedingungen zu erfüllen. Er wird dann diese Summe jedenfalls für sich, den Verkäufer, gesichert haben, daß er, wenn er zu einem weiteren Verkaufe schreitet, selbst ein geringeres Gebot annehmen kann. Wie also ein diligens paterfamilias außergerichtlich den Verkauf seines Grundstücks ordnen würde, so soll auch meiner Meinung nach das Gesetz dafür sorgen, daß auch der Verkauf der Grundstücke im Subhastationswege geordnet werde. Daß dies ausführbar ist, zeigen Beispiele und Erfahrungen, die in einzelnen deutschen Ländern gemacht worden sind. Es würde also beim Zuschlage eine Tradition des Grundstücks noch nicht erfolgen, sondern diese würde erst erfolgen, wenn weitere Zahlungen erfolgt sind, wenn etwa die Hälfte des Kaufpreises gezahlt ist, und die Eigenthumsauflassung, die nach diesem System erforderlich ist (nach dem Grundsatze: nur derjenige ist Eigenthümer, der als solcher im Buche steht, es giebt keinen andern Modus der Erwerbung des Eigenthums als die Eintragung ins Grundbuch), also ich sage, die Eigenthumsauflassung würde erst erfolgen, wenn die Verhältnisse vollständig geordnet sind. Es hat die Erfahrung gezeigt, daß wenn Bedingungen dieser Art beim Verkaufe gestellt sind, das ganze Verfahren in der Regel sich rasch erledigt, oft schon nach der ersten Einzahlung. Der Käufer hat ein Interesse daran, möglichst rasch in den Besitz des Grundstücks zu gelangen; die Gläubiger haben das Interesse, ihre Verhältnisse zum neuen Käufer zu ordnen, und es ist die Erfahrung die, daß meist sofort die Anzeige gemacht wird, daß sämmtliche Verhältnisse der alten Hypotheken mit dem neuen Erwerber geordnet sind unter Anrechnung des Kaufpreises, und das gerichtliche Verfahren hat seine Endschaft erreicht. Es ist dies von größter Wichtigkeit, weil es wesentlich beiträgt zur Beschleunigung des Verfahrens und auch zur Verminderung der Kosten; aber um ein solches Verfahren eintreten zu lassen, muß ausgesprochen werden, daß, was übrigens nach preußischem Rechte ohne Weiteres eintritt, die gerichtliche Verfügung der Subhastation ohne Weiteres die Wirkung hat, daß der Eigenthümer jede Disposition über das Grundstück verliert. Es wird dies in der Art ausgeführt, daß die Folien des Grundstücks geschlossen werden, daß also Veränderungen des status quo nicht mehr möglich sind. Es wird weiter zur Sicherung der Gläubiger bei fruchttragenden Grundstücken selbst bis zur Sequestration vorgeschritten. Es hat also die Subhastation vollständig eine ähnliche Wirkung, wie sonst die Eröffnung des Concursverfahrens, aber es ist dabei der weitere Grundsatz festzuhalten, das Verfahren des zwangsweisen Verkaufs darf nicht in das Concursverfahren hineingezogen werden. Es ist das ein Bedenken, was auch im Gutachten geltend gemacht wurde, daß das Subhastationsverfahren im Uebrigen das Schicksal des Concurses zn theilen hätte. Das wäre ganz prinzipwidrig. Das Subhastationsverfahren ist vielmehr für sich durchzuführen, auch wenn über das sonstige Vermögen des Schuldners der Concurs ausbricht während des Verfahrens, oder wenn die Subhastation erst eintritt, nachdem der Concurs ausgebrochen ist, das Falliment begonnen hat. Es ist damit der Grundsatz der Spezialität und der Grundsatz, daß Hypotheken in der That nur Grundschulden sind, die mit den persönlichen Verhältnissen des Schuldners an sich nichts zu thun haben, durchgeführt. Wenn ein Grundstück in dieser Weise zum Verkaufe kommt, wenn das Verfahren durchaus nicht durch das Concursverfahren alterirt wird, dann läßt sich das Verfahren rasch und einfach erledigen. Um nun aber die weiteren Vorbereitungen zur Regelung der Verhältnisse so zu ordnen, als erforderlich ist zu einer raschen Abwickelung der Sache, bin ich der Meinung, daß nach dem hierüber bereits von mir Gesagten man nicht ein Bedenken daraus herleiten kann, daß die Feststellung der Summe, für welche das Grundstück zu haften hat, irgend schwierig ist. Nach dem jetzigen Verfahren wird zum Verkauf eines Grundstücks geschritten, ohne daß feststeht, mit welcher Summe das Grundstück belastet ist. Das ergiebt sich erst nachher in dem nachfolgenden Verfahren, welches in Preußen Kaufgelderbelegungsverfahren heißt. Es ist meines Erachtens gerade umgekehrt vorzugehen. Wie in manchen Subhastationsordnungen bereits vorgeschrieben ist, ist daran festzuhalten, daß bei Grundstücken regelmäßig zwei Verkaufstermine angeordnet werden. Im

Verkaufstermine werden die Bedingungen definitiv festgestellt unter Concurrenz derjenigen, welche durch Intabulation als berechtigt sich nachweisen, und theilnehmen wollen. Es wird ferner schon bis zum ersten Verkaufstermin festgestellt, mit welchen Summen die einzelnen Grundstücke belastet sind, so daß sofort zu übersehen ist, schon nach dem ersten Verkaufstermine, ob ein Ausfall stattfindet und welcher, so daß, wenn in dem demnächstigen zweiten Termin der Zuschlag ertheilt wird, die Regelung der Verhältnisse ganz leicht erfolgen kann. Das einfache Mittel zu erfahren, wie die Belastung sich stellt, ist das, daß ein Extract des Grund- und Hypothekenbuchs dem Subhastationsrichter auf seine Anforderung sofort zugefertigt wird. Dem Hypothekenrichter wird mitgetheilt, daß die Subhastation verfügt ist und der Hypothekenrichter wird ersucht, die Folien zu schließen und einen Extract über die Belastung einzureichen, und es ergiebt sich sofort aus dem Extrate, für welche Summe die Grundstücke haften. Der erste Termin wird zu gleicher Zeit benutzt ur Anmeldung etwa rückständiger Zinsen u. s. w. und die Präklusion trifft die rückständigen Zinsen. So liegt schon im ersten Termin, der zugleich die Bedeutung eines Liquidationstermins hat, vor, für welche Summe das Grundstück verhaftet ist. Auf diese Weise werden zugleich die Gläubiger vom Stand der Sache benachrichtigt. Da sie ein Interesse haben, ein möglichst vortheilhaftes Arrangement für sich zu treffen, so ergiebt sich erfahrungsgemäß, daß die Bieter, welche auf das Grundstück reflektiren, wenn sie Einsicht genommen haben von den Personen, die beim Verkaufe mit interessirt sind, mit diesen schon vorweg sich arrangirt haben, welche Capitalien etwa stehen bleiben oder nicht, und die Verhältnisse ordnen sich dann auf das rascheste. Es ist beispielsweise nicht ein langsameres Verfahren, als in Preußen, in denjenigen Ländern, in denen ein Verfahren der Art, wie ich es geschildert habe, wesentlich besteht. Es wird zum Verkaufe eines Rittergutes im Werthe von 200,000 Thlr. nicht länger als ein Zeitraum von drei Monaten gebraucht, indem regelmäßig innerhalb sechs Wochen der erste Verkaufstermin, der zugleich Liquidationstermin ist, angesetzt wird und der zweite Ueberbottermin wieder innerhalb 6 Wochen folgt. In Preußen dauerte früher das Verfahren viel länger, auch nach der jetzigen Abkürzung glaube ich nicht, daß es weniger Zeit in Anspruch nimmt. Sind solche Normativbedingungen vom Gesetze festgestellt und es ist den Gläubigern und dem Schuldner gestattet, unter Bestätigung des Gerichts in concreten Fällen abzuweichen und z. B. die Zahlungstermine günstiger zu stellen, als das Gesetz zuläßt, oder wenn eine Geldcalamität augenblicklich herrscht, den Verkauf auszusetzen, die Administration etwa noch ein paar Monate fortdauern zu lassen, so wird das Interesse Aller gewahrt und das Resultat erreicht, was doch meiner Ansicht nach das von der Gesetzgebung zu erstrebende Resultat sein muß, daß der höchste Kaufpreis erzielt wird. Es wäre ja möglich, die Verhältnisse so zu ordnen, wie ich es geschildert habe, und doch auszusprechen: durch Verkauf erlöschen sämmtliche Hypotheken. Das würde aber ganz inconsequent sein, das würde den Satz umstoßen, der an die Spitze gestellt werden muß, daß ein Erlöschen der Hypotheken nur geschehen kann durch Tilgung im Buche. Es hat also der zwangsweise Verkauf an und für sich nur die Wirkung, daß der Gläubiger erfährt, ob die Sicherung für das Capital, welche die Stelle im Hypothekenbuche dem Gläubiger gewährt, realisirt wird oder nicht, ob die Forderung ausfällt oder nicht. Demnächst wird der ausfallende Gläubiger im Buche gelöscht und erst mit diesem Moment tritt formell das Erlöschen der Hypothek ein. Es ist also nicht nothwendig, diejenigen Forderungen, die durch den Verkaufspreis gedeckt werden, erlöschen zu lassen. Sollte es geschehen, dann würde das Resultat blos die Manipulation sein, daß die Gläubiger ausgestrichen werden im Buche, um sofort, wenn sie sich mit dem Schuldner geeinigt haben, das Geld am Grundstücke stehen zu lassen, an derselben Stelle wieder eingetragen zu werden, was unnöthige Formalitäten verursacht, kostspielig und zeitraubend wäre. Ich bin also der Meinung, daß es nicht angemessen ist, den Grundsatz auszusprechen, daß durch den Verkauf im Wege der Subhastation die Hypotheken, soweit sie durch den Kaufpreis gedeckt werden, erlöschen oder, wie die Frage meiner Ansicht nach nicht ganz richtig formulirt ist, fällig werden. Es ist noch ein andrer Punkt von mir zu erwähnen, dessen Regulirung ich nach dem Systeme des jetzigen preußischen Rechts, um das beispielsweise zu nennen, nicht recht verstehe. Bekanntlich ist in der neueren Zeit zur Hebung des Grundcredits der Versuch gemacht worden, Capitalien für Grundstücke zu beschaffen, die von Seiten des Gläubigers unkündbar sind, also zurückzukehren in anderer Form zu den alten deutschen Reallasten. Der Gläubiger kann über die Forderung nur disponiren durch Uebertragung, er kann, wenn der Schuldner nicht will, die Forderung nicht erheben, er hat gegenüber dem Schuldner nur ein Recht auf die Zinsen, auf die Revenuen. Wie soll es nun kommen, daß, wenn ein solches Grundstück, welches an erster Stelle 100,000 Thlr. Hypotheken dieser Art hat, über die der Gläubiger nicht disponiren kann, die ganz ähnlich, wie die Staatspapiere, von ihm nicht gekündigt werden können, wie soll es nun kommen, daß, wenn das Subhastationsverfahren eintritt, mit demselben jetzt der Gläubiger berechtigt wird, das Capital zu erheben? Einen Grund hierfür finde ich nicht. Es ist eine vollständige Verkehrung der rechtlichen Verhältnisse. Dem Gläubiger wird dadurch ein größeres Recht gewährt, als er zu beanspruchen hat. Solche Gläubiger sind meiner Ansicht jedenfalls auszuscheiden, wenn man sonst auch das Prinzip aufstellen wollte, daß Hypotheken, die gedeckt werden, fällig werden. Auch bei Annahme des Grundsatzes, den ich ausgesprochen habe, kann der Gläubiger, wenn ihm die Kündbarkeit des Kapitals zusteht, nur zur Kündigung schreiten. Er wird regelmäßig noch zur Fälligkeit seiner Forderung gelangen, ehe das Verfahren beendigt ist, auch wenn er nicht sich bei Constituirung der Forderung die Clausel, daß im Falle des Verkaufs die Forderung sofort fällig werden soll, ausgemacht hat. Es ist also kein großes Gewicht darauf zu legen, daß viele Geldinstitute Gelder leihen mit dieser Clausel. Aber dagegen ist in vielen Gegenden das System der Annuitäten eingeführt, daß das Kapital selbst getilgt wird durch allmälige Abzahlung, Die Creditvereine, welche sich gebildet haben und welche zur Verbesserung des Credits der Grundstücke durch diese Einrichtung wirken wollen, wünschen gar nicht, daß in irgend einer Weise dies Verhältniß alterirt wird. Es ist auch ein Verhältniß dieser Art so leicht gar nicht zu ordnen, weil die Berechnung des augenblicklichen Werthes der Annuität sehr schwierig ist. Nach dem Systeme, das ich vorschlage, bleibt die Summe, die für eine solche Forderung eingetragen ist, dieselbe, welche ursprünglich eingetragen ist. Denn der spätere Gläubiger hat keinen Anspruch darauf, daß er etwa, weil die vorgehende Forderung ganz oder theilweise weggefallen ist, aufrücke, so lange die Forderung mit einer bestimmten Summe im Hypothekenbuche vermerkt ist, da er ja nur das Recht hat, an einer bestimmten Stelle sein Capital zu erhalten, und diese Stelle wird durch den Hypothekenbrief, den der Gläubiger in der Hand hat, bestimmt. Kommt hiernach ein Betrag darum, weil die schon bezahlte Forderung im Buche noch nicht getilgt ist, dem Schuldner zu, so bleibt es den ausfallenden Gläubigern überlassen, sich nunmehr mit ihren Forderungen gegen den Schuldner zu wenden, um im gerichtlichen Wege, nöthigenfalls im Concurs zur Befriedigung, zu gelangen, wenn die Gläubiger überhaupt persönliche Ansprüche neben der Grundforderung an den Schuldner haben. Ich meine also, wenn man das Prinzip aufstellt, daß die Hypotheken fällig werden oder, richtiger ausgedrückt, erlöschen durch den zwangsweisen Verkauf, daß man dann das Interesse der Gläubiger und des Schuldners in mannichfacher Weise verletzt und schädigt. und daß man zu gleicher Zeit den Grundbesitz schädigt, und ich möchte deshalb beantragen, daß die Abtheilung beschließen wolle:

a. Es ist nicht angemessen, daß durch den Verkauf eines Grundstücks im Subhastationsverfahren auch die Hypotheken erlöschen, welche aus dem Kaufpreise völlig gedeckt werden,

b. für den gerichtlichen Verkauf im Subhastationsverfahren sind Normativbedingungen festzustellen, welche geeignet sind, bei Sicherung der Interessen der Gläubiger und des Schuldners einen thunlichst hohen Kaufpreis für das Grundstück herbei zuführen,

c. es ist nicht angemessen, dem Käufer die Verpflichtung aufzuerlegen, daß er beim Zuschlage den ganzen Kaufpreis auszuzahlen hat.

Noch weiter in das Detail der Sache einzugehen, halte ich nicht für angemessen. Das eine bemerke ich noch, daß ich überall die sonstigen Verkäufe, die unter gerichtlicher Leitung vorkommen, z. B. die Verkäufe im Theilungsverfahren, nicht gemeint habe. Alle diese Verkäufe dürfen nach meiner Ansicht nur die Wirkung eines freiwilligen Verkaufs haben und nicht influiren auf die Verhältnisse der intabulirten Gläubiger.

Correferent Präs. **Kühne**: M. H., ich möchte nicht viel hinzusetzen. Das, was ich zu sagen hätte habe ich in der Abtheilung des vorigen Juristentages bereits vorgetragen und dabei mich auch im Wesentlichen dem Gutachten des Obertribunalraths Struckmann angeschlossen. Sie haben dasselbe sämmtlich gelesen; Sie werden auch die Verhandlungen gelesen haben, die freilich sehr mangelhaft und incorrect wiedergegeben sind, die Ihnen indessen doch eine Uebersicht über das Verhandelte bieten. Ich bin, muß ich sagen, in der Sache so zweifelhaft geworden, daß ich ein bestimmtes pro und contra gar nicht mehr aussprechen mag. Ueberzeugt bin ich von Herrn Dr. Drechsler noch nicht, daß die Sache so leicht zu ordnen sei; insbesondere hätte ich wohl gewünscht, daß Herr Dr. Drechsler über das Mecklenburgische Verfahren, welches er im vorigen Juristentag namentlich in Bezug genommen hat, nähere Auskunft gegeben und uns mitgetheilt hätte, wie die Sache sich praktisch dort gestaltet. Ich kann mir doch noch nicht recht vorstellen, daß dem Interesse der Gläubiger, welche die Zahlung zu empfangen haben, bei jenem Verfahren genügend Rechnung getragen wird. M. H., gestatten Sie, daß ich das nicht ausführlich darlege sondern nur einen Punkt anrege, über den ich am meisten im Zweifel geblieben bin. Das ist der Punkt der Correal-Hypotheken. Ich gebe gern zu, daß wie Dr. Drechsler sagt, der Punkt der Correalhypotheken nach einem ordentlichen Grund- und Hypothekensystem schließlich so geordnet werden muß, daß es Correalhypotheken gar nicht mehr giebt, sondern daß die Leute angehalten werden, wenn verschiedene Grundstücke verpfändet sind, auf jedes Grundstück einen bestimmten Betrag eintragen zu lassen. Das ist die zu einem guten Grundbuchsystem, wenn man nur die juristischen Consequenzen ins Auge faßt, gewiß allein richtige Meinung unseres Herrn Präsidenten; aber ich halte es nach meinen praktischen Erfahrungen, namentlich aus den altpreußischen Provinzen, wo der Grundbesitz, namentlich der städtische, häufig sehr zerstückelt ist, für ganz unmöglich, daß man diesen Grundsatz überall durchführen kann. Es würden gerade die kleinen Leute, die Handwerker in kleinen Städten ihren Realcredit verlieren, wenn sie nicht Correalhypotheken bestellen könnten. Mir sind kleine Städte bekannt, in denen ich während meiner juristischen Laufbahn beschäftigt gewesen bin, ich will nur einen Ort nennen, Gardelegen in der Altmark; dort besteht die ganze Feldmark aus sogenannten Wandelgrundstücken von einem oder einigen Morgen Größe, die überdem nicht viel werth sind. Kleine Bürger, namentlich Handwerker besitzen eine Mehrzahl solcher Aecker und können durch Verpfändung derselben zu einer ziemlich erheblichen Geldsumme kommen, wenn sie alle Aecker zusammen zu Hypothek bestellen; sie erhalten aber auf ihre Grundstücke nichts, wenn man verlangt, daß Correalhypotheken überhaupt nicht eingetragen werden sollen. Aus Rücksicht für solche kleine Grundbesitzer halte ich es nicht für gerathen, auf dem angedeuteten Wege vorzugehen. Bestehen aber Correalhypotheken, dann glaube ich, ist es zur sofortigen Regulirung der Sache in dem Subhastationsverfahren nothwendig, daß (ich will den ungenauen Ausdruck auch gebrauchen) die Hypotheken sofort fällig werden. Wie bei Zulassung von Correalhypotheken die Sache sonst geordnet werden soll, ist mir nicht klar geworden. Die Herren, die aus Preußen sind, wissen, daß in dieser Beziehung die preußische Concursordnung Vorschriften enthält, die aber zu den allergrößten Zweifeln Veranlassung gegeben haben und deren juristische Construction in höchstem Grade bedenklich ist. Ich mag Sie in das Detail nicht einführen: es würde auf die größten juristischen Spitzen hinauskommen. Mir ist es unklar, wie demjenigen, welcher ein mit einer Correalhypothek behaftetes Grundstück in der Subhastation kauft, die nöthige Sicherheit gegeben werden kann neben der Wahrung des Interesses der Gläubiger, wenn die Correalhypothek auf dem Grundstücke haften bleibt. Ich weiß nicht, wie die Sache in Mecklenburg sich gemacht hat; ob dort kleine Grundbesitzer noch Realcredit haben, da sie nicht alle ihre Grundstücke correaliter verpfänden können. Darüber möchte ich vom Herrn Präsidenten Drechsler auch Auskunft haben. Ich will, wie ich ausdrücklich erkläre, einen Antrag nicht stellen, sondern dem Juristentag anheimgeben, ob die Resolution des Herrn Präsidenten oder die des Obertribunalraths Struckmann angenommen wird. Ich für meinen Theil muß sagen, ich bin noch nicht überzeugt, daß die Sache so zu reguliren ist, wie der Herr Präsident meint.

Vicepräsident **Albrecht**: Vielleicht hat Herr Referent die Güte, auf die gestellte Anfrage uns noch einige Mittheilungen über das Mecklenburgische Verfahren zu machen.

Referent Dr. **Drechsler**: Es ist noch folgendes was ich hinzufügen könnte. Es ist nämlich, was die weitere Abwickelung des Verfahrens betrifft, die Sache in der Regel so geordnet, daß bei kleinen Grundstücken die

Zahlungstermine kurz hintereinander gestellt werden, daß die Feststellung der Bedingungen nach den concreten Verhältnissen bei großen Gütern geschieht, daß man da Rücksicht nimmt auf die Geldverhältnisse des Landes und der Provinz, daß man also die Zahlungstermine so stellt, daß mit Bequemlichkeit das Geld zu erhalten ist. In Mecklenburg sind bekanntlich zwei große Zins- und Zahlungstermine, etwa um Johann, und Neujahr jedes Jahres und da versteht sich ohne Weiteres, daß, wenn z. B. ein großes Grundstück Michaelis subhastirt wird, gesagt wird, der Zuschlag wird ertheilt gegen Stellung einer Caution von 10,000 Thlrn., wenn das Grundstück etwa 100,000 Thlr. werth ist. Es hat der Käufer noch nicht den Genuß, er hat vorläufig nur diese Summe zu zahlen und diese Summe kann sofort vertheilt werden unter die Gläubiger. Es kommt sehr häufig vor, wie ich schon bemerkt habe, daß, wenn nicht viele Gläubiger zum Ausfall kommen, diese 10,000 Thlr. hinreichen, um die Verhältnisse zu regeln, daß die Interessenten sich einigen, ihr Capital stehen zu lassen unter Aufrechnung des Kaufpreises, daß sofort die Tradition erfolgt und die Verhältnisse im Grundbuche geordnet werden. Ist das nicht der Fall, so wird regelmäßig das zweite Zehntel gestellt zur Zahlung Weihnachten oder Neujahr, Antoni heißt der Termin. Sofort geschieht wieder die Vertheilung der Summe. Dabei bemerke ich, daß dies Verfahren sich im höchsten Grade praktisch bewährt hat. In Mecklenburg ist es abweichend von preußischen und sächsischen Verhältnissen die Sitte, daß auch die größte Summe stets zerlegt wird in kleinere Posten, daß, wenn auch ein einzelner Gläubiger 100,000 Thlr. im Gute stecken hat, er sofort die Hypothek von 100,000 Thlrn. in Posten von 1000 Thlrn., 500 Thlrn. u. s. w., wie bei Staatspapieren zerlegt, inscribiren läßt und dadurch wird es möglich, die zur Erhebung kommenden Hypotheken mit diesen Summen abzufinden. Die Tradition würde erfolgen nach Zahlung der dritten Rate. Bis dahin sind die Früchte den Gläubigern geblieben, nunmehr wird die Tradition nicht beanstandet werden, denn es sind drei Zehntel schon gezahlt und der Käufer, der soviel hingegeben hat in das Grundstück, wird es schwerlich zu einer weiteren Subhastation kommen lassen und sollte das wirklich der Fall sein, so ist Alles, was nach den Bedingungen gezahlt ist, zu Gunsten der Gläubiger verfallen. Nach der Tradition hört die Verwaltung auf. Jetzt beginnt die Verzinsung des Kaufgeldrestes und bis Johannis pflegt die ganze Regulirung geschehen zu sein; also (von Michaelis ab) in drei Viertel Jahren kann bei dem größten Landgute die Regelung der Verhältnisse bewirkt werden. Sie wird rascher bewirkt nach meinen Erfahrungen, als in Preußen nach dem jetzigen Verfahren bei dem Kaufgelderbelegungsverfahren. Die Hauptsache ist dabei, daß durch dieses Verfahren die Grundgläubiger benachrichtigt und angehalten werden, ihre Interessen geltend zu machen schon wegen der Liquidation der Zinsen und wegen der Mitwirkung bei Feststellung der Kaufbedingungen. Was den Punkt der Correalhypotheken betrifft, m. H., so bin ich im Stande Ihnen die vollständigste Auskunft darüber zu geben, da ich 14 Jahre lang Hypothekenrichter in Mecklenburg gewesen bin und Subhastationen von Grundstücken geleitet habe, die noch viel kleiner waren, als die, welche Herr Präsident Kühne erwähnte. In dem Orte, dem ich vorstand, hatte ich 7—8000 Folien von Grundstücken, die, abgesehen von den größeren, nur einen Werth von 100 Thlrn. hatten, Gärten und Wiesenparzellen. Es ist das Mecklenburger Hypothekenrecht so geordnet, daß nicht etwa, wie Herr Präsident Kühne vorauszusetzen scheint, eine Summe eingetragen wird auf jedes Grundstück mit einem besonderen Hypothekenbrief; vielmehr ist die Sache einfach die: die Grundstücke, welche verhaftet werden sollen, werden in einem und demselben Briefe bemerkt, es wird blos verlangt, daß angegeben wird, wenn z. B. ein Capital von 1000 Thlrn. aufgenommen wird, bis zu welchem Betrage das einzelne verpfändete Grundstück daran participirt. Ein Garten kann mit 50 Thlr., ein Ackerstück mit 200 Thlr. vermerkt werden. Danach ist die Priorität der Capitalien in Ansehung der einzelnen Grundstücke vollständig verschieden. Es ist damit die Möglichkeit gewährt, daß die Spezialität vollständig gewahrt ist, ebenso wie, wenn man solche kleine Posten auf jedes einzelne Grundstück einträgt, und es ist damit die Möglichkeit gegeben, daß bei freiwilligen Veräußerungen, weil es sehr häufig dem Interesse des Eigenthümers entspricht eines oder das andere der verhafteten Grundstücke zu verkaufen, die sofortige Regulirung des Falles ohne die Zuziehung der Gläubiger möglich wird, indem, wenn das Grundstück aus dem Pfandnexus herausgelassen wird, der einzelne Gläubiger immer nur bezüglich des einen Grundstücks seine Erklärung abzugeben hat. Ich bemerke übrigens, daß die Verhältnisse dieser kleinen Grundstücke, glaube ich, nicht entscheidend einwirken dürfen auf die Beantwortung unserer Frage. Das gebe ich den Herren vollständig zu, daß ein eigentlicher Grundcredit, den man wirklich so nennen kann, bei Verhältnissen dieser Art, wie sie bei kleinen Grundstücken vorkommen, nicht möglich ist. Es werden hierbei immer nur kleine Capitalien, der nächste Freund oder Verwandte, die mit den Verhältnissen genau bekannt sind, zur Frage stehen und die Gläubiger in der Regel viel mehr Rücksicht nehmen auf den persönlichen Credit und die Erwerbstüchtigkeit des Schuldners. Das Resultat wird das sein, daß allerdings der Gläubiger, wenn es zum Verkaufe eines solchen Grundstücks kommt, die Hypothek kündigen wird, daß es also faktisch auf dasselbe hinauskommt, Sie mögen die Frage so oder so beantworten, denn die Verhältnisse, die ich Ihnen eben geschildert habe, bei denen das jetzige Verfahren einschneidend eingreift, der unkündbaren Hypotheken, sowie des Grundcredits im wahren Sinne, kommen bei diesen Grundstücken nicht vor, und es ist die Regulirung der Sache so, wenn es zum Verkauf einer Menge kleiner verhafteter Grundstücke kommt, daß dann die Bedingung häufig nicht anders zu stellen ist, als daß der ganze Kaufpreis auf einmal gezahlt wird. Ich bemerke noch eins zur Erläuterung der Frage, die uns beschäftigt. Dieselbe läßt sich auch nach preußischem Rechte verneinen, wenn man auch das preußische Hypothekenrecht gar nicht alterirt, sondern nur das Subhastationsverfahren ordnet. Ich habe selbst früher einmal den Versuch gemacht, bei Gelegenheit der Berathung des neuen Subhastationsgesetzes Normativbedingungen nach preußischem Rechte festzustellen, selbst bei den Grundsätzen, die jetzt gelten, und es dahin zu bringen, daß, was jetzt das Gesetz vorschreibt, Gültigkeit behält, der Gläubiger und Schuldner darauf hingeleitet wird, durch Verhandlungen mit einander ein abweichendes Resultat herbeizuführen, um die Sache zu erledigen, daß wir nahezu dasselbe Resultat erzielen, als nach dem andern Systeme, und es ist wahrscheinlich, daß Preußen, nachdem es erst nach vieler und schwerer Arbeit sein Grund- und Hypothekenbuchsystem neu geordnet hat, nicht dazu schreiten wird, schon wieder Aenderungen an demselben vorzunehmen. M. H., meiner Ansicht nach halte ich nun, obschon es beim Frankfurter Juristentag beanstandet wurde, eine verständige Regulirung der Verkaufsbedingungen für das wichtigste und ich habe auch nur gesagt: ich halte es nicht für angemessen, daß die Hypotheken erlöschen, weil ich es für prinzipwidrig ansehe; denn das Erlöschen kann nur eintreten durch Ausstreichung. Ich habe aber im 2. Satze gesagt, es sind Normativbedingungen aufzustellen, die im Interesse der Gläubiger die Sicherung geben, beim Kauf ein angemessenes Resultat herbeizuführen, und daß namentlich von dem Grundsatze abgegangen werden muß, daß mit dem Zuschlage sofort das ganze Kaufgeld fällig wird. Letzteres scheint mir die Cardinalfrage zu sein. Wenn das aufgegeben und den Gläubigern freigestellt wird, andere Bedingungen zu stellen, dann ist Alles gewahrt. Es kommt nur darauf an, daß die Abtheilung nicht gerade dahin gelangt, daß die Hypotheken erlöschen, sondern wenn meine Anträge angenommen werden, bleibt alles Uebrigen intact.

Correferent Präsident **Kühne**: Ich möchte mir nur eine Frage darüber erlauben, ob dann bei Feststellung der Verkaufsbedingungen sich die Sache nicht leicht so gestaltet, daß diejenigen Gläubiger, welche, vielleicht aus persönlichem Bedürfnisse, ein unabweisbares Interesse haben, die Sache mögligst bald regulirt zu sehen, mit andern Worten: recht bald ihr Geld zu bekommen, durch die übrigen Gläubiger, welche nur das Interesse haben, daß die Hypotheken gedeckt werden, und es deshalb in ihrem Interesse für zweckmäßig halten, möglichst lange Zahlungstermine zu gewähren, geschädigt werden. Also ich denke mir die Sache so: Es läßt subhastiren der zur zweiten Stelle eingetragene Gläubiger, er hat gekündigt, hat das Capital ausgeklagt und will sein Geld haben. Nach den Verkehrsverhältnissen, wie sie in einem industriellen Staate vorliegen, kann er unter Umständen das Geld sehr nothwendig für sein Geschäft gebrauchen. Es kommt ihm darauf an, sein Geld möglichst in kurzen Terminen zu bekommen. Nun aber stehen hinter ihm eingetragen 3, 5 oder 6 Posten. Wenn ich den Vortrag des Herrn Dr. Drechsler richtig verstehe, so sind die Normativbedingungen allerdings maßgebend; aber sie lassen bestimmte Modificationen zu nach den Verhältnissen des einzelnen Falles, namentlich in Ansehung der Zahlungstermine, und diese Modificationen werden dadurch festgestellt, daß die eingetragenen Gläubiger darüber abstimmen.

(Zuruf: Nein.)

Dann habe ich mich geirrt.

Referent Dr. **Drechsler**: Entschuldigen Sie! Die Feststellung der Schuldsumme geht voraus und geschieht im Anmeldungstermin. Nun kommt die Befriedigung der Gläubiger, deren Forderungen inzwischen fällig geworden sind, aus den eingehenden Kaufgeldern nach der Priorität. Die Bedeutung hat die Priorität: der Käufer hat das Recht, Posten, welche noch nicht fällig sind, sowie sie prioritätsmäßig zur Befriedigung gelangen würden, auf den Kaufpreis zu rechnen. Also ist das Beispiel nicht zutreffend. Es würde die erste Summe nicht dem eintreibenden Gläubiger zukommen sondern dem zunächst, dessen Forderung sub 1 fällig geworden ist.

Correferent Präs. **Kühne**: Ist meine Auffassung richtig, so kann die völlige Abwickelung der Sache ziemlich lange auf sich warten lassen. Der ein Interesse daran hat, sein Geld bald zu bekommen, muß infolge des Beschlusses, durch welchen die Verkaufsbedingungen festgestellt und weitere Zahlungsfristen bewilligt wurden, länger waren, als sein Interesse es zuläßt. Ich gebe zu, daß das möglicherweise nur bis zu den sogenannten Umschlagsterminen, Johannis oder Antoni dauert; allein das kann ein Zeitraum sein viel zu lang für den Gläubiger, welcher das ihm zustehende Geld flüssig haben will.

Referent Dr. **Drechsler**: Ich versichere Sie, daß die Subhastation rascher geht, als in Preußen. Der Gläubiger, der an einer bestimmten Stelle ins Buch eingetragen ist, kommt erst zur Befriedigung an dieser Stelle. Das Prinzip ist, daß alle, die den Vorrang haben, zuerst befriedigt werden; ein Gläubiger, der noch nicht eingetragen ist, muß warten.

Correferent Präs. **Kühne**: Ich bin noch keineswegs contentirt. Ich kann mir es nicht so denken. Bemerken muß ich, daß ich keineswegs gemeint habe, daß nicht mehrere Correalhypotheken durch denselben Hypothekenbrief zusammengefaßt würden; ich habe das Formelle des Verfahrens ganz so verstanden, wie Dr. Drechsler es vorgetragen hat. Meine praktischen Erfahrungen gehen aber dahin, daß bei kleinen Grundstücken die Vertheilung in hohem Grade schwierig ist, und daß die Gläubiger sich daran gewöhnt haben, sich Correalhypotheken bestellen zu lassen. Ich bezweifle, daß die kleinen Leute ihren Credit behalten, wenn die Correalhypotheken aufgehoben werden. Das sind meine Erfahrungen; ich bin aber sehr befriedigt, wenn andere Erfahrungen dahin gemacht sind, daß es angeht, die Correalhypotheken aufzugeben.

Vicepräsident Stadtsynd. **Albrecht**: Es liegen also folgende Anträge des Herrn Referenten vor, die ich mir nochmals vorzulesen erlaube:

Die Abtheilung soll aussprechen:

a. Es ist nicht angemessen, daß durch den Verkauf eines Grundstücks im Subhastationsverfahren auch die Hypotheken erlöschen, welche aus dem Kaufpreise völlig gedeckt werden,

b. für den gerichtlichen Verkauf im Subhastationsverfahren sind Normativbedingungen festzustellen, welche geeignet sind, bei Sicherung der Interessen der Gläubiger und des Schuldners einen thunlichst hohen Kaufpreis für das Grundstück herbeizuführen,

c. Es ist nicht angemessen, dem Käufer die Verpflichtung aufzuerlegen, daß er beim Zuschlage den ganzen Kaufpreis zu zahlen habe.

Demgegenüber steht die Ansicht, welche das Gutachten der Herren Struckmann und Johanny ausspricht und die dahin geht, zu bejahen, daß es angemessen ist, daß durch die Subhastation sämmtliche auf dem subhastirten Grundstücke ruhenden Hypotheken fällig werden. Der Herr Correferent hat keinen bestimmten Antrag gestellt. Ich muß erwarten, ob ein solcher noch nach Schluß der Debatte gestellt werden wird. Ich eröffne nun die Debatte.

Advokat **Mayersohn**: M. H., ich bin dafür, daß durch die Subhastation die Hypothekenverhältnisse des zu subhastirenden Grundstücks nicht geändert werden, daß die Hypotheken fortbestehen. Die Zersplitterung der Grundstücke, welche von den beiden Herren Vorredner als eine große Schwierigkeit und von einem der sehr geehrten Herren als ein unmöglich zu beseitigendes Hinderniß angesehen wird, steht der Nichtfälligwerdung der Hypotheken nicht entgegen. Wir haben fast ganz gleiche Verhältnisse, wie sie vom Herrn Präs. Drechsler erwähnt worden sind und wie sie in Mecklenburg bestehen sollen. Die Versammlung möge es mir nicht übel nehmen, wenn ich die Behauptung aufstelle, daß Sie von einer Zersplitterung der Grundstücke, wie sie bei uns stattfindet, kaum einen Begriff, vielweniger jemals in ihren Wirkungskreisen Erfahrungen darin zu machen Gelegenheit gehabt haben. Vor meinem Abgange von Hause habe ich einen Antrag ausfertigen lassen, wonach infolge von Pachtrückständen für eine von mir zu vertretende Gutsherrschaft das Gut einer im Spessart wohnenden Oekonomenfamilie im Subhastationswege versteigert werden soll. Die Anzahl der Grundstücke ist ungefähr 30, darunter befinden sich, das bitte ich wohl zu berücksichten, ungefähr 20 über einen Thaler und 10 unter einen Thaler Schätzungswerth! Nun, da kann man sich vorstellen, welche außerordentliche Arbeit das giebt für die Hypothekenbeamten, wenn die Subhastation vorüber ist; aber ein Hinderniß giebt dieses und einen Riß ins System dadurch nicht im Geringsten. Die Zersplitterung der verpfändeten Grundstücke hat daher, nach meiner Ansicht, keinen Einfluß auf die Entscheidung der Frage, ob bei der Subhastation die auf dem subhastirten Grundstück ruhenden Hypotheken fällig sein sollen oder nicht. Es ist in unserer neuen Subhastationsordnung in die Redaction eines Satzes die nicht glückliche Fassung gekommen, — Sie wissen bei der Redaction von Gesetzen treten solche unglückliche Vorkommnisse nicht selten zu Tage — der Käufer muß den Kaufpreis gerichtlich hinterlegen oder baar zahlen. Nun sollte man glauben, wenn der Steigschilling baar gezahlt werden soll, müssen auch die Hypotheken fällig werden. Daher kam es, daß in einem der erstatteten Gutachten gesagt wurde, in Bayern sei die Fälligkeit der Hypothekenkapitalien bei Subhastationen gesetzlich bestimmt. Das ist aber nicht richtig. Der Herr, der das Gutachten gemacht hat, hat sich zu dieser Behauptung verleiten lassen durch die vorhin bemerkte Bestimmung in der Subhastationsordnung, wonach die Baarzahlung erfordert wird. Infolge eines Streits, der darüber entstand ob auch die nicht fälligen Hypothekenkapitalien vom Steigerer baar zu zahlen seien, hat unser oberster Gerichtshof entschieden, es verstände sich diese Baarzahlung nur dann und insoweit, als die Forderungen der Hypothekengläubiger fällig wären; wenn die Hypothekenforderungen nicht fällig wären, sei nur derjenige Theil des Steigschillings baar zu bezahlen, der über den Betrag der Hypotheken hinaus erlöst sei, der Betrag der Hypotheken sei auszuzahlen, sobald diese Hypotheken nach den zwischen den Parteien bestandenen Bedingungen fällig werden.

Nun fragt sich's, bei dieser Zersplitterung der Grundstücke, wie wird's gemacht, wenn der Zuschlag ertheilt ist, der Besitz geht über, an was halten sich die Hypothekengläubiger? Unser Hypothekengesetz stützt sich unter anderem auch auf den Grundsatz der Spezialität, Sie können sich denken, daß diese Spezialität nicht in der Art verwirklicht wird im Hypothekenbuche, daß auf jedes dieser Grundstücke der betr. Theil des Hypothekencapitals eingetragen wird, sondern es wird gemacht, wie ich vorhin erwähnt habe. Es werden mehrere Objekte zusammengenommen und es wird im ersten Folium angeführt, daß auf nachfolgenden Grundstücken die betreffenden Hypotheken-Capitalien lasten. Die Spezialität besteht hier darin, daß jedes einzelne Objekt für das ganze Kapital haftet.

Nach der Versteigerung wird der Vertheilungsplan entworfen. Die nicht fälligen Hypothekenkapitalien bleiben auf den subhastirten Objekten eingetragen, in den Mehrbetrag des Erlöses werden die fälligen Forderungen eingewiesen. Will der Steigerer sein Grundstück frei haben, muß er den ganzen Erlös hinterlegen.

Durch die Zersplitterung der Hypothekenobjekte entsteht daher eine Gefahr für den Hypothekengläubiger nicht, wenn sein Kapital durch die Subhastation nicht fällig wird. Nun wurde vorhin bemerkt, bei Versteigerungen müsse die größte Vorsicht angewendet werden. Die Einen sagen, es müsse baar bezahlt werden, die Andern, nur die Hälfte müsse gleich gezahlt werden, die Dritten wollen, daß bestimmt werde, wenn nicht gezahlt werde, solle der Käufer der bereits erfolgten ersten Anzahlung verlustig gehen. Dagegen ist es, glaube ich, weit vortheilhafter, wenn bedungen wird, was bei uns seit der neuen Subhastationsordnung beobachtet wird, zum Strich werden nur jene Steigerer zugelassen, welche der Steigerungscommissar als zahlungsfähig kennt. Hat er Zweifel an der Zahlungsfähigkeit des Steigerers, so hat er das Recht zu verlangen, daß der Steigerer einen dem Steigerungscommissar als zahlungsfähig bekannten Bürgen bringt. Dies hat schon vor der neuen Ordnung in Uebung bestanden und es hat in dieser Beziehung noch sehr wenig Umstände bei uns gegeben. Wird der Erlös nicht bezahlt, so wird das Object auf Kosten und Gefahr des Steigerers, anderweit versteigert. Aus der Zersplitterung der Grundstücke folgt also kein Grund, anzunehmen, daß da, wo solche stattfindet, der Grundsatz nicht gelten könne, daß durch die Subhastation die Hypothekencapitalien nicht fällig werden sollten.

Justizrath **Magnus** aus Königsberg (Preußen): Ich bin zum ersten Male hier beim Juristentage. Ich habe namentlich der Frankfurter Versammlung nicht beigewohnt, und ist mir's daher einigermaßen peinlich, gegen den Herrn Referenten, der sich gegen den Antrag des Gutachtens erklärt hat, und bei dem Zweifel, den Herr Präsident Kühne als Correferent ausgesprochen hat, das Wort zu nehmen. Indessen, m. H., die Sache liegt mir sehr am Herzen und ich will daher meine Gründe dafür vortragen, daß der Satz des Gutachtens: „Es ist angemessen, daß durch die Subhastation sämmtliche auf dem zu subhastirenden Grundstücke vorhandenen Hypotheken fällig werden" vom Juristentage angenommen werde. Die Gründe, welche vom Herrn Referenten dagegen angeführt worden sind, spitzen sich in der Behauptung zu, daß der Credit des Grundeigenthums durch die gegentheilige Annahme gesichert werde. M. H., ich muß dem durchaus widersprechen. Wenn wir bedenken, daß die Gläubiger doch immer ein dem des Schuldners entgegengesetztes Interesse haben, so muß man sich bemühen, dafür zu sorgen, daß die Geldbesitzenden, die Capitalisten, sich geneigt finden, ihr Geld den Landwirthen zur Unterstützung wirthschaftlicher Arbeiten hinzugeben.

Eine Subhastation wird nicht etwa plötzlich in's Leben gerufen, sondern es gehen jeder Subhastation Verhältnisse voraus, die den Gläubigern zeigen, daß ihr Capital gefährdet ist. Der Schuldner fängt an, mit der Zinsenzahlung in Rest zu kommen, oder er treibt schlechte Wirthschaft, weil er für sich mehr ausgiebt, als er einnimmt, weil er aus dem Gute nicht soviel Revenüen erzielt, als beim Ankauf erwartet wurden. Das Gut kommt zurück. Dies merken die Gläubiger sehr bald, und wenn endlich einer der Gläubiger nun auftritt und die Subhastation beantragt, dann ist in der Regel das Gut schon dermaßen entwerthet, daß es im Interesse aller Gläubiger liegt, das Gut an einen andern Besitzer gelangen zu lassen und zunächst die hypothecirten Gelder herauszuziehen. Deshalb werden die Capitalbesitzenden, wenn sie bei Subhastationen nicht ohne Weiteres zu ihren Forderungen, soweit die Kaufgelder reichen, gelangen, sich noch mehr von Beleihung der Grundstücke zurückziehen, als es jetzt schon in Rücksicht auf die industriellen Unternehmungen der Fall ist, die das Capital viel höher verzinsen, als die Landwirthschaft.

Ich meine, daß dies eine Calamität für das ganze Land wäre und daß man nicht Bestimmungen herbei führen soll, welche geeignet sind, die Capitalien von der Unterstützung der Landwirthschaft zurückzuhalten. Wenn eine solche gesetzliche Bestimmung Platz griffe, daß ein Theil der eingetragenen Forderungen bei Subhastationen nicht fällig würde, so würde übrigens sogleich Remedur dagegen von Seiten der Gläubiger eintreten. Die an das Gegentheil gewöhnten Gläubiger würden sich nämlich bei Hergabe von Darlehnen auf Grundstücke unzweifelhaft in den Instrumenten ausbedingen lassen, daß bei etwaiger Subhastations, ihre, also die sämmtlichen Forderungen fällig werden.

Jeder vorsichtige Gläubiger würde sich eine solche Stipulation machen lassen, und dadurch wäre eine solche gesetzliche Bestimmung wiederum neutralisirt.

Ich erlaube mir darauf noch ganz besonders hinzuweisen, daß wenn gegenwärtig große Aktiengesellschaften es sich zur Aufgabe machen, die Landwirthschaft durch unkündbare Anlehne zu unterstützen, mir doch keine einzige solche Gesellschaft bekannt ist, von der nicht ausdrücklich die Bedingung gemacht wird, daß bei Einleitung der Subhastation, wie bei Einleitung des Konkurses über den Schuldner sofort diese sonst unkündbaren Forderungen fällig werden.

Also kann aus der Unkündbarkeit solcher Anlehne kein Grund hergenommen werden gegen das Gutachten der Herren Struckmann und Johanny. Ich glaube, daß, wenn man lange Zeit Richter und über 30 Jahre Anwalt gewesen ist, man wohl kompetent ist, zu sagen, daß man die Art und Weise kennt, wie bei Subhastationen, namentlich größerer Güter verfahren wird, und daß der Herr Referent diese nicht ganz richtig geschildert hat. Bei Subhastationen größerer Güter wird, schon ehe der Termin znr Versteigegerung ansteht, von verschiedenen Kauflustigen die Idee aufgefaßt, das zu subhastirende Gut zu kaufen. Der Kauflustige tritt dann vorher schon mit den eingetragenen Gläubigern in Verbindung und es kommt meistens schon vor dem Termine ein Uebereinkommen zu Stande, namentlich bei größeren Gütern, daß gewisse Hypotheken stehen bleiben dürfen. Durch die Annahme des von den Herren Gutachtern vorgeschlagenen Satzes wird Niemand und überhaupt nicht präjudicirt, daß solch ein Uebereinkommen geschlossen werden kann. Nach meiner Kenntniß auch der Mecklenburgischen Verhältnisse besteht der Unterschied nur darin, daß da, wo die Preußische Subhastations- und Grundordnung gilt, solche Verabredungen zwischen den Kauflustigen und den eingetragenen Gläubigern vor dem Versteigerungstermin stattfinden, während in Mecklenburg sie hinterher erst regulirt werden und ist eine lange Hinzögerung der Auszahlung der Kaufgelder die nothwendige Folge dieses erst später eintretenden Uebereinkommens.

Die Idee, daß durch die Verwerfung dieses gutachtlichen Antrages eine Garantie für die Sicherung der Zahlungsfähigkeit der Adjudikatare gegeben werden kann, theile ich durchaus nicht. Am Besten wird diese Sicherung der Zahlungsfähigkeit des Meistbietenden dadurch documentirt, daß er von den eingetragenen Gläubigern den Consens in der Tasche hat, daß sie ihre Forderungen stehen lassen, und wenn nicht, daß er das Kaufgeld hinzahlt. Wenn dies nicht gesetzlich bestimmt wird, sondern wenn erst im Termin ein Uebereinkommen regulirt werden soll, ein Uebereinkommen zwischen den verkaufenden Gläubigern und den Bietenden, so muß dies zu den größten Weiterungen führen. Ich glaube ferner, daß es nothwendig ist, wie es auch in Preußen eingeführt ist, ein bestimmtes Gesetz zu haben, nach welchem die Caution geleistet wird.

In sehr vielen Fällen wird eine Caution nicht verlangt, wenn nämlich bereits ein Uebereinkommen zwischen dem Bieter und den Gläubigern vorausgegangen ist.

Es wird übrigens in Preußen gegenwärtig bei Subhastationen eben nicht anders gemacht, als bei freiwilligen Verkäufen. Derjenige, der Lust hat, ein Gut privatim zu kaufen, muß sich auch erst mit den Gläubigern benehmen und hören, welche Gläubiger ihr Capital stehen lassen wollen, wenn er nicht im Stande ist, das ganze Kaufgeld baar zu bezahlen und wenn nun statt, daß der Notar den Kaufcontract privatim verschreibt, der Richter im Versteigerungstermine ein Meistgebot entgegennimmt und den Zuschlag ertheilt, so ist ein ähnliches privates Verfahren in der Regel bereits vorausgegangen. Ich glaube ferner, daß man auf solche kleinere Grundstücke, von denen auch die Rede war, überhaupt nicht Rücksicht nehmen kann. Wer nicht im Stande ist, das Kaufgeld für ein so kleines Grundstück zu zahlen, soll überhaupt gar nicht bieten.

Ich bemerke ferner, meine Herren, daß die Zahl der Subhastationen im Vergleich zu der Zahl derjenigen Güter, die in einer Reihe von Jahren nicht zur Subhastation kommen verschwindend klein ist. Ich habe im preußischən Justizministerialblatt von 1869 eine Zusammenstellung der durchschnittlichen Anzahl der Subhastationen in einem Zeitraum von 10 Jahren von 1858—1867 gefunden und sind darnach jährlich nur 50 größere Güter in der ganzen preußischen Monarchie durchschnittlich **sub hasta** verkauft worden. Nun frage ich: um 50 zur Subhastation kommende Besitzer zu schonen, welchen, wenn subhastirt wird, doch materiell nicht zu helfen ist, soll man diesen zu Liebe das Capital überhaupt forttreiben von der Neigung, sich der Landwirthschaft unterstützend zu widmen? Das, meine ich, wäre volkswirthschaftlich verfehlt.

Es ist auch bekanntlich diese Idee, daß die eingetragenen Forderungen nicht sämmtlich bei der Subhastation fällig werden, erst aufgetreten und geltend gemacht worden nach Einführung der Hypothekenordnung durch das Gesetz vom 21. März 1868 für Neu-Vorpommern und Rügen. Damals, als zugleich das Grundeigenthum im Sinken begriffen war, wurde von einigen hervorragenden Männern, ich meine v. Diest, v. Eckardstein, die Idee aufgegriffen, ob nicht durch Annahme des § 138 jenes Gesetzes der Landwirthschaft aufzuhelfen sei, ob dadurch nicht den vielen Subhastationen Einhalt gethan werden könne. Seit dem vorigen Jahrhundert ist eine solche Idee, wie sie gegenwärtig gegen die vorliegenden Gutachten aufgestellt wird, in Preußen und dem größeren Theile von Deutschland unbekannt gewesen.

Aber, m. H., Sie werden durch keine Normativbedingungen und keine Stipulationen über die Art und Weise der Kaufgeldervertheilung im Stande ein, den Preis der Güter, wenn er im Sinken begriffen ist, aufrecht zu erhalten. Es ist ein bekannter Satz, daß nur das Verhältniß zwischen Bedürfniß und Vorrath im Stande ist, den Werth einer Sache und das Kaufgeld verhältnißmäßig zu normiren. Ich glaube daher, daß es angemessen ist, den Satz, für den die Herren Gutachter sich erklärt haben, beim Juristentage anzunehmen; denn wenn auch die preußische Grund- und Subhastationsordnung gegenwärtig den von den Herrn Gutachtern vertheidigten Grundsatz sichern, so ist es doch bei der hohen Bedeutung, die ein Votum des Juristentages für alle gesetzgeberischen Corporationen hat, sehr gefährlich, wenn Sie dieses Gutachten verwerfen und den Anträgen des Herrn Referenten zustimmen sollten. Ich bitte Sie also, den Antrag der Gutachter anzunehmen.

Advokat Dr. **Heinsen** aus Hamburg: Ich gehöre, m. H., einem Staate an, in welchem diejenigen Prinzipien, die von dem Herrn Referenten vertreten sind, seit Jahrhunderten gelten und niemals andere gewesen sind. In Hamburg ist es ganz unerhört, daß ein Hypothekposten fällig werden sollte, weil ein anderer Inhaber eines Hypothekpostens eine Fälligkeit für sich in Anspruch nehmen kann und ihm das Recht zusteht, das Grundstück zu verkaufen. Alle Bedenken, die gegen diesen Grundsatz in den Gutachten geltend gemacht sind, haben sich bei uns in keiner Weise bewahrheitet. Nachdem diese bereits eine Entgegnung durch den Herrn Referenten gefunden haben, will ich nur die Bedenken, die der Herr Vorredner geltend gemacht hat, zu wiederlegen suchen. Er meint, die Gläubiger würden sich zurückziehen und ihre Kapitalien nicht in die Grundstücke geben, wenn sie nicht darauf rechnen könnten, daß im Falle einer Subhastation auch ihr Posten fällig werde. Ich glaube, daß das durchaus nicht der Fall ist, sondern daß gar manche Gläubiger existiren, die ihr Geld hingeben im Interesse, es nicht alsbald wieder zu erhalten. Es giebt Institute, die Geld möglichst fest belegen und es lange nicht wieder haben wollen. Weun diese Institute darauf sehen, daß sie sichere Posten bekommen, so ist für diese Kapitalien keine Gefahr vorhanden, einerlei wer der Eigenthümer des Grundstückes ist. Nun wird gesagt — und das ist auch im Gutachten des Herrn Obertrib.-Raths Struckmann angeführt, — es würden die Gläubiger, wenn ihnen das Recht nicht eingeräumt würde, das Geld zu verlangen im Falle der Subhastation, durch die Fälligkeitsklausel es sich ausbedingen. Das würden aber nicht diejenigen Creditoren, die unter allen Umständen gesichert sind und an erster Stelle stehen, thun, sondern nur die an zweiter Stelle. Lassen Sie die Leute aber das thun, das ist denn doch kein Grund, gesetzlich zu fixiren: Es soll Alles fällig werden.

Um auf einen weiteren Punkt zu kommen: in Hamburg existirt eine ganze Menge sogenannter Rentepoften, die auf ewige Zeiten angelegt werden. Hauptsächlich stammen sie aus alten Zeiten her, werden aber auch heute noch angelegt. Es ist Jemand z. B. Besitzer eines großen Areals, das er zum Verkauf in kleinere Plätze zerlegt. Ein solcher Besitzer legt häufig Renten, die unkündbar sind, auf das Grundstück, z. B. zur Deckung der Kosten der gemachten Straßenanlagen, und zwar thut das der erste Eigenthümer, weil er es dem Käufer leicht machen will, wissend, daß er dann einen besseren Preis bekommt, wenn der Käufer ein Grundstück erhält, bei welchem er das Kapital nicht auszuzahlen braucht und statt dessen einen Posten übernimmt, den auch sein etwaiger späterer Abnehmer gern übernehmen wird. Diese Posten können niemals kündbar werden.

Man sagt nun ferner, es hat keinen Zweck, die Posten nicht fällig werden zu lassen; denn der Kaufreflektant könne zusammentreten mit den inscribirten Gläubigern und ausbedingen, daß die Posten stehen bleiben. Das geht aber nicht, weil der Käufer ein Interesse haben wird, sich nicht vorher zu verrathen und die Sache an die große Glocke zu hängen. Er wird sich erst im letzten Augenblicke entscheiden, und in Hamburg ist dies sogar Sitte, wenn man ein Grundstück kaufen will. Man pflegt nicht vorher zu sagen, daß man reflektirt, sondern in der letzten viertel Stunde giebt man Jemandem den Auftrag zum Bieten. Man hält sich dann am dritten Orte auf, wo jener Bescheid sagt, wenn die Summe überboten wird, und dann eine weitere Ordre erhält. Wenn der Eigenthümer dagegen bereits weiß, der Bieter muß das Grundstück durchaus haben, so kann er ihn in die Höhe treiben.

(Sehr richtig!)

Weiter wird gesagt, derjenige, der einen Posten auf dem Grundstück hat, wird auf Anfrage erklären: Wenn Du es kaufst, will ich den Posten stehen lassen. Das ist aber sehr zweifelhaft. Er thut es vielleicht aus Gefälligkeit bei 1, 2, 3 anfragenden Leuten, sagt dann aber, wenn weitere Anfragen kommen: Ich habe mit Dir nichts zu thun, kaufe erst, dann wird sich das Weitere finden.

Man hat dann noch gegen das Stehenbleiben der Hypotheken die Verzögerung in der Auszahlung des Kaufpreises geltend gemacht. Ich glaube, daß eine Verzögerung durchaus nicht einzutreten hat. Der Herr Referent hat schon gesagt, daß die Sache in drei Monaten abgewickelt wird, und ich glaube, man kann sie noch rascher abwickeln. In Hamburg kann ein Subhastationsverfahren in ganz kurzer Frist erledigt werden. Wir haben gar keine Normativbestimmungen. Bei uns ist es so: Jemand, der einen fälligen Posten hat, bringt das Grundstück zum Aufgebot. Er muß sich dann erkundigen, welche Posten noch fällig sind. Diese werden in die gedruckten Bedingungen aufgenommen. Dann wird gesagt: Der und der prosequirt in dem und dem Posten, d. h. setzt mindestens in diesem Posten das Grundstück zum Verkauf ein, und von den anderen Posten sind die und die dann und dann fällig. Dann kommt erst der Termin zum Verkauf. Acht Tage nach Erhaltung des Zuschlags muß das Grundstück umgeschrieben werden gegen Zahlung des Kaufpreises. Zu dieser Summe wird Sämmtliches gerechnet, was bis zur Umschreibung an gedeckten Hypotheken bereits fällig wird. Wer den Zuschlag erhält, muß für den, der das Grundstück zum Verkauf bringt, acceptabel sein, und muß vorbereitet sein, nöthigenfalls einen Bürgen zu haben. In Hamburg hilft man sich hierbei mit Banken, welche Garantie geben, und es wird, wenn in dem Termine, wo der Zuschlag erfolgt, auf Erfordern keine genügende Sicherheit gestellt wird, in demselben Termine sofort zum nochmaligen Aufgebot geschritten, sodaß wir stets in kürzester Frist fertig sind. Auch im Concurs bleiben die Hypotheken, die gedeckt sind, stehen und gehen auf den neuen Käufer über. Wenn aber darauf verwiesen ist, daß bei einem Privatverkauf ein Arrangement des Käufers mit den Gläubigern vorkommt, so ist das eine Sache, die nur indirekt hier in Erwägung kommen könnte. Uebrigens pflegt bei einem Privatkaufgeschäft der Verkäufer die Sache selbst zu besorgen. Wenigstens in der Umgegend von Hamburg, wo auch das Recht gilt, daß bei der Subhastation Alles fällig wird, pflegt bei dem freiwilligen Verkauf der Verkäufer, der ein Interesse hat, sein Gut unter bequemen Bedingungen für den Käufer loszuwerden, alles Mögliche zu thun, um die Sache zu erleichtern.

Man hat ferner gesagt, in Preußen seien in einem Jahre nur 50 Güter subhastirt worden. Ja, es mögen vielleicht nur 50 große Güter subhastirt worden sein. Aber wieviel Grundstücke mögen in den Städten subhastirt sein, die auch von erheblichem Werthe waren! Mit der geringen Zahl subhastirter Güter ist allein nichts zu beweisen.

Ich glaube somit, daß die Bedenken, die der Herr Vorredner vorgebracht gegen das System, welches von dem Herrn Referenten vertreten wird, nicht zutreffen. Ich glaube vielmehr, daß nicht einmal die Normativbestimmungen, wie sie der Herr Referent für nöthig hält, erforderlich sind.

Noch einen Punkt, der mir in dem Referate selbst nicht klar geworden ist, möchte ich erwähnen. Es sollen bei dieser Regelung die Gläubiger zusammenkommen und die Kaufbedingungen feststellen. Wenn aber Jeder nur in seinem Posten zum Verkauf bringen kann, so brauche ich ja die Gläubiger gar nicht. Ich darf dann nur zum Aufgebote bringen, und zwar erforderlichen Falls unter Sicherstellung oder Vorschießung der Kosten, zu einer Summe, welche die mir vorgehenden Hypotheken, zuzüglich der Rückstände darauf haftender Zinsen ꝛc., und die Verkaufskosten, deckt. Die Kosten sind genau zu berechnen. Bezüglich der Zinsen sind in Hamburg privilegirt 6 pCt. auf zwei Jahre. Damit ist das Maximum der Kosten und Rückstände gegeben. Man kann also ganz genau die Minimalverkaufssumme wissen. Der Verkäufer, welcher z. B. einen Posten nach 50,000 Thlr. hat, wegen dessen er den Verkauf betreibt, muß einsetzen zu einer Summe, welche die Hypotheken der vorhergehenden 50,000 Thlr. mit Zinsen und Kosten deckt. Das Gebot fängt nicht mit Null an, sondern da, wo sein Interesse anfängt. Er hat kein Interesse, vor 50,000 Thlr. überhaupt den Verkauf zu erwirken und darf es auch nicht; denn das ist eine Schädigung der vorhergehenden Creditoren. Sein Recht beginnt da, wo seine Hypothek beginnt, er darf zum Verkauf bringen nur zu der Summe, wo seine Hypothek steht, und ich glaube, es würde sich deshalb empfehlen, wenn man den Grundsatz aussprechen würde: „Der Extrahent darf nur zu einem die Vorhypotheken deckenden Preise das Grundstück zum Aufgebote bringen."

Ich werde mir erlauben, diesen Antrag schriftlich einzureichen.

Referent Dr. **Drechsler**: Ich bin absichtlich auf die Hamburger Verhältnisse nicht eingegangen. Sie weichen von sämmtlichen Verhältnissen in Deutschland ab. In Hamburg ist ebenso wie in Lübeck und Bremen dem Gläubiger das Recht geblieben, in dieser Weise das Pfandrecht geltend zu machen; und da hat Herr Dr. Heinsen vollständig Recht. Es darf der Gläubiger gar nicht weniger bieten. Soviel muß er selbst geben, wenn er nicht zum Ausfall kommen soll. In Hamburg wird gesagt: ich biete das Grundstück aus zu 100,000 Mark. Wenn Niemand soviel geben will, wird weniger geboten, z. B. 90,000 Mark. Außerdem findet dort gar keine richterliche Mitwirkung statt. — Ich halte dies System zwar an sich für recht tüchtig. Aber uns zuzumuthen, das ganze System der Zwangsvollstreckung zu ändern, das schien mir bedenklich. Ich glaubte, wir müßten einmal das System festhalten, welches jetzt das gesetzliche ist. Es ist, wie ich im Zusammenhang hervorhob und nachdrücklich betonte, nicht mehr der Gläubiger, welcher verkauft, sondern das Gericht, welches den Verkauf Namens aller Interessenten leitet und ausführt.

Was die Normativbedingungen betrifft, so muß ich bemerken, daß sie besonders nothwendig sind bei fruchttragenden Grundstücken. Es muß die Möglichkeit den Gläubigern gegeben werden, ihre Anträge zu stellen, damit der Richter, wenn er Gläubiger und Schuldner hört, im Stande ist, nach den concreten Verhältnissen die Sache richtig zu reguliren. Es ist das nothwendig, da bei großen Gütern schon die Ordnung der Bewirthschaftung in Betracht kommt.

Im Uebrigen behalte ich mir vor, unter Umständen noch auf Einzelnes einzugehen.

Ober-Appell.-Ger.-Rath v. **Salpius** aus Celle: Ich befinde mich in der gleichen Lage, wie der vorletzte Herr Redner, daß ich vollständig hier ein homo novus bin und auch an den Frankfurter Verhandlungen nicht Theil genommen habe. Ich ergreife das Wort, weil der letzte Vortrag auf einen Gesichtspunkt zurückgekommen ist, den ich theile und der auch in den Verhandlungen des letzten Juristentages, soweit ich sie verstanden habe, andeutungsweise von dem Herrn Oberappellationsgerichtsrath Bähr vorgebracht worden ist, der leider heute nicht anwesend ist. Gerade dieser Gesichtspunkt, glaube ich, motivirte damals den Beschluß, die Verhandlungen auszusetzen. Jedenfalls halte ich ihn für den eigentlich bedeutendsten bei der ganzen Sache. Die Frage, die auf unserer Tagesordnung steht, beschäftigt sich mit einem Nachtheil, der den eingetragenen Hypothekengläubigern dadurch zugefügt wird, daß sie durch die Subhastation gezwungen werden, ihr Geld zu nehmen, wenn sie es nicht haben wollen. Das ist unzweifelhaft unter Umständen eine große Unannehmlichkeit und ist auch eine Rechtskränkung. Das Gefühl einer solchen läßt sich nicht ableugnen und wird auch von den Herren, deren Antrag auf Beibehaltung dieses Zustandes geht, nicht verkannt. Sehr viel unangenehmer und empfindlicher werden aber diejenigen Gläubiger durch die Subhastation betroffen, die sehr gern Geld nehmen würden, aber nichts bekommen, weil das Gebot ihre Hypothek nicht deckt. Das Hauptargument, was die Herren Gutachter zu ihrem Resultat führt, ist das: Wenn wir denjenigen Hypothekengläubigern, die durch das Gebot nicht gedeckt werden, den viel größeren Kummer bereiten, daß wir ihre Hypotheken streichen, ohne daß sie befriedigt werden, dann können wir uns auch über das kleinere Uebel hinwegsetzen, daß wir diejenigen Hypotheken, die gedeckt werden, auszahlen. Das paßt besser in das Verfahren und ist konsequent gedacht. Es muß Alles reingemacht werden durch das Subhastationsverfahren. Nun ist das Prinzip, daß der Verkauf auch auf den Antrag eines nachstehenden Gläubigers hypothekenfrei erfolgt, soweit das Kaufgeld nicht reicht, allerdings das herrschende in fast allen Territorien Deutschlands. Der letzte Herr Redner hat hervorgehoben, daß es kleinere Territorien giebt, wo das Entgegengesetzte noch gilt. Auch der Herr Referent hat nicht den Muth gehabt, jenes Prinzip anzufechten, und ich glaube, daß darin eigentlich die Schwäche des Votums des Herrn Referenten liegt. Ich würde zwar keinen Anstand nehmen, den Anträgen des Herrn Referenten gegen die erstatteten Gutachten mich anzuschließen, aber gewissermaßen dies nur als Abschlagszahlung betrachten auf eine viel eingreifendere, viel radicalere Reform des herrschenden Subhastationssystems. Ich glaube, daß eine gesunde Grundlage des Realcredits überhaupt nicht wiedergewonnen werden kann, wenn wir nicht zu dem Fundamentalprinzip zurückkehren, daß der posterior creditor keinen anderen Anspruch hat, als auf die Hyperocha. Dieser Gegenstand, der etwas von der heutigen Tagesordnung abweicht, ist durch den letzten Herrn Redner schon angeregt, und es wird mir wohl gestattet sein, meine Ansicht über den Punkt soweit zu erläutern, als zum Verständniß über die heutige Frage nothwendig ist. Ich glaube, wir müssen dahin zurückkehren, daß wir dem posterior creditor — ich verstehe darunter den intabulirten sowohl als auch den chirographarischen — gestatten, eine Licitation des Grundstücks, woraus er seine Befriedigung sucht, unter Mitwirkung des Richters zum Zweck des öffentlichen Verkaufs zu versuchen, daß wir ihm aber den Zuschlag nur ertheilen, wenn diese Licitation herausgestellt hat, daß eine Hyperocha für ihn vorhanden ist. Es ist das immerhin ein Fortschritt gegen das reine römische Recht, wo er warten mußte, bis der prior creditor selbst verkaufte, oder wo er mit baarem Gelde (jus offerendi) kommen mußte. Wenn er aber nicht zu dem Resultate kommt, daß sich eine Hyperocha herausstellt, dann ist der Versuch gescheitert und Mühe und Kosten sind dann vergeblich aufgewendet. Das ist der Umstand, der diesem Systeme immer so viel Feinde macht. Freilich, wenn der Schuldner nichts hat, ist die Zwangsvollstreckung fruchtlos. Das ist hier gerade so, wie bei der Mobiliarexekution. Die Mühe trifft hier zum Theil das Gericht. In der Sache macht das keinen Unterschied. Die Kosten, welche aufgewendet werden, treffen den Extrahenten vielleicht noch empfindlicher, als bei der Mobiliarexekution, wo die Kosten geringer sind. Aber es ist eine außerordentliche Ungerechtigkeit, ihm diese Kosten abzunehmen. Wenn er die Kosten tragen soll, wird ihn das gerade zu dringender Vorsicht ermahnen und den Erfolg haben, daß die Zahl der Subhastationen sich verkleinert. Ich frage die Herren, die hier Erfahrung haben, ob die Exekutionsanträge sich nicht sehr wesentlich vermindern würden, wenn man das Prinzip aufstellte, daß der extrahirende Gläubiger nicht zum Resultate kommt, wenn nicht das Gebot erzielt wird, wodurch er zur Prozeption kommt. Auf den Kostenpunkt darf ich wohl noch einmal zurückkommen. Ich halte es für eine der entschiedensten, schreiendsten Ungerechtigkeiten des herrschenden Systems, daß die Kosten der Subhastation gegenwärtig in der einen oder anderen Form den vorintabulirten Gläubigern zur Last fallen. Nach verschiedenen Subhastationsordnungen ist es freilich verschieden. Durchweg aber wird so verfahren, daß entweder die Kosten dem Adjudicatar aufgebürdet werden, oder daß sie aus dem Kaufgelde genommen werden. Nun frage ich Sie, was hat diese Kostensumme für eine juristische Bedeutung? Es ist das nichts als eine Accession derjenigen Forderungen, für welche Befriedigung gesucht wird. Günstigsten Falls besteht dafür das gleiche Vorrecht, welches der extrahirende Gläubiger hat. Der kommt somit zur Perception mit einem Stück seiner Hypothek, während vielleicht besser inscribirte

Gläubiger ausfallen. Ich glaube, daß das herrschende System in der That den posterior creditor in viel höherem Maaße, als die Frage unserer Tagesordnung es enthält, begünstigt auf Kosten der vorintabulirten Gläubiger, und jede Beförderung eines Späterberechtigten auf Kosten eines Früherberechtigten ist nicht nur eine rechtliche Abnormität, die aus dem Gesichtspunkt der Gerechtigkeit der Beseitigung bedarf, sondern auch eine entschiedene Schädigung des Credits. Jede Verletzung der klaren Rechtsgedanken rächt sich in der Rückwirkung auf die wirthschaftlichen Resultate, und in dieser Beziehung ist die Frage eine so tiefgreifende und wird so empfunden von den betheiligten Kreisen, in neuerer Zeit lebhafter als je, daß ich wohl wünschte, daß sich der Juristentag mit der Materie in noch ausgedehnterer Weise beschäftigte, als es bisher geschehen ist. Ich sage, jede Beförderung des posterior creditor auf Kosten des prior creditor befördert den Schwindelcredit auf Kosten der soliden Kapitalsanlage. Unter Schwindelcredit verstehe ich nicht nur den Darlehnscredit, sondern auch den Credit in der Form, daß Jemand verkauft an zahlungsunfähige oder schwach zahlungsfähige Leute gegen geringe Anzahlung, sodaß die Hypotheken in Form von Kaufgeldern aufwachsen. Nach dem herrschenden System bietet man geradezu Prämien dem leichtsinnigen Verkäufern. Was kann dem, der ein Grundstück zum Schwindelpreise weggiebt, passiren nach dem jetzigen Systeme? Wenn der Käufer sich nicht halten kann, kauft er es kostenfrei aus der Subhastation zurück. Wenn's ganz schlecht geht, denkt er, werde ich wo möglich von meiner alten Hypothek auch noch etwas los: wenn ich als postintabulirter Gläubiger den Verkauf des Grundstücks wegen Subhastation erziele, bekomme ich mein Grundstück billiger, als ich es damals selbst gekauft habe. Es ist klar, daß durch solche Proceduren die Interessen derjenigen, die auf dauernden Realcredit gerichtet sind, auf's äußerste benachtheiligt werden. Diese Rückwirkung hat eine große Agitation in der Frage in Bewegung gesetzt, weil die Concurrenz derjenigen, die im Grundbesitz vermittelst des reinen Realcredits Credit suchen, in der That beeinträchtigt ist. In allen diesen Fragen entscheidet ja allerdings zunächst Angebot und Nachfrage, aber nur insoweit, als Wind und Wetter gleich vertheilt sind. Sobald die Gesetzgebung einem Betheiligten einen Vortheil einräumt, der einen anderen in seinem Rechte kränkt, solange ist ein schädigender Einfluß in Bezug auf die wirthschaftliche Entwicklung vorhanden. Dieser Einfluß muß viel fundamentaler beseitigt werden, als die Anträge des Herrn Referenten es thun. Ich stehe denselben prinzipiell nicht entgegen, und wollte nur noch sagen, daß dies ganze Prinzip, welches das herrschende ist, aus der Concurspraxis des vorigen Jahrhunderts hervorgegangen ist durch eine Art Schlendrian, der das materielle Recht begraben hat unter die Bequemlichkeit des dirigirenden Richters. Es ist dann in die neuen Prozeßordnungen übergegangen und kann vor der gesunden Kritik nicht bestehen. Ich würde mich auch, wenn es auf die heutige Beschlußfassung ankommen sollte, dem Antrage des letzten Herrn Redners anschließen können, daß die Abtheilung das Prinzip aussprechen möchte, daß der posterior creditor das Grundstück nicht prosequiren könne, wenn das Gebot die Hypotheken nicht deckt. Ich kann aber nicht verkennen, daß die Debatte in dieser Beziehung doch etwas wenig vorbereitet ist. Ich würde darum dem Antrage des Herrn Dr. Heinsen vielleicht das Amendement zufügen, ihn auf die Tagesordnung des nächsten Juristentages zu stellen. Wenn res integra wäre, würde ich sogar vorschlagen, mit Rücksicht darauf die ganze heutige Beschlußfassung auszusetzen. Indessen die Abtheilung wird wünschen, die bereits einmal vertagte Sache zu Ende zu bringen und darum werde ich diesen Antrag nicht stellen.

Vice-Präsident **Albrecht**: Herr Dr. Heinsen hat seinen Antrag so formulirt, und wie ich annehme, als Zusatzantrag zu dem Antrage des Referenten:

„Der Prosequent darf nur zu einem die Vorhypotheken deckenden Preise das Grundstück zum Aufgebot bringen.“

Ich stelle anheim, ob die Fassung nicht ein wenig nach Hamburger Particularrecht aussieht.

Referent Dr. **Drechsler**: Ich wollte nur bemerken, daß die Frage, die zuletzt von dem Herrn Collegen Salpius angeregt ist, uns nicht speziell beschäftigte. Es ist allerdings von dem Herrn Collegen Bähr damals darauf aufmerksam gemacht worden, es wäre vielleicht wünschenswerth, die Frage einmal zu stellen, wie es wäre, wie er sich ausdrückt, wenn Jemand, der nach 10,000 intabulirt ist, das Grundstück zum Verkauf bringt, und es werden 5000 geboten, ob dann der erste Gläubiger verpflichtet sein soll, die 5000 Thaler anzunehmen. Ich für meine Person habe, soviel ich wenigstens aus den sehr inkorrekt gedruckten Verhandlungen zu entnehmen vermochte, ersehen, daß ich ausgesprochen, daß das gesunde System das alte Hamburger sei. Ich habe auch noch das Lübische erwähnt. Es ist aber nicht thunlich, die Frage heute zu entscheiden. Ich möchte die Herren bitten, den Antrag der ständigen Deputation zu überreichen. Ich für meine Person erkläre mich dafür, das System der Subhastationen in dieser Weise zu modifiziren.

Vicepräsident **Albrecht**: Ich darf wohl die Ansicht des Herrn Referenten als die Ansicht der Abtheilung annehmen, daß wir die Frage über das Recht der nachstehenden Gläubiger, auf Subhastation zu dringen, nicht als heute auf der Tagesordnung stehend behandeln, damit die an sich schwierige Materie nicht noch schwieriger gemacht werde.

Präsident **Kühne**: Ich wollte nur Herrn Dr. Heinsen bitten, für heute seinen Antrag zurückzuziehen. Das Prinzip desselben, über welches ich persönlich noch mit Herrn Ober-Appellationsgerichts-Rath Bähr gesprochen, ist unzweifelhaft richtig. Ich hoffte, daß Herr Bähr ein Gutachten über die Frage erstatten und dabei diesen Punkt noch besonders anregen werde. Leider ist das nicht geschehen. Aber die Sache verdient eine weitere Erörterung. Der Antrag des Herrn Dr. Heinsen — ich stimme hier ganz dem Herrn Syndikus Albrecht bei — ist jedoch zu hamburgisch gefaßt und würde von denjenigen, die z. B. nur das preußische Recht vor Augen haben, nicht richtig verstanden werden. Ich bitte deshalb Herrn Dr. Heinsen, seinen Antrag zurückzuziehen. Wenn es darauf ankommen sollte, bin ich bereit, gemeinsam mit Herrn Dr. Heinsen bei der ständigen Deputation den Antrag, freilich in anderer Fassung, einzubringen.

(Dr. Heinsen erklärt, daß er seinen Antrag zurückzieht.)

Ober-Tribunalsrath **Struckmann**: Da die Debatte sich bereits lange ausgesponnen, will ich Sie nicht lange ermüden, sondern nur ein paar Bemerkungen über die Ansicht des Herrn Präsidenten Dr. Drechsler machen. Das System, welches er uns entwickelt hat, beruht meines Erachtens allerdings auf der ganz konsequenten Ausdehnung des Grundsatzes der Spezialität. In zwei Richtungen ist dieser Grundsatz noch weiter verfolgt worden, als es sonst in verschiedenen neueren Gesetzen geschehen ist: einmal in dem Grundsatz, daß der Gläubiger nur das Recht auf die Hypothek an der ihm angewiesenen Stelle hat, daß der Ausfall einer voraufgehenden Hypothek niemals den nachstehenden Hypothekgläubigern zu Gute kommt, sondern dem Schuldner, und daß der nachstehende Gläubiger nur, wenn er zugleich eine persönliche Forderung hat, dieses Recht, aber auch nur in einem anderen Verfahren, geltend machen kann. Zweitens ist der Grundsatz bis in die äußersten Konsequenzen dadurch verfolgt, daß die Correalhypotheken, die nach den meisten Gesetzgebungen heutzutage noch zulässig sind, ausgeschlossen werden. Ich will zugeben, daß dieses ganze System vielleicht durchführbar ist für den großen Grundbesitz, aber es ist mir noch nicht recht klar geworden, wie ohne Benachtheiligung des wirthschaftlichen Credits, wo der kleine Grundbesitz vorherrscht, solch ein System in Ausführung gebracht werden kann. Das ist in einem großen Theile Deutschlands, fast in ganz West- und Süddeutschland, auch in einem großen Theile des mittleren Deutschlands der Fall. Es würde sich nun fragen, ob nicht bereits der Grundsatz, daß der Ausfall, der durch den Wegfall der vorstehenden Gläubiger eintritt, nicht den nachstehenden Gläubigern zu Gute kommt, sondern zunächst dem Schuldner, im Interesse des Hypothekarkredits seine Bedenken hat; indessen diese Bedenken scheinen mir doch nur untergeordneter Natur zu sein. Dagegen sehe ich nicht ein, wie in einer Gegend, wo der Grundbesitz sehr zersplittert ist, die Correalhypotheken entbehrt werden können. Herr Dr. Drechsler hat selbst zugestanden, daß die Correalhypotheken in der bisherigen Weise abgeschafft werden müßten, und es nach seinem System nur möglich sei, auf bestimmte Grundstücke bestimmte Summen einzutragen, da das Grundstück nur für diese bestimmte Summe an der bestimmten Stelle haftet. Da aber, wo der Grundbesitz sehr zersplittert ist, hat man sich an die Art der Correalhypothek, daß der ganze Grundbesitz für die ganze Summe haftet und eine Vertheilung auf die einzelnen Grundstücke nicht stattfindet, so gewöhnt, daß es für die kleinen Grundbesitzer eine außerordentliche Schwierigkeit haben würde, Credit zu erlangen, wenn derartige Correalhypotheken abgeschafft würden oder wenigstens eine andere Gestalt erlangten. Das ist mein Hauptbedenken gegen das System des Herrn Präsidenten, welches ja allerdings sehr konsequent durchgeführt ist.

Noch eine Bemerkung möchte ich gegenüber dem von dem verehrten Herrn aus Hamburg Angeführten hinzufügen. Es ist von diesem Herrn namentlich der Grund gegen das Resultat meines Gutachtens geltend gemacht worden, daß die Rechte der Gläubiger gekränkt werden, wenn sie durch den Eintritt der Subhastation gezwungen werden, das Geld zurückzunehmen, wiewohl sie kein Interesse hätten, es in Empfang zu nehmen. Ich habe selbst schon eingeräumt, daß allerdings das formelle Recht geschädigt wird. Aber praktisch ist die Gefahr nicht groß; denn meistens wird sich die Sache so gestalten, daß der Käufer froh ist, wenn die Gläubiger bei ihm das Geld stehen lassen wollen, und daß daher kein Gläubiger, welchem an dem Stehenlassen des Kapitals gelegen ist, zur Rücknahme desselben gezwungen wird. Auch glaube ich nicht, daß es nach dem von mir verfochtenen System so schwierig ist, vorher eine Einigung zu Stande zu bringen zwischen Bieter und Gläubiger. Freilich wird der Bieter in manchen Fällen nicht geneigt sein, seinen Namen zu nennen, und alsdann nur durch einen Unterhändler mit dem Gläubiger verhandeln können. Allein wenn auch in solchen Fällen der Gläubiger sich auf eine feste Zusage regelmäßig nicht einlassen wird, so wird doch, falls der Bieter ein solider Mann ist, nach erfolgter Ansteigerung die Sache in der Regel sich leicht definitiv regeln lassen, und wenn der Vergleich scheitern sollte, wird ein solcher Bieter bei Banken und anderen Geldinstituten den Credit, den er nöthig hat, meistens finden. Ich glaube daher, daß die Gefahr, die hieraus hergeleitet wird, nicht so groß ist. Im Uebrigen erlaube ich mir, mich auf mein Gutachten zu beziehen.

Justizrath **Glaßer** aus Roda (Altenburg): Ich habe mir das Wort erbeten, um auf Grund der Erfahrung in unserm, wenn auch kleinen, Lande ein Zeugniß abzulegen gegen die Bedenken, welchen Seitens des Correferenten Worte gegeben wurden, und zwar komme ich auf diese Seite des Fraggegenstandes zurück, weil dieselbe vom unmittelbaren Vorredner wieder mitberührt worden ist.

Auch bei uns herrscht in dem Theile des Landes, welcher in Thüringen gelegen ist, bezüglich daran angrenzt, eine Grundstückszersplitterung, die sich ähnlich verhalten mag, wie vorhin aus dem Spessart geschildert wurde. Sie ist entstanden, indem man wohl das Beispiel der Fürsten in Ansehung der Ländertheilung nachahmte, und indem sie mitunter durch gewisse Lehnsobservanzen gefördert wurde, welche es ermöglichten, zur Vermeidung der Prozentlehnwaare namentlich das ledige Gut im Erbe zu belassen und durch Loos- oder Theilzettel unter den sämmtlichen Erben zur Vertheilung zu bringen. Die Grundstückszersplitterung ist bei uns theilweise der Art, daß bei Grundstücksspezifizirungen hin und wieder das Alphabet mehr als einmal erschöpft wird, und als eine Art von Curiosum kann nebenbei erwähnt werden, daß sogar einmal der vierundsechszigste Theil von 1/8 Acker als eine selbstständige Parzelle zur Aufführung zu bringen war.

Aber nichtsdestoweniger wird es bei uns öfters störend und lästig befunden, daß in Folge der Subhastation die sämmtlichen auf den versteigerten Immobilen haftenden Hypothekforderungen fällig werden und zur Löschung zu bringen sind, da es nicht gerade selten im Interesse beider Betheiligten gelegen ist, zur Deckung gelangende Kapitalien dem Ersteher zu belassen, und da dann nur der Oekonomie der Grund- und Hypothekenbücher wenig förderliche Löschungen zu bewirken sind und durch Anfertigung neuer Schuld- und Pfandurkunden und durch neue Eintragungen nutzlose Kosten erwachsen.

Ich halte dafür, daß auch die sogenannten Correalhypotheken der Beantwortung der Frage, welche die Abtheilung eben beschäftigt, nach dem Vorschlag des Referenten nicht entgegenstehen, und bin der Meinung, daß dieser Vorschlag trotz unserer theilweisen Grundstückszersplitterung für uns annehmbar ist. Dies deshalb, weil wir uns bereits einer so vortrefflichen Grund- und Hypothekenordnung erfreuen, wie sie der Referent voraussetzt, und weil danach die von demselben empfohlene, zur Beseitigung der Correalhypotheken führende, Erweiterung des Grundsatzes der Spezialität hinsichtlich der Hypotheken wohl ausführbar erscheint.

Daß aber insbesondere die Rücksicht auf den kleinen Mann, der sich veranlaßt sieht, auf mehrere wenig belangreiche Grundstücke Credit zu suchen, nicht abzuhalten geeignet ist, dem Referenten zuzustimmen, folgt meines Erachtens daraus, daß so geringfügige Parzellen, wie sie mehrfach in Erwähnung gekommen, überhaupt zu Pfandobjekten wenig benützbar sind, und daß immerhin, um auch solche Immobilien bei Durchführung des Prinzips der Spezialität für die Creditbeschaffung brauchbar zu machen, noch das Mittel der Pertinenzirung, der Zusammenschlagung derselben zu Grundstückskomplexen, gegeben ist.

Darnach allenthalben trage ich kein Bedenken, dem Votum des Referenten mich lediglich anzuschließen.

Amtsrichter **v. Cölln** aus Sulingen: Wir haben bei uns nicht blos ganz kleine Grundstücke, die nicht 5 Sgr. eintragen, sondern auch ganz kleine Kapitalieu von 30, 40 Thlr., die hinter einander eingetragen stehen. Wenn die Kaufbedingungen regulirt werden sollen: ob heute zu bezahlen ist oder nach einem Jahr, so ist diese Frage wieder maßgebend dafür, ob so und soviel geboten wird für das Grundstück. Da kommt der einzelne Hypothekengläubiger in die Lage, sein ganzes Kapital zu verlieren. Wie soll nun die Regelung der Kaufbedingungen stattfinden in der Weise, daß 3 bis 4 Hypothekengläubiger ihr Geld bekommen!

Justizrath **Magnus** aus Königsberg i. Pr.: Ich möchte nur auf zwei Einwendungen gegen den Antrag, den ich gestellt habe, zurückkommen.

Es ist gesagt, daß gewisse Institute mitunter, wenn sie das Geld auf Grundstücke hingeben, ein Interesse haben, es dort stehen zu lassen.

Es ist schon bemerkt, daß sie dazu immer auch nach der Subhastation Gelegenheit haben werden; denn es würde jeder Adjudikatar mit Vergnügen solch eine Offerte annehmen.

Die Institute werden dagegen, wenn das beliehene Grundstück gründlich ruinirt ist, sehr gerne ihr Geld zurücknehmen. Eine Hypothek ist unter allen Umständen, die Taxe mag sein so hoch sie wolle, etwas riskantes.

Denken Sie sich ein Gut von 100,000 Thlr. Werth. Das Land wird mit Krieg überzogen und der Feind liegt auf diesem Gute 14 Tage, so ist dasselbe vollständig werthlos, und ein Institut, welches darauf nur 10,000 Thlr. gegeben, wird froh sein, wenn das Geld bei der Subhastation zurückgezahlt wird. Uebrigens ist dabei auch eine Rechtskränkung nicht vorhanden, nicht einmal formell, denn so lange das System des preußischen Rechtes existirt, ist unter den Bedingungen desselben das Darlehnsgeschäft abgeschlossen worden.

Wenn zweitens der Herr aus Hamburg gesagt hat, daß es dort bei den Kauflustigen nicht üblich und auch zweckwidrig sei, durch vorbereitende Besprechung mit den Gläubigern zu verrathen, daß man ein unter Subhastation stehendes Grundstück kaufen wolle, weil man theurer bezahlen müsse, so scheint mir, daß gerade hieraus ein Argument für meine Ansicht zu entnehmen ist. Denn will man den Grundkredit zu heben und bei Subhastationen einen bedeutenderen Kaufschilling zu erzielen bemüht sein, so muß man das Interesse nicht des Käufers, sondern des Verkäufers und der Gläubiger fördern.

Referent Dr. **Drechsler** (zum Schluß): Ich will mich auf ein paar Bemerkungen beschränken. Wir haben einzelne Fragen berührt, aber ich glaube, daß nach der bisherigen Praxis des Juristentages es zweckmäßig ist, uns nicht zu sehr in Details zu verlieren. Ich komme daher hier noch vor Allem darauf zurück, was gesagt ist über die Correalhypothek. Ich glaube, ich habe die letzte Frage des verehrten Collegen von Cöln nicht ganz richtig aufgefaßt. Eine sonstige Schwierigkeit entsteht ja gar nicht für die Regulirung der Sache. Ich habe in meinem zweiten Theile absichtlich mit ausgedrückt, daß Normativbedingungen durch das Gesetz festgestellt werden sollen, und ich bin ganz der Meinung, daß, wenn wir nun demnächst auf dem nächsten Juristentag in's Detail dieser Normativbedingungen eingehen, wir wohl in der Lage sind, zu sorgen, daß das Recht des posterior creditor, zur Befriedigung zu gelangen, gewahrt bleibt, daß aber dieses Recht nicht blos dann erfüllt wird, wenn irgend eine beliebige Summe für das Grundstück geboten wird, wie es jetzt der Fall ist, wobei nur die übrigen Gläubiger geschädigt werden, sondern auch dann erfüllt wird, wenn klar vorliegt, daß nicht so viel geboten wird, daß er an der ihm gebührenden Stelle Deckung erlangt. Es ist aber durchaus nothwendig, das festzuhalten, daß er nur das Recht hat, an dieser Stelle befriedigt zu werden. Das führt ohne Weiteres zu dem Grundsatz, den Sie vielleicht noch als bedenklich hinstellen, daß man die früheren Verhältnisse, ob wirklich Tilgung der Forderungen eingetreten ist oder nicht, gar nicht in die Erörterung zieht, sondern rein formell entscheiden läßt. Was im Uebrigen mit dem Grundstück geschehen ist, alterirt seine Verhältnisse gar nicht; sonst entstehen wieder große Zweifel. Z. B. 50,000 Thlr. stehen ihm vor im Buche, 40,000 Thlr. werden geboten. Er hat gar keinen Anspruch auf Befriedigung. Er darf nicht sagen: von den 40,000 Thlr. sind nur so und soviel erforderlich zur Befriedigung der wirklich noch materiell bestehenden Forderungen, so daß ich befriedigt werde, wenn nur diese Forderungen zur Auszahlung gelangen. Ein derartiges Recht giebt ihm die Intabulation nicht, und man muß bei diesen Dingen die Sachen so klar machen wie nur möglich. Dringend wünsche ich, daß dieser Antrag zum nächsten Juristentag eingebracht würde; sollte es nicht von einer andern Seite geschehen, so werde ich einen Antrag an die Deputation bringen, der möglichst der Anschauungsweise der verschiedenen Territorien entspricht. Was ferner von Herrn Justizrath Magnus gesagt ist, daß der Werth der Realität im Kriege niemals zu bemessen sei, so gebe ich ihm darin vollständig Recht. Der Werth der deutschen Reichspapiere und der preußischen Staatspapiere ist auch nicht zu ermessen. Wenn Krieg ausbricht, hört der Werth dieser Realitäten auch auf, und das gebe ich ihm auch zu, daß, wenn Krieg ausgebrochen, die Grundstücke so enorm fallen werden, daß man eine Berechnung gar nicht machen kann. Eine solche Betrachtung kann aber nicht dahin führen, die Gläubiger, welche blos ein Recht haben, eine Rente aus dem Grundstück zu beziehen, nunmehr auf Kosten der nachstehenden Gläubiger zu bereichern; denn es ist ganz klar, daß, wenn ein Grundstück zum Aufgebot kommt und aus den Bedingungen sich ergiebt, daß 50,000 Thlr. an erster Stelle feste Kapitalien darinstehen, es höher bezahlt wird, wie Herr Dr. Heinsen hervorgehoben, als wenn gesagt wird: obgleich die Kapitalien sonst unkündbar sind, jetzt werden sie durch die Subhastation fällig. Wollen Sie dies Prinzip auch anwenden auf unkündbare Kapitalien? Das heißt, auf Kosten des posterior creditor die Gläubiger, die ein so weit gehendes Recht gar nicht haben, bevorzugen! Dieses System können wir nicht approbiren und schon diese eine Betrachtung, die ich auch vorhin hervorhob, muß dahin führen, daß man sagt: Dieser Grundsatz kann nicht richtig sein. Man muß sich von den Folgen der Konkurseröffnung soweit befreien, daß man sagt, es handle sich blos um ein Verfahren, die Befriedigung der intabulirten Gläubiger nach einer bestimmten Reihenfolge herbeizuführen. Wenn gesagt wird, es kann eine Rechtsveränderung durch das Verfahren nicht weiter eintreten, als durch den Ausfall der Subhastation mit Nothwendigkeit herbeigeführt wird, nämlich der Ausfall derjenigen, die nicht zur Befriedigung gelangen können, so ist dabei immer noch die Frage nicht entschieden, ob der posterior creditor überhaupt ein Interesse hat, das Verfahren noch weiter zu prosequiren, wenn es sich klar ergiebt, daß er nicht zur Befriedigung gelangt. Ich habe dagegen nichts, daß der letzte Satz meines Antrags über die Bedingung der baaren Zahlung des Kaufgeldes wegfällt, da er so, wie er allgemein dasteht, in der That leicht zu Mißverständnissen Anlaß geben kann.

Vice-Präsident **Albrecht**: Ich darf jetzt wohl zur Fragestellung übergehen und möchte dabei zunächst bemerken, daß mir der Ausdruck „fällig werden" nicht ganz korrekt erscheint, sondern es wohl richtiger heißen würde „erlöschen".

Ich würde also zunächst die Frage zur Beschlußfassung vorlegen:

„Ist es angemessen, daß durch die Subhastation sämmtliche auf dem subhastirten Grundstücke ruhenden Hypotheken erlöschen?"

Wird diese Frage bejaht, so ist die Angelegenheit als entschieden anzusehen. Wird sie verneint, so würde ich übergehen zu dem Votum des Herrn Referenten und zwar zunächst zu dem ersten Theile desselben:

„Es ist nicht angemessen, daß durch den Verkauf des Grundstücks im Subhastationsverfahren auch die Hypotheken erlöschen, welche aus dem Kaufpreis völlig gedeckt werden."

Wird dies bejaht, so würde ich übergehen zu dem zweiten Satze:

„Für den gerichtlichen Verkauf im Subhastationsverfahren sind Normativbedingungen festzustellen, welche geeignet sind, bei Sicherung der Interessen des Gläubigers und Schuldners einen thunlichst hohen Kaufpreis des Grundstücks herbeizuführen."

Der letzte Passus würde, wenn ich den Herrn Referenten richtig verstanden habe, wegzufallen haben.

Herr Advokat Mayersohn hat das Wort.

Advokat **Mayersohn**: Bei uns haben die beiden Bezeichnungen „fällig werden" und „erlöschen" zwei ganz verschiedene Resultate und Bedeutungen. Es erlischt eine Hypothek nach unserem Hypothekengesetze erst dann, wenn wirklich die Löschung im Hypothekenbuche eingetragen ist. Wenn die Hypothek auch bezahlt würde und es ist diese Zahlung im Hypothekenbuch noch nicht eingetragen, so können wir nicht sagen: die Hypothek ist gelöscht. Fällig wird sie, so bald der Steigerer verpflichtet ist, das Capital, das auf das Grundstück eingetragen ist, zu bezahlen, und ich glaube, man wollte mit der Frage, die hier aufgeworfen ist, lediglich den Moment bezeichnen, in welchem der Schuldner oder Steigerer verpflichtet ist, das Capital zu bezahlen. Die Löschung tritt ein, sobald die Zahlung geleistet und im Hypothekenbuch eingetragen ist.

Präsident **Kühne** aus Celle: Ich halte den Unterschied in den Ausdrücken für ziemlich unerheblich; aber auch mir scheint der Ausdruck „erlöschen" richtiger zu sein; besondere Bestimmungen der Hypotheken-Verordnungen, nach welchen eine Hypothek erst durch Tilgung der Eintragung im Hypothekenbuche erlischt, dürften wohl selbstverständlich hier von uns nicht berührt werden sollen.

Aus den Gründen, die Herr Advokat Mayersohn angeführt hat, vermag ich nicht zu ersehen, daß der Ausdruck „erlöschen" nicht correct wäre.

Vicepräsident **Albrecht**: Ich werde darüber abstimmen lassen, welcher Ausdruck gewählt werden soll, und bitte diejenigen Herren sich zu erheben, die statt „fällig werden" setzen wollen „erlöschen."

(Geschieht.)

Es ist die Minderheit. Die Worte „fällig werden" bleiben also stehen.

Ich bitte nun diejenigen Herren, die beschließen wollen:

„Es ist angemessen, daß durch die Subhastation sämmtliche auf dem subhastirten Grundstücke ruhenden Hypotheken fällig werden"

sich zu erheben.

(Geschieht.)

Das ist die Minderheit.

Ich bitte nun diejenigen Herren, sich zu erheben, welche beschließen wollen:

„Es ist nicht angemessen, daß durch den Verkauf eines Grundstücks im Subhastationsverfahren auch die Hypotheken erlöschen, welche aus dem Kaufpreis völlig gedeckt werden."

(Geschieht.)

Das ist die Majorität.

Der 2. Satz des Herrn Referenten lautet:

„Für den gerichtlichen Verkauf im Subhastationsverfahren sind Normativbedingungen festzustellen, welche geeignet sind, bei Sicherung der Interessen des Gläubigers und Schuldners einen thunlichst hohen Kaufpreis des Grundstückes herbeizuführen."

Wer dafür ist, den bitte ich, sich zu erheben.

(Geschieht.)

Es ist die große Majorität.

Der letzte Passus fällt weg, und nun würde sich noch fragen, ob wir diesen Beschluß, den wir gefaßt haben, dem Plenum lediglich mittheilen wollen, oder ob wir darüber von Seiten der Abtheilung Beschlußnahme des Plenums beantragen wollen.

Ich meinerseits wünschte, das wir für eine Sache, die schon in der Abtheilung für so zweifelhaft erachtet ist, nicht eine Plenarentscheidung verlangen; denn die communis opinio doctorum hat für die Gesetzgebung nur Bedeutung, wenn die große Mehrheit der zur Abstimmung Berufenen für die Sache eintritt.

Justizrath **Magnus** beantragt den Gegenstand zur Beschlußfassung zu überweisen. Nach einer Debatte, an welcher Präsident Kühne und Advokat Mayersohn sich betheiligen, beschließt die Abtheilung, den gefaßten Beschluß dem Plenum lediglich zur Kenntnißnahme mitzutheilen und Herrn Vicepräsidenten Drechsler mit der Berichterstattung im Plenum zu betrauen.

(Schluß der Sitzung 12 Uhr Vorm.)

Dritte Sitzung der vierten Abtheilung am 29. August 1873.

(Beginn: ½ 1 Uhr.)

Präsident Dr. **Drechsler**: Wir beginnen die Sitzung und gehen zum letzten Gegenstande über, zur Berathung der Frage:

„Soll die Civil-Jury in den deutschen Prozeß eingeführt werden?"

Herr Professor Brunner wird anstatt des Referenten uns hierüber Einiges vortragen.

Professor **Brunner**: M. H.! Das Referat, das ich Ihnen erstatten soll, ist ein vollständig improvisirtes. Erst gestern ist die Aufforderung an mich herangetreten, über die Frage der Civil-Jury zu referiren. Erst vor einer halben Stunde ist mir die Gewißheit geworden, daß dieser Gegenstand noch auf die Tagesordnung der IV. Abtheilung kommen wird. Ich habe gestern vergebliche Versuche gemacht, der Gutachten, die über diese Frage erstattet worden sind, so wie der Verhandlungen, die über dieses Thema auf dem Frankfurter Juristentage stattgefunden haben, habhaft zu werden. Wenn ich nichtsdestoweniger hier vor Ihnen referire, so geschieht dies selbstverständlich mit dem Vorbehalt, daß mein Referat in keiner Weise ein abschließendes sein will.

Der Gegenstand, mit dem wir uns beschäftigen sollen, steht schon seit einer langen Reihe von Jahren auf der Tagesordnung des Juristentages. Es ist das Thema zunächst auf dem Heidelberger Juristentage angeregt worden; es wurde dann mehrmals vertagt und kam auf dem letzten Juristentage zu Frankfurt zur Verhandlung, um wieder vertagt zu werden. Die

Frage über die Civil-Jury ist so für den Juristentag eine wahre Seeschlange geworden. Sie hat mit der Seeschlange zum Mindesten das gemeinsam, daß sie immer erst auf's Tapet kommt, wenn der sonstige Stoff bereits erschöpft ist. Es scheint nun der dringende Wunsch des Ausschusses zu sein, dies Thema für den Juristentag endlich einmal aus dem Leben zu schaffen. Ich schließe das unter Anderem daraus, daß unsere Frage unter den Berathungsgegenständen die verhängnißvolle Ziffer 13 bekommen hat. Trotz alledem fürchte ich, m. H., daß Sie die Frage über die Civil-Jury von Neuem werden vertagen müssen.

Als ich auf dem Heidelberger Juristentage dies Thema anregte, da lag als Berathungsgegenstand eben eine Frage der Reform des Beweisrechtes vor. Es handelte sich da um das Prinzip der freien richterlichen Beweiswürdigung. Ich stehe nun diesem heutzutage so vielfach verfochtenen Gedanken gegenüber in einer gewissen Opposition, die bei mir, zum Theil wenigstens, durch historische Untersuchungen über das deutsche Beweisrecht hervorgerufen wurde. Ich betrachte die vollständige Entfesselung des richterlichen Ermessens in Bezug auf das Beweisverfahren für verhängnißvoll. Es scheint mir dieselbe im Widerspruch zu stehen mit einem Gedanken, der sich wie ein rother Faden durch die ganze Geschichte des germanischen Beweisrechts verfolgen läßt, — im Widerspruch zu stehen mit dem deutsch-rechtlichen Prinzip von der Beschränkung des richterlichen Ermessens in Bezug auf die Würdigung des Beweises. So viel man auch gegen das deutsche Beweisrecht einwenden mag, ein Vorzug desselben scheint mir unanfechtbar, der in der Regel verkannt wird, daß der Beweis nicht in das individuelle Ermessen gestellt wird, sondern daß das ganze große Gebiet des Beweises als hineingezogen erscheint in das Gebiet des Rechts. In der Jury nun hat sich ein Organ ausgebildet zur Würdigung der Beweisfrage, ein Organ, welches dem Richter gegenüber eine gewisse Selbstständigkeit besitzt, also das richterliche Ermessen in Bezug auf die Würdigung der Beweisfragen ausschließt oder doch beschränkt. Die Frage der Beibehaltung beziehungsweise der Ausdehnung der Schwurgerichte ist darum in erster Linie nicht sowohl eine Frage der Gerichtsorganisation, sondern eine Frage des Beweisrechtes, ein Gesichtspunkt, der namentlich in der historischen Entwickelung des Institutes mit überraschender Klarheit hervortritt.

Als der Gegenstand, der uns heute beschäftigt, zuerst auf die Tagesordnung des Juristentages gestellt wurde, lagen die Dinge in Bezug auf die Jury noch völlig anders wie heutzutage. Damals war die Existenz der Schwurgerichte in Strafsachen noch nicht angefochten. Es war noch nicht die Existenzfrage, sondern nur eine Reformfrage auf der Tagesordnung. Man konnte damals nur daran denken, in welcher Weise die Jury in Strafsachen bei uns am Besten reformirt werden könne, und da mußte der Gedanke sehr nahe liegen, durch theilweise Einführung der Jury in Civilsachen reformirend einzuwirken auf die Gestaltung, welche die Schwurgerichte in Strafsachen bei uns erhalten haben. Die ständige Depatation hat in Bezug auf die Civil-Jury zwei Gutachten eingeholt. Das eine wurde erstattet von Professor v. Bar aus Breslau, und College v. Bar sprach sich für die Einführung von Geschworenen in Civilsachen aus, allerdings mit Beschränkung, nämlich nur für Handelssachen und bei Schädenprozessen. Das andre Gutachten wurde von mir abgegeben, und so viel ich mich erinnern kann, ging ich mit meinen Anträgen etwas weiter als College von Bar, indem ich die Civil-Jury nicht nur für Schädenprozesse und für Handelssachen befürwortete, sondern auch in Bezug auf die Entscheidung der Beweisfrage durch die Geschworenen oder durch den Richter eine elektive Konkurrenz herbeigeführt wissen wollte.

Seitdem jene Gutachten erstattet sind, hat sich die Situation vollständig geändert. Während man damals daran denken konnte, das Gebiet der Jury auszudehnen, steht nun aber jetzt bekanntlich die Existenz der Jury im Strafverfahren selbst auf dem Spiel. Es scheint mir im Allgemeinen nicht passend zu sein, wenn wir uns jetzt auf die so weittragende Frage, ob Schwurgerichte, ob Schöffengerichte, einlassen wollten; denn das dürfte unzweifelhaft sein, wenn die endgiltige Gestaltung unseres Strafverfahrens zur definitiven Einführung der Schöffengerichte hinführt, wird es kaum thunlich sein, hinterher etwa in Civilsachen Geschworene einzuführen. Selbst Anhänger der Schwurgerichte, glaube ich, daß es für uns nicht gerade die richtigste Taktik sein würde, nun, wo man die Schwurgerichte aus dem Strafverfahren herausdrängen will, denselben in Civilsachen eine Zufluchtsstätte bereiten, gewissermaßen ein Luftschloß bauen zu wollen. Doch gilt es andererseits den eingenommenen Standpunkt ausdrücklich zu wahren, damit von den Gegnern des Instituts die Vertagung nicht etwa als ein Rückzug mißverstanden werde. Ich habe mich für die Schwurgerichte in Civilsachen ausgesprochen als Anhänger der Schwurgerichte in Straffachen. Ich bin auch jetzt noch derselben Meinung und zwar, wie ich wohl hervorheben darf, aus rein konservativem Interesse. Die Thatsache, daß vor so und so viel Jahren die Schwurgerichte in Deutschland eingeführt worden sind — mag dies nun eine vollkommene oder unvollkommene Institution sein — diese Thatsache ist ein historisches Faktum, mit welchem wir rechnen müssen, und die Uebelstände, welche in Bezug auf die Jury in Straffachen behauptet werden, dürften doch wohl in keinem Falle so groß sein, daß man sagen könnte, der Zustand der Schwurgerichtspflege in Straffachen sei geradezu ein ganz unerträglicher. Es ist doch sonst nicht die Art unserer

Nation Einrichtungen, die sie einmal aus der Fremde rezipirt hat, nach einiger Zeit wieder plötzlich auszustoßen. Wir dürfen auch in Bezug auf die Schwurgerichte vertrauen auf die Anlage des deutschen Volkes, fremdrechtliche Institutionen selbst trotz momentanen Unbequemlichkeiten im Wege langsamer Assimilirung seinen Bedürfnissen und Eigenthümlichkeiten gemäß umzugestalten. Es liegt kein oder doch kein genügender Anlaß vor, mit der historischen Entwickelung der jüngsten Vergangenheit zu brechen und die Schwurgerichte zu Gunsten einer anderen Institution aufzugeben, die weder bei uns noch anderwärts eine historische Wurzel hat, sondern nur auf dem vernunftrechtlichen Brette zurechtgeschnitten worden ist.

Ich beschränke mich auf diese Bemerkungen, weil es mir nicht am Platze zu sein scheint, die Controverse über Schwur- oder Schöffengerichte hier zum Austrag bringen zu wollen. Nur Eins will ich besonders betonen. Als die Gutachten vom Professor v. Bar und von mir erstattet wurden, war die Controverse, ob Schwur- oder Schöffengerichte noch nicht auf der Tagesordnung wie heutzutage. Würde etwa heute ein Gutachten über die Civil-Jury verlangt werden, so würde es wohl theilweise anders ausfallen, als es damals von Professor v. Bar und von mir abgefaßt worden ist. Wir würden jedenfalls auf den Kernpunkt der Frage: ob Schwur- ob Schöffengericht? eingegangen sein. Deshalb scheinen mir nunmehr diese beiden damals erstatteten Gutachten — und da meines dabei ist, so kann ich ganz unbefangen über die Sache reden — bis zu einem gewissen Grade veraltet zu sein, und ich glaube, daß es das Beste wäre, wenn die Deputation des Juristentags in Bezug auf die vorliegende Frage neue Gutachten einholen würde. Es dürfte indessen vielleicht auch neues Material hinzugewachsen sein. Wenn ich nicht irre, ist im laufenden Jahre in England ein Gesetz zu Stande gekommen in Bezug auf die Bildung eines höchsten Gerichtshofes, welches die verschiedenen Reichsgerichtshöfe Englands mit einander vereinigt. Ich habe vor mehreren Jahren den Entwurf, der dem englischen Parlamente vorgelegt wurde, vor Augen gehabt und daraus ersehen, daß daselbst auch Bestimmungen über die Anwendung der Jury bei dem Verfahren vor dem projektirten Gerichtshofe enthalten sind. Aus diesem und den eben hervorgehobenen Gründen scheint es mir, wie gesagt, passend, die Frage heute nicht zum Abschluß zu bringen. Namentlich dürfte sich nicht empfehlen, etwa die Frage durch eine Abstimmung von der Tagesordnung zu schaffen. Eine Abstimmung hat in den Abtheilungen des Juristentages eigentlich nur dann einen gewissen Werth, wenn eine Klärung der Ansichten in vollem Maße bereits stattgefunden hat. Ich meinerseits möchte nicht die moralische Verantwortlichkeit auf mich nehmen, jetzt im Handumdrehen zu einer Entscheidung der Angelegenheit beizutragen. Die damals erstatteten Gutachten sind

Gutachten von Theoretikern. Möge der Ausschuß des Juristentags in dieser so brennenden Frage Gutachten auch von Praktikern einholen, oder etwa einen Praktiker zum Referenten bestellen. Wir können, wenn der gute Wille vorhanden ist, auf dem nächsten Juristentage in ganz anderer Weise, als wie heute, in der Lage sein, die Angelegenheit zum Abschluß zu bringen.

Präsident Dr. **Drechsler**: Der Antrag geht dahin, die Angelegenheit zu vertagen mit dem Ersuchen an die ständige Deputation, dieselbe durch neue Gutachten beleuchtet dem nächsten Juristentage wieder vorzulegen.

(Da Niemand das Wort begehrt, bringt der Präsident den Antrag zur Abstimmung, welcher nahezu einstimmig angenommen wird. Damit schloß die Sitzung gegen 2 Uhr Nachmittags.)

Zweite Plenarsitzung

des

Elften Deutschen Juristentages

zu Hannover am 30. August 1873

im Concertsaale des königlichen Schauspielhauses.

(Beginn: Vormittags 9 Uhr.)

Präsident Prof. Dr. Gneist: M. h. H.! Ich eröffne die zweite Plenarsitzung unseres XI. deutschen Juristentages.

Wir können sogleich in den Hauptgegenstand unserer heutigen Berathung eintreten.

Die Mittheilungen an die geehrte Versammlung sind in der Reihenfolge der drei Abtheilungen gegeben, und wir haben stets die Erfahrung gemacht, daß es wünschenswerth ist, bei dieser Tagesordnung stehen zu bleiben, weil individuelle Wünsche sich sonst durchkreuzen. Sämmtliche Beschlüsse sind von den Abtheilungen, mit Ausnahme eines einzigen, nur mitgetheilt. Die dritte Abtheilung hat Ihnen aber die Frage „über die Oeffentlichkeit der Voruntersuchung" zur Berathung und Beschlußnahme im Pleno unterbreitet, was demnach geschehen muß.

Wir kommen zu den Gegenständen der ersten und zweiten Abtheilung und beginnen mit dem Beschlusse:

„Es ist ausführbar und wünschenswerth, gleichmäßige Vorschriften für die theoretische und praktische Ausbildung aller Richter, Advokaten und Staatsanwälte des deutschen Reichs zu geben."

Ich bemerke aber, daß schon bei diesem Gegenstand ein Antrag auf Berathung im Plenum vorliegt. Er lautet:

Die Unterzeichneten beantragen:

Die Plenarversammlung wolle über diese Frage verhandeln und an Stelle des Abtheilungsbeschlusses aussprechen:

In Verbindung mit der beantragten Reichsprozeßgesetzgebung ist die theoretische und praktische Ausbildung des Justizpersonals durch die Reichsgesetzgebung für das ganze Reich einheitlich zu regeln.

Nach den Statuten findet eine Vorberathung statt, ob die Sache hier zur Plenarberathung kommen soll, und habe ich einen der Herren Antragsteller zu ersuchen, darüber das Wort zu ergreifen, mit der Bitte, sich lediglich auf die Vorfrage zu beschränken. Der Antrag ist bereits unterstützt von mehr als zehn Mitgliedern.

Dr. **Keuling** aus Leipzig: M. H., die Antragsteller, eine größere Anzahl Mitglieder, unter anderen die bereits Genannten, Vicepräsident Drechsler, Präsident Kühne, Justizrath Dorn, Advokat Wolffson, sind der Ansicht, daß bei der gegenwärtigen Lage der Frage, der Beschluß, wie ihn die Abtheilung gefaßt hat, zu farblos, nicht pointirt genug ist, und daß wir einer schärferen Hervorhebung dessen bedürfen, was wir wollen. Die Antragsteller sind keinen Augenblick im Zweifel, daß sie sachlich in keiner Weise in Gegensatz treten zu dem in der Abtheilung gefaßten Beschlusse. Sie sind nur der Ansicht, daß es einer schärferen redaktionellen Betonung bedarf. Im Allgemeinen würde man gewiß mit Recht der Generalversammlung unseres Vereins eine solche Aufgabe nicht zuweisen können. Allein, die Sache liegt ganz eigenthümlich. Wir wissen aus den Zeitungen, und ich speziell weiß es auch noch aus ganz zuverlässiger Privatmittheilung, und unser verehrter Herr Präsident, der ja an all' den großen legislatorischen Fragen einen so hervorragenden Antheil nimmt, wird es nöthigenfalls auch für seine Person bestätigen können: es wurde in dem preußischen Justizministerium ein Gerichtsverfassungs-Gesetzentwurf ausgearbeitet, der einen dieser Aufgabe entsprechenden besonderen Abschnitt, bezüglich der Vorbildung des Justizpersonals, enthielt. Die Justizministerial-Conferenz aber, die in Berlin stattfand, hat diesen Abschnitt des Entwurfs hinausgeworfen, und ich glaube, wir müssen eben, wenn wir ein praktisches Resultat unserer Beschlußfassung erzielen wollen, nach außen erkennbar hervortreten lassen, was wir wollen, daß wir eine Regelung durch die Reichsgesetzgebung wollen. Denn, m. H., es ist ja möglich, daß z. B. die betreffenden Justizminister für ihre Person völlig auf demselben Boden wie wir stehen — ja viele ihrer Privatäußerungen lassen darauf schließen; aber sie finden Widerspruch, sie finden Widerstand an den Höfen, und deshalb, m. H., handelt es sich hier, unserem Beschluß eine Bedeutung zu geben gegenüber Personen, die unseren Verhandlungen nicht folgen, die nicht Fachmänner sind, die nicht unsere Protokolle lesen u. s. w. Wir müssen in den Beschluß legen, was wir wollen, damit der Beschluß auch von denjenigen, die ihn gern mißverstehen möchten, nicht mißverstanden werden kann, und in diesem Sinne hat eine große Anzahl Antragsteller Sie ersucht, die Frage nochmals in Erörterung zu ziehen und an Stelle des Beschlusses der Abtheilung diesen Beschluß treten zu lassen, und dabei ist vielleicht ein mitleitendes Motiv, daß bei diesem Theil der Verhandlung die I. Abtheilung so schwach besetzt war, daß es in der That einer Verhandlung im Plenum bedarf, um dem Beschluß erst die volle Autorität des Juristentags zu geben. Und in diesem Sinne möchte ich beantragen, daß Sie allerdings zustimmen, über diesen Gegenstand in Verhandlung zu treten, zumal nach der Mittheilung des Herrn Präsidenten die Tagesordnung Ihre Zeit ja sehr bescheiden in Anspruch nehmen wird.

Präsident: Der Herr Berichterstatter wird sich nun über die Vorfrage äußern.

Ober-Appellations-Gerichtsrath **Becker** aus Oldenburg: Gegen die Verhandlung und Beschlußfassung im Plenum habe ich nichts einzuwenden. Die Motivirung dazu scheint mir jedoch etwas schwach. Eine „schärfere redaktionelle Fassung" soll der neue Vorschlag enthalten. Er enthält Dreierlei, was m. E. mit einer schärferen Redaktion wenig zu thun hat. Zunächst einen Nachsatz, der Motive enthält, aber nur ein Stück Motive: „Mit der reichsgrundgesetzlichen Verpflichtung aller deutschen Gerichte zur wechselseitigen unbedingten Rechtshilfe ist es nicht vereinbar, daß das Maß der Anforderungen an die theoretische und praktische Ausbildung des Justizpersonals in das Belieben der Landesgesetzgebung gestellt bleibe." Das ist einer der Gründe, die uns zu unserem Antrag bewogen haben, aber nur ein kleiner.

Die zweite Aenderung ist die, daß zu den „Richtern, Staatsanwälten und Anwälten" die „Notare und Gerichtsvollzieher" hinzugesetzt sind. Wir haben das nicht geprüft, ich nehme es indessen gern mit, wie ich jede größere Einheit gern mitnehme.

Das Dritte ist, daß hinzugesetzt werden soll „durch die Reichsgesetzgebung." Das ist m. E. überflüssig und ist selbstverständlich bei jeder einheitlichen Regelung. Bei allen Anträgen, die wir gestellt haben, kann man dasselbe hinzusetzen. Es versteht sich von selbst, und ist, soweit das „deutsche Reich" in Frage kommt, von uns als selbstverständlich angesehen.

Präsident Dr. **Gneist**: Ich bitte die Herren, welche die sachliche Berathung im Plenum für diese Frage wollen, sich zu erheben.

(Geschieht.)

Wir sind nicht ganz unzweifelhaft, wir bitten um die Gegenprobe.

(Dieselbe erfolgt.)

Wir halten das einstimmig für die Majorität. Es bleibt also bei der Mittheilung, die uns nun der Herr Referent geben wird.

Referent O.-A.-R. **Becker** (Oldenburg): M. H.! Unter der selbstverständlichen Voraussetzung, daß die für die Ausbildung im Partikularrecht etwa zu erlassenden Vorschriften sich nur auf das Partikularrecht derjenigen Einzelstaaten beziehen können, in denen der Betreffende seinen Beruf als Richter, Staatsanwalt, Anwalt ausüben will, hat die Abtheilung die ihr gestellte Frage:

> „Ist es wünschenswerth und ausführbar, gleichmäßige Vorschriften für die theoretische und praktische Ausbildung aller Richter, Advokaten und Staatsanwälte des deutschen Reichs zu geben?“

einfach einstimmig bejaht, entsprechend dem vorgelegten Gutachten des Herrn Prof. Dr. Göppert und dem Antrag ihres Referenten.

Schon die Mitwirkung von Juristen aus allen deutschen Ländern als Richter, als Anwälte bei dem Reichsoberhandelsgericht, schon die Consequenzen des Rechtshilfegesetzes lassen eine solche Gleichmäßigkeit der Ausbildung räthlich erscheinen; dringend nothwendig, unabweisbar wird sie werden mit der zunehmenden Rechtseinheit Deutschlands, und zunächst schon mit den bevorstehenden deutschen Civil- und Straf-Prozeßordnungen, deren sämmtliche Entwürfe, soweit bekannt ist, an die Tüchtigkeit wenigstens unserer Collegialrichter und Anwälte ein bedeutend erhöhtes Maß von Ansprüchen den gegenwärtigen gegenüber stellen.

Einen innern Grund, die Ausführbarkeit der Gleichmäßigkeit der Ausbildungsvorschriften zu bestreiten, hat die Abtheilung nicht zu entdecken vermocht. Sie hat die jetzt bestehenden Verschiedenheiten, sowohl in Betreff der Universitäten, als für den staatlichen Vorbereitungsdienst — ich nenne einfach die Beschränkungen zu Gunsten der Landesuniversitäten, den Universitätszwang überhaupt, die auf den Universitäten zu verbringende Studienzeit, die Zwangscollegia, die Studienordnung, die Vorbereitungszeit bis zum zweiten Examen u. s. w. — einer kurzen Prüfung unterzogen und dabei gefunden, daß die Entscheidung über den Vorzug der einen oder anderen Vorschrift durchaus nicht von partikularen, sondern nur von für ganz Deutschland gültigen Gründen abhängt. Ungeachtet der noch zahlreichen Particularrechte in Deutschland giebt es doch nur *eine* deutsche Rechtswissenschaft. Die Vorschriften für ihr Studium können daher für ganz Deutschland nur dieselben sein, und auch die einzelnen Staatseinrichtungen in Deutschland sind nicht so verschieden, daß die Vorschriften über den praktischen Dienst beim Zusammentritt und unter Mitwirkung von Männern aus den verschiedenen Theilen Deutschlands nicht könnten gleichmäßig für ganz Deutschland regulirt werden. Die Frage, welchen Vorschriften der Vorzug gebühre, hat die Abtheilung nicht zur Entscheidung bringen wollen; ich will nur bemerken, daß sie sich theilweise der Diskussion nicht hat entziehen können, und daß sich verschiedene Ansichten herausgestellt haben, unter Anderm über die wünschenswerthen Vorschriften über die Studienzeit auf den Universitäten, die Ausdehnung der bisher regelmäßigen drei Jahre auf vier Jahre, und in Betreff der Frage, ob nicht auch die Ausbildung zur praktischen Tüchtigkeit mehr wie bisher schon mit dem Universitätsunterricht zu verbinden sei, daß dagegen über einen andern von ihrem Referenten besonders betonten Punkt kein Widerspruch in der Versammlung sich kundgegeben hat, nämlich über den Wunsch, den ich auch hier bei dieser Gelegenheit zum Ausdruck bringen möchte, daß die Freiheit des Lernens sowohl auf der Universität wie für den staatlichen Vorbereitungsdienst möglichst wenig durch Vorschriften beengt werde. Die allgemeinen Regeln der Studienordnung vertragen nicht die feste Schablone einer gesetzlichen Vorschrift. Eine solche Vorschrift kann doch nur das Allgemeine, für Alle Nothwendige feststellen, und verleitet zu dem falschen Glauben, daß, wer ihr genügt, genug gethan habe, und so weiter zu dem Uebel, mehr Rücksicht zu nehmen auf das Examen und auf das Bedürfniß des Lebens, als auf die rechts- und staatswissenschaftliche Ausbildung. Alle geistige Arbeit will Freiheit. Die Vorschriften dürfen nie dazu führen, die zur Entwicklung des Lebens nothwendige Freiheit und Selbstständigkeit zu hemmen, dem Einprägen in das Gedächtniß oder der schimmernden Oberflächlichkeit den Vorzug zu geben vor gediegener Geisteskraft. Unvermeidliche Fehler bei der Auswahl werden aufgewogen durch den Vortheil eigener Prüfung. In der selbstthätigen Sorge für angemessene Ausbildung liegt ein Genuß, ein Reiz, ein Sporn, den keine Regierungsvorschrift ersetzen kann. Anweisung — ja, aber keine bindende, keine gesetzliche Anweisung. Der Student und der Praktiker, der Accessist, Referendar, oder wie er heißen mag, soll selbst herumsehen, herumhören rechts und links bei A. und B., soll sich in Widersprüchen zurecht finden, prüfen, vergleichen, kritisiren und am Ende das Rechte erkennen; nur so lernt er auf eigenen Füßen zu stehen. Doch, wie gesagt, wir wollen diese und andere Fragen hier nicht entscheiden, wir wollen uns auf den Wunsch beschränken, daß die deutsche Reichsregierung mit der deutschen Prozeßordnung und der einheitlichen Gerichtsorganisation auch solche Vorschriften verbinden möge, welche Gewähr leisten für eine gleichmäßige Ausbildung unserer deutschen

Richter und Anwälte. Wir befördern damit den so erleichterten Austausch juristischer Kräfte in den einzelnen deutschen Ländern, ein Losreißen der Einzelnen aus der territorialen Abgeschlossenheit; wir geben den Angehörigen der Kleinstaaten Aussicht auf größere Wirkungskreise, wir spornen die Einzelkräfte zu erhöhten Leistungen an, wir knüpfen endlich ein neues Band für die innere Einheit der deutschen Nation.

(Beifall.)

Präsident Dr. **Gneist**: M. H.! Da die Mittheilung nur zur Kenntnißnahme erfolgt ist, so möchte ich unseren so vielthätigen Herrn Referenten bitten, seine Schritte gleich wieder zurückzuwenden und den zweiten Gegenstand zur Erörterung zu bringen, uns nämlich mitzutheilen den Beschluß über die Frage:

„Ist es wünschenswerth und ausführbar, das eheliche Güterrecht für ganz Deutschland durch ein einheitliches Gesetz zu codificiren, und auf welcher Grundlage?

Referent Oberappellationsgerichtsrath Dr. **Becker** aus Oldenburg: M. H.! Die Abtheilung hat erwogen, daß sie über diese wichtige Frage, die einheitliche Codificirung unsres ehelichen Güterrechts nur ein Gutachten und keinen Referenten hatte, daß zwar nach Erstattung des Gutachtens unseres Collegen, Herrn Oberappellationsgerichtsraths v. Beaulieu, ein weiteres Gutachten des Herrn Appellationsgerichtsraths Binding in Frankfurt a. M. über dieselbe Frage im civilistischen Archiv erschienen ist, daß aber beide Gutachten von verschiedenen Anschauungen aus zu verschiedenen Resultaten gelangt sind. Während das eine des Herrn v. Beaulieu von dem Grundgedanken der hausherrlichen Gewalt des Mannes aus zu dem Vorschlage gelangt der sogenannten Gütereinheit oder Güterverbindung — beides ist gleichbedeutend genommen — kommt das andere des Herrn Binding von dem Grundgedanken der innersten persönlichen Gemeinschaft der Gatten zu dem Vorschlage einer gesetzlichen Errungenschaftsgemeinschaft. Wenn wir unter uns auch mehr oder weniger darüber einverstanden waren, daß wir ein einheitliches deutsches eheliches Güterrecht wollten, daß wir kein römisches Dotalrecht wollten, sondern daß die deutsche Auffassung der Ehe, die Gleichberechtigung der Gatten auch ihren Einfluß üben möge auf die Gestaltung des ehelichen Güterrechts, daß den Gatten ein gegenseitiges Erbrecht einzuräumen sei und dergl., so ließ sich doch voraussehen, daß Differenzen über andere mit diesem Gegenstande in Verbindung stehende Fragen sich nicht nur auf die in den beiden Gutachten berührten Punkte beschränken würden. Sie tauchten schon in der kurzen Diskussion bei uns nach einigen Seiten hin auf, namentlich wie weit dem gesetzlich normirten Güterrecht gegenüber dem Privatwillen beider Gatten Rechnung getragen werden dürfe. Es schien daher der Abtheilung wünschenswerth, diese wichtige Vorarbeit des deutschen Juristentages für das deutsche Civilgesetzbuch gründlicher vorzubereiten, weitere Gutachten aus anderen Theilen einzuziehen und dann womöglich einen tüchtigen Universitätsprofessor als Referenten zu gewinnen. Die Abtheilung beschloß daher, die weitere Verhandlung und Beschlußfassung bis zum nächsten Juristentage auszusetzen. Dabei hob man hervor, daß es nicht wünschenswerth sei, eine Art der Lösung in die Frage aufzunehmen durch die Worte: „auf Grundlage der Güterverbindung“. Diese seien daher aus der Frage zu streichen, und es sei die ständige Deputation zu ersuchen, der allgemeinen Frage, wie sie dann lauten würde: „Ist es wünschenswerth und ausführbar, das eheliche Güterrecht für ganz Deutschland durch ein einheitliches Gesetz zu codificiren?“ den Zusatz zu geben: „und auf welcher Grundlage?“ Dem Auftrage gemäß übergebe ich diesen Antrag dem Herrn Präsidenten der ständigen Deputation.

Präsident Dr. **Gneist**: Wir sind dem Herrn Berichterstatter nicht nur für den heutigen Vortrag, sondern überhaupt zu besonderem Dank verpflichtet, daß er sich dem Referate über diese Frage unterzogen hat, welche so bedeutende Schwierigkeiten darbietet, daß wir acht oder neun Mal uns eine abschlägliche Antwort von unsren Universitätsprofessoren geholt haben. Nur die unermüdliche Thätigkeit unsres Herrn Referenten und sein unerschütterlicher Eifer für die Sache des Juristentages hat eine Verhandlung überhaupt ermöglicht und in der wünschenswerthen Weise eingeleitet. Ich glaube, die Frage liegt so, daß sie sich durch mehrere Juristentage wird hindurchziehen müssen.

Der *dritte Gegenstand*, wieder nur zur Kenntnißnahme, betrifft den Beschluß:

> „*Es ist wünschenswerth, die Bestimmungen des Handelsgesetzbuchs unter entsprechenden Einschränkungen auf den allgemeinen Mobiliarverkehr auszudehnen.*
> *Es ist insbesondere dringliches Bedürfniß, vorbehaltlich einzelner Ausnahmen, das H.-G.-B. IV. Buch Tit. 1. Abschnitt 2—4 auf die Rechtsgeschäfte des bürgerlichen Mobiliarverkehrs und das IV. Buch Tit. 2 auf alle Kaufverträge über bewegliche Sachen auszudehnen.*“

Referent Bezirks- und Handelsgerichtsrath **Hauser** aus München: M. H.! Es sind noch manche Gegenstände, welche Ihnen vorliegen, darunter solche, welche die Zeit der Plenarverhandlung sehr in Anspruch nehmen werden. Ich muß mich daher auf eine ganz kurze Bemerkung beschränken bezüglich der Beschlußfassung der vereinigten ersten und zweiten Abtheilung über diese Gesetzgebungsfrage Nr. 5.

Die deutsche Handelsgesetzgebung hat in den bürgerlichen und allgemeinen Mobiliarverkehr ein doppeltes Recht eingeführt, welches unverkennbare Nachtheile zur Folge hat. Eine Ausgleichung dieses Doppelrechts ist durchaus nothwendig. Diese Ausgleichung kann geschehen durch Ausdehnung der handelsgesetzlichen Bestimmungen auf den allgemeinen Mobiliarverkehr — vom Immobiliarverkehr ist ja in Beziehung auf das Handelsgesetzbuch überhaupt nicht die Rede.

Der erste allgemeine Satz des Beschlusses nun erklärt es als wünschenswerth, die handelsgesetzlichen Bestimmungen überhaupt auf den Mobiliarverkehr auszudehnen unter entsprechenden Einschränkungen. Es ist das thunlich und zweckmäßig, wie die Vergleichungen der handelsgesetzlichen Bestimmungen mit dem allgemeinen bürgerlichen Rechte ergeben.

Es giebt aber ganz besonders hierfür sich eignende Rechtspartien im Handelsgesetzbuch, in welcher Beziehung der zweite Satz des Beschlusses ein dringendes Bedürfniß für die Ausgleichung des Doppelrechts betont: Es sind diese Materien diejenigen, in welchen die Gegensätze der verschiedenartigen Behandlung der Rechtsverhältnisse nach zweierlei Recht am fühlbarsten sich zeigen und in welchen unlösliche Rechtsconflicte nicht selten hervortreten. Deshalb sah sich die Abtheilung veranlaßt, hier ganz besonders das Bedürfniß der Ausgleichung in diesen Rechtspartien als ein dringliches hervorzuheben. Es wurde dabei anerkannt, daß Ausnahmen erforderlich seien; deshalb ist auch in den zweiten, besonderen Satz eine Bestimmung aufgenommen, welche Ausnahmen vorbehält.

Präsident Dr. **Gneist**: Mit dem Danke für den Herrn Referenten können wir übergehen zu der Frage unter IV, die wir wohl im eigentlichsten Sinne des Worts eine brennende Zeitfrage nennen können. Sie betrifft die möglichen Schritte der Gesetzgebung zur *thunlichen Verhinderung unsolider Begründung oder mißbräuchlicher Verwaltung von Aktiengesellschaften.*

Referent Advokat Dr. **Wolffson** aus Hamburg: M. H.! Die Beschlüsse der ersten und zweiten Abtheilung in Bezug auf die Aktiengesellschaften liegen vor Ihnen. Erlauben Sie mir, ehe ich in die weitere Mittheilung über die Verhandlungen eingehe, Sie auf folgendes aufmerksam zu machen. Durch Streichung eines Passus unter a. ist der vollständige Zusammenhang des ursprünglichen Antrages unter b. mit dem unter a. etwas gelockert worden. Die Abtheilung war sich dessen bewußt, sie war aber nicht geneigt, sich mit der Redaktion selbst zu befassen, sondern hat das

Bureau der Abtheilung beauftragt, die etwa erforderlichen Aenderungen vorzunehmen. Der Beschluß ist jetzt noch etwas abweichend von dem Ihnen vorliegenden ausgefallen und wird gewiß dem Sinne der Abtheilung besser entsprechen. Der Satz unter b. lautet nun folgendermaßen:

b. „Die Gründer für jede veranlaßte Täuschung in Bezug auf die Angaben der unter a. erwähnten Prospekte, das Vorhandensein und den Werth der Aktienzeichnungen, sowie in Bezug auf die geleisteten Einzahlungen solidarisch verhaftet zu erklären."

Es sind also zwei Zusätze, nach den Worten „in Bezug auf": „die Angaben der unter a. erwähnten Prospekte" und vor „verhaftet" das Wort „solidarisch." Sie werden im Laufe meines Berichtes sehen, wie diese Lücke entstanden und wie ihre Ergänzung nothwendig geworden ist.

M. H.! Die Diskussion hat sich natürlich zunächst auf die Frage erstreckt, was man überhaupt von der Gesetzgebung über Aktiengesellschaften in Bezug auf den hier in's Auge gefaßten Zweck, auf Verhinderung leichtsinniger Begründung und leichtsinniger Verwaltung erreichen kann, und wie weit man die bestehende Gesetzgebung für die vielen bekannten Mißstände für das viele Unheil, das wir in den letzten Jahren erlitten und erlebt haben, verantwortlich machen kann. Da ist nun ziemlich einstimmig wohl die Ansicht der Abtheilung die gewesen, daß es incorrect wäre, so mangelhaft auch das Gesetz über Aktiengesellschaften in vielen Beziehungen ist, so sehr auch manche Veränderungen in der Richtung auf den Zweck, den ich eben bezeichnet habe, an dem Gesetze vorgenommen werden müßten, die Schuld der Uebelstände dem Gesetze zuzuschieben. Die Schuld der Uebelstände liegt, wie wohl ziemlich die allgemeine Meinung in der Abtheilung war, in den erregten Stimmungen und außerordentlichen Zuständen der Geschäftswelt in den letzten Jahren. Ich will auf Details, die dort zur Sprache gekommen sind, nicht eingehen, sondern nur im Allgemeinen darauf hinweisen, daß man die Heilung dieser Uebelstände von der größeren Besonnenheit, von dem Nachlassen des leidenschaftlichen Geschäftsbetriebs, der sich in der letzten Zeit unter dem Eindrucke der Ereignisse, und namentlich durch die Kriegsentschädigung gefördert, geltend gemacht hat, erwarten und nicht glauben darf, wenn man hier und da die bessernde Hand an das Gesetz legt, durch diese Besserungen den Zweck, Uebelständen vorzubeugen, und namentlich das zu erreichen, daß künftighin auch diejenigen, die in leidenschaftlicher Ver blendung ihre Urtheilskraft nicht gebrauchen wollen, vor Gefahr und Verlust bewahrt werden. Was die Gesetzgebung thun kann in der Richtung, die wir in's Auge gefaßt, ist Klarheit, Offenheit, Wahrheit zu fördern und die Lüge thunlichst zu verhindern; aber was die Gesetzgebung nicht thun kann, das ist, das Urtheil des Einzelnen und die Besonnenheit des Einzelnen zu schärfen, sondern sie muß es schließlich dem Einzelnen überlassen, ob er nach reiflicher Ueberlegung sich einem Unternehmen anschließen will, oder ob er es nicht will, sie muß vom Urtheil und der Nüchternheit des Einzelnen erwarten, daß er selbst sein Bestes fördere. Man kann das Publikum nicht bevormunden und braucht es auch nicht zu bevormunden. Um an ein geflügeltes Wort des Präsidenten Delbrück zu erinnern, man kann die Leute, die es durchaus darauf abgesehen haben, daß sie ihr Geld verlieren wollen, durch das Gesetz nicht daran hindern. Das waren Ansichten, die man ziemlich übereinstimmend in der Abtheilung hegte, aber auch darin war man übereinstimmend in der Abtheilung, daß der Zeitpunkt einer gründlichen, erschöpfenden Behandlung dieser Frage, eines auf Jahre hinaus neu festzustellenden Aktiengesetzes noch nicht gekommen sei. Diese Aufgabe ist bekanntlich in vielen Beziehungen außerordentlich schwierig und wir Deutsche sind nicht die Einzigen, die es an Versuchen und an Irrthümern nicht haben fehlen lassen. Den Engländern und Franzosen ist es nicht anders gegangen, und es ist nicht anzunehmen, daß auch sie schon jetzt zu einem festen Ruhepunkt gekommen wären, obgleich sie eine ganze Reihe von Revisionen der betreffenden Gesetze vorgenommen haben. Die Erfahrungen, die wir gemacht, sind Erfahrungen einer von Leidenschaft bewegten Zeit, die eine Reihe von Mißständen hat hervortreten lassen, von denen, wie ich bereits bemerkt habe, nur ein geringer Theil dem Gesetze selbst zugeschrieben werden muß, die vielmehr vorzugsweise einen Folge der vorhandenen volkswirthschaftlichen Verhältnisse waren. Eine solche Erfahrung, der Eindruck dessen, was wir auf diesem Gebiete erlebt haben, ist nicht geeignet, um zu einer abschließenden Revision überzugehen. Wir werden ebensowohl auch in ruhigen Zeiten Erfahrungen machen müssen und die wichtigste Probe des Gesetzes ist, ob das verständig und nüchtern gewordene Publicum durch dieses Gesetz sein volkswirthschaftliches Interesse gefördert sieht. Diese Probe haben wir noch nicht gemacht. Es ist eine Reihe von Fragen, über die die Diskussion noch schwebt und die weder in der Theorie, noch in der Praxis zum definitiven Abschluß gekommen sind, so daß wir nicht hoffen können, zu einer der großen Majorität gefälligen Revision zu gelangen. Nichtsdestoweniger, m. H., glaubte es die Abtheilung als ihre Aufgabe betrachten zu müssen, einzelne Mängel die sich klar in dieser Zeit hervorgestellt haben, zu präcisiren und wenn sie Ihnen einige dieser Punkte vorlegt, m. H., so will ich gleich bemerken, daß es nicht die Meinung der Abtheilung war, damit Alles zu sagen, was auch von ihrem Standpunkte gesagt werden konnte, daß sie eine Reihe von Fragen, die zum Theil in der Discussion erörtert worden sind, absichtlich in ihren Resolutionen übergangen hat und nur ein kleiner Theil Gegenstand der Beschlußfassung geworden ist. Wie gesagt, auch in dem Sinne sind unsere Beschlüsse nicht aufzufassen, als ob sie das ganze für eine etwaige Revision gewonnene Material darstellen sollen, sondern nur in einigen wenigen Beziehungen hat die Abtheilung sich schlüssig gemacht.

Was nun die Gründungsfrage betrifft, m. H., so sind die Klagen, die in dieser Beziehung laut geworden sind, uns Allen zu bekannt, als daß es hier nöthig wäre, irgend weiter auf dieselben einzugehen. Die Abtheilung hat folgendes ins Auge gefaßt. Sie hat es für nothwendig erachtet, für die Thaten und Unthaten der Gründer verantwortliche Personen zu haben, und sie hat sich gesagt, daß bei der Organisation, die unser Aktiengesetz geschaffen hat, bei der Art und Weise, wie unser Aktiengesetz die Wege der Gründung gewiesen habe, das Element der Gründer verschwindet unter dem der ersten Aktienzeichner. Entweder sind die Personen der Gründer späterhin von den Personen der Aktienzeichner gar nicht zu unterscheiden, oder, wenn, wie es auch vorkommt, die Gründer die alleinigen ersten Aktienzeichner sind, so geht ihre Stellung als Gründer unter in ihrer Stellung als Aktienzeichner. Um die Verantwortlichkeit der Gründer für unrichtige Angaben in Bezug auf die Gründung um diese zunächst hervorzuheben, zu etabliren, wird es vor Allem und zuerst darauf ankommen, die Persönlichkeiten zu präcisiren, welche als Gründer zu betrachten sind und diese als einen Faktor hinzustellen. Dieses Ziel hat die Abtheilung in folgender Weise zu erreichen gesucht. Sie hat gesagt und zwar anschließend an dasjenige, was das englische Recht in dieser Beziehung vorschreibt, wie unter Festhaltung eines Grundsatzes, den das englische Recht nicht kennt, wohl aber unser deutsches Recht und den wir nicht aufgeben möchten, nämlich unter Festhaltung des Grundsatzes, daß eine Aktiengesellschaft nur durch bereits vollständig geleistete Zeichnungen constituirt werden kann, daß zur Errichtung eines Gesellschaftsstatuts auch der Erlaß eines Prospects nothwendig sei, in dem Sinne, wie das englische Recht das memorandum of association für nothwendig hält, ehe die articles of association, die dem deutschen Gesellschaftsvertrag entsprechen, festgestellt werden, und daß dieser Prospekt bestimmte im Gesetz vorzuzeichnende Momente, die wesentlich sind für Begründung von Aktiengesellschaften, und vor Allem bestimmte im Gesetze zu bezeichnende Angaben in Bezug auf Einlagen die nicht in baarem Gelde gemacht werden, enthalten muß. Das sind bekanntlich Gebiete, auf welchen die meisten und größten Täuschungen vorgefallen sind. Dieser Prospekt muß unterschriftlich von einigen Personen vollzogen werden und diese Personen kennzeichnen sich dadurch, ganz einerlei, ob sie allein oder mit Anderen die Aktienzeichner sind, als Gründer, und übernehmen damit die Verantwortlichkeit für den Inhalt dieses Prospektes. Auf diese Weise glaubte die Abtheilung denjenigen Faktor zu bezeichnen, der wirklich verantwortlich sein kann und muß für die Wahrheit der gemachten Angaben. Das ist, m. H., der Inhalt des ersten Satzes, der hier vorliegt. In der ursprünglichen Fassung dieses Satzes enthält derselbe noch eine Präcisirung der Art und Weise, wie die Schädenpflicht für unwahre Angaben oder wesentliche Verschweigungen geltend gemacht werden solle. Es ist nämlich in der Beziehung allerdings eine große Schwierigkeit vorhanden, wenn selbst die verantwortlichen Personen genügend bezeichnet sind, den Causalzusammenhang herzustellen, zwischen dem vorhandenen dolus oder der vorhandenen Unwahrheit und dem Vermögensverlust, der den Einzelnen trifft. Denn dieser Vermögensverlust tritt manchmal erst ein in einem viel späteren Stadium, wo dieser Zusammenhaug direkt absolut nicht nachgewiesen werden kann, sondern höchstens indirekt zu vermuthen ist.

Eine zweite Schwierigkeit bildet die Höhe des Schadenersatzes. Wenn dieser sich für einzelne getäuschte Aktionäre sehr verschieden stellt, je nach dem Preise, zu dem sie ihre Aktien erworben haben, und wenn Sie sich das Bild in der Weise entrollen, daß der erste und zweite Aktionär ihre Aktien zu pari oder auch zu einem höheren Cours, vielleicht mit Gewinn, verkauft haben, und dieser successive in der dritten, vierten, fünften Hand immer mehr fällt und die Unrichtigkeit der vorausgegangenen Angaben sich immer mehr aufklärt, so werden Sie sich selbst sagen können, wie außerordentlich schwierig es sein muß, nicht nur die Person zu bestimmen, die durch den Betrug zum Erwerb veranlaßt ist, sondern auch die Höhe des Schadens zu bestimmen, der ihr durch denselben zugefügt ist. Es war darum die Absicht, ein positives Prinzip als normgebend für die Feststellung des Schadenersatzes aufzustellen. Der Antrag ging darauf hinaus, daß jeder der Prospektzeichner, also der Gründer, für die Wahrheit des Prospekts der Gesellschaft gegenüber, und zwar auch dem einzelnen Aktionär in Vertretung derselben, verantwortlich sein soll, und zwar in dem Maße, daß der Unterzeichner des Prospekts der Gesellschaft den Betrag zu ersetzen habe, um den die Gesammtheit der Aktionäre reicher sein würde, wenn die unwahren Angaben wahr oder die verschwiegenen Umstände nicht vorhanden wären, beziehungsweise die Differenz zwischen dem wirklichen und dem angegebenen Werthe der nicht in Geld bestehenden Einlagen. Dieser Vorschlag ist Gegenstand der Diskussion in der Abtheilung geworden. Ohne daß ich gerade die Behauptung aufzustellen berechtigt bin, daß die Abtheilung ihn mißbilligt habe, ist sie doch zu dem Resultat gekommen, daß das eine Spezialität wäre, die in der Weise in die Resolutionen des Juristentages aufzunehmen nicht geeignet sei. Sie ist deshalb gestrichen worden. Das ist die Lücke, die bei Nr. 1 entstanden ist. Die Abtheilung war natürlich der Meinung, daß die Gründer verantwortlich sein sollen; nur in welcher Weise, wurde nicht ausgesprochen, und das ist auch der Grund, aus dem diese Verantwortlichkeit im Prinzip nach den Bemerkungen, die ich Ihnen vorhin gemacht habe auf Beschluß des Bureaus als Zusatz zu b hineinkorrigirt worden ist.

Die Nr. b hat den Zweck, die Gründer zu einem wirklichen Faktor und Organ der sich bildenden Gesellschaft zu machen, welches Organ nicht blos, wie es Nr. 1 heißt, für die Wahrheit und die Richtigkeit der Angaben, sondern für den ganzen Akt der Gründung verantwortlich ist. Zwar herrschte in der Abtheilung Verschiedenheit der Ansichten darüber, ob das Prinzip, daß 10 oder 20 Prozent als eingezahlt nachgewiesen werden müssen, zweckmäßig sei oder nicht. Jedenfalls ist man aber darüber schlüssig geworden, daß die bisherige Bestimmung, wonach die konstituirende Versammlung beziehungsweise die den Gesellschaftsvertrag vollziehenden Zeichner sich selbst das Zeugniß zu geben haben, daß das Grundcapital voll gezeichnet und 10 oder 20 Prozent eingezahlt sind, von gar keinem praktischen Werthe ist, sondern nur zu Scheinmanövern auffordert. Will man dieser Bestimmung, von der ich allerdings glaube, daß sie keine werthlose ist, wirklich eine praktische Bedeutung geben, so muß man Persönlichkeiten haben, die dafür verantwortlich sind, daß die Einzahlungen stattfinden. Diese sind nicht im Vorstand u. s. w. zu suchen, weil vor Constituirung der Gesellschaft der Vorstand und der Aufsichtsrath nicht bestehen. So schaffen wir in der Person des Gründers einen neuen Faktor für die werdende Aktiengesellschaft, welcher die Verantwortlichkeit hat für die Wahrheit derjenigen amtlichen Handlungen, die von ihm selbst Erklärungen enthalten, wie derjenigen, welche das Gesetz als nothwendig erfordert für die Constituirung einer Gesellschaft.

Dieser Inhalt des Passus unter b schließt sich den Bestimmungen des französischen Rechts an, welches den Gründer in gleicher Weise verantwortlich macht.

Die Nr. c bezieht sich auf die Bestimmung des Handelsgesetzbuches, der zufolge das Statut bestimmen kann, daß bei Inhaberaktien die Zeichner von der persönlichen Verantwortlichkeit frei werden, wenn sie 40 Prozent bezahlt haben. Die Abtheilung hat sich nicht überzeugen können, daß sich diese Abweichung von dem nothwendigen Prinzip der Aktiengesellschaft, deren Eigenthümlichkeit und ganze Persönlichkeit durch das Capital, also auch durch die Höhe des Capitals bestimmt ist, irgendwie rechtfertigen und entschuldigen läßt. Sie führt zu weiter nichts, als zu allerdings mehr oder weniger aufklärbaren Täuschungen in Bezug auf die Höhe des Kapitals, mit dem die Gesellschaft arbeitet, also zu Täuschungen des Publikums, aber auch zu Täuschungen der Leiter der Gesellschaft selbst, die in ihren Operationen ihr volles Kapital in Aussicht nehmen und in dem Momente, wo es sich darum handelt, die Reste dieses Kapitals einzuziehen, vielleicht die schmerzliche Täuschung erfahren, daß das Geld nicht herbeizuschaffen ist. Diese Bestimmung paßt namentlich nicht in unser Aktiengesetz hinein, welches die Vorschrift enthält, daß Aktien unter einem bestimmten Minimalbetrage nicht ausgegeben werden dürfen. Für Namenaktien ist das Minimum 50 Thlr., für Inhaberaktien und für Versicherungsgesellschaften 100 Thlr. Was bedeutet es aber, solch ein Minimum festzustellen, wenn man nebenbei eine Bestimmung hat, die in Wahrheit die Verpflichtung der Aktie wieder verringert, die also dem Einzelnen es möglich macht, für eine Aktie von 100 Thlr. nöthigenfalls nur 40 Thlr. aufzuwenden? Man verkleinert die Aktie in Wahrheit durch diese Bestimmung, während man von vorn herein eine Minimalgröße für sie haben will. Alle diese Gründe, sowie auch der Hinweis darauf, daß die Möglichkeit dieser Nichtvolleinzahlung das Verhältniß weniger übersichtlich erscheinen läßt, und daß sie nur eine Förderung der Agiotage enthält, führten zu der einstimmigen Annahme des Passus unter c.

Unter d heißt es:

„die Gerichte zu ermächtigen, jederzeit auf Antrag einzelner Aktionäre, wenn wichtige Gründe vorliegen, die Mittheilung einer Bilanz oder sonstiger Aufklärungen nebst Vorlegung der Bücher und Papiere anzuordnen, auch eine Untersuchung der Geschäftsführung zu veranlassen."

Hierüber herrschten in der Abtheilung sehr verschiedene Ansichten. Die eine ging davon aus, daß es von ganz besonderem Interesse sei, nicht blos für die Minderheit der Aktionäre, sondern auch für das ganze große Publikum, für diejenigen, die möglicher Weise mit der Aktiengesellschaft kontrahiren, ein Organ zu haben, welches für die Revision der Geschäftsbücher und der Bilanzen verantwortlich ist. Bekanntlich beruht der Schutz, den das mit einer Aktiengesellschaft kontrahirende Publikum durch gesetzliche Bestimmungen hat, vorzugsweise auf der Publizität des Vermögensverhältnisses der Aktiengesellschaft. Dieselbe muß von vorn herein die Höhe des Kapitals bestimmen und dem Gericht anzeigen, wobei, wie ich beiläufig bemerken will, allerdings der Mangel ist, daß nicht gleiche Publizität in Bezug auf die Einzahlungen stattfindet, wie sie in Bezug auf die Höhe des Kapitals stattfindet. Es wäre viel richtiger, wenn die Handelsregister ganz ebenso jede einzelne Einzahlung und jede neue Emission registriren müßten, wie sie die Höhe des Grundkapitals an sich registriren. Nun entwickelt sich aber das Vermögensverhältniß der Aktiengesellschaft weiter. Sie arbeitet nicht immer mit ihrem

Grundkapital. Es wächst oder fällt nach der einen oder andern Richtung. Das Publikum aber soll in Kenntniß gehalten werden von dem Vermögensverhältniß durch Veröffentlichung der Bilanz, die alljährlich stattfindet, und dem mit den Aktiengesellschaften kontrahirenden Publikum soll andererseits die Sicherheit gegen freiwillige Verschleuderung dadurch gegeben werden, daß die Bestimmung im Gesetz enthalten ist, daß keine Dividenden gezahlt werden dürfen, die sich nicht durch die Bilanz als Gewinn rechtfertigen.

Das ist eine geschlossene Kette, die es dem großen Publikum möglich machen soll, sich ein Urtheil über die Vermögensverhältnisse der Gesellschaft zu bilden, und die gewisse Garantien gewährt; es fehlt nur die eine Garantie, daß die Bilanz aufrichtig ist, und diese eine Garantie, die suchte man in den Verhandlungen der Abtheilung auf verschiedenem Wege zu erreichen. Es wurde einerseits angedeutet, daß es möglich wäre, etwa Revisoren überhaupt durch die Gerichte, gar nicht durch die Aktionäre, die selbst ein Interesse an der Unrichtigkeit der Bilanz haben könnten, herzustellen. Dagegen wurde bemerkt, daß es schon faktisch außerordentliche Schwierigkeit habe, solche Personen durch das Gericht herbeizuschaffen. Andererseits wurde behauptet, daß es nothwendig sei, zu bestimmen, daß jedes Statut für eine unabhängige Revisionskommission zu sorgen habe, wobei hervorgehoben wurde, daß der durch das Gesetz obligatorisch gemachte Aufsichtsrath der Aktiengesellschaft das nicht leistet und das nicht ist, was das Gesetz eigentlich beabsichtigt hat. Das Gesetz ist bei dem Aufsichtsrath von dem Gedanken ausgegangen, daß er wirklich eine Revisionskommission in der Weise sein soll, und zwar ursprünglich eine bei der Geschäftsführung nicht betheiligte Revisionskommission. Das Gesetz hat aber eine kleine Hinterthür geöffnet, indem in demjenigen Paragraphen, der von den Befugnissen des Vorstandes handelt, der Ausdruck gebraucht worden ist, daß der Vorstand die Gesellschaft verpflichten kann und verpflichtet, unangesehen der Beschränkungen, welche statutarisch oder durch Instruktion etwa gegeben werden, und an dieser Stelle wird auch die Möglichkeit erwähnt, daß die Zustimmung des Aufsichtsraths zu gewissen Geschäften erfordert werde. Eine solche statutarische Vorschrift, m. H., implizirt offenbar den Aufsichtsrath in die Geschäftsführung selbst, indem er nicht bloß hinterher zu controliren hat, ob die Geschäftsführung richtig ist, sondern vorher beschließen und seine Erlaubniß zu gewissen Geschäften geben soll. Und die Praxis, die, wenn sie sich auch nicht gerade auf Grund dieser speziellen Bestimmung entwickelt, aber in derselben ihre Rechtfertigung gefunden hat, hat den Aufsichtsrath meistentheils zu einer höheren Direktion gemacht und die Direktion zu den ausführenden Beamten des Aufsichtsraths. Ob die Gesellschaft in ihrem eigenen Interesse es für zweckmäßig hält, einen Aufsichtsrath mit dieser Stellung in ihr Statut aufzunehmen oder nicht, das ist etwas, was man gewiß ihr selbst überlassen kann, und ein Aufsichtsrath, der so konstruirt ist, wie er nach unserem Gesetze konstruirt werden kann, sollte wirklich nicht obligatorisch sein, das könnte man jeder einzelnen Gesellschaft überlassen, wie sie das bestimmen will. Aber der Aufsichtsrath, den das Gesetz eigentlich gewollt, dessen Charakter es verwischt hat durch einen Lapsus, der vorgekommen ist, und dessen Charakter entstellt worden ist durch die praktische Handhabung, ein solcher Aufsichtsrath, der wirklich ausschließlich das Organ zur Revision ist, der hätte nach der Ansicht mancher Mitglieder der Abtheilung obligatorisch gemacht werden müssen. Es hätte ein Organ obligatorisch sein müssen, das ganz frei von aller Betheiligung an der Geschäftsführung für die Richtigkeit der Revision einzustehen hat. Die Mehrheit ging aber von der Ansicht aus, daß man auch das den Aktionären überlassen könne, zumal die Wahl eines solchen Revisions-Organs aus der Mehrheit der Aktionäre doch eine absolute Sicherheit für die Kreditoren nicht geben würde, weil eben die Wahl von betheiligten Personen ausgehen würde, die sehr leicht ein Interesse haben könnten, die Wahrheit zu verschleiern und sie nicht an das Tageslicht bringen zu lassen, um die Werthlosigkeit ihrer Aktien nicht zu documentiren, ehe sie etwa dieselben verkauft haben. Nun hat man andererseits sein Auge darauf gerichtet, ob nicht gegen nnrichtige Bilanzen ein Schutz der Minorität zu erreichen sei, und diesen Schutz hat man in der Weise herzustellen geglaubt, „daß das Gericht ermächtigt werden soll, jederzeit auf Antrag einzelner Aktionäre, wenn wichtige Gründe vorliegen, die Mittheilung einer Bilanz oder sonstiger Aufklärungen nebst Vorlegung der Bücher und Papiere anzuordnen, auch eine Untersuchung der Geschäftsführung zu veranlassen."

Das ist ein Verfahren, das seine Analogie gleichfalls in England hat. Natürlich wird eine derartige Bestimmung Kautelen erforderlich machen, damit nicht in jedem Augenblick die Geschäftsführung unterbrochen werden kann durch immer störende und den Kredit hemmende gerichtliche Revisionen.

Der letzte Punkt ist ein sehr allgemeiner, aber doch für unser praktisches Leben außerordentlich wichtiger, nämlich:

> Auch dem einzelnen Aktionär, soweit es sein Interesse erheischt, ein Klagerecht auf Innehaltung der gesetzlichen und statutarischen Vorschriften über die Geschäftsführung zu gewähren.

Die Abtheilung hat es nicht für angemessen gehalten, diese Frage in ihren Einzelheiten zu verfolgen, und die Art und Weise, wie ein solches Klagerecht herzustellen sei, weiter auszuführen. Im Allgemeinen ging wohl die Meinung dahin, daß man einen direkten obligatorischen Kausalnexus zwischen den einzelnen Aktionären und den Organen der Gesellschaft nicht als vorhanden betrachten kann, daß man nicht annehmen kann, daß der Vorstand, beziehungsweise der Aufsichtsrath die Bevollmächtigten der einzelnen Aktionäre sind, sondern nur die Bevollmächtigten der Gesellschaft, sodaß also ein direktes Klagerecht sich kaum wird herstellen lassen, mit Ausnahme des Falls, wo ein wirklicher Dolus ist, wo es ja eines obligatorischen Kausalnexus nicht bedarf. Dagegen wurde angedeutet, daß es gewisse Interessen der einzelnen Aktionäre gebe, welche durch Beschlüsse der Generalversammlung in rechtsgültiger Weise gar nicht verletzt werden könnten. Nehmen wir z. B. an, eine an sich unrichtige Bilanz wird von der Generalversammlung gut geheißen, das Statut aber überläßt der Generalversammlung ganz allein die Anerkennung der Bilanz und die Dechargirung des Vorstandes und bestimmt dann die Höhe der Dividende ohne Weiteres nach dem Ausfall der Bilanz. Der Einzelne hat aber, wenn er auch nach unserem jetzigen Recht vielleicht nur das Klagerecht auf die Dividende hat, ein wirklich hohes Interesse daran, daß ein derartiger Beschluß, der in Wahrheit kein im Rechte begründeter Beschluß ist, und berechtigte Interessen in unzulässiger Weise durch Pflichtversäumniß oder unberechtigte Liberalität verletzt, nicht zur Ausführung kommt. Man kann hier einen Rechtsschutz dadurch herstellen, daß ein solcher Beschluß einer Generalversammlung auf Antrag des Einzelnen kassirt werden könne, um dann die weiteren Schritte zur Wahrnehmung der Gerechtsame der Einzelnen und zum Schutze ihrer Rechte herbeizuführen. Aber auch in anderer Beziehung wird der Schutz der berechtigten Interessen der Einzelnen nothwendig sein. Ich erinnere z. B. daran, daß die meisten Statuten keine Handhabe dafür geben, wie in den statutarisch oder gesetzlich vorgeschriebenen Fällen eine Generalversammlung zusammenkommen soll, wenn der Aufsichtsrath, beziehungsweise der Vorstand, der statutarisch allein ermächtigt ist, eine Generalversammlung in bestimmten Formen zusammenzuberufen, ihr zu präsidiren, seiner Pflicht nicht nachkommt.

M. H., das ist, wie gesagt, der Inhalt derjenigen Beschlüsse, welche die Abtheilung Ihnen durch mich zur Kenntniß bringt, und ich kann am Schluß derselben nur nochmals den Punkt hervorheben, auf den ich schon einmal aufmerksam gemacht habe: weder überschätzt die Abtheilung die Bedeutung dieser Beschlüsse, daß sie etwa den Glauben hatte, nun wird Alles gut und schön werden, wenn man diese Vorschläge annimmt, noch ist sie der Meinung, daß damit Alles gesagt sei, was für den Augenblick, wenn man an die Revision des Gesetzes gehen wollte, gemacht und geändert werden könnte. Es sind noch manche andere Einzelheiten, die dann in Betracht kommen. Aber es scheinen dies die Punkte zu sein, welche am allerwichtigsten und zweckmäßigsten in diesem Augenblicke auszusprechen sind. Wie gesagt, für den Charakter unserer Verhandlungen, wie für den Charakter unserer Beschlüsse eignet es sich nicht, in weitere Details einzugehen. Andererseits kann es auch nicht genügen, sich auf allgemeine Prinzipien zu beschränken, denn man will doch auch sehen, wie der Gedanke zu Fleisch und Blut werde. Die Abtheilung hat in dieser Lage einen Mittelweg einschlagen zu können geglaubt und empfiehlt diese Beschlußnahme Ihrem weiteren Interesse.

(Lebhafter Beifall.)

Präsident Dr. **Gneist**: M. H.! Sie drücken durch Ihren Beifall wohl nochmals aus, wie sehr wir dankbar sein müssen, daß gerade von unserer Handelsgroßstadt aus, — von Hamburg, — die Hauptautoritäten der Handelsgerichte, die Hauptautoritäten der Advokatur sich so lebhaft an unserer Debatte betheiligt haben.

Wir können damit die Gegenstände der ersten und zweiten Abtheilung beschließen und kommen zu dem ersten Gegenstande der dritten Abtheilung:

Im Strafverfahren ist das Kreuzverhör dem Verhör durch den Präsidenten vorzuziehen.

Es ist nun aber zu dieser ersten Frage der Antrag auf materielle Berathung gestellt.

Der Antrag ist gestellt von Herrn Dr. Vollert, Dr. S. Meyer aus Frankfurt und zählt mehr als zehn Unterschriften. Die Unterstützungsfrage ist also erledigt. Ich ertheile das Wort über die Vorfrage.

Dr. **Mayer** aus Frankfurt a. M.: M. H.! Ich bin ersucht worden, den Antrag, wie er eben verlesen worden ist, zu begründen; es kann sich nur um eine formelle Begründung desselben handeln.

Die Frage, welche durch den Beschluß der Abtheilung lediglich zur Kenntnißnahme des Plenum mitgetheilt worden ist, scheint uns eine dermaßen wichtige, daß wir bereits in der Abtheilung den Antrag gestellt haben, sie der Diskussion des Plenums zu unterbreiten, ein Antrag, der damals, so viel ich mich erinnere, mit nur verhältnißmäßig geringer Majorität abgelehnt worden ist, so daß wir glauben, auch heute diesen Antrag wiederholen zu müssen. Ich bemerke, daß die Frage, ob das Kreuzverhör vorzuziehen sei dem Verhör durch den Vorsitzenden eine nicht nur materiell so wichtige, sondern auch formell so relevante ist, daß sie nach meiner Ansicht ohne eine Umgestaltung des ganzen Strafverfahrens nicht in dem Sinne entschieden werden kann, wie die Abtheilung entschieden hat, und ich glaube, daß es Aufgabe gerade des Plenums sein wird, bei der Tragweite dieser Frage und bei der verhältnißmäßig geringen Majorität, mit der die Frage in der Abtheilung entschieden worden ist, sich darüber auszusprechen.

Wir stellen deshalb den Antrag:

Es wolle der Juristentag die gestellte Frage in Diskussion nehmen, und bemerke ich nur noch ergänzend, dem Wunsche der Antragsteller zu Folge und auch meinem eigenen, daß, wenn der Juristentag die Diskussion über diese Frage beschließen sollte, nachdem die dritte Abtheilung bereits die Frage über die „öffentliche Voruntersuchung" dem Plenum zur Diskussion überwiesen hat, er dann diese Frage mit der letzteren, da beide Fragen mit einander in einem untrennbaren Zusammenhange stehen —

(Widerspruch.)

erörtern möge.

Vicepräsident **Drechsler** (zur Geschäftsordnung): Ich bin der Meinung, daß über die Frage, ob ein Antrag im Plenum berathen werden soll, mit Sicherheit erst entschieden werden kann, wenn wir den Stand der Sache in der Abtheilung, motivirt, erfahren haben. Augenblicklich liegt uns bloß vor der Beschluß der Abtheilung. Der Zweck der Berichterstattung zur Mittheilung ist der, diesen Beschluß näher zu erläutern, kurz die Motive anzugeben, die zu dem Beschlusse geführt haben. So wird hier unter Anderem behauptet, es wäre der Beschluß mit geringer Majorität gefaßt. Das würden wir möglicherweise erfahren durch den Herrn Berichterstatter. Vorher können wir dieses unmöglich als Thatsache hinnehmen. Ich beantrage daher, und ich glaube, es ist auch auf früheren Juristentagen so gehalten worden, daß zunächst der Beschluß der Abtheilung zur Ausführung gelangt, nämlich, daß wir erst durch den Berichterstatter erfahren, was die Abtheilung beschlossen hat, und daß demnächst der Antrag diskutirt werde, ob nunmehr, nachdem das Plenum instruirt ist, über die Sachlage noch eine weitere Berathung im Plenum stattfinden soll.

(Sehr richtig!)

Ich beantrage also, zunächst dem Herrn Berichterstatter der Abtheilung das Wort zu geben. Zur Motivirung ist der Antragsteller ja jetzt schon gekommen und es bedarf einer Wiederholung, damit das Plenum sich schlüssig macht, glaube ich, nicht.

Präsident Dr. **Gneist**: Ich bezweifle, daß wir nach der Fassung unserer Statuten so verfahren können; wenigstens würde ich mich nicht dazu ermächtigt halten, wenn es die Versammlung nicht per majora beschließt. Denn in den Statuten heißt es: „Die Berathung findet statt, wenn sie von mindestens 10 Mitgliedern beantragt und von der Plenarversammlung beschlossen wird. Ueber die Vorfrage, — wird nur einem der Antragsteller und dem Berichterstatter das Wort ertheilt. Die Statuten haben also ein abgeschlossenes Verfahren für diese Frage bestimmt. Sie setzen voraus, daß nur der Antragsteller und der Referent spricht.

Diese Fassung hätte wohl nicht gewählt werden können, wenn gemeint wäre, daß der Referent erst den ganzen Gegenstand der Verhandlung mittheilt. Er würde ja dann schon vorher das Wort gehabt haben auch über die Vorfrage.

Advokatanwalt **Fischer** aus Köln: Ich kann die Ansicht des Herrn Vorsitzenden in dieser Frage durchaus nicht theilen. Der Herr Vorsitzende mag nur den Satz lesen, der vor dem Satze steht, den er verlesen hat. Da heißt es: „Sämmtliche Beschlüsse der Abtheilung werden in der Plenarversammlung mitgetheilt." Es geht also die Mittheilung des Beschlusses der Abtheilung vorher und natürlich auch ein eingehendes Exposé des Herrn Referenten. Und dann heißt es: „Es findet jedoch eine Erörterung und Entscheidung im Plenum nur dann statt, wenn u. s. w." Ich glaube aus der Stellung dieser beiden Sätze nach einander geht klar hervor, daß zuerst die Mittheilung mit dem Exposé des Herrn Referenten erfolgt, und dann erst die Frage erörtert wird, ob eine weitere Diskussion stattfinden soll oder nicht.

Präsident Dr. **Gneist**: Ich erlaube mir dagegen die Bemerkung: der erste Satz drückt die Regel aus, der zweite die Ausnahme und bestimmt dafür ein besonderes Verfahren. Das beantragte Verfahren hätte folgenden unzweckmäßigen Erfolg. Der Herr Referent, wenn er die Mittheilung von den Beschlüssen macht, weiß noch gar nicht, ob hinterher die Plenarberathung beschlossen werden wird. Offenbar aber wird er seinen Vortrag sehr verschieden einrichten müssen, je nachdem noch eine Plenarberathung stattfindet oder nicht. Deshalb wohl bestimmen die Statuten ein spezielles Vorverfahren und einen Vorbeschluß, damit der Referent weiß, ob er in der Hauptsache ausführlich zu sprechen hat oder ob er nur über Hauptpunkte Mittheilung machen soll.

Ich will aber den Willen der Versammlung einholen. Ich bitte also die Herren, die zuerst den Herrn Referenten hören wollen, unter Mittheilung des Abtheilungsbeschlusses, sich zu erheben.

(Abstimmung und Gegenprobe ergeben, daß die Mehrheit in dieser Weise verfahren wissen will.)

Referent Advokat v. **Stenglein** aus München: M. H.! Die Frage, welche aufgeworfen wurde und die nach den gedruckten Verhandlungen durch ein einziges Gutachten, das ausgezeichnete, gründliche und schöne Gutachten des Herrn Regierungsrath a. D. von Stemann zu Kiel beantwortet wurde, geht dahin:

„Ist im Strafverfahren das Verhör durch den Präsidenten oder das Kreuzverhör vorzuziehen?"

Das Gutachten hat die zweite Alternative, daß das Kreuzverhör vorzuziehen sei, bejaht, und im Einklange damit hat dann auch die Abtheilung beschlossen, auszusprechen:

„Im Strafverfahren ist das Kreuzverhör dem Verhör durch den Präsidenten vorzuziehen."

Ich muß vorausschicken, daß nach dem Gutachten, und wohl auch nach dem Beschlusse der Abtheilung, unter dem Präsidenten nicht etwa nur der Schwurgerichtspräsident verstanden wurde, der vorzugsweise als Präsident bezeichnet wird, sondern jeder Vorsitzende eines Straffenats, daß ferner unter Kreuzverhör nicht etwa das Verhör des Angeklagten zu verstehen ist, sondern eine jede durch Vernehmung von Personen gebildete Beweiserhebung. Im Gegentheil, man kam bei der Beantwortung dieser Frage zu dem Schlusse, daß das Verhör des Angeklagten aus der Hauptverhandlung möglichst auszuschließen sei, weil es unthunlich sei, mit einem wirklichen Anklageverfahren ein rein inquisitorisches Verhör des Angeklagten mit der Zumuthung, die Wahrheit zu sagen, mit der Zumuthung, den Beweis gegen sich selbst zu bilden, mit der Verlockung, mit allen Künsten des inquisitorischen Verfahrens gegen den Angeklagten aufzutreten — ich sage, weil es unthunlich erschien, ein solches Verfahren überhaupt in den Anklageprozeß einzuführen. Wenn nun noch hinzukommt, daß nicht der Richter, der als Unparteiischer ihm gegenüberstehen soll, es wäre, der das Verhör vornehmen sollte, sondern auf Grund des Kreuzverhörs die Parteien, mithin Staatsanwalt und Vertheidiger, so schließt sich wohl von selbst aus, daß ein Verhör des Angeklagten in dem Sinne stattfinden kann, wie es in dem jetzigen aus dem französischen Verfahren herübergenommenen deutschen Verfahren größtentheils eingeführt ist. Wir haben also unter Kreuzverhör hauptsächlich die Vernehmung der Zeugen und Sachverständigen zur Erhebung des Beweises zu verstehen, und es würde sich, wenn für das Kreuzverhör entschieden wird, die Sache dahin gestalten, daß die Erhebung der Beweise zunächst in die Hand der Parteien gelegt würde, daß den Parteien eine viel weitergehende Einwirkung auf die Auswahl, auf die Vorführung der Beweismittel gegeben werden soll, als dies in dem bisherigen Verfahren begründet ist. Die Form der Vernehmung wäre alsdann nur die natürliche Folge. Ich muß hier berühren, daß zuweilen ein Gewicht darauf gelegt wurde, daß das ganze Untersuchungsverfahren anders gestaltet werden müßte, wenn im Sinne des Kreuzverhörs die Frage der Beweiserhebung in der Hauptverhandlung sich gestalten soll. Ich kann dieser Ansicht nicht beipflichten. Mag die Voruntersuchung geführt werden, wie sie immer will, mag vielleicht die Voruntersuchung möglichst abgeschnitten werden dadurch, daß in die Hände der Staatsanwaltschaft, der Polizei der wichtigste Theil der Vorerhebungen für die

Hauptverhandlung gelegt wird, oder mag man sich die inquisitorische Voruntersuchung denken, die sich aus dem französischen Verfahren größtentheils ausgebildet hat: immerhin ist es eine andere Frage, ob, wenn einmal auf Anklage erkannt ist, den Parteien oder dem Gericht eine größere Einwirkung auf die Auswahl der Beweismittel, auf die Befragung der Zeugen und Sachverständigen eingeräumt werden soll. Es ist das schließlich eine Form, die sich sehr wohl sowohl an die eine Gestaltung der Voruntersuchung anschließt, als auch an die andere. Aber mit den Postulaten des Anklageverfahrens schien es im Einklange zu stehen, zu abstrahiren davon, daß der Richter, nachdem die Voruntersuchung durchgeführt und auf Anklage erkannt ist, nun als inquisitorisches Element in die Verhandlung eintreten soll, wobei in vollständig inquisitorischer Form der Vorsitzende des Grrichts die Zeugen und Sachverständigen zu befragen, den Beweis vollständig zu erheben hätte. Es schien vielmehr mit dem Anklageverfahren mehr vereinbar und angemessener, dem Ankläger zu überlassen, was er zur Durchführung der Anklage für nothwendig hält, ebenso dem Angeklagten und dem Vertheidiger, was sie zur Führung des Entlastungsbeweises für nothwendig halten. Selbstverständlich muß dann aber auch ein Correctiv gegen die Einseitigkeit geboten sein, und dieses Correctiv muß man darin finden, daß der Prozeßgegner ebenfalls befugt ist, seinerseits aus den Zeugen zu extrahiren, was er für sein Interesse für nothwendig findet, und daraus ergiebt sich das Kreuzverhör. Es wurde in einer Anzahl von Gesetzgebungen versucht, das Kreuzverhör, ohne es vollständig einzuführen, wenigstens theilweise, sei es subsidiär, sei es facultativ, den Parteien zur Verfügung zu stellen; einen wesentlichen Erfolg haben aber diese Gesetzgebungen bis jetzt nicht gehabt. Das subsidiäre Kreuzverhör, nämlich die Möglichkeit, nach durchgeführtem Verhör durch den Vorsitzenden nun zu einer Art von Kreuzverhör überzugehen, gestaltet sich erfahrungsgemäß äußerst dürftig. Es gestaltet sich sogar in etwas eigenthümlicher Weise dann, wenn der Ankläger oder der Vertheidiger der Ansicht sein sollten, daß der Vorsitzende in der ganzen Richtung des Verhörs sich geirrt hätte, und versucht werden müßte, nachdem der Zeuge bereits vollständig verhört ist, in anderer Richtung das Verhör aufzunehmen und so in das richtige Geleis zu bringen. Es entsteht dadurch ein Widerstreit zwischen dem, der zunächst berufen ist, das Verhör zu leiten, und demjenigen, der subsidiär die Sache ergänzen will, welcher offenbar zu Unzuträglichkeiten führen muß. In der Regel wird also das Kreuzverhör auf sehr dürftige, aus dem Zusammenhange gerissene Fragen an Zeugen oder Sachverständige sich beschränken. Ganz anders ist es mit dem facultativen Kreuzverhör, bei dem es den Parteien gestattet sein soll, zu beantragen, ihnen die Führung des Verhörs zu überlassen, oder bei dem es dem Vorsitzenden gestattet sein soll, die Parteien anzuweisen, daß sie selbst die Befragung der Zeugen und Sachverständigen übernehmen. Auch diese Einrichtung hat bis jetzt zu einem erheblichen Resultate nicht geführt, und wenn man fragt warum, so werden sich die Gründe ziemlich klar darstellen. In dem Antrage, wenn er von den Parteien ausgeht, liegt doch immerhin eine Art von Mißtrauensäußerung gegen den Vorsitzenden; es liegt darin der Ausspruch: wir glauben es besser zu machen, als es der Vorsitzende thun würde. In dem Vorschlage des Vorsitzenden, das Kreuzverhör zu übernehmen, würde eine Art sich Entziehen von der Pflicht, die ihm gesetzlich auferlegt ist, liegen, und das hat dahin geführt, daß bis jetzt fast ausnahmslos, trotz der Gestattung des Gesetzes, vom Kreuzverhör nicht Gebrauch gemacht worden ist. Ist man aber der Ansicht, daß das Kreuzverhör die einzig richtige Art des Verhörs ist, so muß man nothwendig dahin kommen, das facultative Kreuzverhör nicht als genügend anzusehen, sondern es obligatorisch in das Gesetz aufzunehmen. Hier ging nun die Abtheilung von der Ansicht aus, daß allein die Parteien den vollen Ueberblick des vorhandenen Materials hätten, daß sie das höchste Interesse hätten, nach ihrer Richtung den Fall vollständig aufzuklären, und daß durch die gegenseitige Befragung der beiden Parteien die beste und vollendetste Aufklärung der Wahrheit eintreten würde. Auf der andern Seite hat man die Ansicht geschöpft, daß der Vorsitzende nicht diejenige Person sei, welche im Einklange mit den übrigen Pflichten, die dem Vorsitzenden obliegen, die inquisitorische Befragung der Zeugen und Sachverständigen übernehmen könne. Es fordert diese Pflicht, die dem Vorsitzenden auferlegt wird, vor Allem, daß er sich über die Sache im Voraus, und zwar nothwendiger Weise nur auf Grund der schriftlichen Aufzeichnungen, über den Sachverhalt vollständig informirt. Es tritt also in die Hauptverhandlung, in die unmittelbare und mündliche Darlegung des Beweismaterials nicht ein unbefangener Richter ein, sondern ein im Voraus unterrichteter Richter, aber unterrichtet auf Grund desjenigen Materials, welches man zur endlichen Aburtheilung nicht als erschöpfend betrachtet. Nothwendig wird sich aus dieser Information auch ein Urtheil nach der einen oder andern Richtung bilden, der Richter wird auf Grund der schriftlichen Aufzeichnungen die Ueberzeugung gewinnen: der Angeklagte ist schuldig, oder der Angeklagte ist nicht schuldig. Diese voreingenommene Meinung auf nicht genügender Basis wird sich aber nothwendigerweise auch in der ganzen Leitung der Beweiserhebung ausprägen; nothwendigerweise wird man durchschauen, ob der vorsitzende Richter für die Schuld oder die Nichtschuld im Voraus sich entschieden hat. Dies erscheint insbesondere den Geschworenen gegenüber, deren Erhaltung wir doch hoffen wollen, als ein äußerst gefährliches Moment. Wenn man aber noch erwägt, daß die Mehrzahl der Verhandlungen gegen Schuldige gerichtet sind und nur die Art und das Maß der Schuld festzustellen ist, so wird in der Mehrzahl der Fälle auch die Aufgabe des Vorsitzenden die sein, die Schuld des Angeklagten zu eruiren, und er wird, während er ein unparteiischer Richter sein soll, der Inquisitor, er wird das, was der Ankläger sein soll. Das scheint nun in ganz entschiedenem Widerspruche mit der Aufgabe des Vorsitzenden zu stehen, und es ist dies wohl der Hauptgrund, der zum Kreuzverhör hinleitet. Allein auch die Stellung der Parteien und die Stellung des Vorsitzenden in anderer Richtung wird durch das Kreuzverhör erst in die richtige Lage gebracht. Die Parteien sind nach dem jetzt herrschenden Verfahren von einer Einwirkung auf die ganze Gestaltung der Verhandlung zum großen Theile ausgeschlossen; sie müssen ihr Hauptgewicht auf das Plaidoyer wenden, und so sehen wir die Erscheinung, daß in vielen Fällen, nachdem eine einseitig geleitete, ziemlich trockene Befragung der Zeugen stattgefunden hat, die, weil sie nur von einer Seite ausgegangen ist, auch nicht in das volle Maß dessen eingedrungen ist, was die Zeugen und Sachverständigen darbieten könnten, nun ein Stadium des Verfahrens kommt, in dem die Parteien zu zeigen haben, was sie zu leisten im Stande sind, und in dem sie dies auf Kosten der Gründlichkeit, auf Kosten der Wahrheit sehr häufig durch eine glänzende Beredsamkeit zu thun suchen.

Wir kommen zu dem so häufig getadelten Plaidoyer mit den künstlichen rhetorischen Mitteln auf Kosten der wirklichen Erforschung der Wahrheit. Dieses würde ausgeschlossen, wenn schon im Vorverfahren den Parteien die Möglichkeit gegeben wäre, auf das einzugehen, was sie in der Verhandlung herauszustellen wünschen. Sie würden sich dann zu einem einfachen sachlichen Resumé bequemen. Auf der andern Seite ist aber dem Vorsitzenden sehr häufig die Aufgabe gestellt, daß er ein Resumê des Beweisverfahrens liefern soll. Wenn ich auch nun selbst der Ansicht bin, daß dies die gefährlichste und vor Allem zu beseitigende Einrichtung des französischen Prozesses ist, welche auch bereits in mehreren Strafprozessen, und ich nenne hier mit Vergnügen die Strafprozeßordnung meines engeren Vaterlandes Bayern, eine Beseitigung gefunden hat und in eine rechtliche Belehrung der Geschworenen umgewandelt wurde, so ist doch häufig noch ein Resumé, d. h. eine wiederholte Darlegung der Ergebnisse des Beweisverfahrens, dem Vorsitzenden auferlegt. Ist dies der Fall, so befindet er sich in einer ganz anderen Stellung, wenn er das von neuem darlegen soll, was er vielleicht tagelang mühselig aus Zeugen und Sachverständigen herausgebracht, oder wenn er als unparteiischer Richter dem ganzen Beweisverfahren angewohnt hat und die Eindrücke von sich giebt, die das Beweisverfahren auf ihn gemacht hat. Es würden also auch nach dieser Richtung hin die

Vorsitzenden allein in eine richtige Stellung versetzt, wenn die Parteien berufen würden, durch Kreuzverhör das Beweisverfahren zu leiten. Endlich würde es ein weiterer Gewinn sein, daß eine lebendige Controle bezüglich des Beweisverfahrens stattfände; es könnte der Richter enthoben werden der mühsamen, schwierigen, ihn in langdauernden Fällen bis zur Erschöpfung ermüdenden Aufgabe, ausschließlich und allein die ganze Verhandlung zu leiten und fort und fort mit seiner eigenen Kraft einzutreten. Er würde in der Lage sein, ruhig zu verfolgen, ob das Verfahren nach den gesetzlichen Regeln sich abwickelt, und dann einzuschreiten, wenn von irgend einer Seite, und nothwendigerweise müßte auch der Staatsanwalt in dieser Beziehung der Jurisdiktion des Richters unterworfen sein, von den gesetzlichen Regeln in der Erhebung der Beweismittel abgewichen würde. Es würde nach Ansicht Derer, die für das Kreuzverhör gestimmt haben, dies Verfahren die Regel sein, und bekanntlich ist in den Prozeßordnungen, auf die jetzt das größte Gewicht gelegt wird, im englischen und amerikanischen Verfahren nicht nur das Kreuzverhör Regel, sondern auch die große Mehrheit betrachtet es als das höchste Gut, als den wichtigsten Theil eines rationellen Strafverfahrens. Daß wir eine Erfahrung darin nicht haben, dafür habe ich die Gründe bereits dargelegt. Wir haben bis jetzt kein Kreuzverhör gehabt. Ich glaube, man wird kaum darauf kommen können, zu sagen, es ist nicht national, wir sind es nicht gewohnt, es stimmt nicht mit dem deutschen Charakter überein. Das sind so allgemeine Gründe, welche sich viel leichter behaupten als beweisen lassen. und der Behauptung, das Kreuzverfahren sei nicht national und wir würden uns das Kreuzverhör nicht richtig aneignen, kann ich mit der entgegengesetzten Behauptung gegenübertreten, ohne irgend einen Gegenbeweis fürchten zu müssen. Es hat auch eine Zeit gegeben, wo nur das Inquisitionsverfahren und das geheime und schriftliche Verfahren als ausschließlich national, weil geltend, angesehen werden konnte, und wir haben uns trotzdem in das öffentliche und mündliche Verfahren eingewöhnt, und so werden wir uns auch wohl eingewöhnen können, wenn dieses öffentliche und mündliche unmittelbare Verfahren Fortschritte macht und Aenderungen erleidet, sobald wir nur überhaupt finden, daß überwiegende Gründe für diese Fortschritte und Aenderungen vorhanden sind. Ich glaube, hiermit meinen Vortrag schließen zu können und Ihnen empfehlen zu müssen, wenn es zur Diskussion und Abstimmung kommen sollte, die Beschlüsse der Abtheilung gutzuheißen und mit der Abtheilung zu beschließen:

> Im Strafverfahren ist das Kreuzverhör dem Verhör durch den Präsidenten vorzuziehen.

(Bravo!)

Präsident Dr. **Gneist**: M. H., wir müssen nun statutengemäß über die Vorfrage debattiren. Ich gebe dem Antragsteller zunächst das Wort zur Begründung seines Antrages.

Dr. **Mayer** aus Frankfurt: M. H.! Ich könnte mich wohl meinerseits zur Begründung des von mir gestellten Antrags, da mir im gegenwärtigen Stadium ja nicht gestattet ist, materiell auf die Erörterung der Frage von unserm Standpunkt aus einzugehen, im Wesentlichen auf das beschränken, was ich bereits zur Begründung des Antrags hervorgehoben habe; allein Sie werden gerade auf der anderen Seite eine Unterstützung meines Antrags und ein bedeutendes Gewicht in den eigenen Auseinandersetzungen des Herrn Referenten finden, Sie werden aus der Sorgsamkeit, mit der er die Frage behandelt hat, aber auch nach unserem Dafürhalten ohne Rücksicht auf diejenigen gewichtigen Gründe, welche vollständig die Minorität geltend gemacht hat, wohl die Pflicht an sich herantreten sehen, auch die Minorität darüber zu hören; denn die Ueberzeugung werden Sie gewonnen haben, daß die Frage, um deren Erörterung es sich handelt, allerdings eine der wichtigsten, eine der prinzipiellsten unseres modernen Strafverfahrens ist. Ich beantrage deshalb, es wolle dem Juristentage gefallen, in die Diskussion der gestellten Frage einzugehen.

Referent v. **Stenglein**: M. H., ich muß Sie meinerseits bitten, von dem Beschlusse abzustehen. Es ist allerdings richtig, daß für die Strafprozeßfrage das Kreuzverhör von der eminentesten Wichtigkeit ist; allein es war dies bisher nach der Tradition des Juristentages nicht die einzige Erwägung, die angestellt wurde; denn wenn auch am Ende ab und zu weniger wichtige Fragen unterlaufen, so ist die Präsumtion doch die, daß der Juristentag sich nur mit wichtigen Fragen beschäftigt, und trotzdem hat er sich in der Mehrzahl der Fälle enthalten, sie zur Berathung und Beschlußfassung vor das Plenum zu bringen. Ein wesentliches Gewicht bei Entscheidung der Frage, ob eine Frage im Plenum zur Verhandlung kommen soll, muß auch darauf gelegt werden, ob es sich um eine Frage handelt, die speziell technischer Natur für diejenige Abtheilung ist, in welcher der Beschluß gefaßt wurde, oder ob es sich um ein allgemeines juristisches Prinzip handelt, in dem nicht blos Diejenigen, die sich nur mit der einen oder anderen Branche des Rechts beschäftigen, ein vollgiltiges Urtheil abzugeben zunächst berufen und über die Frage vollständig informirt sind. In dieser Richtung möchte ich glauben, daß die Frage des Kreuzverhörs eine so ausschließlich strafprozessuale Frage ist, daß sie zunächst eben vor die III. Abtheilung und nicht vor das Plenum gehört. Wenn ferner geltend gemacht wurde, daß nur eine geringe Majorität in der Abtheilung entschieden hätte, so möchte ich dieser Behauptung nicht eine andere Behauptung entgegenstellen. Es war entschieden die Majorität, — ob schwächer oder stärker, ist bei der Art und Weise, wie die Abtheilungen sich zusammensetzen, schwer zu beurtheilen. Allein ich möchte Sie darauf aufmerksam machen, daß gerade, wenn keine sehr starke Majorität vorhanden ist, d. h. wenn die gemeinsame Meinung der Juristen über eine Frage noch wesentlich getheilt ist, es schwierig erscheint, im Plenum, in dem auch die nicht hauptsächlich für die betreffende Spezialfrage sich interessirenden Juristen mitsitzen, eine Entscheidung zu treffen, und sie mit der ganzen Autorität des Plenums auszustatten, und daß es besser ist, wenn in solchen Fragen nur eine Entscheidung der Abtheilung vorliegt. Deshalb würde ich Ihnen rathen, von der Berathung und Beschlußfassung im Plenum abzustehen.

Präsident Dr. **Gneist**: Wir kommen zur Abstimmung. Diejenigen, die gegen die Plenarberathung sind, bitte ich, sich zu erheben.

(Geschieht.)

Die entschiedene Majorität begnügt sich mit der Mittheilung.

Wir kommen zu der zweiten Frage:

„Soll im Falle der Freisprechung für die Untersuchungshaft eine Entschädigung gewährt werden?"

Referent Justizrath Dr. **Meyer** aus Thorn: Die Frage: „Soll im Falle der Freisprechung für die Untersuchungshaft eine Entschädigung gewährt werden?" hat in der Abtheilung zu einer sehr eingehenden längeren Diskussion Veranlassung gegeben. Sie sehen, daß die Abtheilung zu einem materiellen Beschluß nicht gekommen ist. Die Ansichten über diese Frage standen sich in der Abtheilung ziemlich schroff gegenüber. Der Gedanke, daß unter Umständen im Falle der Freisprechung Entschädigung gewährt werden solle, hatte zwar im Allgemeinen nicht viel Widerspruch erfahren, da sogar die drei Gutachter, wenn auch in verschiedenem Umfange, darin einstimmig waren, daß sich Fälle denken ließen, in welchen eine solche Entschädigung angemessen sei, sei es aus Gründen des Rechts, sei es aus Gründen der Billigkeit. Allein die Abtheilung war nicht in der Lage, sich darüber zu einigen, in welchem Umfange sich eine solche Entschädigungspflicht des Staates denken ließe. Es lagen der Abtheilung speziell formulirte und präzisirte, vom Referenten und Correferenten vereinbarte Thesen vor, welche davon ausgingen, die Freisprechung allein begründe einen Anspruch auf Entschädigung nicht, wohl aber trete eine solche Entschädigungspflicht ein, 1) wenn gesetzwidrig verfahren ist, und 2) wenn die Annahme der Schuld durch Gegenbeweise positiv widerlegt ist. — Indessen fanden diese genau detaillirten Sätze die Zustimmung der Versammlung nicht; nur eine Minorität entschied sich dafür. Ebenso war nur eine Minorität dafür, blos im Allgemeinen auszusprechen, es solle Entschädigung gewährt werden, wenn gesetzwidrig verfahren sei, oder die Unschuld dargethan wäre. Andererseits wurde ein von der entgegengesetzten Seite gestellter Antrag, auszusprechen, es solle auch im Falle der Freisprechung keine Entschädigung gewährt werden, mit großer Majorität abgelehnt. Das Resultat der Abtheilungsberathung ist daher im vollen Sinne des Wortes ein non liquet. Bei der Wichtigkeit der Frage aber wurde in der Abtheilung der Wunsch rege, die Aufmerksamkeit des nächsten Juristentages wiederum dieser Frage zuzuwenden. Die Abtheilung beschloß daher, die ständige Deputation zu ersuchen, die Frage auf die Tagesordnung des nächsten Juristentags zu setzen.

Indem ich diesen Beschluß mittheile, füge ich gleich hinzu, daß darüber in der Abtheilung ein wesentliches Einverständniß herrschte, daß die Frage zu eng formulirt gewesen sei, daß es angemessen sei, nicht blos zu erörtern: Soll im Falle der Freisprechung eine Entschädigung gewährt werden für unverschuldete Untersuchungshaft? —, sondern daß auf gleicher Linie damit die nächstliegende Frage stehe: Soll im Falle, daß es zur Anklageerhebung gar nicht kommt, für unverschuldete Untersuchungshaft Entschädigung gewährt werden? — und auch 2) Soll im Falle, daß ein rechtskräftiges Erkenntniß später wieder aufgehoben wird, Entschädigung gewährt werden?

Indem ich diesen Beschluß der Abtheilung, die Frage zu einer neuen Berathung an den nächsten Juristentag zu verweisen, mittheile, erlaube ich mir, gegenüber der ständigen Deputation den Wunsch auszusprechen, es wolle ihr gefallen eine solche Ausdehnung der Formulirung der Frage damit zu verbinden.

(Bravo!)

(Vice-Präsident Francke übernimmt den Vorsitz).

Vice-Präsident **Francke**: Es folgt der weitere Beschluß der III. Abtheilung, daß auch für die gerichtliche Voruntersuchung der Grundsatz der Oeffentlichkeit als Regel anzunehmen sei.

Dieser Beschluß ist zur weiteren Berathung und Beschlußfassung an das Plenum überwiesen.

Unser verehrter Herr Präsident Professor Gneist wird zunächst die Güte haben, darüber Bericht zu erstatten.

Referent Professor **Dr. Gneist**: M. H.! Die Berichterstattung über diese Frage bietet besondere Schwierigkeiten dar. Es handelt sich dabei nicht blos um das Verfahren unserer Gerichte und Staatsanwaltschaften, sondern die Gestalt der Voruntersuchung steht in untrennbarem Zusammenhang auch mit dem Geschäftsgang der Criminalpolizei. Man wird weder nach französischem noch nach deutschem Rechte diese Frage verhandeln können, ohne die Gestalt der „Gerichtspolizei“ in die Debatte zu ziehen. So komplizirt demnach die Frage ist, so liegen über dieselbe keine Gutachten vor. Es ist bei dem Dresdener Juristentag verhandelt und damals eine bedingte Oeffentlichkeit für nothwendig erachtet worden. Aber selbst in den Debatten des Dresdener Juristentags sind die merita causae neben vielen anderen Fragen nicht genügend zur Geltung gekommen. Ich habe diese Umstände geltend gemacht gegen die Opportunität, gerade diese Frage in's Plenum zu bringen. Die Majorität der III. Abtheilung hat indessen mit Rücksicht auf die Wichtigkeit der Sache diese Geschäftsbehandlung beschlossen, und ich bin selbstverständlich zur Ausführung bereit. Ich mache diesen Umstand aber geltend, um Ihre geneigte Nachsicht zu erbitten, wenn ich nicht so sachgemäß referiren kann, wie ich möchte, da ich genöthigt bin, in diesem Augenblick (während der Leitung der Plenardebatten) erst die nöthigen Notizen für diesen Vortrag zusammenzustellen, weil mir keine andere Zeit übrig blieb. Sollte ich also zu wenig sagen, so bitte ich um Nachsicht, und noch mehr, wenn ich etwas zu viel zur Motivirung des Abtheilungsbeschlusses sagen sollte.

M. H.! Der Streit über den Grundsatz der Oeffentlichkeit ist vor einem Menschenalter in Deutschland mühevoll durchgekämpft worden, und manche unserer deutschen Juristen werden mir das Zeugniß ertheilen können, daß ich redlich in diesem Kampfe mitgearbeitet und auch Manches zu dulden gehabt habe, als Vertreter sehr „gefährlicher Theorieen“. Es sind damals hunderte von Bedenken und Gefahren einer öffentlichen Verhandlung behauptet worden, von denen heute Niemand mehr spricht.

Nun erlaube ich mir aber eine Vorbehauptung, die nicht neu ist: Alle Rechtsgründe, welche die Oeffentlichkeit des Strafrechtsverfahrens bedingen, alle diese Gründe sind auch giltig für die Oeffentlichkeit der gerichtlichen Voruntersuchung.

Da es sich um wesentlich neue Verhältnisse handelt, so bemerke ich indessen, daß nicht beabsichtigt wird, das Verfahren der Polizei irgend wie öffentlich zu machen. Wo die Polizei als solche wirkt, wo die Staatsanwaltschaft selbstständig wirkt durch ein Vorbereitungsverfahren, da hat die Idee der Oeffentlichkeit keinen Platz. So weit aber das Gericht wegen der kontestabeln Natur der Vorbereitung einschreitet, sind die namhaftesten Autoritäten von Anfang an der Meinung gewesen, daß jedes gerichtliche Verfahren nach Außen hin ein öffentliches sein sollte, und daß die Ausschließung der Oeffentlichkeit besondere Gründe haben muß.

Warum haben wir überhaupt die Oeffentlichkeit eingeführt?

Sie ist nothwendig für den Angeklagten, weil die Ehre oder die Freiheit, sehr gewöhnlich Beides, betheiligt ist an der Eröffnung des Strafverfahrens, und weil das geheime Verfahren keine Genugthuung und Rechtfertigung Dem giebt, der durch ein Gerichtsverfahren für einen suspectus erklärt ist. Denn das, was wir geheimes Verfahren nennen, ist nichts weiter, als eine regellose Oeffentlichkeit. Diese regellose Veröffentlichung hat nun aber die unvermeidliche Folge, daß der einmal vom Gericht für suspekt Erklärte auch von Jedermann für suspekt gehalten wird, das Publikum sich übrigens um den späteren Gang der Dinge nicht weiter bekümmert. So weit wir nun Schuldige und Schwergravirte vor uns haben, so bekommen diese ihr Recht; sie werden verurtheilt, sie werden freigesprochen. Der Unschuldige aber und der Mindergravirte, gegen den die Anklage gar nicht erhoben wird, bleibt ganz in der alten Lage, wie in der Zeit des geheimen Inquisitionsprozesses. Kein Mensch bekümmert sich um diesen Verlauf, sondern es bleibt stehen die bekannte Thatsache: Das Gericht ist gegen Dich eingeschritten; für Deine Rechtfertigung sorge selbst.

Der zweite Grund für die Oeffentlichkeit ist die psychologische Einwirkung auf den Zeugen. Den vollen Ernst, die Wahrheit zu sagen, werden Sie bei einem Zeugen schwer gewinnen in dem konfidentiellen Verhör in geschlossener Gerichtsstube. Es fehlt die Feierlichkeit des Eindrucks, und selbst die Eidesformel verliert ihren Einfluß durch die Häufigkeit und Formlosigkeit solcher Akte. Wir beklagen fortwährend die Widersprüche, die in unserem öffentlichen Verfahren mit dem Zeugenverhör der geheimen Voruntersuchung eintreten. Wir sagen uns aber selten, daß wir diese Widersprüche nothwendig herbeiführen durch die zwei entgegengesetzten Systeme unseres Zeugenverhörs, — weil die geheime Vernehmung in der Voruntersuchung weniger zuverlässig ist, als die feierliche Vernehmung in der Audienz, in der auch der gemeine Mann sofort versteht, daß er hier rückhaltlos die volle Wahrheit sagen müsse, daß er hier auch „denunziren" muß gegen seinen Mitbürger, daß hier die volle Bürgerpflicht zu erfüllen ist, die der gemeine Mann im geheimen Verfahren nicht begreift.

Die Oeffentlichkeit ist endlich nothwendig für den Richter selbst und seine gesammte Thätigkeit. So alt, wie die geheime Prozedur der Voruntersuchung, so alt sind die weltbekannten Mißbräuche der Inquisition. Der Geheimhaltung verdanken wir die Folter, die in einem öffentlichen Verfahren niemals möglich, die aber im geheimen Verfahren stets entstand, seiner Zeit auch in England. Wenn ferner das Gesetz die Folter beseitigt, wird die Gewalt ersetzt durch die List, durch Ermüdung, durch die sogenannte Inquisitionskunst. Sie wird immer technischer, sie gewöhnt sich in dem Maße an, daß unsere berühmtesten deutschen Juristen während der Dauer des geheimen Verfahrens die Inquisitionskunst für etwas Naturgemäßes erklärt haben. Im öffentlichen Verfahren erledigen sich die Inquisitionskünste großen Theils von selbst.

Ich kann zugestehen, daß die Mißbräuche des Inquirirens auch im geheimen Voruntersuchungsverfahren seltener sind, als das Publikum es annimmt, daß die kaptiösen und täuschenden Fragen, und ein Bedrängen und Quälen und Ermüden mit Fragen seltener sind, als man annimmt. Wenn sie aber in hundert Fällen einmal vorkommen, so genügen sie, überhaupt das Vorhandensein solcher Mißbräuche zu vermuthen, und darauf beruht das unüberwindliche Mißtrauen, mit dem wir zu kämpfen haben, das Mißtrauen, von dem unsere Geschworenen und Schöffen ein Zeugniß ablegen durch die Neigung, dem Angeklagten zu glauben, wenn er sein Geständniß widerruft, wie auch dem Zeugen, der in der Hauptuntersuchung anders aussagt. Das volle Vertrauen in die Würde und die objektive Haltung des Richteramts in der Voruntersuchung ist nicht anders zu gewinnen, als durch die Oeffentlichkeit eines jeden richterlichen Akts.

Es sind dies Motive, die unsere deutschen Juristen von Anfang an geltend gemacht haben. Schon Feuerbach hat gesagt: Wenn ihr deutschen Juristen endlich die Oeffentlichkeit annehmt, so werdet ihr doch nicht dem französischen Muster folgen, sondern diese entscheidenden Gründe auch für die Voruntersuchung gelten lassen.

Allein bei der Ausführung zeigten sich folgende Umstände. Die Gesetzgebung war durch die öffentliche Meinung zur Oeffentlichkeit gezwungen, während die „praktischen" Autoritäten überwiegend dagegen waren. Wir haben schon deshalb die Oeffentlichkeit nur soweit durchgesetzt, wie die öffentliche Meinung sich dafür interessirte. Die öffentliche Meinung verlangte hauptsächlich ein öffentliches Haupt- oder Schlußverfahren. Die Einzelheiten der Vorbereitung, die dazu gehören, sah man als technische Amtsfunktionen an, für die man sich weniger interessirte. Soweit also jenes Agens fehlte, war es naturgemäß, daß das Justizpersonal bei seinen Amtsgewohnheiten stehen blieb. Es mußte ohnehin damals Alles in wenig Monaten fertig werden, wozu wir eigentlich Jahrzehnte nöthig gehabt hätten.

Bei jenen überstürzenden Reformen von 1848 war ferner Rücksicht zu nehmen auf die Amtsverhältnisse, auf die Kompetenz und auf den Geschäftsgang der Polizei. In dem ganzen Vorverfahren besteht eine stete Wechselwirkung zwischen Justiz- und Polizeibehörden. Da es unmöglich war, im Augenblicke auch die Polizeiorganisation und das polizeiliche Verfahren zu ändern, so war es praktisch geboten, daß wir auch wegen des Geschäftsganges der Polizei an die älteren Gewohnheiten der Voruntersuchung uns anschlossen. Man konnte deshalb auch dem Staatsanwalt keine andere Stellung geben, als eine pendulirende Stellung zwischen zwei Bureaux, zwischen dem Voruntersuchungsbureau und dem Polizeibureau.

So entstand eine Verfassung, die wir heute „praktisch" nennen, weil wir sie geschäftlich gewöhnt sind, die aber kaum Jemand begreifen kann, der in Ländern lebt, wo der öffentliche Anklageprozeß seit Menschenaltern besteht. Wir haben nun drei Bureaux, zwischen denen die Papiere hin- und herwandern, unter Verdoppelung des Zeitaufwandes und der Arbeit, und kommen damit zu dem Resultat einer schwerfälligen, sehr laugsamen Voruntersuchung.

Der Schwerpunkt der Reform liegt hier noch mehr in der Organisation der Polizei als der Justiz.

Unsere Polizeibehörden gehören von Alters her zu den „sitzenden Professionen".

(Heiterkeit.)

Sie haben der Justiz Alles entlehnt, was sie an Geschäftsformen haben: die Protokolle, die Berichte, Tabellen, Dekrete. Diese Gestalt hat lange genügt, genügt auch noch heute in den gemüthlichen Verhältnissen der kleinen Städte und der meisten ländlichen Distrikte. Aber in den Großstädten, Fabrik- und Bergwerks-Distrikten haben wir seit Jahrzehnten die Bemerkung gemacht, daß die Polizei in ihrem Dienst für die Criminaljustiz nicht mehr ausreicht und daß sie früher unbekannte Klagen über Schwerfälligkeit und ungenügende Thätigkeit veranlaßt.

Wir haben nun in einzelnen Städten energische Chefs als Reformatoren auftreten sehen. Die Reform bestand darin, daß man den Leuten einen militärischen Anstrich gab, daß man sie an Appells gewöhnte, mündliche Conferenzen der Offiziere veranstaltete, mündliche Rapporte an die Stelle der so schön stylisirten Polizeiberichte setzte u. dgl. m. Allein die Wirksamkeit solcher Reformen dauert verhältnißmäßig nur kurze Zeit. Mag man auch die Polizeilieutenants uniformiren und die Mannschaften marschiren lassen — in 3, 4, 5 Jahren sinken die Polizeiverwaltungen in die alten Formen zurück. Die Leute ziehen sich immer tiefer und friedfertiger wieder in die Bureaux zurück, wo sie die Hauben abnehmen.

(Heiterkeit.)

In den Bureaux wird die alte Arbeit fortgeführt: die nutzlos gewordenen Listen, die schön stylisirten Berichte der Schutzleute wandern tagtäglich von den Lokal- in die Centralbureaux und zurück. Die alte Weise der Anzeigen, der Correspondenzen, der Dekretur lebt wieder auf, und der Beamte dreht sich verdrießlich auf dem Stuhle um, wenn er von dem Supplikanten in seiner Schreibarbeit gestört wird.

(Heiterkeit.)

Da aber, wo man die Polizei braucht, wo die Wagen der freizügigen Gesellschaft zusammenfahren, wo der Straßenverkehr stockt, da suchen Sie leider vergeblich den Exekutivbeamten. Wo man sich die Köpfe einschlägt, wo man die Fenster einwirft, wo die „Unsicherheit" der großen Städte und ihrer Umgebungen täglicher Gegenstand der Klage ist: da finden Sie wohl den Polizeibeamten, — der Pflichtgetreue erscheint, aber leider erst eine halbe Stunde zu spät, weil er mit der Schreibarbeit nicht fertig werden konnte. Die Polizei darf uns das nicht übel nehmen. So sehr man früher über das Zuviel an Polizei geklagt hat, so entschieden häufen sich die Klagen über das „Zuwenig" an den Orten, wo ein großer, beweglicher Verkehr sich entwickelt.

Man darf hoffen, daß die Einsicht der höheren Polizeiverwaltung endlich zu dem Conclusum führen muß: wir sind dem Geschäftsgange der Gerichte immer nachgekommen. Jetzt, nachdem seit beinahe einem Menschenalter das mündliche unmittelbare Verfahren besteht, wird es nöthig, unsere Bureaugewohnheiten für die Zwecke der Gerichtspolizei, wie der Sicherheitspolizei überhaupt, gründlich zu ändern.

Die Polizei, wie wir sie jetzt haben, mit welcher der Staatsanwalt oder der Untersuchungsrichter in Requisitionen verkehren, war berechnet auf eine seßhafte Bevölkerung, wo man in der Nachbarschaft die individuellen Fälle, welche die Criminaljustiz interessiren, wie die Personen kannte. Diese Fäden wurden erhalten durch das allgemeine Anmeldungswesen, durch das Postwesen, durch Postkarten, Legitimationen und Anderes. Wo ein fremder Eindringling in eine seßhafte Bevölkerung kommt, ist er ein Gegenstand der Aufmerksamkeit. Die Polizei hat auch ihre Hausconnexionen.

Dieser Apparat der Criminalpolizei geht aber unwiderruflich verloren mit der Freizügigkeit, mit dem Eisenbahnwesen, mit dem Abschaffen der Päſſe, mit dem Abschaffen des Legitimationszwangs, mit der Beweglichkeit des ganzen Verkehrs. Es kommt dahin, daß ein Criminalfall, den die Polizei feststellen soll, in wenig Minuten möchte ich sagen, zersprengt ist. Alle betheiligten Personen, Thäter, Zeugen, Alles Sachliche, was man braucht, kann in wenig Minuten durch die Eisenbahn in alle Winde zerfahren. Die Fäden, an welchen die Polizei früher Beweismittel herbeischaffte, sind zerschnitten. Man kann es also wohl begreifen, wenn die heutige Polizei klagt: uns werden unmögliche Zumuthungen gemacht, wir sollen überall und nirgends sein, und doch läßt das Publikum uns regelmäßig im Stich — was leider in großen Städten die ziemlich allgemeine Klage ist. —

Dieser Zustand ist für uns neu, aber in den Ländern der Freizügigkeit kennt man ihn längst. Die Abhilfe dafür findet sich in gewissem Sinn von selber. Für alle Wunden, die die moderne Entwickelung des Verkehrs uns schlägt, finden sich auch die Heilmittel zuletzt in den Faktoren des neuen Lebens selbst.

Die Hülfe kommt der Criminalpolizei, wenn es gelingt, das Publikum in Masse heranzuziehen und es zu interessiren an der Vorermittelung der Straffälle, wenn es gelingt die Tagespresse dafür zu interessiren, die Voruntersuchung sogar zum Hauptgegenstande der Zeitungsberichte zu machen. Während wir bisher nur die Hauptverhandlungen für ein neugieriges Publikum in den Gerichtszeitungen finden, kennen wir bisher noch nicht Bedeutung der Tagespresse für die Voruntersuchung. Nur durch das Interesse, welches das Publikum an der Sache nimmt, und durch eine stetige Aufforderung an dasselbe können wir die Indolenz und das alte Vorurtheil überwinden: Es schicke sich nicht für den anständigen Mann zu denunziren; es schicke sich nicht der Polizei Dienste zu leisten.

Das Mittel aber zu diesen andern Gewöhnungen ist die Oeffentlichkeit der Voruntersuchung. Durch die Oeffentlichkeit wendet sich der Schwerpunkt aller Berichterstattung über Criminalfälle vorzugsweise der Voruntersuchung zu; denn die öffentliche Meinung und die Presse interessiren sich an erster Stelle für das eben erst Passirte. Sodann findet sich im Publikum, wenn in diesem Stadium die Umstände der Voruntersuchung bekannt werden, das lebhafte Interesse an der Ermittelung des Schuldigen. Unsere Polizei ist jetzt schon genöthigt, ausnahmsweise dasselbe Mittel anzuwenden, nämlich expreß das Publikum aufzufordern: Helft uns den Schuldigen ermitteln! Das ist nicht unbedenklich, weil man dabei Fragen aufwerfen muß, die leicht zu Veranstaltungen induciren; während die unbefangene habituelle Mittheilung gerade soviel giebt, um dem Publikum ein Interesse an der Mitarbeit für die Criminalpolizei einzuflößen. Und was ist der Erfolg? — Die Zeugen, die wir amtlich in allen Winkeln aufsuchen müssen, melden sich von selbst. Die Fäden der Indicien, die wir durch kein Arrangement der Polizei erschöpfend verfolgen können, setzen sich fort durch das Publikum und bringen das Wichtigste fast unwillkürlich heraus. Mancher an sich ganz unbedeutende und doch entscheidende Umstand, der sonst von Jedermann übersehen wäre, kommt wie von selbst zur Geltung. Ein Verkehr der Polizei mit dem Publikum stellt sich somit kürzer und wirksamer her, als durch die Berichte und Anzeigen. Die Polizei wird eo ipso ambulant; sie kann auch eigentlich nichts anders thun, als sich umsehen. An die Stelle der Rapporte und Polizeiberichte treten einfache Schemata, welche Schutzleute und Gensd'armen ausfüllen, statt uns ihre wunderlich stilisirten Berichte zu liefern.

Eben dieser umgewandelte Geschäftsgang verändert auch die Gestalt der Voruntersuchung. Es macht zwar die veränderte Weise des Geschäftsganges der einzelnen Person Anfangs einige Mühe, macht aber den Dienst in der Gesammtheit leichter und wirksamer. Auch die Polizei wird eine Freundin der Mündlichkeit werden, wenn man sie erst in die neuen Formen zwingt. Fragen Sie alle unsere deutschen Landsleute im Ausland, die Jahre lang die Verhältnisse kennen, ob sie glauben, daß unsere Polizei auch nur annähernd das zu leisten vermag, was sie an den schwersten Punkten der Polizeithätigkeit, in New-York und London, jeden Tag mit wunderbarer Schnelligkeit leistet. Alles geht dort einfacher, rascher, und darum befreundete sich auch das Beamtenpersonal damit, nachdem man es eine kurze Zeit gezwungen hat, sich von der Gewohnheit des Schreibens loszureißen.

Das Voruntersuchungsamt aber tritt mit dieser Reform ein als der nothwendige Rechtsregulator für die gesammte Thätigkeit der Gerichtspolizei. Soweit es überhaupt eines Gerichtsregulators bedarf, ist es das Voruntersuchungsamt, dem sich die Staatsanwaltschaft wie das Polizeipersonal für diesen Dienst organisch einordnen. Es füllt sich damit die Lücke, die wir bisher, namentlich in Preußen, gelassen haben, wo wir das beste Stück des rheinischen Verfahrens, die Unterordnung der Criminalpolizei unter die Justizbehörde, weggelassen haben, — eine Unterordnung, die jetzt, nach einem Vierteljahrhundert, nicht länger verschoben werden kann.

Diese Unterordnung unter das Voruntersuchungsamt macht sich durch eine mündliche contradictorische Verhandlung ohne Schwierigkeit und Competenzstreit. Die Staatsanwaltschaft, die man freilich in England noch nicht hat, ist nicht eine Erschwerung, sondern (wie die amerikanischen Verhältnisse zeigen) eine Erleichterung dieser Reform. Gerade mit der Staatsanwaltschaft wird sie um so präciser im Geschäftsgange. Nur entsteht die Nöthigung zu einem andern Geschäftsgange. Wie in den übrigen Bureaus sind alle wichtigen Arbeiten an Gerichtsstelle zu thun und die Hausarbeiten auf wenige Korrespondenz zu beschränken. Die Staatsanwaltschaft kommt aber, wenn sie in dem Amt des Voruntersuchungsrichters arbeitet, in zwei Stunden weiter als in fünf Stunden Hausarbeit. Die Criminalpolizei erhält ihre unmittelbare mündliche Direktion vom Voruntersuchungsrichter und Staatsanwalt in der Weise, in welcher man in Minuten und Stunden schaffen kann, was in unserem Correspondenzsysteme Tage und Wochen dauert und daher nothwendig die Voruntersuchung auf Wochen ausdehnt.

Natürlich bekommt man dagegen den Einwand zu hören: Wir haben in unserem Leben nur geheime Voruntersuchungen gesehen, wie macht man denn öffentliche Voruntersuchungen? Die Frage kann im Augenblicke freilich nur von denen beantwortet werden, die in der Lage gewesen sind, öffentliche Voruntersuchungen aus eigener Wahrnehmung zu kennen. Ich kann in Kürze sagen: das Verfahren gestaltet sich etwa so, wie das summarische Strafverfahren bei Uebertretungen. Es gestaltet sich die contradictorische Beweisverhandlung der Voruntersuchung in dem Maße damit übereinstimmend, daß die neueren Codificationen fast wörtlich übereinstimmend dieselben Proceduren in dem Polizeiverfahren bei Uebertretungen und für das Voruntersuchungsverfahren vorschreiben. Die Einheit des Orts und der Handlung, die zu jedem Gerichtsverfahren gehört, stellt sich her, sowie man die öffentlich mündliche Verhandlung einführt. Sei es zur Feststellung des Thatbestandes bei Tödtungen; sei es beim Verhör von Hauptzeugen, auch von Sachverständigen, oder Verlesung von Urkunden: Alles das gestaltet sich zusammenhängend, sowie man eine mündliche Beweisaufnahme in Gegenwart der Parteien vorschreibt. Der Vorzug dieser Verhandlung ist eben, daß hier der Beweis in Gegenwart des Angeschuldigten und der Staatsanwaltschaft von Anfang an stattfindet, und daher eine Menge Mißverständnisse gar nicht unterlaufen können, welche die einseitige geheime Untersuchung producirt. Wir gewinnen eben damit die Möglichkeit, den Defensor zuzulassen. Wir machen den Inquisitionskünsten eo ipso ein Ende; denn in allen Voruntersuchungen, die öffentlich verhandelt werden und in welchen ein Defensor zugelassen wird, hat der Voruntersuchungsrichter keine Aufforderung stundenlang zu inquiriren, sondern Beweise zu erheben. Der deutsche Prozeß wird die Tendenz des Zuvielinquirirens ebenso stillschweigend beseitigen, wie sie überall beseitigt ist, wo man das öffentliche Vorverfahren kennt.

Vor allen Dingen aber schwindet endlich das Mißtrauen gegen die Voruntersuchung. Das Publikum hat, wie für jedes öffentliche Verfahren so auch für die öffentliche Voruntersuchung ein unbefangenes Urtheil, und wenn es sich darum handelt, den Straffall festzustellen, denselben Eifer, wie der Polizeibeamte, während wir jetzt diese Mitthätigkeit des Publikums unmöglich machen durch die Geheimhaltung der Proceduren, die keinen sachlichen Grund zur Geheimhaltung darbieten.

Es bleibt mir noch übrig, mit ein paar Worten die Einwendungen zu berühren. Unser hochverdienter ehemaliger Kollege Dr. Glaser hatte den österreichischen Entwurf als Justizminister eingebracht und ein anderes berühmtes Mitglied des deutschen Juristentages hatte den deutschen Entwurf formulirt.

Ja, sagt der österreichische Entwurf, aus sachlichen Gründen kann man wohl für die Oeffentlichkeit der Voruntersuchung streiten, aber unsere Behörden sind einmal an die geheime Voruntersuchung gewöhnt, und das Nämliche ist der Fall auf dem ganzen Continent; wir müssen daher Bedenken tragen, etwas zu ändern, was auf dem ganzen Continent den Gewohnheiten der Beamten entspricht.

Der preußische Entwurf sagt: es wäre vielleicht wünschenswerth, die Oeffentlichkeit einzuführen; aber das Vorverfahren, soweit wir es praktisch kennen, bestehe aus lauter einzelnen Akten, in denen der Inquirent einseitig verhöre; es seien abgerissene Akte der Amtsthätigkeit und man sehe deshalb nicht ein, wie sich darauf die Oeffentlichkeit appliciren läßt. Ich glaube, m. H., es ist dasselbe.

Beide Ministerien, welche hinter den Entwürfen stehen, erklären im Grunde nur: wir können gegen die alten Gewohnheiten unserer Beamten nicht aufkommen.

Es läuft darauf hinaus, die Sache mag vortrefflich sein, wir sind sie aber nicht gewöhnt, also ist sie nicht praktisch.

Ich meine dagegen, es liegt eine große Gefahr der Selbsttäuschung darin, wenn wir uns gewöhnen, immer das praktisch zu nennen, was unseren Amtsgewohnheiten entspricht. Es handelt sich hier um neue Maximen, denen eine gleichmäßige Praxis in Deutschland noch fehlt.

Die Menschenalter hindurch erprobte, durch alle Schulen geprüfte Praxis der Länder, in denen die Grundsätze des Anklageprozesses in Fleisch und Blut übergegangen sind, können wir doch wohl nicht zur „Theorie" rechnen, weil sie nicht in den Lauf unseres heutigen halbfertigen Geschäftsganges passen!

M. H., es giebt allerdings einen Grund gegen die Reform, der tausendmal wiederholt worden ist von denjenigen, die eine öffentliche Voruntersuchung praktisch nicht kennen: wie können Voruntersuchungen öffentlich sein bei der Gefahr der Collusionen und der Verdunkelung des Thatbestandes? Heute, (wie vor 30 Jahren) hören wir von alten Inquirenten, was soll aus solcher Oeffentlichkeit werden? Alle Spitzbuben werden sich in der öffentlichen Verhandlung versammeln, und absehen, was sie wissen wollen; sie verdunkeln den Thatbestand und machen den Schuldbeweis unmöglich.

Allein diese Frage muß ein routinirter Polizeibeamter besser beantworten können, als wir. Fragen Sie in den Ländern der Oeffentlichkeit einen Polizeiinspektor, was meinst du zu der Gefahr der Collusion? Er wird Ihnen antworten: sollte so etwas wirklich vorkommen, dann ist der Polizei am besten geholfen; denn in den verzweifeltsten Fällen, in welchen die Polizei nicht einen Schritt weiter kann, wird ihr zuweilen noch geholfen durch einen Collusionsversuch.

(Heiterkeit.)

Die Sache liegt nämlich so: So lange wir geheimes Verfahren haben, so sind wir allerdings kaum im Stande, den Schlichen und Tritten des Angeklagten und seiner Freunde zu folgen. Aber wenn Sie das ganze Publikum und das ganze Polizeipersonal durch gleichmäßige Publicität der Umstände, auf die es ankommt, in Kenntniß setzen: dann sind einem solchen Zusammenwirken alle Schliche und Kniffe des Angeklagten und seiner Spießgesellen nicht gewachsen. Dann ist es eben ein Gesammtinteresse der Polizei und des Publikums, diese Versuche zu überwachen, und der entsprechende Gegenbeweis ist gegen die Kollusion mit Leichtigkeit zu erbringen. Ueber diese Frage kann wirklich nur die Erfahrung entscheiden. Fragen Sie aber einen Anwalt, welches der erste Rath ist, den er in Amerika und in England seinem Klienten giebt: um Gotteswillen, hüte dich vor Collusionsversuchen, vor einem falschen Alibibeweise und dergleichen; denn das ist die Schlinge, in der man bei uns zu Lande die Angeklagten fängt, und die verzweifeltsten Criminalprozesse sind oft mit einem Schuldig entschieden worden, welches unmöglich gewesen wäre ohne den verunglückten Collusionsversuch. Fragen Sie die Beamten der Criminalpolizei und ich gebe Ihnen die Garantie, Sie werden die Antwort bekommen, ohne Oeffentlichkeit und ohne Mitwirkung der Tagespresse wären wir in den heutigen unstabilen Verhältnissen außer Stande, den Anforderungen der Criminalpolizei zu genügen.

Eins will ich allerdings zugestehen, m. H., es können ganz fein geartete Fälle vorkommen, wo ein einzelnes Indicium verwischt und unwiderruflich unsichtbar werden könnte durch eine Collusion. Solche Fälle aber kann der Voruntersuchungsrichter in der öffentlichen so gut, wie in der geheimen Voruntersuchung berücksichtigen, und darauf bezieht sich der Grundsatz: der Voruntersuchungsrichter kann die Oeffentlichkeit ausschließen, wenn er es für nützlich findet. Aber es geschieht in tausend Fällen kaum einmal, und selbst in den erwähnten, etwas seltsam gestalteten Fällen begnügt sich der Voruntersuchungsrichter damit, dem Reporter zu sagen, den Umstand machen Sie nicht bekannt. Das genügt, es unterbleibt. Die praktische Probe ergiebt sich also dahin: wo man den Voruntersuchungsrichter selbst fragt, ist es besser öffentlich oder geheim zu inquiriren? Wir bekommen die Antwort, es ist nützlich in der Regel öffentlich, und höchstens in einem Falle unter Hunderten geheim zu verhandeln.

Schließlich noch ein Wort von der sogenannten „Parteiöffentlichkeit“. Das Wort Parteiöffentlichkeit ist, soviel ich mich erinnere, im v. Kamptzischen Prozeßentwurf entstanden, und es ist ein durchaus inadäquater Begriff, nur geeignet für gegenseitige Selbsttäuschungen. Die sogenannte Parteiöffentlichkeit ist ja keine, sondern es ist eine geheime Verhandlung, in welcher zu einzelnen Akten die „Parteien“ zugezogen werden. Ein Antrag darauf brachte sich ein mit dem Anspruch, das sei besonders „praktisch“, das kenne man aus der Praxis der Defension, aus der Praxis der Gerichtsverhandlungen. Darf ich fragen, wo man für diese Ideen irgend eine Praxis in größerm Maßstab hat gewinnen können? — den Untersuchungsrichter in eine geheime Verhörstube hinzusetzen, um den Angeklagten zu inquiriren, (denn das ist von geheimen Verhandlungen untrennbar) — den Staatsanwalt auf diese, den Defensor auf jene Seite zu setzen, und eine contradictorische Untersuchung zu führen? Wer soll die Contestation entscheiden, die aus einem solchen Trilog oder Quadrilog jede Viertelstunde entstehen muß! Wer soll diese ewigen Einsprüche der beiden Leute zu rechts und links entscheiden! Der deutsche Entwurf ist doch zu praktisch, um auf eine solche Idee zu kommen. Er sagte sich mit Recht, wenn wir die geheime Inquisition behalten, können wir nicht den Vertheidiger und Staatsanwalt hineinziehen. Die „Parteiöffentlichkeit“ des Entwurfs beschränkt sich deshalb auf das Zeugenverhören und andere Beweisaufnahmen. Allein so weit sind wir schon lange gewesen. Das Recht, bei den Zeugen-Verhören einen Notar zuzuziehen ist Jahrhunderte alt, aber so unpraktisch, daß es eingeschlafen ist. Denken Sie sich in die Lage eines vielbeschäftigten Anwaltes; der soll für ein einzelnes Zeugenverhör antichambriren? — eines Staatsanwalts, der seine dem Staate kostbare Zeit mit einem vereinzelten Zeugenverhör vergeuden soll, auf das er warten muß, bis der Untersuchungsrichter Zeit hat? Wer will das unsrer Anwaltschaft zumuthen und wem wird das genügen? Schon die Falschheit des Wortes Oeffentlichkeit für eine ganz inadäquate Sache drückt aus, daß es sich um eine halbe Maßregel handelt, wo wir eine ganze brauchen, und dieses Ganze besteht darin, daß man volle Oeffentlichkeit giebt, und sich darauf verläßt, daß auch die öffentliche Voruntersuchung alle praktischen Bedenken und Gefahren ebensowohl überstehen wird, wie unser Hauptverfahren sie überstanden hat.

Darauf beruhte der Antrag der Majorität: „Auch für die gerichtliche Voruntersuchung ist der Grundsatz der Oeffentlichkeit als Regel anzunehmen“, während der Antrag: „Zur Abhülfe der Mißstände der Voruntersuchung genügt vollständig die Parteiöffentlichkeit“ in der Minorität blieb. — Also nur für die gerichtliche Voruntersuchung, (nicht für das Scrutinial- und Vorbereitungsverfahren des Staatsanwalts) und nur als Regel soll der Grundsatz der Oeffentlichkeit gelten, mit der Befugniß, wo ganz besondere Zwecke es rathsam erscheinen lassen, die Oeffentlichkeit von Einzelverhandlungen auszuschließen.

Ich stehe damit noch einmal in der Lage, unliebsame Reformen zu vertreten aus innigster Ueberzeugung. Die Dinge aber, die ich vertrete, kenne ich aus einer dreißigjährigen Praxis, wie ein Deutscher sie kennen kann, und da Sie einen so großen Werth auf „praktische“ Kenntniß legen, so glauben Sie einem Berufsgenossen, der durch den fortwährenden Verkehr mit denjenigen Ländern, in denen die öffentliche Untersuchung besteht, zu seiner Ueberzeugung gelangt ist, daß mit einer halben Maßregel den Beschwerden der Voruntersuchung nicht abgeholfen werden kann.

(Bravo!)

Vicepräsident **Francke**: Zunächst hat der Herr Appellationsgerichtsrath Dr. Vollert als Vertreter der Minorität das Wort.

Appellationsgerichtsrath Dr. **Vollert** (Eisenach): Meine hochverehrten Herren! Sie werden mir verzeihen, wenn ich mit einem Vorworte beginne. Es ist ja natürlich nicht leicht, gegen den Hrn. Vorredner die Ansicht der Minorität zu vertreten. Ich kann Ihnen weder einen berühmten Namen bringen, wie der Herr Vorredner, noch die Autorität, noch die Gelehrsamkeit, wie er; aber an Einem kann ich mich mit ihm messen, das ist die Ehrlichkeit der nach meinen schwachen Kräften wohldurchdachten Ueberzeugung. Zur Begründung meiner Ueberzeugung, daß der Antrag, den Herr Professor Gneist gestellt hat, eine Gefahr für das materielle Recht enthält, kann ich ihm freilich nicht eine dreißigjährige Erfahrung entgegensetzen. Ich bin nur zwanzig Jahre in der Praxis gewesen; aber einige Erfahrung steht auch mir zur Seite, wenn auch höchst eine bescheidene gegenüber der des Herrn Vorredners. Ich war Vertheidiger, Beamter der Staatsanwaltschaft, lange Zeit Untersuchungsrichter und habe jetzt seit 5 Jahren wiederholt Schwurgerichtsverhandlungen zu leiten gehabt. Ich kenne die berühmten Strafprozesse ziemlich aller Länder, weil ich seit 12 Jahren den neuen Pitaval, eine Ihnen Allen gewiß bekannte Zeitschrift, herausgebe. Das zu meiner Legitimation! Ich werde auf eine Reihe von Gegenständen nicht eingehen, die Herr Prof. Gneist berührt hat; denn ich habe nicht dieselbe Zeit in Anspruch zu nehmen, wie der hochverehrte Herr Referent.

Zunächst behaupte ich, daß das, was der Herr Referent einführen will und was die Majorität der Abtheilung beschlossen hat, die Oeffentlichkeit der Voruntersuchung zur Construktion unseres Verfahrens ganz entschieden nicht paßt. Ich will Ihnen das mit wenigen Worten zu beweisen suchen. Das englische Criminalverfahren ruht wesentlich auf drei Prinzipien, erstens auf dem Anklageprinzip, welches in England ziemlich konsequent durchgeführt ist, ferner auf dem eben damit verbundenen Prinzip der Oeffentlichkeit und auf dem der Popularklage. Diese drei Prinzipien haben wir in unserem deutschen Prozesse nicht, sondern wir haben einen Inquisitionsprozeß mit Anklageformen umgeben. Bei uns hat das Richteramt das officium, die materielle Seite der Sache, ob schuldig oder unschuldig, zu ermitteln. Unter diesem officium verstehe ich natürlich nicht die alte Inquisitionsmaxime, das brauche ich wohl nicht noch besonders zu betonen, sondern ich verstehe darunter das sittliche officium des Richters, auch im Angeschuldigten das Bewußtsein seiner Schuld und das Bekenntniß derselben mit den gesetzlichen Mitteln an den Tag zu bringen. Die Erfüllung dieses Officiums durch einen verständigen und gewissenhaften Richter ist eine Wohlthat für den schuldigen Verbrecher, weil der Richter ihm dazu hilft, Frieden zu machen mit seinem Gotte. In dieser tieferen Auffassung des Richteramtes sind wir England weit voraus, und das erklärt sich einfach daraus, daß die englische Jurisprudenz, wie Niemand beredter dargethan hat, als Herr Prof. Gneist, ein äußerst unvollkommenes Institut ist, daß das materielle englische Strafrecht, wie er es selbst genannt hat, ein tropfsteinartiges Conglomerat von Rechtssätzen ist, welches Niemand, der einen Funken von Verstand hat, nach Deutschland übertragen wird. Das materielle Strafrecht Englands aber hängt innig zusammen mit dem Strafverfahren und wegen dieses innigen Zusammenhanges kann man nicht das Eine ohne das Andere nach Deutschland übertragen. Mir ist es logisch nicht verständlich, wie man das deutsche Strafrecht behalten, aber den englischen Strafprozeß adoptiren will. Nein, entweder deutsches Recht oder englisches Recht! Wir können wohl einzelne Formen von England annehmen, aber niemals ein englisches Verfahren pure nach Deutschland übertragen. Es würde zu weit führen, wenn ich den Versuch machen wollte, dies zu beweisen. Das haben bereits andere sehr bekannte Mitglieder des Juristentages, z. B. der Herr Generalstaatsanwalt Schwarze, in so überzeugender Weise gethan, daß ich mich auf diese Schriften beziehen kann.

Weiter habe ich Ihnen zu erklären: Die Oeffentlichkeit der Voruntersuchung hängt wesentlich zusammen mit dem System der Popularklage. Auch dieses System möchte ich in Deutschland niemals eingeführt sehen, weil es im Grunde auf dem Gedanken ruht, den antiken Staat zu reproduciren. Dort vertrat jeder einzelne Bürger den Staat, bei uns aber liegt diese Pflicht einer vom Staate ernannten Behörde ob. Weil man in England diese Behörde nicht hat und diese Pflicht des Staates nicht kennt, deshalb hat man dort die öffentliche Voruntersuchung. Der Staat als solcher hat nach englischer Anschauung kein Interesse daran, daß die materielle Wahrheit entdeckt werde. Er überläßt die Verfolgung des Verbrechens dem dadurch Verletzten, und deshalb ist es sehr natürlich, daß er in dieser Beziehung die Prozedur vollkommen öffentlich vor sich gehen läßt. Uebersehen Sie also den zwischen der Popularklage und der Oeffentlichkeit der Voruntersuchung bestehenden Zusammenhang nicht.

M. H.! Es ist gesagt worden, daß man Praxis und praktische Erfahrungen identifizire mit süßer Gewohnheit des Daseins, mit der Amtsgewohnheit. Ich, m. H., lege Gewicht auf die Amtsgewohnheit, weil ich glaube, daß unsere Voreltern ebenfalls kluge Leute gewesen sind, weil ich zwar fortschreiten, aber den historischen Zusammenhang festhalten und nicht plötzlich ein neues Prinzip in unseren Prozeß einführen will.

Zum Troste ist uns ferner gesagt worden: England und Amerika, diese freien Länder, haben dieses Prinzip schon längst. Ich könnte einhalten, andere freie Länder, wie z. B. die Schweiz und Schottland, haben es nicht, und ich werde die Ehre haben, Ihnen nachher ganz kurz an einzelnen Beispielen zu erläutern, daß dieses Prinzip in englischen und amerikanischen Prozessen sich nicht nur nicht bewährt hat, sondern daß die bittersten Klagen über dieses Prinzip heute noch in der Tagespresse alle Tage laut werden.

Zunächst aber muß ich auf die praktischen Konsequenzen der Oeffentlichkeit der Voruntersuchung eingehen. Es sind dies ungefähr folgende:

Es ist eine ganz unverantwortliche Härte für den Angeklagten, der unschuldig ist, als unschuldiger Mann öffentlich in eine Verhandlung gezogen zu werden, bei der ihm allerhand Dinge in's Gesicht hineingeworfen werden, die vor die Oeffentlichkeit nicht gehören. Es ist in England und Amerika zum Skandal geworden, daß die „guten Freunde“ eines Angeklagten, der unschuldig ist, in den Gerichtssaal gehen und sich erlustiren über die Zwickmühle, in die der unglückliche Mann hineingesetzt wird. Daß diese Fälle nicht so sehr selten sind, das kann Ihnen die amerikanische Tagespresse toto die beweisen.

M. H.! Es ist aber weiter für die Zeugen eine unverantwortliche Härte, wenn sie in dieser Weise schon in der Voruntersuchung zwischen dem Ankläger und zwischen dem Vertheidiger auf das Moquirstühlchen gesetzt werden. Es ist bekannt, daß in England und in Amerika die Zeugenpflicht nur ungern erfüllt wird, und der Herr Vorredner ist viel zu weit gegangen, wenn er behauptet hat, daß die Leute sich in Folge der Oeffentlichkeit der Voruntersuchung von selbst dazu drängten, als Zeugen vernommen zu werden. Soviel ich weiß, m. H., verhält sich das ganz anders. Man fürchtet sich vor der Oeffentlichkeit, man fürchtet sich vor dem Kreuzverhör, und einzelne Zeugen, die bereit sein würden, dem Richter, der ihnen als Unparteiischer, der ihnen kraft seines Amtes entgegentritt, die volle Wahrheit zu sagen, einzelne dieser Leute, namentlich aus dem geringen Stande, werden — erlauben Sie mir, den Ausdruck zu gebrauchen — geradezu obstinat, wenn sie von den Parteien inquirirt, gepeinigt und gemartert werden mit allerhand unnützen Fragen. Wenn Sie sich selbst davon überzeugen wollen, so lesen Sie etliche von den berühmtesten englischen und amerikanischen Prozessen. Ich nenne z. B. den Prozeß gegen John Brown, der in Virginien einfiel und einen Putsch zur Befreiung der Sklaven versuchte. Lesen Sie den Prozeß gegen Palmer in England wegen Giftmords, oder den eben jetzt verhandelten Prozeß gegen die Giftmischerin Warthon in Boston. In den Berichten über diesen Prozeß wird ausdrücklich gesagt, daß die Sachverständigen voller Entrüstung über das Kreuzverhör gewesen wären. Chemische Experten wurden gefragt, wo sie ihre Studien gemacht hätten, und dann in der weitschweifigsten Manier examinirt, wie sie denn zu der Ueberzeugung gekommen wären, daß metallisches Gift sich durch den Spiegel, durch den bekannten Marsh'schen Apparat darstellen lasse. Sie mußten sich wie Schulbuben abhören lassen, und schließlich wurde malitiöser Weise dem einen Sachverständigen, der dem Staatsanwaltnicht genehm ausgesagt hatte, die Frage vorgelegt, wie viel er denn Honorar für sein Gutachten erhalte. Es wird regelmäßig darüber gestritten, ob solche Fragen zuläßig seien, aber, m. H., in Amerika und England ist man sehr freisinnig; gewöhnlich läßt man auch die chikanösen Fragen zu.

Man hat uns weiter gesagt, die Tagespresse werde zur Entdeckung des Schuldigen mithelfen, wenn die Voruntersuchung öffentlich vor sich gehe. Verzeihen Sie, meine Herren, ich glaube auch das nicht. Die Tagespresse hat ja freilich ein lebhaftes Interesse an der Voruntersuchung, denn es ist außerordentlich pikant für die Leser, wenn sie den Gang der Untersuchung in Criminalfällen erfahren, die augenblicklich das Interesse des Publikums erregen. Das Pikante reizt wohl den Gaumen, ist aber nicht immer dem Magen zuträglich. So geht es auch hier, und es läßt sich leicht beweisen, daß die Berichte der Presse über Voruntersuchungen in England und Amerika die Zwecke der Untersuchung oftmals erschwert oder vereitelt haben. In dem vorhin erwähnten Prozeß gegen Frau Warthon in Boston z. B. hat die Tagespresse mit dazu geholfen, daß eine unschuldige Person überhaupt in so schweren Verdacht gekommen und in den Anklagestand versetzt worden ist. Die Redakteure unserer Tagespresse sind doch wahrhaftig nicht alle lautere Engel. Sie spekuliren auf ihr Publikum und auf das, was dem Publikum gefällt. Es ist mithin ganz natürlich, daß sie an der Voruntersuchung in einer cause célèbre ein außerordentlich starkes Interesse nehmen und auch wohl die Farben etwas dicker auftragen, als gerade nothwendig und für die Untersuchung nützlich ist. Daß aber solche Berichte der Zeitungen Eindruck machen, daß dadurch die Parteien und das Gericht beeinflußt werden können, das — sollte ich denken — wäre etwas, was so in der Natur der Sache liegt, daß ich allerdings von meinem Standpunkte aus zu einer ganz anderen Schlußfolgerung komme, als mein hochverehrter Herr Gegner.

Ich komme zu der Schlußfolgerung: Es ist im Interesse eines guten Strafverfahrens nicht blos nicht wünschenswerth, sondern überaus schädlich, wenn die Tagespresse sich mit der Voruntersuchung überhaupt beschäftigt.

Nun, m. H., eine weitere praktische Konsequenz. Man hat uns gesagt: man verhindert durch die Oeffentlichkeit der Voruntersuchung das Mißtrauen gegen die Inquisitionsmaxime, man stellt den Mißbrauch ab, daß captiöse Fragen gestellt werden, daß der Richter den Angeschuldigten durch seine Verhöre ermüdet, und mindestens erreicht man, daß das Publikum in die Legalität des richterlichen Verfahres keine Zweifel setzt. Meine lieben Herren Collegen, ich gestehe es Ihnen offen, nach meiner Erfahrung im deutschen Criminalprozeß ist es mit diesen angeblichen Mißbräuchen und mit diesem angeblichen Mißtrauen so schlimm nicht. Seit wir das öffentliche Hauptverfahren haben, weiß das verständige Publikum und der weitaus größte Theil des Publikums überhaupt, daß seine Richter pflichttreu zu Werke gehen. Mir ist es sehr selten vorgekommen, daß die Geschworenen den nackten Widerruf eines Angeklagten pure geglaubt hätten. Ich weiß nicht, ob Sie in dieser Beziehung andere Erfahrungen gemacht haben; ich muß behaupten, daß nur in äußerst seltenen Fällen ein Angeklagter mit einem unmotivirten Widerruf glücklich gewesen ist. Aber, m. H., ich gebe zu, daß es einzelne Fälle geben wird, in denen ein Richter pflichtwidrig handelt, und ich räume ein, daß diese einzelnen Fälle durch die Oeffentlichkeit der Voruntersuchung beseitigt werden. Aber ich muß dagegen auch auf einen Nachtheil hinweisen, den die Oeffentlichkeit hat, und bei dieser Gelegenheit ein Wort sagen in Betreff des Anwaltstandes, welches ich mit Nachsicht zu beurtheilen bitte. Ich schätze den Stand der Anwälte hoch und habe liebe Freunde unter den Advokaten, dennoch aber muß ich erklären, daß man nach meiner Ueberzeugung durch die Oeffentlichkeit der Voruntersuchung einer gewissenlosen Vertheidigung Thür und Thor öffnet. M. H.! Sie werden mir zugeben, eine große Zahl unserer bedeutendsten Advokaten mag mit Criminalvertheidigungen überhaupt nichts zu thun haben. In unserem Sprengel wenigstens haben wir diese Erfahrung gemacht. Es giebt wohl einige ausgezeichnete, gewissenhafte, pflichttreue Anwälte, die gern Vertheidigungen übernehmen, aber das sind nur wenige. Und vergessen Sie nicht, daß es in jedem Stande, auch in dem Stande der Anwälte, Leute giebt von laxerer Auffassung, von etwas freierem Gewissen. Und, m. H., ich sollte doch denken, es wäre sehr begreiflich, daß der Angeklagte sich dann, wenn er sich seiner Schuld bewußt ist, aber nicht gestehen will, vermöge einer gewissen Wahlverwandtschaft mehr zu diesen Anwälten hingezogen fühlt.

(Heiterkeit.)

M. H.! Ich glaube, Sie werden auch das nicht in Abrede stellen können, daß diese Gefahr durch die Freiheit der Advokatur nicht vermindert, sondern gesteigert wird, denn dann beginnt — wie der Herr Vorredner in einer seiner Schriften in treffender Weise sagt — ein „Kampf um die Fleischtöpfe“. Wenn sich eine übergroße Zahl von Anwälten an einem Orte niederläßt, so kann es gar nicht fehlen, daß unter ihnen einige sich befinden, die ihren Beruf weniger gewissenhaft treiben, als die Mehrzahl ihrer Kollegen. Leider lehrt aber die Erfahrung, daß die Praxis keineswegs zu Grunde geht, wenn ein Advokat die Vertheidigung gewissenlos führt.

Sie haben also auf der einen Seite bei der geheimen Voruntersuchung die Möglichkeit, daß ein und der andere pflichtwidrige Richter gegen den Angeklagten in ungesetzlicher Weise operirt, und auf der anderen Seite haben Sie bei der Oeffentlichkeit der Voruntersuchung nach meiner Ueberzeugung die Gefahr, daß die Angeschuldigten zu Vertheidigern die ihnen wahlverwandten Naturen wählen und dadurch das Erforschen der materiellen Wahrheit sehr bedeutend erschweren.

Meines Wissens ist es nicht ganz richtig, wenn der Herr Vorredner uns erzählt, man scheue sich in Amerika vor Collusionsversuchen, die Anwälte warnten davor. Die pflichttreuen Anwälte werden es natürlich thun, aber Collusionsversuche kommen in England und Amerika nicht seltener vor, als bei uns. Der Herr Vorredner hat, wie mir scheint, eine kleine Verwechslung begangen: er hat immer nur verunglückte Collusionsversuche im Auge und nicht die geglückten.

(Heiterkeit.)

Deren giebt es aber auch.

Und nun weiter! Es ist ein sehr bedenkliches Privilegium, was Sie mit der Oeffentlichkeit der Voruntersuchung und den Prinzipien, die Herr Professor Gneist hier entwickelt hat, für den Reichen in's Leben rufen.

Denken Sie sich, m. H., daß ein reicher Mann wegen betrügerischen Börsenspieles, wegen falscher Wechsel und ähnlicher Dinge in Untersuchung kommt, glauben Sie denn nicht, daß ein solcher Mann, dem es auf etliche hundert Thaler nicht ankommt, einen Vertheidiger finden wird, der auf seine Pfiffe und Kniffe eingeht und Alles daran setzt, um ihn, wie man sagt, durchzureißen? Der arme Mann hingegen, der findet, wenn er schuldig ist, schwerlich einen Vertheidiger. Der unschuldige Angeklagte findet wohl einen Vertheidiger — aber unter den Schuldigen findet ihn nur derjenige, der das Geld hat, einen Advokaten zu bezahlen. Dieses Privilegium aber möchte ich in unserem deutschen Strafprozesse um keinen Preis etabliren.

Und nun noch eine praktische Konsequenz, m. H.! Die bürgerliche Gesellschaft wird, wenn man die Oeffentlichkeit der Voruntersuchung einführt, eines neuen Schutzes gegen die Verbrecherwelt bedürfen und sie wird einen neuen Schutz suchen. Wo aber wird sie diesen Schutz finden, wenn jene praktischen Konsequenzen, die ich vorhin anzudeuten mir erlaubt habe, die richtigen sind? M. H., sie wird ihn ganz naturgemäß darin finden, daß sie an Stelle der gerichtlichen Voruntersuchung das Skrutinialverfahren, die Selbstherrlichkeit der Herren Staatsanwälte — unter denen ich übrigens auch sehr liebe Freunde habe —

(Heiterkeit.)

und die Selbstherrlichkeit der Polizeibeamten setzt. Gerade je tüchtiger und fähiger der Polizeibeamte, je tüchtiger und fähiger der Staatsanwalt ist, desto mehr wird er versuchen im Skrutinialverfahren — was ihm nach meiner Ansicht im neuesten Entwurf in viel zu ausgedehntem Maße überlassen ist — Alles so weit aufzuklären, daß die ihm unbequeme gerichtliche Voruntersuchung überflüssig wird. Und da meine ich denn, der Angeklagte steht sich besser bei der geheimen Voruntersuchung, die unter der Kontrole des Richters steht, als bei den polizeilichen geheimen Recherchen der Polizei und bei den geheimen gerichtspolizeilichen Recherchen der Herren Staatsanwälte. Also die praktische Konsequenz der Oeffentlichkeit der Voruntersuchung wird jedenfalls, wie ich glaube, nicht zu Gunsten des Angeklagten ausschlagen.

Ich könnte zwar auf noch einige Punkte eingehen, allein ich fürchte, ich habe das Maß an Zeit, was ich mir selbst gesteckt habe, schon überschritten. Ich will deshalb mit einem gewissen Brillantfeuerwerk schließen, wenn Sie mir dies erlauben.

(Heiterkeit.)

Als ich die vorläufige Tagesordnung las, da schüttelte ich den Kopf und dachte: Du lieber Gott! Da soll also wohl gar jede Freisprechung einen Entschädigungsanspruch begründen, da soll zweitens die Voruntersuchung öffentlich werden, und drittens soll auch das Kreuzverhör eingeführt werden! Ich frug mich: sind wir denn in unserer gerechtfertigten Antipathie gegen den vor 20 Jahren abgeschafften Inquisitionsprozeß nicht doch ein bischen zu weit zu Gunsten der Herren Spitzbuben gegangen? und ich überlegte weiter: sollte sich der Juristentag nicht auf einer abschüssigen Bahn befinden, wenn er die neuen Prinzipien noch weiter treiben will? Mir kommt es vor, m. H., als wenn es uns Juristen in unserem Verhältniß zu den Herren Verbrechern — denn das ist doch das Hauptkontingent, was in Untersuchung gezogen wird, — so ergangen ist, wie der Jungfrau von Orleans mit den Engländern: wir haben uns in unsere Feinde verliebt!

(Heiterkeit.)

Da möchte ich nun doch wünschen, daß wir nicht gar Beschlüsse fassen, von denen die ehrlichen Leute sagen werden: Ihr Herren Juristen, wir fürchten, daß durch Eure Beschlüsse das goldene Zeitalter für die Verbrecher heraufgeführt werden wird! Ich warne Sie also, diesen Beschluß zu fassen.

(Beifall und Zischen.)

Vicepräsident **Francke**: Von Herrn Prof. Dr. Schütze aus Kiel liegt ein schriftlicher Antrag vor, dahin lautend:

Die Fassung des Beschlusses der III. Abtheilung dahin abzuändern:

Auch für die gerichtlichen Akte der Voruntersuchung ist der Grundsatz der Oeffentlichkeit als Regel anzunehmen.

Rechtsanwalt Dr. **Mayer** aus Frankfurt a. M.: Zur Geschäftsordnung muß ich bemerken, daß ich den Antrag, der gestern in der Abtheilung abgelehnt worden ist, nachdem heute die Sache hier zur Diskussion kommt, den Antrag nämlich:

Dem Grundsatz der Oeffentlichkeit der Voruntersuchung wird durch die unbedingte Zulassung der Parteiöffentlichkeit vollkommen genügt,

hiermit wiederhole.

Prof. Dr. **Schütze** aus Kiel: M. H.! Vielleicht kann ich Sie der Mühe ganz überheben, eine Begründung meines Aenderungsvorschlags anzuhören. Es ist nämlich nur ein eventueller Antrag für den Fall gestellt, daß das Plenum dem Beschlusse der Abtheilung seine Zustimmung ertheilen sollte. Für diesen Fall habe ich eine Aenderung der Fassung vorgeschlagen. Wenn also der Beschluß der Abtheilung nicht zum Beschluß des Plenums erhoben wird, dann ist mein Aenderungsvorschlag hinfällig. Ich bitte daher mit einer Begründung desselben, bis diese Eventualität eingetreten ist, warten zu dürfen, um Ihnen die Zeit nicht unnützer Weise zu rauben.

(Zustimmung.)

Obergerichts-Assessor **Westerkamp** aus Hannover: M. H.! Ich will nur wenige Worte sagen, da die Debatte bereits weit vorgeschritten ist und ich sie nicht um ein Bedeutendes verlängern möchte. Ich wollte nur einem Punkte entgegentreten, den der Herr Vorredner hervorgehoben hat. Er sprach davon, daß nach der amerikanischen Tagespresse die öffentliche Voruntersuchung in Amerika zu Mißständen geführt hat. M. H.! Ich habe eine Zeit lang in den Vereinigten Staaten von Amerika gelebt und auch in England und bin daher einigermaßen bekannt mit der englischen und amerikanischen Literatur und der Tagespresse. Ich habe aber nie und nirgends eine Klage gefunden über die Oeffentlichkeit der Voruntersuchung;

(Hört! Hört!)

im Gegentheil wird diese Oeffentlichkeit überall als etwas ganz Selbstverständliches angesehen; und wenn man einmal in Wirklichkeit sich umsieht nach den Folgen, die das hat, so glaube ich, es treten überall nur gute Folgen hervor. Namentlich treten gute Folgen hervor dann, wenn einmal ein schweres Unrecht bei der Voruntersuchung geschehen ist, und wenn auch bei der Voruntersuchung kein Unrecht geschieht, so kann doch die Untersuchung gegen Jemand eingeleitet werden, der vollständig unschuldig ist. Da tritt denn da, wo das englische Verfahren gilt, vollständige Reparation ein. Ich kann an einen Fall erinnern, der vor Kurzem in England passirt ist, wo gegen einen unsrer Landsleute, den deutschen Geistlichen Dr. Hassel der Verdacht entstand, daß er des Mordes schuldig sei. Der Verdacht erwies sich als gänzlich unbegründet; es wurde dem Manne die vollständigste Reparation zu Theil und zwar deswegen, weil in Folge der Oeffentlichkeit aller gerichtlichen Handlungen der Voruntersuchung das große Publikum Interesse an ihm nahm.

Ich glaube daher, die Oeffentlichkeit der Voruntersuchung gefährdet in keiner Weise die Interessen der Angeklagten; sie ist vielmehr ein Mittel, ein ganz vortreffliches Mittel, die Wahrheit ans Licht zu bringen und zwar um deswillen, weil das große Publikum Antheil nimmt an den Sachen, welche eine Criminalthätigkeit hervorrufen.

M. H.! Nimmt man die Sache vom praktischen Standpunkt, so könnte man dem englischen Verfahren entgegenstellen das Verfahren, wie wir es in Criminalsachen haben. Wie beginnt bei uns ein Criminalfall? Mit einem Protokoll der Polizeibehörde. Das Protokoll der genannten Behörde geht an die Staatsanwaltschaft. Ist das Protokoll fortgegangen, so denkt die Polizeibehörde, sie sei zunächst mit der Sache nicht mehr befaßt. Die Staatsanwaltschaft schickt das Protokoll an den Polizeirichter. Und so geht die Sache fort; ich brauche das nicht im Einzelnen auszuführen. Aber ich glaube, wer praktisch das Verfahren sieht, auf der einen Seite den englischen oder amerikanischen Beamten, der in öffentlicher und mündlicher Form die Sache leitet, und bei uns die Verzettelung unter eine Reihe von Behörden, wie wir sie gegenwärtig haben, der wird sagen, daß das englische Verfahren den Vorzug verdient.

Ich wollte diese wenigen Worte sagen. Die sachlichen Gründe, die für die Oeffentlichkeit der Voruntersuchung angeführt werden können, hat unser verehrter Herr Präsident vollständig und erschöpfend dargelegt, so daß ich denselben nichts weiter hinzuzufügen habe.

(Bravo.)

Rechtsanwalt **Niemeyer** aus Warburg: Zu einer thatsächlichen Berichtigung bitte ich um's Wort.

Herr Appellationsgerichtsrath Vollert hat dem Brillantfeuer, mit welchem er schloß, eine kleine Finsterniß vorhergehen lassen,

(Oho!)

in welche er uns Advokaten versenkte.

(Widerspruch.)

Er erinnerte mich dabei an Friedrich den Großen und dessen Anschauung vom Advokatenstande. Ich dagegen kann bezeugen, daß im preußischen Staate, welcher die Majorität des deutschen Reichs bildet, der ärmste Schuldige einen Vertheidiger findet, wenn sein Fall von irgend einer Seite Vertheidigung verdient und Interesse bietet. Wo gar nichts zu verkämpfen ist, bedarf es keines Kämpfers. Liefert uns aber die Sache Stoff zur Uebung unserer Kräfte und Pflichten, so findet der arme Schuldige eben so gut seinen Advokaten, wie der arme Kranke seinen Arzt findet.

Ich — — — —

Präsident **Francke** (unterbrechend): Ich glaube, das geht über die Grenze der thatsächlichen Berichtigung hinaus. Sonst würden Sie an dieser Stelle nicht zum Worte kommen, indem das Wort Herr Dr. Mayer aus Frankfurt zu erhalten hat.

Rechtsanwalt Dr. **Mayer** aus Frankfurt a. M.: M. H.! Ich werde Ihre Aufmerksamkeit nur wenige Minuten in Anspruch nehmen und bitte doppelt mich zu entschuldigen, weil ein nicht unerhebliches Unwohlsein mich nicht in die Lage versetzt, so verständlich zu sprechen, als ich es wünschte. Ich bitte also um Ihre Nachsicht. Ich muß das Wort ergreifen, um einen Antrag, den ich gestellt habe, zu begründen, einen Antrag, der, wie mir scheint, wohl der richtige ist und wohl auf Ihren Beifall rechnen kann; einen Antrag, der eben die Mitte hält zwischen der, wie es mir scheint, allzuweiten Forderung des Herrn Referenten und der wiederum etwas zu engen des Herrn Appellations-Gerichts-Rath Dr. Vollert. Ich habe nämlich den Antrag gestellt:

> „Dem Grundsatze der Oeffentlichkeit für die Voruntersuchung ist durch die unbedingte Zulassung der Parteiöffentlichkeit vollständig genügt."

M. H.! Sie haben vor mir einen erfahrenen Richter gehört; ich bin Anwalt, und erlauben Sie mir, daß ich auf einen bescheidenen Schatz einer jahrelangen Erfahrung Rücksicht nehme, einer Erfahrung, die ich mir erworben habe in dem ausgebreitetsten Wirken als Vertheidiger. Ich halte es für meine Pflicht, gerade als Vertheidiger mitten aus der Praxis heraus diejenige Ansicht vertreten zu müssen, die mir aus der Erfahrung als die richtigste erscheint.

Ich weiß, welche Gefahren es in sich birgt, wenn man Schlagwörter von „Heimlichkeit", „Oeffentlichkeit", „Inquisition" u. s. w. fallen hört; wie schwierig und wie peinlich die Sache desjenigen ist, der sich in dieser Richtung nicht den weitgehendsten Forderungen anschließen will. Allein m. H., ich kann wohl sagen, ich habe auf dem Felde der Praxis mit Entschiedenheit immer eingestanden für die Sache der Angeklagten und dafür gekämpft. Ich habe, wie kein Anderer vielleicht, beklagt die Mängel, welche die Heimlichkeit des Verfahrens in Untersuchungssachen hat; aber auf der andern Seite glaube ich auch nicht, daß die Forderungen soweit gestellt werden dürfen, wie sie gestellt worden sind, wenn wir nicht in Illusionen übergehen wollen, die gesetzgeberisch nicht zu verwirklichen sind. Die deutsche Strafprozeßordnung, die im Entwurfe vorliegt, hat meines Erachtens bis auf eine einzige Bestimmung im wesentlichen der Oeffentlichkeit der Voruntersuchung genügt. Ich verlange für die Voruntersuchung Dasjenige, was allerdings die Strafprozeßordnung versagt, daß bei der Vernehmung des Angeklagten auch der Vertheidiger zugegen sein muß, während auf der andern Seite die Strafprozeßordnung die Mitwirkung des Vertheidigers bei Vernehmung der Zeugen bereits zuläßt. Ich verlange, daß der Vertheidiger wie der Angeklagte das Recht hat, was auch der Entwurf der Strafprozeßordnung im wesentlichen anerkennt, bei allen sonstigen objektiven und subjektiven Beweiserhebungen zugegen zu sein. Ich glaube, m. H., daß damit der Forderung der Strafjustiz vollkommen genügt ist, wenn Sie die Parteiöffentlichkeit in unbedingtem Maße zulassen; wenn Sie dem Vertheidiger das Recht zugestehen, den Angeklagten auf allen Schritten zu begleiten vom Anfange der Untersuchung bis zum Ende. Ich glaube aber, daß Sie damit das nicht erreichen, wenn wir in dem Sinne die Oeffentlichkeit zulassen, daß wir die Ausübung der Justiz geradezu auf die Straße setzen.

(Sehr wahr!)

Es wird, m. H., glaube ich, in der ganzen Debatte überhaupt der Werth der Voruntersuchung bei weitem überschätzt. Höre ich denn nicht seit Jahren Stimmen und abermals Stimmen, die sich gegen die Voruntersuchung aussprechen? Warum legen Sie so unendlich viel Gewicht darauf jetzt, wo schon die gesetzgeberischen Faktoren die Voruntersuchung auf ein bescheidenes Maß zurückgeführt haben! Aber glauben Sie, m. H., daß wir es erreichen können, eine wirkliche Strafjustiz zu üben, wenn wir nicht dem Staate in erster Linie die Einwirkung gestatten wollen? Wie dann, wenn die ersten Spuren eines Verbrechens vielleicht die richtige Fährte vermuthen lassen, wollen wir nicht lieber die Sache in die Hände des Richters legen, in die Hände des Richters, der die Interessen des Staates vertritt? Ist denn das, was wir hier hören über Inquisition u. s. w., ist das Alles so fürchterlich bei uns? Ist es nicht möglich, daß Mißgriffe vorkommen? Es kommen Mißgriffe vor, ob Sie in der Voruntersuchung die Oeffentlichkeit zulassen oder nicht. Hat denn der Angeklagte immer einen Vertheidiger zur Seite? Wird denn der Richter in der Voruntersuchung, wenn sie öffentlich ist, sich nicht auch Mißgriffe zu Schulden kommen lassen, gerade wie in der Hauptverhandlung, die in vollstem Maße öffentlich ist? Hören wir nicht fortwährend Klagen aus der Hauptverhandlung, daß der Präsident seine Befugniß überschritten hat, daß er captiöse Fragen gestellt, u. s. w.? Glauben Sie in der Oeffentlichkeit das Correktiv zu finden? Glauben Sie, den Mißbräuchen wird damit vorgebeugt? Herr Appellationsgerichts-Rath Vollert hat in schneidendster Weise vorgeführt und ich wiederhole: es ist ein Unglück für den bisher unbescholtenen Mann, wenn er geradezu auf der Straße zum ersten Male zur Rede gestellt wird wegen eines Vergehens, das er nicht begangen hat. Ich erkenne aber trotz aller Mißbräuche, die ich aus der Praxis kenne, an das besonnene und verständige Auftreten unserer Richter, daß die Polizeibehörden Mißgriffe machen können, wie Herr Professor Dr. Gneist in einem weitläufigen Excurs auseinandergesetzt hat, daß unser Polizeiverfahren vielleicht geändert werden muß. Ja, m. H., wir haben das Alles mit lebhaftem Interesse angehört; aber was hat das mit der Oeffentlichkeit der Voruntersuchung zu thun?

(Ruf: Sehr viel!)

Was hat das mit der Frage zu thun: ob der Zweck der Rechtspflege erreicht wird dadurch, daß die Voruntersuchung öffentlich geführt wird? Man sagt: Ja, der Zeuge sagt anders aus, wenn die Voruntersuchung öffentlich geführt wird. Ich, m. H., sage umgekehrt: wir sehen aus der Hauptverhandlung, daß der Zeuge befangener wird. Das sind Alles, m. H., Vermuthungen; das sind nach meiner Ansicht Theorien. Wer aber die Sache aus der Praxis kennt und weiß, daß der Werth der Untersuchung in der Hauptverhandlung liegt, der legt heut zu Tage der Voruntersuchung wenig Bedeutung bei. Und wer wird sich für die Sache in dem Stadium der Voruntersuchung interessiren außer in besonders wichtigen Fällen? Nur die Leute, die nichts zu thun haben und aus Müssiggang in den Gerichtssaal laufen. Und diese Leute sollen die Thätigkeit des Richters controlliren.

(Ruf: Schluß! Schluß!)

Ich werde zum Schluß übergehen. M. H.! Ich glaube, daß damit allen Anforderungen genügt worden ist, die Sie vernünftiger Weise stellen können, wenn Sie die Parteiöffentlichkeit, aber auch im vollsten und unbedingtesten Umfange, beschließen, daß Sie damit Alles gethan haben, was Sie thun können. Ich glaube, m. H., die Zeiten, wo wir uns, wie Herr Professor Gneist treffend auseinandergesetzt hat, zu sehr dem französischen Recht in die Arme geworfen haben, sind vorüber; lassen Sie uns auch das vermeiden, daß wir jetzt als blinde Anbeter uns dem englischen Rechte in die Arme werfen. Es ist nicht Alles gut, was von England kommt, und ich selbst, der ich ebenfalls praktische Erfahrungen gemacht habe, der ich aus eigener Anschauung auch das englische Verfahren kenne, habe die Ueberzeugung, daß dasselbe bei uns sich nicht bewähren wird. Ich würde es für einen Angeklagten als ein Unglück halten, in England auf der Anklagebank zu sitzen und würde es für denselben, wenn ihm die Wahl frei stände, als ein Glück bezeichnen in Deutschland von besonnenen, vernünftigen Richtern abgeurtheilt zu werden. Ich beantrage, daß Sie dem von mir gestellten Antrage beitreten.

(Bravo!)

Justizrath Dr. **Meyer** aus Thorn: Ich will Ihnen nicht die Versicherung geben, daß ich sehr kurz sein werde, weil ich sonst in die Gefahr kommen könnte, wie der geehrte Herr Vorredner mein Wort nicht zu halten ich will Ihnen auch keine Versicherung geben, was für praktische Erfahrungen ich gemacht habe; sondern ich will mich einfach halten an die feurigen Darstellungen meiner beiden geehrten Vorredner, des Herrn Dr. Vollert und des Herrn Dr. Mayer, von denen der Erstere, wahrscheinlich weil er das Feuerwerk im Sinne hatte, womit er schloß, bei der ganzen Darstellung der Sache vielzuviel Pulver verschossen hat.

M. H., die Sache liegt nicht so schlimm. Weder die Oeffentlichkeit und Mündlichkeit des Verfahrens ist die alleinseligmachende Wohlthat, noch die Heimlichkeit. Es kommt vielmehr darauf an, von beiden Dingen soweit Gebrauch zu machen, als nöthig ist. Die ganze Frage reducirt sich meines Dafürhaltens nicht darauf ob wir englisches Recht im Ganzen importiren wollen oder einzelne Stücke desselben. M. H., wir sprechen als Praktiker und fragen uns ganz einfach: Wenn eine gerichtliche Voruntersuchung stattfindet, was ist natürlich, was ist natürlicher, die übrige Welt davon auszuschließen, oder die Voruntersuchung in der Regel, wie der Antrag sagt, öffentlich sein zu lassen? M. H., es ist ein alter unerschütterlich feststehender Satz, daß die Justiz, wie sie überhaupt ein öffentliches Amt übt, auch öffentlich es zu verwalten hat; denn, m. H., der Richter ist eine öffentliche Person, er selbst handelt im öffentlichen Interesse, er wird öffentlich bestellt dazu, und wenn Jemand sagt, das Verfahren müsse heimlich sein, dann muß er dies besonders begründen. Nun hat Herr Vollert in dem

Gutachten, was er gestern vortrug, welches vom Appellationsgericht zu Eisenach erstattet ist, und was, wenn ich die Vermuthung aussprechen darf, ihm wohl selbst seine Hauptfärbung verdankt, gefunden, durch die öffentliche Verhandlung werde der ganze Untersuchungsplan dem Angeklagten dargelegt. Das habe ich nicht verstanden. Ich fasse die Thätigkeit des Untersuchungsrichters nicht so strategisch auf, wie Herr Dr. Vollert. Er denkt: Ich bin der Untersuchungsrichter, Jener ist der Angeklagte. Ich mache mir nun einen Plan, mache einige geschickte Flankenangriffe, fasse den Angeklagten im Rücken u. s. w. Den Plan darf aber der Angeklagte nicht merken; durchschaut er ihn, so bin ich als Untersuchungsrichter verloren.

(Heiterkeit.)

M. H., so liegt die Sache gar nicht, diese Inquisitionskünste oder Inquisitionskunst, wie ich im Singular sagen möchte, ist ein Produkt einer Zeit, als es noch eine außerordentlich einfältige Polizei gab. Die Organe der Polizei waren damals sehr untergeordneter Natur, und weil sie das waren, und weil die Polizei es nicht verstand Indicien zu sammeln, war die Hauptthätigkeit des inquirirenden Richters, seine Inquisitionskunst anzuwenden, um den Angeklagten zu einem Geständniß zu bringen. Herr Dr. Vollert hat ein Wort gesprochen, was mir nach mancher Seite sympathisch ist, nur möge er mir die eine Bemerkung erlauben, daß das auf seinen inquirirenden Richter nicht paßt. Er sagte, der Richter habe die sittliche Pflicht, in den Angeklagten hineinzureden, (es sind vielleicht nicht ganz genau seine Worte, aber im Allgemeinen war dies der Sinn) um ihn zu seinem innern Frieden zu führen. Es ist ein schöner Gedanke. aber es tritt aus der Sphäre des inquirirenden Richters völlig heraus, und ich frage Sie, ich frage die Erfahrung, die ich mir nicht aus meinem persönlichen Leben, (davon soll ja nicht die Rede sein) aber aus der Darstellung des früheren deutschen Criminalprozesses angeeignet habe, ob wirklich der deutsche Inquirent dieser hohe, reine, ehrwürdige, sittliche Berather der Angeklagten gewesen ist, mit denen er verhandelte, wenn er seinen Verkehr mit ihnen damit anfing, ihnen den Untersuchungsplan sorgfältig zu verhüllen. Nein, m. H., davon ist meines Erachtens nicht die Rede. Auch den Gedanken des Herrn Dr. Vollert, es sei eine furchtbare Härte, daß öffentlich verhandelt wird, kann man sofort umdrehen, und sagen: Wenn geheim verhandelt wird, ist es eine Härte; durch öffentliche Verhandlung wird die Härte beseitigt. Das ist ein Argument, das man wie einen Handschuh umdrehen kann, es hat ein Jeder Recht, nämlich der eine in diesem Falle, der andere in jenem. Ganz wunderbar ist mir das Argument von der gewissenlosen Vertheidigung gewesen. Das verstehe ich nicht. Ich verwahre mich pro domo zu sprechen, ich spreche hier als Jurist, nicht als

Anwalt. Nach meinen Erfahrungen ist es gerade umgekehrt. Eine gewissenlose Vertheidigung hat in Deutschland, wie die Sache jetzt liegt, in den meisten Fällen nicht die mindeste Chance des Erfolgs. Es wäre eine ganz aparte Politik des Vertheidigers, gewissenlose Mittel anzuwenden, die ein verständiger Richter durchschaut, wenn er sieht, daß er damit seinen Clienten ruinirt. Ich glaube, eine gewissenlose Vertheidigung kann sich nur an ganz andere Dinge anheften. Sie könnte höchstens darauf ausgehen, das wirkliche Rechtsbewußtsein bei der letzten Verhandlung durch eine blendende Rede täuschen zu wollen. In der Voruntersuchung aber hat der Vertheidiger hierzu keine Gelegenheit; es werden da keine Reden gehalten. Die Zeugen werden vernommen, und dem Vertheidiger steht es zu, ihnen Fragen vorzulegen. Wenn die Frage unpassend ist, wird sie nicht gestellt, ist sie passend, wird sie vorgelegt. Was soll dabei gewissenlos sein? Das Gewissenlose könnte sich nur darauf concentriren, daß eine Masse sehr unnützer Fragen beantragt würden, die den Richter ermüden und dem Clienten selbst als nutzbringend nicht erscheinen, wenn er ein klein Bischen verständig ist.

(Bravo!)

Auch das Argument, daß die Oeffentlichkeit ein Privilegum für die Reichen sei, verstehe ich nicht. Es ist ja denkbar und wir finden es alle Tage, daß in solchen Sachen, in denen ein Vertheidiger gesetzlich nicht nothwendig ist, ein Mann, der Vermögen hat, einen Vertheidiger eher findet, als ein Armer. Was hat aber der Vertheidiger in der Voruntersuchung zu thun? Er hat höchstens seinen Clienten zu sagen sage das, oder laß es bleiben, das zu sagen! Mehr kann er nicht thun. Ich sehe nicht ein, wie in dieser Beziehung für den Reichen ein Privilegium durch die Oeffentlichkeit der Voruntersuchung entstehen kann, welches er ohne die Oeffentlichkeit nicht hätte. Ich bin überzeugt, wenn wirklich ein gewissenhaftes Verhör stattfindet und der Richter selbst eingreift, abschneidet, was überflüssig, und ergänzt, was nöthig ist, daß durch die Oeffentlichkeit ein solches Privilegium nicht entstehen kann. Für die Hauptverhandlung lasse ich das Argument mir gefallen, aber davon reden wir ja nicht. Das einzige Argument hat mir eingeleuchtet, und das räume ich ein: Es kann sein, daß, wenn wir die Voruntersuchung öffentlich machen, die Vertreter der Staatsanwaltschaft darauf ausgehen, recht wenige Voruntersuchungen anzustellen, und wo sie dieselben beantragen, recht wenige Vernehmungen zu veranlassen. Das wäre in vielen Sachen kein Schaden, aber Sie werden mir Eins zugeben müssen: Die gerichtliche Voruntersuchung als solche wird meines Dafürhaltens niemals entbehrt werden können in Sachen, in denen der Angeklagte verhaftet ist, also namentlich in schwereren Sachen; und wenn ich sicher bin, daß in schwereren Sachen die gerichtliche Voruntersuchung in ihrem wesentlichen Umfange, wie jetzt, bestehen bleibt, bin ich befriedigt. Wenn sie in geringeren Sachen etwas eingeschränkt würde, so könnte ich das nur für einen Vorzug und für keinen Mangel ansehen. Ich meine also, m. H., wir können das Transparent des Herrn Dr. Vollert mit dem Juristentag in der Rolle der Jungfrau von Orleans entbehren, und können ruhig für den Antrag des Herrn Referenten stimmen.

Professor Dr. **Schütze** aus Kiel: Ich bedarf nur zweier Worte. Die von mir beantragte Fassungsänderung gegenüber dem Beschluß der Abtheilung besteht nur darin, daß anstatt der Worte „für die gerichtliche Voruntersuchung" gesetzt werden soll: „für die gerichtlichen Akte der Voruntersuchung." Der Grund ist dieser: Es ist nach der Prozeßordnung für gewisse Akte der Voruntersuchung die richterliche Mitwirkung durchaus erforderlich. Aber eine formelle gerichtliche Voruntersuchung im gewöhnlichen Sinne braucht überall nicht stattzufinden. Nur in Schwurgerichtssachen ist sie obligatorisch, bei den mittleren Sachen ist sie facultativ, bei den geringeren findet sie gar nicht statt nach dem gesetzlichen Verfahren. Nun versteht man meist unter gerichtlicher Voruntersuchung eben das Technische, nämlich die formelle Voruntersuchung, welche ein Untersuchungsrichter führt, nicht aber alle diejenigen einzelnen Akte des Vorverfahrens, welche die gesetzlich erforderliche gerichtliche Mitwirkung im Allgemeinen hervorruft. Daher ist meine Fassung die allgemeinere. Es befinden sich aber in dieser Versammlung Anhänger zweier entgegengesetzten Meinungen. Die Einen sind Freunde der technischen sogenannten gerichtlichen Voruntersuchung und die Anderen keine Freunde derselben. Beide werden aber wohl darin einig sein, daß sowohl die formelle gerichtliche Voruntersuchung, als auch diejenigen Akte, welche ohne einen Untersuchungsrichter, doch unter richterlicher Mitwirkung stattfinden, immer in die Worte eingekleidet werden können, welche ich vorschlage. Dieselben sind neutral, und Sie präjudiciren sich in keiner Weise, wenn Sie diese Worte annehmen; wogegen Sie bei Annahme des Beschlusses der Abtheilung den Schein erwecken, als wenn der Juristentag irgendwie für die formelle gerichtliche Voruntersuchung eintreten wollte.

(Ein Schlußantrag wird angenommen.)

Appellationsgerichtsrath Dr. **Vollert**: (persönliche Bemerkung.) Ich wollte nur gegen den Herrn Justizrath Meyer aus Thorn bemerken, daß ich nicht der Verfasser des fraglichen Gutachtens bin, auf welches er Bezug genommen hat. Ich habe das Gutachten auch nicht gefärbt. Bei uns besorgt das Färben immer derjenige College selbst, der die Arbeit macht.

(Heiterkeit.)

Wenn es nicht über eine factische Bemerkung hinausginge, würde ich dem Herrn Rechtsanwalt Niemeyer aus Warburg sagen: es freut mich, daß er sich durch mich an Friedrich den Großen hat erinnern lassen. Ich be-, dauere aber, wenn ich ihn in Finsterniß versetzt habe, und tröste mich damit daß es doch wohl nur eine Finsterniß gewesen ist, von welcher das Wort des Horaz gilt: „nox erat et coelo fulgebat luna sereno". Bekanntlich hat man es übersetzt:

„Stockfinster war's, der Mond schien helle."

(Heiterkeit.)

Berichterstatter Professor **Gneist**: (Schlußwort.) Sie haben mir schon so lange Geduld geschenkt, daß ich nur noch meine Eideshelfer zum Schlusse nennen will. Ich bitte, sich nämlich zu adressiren an die Juristen, welche amerikanische und englische Untersuchungen seit einer Reihe von Jahren kennen und sich zu beruhigen über die Bedenken der Härte für die Angeklagten, des Befangenmachens der Zeugen u. s. w. Diese Bedenken sind in thesi möglich, haben aber eine üble Erfahrung gegen sich. Wort für Wort sind alle jene Argumente gegen die Oeffentlichkeit des Strafverfahrens selbst geltend gemacht worden, und die Erfahrung hat gelehrt, daß dieselbe sich ganz anders gestaltet, als man in thesi sie gedacht. Sie haben, wenn Sie die Resolution annehmen, wenigstens die Beruhigung für etwas zu stimmen, was seit Menschenaltern in großen Ländern, auch für unsere deutschen Landsleute als wohlerprobt besteht, während, wenn Sie für den Mittelantrag stimmen, für die sogenannte Parteiöffentlichkeit, Sie für einen Versuch stimmen, den man in einer historisch bekannten Rechtsbildung zu machen noch nicht begonnen hat. Solch einen Versuch hat die preußische Gesetzgebung einmal gemacht mit der bedingten Parteiöffentlichkeit, als wir den ersten Anlauf zu dem öffentlichen Civilprozeß machten. Die Parteiöffentlichkeit hat aber im Civilprozeß nur relativ eine kurze Zeit, im Strafprozeß nur ein paar Wochen gedauert, und, soviel ich weiß, hat noch Niemand die verlorengegangene „Parteiöffentlichkeit" reklamirt.

Ich habe die öffentliche Voruntersuchung nicht in Brillantfeuerwerk gesetzt, sondern nur als Regel geltend gemacht, mit Vorbehalt der Ausnahmen, wenn sie wirklich praktische Bedenken in der Ausführung findet. Ich würde mich freuen, wenn ich eine Majorität in der Versammlung dafür gewinne. Andernfalls stimmen wir für Beibehaltung des Bisherigen, — in beiden Fällen für etwas praktisch Ausgeführtes, aber nicht für das Mitteldding der Parteiöffentlichkeit!

Vice-Präsident **Francke**: Was die Abstimmung betrifft, so wird nach meiner Ansicht der Antrag des Herrn Dr. Mayer aus Frankfurt, der sich wohl von dem Beschluß der Abtheilung am meisten entfernt, zuerst zur Abstimmung kommen müssen. Würde dieser Antrag Annahme finden, dann wäre damit die Sache erledigt. Dann würde folgen der Antrag des Herrn Professor Dr. Schütze, der eine veränderte Fassung vorschlägt. Wird derselbe angenommen oder abgelehnt, in beiden Fällen wird der Hauptantrag d. i. der Beschluß der Abtheilung zur Abstimmung kommen müssen und zwar im Falle der Annahme des Antrags Dr. Schütze mit diesem Antrage.

Der Antrag des Herrn Dr. Mayer aus Frankfurt lautet:

„Zu beschließen: Auch für die gerichtliche Voruntersuchung wird dem Grundsatze der Oeffentlichkeit durch die unbedingte Parteiöffentlichkeit vollkommen genügt."

Ich bitte diejenigen Herren, welche sich für diesen Antrag aussprechen wollen, sich zu erheben.

(Geschieht.)

Der Antrag ist abgelehnt.

Der Antrag des Herrn Dr. Schütze aus Kiel lautet:

„Auch für die gerichtlichen Akte der Voruntersuchung ist der Grundsatz der Oeffentlichkeit als Regel anzunehmen."

Diejenigen Herren, die dafür sind, bitte ich, sich zu erheben.

(Geschieht.)

Dieser Antrag ist gleichfalls mit großer Majorität abgelehnt.

Es folgt nun der Beschluß, wie er gedruckt Ihnen vorliegt:

„Auch für die gerichtliche Voruntersuchung ist der Grundsatz der Oeffentlichkeit als Regel anzunehmen."

Wer dafür ist, wolle sich erheben.

(Geschieht.)

Es scheint entschieden die Majorität zu sein.

(Ruf: Gegenprobe! — — welche erfolgt.)

Das Bureau ist der Ansicht, daß der Beschluß der Abtheilung durch Majorität angenommen ist.

(Professor Dr. Gneist übernimmt den Vorsitz wieder.)

Präsident Professor Dr. Gneist: Der letzte Gegenstand der III. Abtheilung war die Berathung der Frage:

„Kann die Privatklage in weiterem Umfange als für Beleidigungen in das deutsche Strafverfahren eingeführt werden?"

Es war nicht möglich, denselben zu erledigen, es wurde gewünscht, ihn dem nächsten Juristentag zu überweisen. Ich hoffe, die geehrte Versammlung wird damit einverstanden sein. — Ich vernehme keinen Widerspruch.

Die IV. Abtheilung beginnt mit einer Mittheilung der Beschlüsse über die Frage der den Einzelrichtern in Civilsachen einzuräumenden Competenz.

Referent Fiskal Dr. Jung aus Frankfurt a. M.: Der erste Verhandlungs-Gegenstand der IV. Abtheilung war die Frage:

> Welche Stellung und Competenz ist dem Einzelrichter in Civilsachen zu ertheilen? Welches Verfahren erscheint für die den Einzelrichtern zugewiesenen Bagatell-Streitigkeiten das zweckmäßigste?

Bei der Berathung dieser Fragen wurde insbesondere über folgende Punkte debattirt:

1. Soll ein besonderes Verfahren für kleinere Sachen etwa bis zu 50 Mark, wie solches vom 1. Oktober 1873 an in Oesterreich in Kraft tritt, eingeführt werden?
2. Sollen die Handelssachen unter 300 Mark den Handelsgerichten überwiesen werden?
3. Sollen die Viehhändel ohne Rücksicht auf den Streitwerth den Einzelrichtern zugewiesen werden?

Diese sämmtliche Anträge wurden abgelehnt, und hat die IV. Abtheilung indem sie sich im Ganzen dem 1872er Entwurf der deutschen Civilprozeßordnung angeschlossen, folgende Beschlüsse gefaßt:

A. Die Stellung des Einzelrichters soll diejenige eines selbstständigen judex ordinarius erster Instanz mit örtlich abgegrenztem Gerichtssprengel sein.

B. Die Competenz des Einzelrichters umfasse:

I. alle vermögensrechtlichen Ansprüche unter 300 Mark,

II. ohne Rücksicht auf den Streitgegenstand die durch Prorogation an den Einzelrichter gelangenden vermögensrechtlichen Ansprüche,

III. die Rechtsstreitigkeiten zwischen Miether und Vermiether ohne Rücksicht auf den Streitwerth, ferner die Rechtsstreitigkeiten aus dem außerehelichen Beischlafe.

IV. Mit Rücksicht auf die besonderen Arten des Verfahrens sind dem Einzelrichter zuzuweisen:

1. Die Erlassung von Arresten und einstweiligen Verfügungen,
2. die Beweisaufnahme zum ewigen Gedächtniß,
3. das Mahnverfahren,
4. der Sühneversuch in Ehesachen, und
5. die Zwangsvollstreckung.

VI. Auch das Aufgebotsverfahren zum Zwecke der Amortisation von

Urkunden ohne Rücksicht auf den Werth ist dem Einzelrichter zu überweisen.

C. Das Verfahren vor den Einzelrichtern betreffend, so

1. soll kein Anwaltszwang bestehen, doch soll die Vertretung durch Anwälte gestattet sein,
2. sind vorbereitende Schriftsätze nicht geboten, aber zulässig und
3. sind die Bestimmungen des 1872er Entwurfs über das Verfahren bei den Einzelrichtern im allgemeinen zu billigen; die Frage wegen der Rechtsmittel vorbehalten.

Die IV. Abtheilung hat mich als Referenten beauftragt, diese Beschlüsse zur Kenntniß der hohen Versammlung zu bringen.

Präsident Dr. **Gneist**: Wir können mit dem Dank für unseren Herrn Referenten weitergehen zum Bericht über den zweiten Gegenstand.

Referent O.-H.-G.-Vicepräsident Dr. **Drechsler** aus Leipzig: Der IV. Abtheilung des deutschen Juristentages war schon im vorigen Jahre die Frage zur Berathung überwiesen:

ob es angemessen sei, daß durch die Subhastation sämmtliche auf dem subhastirten Grundstücke ruhenden Hypotheken fällig werden?

Dem Frankfurter J.-T. lagen zwei Gutachten vor, welche sich beide für die Bejahung der Frage aussprachen; der Referent der Abtheilung Dr. von Kißling war, sich anschließend an die österreichische Gesetzgebung, für die Verneinung. Die beiden Gutachter hatten, insbesondere sich anschließend an die preußische Gesetzgebung, sich für die Bejahung ausgesprochen. Bei den Berathungen in Frankfurt entstanden gegen die Bejahung der Frage beträchtliche Bedenken, man konnte sich aber damals nicht einigen, glaubte die Frage noch nicht genügend vorbereitet und beschloß dieselbe dem diesjährigen Juristentag zur nochmaligen Berathung zu überweisen. Diese Berathung hat in der IV. Abtheilung stattgefunden. Ich glaube, daß die Zeit soweit vorgeschritten ist, daß es mir wohl verstattet ist, von dem speziellen Gange dieser Berathung, die sich auf sehr viele Detailfragen mit erstreckte, Sie nicht in Kenntniß zu setzen, sondern Ihnen blos die Hauptmomente darzulegen, welche für den Beschluß der Abtheilung, der in der heutigen Tagesordnung indessen nicht genau wiedergegeben ist, bestimmwurden.

Die Abtheilung hat nämlich beschlossen:

a. Es ist nicht angemessen, daß durch den Verkauf eines Grundstücks im Subhastationsverfahren auch die Hypotheken erlöschen, welche aus dem Kaufpreise völlig gedeckt werden,

b. für den gerichtlichen Verkauf im Subhastationsverfahren sind Normativbedingungen festzustellen, welche geeignet sind, bei Sicherung der Interessen der Gläubiger und des Schuldners einen thunlichst hohen Kaufpreis für das Grundstück herbeizuführen.

Bei den Verhandlungen wurde für die Beschlußfassung insbesondere geltend gemacht, daß das Prinzip, welches in dem Preußischen Rechte Aufnahme gefunden, oder, richtiger gesagt, behalten hat, nach welchem durch den Verkauf im Subhastationswege die sämmtlichen Hypotheken erlöschen, das Interesse der Gläubiger und des Schuldners in gleicher Weise gefährdet. Es verhindert, daß für das zu verkaufende Grundstück der den Umständen nach höchste Kaufpreis erzielt wird, indem es regelmäßig den Käufer in die Lage versetzt sich darauf einzurichten, den ganzen Kaufpreis in Bereitschaft zu halten. Auch die Gegner des Beschlusses der Abtheilung waren mit uns die wir der Majorität angehörten, der Meinung, daß dieser Uebelstand begründet sei, daß dieser Uebelstand erfahrungsgemäß eintrete; sie meinten aber, es wäre prinzipwidrig zu gestatten, daß, wenn es einmal zum Verkauf des Grundstücks komme, noch die früheren Hypotheken in alter Kraft bleiben, denn es sei ja der Grundsatz des Konkurses — und ein Verkauf im Wege der Subhastation sei ja doch nur ein Spezialkonkurs — daß an die Stelle des Grundstücks, an die Stelle der Vermögensmasse, der Geldwerth trete.

M. H.! Die Meinung der Mehrheit der Abtheilung war die, daß allerdings dieses Prinzip in der Gesetzgebung festgehalten ist, aber vielleicht nur als Nothbehelf entstanden, weil in früherer Zeit die Gesetzgebung nicht im Stande war, die Aufgabe für das Subhastationsverfahren zu lösen, daß aber diese Lösung jetzt möglich sei, dadurch, daß im Großen und Ganzen das Hypothekenrecht so ausgebildet worden ist, daß die Grundsätze der Publicität und der Spezialität und insbesondere dieser letztere Grundsatz es ermöglichen, daß ein anderes Subhastationsverfahren eintritt; daß auch durch den Grundsatz der Intabulation wesentlich sich verändert hat das Recht des jetzt intabulirten Gläubigers, welches ein ganz anderes geworden ist als das Pfandrecht im römischen Sinne. Es ist ein richtiges Hypothekensystem, wie es jetzt in den meisten deutschen Territorien zur Geltung gekommen ist, allerdings die unerläßliche Voraussetzung einer zweckmäßigen Regulirung des Subhastationsverfahrens und ermöglicht erst der jetzige Stand der Gesetzgebung eine solche für den Realcredit sehr wichtige Regulirung. Die Gesetzgebung aber, welche nunmehr noch an den früher durch mangelhafte Rechtszustände eingeführten Grundsätzen festhält, erfüllt ihre Aufgabe nicht, wenn sie ein Subhastationsverfahren beibehält, welches seine Berechtigung mit der Verbesserung des Hypothekenwesens verloren hat.

Die Majorität war insbesondere der Meinung, daß der Grundsatz aufzugeben sei, daß die Subhastation alle Hypotheken des Grundstücks, auch die durch den Kaufpreis gedeckten, afficire. Weiter aber sei, um das Subhastationsverfahren zu vereinfachen, und um eine Lösung der Frage rasch herbeizuführen, durch die Gesetzgebung dafür zu sorgen, daß für den Verkauf Normativbedingungen eingeführt werden, welche den Verkauf unter Concurrenz der Gläubiger und des Schuldners, überhaupt der Interessenten, unter gerichtlicher Mitwirkung im einzelnen Falle den Umständen gemäß reguliren und dadurch die Möglichkeit gewähren, daß — was dem Interesse der Gläubiger und des Schuldners gleicher Weise entspricht —, ein hoher Kaufpreis für das Grundstück erzielt würde.

Dies waren die hauptsächlichsten Momente, welche die Mehrheit bestimmten. Die Bedenken der Minderheit waren gegen die Sache selbst auch weniger gerichtet, man glaubte nur, daß es unmöglich sei, ein geregeltes Subhastationsverfahren zu ordnen, wenn man den Grundsatz, der bisher in Preußen gegolten hat, aufgeben müsse. Aber, m. H., die Abtheilung war der Meinung, daß, wenn auch in Betracht der Beschränkung der ihr zur Berathung überwiesenen Frage, sie für diesmal auf die mitgetheilten Beschlüsse sich zu beschränken habe, und sie nicht befugt sei, anderweitige Punkte hineinzuziehen, doch in diesen Beschlüssen — wie mehrseitig geäußert worden — erst der Keim der Verbesserung des Subhastationsverfahrens enthalten ist, und es wurden mehrseitig Anträge in Aussicht gestellt, welche dem Juristentage Veranlassung geben werden, sich mit diesem für den Realcredit so wichtigen Gegenstande noch eingehender zu befassen. Andeutungsweise kann ich soviel sagen, daß man überhaupt das Prinzip für ein unrichtiges erklärte, wonach ein posterior creditor berechtigt ist, das Grundstück zum Verkauf zu bringen und den Verkauf praktisch zu realisiren und alle Wirkungen des Verkaufs, die Erlöschung der nicht gedeckten Hypotheken herbeizuführen, wenn er gar kein Interesse an der Sache selbst hat, daß es z. B. dahin kommen kann, daß ein Gläubiger — auch nach dem jetzigen rectificirten Verfahren noch, wie ich es eben angedeutet habe — das Grundstück zum Verkauf bringt, wenn er selbst erst nach etwa 50,000 Thlr. zur Hebung gelangt, und einen Verkauf herbeiführt, der etwa nur ein Resultat von 20,000 Thlr. ergiebt, und dadurch die dazwischen stehenden Gläubiger von 20—50,000 in die Lage bringt, ihre Hypotheken zu verlieren, ohne selbst irgend ein Interesse bei der Subhastation zu haben.

In diesem Beispiel ist der wunde Fleck des jetzigen Subhastationsverfahrens, das den Grundcredit in Schaden bringt, bezeichnet. Anträge in dieser Richtung auf Verbesserung des Subhastationsverfahrens werden, wie in der Abtheilung mehrseitig geäußert und bevorwortet wurde — ein solcher

Antrag wurde auch gestellt und nur zurückgezogen als nicht zur Berathung gehörig — dem nächsten Juristentag unterbreitet werden.

Von der Abtheilung bin ich beauftragt, Ihnen die Beschlüsse zur Kenntnißnahme mitzutheilen.

(Bravo!)

Präsident Prof. Dr. **Gneist**: M. H.! Mit unserem Dank für den Herrn Referenten können wir nun wohl auch die Gegenstände der IV. Abtheilung für erledigt erklären, denn die letzte Frage, die Civil-Jury, ist dem nächsten Juristentage nochmals überwiesen. Ich hoffe, die Versammlung wird dagegen auch keine Einwendung haben.

(Pause.)

Ich sehe auch dies für genehmigt an.

Wir haben also den Hauptgegenstand unserer Tagesordnung erledigt, kommen aber noch zu einem geschäftlich sehr bedeutenden Act — der Bestellung der ständigen Deputation für das nächste Jahr.

Sollte schriftliche Zettelwahl beliebt werden, so müßte die jetzt vorweg beschlossen werden.

(Nein! per acclamationem!)

Sie hat sich bisher noch nie recht als praktisch erwiesen. — Die Versammlung hat more solito die Akklamation gewählt und den 33 Vertrauensmännern anheimgegeben die Liste aufzustellen. Ich werde mir die Ehre geben, Ihnen diese Liste zunächst im Ganzen mitzutheilen.

Nur ein Wort zur Erläuterung. Das Problem dieser Listenbildungen entsteht daraus, daß wir Rücksicht auf die deutschen Landschaften wegen der Gestaltung unseres Rechtes nehmen müssen und daß unser Wunsch, gewisse Mitglieder hier oder dort in die Deputation zu nehmen, immer nicht vereinbar ist mit der Rücksicht auf die Landschaften und ebendaher es immer eine Schwergeburt wird.

Bei der Zahl ist zu berücksichtigen, daß das in Ihrem Buche abgedruckte Statut (wie häufig die Abdrücke der Statuten), eine etwas ältere Auflage vor Augen gehabt hat. Die Zahl ist später verändert: es sind jetzt 19 Mitglieder, weil nämlich vom Amt des Schriftführers später das des Rendanten abgezweigt ist. Ihre Deputation schlägt Ihnen also folgende 19 Namen vor:

Obergerichtsrath Dr. Thomsen in Hannover.
Professor Dr. Brunner in Berlin.
Obertribunalsrath v. Kunowski in Berlin.
Justizrath Dr. Meyer in Thorn,
Minister-Resident Dr. Borchardt in Berlin,
Rechtsanwalt Makower in Berlin,

Fiskal Dr. Jung in Frankfurt a. M.,
Wirklicher Geheimer Rath Professor Dr. v. Wächter in Leipzig,
General-Staatsanwalt Dr. Schwarze in Dresden,
Advokat Dr. v. Stenglein in München,
Bezirks- und Verw.-Ger.-Rath Dr. Hauser in München,
Advokat Dr. Ritter v. Kißling in Linz,
Advokat Dr. Jaques in Wien,
Kreisgerichtsdirektor v. Stößer in Carlsruhe,
Obertribunalsrath Dr. v. Köstlin in Stuttgart,
Präses Dr. Albrecht in Hamburg,
Oberappellationsgerichtsrath Dr. Becker in Oldenburg,
Vice-Präsident des Reichs-Oberhandelsgerichts Dr. Drechsler in Leipzig.

Als die geehrte Versammlung im vorigen Jahre ihren Beschluß faßte, wurde der Wunsch ausgesprochen, daß Präsident Drechsler, der damals wegen der Inkongruenz der Zahl ausscheiden mußte, auf jeden Fall in die nächste Liste aufgenommen werden müsse. Das hat sich diesmal glücklich ermöglicht; das vorjährige Postulat ist erfüllt. Im Uebrigen haben wir auf manchen berühmten Namen verzichten müssen wegen der regionalen Verhältnisse unserer Rechtsbildung.

Ich stelle nun anheim, ob die geehrte Versammlung die vorgeschlagene Liste genehmigt.

(Sämmtliche Anwesende erheben sich.)

Nun, m. H., da sonstige Gegenstände für die heutige Plenarversammlung nicht angemeldet worden sind, so darf ich mir wohl noch folgende Schlußworte erlauben.

Wir haben wiederholt den Eindruck gehabt, daß in der Reihe der letzteren Jahre die Verhandlungen des Juristentages bei aller Lebendigkeit unserer Ueberzeugungen ein ruhigeres Tempo gewinnen. Ich glaube, der Grund liegt auf der Hand: Das, was uns die Ruhe in unseren Geschäften giebt, das ist die trost- und hoffnungsvolle Gewißheit, daß die nothwendigen Grundlagen der Einheit des Rechtes Deutschlands, der einheitlichen Prozeßordnung, der nothwendigen Grundzüge der Gerichtsverfassung, — daß diese Rechtseinheit gesichert ist für alle Zeiten, und zugleich die stolze Gewißheit, daß das deutsche Volk diese Fragen als seine häusliche Angelegenheit zu verhandeln und über das Wesen dieser einheitlichen Gestalt das entscheidende Wort selbst zu sprechen hat. Wir empfinden etwas von dem Eindruck eines wohlgeordneten Hausstandes, in dem man weiß, daß alle Differenzen, die hier entstehen müssen, unter der Leitung eines soliden und mit der rechten Autorität ausgestatteten Hausherrn zum Austrage kommen müssen. Wir sind damit in die glückliche Lage versetzt, auch für die nächst bevorstehenden Hauptfragen des Prozesses und der Gerichtsverfassung gegebene solide Grundlagen schon zu besitzen, auf Grund deren wir für den nächsten Juristentag reichlichen Stoff zur Verhandlung vorfinden werden.

Ich habe noch im Namen unserer auswärtigen Collegen der herzlichen Freude Ausdruck zu geben, daß wir unsere diesjährigen Verhandlungen auf dem Boden Hannovers haben fortsetzen können. Ich nenne ihn einen klassischen Boden für die Hauptfragen, die dem Juristentage angehören. Die Juristen Hannovers können sich rühmen des unvergeßlichen Verdienstes, daß man in diesem Lande zuerst es gewagt hat, mit den reinen und klar erkannten Prinzipien unseres deutschen Rechts und Prozesses, aus selbstständig erkanntem Bedürfniß der Reform heraus, neue Grundideen der Rechtspflege zu schaffen ohne zu fragen: Ist das englisch? Ist das französisch? — sondern mit dem Bewußtsein: Wir wollen unsere deutschen Grundsätze beleben durch die jetzt nothwendigen Formen der Mündlichkeit; wir wollen selbst die feine Technik unseres deutschen Prozesses logisch rekonstruiren in deutscher Weise. Und so haben wir von Hannover aus eine Schöpfung entstehen sehen, die ihren ideellen Einfluß auf jede Schöpfung deutscher Gesetzgebung ausüben muß, wenn auch bei der Ausdehnung auf das Ganze manche technische Feinheit verloren gehen wird.

Wir können zugleich Ausdruck geben dem Danke für die bedeutungsvolle Theilnahme, mit welcher die Hannoverschen Juristen von Anfang an in die Verhandlungen des Juristentages eingetreten sind, und wir dürfen uns der Hoffnung hingeben, daß die zahlreiche Theilnahme aus dem Lande selbst uns auch eine dauernde Bereicherung des Kreises unserer Mitglieder sichern wird.

Weiter bleibt mir der Dank an das Lokalkomitee für die glänzende Erfüllung seiner immer mühsamen und nicht immer dankbaren Aufgabe.

Unser Dank auch für die Regierungsbehörden des Landes. Wir sind bei der Eröffnung des ersten deutschen Juristentages mit Wohlwollen und Vertrauen von der Regierung in unseren Geschäften begleitet worden, und wir können die erfreuliche Thatsache konstatiren, daß dieses Wohlwollen sich für den Juristentag diesmal in derselben Weise wie bei seinem ersten Zusammentreten dokumentirt hat.

Dann, m. H., haben wir unsern Dank zu sagen allen den Theilnehmern aus dem Kreise der weiteren Bürgerschaft, die sich an dem herzlichen, schönen Empfange unseres Vereins betheiligt hat. Insbesondere haben wir zu danken für den glänzenden Empfang an unserem Vereinsabende; für die mit so erfolgreicher Sorgfalt in Scene gesetzte Vorstellung von gestern Abend; wie für alles Herzliche und Gute, was für uns geschehen ist. Das

Lokalkomitee ist, wie die Lokalkomitees im Süden Deutschlands, von der Maxime ausgegangen, im Zweifel lieber ein wenig zu viel für die Zerstreuung der anwesenden Juristen zu thun. Ich kann nicht verhehlen, daß, wenn man die Ehre hat, in dem Bureau zu sitzen, ein klein wenig Bedenken gegen das Zuviel entstehen: ich glaube aber, die Damen, die uns mit ihrer Theilnahme auch diesmal beehrt haben, werden der anderen Meinung sein und voraussichtlich uns doch überstimmen. Für jene Theilnahme der weiteren Bürgerschaft sind wir um so mehr zum Danke verpflichtet, als sie spontaner Natur ist und aus der sympathischen Theilnahme für das Gedeihen des gemeinsamen deutschen Juristenstandes hervorging.

Endlich bleibt mir noch übrig, meinen persönlichen Dank zu sagen für die Nachsicht, die Sie mit der Leitung der Geschäfte von dieser Stelle gehabt haben.

(Lebhaftes Bravo!)

Stadtsyndikus **Albrecht** aus Hannover: Ich möchte die verehrten Collegen bitten, dem Gefühle Ausdruck zu geben, das uns Alle am Schlusse der Arbeiten des diesjährigen Juristentages beseelt, dem Gefühle der freudigen Anerkennung und des herzlichen Dankes, die wir unserm allverehrten Präsidenten Dr. Gneist schuldig sind. Wenn wir einer einzelnen Persönlichkeit danken für das, was der diesjährige Juristentag geleistet hat, so können wir diesen Dank nicht besser konzentriren, als auf das Mitglied, welches in jeder Beziehung auf der vollen Höhe des Juristentages steht, welches bei dem Reichthum seiner Ideen und bei seiner praktischen Weise die Sachen zu behandeln, dasjenige verbindet, was wir bei unseren Arbeiten immer zusammenhalten wollen: Theorie und Praxis mit einander Hand in Hand zum Segen der deutschen Rechtswissenschaft und zur Ehre des deutschen Vaterlandes. Meine Herren Collegen! Stimmen Sie mit mir ein in das Hoch, dem Präsidenten des deutschen Juristentages ausgebracht!

(Die Versammlung stimmt ein.)

Präsident **Dr. Gneist**: M. H.! Sie beschämen mich durch eine Ehrenbezeugung, wie sie mir in keiner Weise zukommt. Erlauben Sie mir aber, daß ich dem nothwendigen Gefühl des Zuviel das entgegne, was ich schon oft gesagt habe. Ich glaube allerdings, unsere Vereinigung ist einigen Dank schuldig. Wir sind an 2½ tausend Mitglieder — zerstreut in einem weiten Territorium —, durch vielfache Geschäftsverhältnisse verhindert zusammenzukommen. Kaum der fünfte Theil unserer Vereinigung kann sich in den Wanderversammlungen zusammenfinden. Was den Juristentag zusammengehalten hat, ist das freundliche Wohlwollen und Vertrauen, mit welchem die Versammlung den größeren Theil des ständigen Ausschusses in seinen Funktionen zu belassen pflegt und so den Faden erhält, der das sonst ziemlich lockere Ganze zusammenbindet. Wenn aber das „arbeitende" Individuum Lob verdient, so ist es die Deputation und unter den Deputations-Mitgliedern namentlich der ständige Beamte, der viel geplagte Schriftführer — und erst dann kommt die vorübergehende Thätigkeit der Leitung der Geschäfte, die der leichtere Theil ist, wenn die Versammlung dem Vorsitzenden soviel Nachsicht gewährt, wie es der diesjährige Juristentag gethan hat.

Ich acceptire also Ihre hohe Ehrenbezeugung für alle 19 Theile, von denen mir nur ein aliquoter Theil zukommt, für den ich hiermit gehorsamst danke!

(Schluß der Sitzung 2 Uhr Nachmittags).

Druck von G. Jansen in Berlin.

V.

Verzeichniß der Redner.*)

I. **Vorsitzende:**

II. **Stellvertreter der Vorsitzenden:**

III. **An den Discussionen haben Theil genommen:**

---

*) Die Zahlen bezeichnen die Seiten des vorliegenden Bandes der Verhandlungen.

FSC
www.fsc.org
MIX
Papier | Fördert
gute Waldnutzung
FSC® C083411

Kolibri 360 GmbH
Ferdinand-Jühlke-Straße 7
99095 Erfurt, Deutschland
produktsicherheit@kolibri360.de